国家社会科学基金重大项目"新时代乡村振兴与新型城镇化的战略耦合及协同治理研究"（18ZDA045）研究成果

浙江省哲学社会科学重点培育研究基地（浙江工业大学现代化产业体系研究院）研究成果

浙江省一流学科(A类)"应用经济学"研究成果

新时代

乡村振兴与新型城镇化的战略耦合及协同治理研究

徐维祥　徐志雄　李露 ◎ 著

中国财经出版传媒集团

经济科学出版社

Economic Science Press

图书在版编目（CIP）数据

新时代乡村振兴与新型城镇化的战略耦合及协同治理
研究／徐维祥，徐志雄，李露著. -- 北京：经济科学
出版社，2024.11. -- ISBN 978 - 7 - 5218 - 6397 - 0

Ⅰ. F320. 3；F299. 21

中国国家版本馆 CIP 数据核字第 2024TY5577 号

责任编辑：张　燕
责任校对：杨　海
责任印制：张佳裕

新时代乡村振兴与新型城镇化的战略耦合及协同治理研究

徐维祥　徐志雄　李　露　著

经济科学出版社出版、发行　新华书店经销

社址：北京市海淀区阜成路甲 28 号　邮编：100142

总编部电话：010 - 88191217　发行部电话：010 - 88191522

网址：www. esp. com. cn

电子邮箱：esp_bj@ 163. com

天猫网店：经济科学出版社旗舰店

网址：http：//jjkxcbs. tmall. com

北京季蜂印刷有限公司印装

787 × 1092　16 开　37. 25 印张　800000 字

2024 年 11 月第 1 版　2024 年 11 月第 1 次印刷

ISBN 978 - 7 - 5218 - 6397 - 0　定价：186. 00 元

（图书出现印装问题，本社负责调换。电话：010 - 88191545）

（版权所有　侵权必究　打击盗版　举报热线：010 - 88191661

QQ：2242791300　营销中心电话：010 - 88191537

电子邮箱：dbts@ esp. com. cn）

　　乡村和城市作为经济社会发展的"稳定极"与"增长极"，协同联动、和谐共生是两者间的应然状态，而在新时代的新征程上，城乡发展不平衡、农村发展不充分的问题已成为构建国内大循环发展格局、扎实推进共同富裕的桎梏。乡村振兴战略和新型城镇化战略犹如"车之双轮，鸟之两翼"，是解决城乡发展问题的重要举措，在实现城乡融合发展目标的过程中，如何推动两大战略耦合协同发展就成为极具理论意义与现实价值的研究议题。

　　本书的总体目标在于通过深入分析城乡发展案例、系统整理文献资料，结合城乡发展的内在规律，构建起乡村振兴与新型城镇化战略耦合及协同发展两个维度的理论体系。立足于该理论框架，准确把握乡村振兴与新型城镇化当前发展态势，细致描绘两者在时空上的耦合与协同演进特征，识别检验相关现象产生的深层机制及其引发的多维效应，在此基础上，对城乡治理的若干问题进行有益探讨，旨在提出促进乡村振兴与新型城镇化战略耦合和协同发展的政策建议和治理策略。全书共包括六篇内容。

　　第一篇为新时代乡村振兴与新型城镇化的国际比较和调研分析。该篇首先分析了中国乡村振兴与新型城镇化的发展现状及政策演变情况；其次，通过对不同国家和地区的案例进行比较，总结出他国经验与中国启示；最后，调研浙江、江苏、广东三个省份乡村振兴与新型城镇化战略实施现状，提炼战略耦合的一般规律、典型模式与成功经验，进而挖掘两大战略耦合发展存在的现实问题，以期明晰我国乡村振兴与新型城镇化战略实施的现状、成效和问题。

　　第二篇为新时代乡村振兴与新型城镇化的战略耦合研究。该篇从理论上厘清了乡村振兴与新型城镇化战略耦合的逻辑关系，详细阐明了乡村振兴与新型城镇化的战略耦合机理和交互影响机理，并在省级尺度、长三角县域尺度下分析了乡村振兴与新型城镇化战略耦合的格局特征、驱动机制、效应分析以及交互作用，为推进乡村振兴与新型城镇化战略提供了借鉴意义。

　　第三篇为新时代乡村振兴与新型城镇化协同发展的理论机制与典型案例。该篇首先基于乡村振兴与新型城镇化相互影响的视角来阐明两大战略协同发展的内在机理，进一步明确了两大战略协同发展的过程状态机制；其次，剖析了乡村振兴与新型城镇化协同发展的多元利益协调机制，提出了贯穿协同发展全过程的保障机制；最后，从统筹东中西、协调南北方的视角出发选择案例，提炼出两大战略协同发展的典型模式。

第四篇为新时代乡村振兴与新型城镇化的协同发展研究。该篇立足于乡村振兴与新型城镇化协同发展的理论分析框架，考察了两大战略协同发展的格局特征与驱动因素，识别了协同发展预期存在的增长效应、减排效应与共富效应，并检验了乡村振兴与新型城镇化在空间上分布相似、在时间上互为因果的联动关系。

第五篇为新时代乡村振兴与新型城镇化若干问题的治理研究。该篇在分析新时代城乡发展的若干问题基础上，探讨乡村振兴下的企业扶贫资源配置问题，分析农业科技创新对乡村振兴的赋能作用，研究乡村产业与城镇产业的协调发展问题，剖析新型城镇化与绿色化的协调发展问题，关注数字经济对城乡融合发展的影响，探究数字普惠金融对城乡共同富裕的效应与机制。

第六篇为新时代乡村振兴与新型城镇化战略耦合及协同发展的治理策略。该篇研究主要是在前五篇内容的基础上，结合笔者近年来的研究成果，从经济发展、空间治理、生态环境、社会保障以及人民生活的视角，提出乡村振兴与新型城镇化战略耦合及协同发展的治理策略。

本书融合了区域经济学、新经济地理学、产业经济学等多个学科领域，对乡村振兴与新型城镇化的国内外研究进行了全面梳理，并系统总结了战略耦合、协同发展和交互作用的内在机理。本书不仅填补了现有理论研究的空白，而且为我国当前两大战略的耦合及协同发展研究提供了重要补充。在实践层面，它为重塑新型城乡关系、完善城乡融合发展体制机制提供了切实可行的政策举措，也为扎实推动共同富裕和助力实现中国式现代化提供了实践指导。

徐维祥　徐志雄　李　露

2024 年 10 月

目 录

MULU

序 篇

第一篇　新时代乡村振兴与新型城镇化的国际比较和调研分析

第四篇　新时代乡村振兴与新型城镇化的协同发展研究

第五篇　新时代乡村振兴与新型城镇化若干问题的治理研究

第六篇　新时代乡村振兴与新型城镇化战略耦合及协同发展的治理策略

序 篇

　　本篇为序篇，主要介绍研究背景与研究意义、研究进展与趋势、概念界定与基础理论、研究思路与主要内容、研究创新点，从而为后续编章的详细展开奠定坚实的基础。

第一节 研究背景与研究意义

一、研究背景

（一）新时代的城乡关系亟待重塑

在全球城镇化、工业化的快速推进过程中，城乡差距扩大、乡村衰落等问题日益突出，其中收入水平、资源和公共服务供给、发展机会等多个方面的不平等尤为显著。2014 年发布的《国家新型城镇化规划（2014～2020 年)》提出以人为核心的新型城镇化战略，并以实现人的城镇化、公共服务的均等化以及社会治理和制度创新为主要宗旨；2017 年党的十九大报告提出乡村振兴战略的实施，强调人才、产业、生态、文化等方面的全面振兴，该战略旨在着力破解城乡发展不平衡、乡村发展不充分的问题。新型城镇化和乡村振兴先后成为国家重大战略，说明了城乡关系和城镇化研究的重要性。我国城乡发展的未来空间形态必然是现代化的城市与现代化的农村共生共荣。但随着以人为核心的新型城镇化战略的实施，相关问题也不容忽视：（1）从区域层面来看，西部地区和中部地区均低于全国平均水平，中国的城镇化发展不平衡，区域差距仍然显著存在；从人口层面来看，超过 60% 的人口涌入城市，规模效应带来的拥挤效应会引发生态环境问题、降低生活质量水平。（2）在中国城镇化推进的过程中，土地城镇化发展速度快于人口城镇化发展速度，意味着失去土地的农民市民化后与城市居民的保障不对等，不利于城镇化质量的提升。

此外，新发展格局下"三农"问题仍然棘手，具体表现为：（1）小规模的农业生产模式在一定程度上制约了机械化水平的提升，使得农产品的竞争力较低，本身产业链较短的农业产生的附加值较低，与农业现代化的要求还存在着一定的差距。（2）农村基础设施相对薄弱，自来水普及率、生活垃圾处理率相对于城市而言比例偏低，文娱设施的建设同样比较滞后；此外，教育资源的匮乏进一步恶化了农村的发展，以至于青年劳动力背井离乡，形成农村"空心化"的局面，农村现代化缺乏活力。（3）农民长期以来被束缚在土地上，因农业生产具有附加值较低的特征，使得农民收入较低且来源渠道有限，面对当前互联网带来的数字鸿沟，由此便加剧了相对贫困问题。纵观中国脱贫攻坚的数据可以发现，贫困问题在农村长期存在，因此巩固脱贫攻坚成果与乡村振兴的有效衔接，从根本上解决农民增收困难也是调节城乡关系所需要面对的难题。

（二）城乡协调发展是中国式现代化的基市特征

城乡协调发展是城乡融合的前提和必要条件，是让农民就地过上现代文明生活的有效途径，也是中国式现代化的基本特征（周绍杰，2024）。当前，我国正以中国式现代化发展全面推进中华民族伟大复兴，必须把重塑城乡关系摆在突出位置，深入分析城乡协调发展的基本特征，系统谋划促进城乡协调发展的推进路径，加快农业农村现代化发展（董梁，2024）。但由于各方面资源禀赋及发展基础受限，区域差距、收入差距及城乡差距仍较为明显，特别是城乡差距较为突出，具体体现在如下层面：（1）乡村宜居宜业亟须建设，基本公共服务发展供需不匹配。相较于乡村，城市拥有优质的教育、医疗等资源，会促使有条件的农民逐步融入城市，而根据《国家发展改革委关于印发〈2022 年新型城镇化和城乡融合发展重点任务〉的通知》，2021 年中国常住人口城镇化率为 64.72%，户籍人口城镇化率为 46.70%，两者间 18.02% 的鸿沟意味着农村居民市民化后的社会权利政策尚未得到全面落实，由此，户籍制度相关联的社会保障、公共服务的差距进一步拉大，在儿童发育、电力和卫生设施改善等其他问题上也是如此。（2）根据《2021 年中国城市建设状况公报》，2021 年中国城市建成区面积 6.2 万平方千米，城市蔓延的过程中有着系统的国土空间规划，其前瞻性明显高于乡村，结果将使乡村的土地资源处于无序利用状态，继而产生土地资源错配的现象。（3）城市二三产业的高度集聚吸引了大量乡村劳动力的流入，使得原本基础薄弱的第一产业发展面临严峻挑战，人口单向流动的结果从经济层面促进了城市的繁荣却加速了农村的衰落。（4）鉴于农业生产投资收益周期长的特性，金融机构将绝大多数资本要素配置在城市，这会带动城市基础设施的完善、生态环境的治理，而乡村资本的来源渠道主要依赖财政支农与地方税收，因此便产生了农村资本通过不同渠道流入城市，市场机制下的资本要素配置扩大了农村资本缺口的现象。（5）乡村精神文明投入不足，新时代不但重视乡村经济的发展，还对群众精神生活提出了更高的要求。但当前乡村精神文明针对性内容投入不足，乡村精神文明缺乏系统规划，且乡村精神文明与乡村文化结合度不够，不利于优秀乡村文化的传承和社会主义精神文明的发展。

（三）战略耦合是解决城乡问题的重要抓手

新时代城乡发展不平衡的矛盾在"三农"问题中尤其重要，在城镇化早期发展阶段，乡村资源大量流向城市，在推进城镇化进程中提供了支持，却也导致了许多问题，由于城镇化进程的加快，青壮年劳动力由农村转移至城市，导致了留守儿童缺少陪伴、农村老龄化现象严重等社会问题。因此，在温饱问题解决后，农民对于美好生活的追求不仅停留在物质层面，人民日益增长的需求变得多样化，乡村振兴战略的提出补齐城乡发展不平衡这块短板，抓住了新时代主要矛盾的主要方面，成为解决矛盾的有力抓手（黄祖辉，2018）。但乡村振兴离不开新型城镇化的同步推进，根据第七次全国人口普查结果，至 2021 年我国乡村常住人口还有 5 亿人，占全国总人口的 36.11%，这些人的收入水平、居住条件都需要提高和改善，只有坚持"以人为本"的新型城镇化发展方向，坚持以解决"三农"问题为根本目的的乡村振兴战略导向，使两者在相互渗透、相互促进、相互提升中健康发展，我国的经济发展质量才能真正提高。基于此，在新时代的背景下，协同推进乡村振兴战略与新型城镇化战略，以及对两者战略耦合的研究对于中国式现代化发展具有深远的理论和现实意义。

（四）协同发展是破解社会主要矛盾的关键所在

推进新型城镇化与乡村全面振兴的出发点和落脚点都是让人民生活越过越好，两者都是中国式现代化建设的题中应有之义。党的十九大报告明确指出，我国的社会矛盾发生了深刻变化，集中表现为人民日益增长的美好生活需要和不平衡不充分的发展之间的矛盾，其中，发展的质量与人民多层次的需求不适应，发展的不平衡在城乡层面尤为突出，发展的不充分集中体现在广大农村地区。国家统计局的数据显示，中国的基尼系数由1978年的0.317上升至2020年的0.468，已高于0.4的国际警戒值，说明国民收入分配不均匀。面对城乡发展不平衡、乡村发展不充分的问题，党和国家始终把解决"三农"问题作为全党工作的重中之重，全力推进乡村振兴，并以此为契机促进城市基础设施向农村辐射提升，引导城市人口、资本、技术等要素合理流向农村，加快农村产业的融合，激发农村活力，实现产业兴旺，进而达到缩小城乡差距的目的，形成城乡互补、协同发展的格局。与此同时，中国正着力推动形成以国内大循环为主体、国内国际双循环相互促进的新发展格局。该格局中，畅通国内大循环是基础，而二元结构体制、城乡发展不均衡是导致循环不畅的原因之一，对此，推动乡村振兴与新型城镇化协同发展，提高资源的配置效率则是破除"肠梗阻"的重要抓手。城市和乡村作为承载要素的不同空间形态，两者在一定程度上的割裂势必有碍于消费潜能的释放，而扩大内需则是畅通内循环的主要方向，因此，要素在城乡之间实现双向循环是构建区域循环、全国统一大市场的必要前提，只有收入倍增、城乡联动、区域协同才能够充分发挥出经济、人口的规模优势，实现城乡居民共享发展福利。因此，新阶段新格局下战略互动、要素涌动、服务均等是城乡关系的必然要求，实现这一要求所构建的乡村振兴与新型城镇化协同发展格局必将为中国式现代化的实现释放源源不断的潜能。新型城镇化战略在带动城市繁荣的同时反哺乡村，乡村振兴战略在推动农业农村现代化的过程中依托城市，两者的同频共振、协同发展是缓和社会矛盾、重塑新型城乡关系的关键所在。

二、研究意义

（一）理论意义

1. 多维度拓宽了城乡发展理论的视野和边界

本书打破了传统研究中对城市与农村的二元对立。城市发展与农村发展往往被视为两个相互独立的对象，缺乏深入的交叉研究。而乡村振兴与新型城镇化的研究可以突破这种传统分割，将城市和农村作为一个整体来考虑。通过从整体、系统和协调的角度来研究耦合问题，可以实现城乡资源的合理配置、优势互补和全面协同，推动乡村发展与城镇发展的良性互动，促进中国式现代化发展。

本书测度了乡村振兴与新型城镇化的耦合协调度及各系统协调度，并根据乡村振兴与新型城镇化的内涵构建起子系统序参量的评价体系，将物理学中的协同理论引入区域经济学中，基于复合系统协同度模型测算出乡村振兴与新型城镇化两个子系统的协同度，实现对我国当前两大战略相关理论研究的重要补充，也为分析区域间的差异提供理论来源，在一定程度上拓展了乡村振兴与新型城镇化战略耦合及协同发展理论的内容。

2. 多学科融合拓展了城乡关系的研究广度

"城乡关系"一直是学界研究的热点和重点，近些年大量不同学科的学者对中国的乡村振兴与新型城镇化两大战略分别进行了广泛研究，但纵观历史上经典的城乡关系理论大多聚焦于宏观和自上而下的层面，现有的研究成果主要将乡村振兴抑或新型城镇化作为研究对象，对两者互动关系的探讨尚未深入。

本书融合区域经济学、新经济地理学、产业经济学等相关学科领域，对乡村振兴与新型城镇化的国内外相关研究进行了梳理，对乡村振兴与新型城镇化的战略耦合机理、驱动机理、交互作用机理等进行了总结，弥补了以往研究理论方面不足的问题，实现对我国当前两大战略相关理论研究的重要补充。

3. 为城乡协调与协同发展提供理论借鉴和科学依据

通过对城乡发展的实证研究和数据分析，了解城乡发展中存在的问题和矛盾，为中国式现代化发展提出相应的解决方案和政策建议，并丰富了中国式现代化发展的理论依据。同时，这些科学依据可以帮助其他国家和地区更加准确地把握城乡发展的趋势和方向，制定科学合理的发展策略，实现城乡发展的协调和可持续发展。在全球化背景下，各国之间的城乡发展问题具有普遍性和共性，因此，加强国际合作和交流对于解决这些问题至关重要。城乡耦合协调研究可以为各国提供一个共同的研究平台和合作机制，通过分享经验和资源，共同研究解决方案，推动城乡发展的协调和可持续发展。

中国的乡村振兴和新型城镇化是在特定的国情和历史背景下发展起来的，但其中涉及的问题和挑战在其他发展中国家和地区也是普遍存在的。因此，研究乡村振兴与新型城镇化耦合协调问题，不仅可以为中国乡村发展提供借鉴和经验，也可以为其他国家和地区的农村发展提供理论和实践参考。

（二）实践意义

研究乡村振兴与新型城镇化的战略耦合及协同发展问题具有重要的现实意义。它有助于促进可持续发展，提升农业农村现代化发展水平，实现社会公平和民生改善。通过深入研究这些问题，可以为决策者提供科学依据和政策建议，推动城乡发展的协调和可持续发展。

1. 为中国式农业农村现代化实现提供实践参考

乡村振兴与新型城镇化的战略耦合与协同发展问题关乎现代化进程和可持续发展的核心议题，研究该问题有助于提升我国农村现代化水平。传统的城镇化模式在推动城市经济发展的同时，也带来了许多问题，如农业产业结构偏离、农民流失等。因此，乡村振兴与新型城镇化的耦合协调问题的研究可以有效地解决这些问题，推动农村的现代化进程。通过研究乡村振兴与新型城镇化耦合协调问题，可以提供科学的农业发展方向，优化农村空间布局，推动农业结构调整和农村一二三产业融合发展，为乡村振兴提供理论指导和政策支持。

通过对乡村振兴与新型城镇化战略耦合及协同发展所产生的效应分析、机制检验为全国不同层级，城乡不同发展现状推进乡村振兴与新型城镇化的战略耦合提供理论依据与实践经验，有助于更好地认识到乡村振兴与新型城镇化战略耦合及协同发展与地方经济增长、环境保护、现代化发展之间的关系，为当前地区发展的生动实践与政策制定提供一定的实践支撑与思路参考。

2. 为重塑新型城乡关系及扎实推动共同富裕提供治理策略

城乡差距是当前中国面临的一个重要问题。研究乡村振兴与新型城镇化的耦合协调问题，可以帮助我们深入了解城乡差距的形成原因和影响机制，为实现社会公平和民生改善提供科学依据。通过推动乡村振兴和新型城镇化的协调发展，可以缩小城乡差距，提高农民的生活质量和幸福感。同时，研究还可以探索农村社会治理、农民权益保护等方面的问题，为促进社会和谐稳定提供理论支持和政策建议。

二元结构体制、要素流动渠道、收入差距等均为乡村振兴与新型城镇化发展过程中面临的痛点问题，基于本书各篇内容的分析，从要素流动、不同主体等层面提出推动两大战略协同发展的政策建议；并以长江三角洲地区（以下简称长三角）典型地区作为案例地区，总结出四种不同城乡关系背景下的路径选择，不仅可以为长三角地区城乡耦合提供一定的实践依据，对促进农业农村现代化、重塑新型城乡关系、扎实推动共同富裕也具有重要的现实意义。

第二节　研究进展与趋势

一、乡村振兴研究进展

以乡村振兴为主题关键词，将 CSSCI 来源期刊作为筛选条件在中国知网上进行文献检索，可以发现：国内乡村振兴的研究在 2017 年前处于起步阶段，随着乡村振兴战略规划的发布，2018 年该领域的研究呈指数型增加，到 2022 年该主题依旧为热点话题，研究成果仍保持逐年增加的趋势。通过对上述文献的梳理与整合，归纳出当前学者的研究主要集中在乡村振兴历史渊源与内涵解读、评价测度与时空考察、影响因素与要素关联、脱贫攻坚与路径探索等层面。

（一）历史渊源与内涵解读

乡村振兴作为解决"三农"问题的重要抓手，它的提出具有历史必然性与现实必要性。历史维度上，有学者从中国共产党领导人民进行革命、建设、改革到新农村建设、实施乡村振兴战略的纵向历史脉络中，梳理农业农村发展的政策措施与理论思想的演变轨迹（陆益龙，2021；朱信凯等，2022），也有学者基于习近平总书记的青年经历，分析他执政过程中一系列"三农"工作理念的渊源特征（王娜和曹丽莹，2019），总结出乡村振兴战略继承与发展了党的农村发展思想，融入了体现时代特征的"共同富裕"与"强起来"的元素（张海鹏等，2018），是新时代征程上实现"两个一百年"奋斗目标的必然历史逻辑（刘儒等，2020）。现实城乡关系上，在不平衡不充分的社会发展矛盾中，最大的不平衡反映在城乡发展层面的不平衡，最大的不充分体现为广大乡村发展的不充分，农民作为乡村的主体，要满足其美好生活需要，就必须进行乡村振兴（工木森和唐鸣，2019）。而全面实施乡村振兴，既从时间上给出了阶段性目标，也从空间上明确了乡村发展思路，将"乡村"和"城市"置于同等高度，充分体现了城乡关系从统筹发展到融合互动发展的战略思想转变（马义华和曾洪萍，2018），这也是决胜全面建成小康社会、巩固脱贫攻坚成果的现实必然要求（刘彦随，2018），依循了马克思主义城乡融合共生思想与乡村发展思想，是马克思主义中国化在城乡关系层面取得的崭新成果（刘儒等，2020）。

与乡村振兴相关的概念有"乡村发展"（Scoones，2009）、"乡村重构"（Sackley，2011）、"乡村转型"（Robinson & Song，2019；Belton & Filipski，2019）、"乡村复兴"（Carolan，2020）等，这也是国外学者关注的对象。其中，乡村发展贯穿始终，乡村重构侧重于强调对乡村经济、社会、空间要素的重新组织；乡村转型是对乡村各维度发展状态的宏观描述；乡村复兴是让村庄回归到应有的状态，实现城乡的良性互动；乡村振兴则是对其具有中国特色的表达。国内学者围绕乡村振兴战略"产业兴旺、生态宜居、乡风文明、治理有效、生活富裕"的总体要求，从多个角度对其深刻内涵进行解读。有学者认为该战略的内涵明确了乡村发展的定位、目标、方法与价值等问题（燕连福和李晓利，2022），可以进一步将其内涵凝练为系统回答了农村"为何振兴、怎么振兴、谁来振兴、为谁振兴"的问题（洪银兴等，2018）。也有学者从乡村振兴与新型城镇化两大战略的视角切入，提出城镇化的充分发展是乡村振兴的前提，乡村振兴战略的实施也必将使得城镇化得到良好发展的观点，两大战略并非孤立存在，而是彼此关联、相互交融的关系（黄祖辉，2018）。此外，宏观层面的乡村振兴框架明确了微观尺度的县域乡村振兴内涵，有学者认为县域乡村振兴是县域经济、生态、文化、社会、组织等各方面的振兴，是县域城市反哺农村、工业带动农业发展的过程（杨发祥和郭科，2022）。

（二）评价测度与时空考察

乡村性是乡村发展的本质属性，国外学者的评价主要基于该视角展开。克洛克（Cloke，1978）最早提出乡村性指数的说法，此后，有学者从人口密度、经济发展、农业就业、住房条件等维度对西班牙乡村性进行评价（Ocana-Riola & Sanchez-Cantalejo，2005），并在此基础上相继加入大气污染、噪声影响（Prieto-Lara E & Ocana-Riola，2010）以及生活负担、与大城市的距离（Oconnell et al，2013）等层面的指标对该体系进行修正，也有学者选择与乡村密切相关的经济社会指标来评价美国乡村性（Jacquet J B et al，2017），政府层面也开发了相应的评价体系（Weinert & Boik，1995）。国内学者从全国层面、省域尺度、县域维度来构建相应的评价体系并对其演变特征进行探讨。张挺等（2018）较早从产业兴旺、生态宜居、乡风文明、治理有效、生活富裕5个方面，构建了由44个指标构成的乡村振兴评价指标体系，并对11个省份35个乡村进行评价分析。此后，大多数学者沿用该思路并进行了多样化的探索（闫周府和吴方卫，2019；韦家华和连漪，2018），从全国层面来看，中国乡村振兴水平具有稳步上升的发展特征（芦风英等，2022），对应的五个维度中，得分值最高的为生态宜居，乡风文明的得分值最低（张旺和白永秀，2022），且30个省（区、市）乡村振兴发展水平不均衡，呈现出"东部＞中部＞东北＞西部"的分异规律，中西部地区的发展存在追赶态势（吕承超和崔悦，2021）。从差异的来源来看，东部地区的组内差异最大，组间差异在东部与西部间尤为显著（徐雪和王永瑜，2022），这也是乡村振兴区域差异的主要来源，但其呈逐步缩小的趋势（芦风英等，2022）。从区域极化的角度来看，有学者发现区域间乡村振兴水平的差异具有收敛特征，尚未出现极化现象（张旺和白永秀，2022）；也有学者得出全国整体、东部地区的乡村振兴水平分别具有多极化和两极分化的特征，其余区域无极化趋势（吕承超和崔悦，2021）。究其空间分布格局，乡村振兴呈现出显著稳定的空间正向关联性，"高—高"和"低—低"是其总体集聚的趋势（刘亚男和王青，2022），而局部空间自相关落在第Ⅰ象限的为东部地区，中部、东北、西部地区主要分布在第Ⅲ象限的低值集聚区（张旺和白永秀，2022）。此外，也有学者从"六化四率三治三风三维"的维度构建了乡村振兴指标体系，评价的结果显示乡村振兴的发展区域性特征明显，与经济发展的梯度差异保持一致（贾晋等，2018）。

就相对微观层面的研究来看，以辽宁106个村、1175户农户为样本的调研数据结果表明，辽宁省乡村振兴战略的目标值已完成57%，治理有效的达成率高达84%，乡风文明的达成率为38%（张雪等，2020）。江苏省60%的村庄乡村振兴实施效果的综合指数低于1.820这一均值，并呈现出北方优于南方，内陆优于沿海的特征（Wang et al，2022）。基于改进的熵权—层次分析法计算的甘肃县域乡村振兴总体水平与自身发展环境保持高度吻合，空间分布上与乡村发展环境较契合（毛锦凰，2021）。村域视角下的研究发现，拜泉县乡村振兴水平表现出"金字塔"的结构，相较于一般行政村，有乡镇政府驻地的乡村其发展水平略高，脱贫村与非贫困村的发展水平相当（杜国明等，2021）。

（三）影响因素与要素关联

乡村振兴作为一个复杂的系统，发展水平的高低必然受到自然、经济、社会等层面因素的制约。从宏观层面来看，有学者借助SDM模型实证分析出经济发展水平、产业集聚、农林水利财政支出等变量均在1%的水平上显著，是乡村振兴的重要影响因素（刘亚男和王青，2022）。在此基础上，对乡村振兴综合水平产生驱动作用的变量中，交通基础设施的回归系数最大，产业结构和农村固定资产投资次之，农村财政支出水平的作用程度最小（徐雪和王永瑜，2021）。也有学者立足农村挖掘潜在驱动因子，结果发现海拔高度、第一产业从业人数、农业机械总动力等变量可以很好地解释陇南山区乡村振兴综合水平的空间分异格局，其中，影响程度最大的变量为农业机械总动力（王蓉等，2022）；而农业环境污染、农村基础设施、乡村治理失调同样是导致农业农村现代化区域层面差异的关键所在（辛岭等，2021）。

数字普惠金融为乡村振兴注入了活力，学者将两者纳入同一理论分析框架并对其内在关系进行了尝试性探索。首先，全样本尺度下的数字普惠金融与乡村振兴的耦合协调度具有显著的空间集聚特征，这种空间关联在东部地区较为明显，在中部、西部地区尚未通过显著性检验（谭燕芝等，2021）。其次，数字普惠金融是正向驱动乡村振兴的重要因素（Zhuo Y B et al，2021），这种效应集中表现在东部和中部地区；从不同维度看，构成数字普惠金融的数字覆盖广度和数字使用深度两大维度同样可以促进乡村振兴的发展，但数字化程度对其影响不显著（陈亚军，2022）。再次，数字普惠金融对乡村振兴发展水平的正向促进作用并非简单的线性关系，而是呈现出双重门槛特征（田霖等，2022）。最后，在作用机制上，创新和创业是数字普惠金融助推乡村振兴发展的重要渠道，且金融业务、市场化水平维度对乡村振兴的影响具有显著的异质性特征（马亚明和周璐，2022）。

乡村旅游是实现乡村振兴的重要途径，学者对两者的关联研究形成了系列观点。理论层面，有学者基于"资源—结构—功能"的理论分析框架来系统阐述乡村旅游促进乡村振兴的理论机理（李一格和吴上，2022）。互动关系层面，山东省各市两者间的耦合发展具有区域性的特征，各地区耦合协调发展程度与自身的资源禀赋、经济基础、区位条件相匹配（董文静，2020）；旅游发展能够带动乡村振兴的发展，这种正向作用主要体现在产业、人才和文化层面的振兴上（陈志军和徐飞雄，2022），此外，乡村振兴的发展也能促进旅游业成为乡村的支柱产业（Yang et al，2021）。提升策略层面，可以根据自然环境、文化禀赋条件开展特色乡村旅游（Neumeier & Pollermann，2014），探索创新乡村旅游与慢旅游、数字经济融合的发展新路径（孙九霞等，2021）。

此外，也不乏有研究将乡村振兴与数字经济、金融发展等要素相关联。张旺等的实证结果发现，乡村振兴与数字经济两者之间有着很强的相关性，数字经济的综合水平弱于乡村振兴（张旺和白永秀，2022），故数字经济促进乡村产业振兴可以通过"农业＋冶"和"数字＋冶"两条路径来实现（郭朝先和苗雨菲，2022）。金融发展对乡村振兴的影响表现出显著为正的空间溢出效应（孟令国和陈烜，2022），这种促进作用在新时代所属的时间阶段内作用强度最大，在中国农村改革初期影响程度最低（张婷婷和李政，2019），时空层面两者间溢出效应的符号与强度也具有异质性（刘赛红和杨颖，2021）。因此，实现乡村振兴目标，需要注重乡村金融机构的渗透性、创新普惠金融的业务、增加普惠资金的供给量（邹新阳和温涛，2021）。

（四）脱贫攻坚与路径探索

绝对贫困线以下的全部人口脱贫意味着全面建成小康社会目标的实现，而在推动共同富裕的征程上针对如何阻止贫困人口的返贫问题，巩固脱贫攻坚成果与乡村振兴战略的有效衔接便成为重要举措（张明皓和叶敬忠，2021），该举措以全体乡村居民的生活改善、人的全面发展为导向（涂圣伟，2021），本质在于抑制乡村内部差异水平的增大，发挥乡村的禀赋条件，促进乡村的持续发展与居民能力的提升（李宁慧和龙花楼，2022）。现阶段，虽然两者间的有机衔接取得了阶段性的进展，但是依旧面临着衔接机制不畅通、产业转型基础薄弱、内生原动力不足等突出问题（豆书龙和叶敬忠，2019），因此有学者通过纵向比较改革开放以来中国农业农村的发展历程，总结出赋权和市场化这两条最为关键的经验（张云华，2018），提出要处理好改革农村土地产权结构、加强对乡村基础设施建设的资源要素投入、提升乡村公共服务水平等层面的关系（叶兴庆，2021）。也有学者对两者间的互动关系进行探究，发现脱贫攻坚重点在产业帮扶，发挥了为贫困区"造血"的作用，而乡村振兴的推进又再次巩固了产业的发展，进一步为贫困区和非贫困区"输血"（左停等，2019），化解了乡村内部非均衡发展的矛盾。基于此，相关实证研究结果表明，江西省的10个贫困县（市）脱贫攻坚和乡村振兴指数以及两者耦合协同度均保持增长趋势，高值主要分布在省域的东北方向，西北方向则为低值分布区（廖文梅等，2020）。

为推动乡村振兴战略更好地实施，有学者基于国际视野与本土实践提出推动乡村振兴战略实施的路径策略，其中，张亚峰等（2019）以意大利地理标志为案例，从多方面为中国利用地理标志促进乡村振兴的发展提供了具体思路；潘家恩等（2022）总结了福建省屏南县利用文创元素推进乡村振兴的经验，提出通过"乡村文创"带动乡村要素回流、促进乡村振兴的政策启示；张蕴萍等（2022）提出通过将数字经济融入农业生产、农民生活、农村政务等环节，发挥数字赋能乡村振兴的作用。此外，也有学者分别从农村金融支持产业发展（余春苗和任常青，2021）、完善农村社会保障制度（聂建亮和吴玉锋，2021）、调整乡域系统人地关系（王效梅等，2022；Han J，2020）、深化户籍制度双向改革（洪名勇和张安琪，2022）、开展乡村土地整治（Yin et al，2022；Guo & Liu，2021；Zhou et al，2020）、推动乡村旅游与乡村振兴战略形成有效衔接（申始占和王鹏飞，2022；Gao & Wu，2017）等视角提出相应的政策建议。

二、新型城镇化研究进展

以"新型城镇化"为主题关键词，将 CSSCI 来源期刊作为筛选条件在中国知网上进行文献检索，可以发现，国内新型城镇化的研究始于 2002 年，起步于 2012 年，随着新型城镇化战略的实施，2013 年该领域的研究迅速增加，此后的热度便呈现出下降的趋势。通过对文献主题的梳理与整合，总结出学者的研究集中在内涵阐释与评价指标、综合评价与演变特征、动力机制与变量互动、效应阐释与提升策略等方面。

（一）内涵阐释与评价指标

"urbanization"一词最早于 1867 年出现在西班牙学者赛达（Serda）《城镇化概论》的著作中，随着工业革命进程的推动，不同领域的学者赋予了城镇化相应的内涵。国外学者认为，城镇化是将一定区域内的各类资源集中起来的过程（Cloke，1978），包含着多维的复杂的空间（Friedmann，2006），在这一过程中，乡村的生活方式向城市不断转型（Pacione，2003），乡村经济逐步向城市经济转变（沃纳·赫希，1990），大量乡村人口涌入城市体现的人口城镇化尤为重要（Tselios，2014）。结合中国城镇化发展实践，城镇化的典型特征表现为农村人口向城市转移、城市建设用地面积的扩大、第一产业比重的下降与二三产业比重的上升，但以 GDP 为导向的传统城镇化在发展中带来了环境污染、资源利用效率低等突出弊端，因此，"新型城镇化"的概念便在党的十八大上首次提出。而新型城镇化的"新"着重体现在从过去"人口城镇化"转变为现在"人的城镇化"（陈明星等，2019），从注重发展速度转变为追求发展质量，通过促成人口、资源、环境、发展等要素协调发展格局的形成，进而实现城乡统筹、节约集约、生态宜居、社会和谐的发展目标（董晓峰等，2017）。

就其评价体系而言，城市发展指数所涉及的 11 项指标和城市指标准则涵盖的 42 项指标具有较强的代表性（Kruger，2015），有学者从区位条件、城市规模、人口增长、就业结构、经济活动五个方面建立的指标体系有着一定的借鉴意义（徐维祥等，2020），也有学者在此基础上引入了时空距离（Cloke，1978）、城市健康发展（Vlahov & Galea，2002）等因素。在国内，传统的城镇化主要通过人口城市化率、土地城市化率等指标来衡量，这不足以反映城镇化综合发展水平。因此，有学者基于《国家新型城镇化战略规划（2014~2020年）》中的评价体系对全国层面的新型城镇化水平进行了测度，得出人口城镇化发展较快，资源环境水平严重滞后的结论（余江和叶林，2018）。随着实践的不断深入，学者进一步在经济、人口、空间城镇化的基础上引入了社会城镇化（杨彬和宁小莉，2017；于斌斌和陈露，2019）、制度建设（戚晓旭等，2014）、生活质量（戚晓旭等，2014；田雪莹，2018）、技术创新（王新越等，2014）等维度；鉴于走绿色、低碳的新型城镇化道路以及统筹城乡发展目标的约束，学者在构建评价指标体系的过程中考虑了资源环境、城乡统筹等内涵（王新越等，2014；赵磊和方成，2019；李文和庄亚明，2017；贾兴梅等，2016）。从上述评价指标的变化轨迹可以清楚地发现，目前新型城镇化的评价尚未形成统一的标准，但其囊括的内涵始终根据社会发展的现实逐步丰富完善。

新型城镇化综合水平在一定程度上反映了"相对量"的概念，可以在此基础上将其延伸至发展的质量与效率。其中，发展质量层面，有学者围绕城镇发展质量、推进效率、协调程度三个维度来构建评价体系（蓝庆新等，2017）；也有学者从经济、社会、空间三维立体角度来对其进行评价（方创琳，2011）；大多数学者构建了经济、社会、设施、生态、生活质量等多维复合指标来勾勒其内涵（徐维祥等，2020；蒋正云和胡艳，2021）；梳理研究结论可以发现，1978年以来中国城镇化发展经历了快速起步、徘徊波动、低速增长、高速增长四个阶段（朱鹏华和刘学侠，2017）。就发展效率而言，学者大多运用数据包络分析（DEA）的评价方法，投入变量一般以劳动、土地、资本要素为主，产出变量涵盖经济、社会、生态方面的收益（傅为一等，2022；谢永琴和曹怡品，2018），有些学者在此基础上纳入了环境污染等非期望产出（谢永琴和曹怡品，2018；于斌斌和申晨，2020）。

（二）综合评价与演变特征

梳理城镇化综合水平的研究成果，可以发现，全国层面的新型城镇化发展水平呈现出递增趋势，其中，经济、文化维度的分值稳步上升，人口和生活维度具有较强的波动性，资源与环境发展水平相对较低（田雪莹，2018）。从地区划分的结果来看，东部地区发展优势明显，中部地区发展相对滞后，西部地区发展梯度分布（王新越等，2014），即新型城镇化水平遵循着从东部向中部、西部逐渐递减的分布规律（余江和叶林，2018），与此同时，各区域内部的差异具有拉大的倾向（熊湘辉和徐璋勇，2018）。针对全样本"先扩大后缩小"的差异格局，地区间的差异对其贡献率最大（赵磊和方成，2019），空间层面存在集聚特征，且随着时间的推移集聚性愈发明显（熊湘辉和徐璋勇，2018）。就中部地区的城镇化水平而言，城市间的土地城镇化水平差距加剧，空间集聚程度逐步减弱（卢新海，2019）；而省域层面的吉林，经济城镇化维度发展水平高于社会城镇化和空间城镇化，人口城镇化的分值最低（杨彬和宁小莉，2017）。

就城镇化质量的研究而言，中国新型城镇化质量水平总体偏低，但其表现为上升的趋势（袁晓玲等，2017），高质量发展地区主要以沿海和沿江省（区、市）为主，形态上类似于"T"型（蒋正云和胡艳，2021），其横向梯度效应从东向西逐步递减，与经济发展水平保持较高的吻合性（曹飞，2017）；构成城镇化质量的三个维度中，经济城镇化质量最低，空间城镇化质量得分最高，社会城镇化质量水平居中（方创琳，2011）。省域层面的新型城镇化发展质量不均衡，差异呈现出双"W"型的变化趋势（徐维祥等，2020），重心向西偏南方向移动了40.886千米（蒋正云和胡艳，2021），空间上的集聚程度逐步加强，冷热点具有"东热西冷"的分异规律（徐维祥等，2020）。缩小样本尺度范围，因子分析法度量的西部地区新型城镇化质量中，内蒙古发展质量的绝对值最高，新疆的增速最快，贵州保持"双低"水平（马德功和王建英，2016）；AHP层次分析法测算的重庆市新型城镇化质量与东部中心城市仍然有较大的差距（张引，2015）。

城镇化效率的相关研究表明：全国尺度下，技术效率与纯技术效率表现出"东部＞中部＞西部"的分异格局，且技术效率在省份间有着明显的差异，纯技术效率是造成省域城镇化效率差异的原因（赵黎明等，2015）。地级市尺度下，DEA-BCC模型测算的结果显示，技术效率与城镇化率之间存在显著的"U"型关系（魏后凯等，2017），279个地级市中人口城镇化效率最低，各类型城镇化效率值仍然保持"东高西低"的分布状态（陈立泰和梁超，2014）。城市群尺度下，有学者借助SBM模型对22个城市群的城市化效率、全要素生产率进行测算，得出技术的进步而非效率的改善才是全要素生产率增长的原因这一结论（万庆等，2015）。特定省域尺度下，环境约束下的陕西省城镇化的技术效率具有更大的波动性，且下行趋势明显（宋林等，2016）。

（三）动力机制与变量互动

城镇化发展水平及其质量是一系列因素共同作用的结果。经济发展水平直接反映了地区禀赋条件以及产业发展模式，对城镇化的发展产生先决的正向影响（卢新海，2019；Henderson，2003）。产业是城市发展的支柱，蒸汽时代工业化是助推城镇化的强动力（Atack et al，2022；Kim，2005），现如今第三产业比重越高意味着环境友好性越强，可持续发展能力越强，故可以发挥结构优化对城镇化的促进作用（赵磊和方成，2019；万庆等，2015；Irwin et al，2009）。在此期间，技术创新扮演着重要的角色，一方面可以倒逼技术的更新换代促进清洁生产，另一方面能够通过溢出效应带来规模报酬，提升城镇化发展的质量与效率（万庆等，2015）。随着基础设施条件的完善，全球化浪潮会促使在城市相互分工的过程中提升城镇化水平（Hutton，2004），进一步对外开放会使得环境友好型企业"引进来"，在"干中学"效应的影响下，外商投资将对本土新型城镇化产生"先降后升"的非线性作用（樊士德和柏若云，2022）。除此之外，政府行为、土地市场化（Zhang & Wang，2018）、投资水平（Lin et al，2015）也是驱动土地城镇化的重要影响因素，但当人口城镇化水平提高后，有限的供给与无限的需求之间的矛盾将会产生"拥挤效应"，增加城市居民的"成本效应"，以至于人口密度、市区规模有碍于新型城镇化效率的提升（卢新海，2019；陈立泰和梁超，2014）。

在探究新型城镇化与其他变量之间的作用关系时，国外学者的研究更加多元，国内学者往往结合当前时事热点话题依托于国家战略区域来展开。生态环境层面上，长江经济带新型城镇化与生态文明建设的耦合协调总体为同步发展型（邓宗兵等，2019），京津冀城市群城镇化效率与生态效率的耦合度呈"W"型增长（胡彪等，2017），城镇化与土地生态效率具有"N"型关系（Zhao et al，2018），黄河流域新型城镇化与生态环境的耦合度"先升后降"（赵建吉等，2020）。此外，新型城镇化与低碳试点城市低碳发展的耦合度水平较低（宋祺佼和吕斌，2017），两者间存在正向的空间溢出效应（王玉娟等，2021），且短期内能够降低碳排放（Kasman & Duman，2015；Yao et al，2018）或增加温室气体排放（Huang et al，2021；Hossain，2011），技术创新和工业结构升级是其间的影响机制（Zhang & Cai，2022）。就产业发展层面，长三角城市群新型城镇化对产业结构的作用程度明显弱于产业结构对新型城镇化的正向增强作用（涂建军等，2021），成渝地区双城经济圈也如此（熊兴等，2022）；湖南省新型城镇化与产业结构的耦合在发展速度上不同步，时间演变上不同向（魏敏和胡振华，2019）；旅游业与新型城镇化的耦合具有自西向东梯度递增的特征（赵磊等，2020），城镇化进程中存在着旅游业环境库兹涅茨倒"U"型曲线（Zhang et al，2021），产业内各行业的生产率增长是提升城镇化效率的主要因素（于斌斌和申晨，2020）。就土地利用而言，有学者发现新型城镇化与土地利用效率之间存在非线性的"U"型关系（岳立和薛丹，2020），也有学者发现两者间具有显著的交互效应，但新型城镇化对土地集约利用的相应程度相对较小（韩海彬和吴伟波，2020）。社会公共服务层面上，人口、经济、社会三维城镇化与其存在长期稳定的均衡关系（曾繁荣等，2019），京津冀地区两者的耦合协调度形成"增长极—塌陷区"的空间格局（傅利平等，2020）。就农业现代化层面而言，中西部地区新型城镇化与其耦合协调度较低，主要体现为新型城镇化滞后（蒋正云和胡艳，2021），农业技术进步与新型城镇化的耦合度均处于颉颃阶段（罗小锋和袁青，2017）。除此之外，也有学者进一步探究了新型城镇化与城市韧性（张悦倩等，2022）、市场分割（于斌斌，2022）、工业产能利用率（于斌斌和陈露，2019）、数字普惠金融（王媛媛和韩瑞栋，2021）、技术创新（Shang et al，2018）等变量的作用关系。

（四）效应阐释与提升策略

新型城镇化战略自实施起就发挥着统筹城乡经济、社会、生态发展的作用，具有减贫共富、资源配置、减排降碳、增进福祉、促进增长等多维效应。就减贫共富效应而言，地级市层面的新型城镇化水平对共同富裕及其各维度均表现为正向推动作用，这种影响程度在贫困地区尤为显著，农民收入与公共服务是其产生影响的渠道（孙学涛等，2022）；而夜间灯光数据下的新型城镇化水平对贫困发生率和收入分配差距的作用不显著（王玉玲和程瑜，2019）。在资源配置效应上，新型城镇化可以扭转劳动力资源错配的局面，尤其是在经济发展和城市人口规模相对逊色的地区（吴青山等，2022），也可以通过技术创新提高土地资源利用效率（Fischer & Sun，2001），而要素流动、扩散效应是新型城镇化优化资源配置效率的影响机制（张军涛和黎晓峰，2019）。针对其减排降碳效应，新型城镇化可以通过直接与间接渠道减少污染排放（Yu，2021；Wei et al，2021）、降低能源强度（Elliott et al，2017），与生态环境之间也具有倒"U"型关系（Wang et al，2014；Martinez-Zarzoso & Maruotti，2011；Irfan & Shaw，2017）；经济距离权重矩阵下对碳排放强度的空间溢出效应高于生态安全距离（李硕硕等，2022），且经济城镇化和人口城镇化在实现减排目标的过程中发挥着中介作用（谭建立和赵哲，2021）。至于新型城镇化的福利效应，政府主导的"中国式"城镇化使得城镇居民福利逐年增长，生产率对其贡献率高达69.35%（段巍等，2020），跟踪调查数据的结果同样表明，城镇化进程中苏南农户的福利水平有着明显的上升（赵学军和赵素芳，2021），且"先城后产"的产城融合发展路径更有助于提升居民生活福祉（丛海彬等，2017）。就经济增长效应而言，推动城镇化可以促进发展中国家经济增长（Brueckner M，2012），能够实现经济增长与收入分配改善两者的兼得，其具有的空间溢出效应有利于带动中部地区经济效率的提升（万广华等，2022），也有学者的研究表明两者间关系不明确（Bertinelli & Strobl，2007）或具有动态非线性关系（Turok & Mcgranahan，2013）。

由于中国的新型城镇化是在政府主导、制度引领下逐步探索实践的，具有工业化驱动、大规模人口迁移等特征（李兰冰等，2020），在快速推进的过程中便会产生半城镇化现象严重、公共服务供给机制不完善（文丰安，2022）、产业支撑力不足、城乡一体化程度不高（李兰冰等，2020）等"城市病"。基于此，有学者梳理国内外城镇化发展模式与类型，明确我国城镇化位于四个发展阶段中的城乡综合治理的阶段，并基于温州模式与成都模式的发展经验提出要推动大中小城市与小城镇协调发展（李圣军，2013）的政策建议。也有学者从顶层设计的视角出发，提出将环境动态考评工程、城市群建设工程等作为城镇化发展的着力点（任碧云和郭猛，2021），在此基础上实施"强圈构群筑底"、数字赋能"未来城市"等发展战略（欧阳慧和李智，2021）。还有一部分学者立足于行为主体角度，提出迈向更高水平的新型城镇化，需要发挥"城乡两栖者"对乡村振兴的推动作用，降低农村居民市民化的定居成本（孙良顺和田泽，2022），在边界合理的基础上发挥政府、市场与社会三者的合力，理性促进新型城镇化的发展（高宏伟，2018）。

三、乡村振兴与新型城镇化的互动研究

以"乡村振兴"和"新型城镇化"为主题关键词，将 CSSCI 来源期刊作为筛选条件，进一步精确到"经济与管理科学"分类中，发文量则更为稀少。2017 年仅有 1 篇理论性文章对两大战略进行分析，此后的发文量虽然逐步上升，但是相较于乡村振兴与新型城镇单独研究的发文总量仍然较少。与本书密切相关的主要包括探究两大战略的动态互动、耦合协调、融合发展以及协同发展。

（一）乡村振兴与新型城镇化的动态互动

乡村振兴与新型城镇化作为解决"乡村病"和"城市病"的战略，只有两者的有机结合才能更好地重塑新型城乡关系。为此，国外学者对城乡关系的理论研究经历了城乡均等、二元结构、协调互动的演变历程，发展观念由城市偏向、城乡互动转变为乡村偏向。国内有学者对两者间的因果关系进行识别，发现短期内全国层面具有从乡村振兴到新型城镇化的单向因果关系，长期两者是双向互动关系（雷娜和郑传芳，2020）；而地级市层面乡村振兴与新型城镇化大部分维度都存在正向的双向互动关系，且中部地区"城"对"乡"的带动作用最为明显（Li & Liu，2021）。也有相关研究在此基础上加入了其他变量，进一步探讨三个变量之间的作用关系，当纳入新型工业化这一变量后，三者间存在长期稳定的均衡关系，且乡村振兴对新型城镇化的作用逐步凸显，新型城镇化对乡村振兴的作用逐渐弱化（陈国生等，2018）。在加入经济增长变量后，得出经济增长相较于乡村振兴对新型城镇化的促进作用更大，新型城镇化相对于经济增长对乡村振兴的带动更明显的结论（王永瑜和徐雪，2021）。与此同时，相关研究也对乡村振兴与新型城镇化的互动关系（Yang et al，2021；Li et al，2022）、互动效率（Sun et al，2022）及互动趋势（Chen et al，2021）进行了探究，对此，有学者从利益相关者的视角出发，提出用新型城镇化战略助力乡村振兴战略实施（陈丽莎，2018）的政策建议。

（二）乡村振兴与新型城镇化的融合发展

在城乡融合发展的背景下，乡村振兴战略与新型城镇化战略互为联动、相互促进，同样理应实现融合发展。对此，理论层面上，有学者梳理城乡发展关系的逻辑主线，从"三农"问题的实质与定位视角提出乡村振兴与新型城镇化融合发展的理论依据（卓玛草，2019），该理论的渊源来自城乡融合思想和中国实践（周文，2022）。融合机制层面上，人口、土地、产业、资本作为城乡发展中较为活跃的要素，有研究从"人—地—

产"层面剖析了两者间的融合机理（Ma et al, 2019）。此外，高效、绿色、人文、善治、包容的城镇化与乡村振兴中的"产业兴旺、生态宜居、乡风文明、治理有效"——对应的发展路径也为探究两者间的机理提供了展现视角（苏小庆等，2020）。就实现路径而言，学者一致认为需要推动资源要素从乡村到城市的单向流动转变为城乡之间的双向流动（文丰安，2020；张琛和孔祥智，2021；丁静，2019），辅以优先发展农业农村（丁静，2019）、确保城乡居民在公共服务上的等值化（张琛和孔祥智，2021）等政策措施。

（三）乡村振兴与新型城镇化的战略耦合

乡村振兴战略于 2017 年党的十九大正式提出，相关文献大部分是关于乡村振兴与新型城镇化的理论探讨，有学者根据乡村振兴与新型城镇化的内涵对乡村振兴与新型城镇化相互作用机制进行探讨（李梦娜，2019）；在理论关系层面，学者们普遍认同乡村振兴战略与新型城镇化战略是相互促进、互相推动的新型关系（蔡继明，2018；陈丽莎，2018）；也有学者按照"城乡统筹—城乡一体化—城乡融合"的逻辑主线，对乡村振兴与新型城镇化的内在逻辑展开讨论。城乡融合的过程中应聚焦两大战略的共生效应，形成多主体、多尺度、多层次的城乡协同治理体系（卓玛草，2019；叶超和于洁，2020；丁静，2019）。但有学者发现这个过程也可能产生和遗留政策梗阻现象，因此在探究两大战略耦合关系时要在认识、政策、实践三个层面上规避政策梗阻所可能产生的后果。最终加强乡村振兴与新型城镇化的联动效应，加快农业农村现代化发展（杨嵘均，2019；文丰安，2020；苏小庆等，2020）。当前现有关于乡村振兴与新型城镇化的实证分析的文献还比较少，陈国胜等（2018）以时间序列数据，实证分析中国新型工业化、新型城镇化与乡村振兴三者的关系，用脉冲响应证明了三者互相之间均存在显著的正向效应。徐维祥等（2020）以省级面板数据重构了乡村振兴与新型城镇化的指标体系，分析了全国 30 个省份两大战略耦合协调水平的时空格局特征，并对其间潜在的驱动机制进行了剖析；其余则均是以部分地区为例，使用耦合协调度模型进行的研究（吴旭晓，2019；俞云峰和张鹰，2020）。

（四）乡村振兴与新型城镇化的协同发展

当前关于乡村振兴与新型城镇化的协同发展研究更多地聚焦在政策理论层面。战略引领上，要实现战略定位、策略手段以及政策机制（桂华，2020）的三维协同。节点把握上，将社会主义现代化目标作为时间节点，空间上形成以城市群、大城市为中心，小城镇为载体的形态格局（夏金梅，2021）。城乡发力点上，城市应对其支柱产业进行转型改造，乡村应对其"三生"空间进行重构（章艳涛和王景新，2020），逐步构建起城乡教育、产业、医疗、文化、生态发展的共同体（王金华和谢琼，2021）。发展路径上，实施农业农村优先原则（杨佩卿，2022），完善逆城镇化的制度体系（段龙龙，

2021）。虽然有少部分学者从实证角度探究乡村振兴与新型城镇化之间的协同关系，但其采用的是耦合协调度模型（祝志川等，2022；谢天成，2022），未体现出协同理论、系统论的运用。

四、研究评述

乡村作为经济发展的"稳定极"，要素涌向城市不可避免地带来了自身的衰落，而乡村振兴战略的提出将"农村"置于与"城市"相同的高度，因其具有明显的中国特色，国内学者对其研究主要体现在如下层面：第一，如何从"三农"发展史中追溯乡村振兴战略的理论逻辑与现实逻辑；第二，如何立足乡村振兴总目标构建起相应的评价体系以明晰发展现状；第三，如何找准乡村振兴的发力点并识别出与哪些要素存在互动；第四，如何制定宏观、中观、微观相结合的乡村振兴战略，也即沿着"历史脉络—现实特征—互动关联—政策衔接"的逻辑思路循序渐进地展开。研究的区域涉及省、市、县不同尺度，评价指标也日益丰富完善，也为后续内容的进一步外延提供了丰富的文献支撑。

城镇化的本质在于提升居民的生活福祉，而以人为核心的新型城镇化战略则更加注重发展质量，强调环境友好。自该战略提出以来，学者基于不同视角、采用多种方法对与之相关的各类科学问题进行了探讨，现有的研究主要回答了如下四个问题：第一，城镇化是什么以及如何对其进行评价，学者从人口、土地、经济、社会、生态、文化等层面构建起了相应的指标体系。第二，城镇化的发展具有何种演变规律以及发展过程中的驱动机制是什么，对此，学者尝试基于不同尺度、代表性区域数据借助探索性空间数据分析（ESDA）的方法来刻画时间和空间维度的格局特征，并采用双向固定效应、门槛回归等模型探讨产业结构、技术创新等变量对其产生的线性与非线性影响关系。第三，城镇化与哪些变量存在互动关系并产生何种效应，学者结合时代发展热点，先后探究了与经济增长、资源配置、生态环境、数字普惠金融等的关系。第四，如何提炼模式助推城镇化高质量发展。可见学者对于城镇化本身及其外延的探索已取得丰富的成果。

研究内容上，根据各系统内涵构建起相对丰富的乡村振兴与新型城镇化评价指标体系并对各自的发展现状进行刻画，在此基础上，针对乡村振兴与新型城镇化的战略耦合，测算两者之间的耦合协调度、描述战略耦合的格局特征、探讨两者之间战略耦合的效应结果、总结战略耦合模式、实现路径及推动机制；针对乡村振兴与新型城镇化的协同发展，测算两者复合系统协同度、描述复合系统协同度的时空格局、识别复合系统协同度的影响因素、检验协同发展的理论机制、阐明协同发展的多维效应。

研究方法上，哈肯演化模型、复合系统协同度模型作为测算协同度常用的方法，目前部分文献在探究协同问题时采用的是耦合协调度模型，因此，本书尝试借助复合系统模型来计算乡村振兴与新型城镇化的协同度，充分体现协同学的理论及思想。

第三节　概念界定与基础理论

一、相关概念界定

（一）乡村振兴

党的十九大报告首次提出实施乡村振兴战略，这既是立足于农村解决"三农"问题的重大战略，也是解决城乡发展不平衡和农村发展不充分的重大举措（黄祖辉，2018）。2018年，中央一号文件与《国家乡村振兴战略规划（2018～2022年）》进一步明确了该战略的总体要求为"产业兴旺、生态宜居、乡风文明、治理有效、生活富裕"，当前大多数学者围绕着"20字方针"从不同角度对其内涵进行解读（刘彦随，2018）。本书同样基于该思路来对乡村振兴的概念进行界定，其中，产业兴旺体现了乡村经济层面的振兴，既是提升农民收入的基础，也是实现农业农村现代化的关键；生态宜居是对乡村生产、生活、生态"三生"环境的综合反映；乡风文明表征的是乡村社会风貌、文化传承与思想道德；治理有效反映的是在政府、村委会、村民等不同主体的合力作用下，乡村的治理能力、治理效果与治理的现代化水平；生活富裕是乡村振兴的目标，是对村民富裕程度和生活质量的衡量，体现出"人本思想"的落脚点。五大目标环环相扣，互为联动，形成有机整体。

（二）新型城镇化

以GDP为核心的传统城镇化发展思路忽略实质城镇化而片面追求形式城镇化（张许颖和黄匡时，2014），具有高投入、高污染、低效益、政府主导的发展特征，与科学发展观的要求背道而驰。基于此，2012年中央经济工作会议首次提出走集约、智能、绿色、低碳的新型城镇化发展道路，2013年中央城镇化工作会议提出推进以人为核心的城镇化，由此可见，新型城镇化的理论内涵折射出人本性、协同性、包容性与可持续性的光芒（陈明星，2019）。《国家新型城镇化规划（2014～2020年）》则从城镇化水平、公共服务、基础设施、资源环境四个维度来诠释以人为核心的新型城镇化内涵，也有学者围绕六大核心目标来解读新型城镇化的民生、可持续发展与质量三大内涵（单卓然和黄亚平，2013），本书则从经济城镇化、生态城镇化、社会城镇化、空间城镇化与人口城镇化五个层面来界定新型城镇化的内涵，充分彰显新型城镇化复合系统所涉及的不同要素。其中，经济与生态城镇化表征城镇化过程中的增长质量与环境友好，社会与空间城镇化体现了服务均等、外延拓展，人口城镇化则是新型城镇化的落脚点，直接反馈出人口的转移与生活质量水平。

（三）城乡关系

中国的城乡关系经历了城乡割裂、城乡统筹、城乡一体化以及城乡融合四个不同发展阶段，其中，城乡割裂也即二元结构，城市与农村作为两个部分独立发展，后三者则是城乡实现了不同程度的互动，对其概念界定如下所述。

1. 城乡统筹

在市场经济环境下，农村人口的流出带动了城市的繁荣，推动了人口城镇化与土地城镇化的迅速发展，而这一过程进一步加剧了城市与农村之间资源的争夺，以至于原本在乡村的资本、人口等要素涌入城市，加速了农村的衰退，其中，经济层面的收入差距表现尤为突出。在此背景下，党的十六大提出"统筹城乡经济社会发展"，此后将其列为"五大统筹"之首，其特征为各级政府以城市为中心对资源进行统筹配置，运用一系列政策措施打破城乡二元结构，使城乡收入差距控制在合理区间（刘俊杰，2020），核心在于实行"多予少取放活"和"工业反哺农业、城市支持农村"的方针（郭君平等，2022），这既强调了城市的作用，也给予了农村相应的支持，是对新型城乡关系的初步探索。

2. 城乡一体化

随着中国经济进入新常态，经济增长速度转向中高速，创新成为驱动高质量发展的新动能，城乡统筹在促进乡村发展的同时并没有从根本上扭转城乡发展差距，城乡关系亟待重塑。2012年，党的十八大报告明确提出推动城乡发展一体化，次年，进一步提出打造城乡一体的新型工农城乡关系，有学者认为城乡一体化作为城镇化发展的高级阶段，重点是要推进城乡经济的联动、社会的趋同、空间的融合与制度的一体（贺艳华等，2017）。该政策是对城乡统筹的继承与发展，仍然体现出"城市偏向"，强调通过政府的力量借助改革的手段来发挥城市与乡村的互动作用，以实现城乡居民权利同等、生活同质、利益同享、生态同建、环境同治、城乡同荣的一体化目标（魏后凯，2016）。

3. 城乡融合

新时代新征程上，中国的社会矛盾已发生深刻改变，城乡发展不平衡，乡村发展不充分的问题成为高质量发展面临的重要难题。党的十九大提出建立健全城乡融合发展的体制机制和政策体系，旨在促进城乡地位平等与优势互补，推动城乡要素合理流动与优化配置，实现全体人民的共同富裕与人的全面发展三个层面（周德等，2021）。该政策摒弃了"城乡统筹"与"城乡一体化"政府主导、城市偏向的观念，将城市和乡村置于同等地位，通过乡村振兴与新型城镇化两大战略的双轮驱动，推动城乡二元机制体制的一元化。与此同时，城乡融合是对城乡统筹发展、城乡一体化战略思想的继承和深化，也是实现城乡一体化的重要路径，也即城乡统筹是重要手段，城乡一体化是最终目标，而城乡融合是一种状态和过程（魏后凯，2020）。

4. 战略耦合

战略耦合一词原本是用于全球生产网络的研究，一般用来解释区域与全球生产网络之间的关系，特别是用来衡量一个正在发展的区域与全球生产网络耦合的方式，以此确定这个区域的发展前景（刘逸，2018）。国外学者杨伟聪（Yeung）将战略耦合界定为一个交换的过程，是一个区域中的经济主体整合、协调好区域内资产与全球生产网络的主导者进行交换的过程，即区域内的企业或者政府与全球生产网络中的跨国企业者进行交换技术、生产、劳动力等资源的过程。

自新型城镇化战略与乡村振兴战略先后提出，多数学者将战略耦合应用于乡村振兴与新型城镇化两大战略的理论关系研究中，通常指乡村振兴与新型城镇化相互促进、相辅相成的一种关系（李梦娜，2019；王静和姚展鹏，2019）。但在实证分析中，当前关于战略耦合还没有一个标准的权威测度方式，大部分学者通过耦合协调度模型来测度乡村振兴与新型城镇化的战略耦合，在此基础上，本书主要采用耦合协调来实证分析乡村振兴与新型城镇化的关系，以及通过关联系数来测度乡村振兴与新型城镇化两大系统的关联性。

5. 协同发展

"协同"由德国物理学家哈肯提出，其核心思想在于大量子系统以复杂的方式相互作用所构成的复合系统，如何通过子系统间的协同作用，自发地形成时间、空间、功能的有序结构（邬彩霞，2021），进而产生协同效应，其中某一阶段复合系统协同发展程度可以由协同度来表示。协同理论遵循着快变量服从慢变量、序参量支配子系统的伺服原理和开放系统的自组织原理，因此，协同发展更侧重于强调系统内部与系统之间要素通过竞争与合作突破原有的结构状态，进而实现要素、系统的多赢，产生"1 + 1 > 2"的协同效应。协同发展与协调发展的区别在于：理论层面上，协同发展更加注重协同理论的运用；互动关系上，协同发展通过系统内部要素与系统间的斗争与合作达到统一；要素地位上，协同发展中序参量的竞合决定了系统的演化与结构。从乡村振兴与新型城镇化的协同发展来看，将乡村振兴和新型城镇化视为复合系统中的两个子系统，各子系统由基于各自内涵选择相应的序参量构成，两大子系统内部序参量以及子系统间的相互作用使得复合系统逐步突破旧的结构状态，进一步朝着稳定有序的方向发展并产生整体协同效应。

二、基础理论

（一）马克思的城乡发展理论

马克思、恩格斯基于辩证唯物主义等观点对城乡发展历程、对立原因进行了揭示，同时也批判了资本主义发展将进一步加剧城乡对立的现象，这些在《资本论》《家庭、私有制和国家的起源》《德意志意识形态》《哥达纲领批判》《共产党宣言》等书中均有体现。

基于生产力与生产关系的矛盾来划分城乡发展历程。第一阶段，乡村从属于城市阶段。生产力在发展初期还比较低下，城乡界限还不明确但不是融合的状态，而是处于混沌合一的状态。此时的城市在乡村哺育中成长，乡村发展均以服务城市为主，城乡初始和谐且表现为一种从属关系。这在《共产党宣言》里有所论述。第二阶段，城乡对立阶段。马克思以中世纪的欧洲为典型代表，从社会大分工开始，农业与手工业分离造成城乡差距越来越大，此时的乡村不仅从属于城市，而且受城市的奴役与支配，乡村在政治经济上处于弱势地位，城乡政治经济处于对立阶段。第三阶段，城乡融合阶段。马克思预见了后工业时代生产力高度发达，城乡对立会逐步消失，否则会阻碍生产力发展。在这个阶段，主要由城市带动乡村、工业促进农业发展，城乡关系由对立逐渐走向融合，这是一种必然趋势，多发生在无产阶级建立的先进国家里。马克思指出了高度发展的生产力是实现城乡融合的物质条件，城乡对立的根源在于社会分工的问题还有私有制的诞生，生产资料公有制是城乡融合的社会条件。资本主义制度下这种对立不会消除，反而会使城乡矛盾日益尖锐。而社会主义公有制条件下，生产资料公有化，无论是农村还是城市居民的需求均得到满足，消灭了阶级压迫，最终实现城乡融合。

（二）二元经济结构理论

"二元结构"这个词最早是由荷兰经济学家伯克（Booke，1953）于20世纪60年代提出，后来被研究发展中国家的经济学家进一步发展，就演变成了二元经济结构理论。在此基础上，刘易斯（Lewis，1954）构建了劳动力供给具有完全弹性的两部门经济模型，由此提出了城乡二元结构理论。该理论的内容为：封闭的欠发达的经济体中存在着两大部门，传统的农村部门劳动力无限供给，具有低劳动生产率、低收入的特征，现代工业的城市部门兼具劳动力稀缺、劳动力回报高的特点。在工业化推进的过程中，农村部门为阻止劳动力的外流和限制新技术的使用，在劳动无限供给的情况下将使得劳动生产率接近于 0，进而产生严重的隐蔽性失业问题，只要工业部门支付高于农村部门劳动边际收益率的工资，就会吸引大量农业劳动力涌入城市，加速城市现代工业的集聚，经济部门将从农村转向城市，由此形成城乡二元经济发展结构。

鉴于刘易斯的二元结构理论忽视了农业部门劳动力在经济发展中的地位与作用，拉尼斯和费景汉（Ranis & Fei，1961）对上述理论模型进行修正，动态考察了农业部门、工业部门之间的均衡增长问题，提出了"刘易斯—拉尼斯—费景汉"模型。该理论模型主要基于剩余劳动力从农村部门向城市工业部门转移的过程，根据农业部门劳动生产率与工业部门不变制度工资水平的阶段性特征，来分析两部门协调发展的重要性，并阐明了欠发达地区平衡增长的路径和二元结构转化的框架。该理论模型强调在推动工业发展的同时注重农业发展，且现代技术可以提高农业生产效率。但该理论模型假定农业部门和工业部门分别存在劳动力剩余与充分就业，且工资水平保持不变，这不符合现实的经济发展情况。

乔根森（Jorgenson，1961）在刘易斯模型的基础上进一步对劳动无限弹性的内容进行修正，假定农业生产部门的投入要素仅有劳动、现代工业部门与劳动和资本两类要素相关，两大部门的产出随时间的变化逐步增加。主要观点为：农业的发展会带来人口的增长，人们对于农业产品的需求有限，对工业产品有着无限需求，只有在农业生产率高于人口增长率的情况下才会出现劳动力剩余，当农产品的需求超额供给时，就会出现农业剩余劳动力向工业部门的转移，工资也将随生产率的提升而增加。乔根森模型的核心在于剩余劳动力是工业部门发展壮大的充分必要条件，当农村劳动生产率为 0 时，就没有多余的劳动力向工业部门转移，大于 0 时剩余劳动力就会转移到工业部门。因此，二元经济结构的转移主要由农业剩余是否为 0 决定，正是因为这样乔根森模型更加强调农业农村长远发展的重要性，不仅要通过现代化技术提高农业生产效率，也要关注市场这只"看不见的手"的调节作用。

托达罗（Todaro，1999）针对失业现象建立了相应的人口流动模型，否定了刘易斯模型中农业部门劳动生产率接近于 0 的假说。他认为，农业生产部门不存在剩余劳动，且劳动的边际生产率为正，农村部门的劳动力向现代工业部门流入是一种合理的经济行为，反映了劳动者的心理预期，只要预期收益高于迁移成本，就会产生劳动的流动；一旦与预期差异有着较大的偏离，将提升城市的失业率，因此该模型解释了人口流动与失业并存的关系。表明仅靠工业部门很难降低城市失业率，只有农村经济发展齐头并进才能缩小城市与乡村的差距。但该理论的前提假设为农业部门劳动力不存在剩余、忽视劳动力的再就业问题，与发展中国家的现实情况相背离。

（三）田园城市理论

霍华德（Howard）是最早提出田园城市理论的人，在他 1989 年出版的《明日的田园城市》一书中最早出现该理论，这是一个最早的对城乡关系进行规划的思想理论。霍华德构建了一个模型，该模型以城市组团为对象，是用来解决城乡协调发展问题的，基本单位是"田园城市"（garden cities）。"田园城市"作为一种新型城市形态，又被称为花园城市、田园都市。霍华德最早的模型实践是在 1903 年英国建设的莱奇沃思（Letchworth）田园城和 1919 年建设的威尔温田园城（Welwyn），这也是现代田园城市建设的先驱。经过百年的演变，霍华德的"田园城市"理论内容越来越丰富。田园城市集城市和乡村之所长，可以赋予人们新生活、新文化。工业革命后，"大城市病"的问题愈加凸显。随着农村人口流动到城市，城市人口膨胀，规模扩大，这已经超越城市的承载范围。同时，还导致污染加剧，无法可持续发展。田园城市指明了一条道路：第一，"田园城市"规定了城市的规模，这是为了保证人类的健康发展。霍华德预置了城市人口与农村人口比例为15:1，城市人口的人数为32000人。第二，田园城市是以人为本，城市的人口规模和布局方式都应考虑到人的健康发展。而城市居民也应该投入到城市的建设和管理，类似于有一定的自治权。第三，"田园城市"的本质仍是城市。这意味着"田园城市"的重点仍然是城市，而非"田园""花园"。这个概念的提出是为了解决"大城市病"。就像"美丽乡村"仍然意味着以"乡村"为主，要搞清楚城乡的概念，城乡一体化不是意味着城乡一样化。

（四）城乡推拉理论

从19世纪拉文斯坦的"人口迁移律"开始，城乡推拉理论逐渐形成和发展。顾名思义，城乡推拉理论指出了人口迁移的主要原因，一是迁出地的"推"的作用，二是迁入地的"拉"的作用。人口迁移便是这两个动作的结果。迁出地的"推"的力来源于经济、社会、自然；迁入地的"拉"的力同样也来自这三个方面。"推拉理论"是20世纪60年代由美国学者李（E. S. Lee）系统总结的，主要应用于人口迁移研究中。推拉理论指出人口迁移主要是收入的不平衡导致。在现代推拉理论里还补充了其他原因，比如具备更优质的医疗、教育等资源。城乡之间正是由于医疗、教育、公共服务等资源上的差距比较大，才导致人口不断从乡村流出，进入城市，这就是拉力作用。而农村也正是因为区位弱势、许多资源缺乏等劣势才推动着乡村人口进入城市，这是推力作用。由此城乡不断联系和变化，两者的经济、社会、文化交流、碰撞、融合、演变，一直推动着城市化的进程。城乡推拉理论从迁出地与迁入地两个方面对城市化进程和动力机制进行了分析，指出人口迁移的原因，为我国城市化动力机制的研究提供理论基础。

（五）非均衡发展理论

法国经济学家佩鲁（Perroux，1950）的增长极理论。该理论指出，部门间或区域内经济增长的速度与规模呈现出差异化的特征，主导产业所在地的要素实现了空间上的集聚，由此便形成了增长极。增长极不仅自身可以在规模效应的作用下实现快速发展，还能够通过乘数效应与扩散效应带动周边地区的发展，进而推动区域整体经济增长。增长极理论从空间层面说明了区域发展的非平衡性，系统阐述了推进经济增长的核心路径在于资源集聚的增长点或增长极，促使劳动力、资本、贸易等要素形成集聚效应，从而形成一个自身快速发展又能带动周边地区发展的经济中心。

缪尔达尔（Myrdal，1957）的循环累积因果理论。佩鲁的增长极理论重点关注增长极在经济增长过程中的正向作用，忽略了对周边地区的抑制影响，缪尔达尔在其基础上进一步修正。他认为，由禀赋条件带来的某地发展比其他地区更快，那么该地会利用所形成的增长极在实现超前发展的同时继续积累相应的要素，加剧经济发展的不平衡。该过程会产生回流效应与扩散效应，其中，前者扩大了要素流出地与增长极所在地的发展差距，后者体现为增长极对周边地区发展的促进作用。

赫希曼（Hirschman，1971）的不平衡增长理论。他所提出的极化效应与涓滴效应和缪尔达尔的回流效应与扩散效应相对应，该理论阐述了经济发达区域与欠发达地区经济相互作用的关系，内容为：经济发展初期，相对发达地区通过吸纳欠发达地区的劳动、资本等要素，在缓解要素流出地就业问题的同时将促进本地经济的发展，该阶段以极化效应为主，扩大了区域间的发展差距。经济发展到一定程度后，发达地区通过投资、要素回流等渠道带动欠发达地区的发展，缩小区域间的差距，此时以涓滴效应为主。

弗里德曼（Friedmann，1964）的中心—外围理论，又称核心—边缘理论，可以很好地解释城乡非均衡发展的演变过程。他认为，空间层面任何系统均可以划分为中心区与外围区两部分，其中，中心区在区域发展过程中起着主导作用，由于区域异质性的存在，外围区域的要素会向中心区域流动，中心区通过极化效应实现了区域经济的增长，强化了中心区与外围区之间的差异，也会导致二元结构矛盾加剧。资源的过度集聚造成中心区成本上升、规模报酬递减，这会促使要素回流到外围区，支配外围区域经济的增长，最后的结果为中心区与边缘区的界限消失，区域实现平衡发展。

（六）城乡均衡发展理论

德国生物学家德贝里于1879年首次提出生物界广义共生概念，后经学者的不断丰富与完善用于研究生物体之间相互依存、互相影响、协同演化的关系。该理论由共生单元、共生环境、共生模式三大要素构成，其实质在于共生单元在共生环境的作用下，相互影响、相互适应，形成特定的共生模式，随着共生单元之间共生要素能量强度、结构形态的变化，共生单元获得相关利益保持自身发展的同时形成相互合作、优势互补、利益耦合、资源高效利用的状态，推动共生组织向更高层次演化。该演化过程涵盖寄生共存、偏利共生、非对称互惠和对称互惠四种不同形式。

结合共生理论，中国的乡村和城市作为共生单元，两者共同构成了城乡共生系统，随着共生环境的改变，中国城乡关系从对立到统筹、从一体化到融合发展的过程也反映了四种共生模式。新时代，乡村与城市不断磨合、平等合作，乡村振兴与新型城镇化两大战略互为联动、协同发展，鼓励"以城带乡"、工业反哺农业，实现要素双向流动，进而形成全方位和谐共生的城乡关系新格局。

（七）系统论

美籍奥地利生物学家贝塔朗菲（Bertalanffy）在其著作中先后提及"机体系统论""一般系统论"的概念，《一般系统理论：基础、发展和应用》这一专著奠定了系统学的基础。他认为，狭义的一般系统论是将系统作为研究对象，从整体的视角出发探究系统以及构成系统各要素的相互作用关系，进而揭示出系统的结构、特点、功能与规律。

广义的系统论涵盖一般系统论、信息论、控制论、对策论等理论与方法。

该理论的核心思想在于系统的整体观念，也即系统是由相互作用的各个要素或子系统构成的有机整体，整体的功能并不是各要素或各子系统功能的简单线性相加，体现着"整体大于部分之和"的结构优化内涵；与此同时，构成系统的各个要素或子系统在整个系统中所产生的作用与各自在孤立状态下产生的作用具有差异性，反映出"要素是整体的要素"这一整体与部分的辩证关系。除此之外，系统论注重关联性，系统之所以能产生"1＋1＞2"的效果是因为系统整体与构成系统的各要素或子系统之间、要素与要素之间、子系统与子系统之间、系统与外部环境之间并非独立的状态，而是相互影响、相互制约的关系。系统论强调层次性，也即各要素组成了子系统、各子系统构成了系统整体、该系统整体又是更大范围系统的一个子系统，各个层次、各个等级之间共生共存，具有明显的层次性和梯度性。系统论具有动态平衡性，要素或子系统形成的系统整体是一个开放的而非封闭的系统，时刻与外部环境进行着物质、能量、信息的交换，推动整体向更高层级发展。系统论还表现为自组织性的特征，当系统外部环境对系统产生冲击时，系统并不需要人为干预，会自发地调整要素结构，对自身进行重新组织，以达到新的稳定状态。

系统论用整体的视角观察整体与部分、部分与部分、整体与环境之间相互作用的关系，以揭示系统的本质规律，协调要素关系，实现系统功能最优化的目标。乡村振兴与新型城镇化作为两个子系统，推动两大战略协同联动发展须着眼于系统整体、优化子系统功能、用系统论的方法来指导实践。

（八）耗散结构理论

耗散结构理论来源于热力学，由比利时科学家普里戈金（Prigogine，1986）提出，该理论的核心内容为：任意一个开放系统处于远离平衡的状态时，在通过与外界进行物质与能量交换的过程中，一旦系统内部某一序参量达到一定的阈值，在序参量非线性的作用下，可以使系统内部发生突变，由原来的无序演变为时空上、功能上的有序结构——耗散结构，而该结构的维持需要源源不断地从外界输入物质与能量，鉴于这种结构系统可以自发形成，因此体现出自组织性的特征，也被称为"自组织理论"。

耗散结构同样以远离平衡的系统为研究对象，关注系统与外界进行物质与能量交换，达到形成崭新的、稳定的、有序的结构这一目的。该结构的形成具有如下特征：第一，存在于开放系统之中，确保在与外界交流的过程中减少熵增的出现，便于形成有序结构；第二，系统远离平衡状态，只有这样才能够通过序参量达到阈值引起系统结构的突变；第三，系统内部要素的作用形式表现为非线性，这种组合形式会增加要素脱离平均值水平，有助于更好地实现有序。

乡村和城市作为乡村振兴与新型城镇化战略的载体，城乡发展作为开放系统，当前两者尚未处于平衡状态，通过不断与外部进行能量交换，促进要素的双向流动，减少发展壁垒的熵增，以期通过构成各子系统内部要素的突变，带动城乡系统的有序发展，助推乡村振兴与新型城镇化的协同联动。

（九）协同理论

协同理论由系统论衍生而来，既体现了系统论的整体性，也强调了协同差异性，最早由德国物理学家哈肯（Haken，1981）提出。该理论研究的是构成开放、远离平衡系统的各子系统相互制约、彼此竞争、相互协作、产生协同效应，使系统从无序变为有序并超越之前状态的具体机理与共同规律，其主要内容可以概括为协同效应、伺服原理、自组织原理三个部分。

协同效应指的是对于任何构成复杂系统的子系统而言，既存在无序的自身独立运动，也会与其他子系统产生协同与竞争关系。起初各子系统独立运动且相互作用较弱，整体系统处于无序状态。在外界能量不断输入的过程中，某一子系统可能会达到相应的阈值使子系统间产生协同互动作用，而这种协同作用会使系统在某个临界点处发生质变，进而产生协同效应，最终将产生一个有序稳定的系统结构。伺服原理的思想为：系统由子系统构成，子系统由序参量组成，序参量有快变量与慢变量两种不同类型，它们在系统处于稳定状态时差别不大，但在系统达到临界值时会产生显著的两极分化特征，此时，发展较慢的变量决定着整个系统的演化过程与有序程度。简而言之，系统在临界点上，发展较快的变量服从发展较慢的变量，序参量的发展支配着子系统的功能，主导着整个系统的有序度，体现出"短板效应"原理的思想。自组织原理与他组织相对应，即在外部环境的约束下，子系统之间会按照自身发展的既定规律形成该种状态下崭新的有序结构，体现为没有干预的自发行为。

协同理论是对系统论的深化，强调序参量在系统发展中协同与竞争的关系，解释了复杂系统在自组织原理的作用下从无序走向有序的内在机制。在乡村振兴与新型城镇化复合系统中，相应的序参量构成了乡村振兴与新型城镇化子系统，序参量之间的竞合关系将决定各子系统的功能，进一步主导两者的协同发展程度。

第四节　研究思路与主要内容

本书的总体目标为通过案例调研、文献的演绎归纳、结合城乡发展的客观规律从乡村振兴与新型城镇化的战略耦合及乡村振兴与新型城镇化的协同发展两方面构建理论体系，并立足于该理论框架，梳理两者发展现状，刻画其战略耦合及协同发展的时空演变特征，分别剖析背后的内在机理以及产生的多维效应，并从经济发展、空间治理、生态环境、社会保障、人民生活等多维度视角下提出促进乡村振兴与新型城镇化战略耦合及协同发展的政策治理策略。图0-1为本书的技术路线。

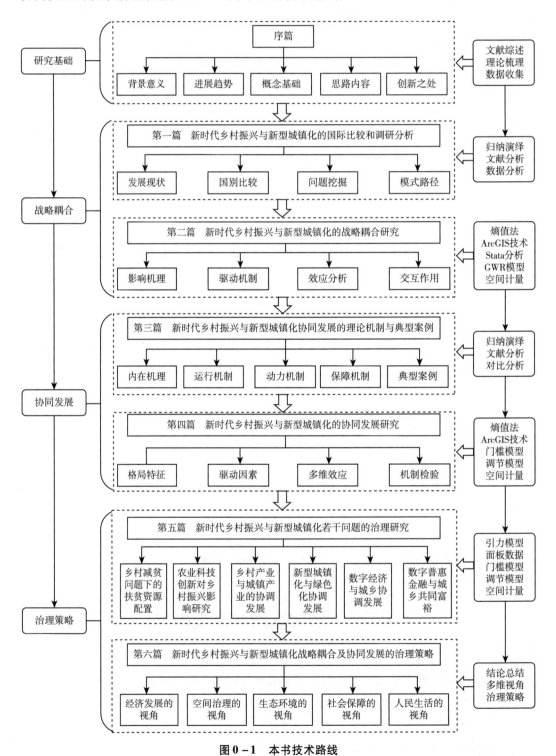

图0-1　本书技术路线

一、乡村振兴与新型城镇化战略耦合研究

本书的目标为通过对乡村振兴与新型城镇化战略耦合的经验与存在的问题进行调查研究，从理论上厘清乡村振兴与新型城镇化战略耦合之间的逻辑关系；从省市、县域两个层面分析乡村振兴与新型城镇化耦合协调的驱动机理，总结乡村振兴与新型城镇化战略耦合所带来的效应结果，通过案例资料来验证与阐释城乡耦合模式及实现路径，将理论分析与现实情况融合起来。在此基础上总结出乡村振兴与新型城镇化战略耦合的推进机制，为政府、产业和学界人士的相关探讨和实践提供全面而又准确的资料和依据。具体研究内容如下所述。

（1）挖掘乡村振兴与新型城镇化战略耦合的经验和问题。为探究乡村振兴与新型城镇化的发展现状，对乡村振兴与新型城镇化进行国别比较，寻找两者战略耦合的国内典型案例区经验与问题，在各城乡关系背景下拓展乡村振兴与新型城镇化的战略耦合模式，提炼适合我国国情需要的发展路径，以期为全国范围内战略实施提供借鉴。

（2）厘清乡村振兴与新型城镇化战略耦合的内在逻辑关系及其关联机制。从乡村振兴与新型城镇化的内涵、维度出发，辨析了城乡相关概念内涵及彼此异同，探讨了乡村振兴与新型城镇化的战略耦合机理，引出"城乡关系"的更深层次研究——乡村振兴与新型城镇化的战略耦合，指出了现有研究的不足与改进之处。通过梳理城乡相关的基础理论、延伸方向，为战略耦合机理、城乡交互影响机理以及不同尺度下的战略耦合机制奠定了研究的理论基础。

（3）描绘乡村振兴与新型城镇化战略耦合的演变特征及驱动机理。在厘清乡村振兴与新型城镇化战略耦合机理的基础上，通过重构省级层面乡村振兴与新型城镇化的指标体系，以全国省（区、市）的面板数据为样本，采用耦合协调度模型、标准差椭圆、空间马尔可夫链以及地理加权回归模型等分析乡村振兴与新型城镇化耦合协调的空间格局特征、动态演变特征以及驱动机理。

（4）分析乡村振兴与新型城镇化战略耦合所带来的效应结果。通过构建乡村振兴与新型城镇化省级层面的指标体系，利用耦合协调度模型测度30个省份2004~2020年乡村振兴与新型城镇化的耦合协调度，并且利用泰尔指数分析乡村振兴与新型城镇化耦合协调的区域差异。通过空间杜宾模型、中介效应模型等分析了乡村振兴与新型城镇化耦合协调带来的产业结构优化效应、绿色环保的生态效应、城乡收入差距减小的经济效应，进一步探讨了乡村振兴与新型城镇化耦合协调带来的效应结果。

（5）明晰乡村振兴与新型城镇化交互作用机理。选取江苏、浙江和安徽三个省份共计154个县级样本为研究单位，构建城乡人—地（基）—业系统发展水平评价指标体系，运用灰色关联法、空间联立方程等方法剖析了长三角县市的城乡关联耦合，在此基

础上分析了乡村振兴与新型城镇化交互作用关系。

二、乡村振兴与新型城镇化协同发展研究

本书的目标为通过文献的演绎归纳、结合城乡发展的客观规律构建起乡村振兴与新型城镇化协同发展的理论分析框架，并立足于该分析框架，梳理两者发展的历史脉络与典型事实，从时间与空间维度刻画协同发展的演变特征，综合运用多种计量分析方法剖析协同发展的内在机理以及产生的多维效应，以期提出推动乡村振兴与新型城镇化协同发展的政策建议。具体内容如下所述。

（1）阐明乡村振兴与新型城镇化协同发展的内在机理。该部分为本书理论分析的核心内容，在现有的文献、理论基础上，从乡村振兴战略与新型城镇化战略联动的视角来剖析两者之间是互相影响的关系，并进一步阐明两者协同的运行机制、动力机制与保障机制。

（2）把握乡村振兴与新型城镇化两者发展的现状特征。拟从历史维度梳理城市、乡村以及两者互动关系的发展政策与发展阶段，并进一步构建起相应的评价指标体系对乡村振兴与新型城镇化各自的发展水平进行测度，以展现全样本下两者发展的动态化水平差异和区域层面的收敛性。

（3）刻画乡村振兴与新型城镇化协同发展的动态格局。拟采用复合系统协同度模型来测算两子系统的协同度，并借助经典的时空分析方法进一步对复合系统协同度面板数据进行全局和局域分析，在此基础上采用地理探测器的分析工具对关键影响因素进行识别。

（4）检验乡村振兴与新型城镇化两者间的协同互动关系。基于前面两大战略协同互动发展的理论机理，拟从空间和时间层面来对这种互动关系进行实证检验，具体涉及双变量自相关、面板向量自回归等模型。

（5）考察乡村振兴与新型城镇化协同发展的多维效应。梳理已有的研究成果，提出乡村振兴与新型城镇化协同发展增长效应、减排效应、共富效应的理论假说，通过双固定模型、空间杜宾模型、调节效应模型、门槛回归模型等计量方法来验证这种效应的存在性，并对结果做进一步讨论。

第五节　研究创新点

一、研究视角创新

（一）从战略耦合与协同治理视角推动了城乡关系研究创新

乡村振兴与新型城镇化存在密不可分的关系，两者之间是"你中有我，我中有你"

的协同关系，但现有研究止步于表层的互动关系上，并没有就两者之间的内在逻辑关系予以深入剖析，并在此基础之上对两者的协调互动发展提出有效的学理建议。本书通过回顾城乡相关理论，对城乡理论的延伸方向和启示进行了总结，从乡村振兴与新型城镇化的内涵出发，探讨了乡村振兴与新型城镇化的战略耦合机理，解决了以往研究整体性和方向性不足的问题，实现对当前乡村振兴与新型城镇化战略耦合相关理论研究的重要补充。

（二）从乡村振兴与新型城镇化交互影响视角促进了城乡理论体系创新

进一步从乡村振兴对新型城镇化不同维度的影响、新型城镇化对乡村振兴不同维度的影响视角搭建起了协同发展的内在机理。同时，两大战略协同发展目标的达成是一个从无序到有序周而复始的过程，该部分也对协同发展过程中存在的运行机制、动力机制和保障机制进行了尝试性探索。乡村振兴与新型城镇化的推进机制也要从整合推进的视角出发，把握好政府、农民与市场的关系，形成全社会多主体、多力量、多机制的介入与协同，整合出多主体协同治理的运作系统。通过基于中国实践的原创性理论贡献，更好地服务于中国实践，并拓展城乡发展的基础理论体系，推动科学体系创新。

二、研究内容创新

（一）重构乡村振兴与新型城镇化的指标体系促进了内容维度创新

本书重构了乡村振兴与新型城镇化的指标体系，完善了现有研究指标测度方面的缺失，拓宽了城乡研究视角。具体而言，一方面，本书系统地运用多维空间尺度分别测算了乡村振兴与新型城镇化的耦合协调发展情况，对两者的指标体系进行了构建和完善。现有研究在县域层面还存在很大的缺失，本书在数据可获取的情况下构建了全国省级、长三角县域等不同空间尺度的乡村振兴与新型城镇化指标体系，以验证不同情形下两大战略的耦合机制及效应分析等，填补了乡村振兴与新型城镇化战略耦合的实证研究在数据尺度方面的空缺。另一方面，将物理学中的"协同理论"引入区域经济发展中的协同问题探究，通过构建乡村振兴与新型城镇化两大子系统序参量的评价指标体系，基于功效函数的复合系统协同度模型测算了全国各省（区、市）的协同度数值，并对结果展开详细分析，不只局限于对乡村振兴与新型城镇化复合系统协同度的格局特征、驱动因素进行探讨，还结合当前高质量发展、"双碳"目标约束、共同富裕等社会热点话题，以反馈社会的关切。"历史脉络—格局特征—机理检验—效应阐释"的逻辑分析链条使得行文的内容更加立体饱满。研究内容既丰富完善了乡村振兴与新型城镇化的指标体系，也为探究两大战略协同发展提供了一个崭新的思路。

（二）乡村振兴与新型城镇化的多维度效应分析推动了战略评估模式创新

在战略耦合上，目前学者关于两大战略的耦合研究还是集中于耦合过程与驱动机制分析，但是关于两大战略耦合究竟能带来什么结果还鲜有人进行研究，两者的战略耦合最终能为社会带来什么效应也至关重要。本书除了在省级层面对乡村振兴与新型城镇化的战略耦合机理、驱动机理进行了分析，并且进一步对乡村振兴与新型城镇化战略耦合带来的产业结构优化效应、绿色环保的生态效应、减贫增收的经济效应进行了归纳总结。在协同发展上，乡村振兴与新型城镇化作为复合系统，其协同发展是多变量综合作用的结果，采用实证分析方法检验出各变量的解释力度、变量间的交互作用强度，剖析上述变量对复合系统协同度的影响机理，并利用多种模型来进一步阐明乡村振兴与新型城镇化协同发展所产生的增长效应、减排效应与共富效应，这对认知两大战略协同发展规律具有重要的启发意义。此外，借助不同模型对构建的协同发展理论机理进行检验，理论与实证的相结合凸显了逻辑的科学性与合理性，深化对不同类型案例分析，探明破解之道，有助于为精准施策提供更具有针对性和实操性的参考。

三、研究方法创新

（一）理论推导与实证检验结合，完善了城乡关系的研究策略

在理论分析方面，本书构建了乡村振兴与新型城镇化耦合发展的研究框架，明确了二者在发展思路、战略定位、政策供给等方面的内在联动机制。并借鉴相关领域的成熟理论，提出了支撑乡村振兴与新型城镇化协同发展的制度供给、产业支撑、基础设施保障等理论模型。在实证验证方面，本书则通过定量和定性研究相结合，对理论模型进行了全面的检验。采用面板数据模型考查了各因素的影响效应，采用个案研究验证了机制模型的适用性，使用问卷调查和专家访谈收集了第一手资料，理论与实证方法的有机结合，实现了对城乡协同发展内在规律的科学把握和检验。

（二）多元方法融合运用，完善了城乡研究的方法体系

本书在借鉴相关领域成熟研究方法的基础上，创新性地构建了定量分析和定性研究相结合的多元化研究方法体系。在定量分析方法上，本书采用面板数据模型，考察了不同地区乡村振兴与新型城镇化协同发展的动态演化过程，实证检验了各影响因素的作用效应，科学评估了当前政策效果。此外，还运用空间计量模型，考察了区域间协同发展的时空关联性及空间溢出效应。这充分展现了本书在计量方法上的创新与突破。在定性研究方法上，本书则采用问卷调研法，对不同发展水平的典型地区进行考察，通过访谈

和参与观察，深入剖析各地推进协同发展的制约因素及本地实践，并辅之以文献研究、专家咨询等方法，形成案例研究。这一定性方法的创新应用，丰富了研究的细节描述和思路分析。多元方法的有机融合，实现了过程分析与实证检验的有效结合，宏观视角与微观视角的互补，使研究在广度与深度上都获得提升。这为未来城乡协调发展研究建立起可资借鉴的方法框架，具有重要的学术价值和应用意义。

新时代乡村振兴与新型城镇化的国际比较和调研分析

　　乡村振兴战略旨在通过发展农村产业、改善农村基础设施和公共服务，提升农民收入水平和生活质量。而新型城镇化战略则致力于推动城市化进程，优化城市规划和土地利用，提高城市发展的质量和效益。在乡村振兴与新型城镇化战略耦合发展的实践中，农村产业发展取得了显著进展，农民收入水平不断提高，农村基础设施和公共服务明显改善，农村居民的生活条件得到了有效提升。同时，城乡人口流动更加便利，农民进城就业和创业的机会增多，促进了城乡经济社会的融合发展。本篇重点对乡村振兴与新型城镇化的发展现状进行分析，并对国际上的典型发展模式进行比较，然后基于浙江省、江苏省、广东省的调研挖掘存在的问题。

第一章 乡村振兴与新型城镇化战略耦合的发展现状及国别比较

本章将重点探讨乡村振兴与新型城镇化战略耦合的发展现状及国别比较的研究。首先，分析中国乡村振兴与新型城镇化的发展现状及政策演变情况；其次，通过对不同国家和地区的案例进行比较，深入了解各国在乡村振兴和新型城镇化方面采取的政策和实践，为中国的发展提供借鉴和启示。

第一节 乡村振兴与新型城镇化发展现状

一、乡村振兴发展现状

中国作为农业大国，有着数量庞大的农民群体、不可动摇的耕地红线，在结构转型、高质量发展的背景下，农业充分发挥着对社会经济发展的压舱石作用，而由农业、农村、农民所构成的"三农"问题既是历史问题，也是现实问题，对此，国家领导人历来也给予高度重视。习近平总书记曾多次强调"坚持把解决好'三农'问题作为全党工作重中之重，举全党全社会之力推动乡村振兴"[①]。21 世纪以来，绝大多数年份的中央一号文件主题均与"三农"问题相关联，表 1-1 整理了 2004~2022 年中央一号文件的核心内容，因为"三农"问题的解决直接关系到广大农民的幸福感、安全感与获得感，事关乡村振兴与巩固脱贫攻坚成果的有效衔接，影响着共同富裕的实现以及社会主义现代化国家建设的征程。

表 1-1 关于"三农"问题的中央一号文件梳理

年份	中央一号文件核心内容
2004	调整农业结构，扩大农民就业，增加农民收入，缩小收入差距
2005	加强农业基础设施建设，加快农业科技进步，提高农业综合生产能力

---

① 习近平. 坚持把解决好"三农"问题作为全党工作重中之重举全党全社会之力推动乡村振兴 [J]. 求是, 2022（4）：4-10.

年份	中央一号文件核心内容
2006	以发展农村经济为中心，进一步解放发展农村生产力，建设社会主义新农村
2007	社会主义新农村建设要把建设现代农业放在首位，积极发展现代农业
2008	切实加强农业基础建设，加大"三农"投入，进一步促进农业发展农民增收
2009	加大种粮支持力度，解决农民工就业问题，明确民生建设方向，规范农地流转
2010	加大统筹城乡发展力度，推进城镇化发展制度创新，夯实农业农村发展基础
2011	着力加快农田水利建设，推动水利实现跨越式发展，扭转水利建设滞后局面
2012	推进农业科技改革发展，实现农业科技创新，持续增强农产品供给保障能力
2013	加快发展现代农业、增强农村发展活力，强化农业、惠及农村、富裕农民
2014	全面深化农村改革，鼓励探索创新，城乡统筹联动，加快推进农业现代化
2015	主动适应经济发展新常态，继续强化农业基础地位、促进农民持续增收
2016	用发展新理念破解"三农"新难题，推进农业现代化
2017	深入推进农业供给侧结构性改革，加快培育农业农村发展新动能
2018	实施乡村振兴战略，部署了实施乡村振兴战略的3个阶段性目标任务
2019	坚持农业农村优先发展，从农业基础等8个方面做好"三农"工作
2020	聚焦脱贫攻坚、补齐"三农"领域短板两大任务、如期实现全面建成小康社会
2021	巩固拓展脱贫攻坚成果同乡村振兴有效衔接，加快农业农村现代化
2022	全面推进乡村振兴，确保农业稳产增产、农民稳步增收、农村稳定安宁

资料来源：笔者基于农业农村部（moa. gov. cn）等网络资料检索自行整理，时间截至2023年1月。

　　表1-1中19个中央一号文件可以从三个不同的时间阶段来理解。首先，2004～2012年的文件侧重于扭转政策的倾向，实现将城市偏向型的发展模式调整至农村偏向型发展模式，强调工业反哺农业、农业农村优先发展、改善农业发展条件的重要性。因此，其间的中央一号文件围绕着"调整农业结构""加强农业基础设施建设""解放和发展农村生产力""加快农田水利建设""推进农业科技改革发展"等关键词展开，也正是在这些强有力的政策实施下，中国的粮食产量和农村居民可支配收入显著增加。其间，中国的粮食产量由2004年的46947万吨增加至2012年的58957万吨，增幅高达25.58%，此后仍继续保持着增长的态势。同样，2004年农村居民的名义人均可支配收入为6096元，2012年该指标的绝对数额达到了14552元，农民的收入增幅明显高于城市居民收入增幅，且农村居民消费恩格尔系数呈现出迅速下降的态势[①]。

　　其次，第二个时间阶段为2013～2017年，该阶段的政策特征更加强调在新常态背景下用改革创新的手段来推动"三农"发展过程中深层次问题的解决。因此，中央一号文件的核心关键词集中表现为"增强农村发展活力""统筹城乡发展关系""推进农

---

　　① 资料来源：国家统计局（https：//www.stats.gov.cn/）。

业现代化""培育农业农村发展新动能"。原因在于：随着前期一系列惠农政策的落实，农业实现了蓬勃发展，中国经济总量的基数日渐增长，曾经两位数的发展速度已不复存在，而制约这一发展速度的正是供给侧层面的矛盾；同时，2014 年新型城镇化战略的实施，也加速了以城带乡发展格局的形成。其间，国家财政农林水事务支出由 2013 年的 13349.55 亿元攀升至 2017 年的 19088.99 亿元，农田有效灌溉面积也由 2013 年的 63473300 公顷增长至 2017 年的 67815570 公顷，比 2004 年的 56000000 公顷有着明显的提升，农田用水效率也逐步提高，且乡村旅游等新的产业业态也逐渐进入大众视野①。

最后，第三个时间阶段为 2018 年以后，该阶段我国的社会主要矛盾发生了深刻的转化，人民群众对美好生活的需要日益多元化，而发展的不平衡不充分在城乡层面表现得尤为显著。与此同时，新型城镇化的实施促使城市实现了蓬勃的发展，农村要素的流动加剧了乡村的衰落，在城乡融合发展目标引领下，乡村振兴上升为国家战略，全国乡村开启了振兴的新篇章。中央一号文件也从宏观层面上确立了乡村振兴的阶段性目标，并基于第一个百年奋斗目标补齐乡村发展短板，推动脱贫攻坚与乡村振兴的有效衔接，从产业、生态、社会、治理、生活等维度全方位制定政策，以实现乡村的全面发展。其间，以 2010 年国家贫困标准衡量的农村贫困人口规模由 2000 年的 46224 万人降低到 2018 年的 1660 万人，截至 2020 年中国实现了农村贫困人口全部脱贫；财政专项资金的投入极大地改善了农村人居环境，农业农村信息化水平也提高至 2020 年的 37.9%，乡村振兴取得显著成效②。

一言以蔽之，乡村兴则国家兴，在强有力的政策推动下，中国的"三农"发展有着可喜的成绩。虽然每个阶段中央一号文件的侧重点不尽相同，但都是一脉相承、审时度势地抓住了当前"三农"问题的痛点，体现了对"三农"问题的重视，旨在切实实现农业现代化、推动农村振兴转型、提高农民收入。同样，乡村振兴战略的实施引领中国农村发展进入新时代，该战略与新型城镇化战略相承接，顺应了城乡融合发展的时代要求，两大战略协同互动的势能将逐步释放。

二、新型城镇化发展现状

城镇作为居民生活的空间场所，是经济社会发展的重要载体，在这一发展的过程中必然伴随着人口、土地、产业等要素的集聚，而要素的单向流动便产生了城乡发展不平衡的问题。面对中国特殊的城乡二元结构现状，城镇化充分发挥着解决当前社会主要矛盾、促进区域协调发展、助力"三农"问题解决的作用。对此，国家层面也对其给予

---

① 资料来源：研天下发布的《2019 年中国农林牧业渔业行业分析报告——市场竞争格局与发展前景评估》。
② 2020 年全国县域农业农村信息化发展总体水平达 37.9% ［N/OL］. 中华人民共和国中央人民政府，https：//www. gov. cn/xinwen/2021－12/20/content_5662881. htm.

高度重视，不仅将新型城镇化上升到国家战略高度，还审时度势地制订城镇化实施方案，本章整理了2002年以来关于支撑城镇化发展的政策文件，用以梳理城镇化发展的脉络，文件核心观点如表1-2所示。

表1-2　　　　　　　　　　　　　　　新型城镇化政策梳理

年份	城镇化发展政策及核心观点
2002	党的十六大提出要逐步提高城镇化水平，走中国特色的城镇化道路
2005	国家"十一五"规划纲要提出积极稳妥推进城镇化，逐步改变城乡二元结构
2007	全面认识工业化、信息化、城镇化、市场化、国际化发展的新形势新任务
2010	国家"十二五"规划纲要明确提出促进区域协调发展，积极稳妥推进城镇化
2012	中央经济工作会议提出走集约、智能、绿色、低碳的新型城镇化道路
2013	中央城镇化工作会议提出推进以人为核心的城镇化，实现"四化"同步推进
2014	《国家新型城镇化规划（2014～2020年)》颁布，实施新型城镇化战略
2015	中央城市工作会议提出了提高新型城镇化水平、做好城市工作的具体部署
2016	《国务院关于深入推进新型城镇化建设的若干意见》全面部署推进新型城镇化建设
2017	推进国家新型城镇化综合试点，健全新型城镇化体制机制
2018	新型城镇化建设重点任务为加快划定生态保护红线，推进绿色低碳发展
2019	实施以促进人的城镇化为核心、提高质量为导向的新型城镇化战略
2020	推进以县城为重要载体的新型城镇化建设，促进各类城市和小城镇协调发展
2021	促进农业转移人口有序有效融入城市，加快推进城乡融合发展
2022	走以人为本、四化同步、优化布局、生态文明、文化传承的新型城镇化道路

资料来源：笔者基于中国政府网（www.gov.cn）等网络资料检索自行整理，时间截至2023年1月。

中国的城镇化发展始终围绕着区域经济和国家战略的线索展开，具有明显的阶段性特征，故本书尝试从三个阶段来梳理城镇化发展的脉络。首先，第一个阶段为城镇化的起步探索阶段，时间跨度为2012年之前。2002年党的十六大报告明确提出走中国特色的城镇化道路，这也是新型城镇化的雏形，而这一阶段经济社会发展的一个重要任务就是缩小地区之间的差距，故后续的城镇化政策凸显着"改变城乡二元结构""大中小城镇协调发展""区域协调发展"的关键词。其间，国家统计局的数据显示，城镇人口由2002年的5.02亿人增长至2011年的6.91亿人，2011年的城镇化率相较于2002年的39.09%上升了12.18%，且城乡收入差距逐步下降至2011年的3.13∶1，根据诺瑟姆曲线可知，我国处于城镇化发展的中期阶段。

其次，第二个发展阶段为城镇化的质量提升阶段，对应2012～2016年的时间范围。2012年中央经济工作会议在党的十八大的基础上进一步明确了走中国特色的新型城镇化道路，此阶段的城镇化顺应着中国经济的转型升级，正由过去的大规模、高速度的发展模式转变为高质量发展模式。此后，随着新型城镇化热度的不断升温，助推其发展的利好政策相继出现，2013年中央城镇化工作会议提出推进以人为核心的新型城镇化，

2014 年新型城镇化规划明确要求全面提升城镇化发展质量，2015 年和 2016 年也明确了城镇化发展的重点方向，至此，新型城镇化进入了提升质量的新阶段。来自国家统计局 2013 年和 2017 年的数据显示，中国的城镇化率由 2012 年的 52.57% 上升至 2016 年的 57.35%，增长速度呈现出放缓的趋势；城乡收入差距逐步缩小，到 2016 年降低至 2.72∶1，城市化的质量日益优化。

最后，第三个发展阶段为城镇化的深化成熟阶段，对应时间段为 2017 年至今。2017 年党的十九大报告明确说明要走"四化"同步发展的道路，而当前社会矛盾发生了深刻变化，中国特色社会主义进入新时代，新型城镇化的发展也与百年未有之大变局的经济局势相适应。面对外部环境的不确定性，以及顶层设计与地方探索的推进，新型城镇化的内容更加凸显"人"的核心地位，推进农业转移人口市民化、公共服务均等化；新型城镇化的格局方向更加立体多元，基本单元从经济带到城市群、都市圈再到以县域为载体；新型城镇化与乡村振兴战略相呼应，城乡朝着深度融合的方向发展。期间，2021 年城市化率为 64.72%，相比于 2016 年的 57.35% 有着缓慢的增长趋势，城乡居民收入比也进一步缩小至 2.50∶1，社会公共服务设施进一步向农村辐射①。

总而言之，21 世纪以来中国的城镇化发展取得了举世瞩目的成就，而城镇化的发展与中国经济形势紧密相连，从最初的区域协调发展到经济结构转型再到如今的百年未有之大变局的新阶段，尽管每个阶段的宏观环境不尽相同，但城镇化始终是解决社会矛盾、促进协调发展的重要手段。实施以人为核心的城镇化，构建多元立体的城镇化格局将继续为社会发展提供有力支撑。

三、乡村振兴与新型城镇化互动发展的事实特征

乡村振兴与新型城镇化战略分别以乡村和城市为载体，两者的互动在一定程度上体现了城乡关系的发展演进，由于历史等因素的原因，中国城乡关系具有典型的二元结构特征，随着实践探索的逐步深入，城乡关系也从最初的割裂阶段逐步走向当前的城乡融合阶段。表 1-3 大致梳理了 2002 年以来中国乡村和城市互动发展的政策文件，并基于文件导向对其进行了阶段性的划分。

表 1-3 乡村和城市互动发展的政策演变

年份	乡村和城市互动发展的政策演变
2002	党的十六大将"统筹城乡经济社会发展"作为解决城乡二元结构问题的基本方针
2003	党的十六届三中全会明确将统筹城乡发展置于"五个统筹"的首位

---

① 资料来源：国家发展改革委组织召开城镇化工作暨城乡融合发展工作部际联席会议第四次会议 [EB/OL]. 中华人民共和国国家发展和改革委员会，2022-02-25.

年份	乡村和城市互动发展的政策演变
2005	党的十六届五中全会指出统筹城乡经济社会发展，扎实推进社会主义新农村建设
2007	党的十七大要建立"以工促农、以城带乡"的长效机制，形成城乡一体化的新格局
2008	中央一号文件主题为进一步加强农业基础建设，促进城乡经济社会一体化发展
2010	中央一号文件提出把统筹城乡发展作为全面建设小康社会的根本要求
2012	党的十八大报告阐明城乡发展一体化是解决"三农"问题的根本途径
2013	形成以工促农、以城带乡、工农互惠、城乡一体的新型工农城乡关系
2014	完善城乡发展一体化体制机制，推进城乡要素、设施、服务一体化
2015	围绕城乡发展一体化，深入推进新农村建设，实现城乡共同繁荣
2017	建立健全城乡融合发展体制机制和政策体系，加快推进农业农村现代化
2018	加快形成工农互促、城乡互补、全面融合、共同繁荣的新型工农城乡关系
2019	发布《关于建立健全城乡融合发展体制机制和政策体系的意见》
2020	城乡融合发展的任务为促进城乡生产要素双向自由流动和公共资源合理配置
2021	要把县域作为城乡融合发展的重要切入点，促进城乡要素平等交换、双向流动
2022	推进农业转移人口市民化、公共服务均等化，提高农业转移人口融入城市水平

　　资料来源：笔者基于国家发展和改革委员会官网（ndrc.gov.cn）等网络资料检索自行整理，时间截至2023年1月。

　　其中，第一个阶段为城乡统筹阶段，时间段为2002～2011年。进入21世纪，中国的经济实现了蓬勃发展，人口、土地、资本等要素迅速向城市集聚，这在促进城市繁荣的过程中也加剧了农村的衰退，城乡发展不平衡性问题逐步凸显，其中，能够很好反映城乡发展状况的城乡收入差距指标在2002年高达3.11∶1（吴丰华和韩文龙，2018）。为解决该问题，党的十六大报告明确提出统筹城乡发展，接着将其放在"五个统筹"的首位，并着力建设社会主义新农村，推动"工业反哺农业，城市带动农村"局面的形成。在此期间，从2004年起历年中央一号文件的主题都聚焦"三农"问题的不同层面，以期通过加大农业农村扶持力度来助推乡村发展，进而改善城乡关系。其间，2011年中央财政支持"三农"投入额达到10408.6亿元，对农村教育、医疗资源等社会服务的投入也大幅增长，上述举措也使得城乡收入差距由2009年的最高值3.33∶1降低至2011年的3.13∶1[①]。

　　第二个阶段为城乡一体化阶段，对应的时间段为2012～2017年。随着乡村利好政策的实施，城乡关系在一定程度上得到了改善，与此同时，根据国家统计局数据，2012年中国的人口城镇化率已达52.57%，人均GDP为38354元。在此背景下，为推动城乡关系变革，党的十八大首次提出"城乡一体化"概念，并将其作为解决"三农"问题的根本途径。在中国经济结构调整新常态下，2014年提出实施新型城镇化战略，后续

---

　　① 资料来源：中华人民共和国财政部（https：//www.mof.gov.cn/index.htm）。

围绕要素资源、基础设施、公共服务、社会保障等层面制定相应的政策措施来推动城乡一体化的实现。该时期政策的明显特征为城市依旧是主要发力点，中央一号文件继续稳抓"三农"问题，城乡一体化通过城市来带动农村的发展。这一阶段，根据国家统计局数据，户籍制度的改革使得 2017 年户籍人口城镇化率较 2012 年的 35.29% 提升了7.06%；农村人口向城市流动，资本下乡的速度也逐步加快，这在一定程度上扭转了资源单向流动的局面，城乡收入差距也降低至 2017 年的 2.71∶1。

第三个阶段为 2017 年及其以后的城乡融合阶段。自中国经济进入新常态以来，产业结构不断优化调整、要素资源流动壁垒逐步打破，城乡一体化取得了实质性进展。党的十九大报告明确指出当前的社会矛盾发生了深刻的转变，为满足广大人民群众的美好生活需要，重塑城乡发展关系，建立健全城乡融合发展体制机制势在必行。因此，为推动城乡的深度融合，乡村振兴战略也应运而生，后续围绕城乡融合发展的重点任务相继发布，体现"人本思想"的新型城乡关系正逐步优化。该阶段政策的明显特征在于将乡村作为主要发力点，中央一号文件持续聚焦"三农"问题的痛点，乡村振兴战略作为乡村发展的根本指南，多层次立体化的城乡融合模式初步形成。在这一阶段，中国完成了现行标准下绝对贫困人口的脱贫工作，基本建成了小康社会；国家统计局数据显示，2021 年农村居民可支配收入的实际涨幅高于城市居民可支配收入的实际增长率，当年的城乡收入差距缩小至 2.50∶1。

四、乡村振兴与新型城镇化数据对比分析

乡村和城市作为经济发展的不同空间单元，以此为载体的乡村振兴与新型城镇化战略是实现城乡融合的重要支撑，两者的有效实施都极大地推动了农村和城市的高质量发展，有力地促进了城乡间的良性互动，但由于历史、地理等层面的原因，乡村和城市在各方面均存在不同程度的差距，表 1-4 列举了部分具有代表性的指标数据，旨在对比分析"城"与"乡"从"割裂分离"到"协同互动"发展状态的过程中，各维度差异的现状事实与演变特征。

表 1-4　　　　　　　　两大战略协同发展的数据对比分析

指标	城乡	2006 年	2011 年	2016 年	2020 年
人口占总人口比例（%）	城市	43.90	51.27	57.35	63.89
	农村	56.10	48.73	42.65	36.11
人均可支配收入（元）	城市	11759	21810	33616	43834
	农村	3255	6977	12363	17131
恩格尔系数（%）	城市	35.78	36.31	29.30	29.17
	农村	43.02	40.40	32.24	32.66

续表

指标	城乡	2006 年	2011 年	2016 年	2020 年
千人卫生技术人员数（人）	城市	6.09	7.90	10.42	11.46
	农村	2.70	3.19	4.08	5.18
文教娱乐支出占比（%）	城市	13.83	12.21	11.43	9.60
	农村	10.80	7.60	10.57	9.55
最低生活保障平均标准（元/人·月）	城市	173.90	287.60	494.60	665.00
	农村	35.40	143.20	312.00	468.83
互联网普及率（%）	城市	18.00	54.60	69.10	79.80
	农村	3.00	20.70	33.10	55.90
生活污水处理率（%）	城市	42.55	83.63	93.44	97.53
	农村	1.00	16.00	22.00	25.50

资料来源：国家统计局。

从人口要素的角度来看，在 2006 年农村人口的绝对数量明显大于城市人口数量，随着以人为核心的新型城镇化进程的加快，户籍制度改革的深化，农村人口开始逐步向城市流动，这也显著地提升了城镇化率，以至于 2010 年城市人口反超农村人口，此后城市人口数量与农村人口数量的差额正逐年扩大。该现象也从侧面反映出当前的人口主要呈现出单向流动的特征，农村向城市的人口输入带动了新型城镇化的发展，却抑制了农村的振兴。

就居民收入和消费而言，2006 年城市居民人均可支配收入为 11759 元，农村居民人均可支配收入为 3255 元，前者是后者的近 4 倍。即使农村有着相对较高的增长速度，但是绝对数额明显低于城市，其中，2020 年的农村居民人均可支配收入与 2011 年城市居民人均可支配收入相差 4000 元以上，足以可见城乡居民收入存在较大的差距。至于反映居民生活质量的恩格尔系数，总体来看，城市居民的食品支出占消费总支出的比例较低，农村居民近 1/3 的收入用于食品消费，这意味着当前乡村发展得不充分，持续推动乡村振兴并发挥新型城镇化对乡村振兴的带动作用是今后的主要方向。

城乡居民在社会保障服务层面的差距表现为：城市和农村千人卫生技术人员数之间的差距呈现出先扩大后缩小的趋势，但是绝对数量层面，农村 2020 年千人卫生技术人员数量为 5.18，显著低于城市 2006 年 6.09 的数值，说明城乡医疗卫生条件发展不平衡。谈及文化教育，城市居民文教娱乐支出占比明显领先农村居民，虽然两者间的差距整体上在缩小，但《中国人力资本报告 2021》数据显示，2019 年农村劳动力平均受教育年限为 9.1 年，低于城市的 11.4 年。就社会福利保障而言，城市和农村最低生活保障标准存在较大的差异，每人的月均差额在 100 元以上，社会保障标准不统一的现象依旧存在。

从基础设施和生态环境来看，互联网作为信息传播的媒介，深刻地改变着居民的生活，就其普及率而言，城市兼具大规模的人口和更高的互联网使用率，而农村具有人口规模小、普及率低共存的现象，这种由互联网基础设施差异带来的数字鸿沟将进一步拉大居民生活的福利水平。生活污水处理率不仅能够反映资源的循环利用能力，还可以体现生态环境的可持续性，农村因面源污染治理难度大、不具备规模效应等原因，该指标与城市的差距也在逐步扩大。以长江经济带为例，其城镇化水平呈现稳步上升趋势，但仍处于较低水平，要素流动不畅、配置效率低下等问题仍十分突出，城镇化质量有待于进一步提升；同时绿色化水平也呈现直线提升的态势，相较于城镇化水平，绿色化水平长期处于低水平阶段，绿色化发展长期滞后于城镇化进程。但随着绿色发展理念逐渐增强，"绿水青山就是金山银山"不断深入人心，绿色化程度逐渐提高；从城镇化和绿色化两个子系统的耦合协调发展来看，在城镇化不断推进和绿色化程度提升下，两者的交互耦合协调水平稳步提升，但仍处于较低水平，耦合协调度有待于进一步提升，对各子系统间协调发展情况的重视程度也有待加强。

总而言之，经过长期的努力与探索，乡村振兴与新型城镇化的发展取得了突破性进展，但仍然面临着要素双向流动受阻、城乡收入差距较大、社会福利保障不均等、数字鸿沟加大、农村生态环境改善困难等问题，因此推动两大战略双轮驱动、实现更高层次的协同发展势在必行。

第二节　乡村振兴与新型城镇化的国别比较

一、美国城乡发展的典型模式[*]

（一）城乡共生型模式

1. 模式简介

城乡共生以等值化为前提，形成城市带动乡村、乡村反哺城市的发展格局，实现工农协调、城乡协同的多赢局面，美国中小城镇的兴起便是典型示范。在美国城市化进程中，一方面，交通工具的普及、良好的自然条件客观上带动了小城镇的发展；另一方面，随着人口过度集聚的弊端逐渐显现，部分大城市人口开始向郊区小城镇迁移，面对逆城市化发展现状，政府实施"示范城市"的试验计划，通过整合各类生产要素，培育龙头城镇等举措，合理分流大城市人口，实现区域城乡协同发展、公共服务均等化。

2. 经验总结

（1）城乡协同发展的新载体。城市的发展离不开农村的支撑，为实现城乡等值化

---

[*] 资料来源：人民论坛网．国家治理网（rmlt. com. cn）。

发展，美国将小城镇建设作为联系城乡发展的桥梁，以此为媒介推动城乡的融合共生。
（2）管理体制改革与创新。在推动小城镇建设的过程中，不仅制定了完善的管理体制
来保障全镇经济社会的高质量发展，还通过"示范城市"试点计划的创新性举措来打
造个性化的功能分区，实现人口的合理分流。（3）自身发展的先决条件。城乡共生型
发展模式常见于经济实力较为雄厚、基础设施比较完善、公共服务相对齐全的发达
国家。

（二）生态文化融合模式

1. 模式简介

立足生态禀赋，挖掘特色文化，发展农业旅游是推动城乡融合发展的重要途径，而
美国夫勒斯诺（Fresno）便是典型示范案例。该模式能够充分利用城市和乡村的功能优
势，既让城市的发展具有"乡土"气息，也保证了乡村旅游的客流量。

位于美国加利福尼亚州的夫勒斯诺市面积 1.56 平方千米，其中农村仅占 13%[①]。
优越的自然条件、发达的机械设备使其成为著名的农业大省，据此发展的农业旅游吸引
了众多的游客。东南部的农业旅游区主要由两部分构成，分别为农业生产区和休闲观光
农业，逐步形成了"一城四镇、十大项目、两大主题"的立体架构，即以夫勒斯诺为
城市核心，打造综合服务、农业特色的小镇，发展生产与体验型的十大项目，开发赏
花、水果两大主题游戏。

2. 经验总结

（1）依托资源禀赋，发展休闲农业。桑格尔（Sanger）东部河流峡谷良好的生态
加之良好的区位条件、综合的交通配套，可以开展农业休闲度假、农业旅游等项目。
（2）景区类型齐全，差异特征明显。既有以观光科普、体验为主的旅游类型，也有以
产销、度假为主的类型，满足了不同年龄层次的旅游者需求。（3）盘活景区资源，活
动丰富多彩。实现了不同类型景点的串联，打造不同的旅游路线，确保一年四季都有相
应的旅游活动，以形成产业的集聚。

（三）乡村改进型模式

1. 模式简介

18 世纪末的工业革命极大地促进了工业和城市的发展，但同时也产生了环境污染、
乡村衰落等系列问题，对此，美国社会自发兴起改革运动，而乡村生活运动便从罗斯福
召开"乡村生活会议"拉开帷幕。乡村生活改进委员会也调研发现了农村存在劳动力

---

① 资料来源：中国人民大学中国扶贫研究院（http://capri.ruc.edu.cn/）。

匮乏、基础设施不完善、乡村教育条件较差等问题。

基于上述问题，乡村改进运动从教育开始改革，通过建立乡村图书馆、组织广大青年团体等措施达到"使成人与小孩留在农村"的目的。此外，针对乡村规划的发展，要求树立长期科学发展的理念，确保其具有较强的稳定性，合理规划乡村的各项功能结构，明晰各类土地的利用类型。至于乡村的基础设施，要求做到"七通一平"以满足农村居民基本的生活需求。

2. 经验总结

（1）促进城乡协调发展。通过工业化推动城市化的同时兼顾农村发展，制订农业科技发展计划，实施对农产品的补贴政策，以保护农业生产。（2）实施郊区优惠政策。在逆城市化发展的阶段，为进一步缓解中心城市的各类问题，通过增加对郊区的补助政策，实现了城市功能的外溢，促进了城乡的融合。（3）完善农村基础设施。交通发展是实现资源交流的重要渠道，完善农村交通基础设施，实施"信息高速公路"计划，以补齐农村发展的短板，加强城市与乡村的联系与交流。

（四）美国城乡发展实践对我国的启示

1. 完善支持乡村振兴的政策手段，实施渐进性改革

新型城镇化战略的有效实施极大地推动了城市的繁荣，但也加速了农村地区的衰落，面对乡村人口老龄化、空心化、青年人口流失的现状，为进一步缩小城乡发展差距、推动城乡融合，乡村振兴战略得以提出。面对和美国类似的境况，学习美国的经验做法，中国的乡村振兴应着重解决与农民相关的社会就业、生态环境、教育医疗、基础设施、公共服务等问题，通过多种改革手段，分阶段、分步骤循序渐进地对乡村进行改造，推动城乡融合。

2. 创新实施乡村振兴的管理体系，强化法治化保障

为促进乡村发展政策的高效实施，美国曾经多次调整组织架构，逐渐形成了当前的治理体系与制度框架。中国乡村振兴战略的实施，尚须设立相关负责部门、监督部门、保障部门，在实现农业农村现代化目标的引领下，夯实"产业兴旺、生态宜居、乡风文明、治理有效、生活富裕"五大维度的基础。与此同时，中国农村的发展具有明显的地域特征，在宏观发展政策的引领下，须加强农业立法保障农民的基本权益，推动乡村的管理体系改革，提升办事效率与执法能力，制定补贴监督政策，增强资金使用的透明度。

3. 拓宽保障乡村振兴的资本渠道，凸显区域性特征

在缩小城乡差距、发展乡村的过程中，美国基于市场机制破除政府、社会、民间资本的壁垒，推动形成多元主体共同参与乡村发展的典型模式。中国乡村发展相对城市来

说比较薄弱，且支持农业发展的政策主要依赖于政府的财政补贴，因此，发展数字普惠金融、鼓励社会资本流入乡村，尝试性探索多元主体共同参与农村发展的模式，提高金融资本的配置效率，推动农业农村可持续发展尤为必要。此外，中国的乡村应立足于实际情况，学习典型发展模式，尚须分类推进，差异化推进乡村振兴。

二、英国城乡发展的典型模式[*]

（一）推进中心村发展模式

1. 模式简介

最早开始于英国的工业革命促进了工业的发展、大量乡村人口的流入推动了城市的繁荣，加速了城市化进程，该过程的背后产生了居住空间紧缺、生态环境污染、土地供需矛盾等社会问题，这种"城市病"反过来加速了对乡村的掠夺，因此乡村发展受到重创。基于此，英国通过顶层设计，推进中心村的发展，并形成乡村多级管理体系，带动人口、土地、产业、基础设施、公共服务等向中心村集聚，既兼顾中心村的差异性，又实现了城乡的融合发展。

2. 经验总结

（1）规划先行，政策引领。加强顶层设计，构建乡村发展规划蓝图，通过实施一系列前瞻性的利好政策，保护乡村的生态环境、促进乡村产业的发展、形成立体的乡村发展层级治理体系。（2）找准靶点，因地制宜。在发展乡村的过程中，打造中心村增长极，通过资源集聚产生的规模效应与溢出效应进而辐射周边地区的发展，在宏观发展目标的引领下，改变政策单一化导向，鼓励因地制宜，确保中心村发展多样化（徐全勇，2005；张莹2019）。（3）创新发展，产业延伸。保护乡村发展的乡村性特征，将特色乡村节日与农业相结合，实施严格的环境保护政策与利益分担机制（韦悦爽，2018），完善乡村基础设施建设，注重乡村人口各项权益的保障（夏磊，2019），以延长乡村产业链发展乡村旅游。

（二）边缘行动规划模式

1. 模式简介

城市边缘区是城市和乡村的过渡地带，发展的程度高于农村但逊色于城市，为了进一步凸显该区域在建设可持续社区方面的作用，充分保障边缘区居民的各种利益诉求，由此开展了城市边缘行动规划。英格兰西南部的斯温顿镇是典型的代表，首先，该镇从

---

[*] 资料来源：中国经济网（www.ce.cn）。

居民生活质量入手，着重解决面临的网络设施、环境污染、空间规划等问题；其次，充分建立起城市和乡村之间沟通的桥梁，发挥边缘区的潜在作用；再次，因地制宜整合区域内的资源，将边缘区规划与自然风景进行有机的结合，形成开发区、内边缘区、外边缘区；最后，边缘区的行动规划也更加注重监测和反馈，确保高质量实施。

2. 经验总结

（1）高度明晰发展目标。作为城乡过渡地带，不能仅关注该区域的土地利用、农田保护等内容，更应将其作为城市和乡村发展的链接，释放其促进城乡协调发展的作用。（2）科学规划发展定位。对城市边缘区进行合理规划，并非将其作为城市空间扩展的边界，而是要建立起利益协调与分担机制，解决该区域居民面临的各项问题。（3）整合协同政策配套。在规划的过程中，强调目标、手段、规则、监督、反馈各环节的高效运转，确保协同的有效性。

（三）英国城乡发展实践对我国的启示

1. 夯实农业发展根基，加强宏观调控

城市和乡村作为不同的空间发展形态，且前者主要以第二和第三产业为主，具有后者无法比拟的优势，但在任何时候农业均发挥着不可替代的作用。历史上的事件也告诫饭碗必须端在自己的手中，因此要毫不动摇地实施乡村振兴战略，推动农业生产的机械化、规模化与现代化，确保农业高质量发展。此外，也要精准实施对农业、农产品的补贴，完善农业生产的基础设施、推动农业科技创新，加大政策的倾斜力度，保护农民的合法权益，推动农业发展的可持续性。

2. 推动三产融合发展，挖掘特色产业

在发展中心村的过程中，英国通过基础设施的完善、资源的分类整合，创新文化活动形式等途径促进了产业链的延伸，带动了旅游业的发展。面对农民收入来源单一、农业生态、自然资源禀赋优越的现状，需要政府合理引导，立足于实际，因地制宜，充分挖掘地方特色，推进资源的集聚，打造区域主导产业。与此同时，鼓励各方资本的合作协同，建立起多层级立体化的管理体系，延伸乡村的产业链，推动三产融合发展。

3. 顶层设计发展蓝图，精准综合管理

英国的乡村发展立足于自身现状，打造中心村增长极并基于发展规划清晰定位城市边缘区的功能作用。因此，在推动城乡协调发展的过程中，首先，应解决农村发展面临的痛点问题，满足广大农民群体的利益诉求；其次，要高瞻远瞩进行规划，明确各功能区的定位与发展目标，不仅将人口、土地作为关注的核心问题，还须兼顾基础设施、生态环境、生活空间等层面的问题；最后，注重政策实施的协同性，充分调动多元主体的积极性，形成多层级的立体治理体系，畅通从规划到实施再到监督调整的渠道，确保政

策的动态性与可持续性。

三、德国城乡发展的典型模式[*]

（一）城乡等值模式

1. 模式简介

城乡等值，顾名思义，是指无论居民居住在城市还是农村，都具有相同的居住、工作、交通和公共物品服务条件，实现城乡生活的对等。这也是德国城乡对等模型的核心所在。

第二次世界大战结束后，德国开始大规模的重建工作，城市成为经济和生活的中心，农村越来越荒芜。大量农民变卖土地，离开农村涌入城市，造成农村人口大量流失，城乡经济社会差距迅速拉大。为了激发农村的活力，1950 年，德国汉斯·赛德尔基金会在德国提出了城乡等值的概念，旨在通过土地整理和乡村更新，达到"城乡生活不一样但平等"的目的。1954 年和 1955 年，前联邦德国先后颁布了《土地整理法》和《农业法》，推动小农退出后的集中土地流转。

发展农业规模经营，促进农村基础设施完善，提高农村生活水平（叶剑平和毕宇珠，2010；吕云涛和张为娟，2015）。此后，经过几十年的努力，德国逐渐实现了城乡一体化发展的目标。目前，德国农业产业发达，农民职业化水平高，农村生态环境优美，公共服务设施完善。

土地整理和村庄更新是城乡等值化的重要抓手。

（1）土地整理：从单纯促进农业发展向生态型土地整理演变。

德国一直重视乡村土地整治并视其为促进城乡发展的重要方面。随着时间的推移，德国农村土地整理的内涵越来越丰富，功能也更加多元化。早期的农村土地整理主要解决了农用地碎片化问题，通过土地整理给农场经营带来规模效应，使农业机械的大规模使用成为必然。同时，以农用地专项规划为补充，合理规划整合资源，重新安排地块、道路、水利和整个农业生态系统，从而提高土地产出效率。农村土地整理后期，逐步将基础设施和公用事业建设作为重点内容。从 1970 年开始，德国通过补贴、贷款、担保等方式支持农村基础设施建设，且支持力度逐年加大。经过几十年的积累，德国乡村的供暖、电、气、交通、网络、医疗、污水、教育等城乡公共服务设施一体化已经到位，在农村生活水平相当的前提下，实现了地区间的有益互补，让农村吸引人、留住人。

此外，土地改良不仅需要法律的保护、规划的引导、政府机构和资金的推动，还需

---

[*] 资料来源：张延龙. 德国乡村振兴战略的发展经验及其启示 [J/OL]. 中国发展观察，http://www.chinado. cn/? p = 10182.

要土地所有者的配合。政府通过土地整治项目，鼓励土地所有者优先将土地出让给政府，以利于农村建设的统筹规划，从而保证为居民提供相对廉价的住房，为产业提供低成本的土地。

（2）村庄更新：从提升乡村生活品质到整合乡村地区发展框架构建。

德国的村庄更新是一个覆盖面广泛的综合发展策略。1977 年，国家土地管理局启动了村庄更新计划，重点是"农业—结构更新"。该计划旨在在保留原有特色的基础上，改善房屋条件，加强基础设施建设，提升乡村的美观和宜居程度。随后，该计划逐渐发展为"乡村一体化发展框架"，旨在确保农村地区享有同等居住条件、交通条件和就业机会，实现城乡多元平等发展的目标。

村庄更新计划包含以下四个目标：基础设施改善、农业和就业发展、生态和环境优化，以及社会和文化保护。在基础设施方面，该计划致力于改善村庄的街道、外部连接道路、房屋和市政设施，为农村居民提供便利和舒适的生活条件。在农业和就业发展方面，计划通过提高农业生产率、促进农产品直销、建设工业设施等举措，借助土地资产提升土地改良项目对农业部门的控股权，更好地保障农村居民的生计。在生态和环境优化方面，计划致力于恢复农村内河水系统的自然生态循环，建立废弃物和废水处理机制，通过生态环保措施推进乡村景观建设。在社会和文化保护方面，计划致力于改造路边纪念物和历史遗迹，建设农村社区中心，修复或重建乡村园林等，以保护和传承社区的文化历史，增强农村居民对本地文化的认同感。

德国的村庄更新规划中会落实"去中心化"理念，布局高校、企业总部和部分公共功能，目的是缩小城乡差距，留住农村人才。倡导谨慎修缮老房子，政府对修缮文保房屋给予补贴，对改造私房给予低息贷款。鼓励建设色彩斑斓、特色鲜明的乡村大院，使之成为一道美丽的乡村风景线。突出农村生态环境整治，恢复农村内河水系自然生态循环，建立生态废弃物和废水处理机制。

2. 经验总结

德国许多地方通过土地整理和村庄更新，完善了城乡之间的工业基础设施和服务功能，增强了大企业的吸引力，使在小城镇工作和在农村生活成为一种理想的工作和生活方式，形成了工业和人口的"逆城市化"趋势，城乡边界逐渐弱化。德国也成为世界上城乡一体化程度较高的国家。

（二）巴伐利亚模式

1. 模式简介

19 世纪 50 年代，德国在巴伐利亚州进行了名为"巴伐利亚试验"的农村土地整治实践。该试验的目标是缩小城乡差距，主要通过以下途径实现：一是制定村镇发展规划，重新规划土地分配；二是重构农村产业结构，推进农村机械化和生态农业发展；三是弘扬传统文化，如修缮古宅古馆；四是开展教育培训，实行教学"双轨制"，文化课程和实用技术并重。

巴伐利亚州将城乡等值化作为发展的战略目标，旨在通过产业结构升级、土地资源整合等途径来实现城乡居民在生活、工作和交通等方面的条件相当，促进城乡生活的等值化。1970 年以来，宝马公司生产基地的迁入为周边村镇创造了 2.5 万个工作岗位（毕宇珠和苟天来，2012）。随后，西门子、迪奥等大型企业也陆续落户。埃尔兰根位于巴伐利亚北部的纽伦堡大都市区，通过埃尔兰根—纽伦堡大学、西门子、众多创新公司和公私研究机构的融合，已成为纽伦堡大都市区独特的知识技术集群（简菁和刘奕彤，2020）。赫尔佐根奥拉赫，位于巴伐利亚中部弗兰肯行政区域的埃尔兰根—赫希施塔特县，凭借优越的地理位置，实现了从传统手工业的华丽转型，诞生了今天的著名品牌——运动巨头阿迪达斯、彪马，以及著名轴承制造商舍弗勒集团，拥有三大巨头的工业园区，小镇个性化的园区规划建设为企业提供了宽敞的办公空间和充满活力的氛围（简菁和刘奕彤，2020），以此吸引更多的人才、激发更多灵感，带来产业发展加乘效应。

可见，正是基础设施的不断完善、公共服务的不断优化、村庄更新工程的开展、农村土地资源的合理利用，以及农村自然环境和景观的保护，巴伐利亚农村才具有与城市同等的吸引力。从城市建设和发展的角度来看，城乡无差别的环境和基础设施服务，也吸引了更多专业化的龙头企业入驻，成为城市发展和快速发展的重要引擎。城乡对等的发展模式，实现了乡镇与企业的共生共荣，促进了农村由传统农业向多功能综合发展的转变。

2. 经验总结

第一，以融合发展为战略的农村发展模式。从 20 世纪 60 年代初开始，德国开始重视文化价值和功能提升，注重挖掘农村地区的文化价值，并提升其功能。距离大城市较近且通勤条件良好、环境优美的农村地区成为郊区化的首选，农用地整理也转向农村多功能发展，改善生态和景观环境。

第二，以财政支持和居住地征税为基础的财政保障体系。欧盟近年来针对农村发展制定了一系列政策，提供资金和技术支持，以实现农村与城市的一体化发展。财政支持和居住地征税构成了财政保障体系，确保城乡人口的双向流动，不同层级的政府都投入财政资金用于农村公共基础设施建设和维护。城乡统一的土地交易机制和按居住地征收的个税，极大地促进了城乡的一体化。[①]

第三，规划先行，培养人才激发农村内生动力。首先，德国的乡村规划紧紧围绕着

---

① 张秋玲. 德国乡村多元化发展对我国乡村振兴的启示［EB/OL］. 杭州市农业农村局，http：//agri. hangzhou. gov. cn/art/2021/11/22/art_1229187650_58924575. html.

土地利用展开，通过相关法律明确建设用地产权关系，实现自然与人文景观相结合。其次，德国的就业者须接受规范的职业教育，对培训者而言无须承担系列费用，这也使得农民群体有着较高的职业素养，对乡村的建设发挥着至关重要的作用。最后，村庄的管理规划采用"自下而上"的公众参与方式，能够使村民合理表达诉求，积极参与农村建设，公众参与型的乡村发展方式激发了农村内生发展动力，增强了农村凝聚力。

（三）德国城乡发展实践对我国的启示

1. 管理上推动城乡土地产权同权化

中国自新中国成立以来进行了多次土地改革，尽管每次土地改革都对城乡经济社会发展有促进作用，但城乡土地发展不平衡的根本问题仍然存在。这主要是因为城乡建设用地开发权利不平等。根据《中华人民共和国民法典》，建设用地使用权是指"建设用地使用权人依法对国家所有的土地享有占用、使用和收益的权利，并有权使用该土地建设建筑物、构筑物和附属设施"。根据《中华人民共和国土地管理法》规定，农民集体作为农村土地的所有者，享有建设农村土地的权利。然而，该法律的限制导致农民在对农村土地的支配权、用益物权和担保物权方面受限。农民的集体土地使用权实质上属于国家所有。因此，国家通常通过征地并进行合理补偿的方式，将农村集体建设用地转为国有土地。在土地改革过程中，存在以下问题：一方面，行政措施导致政府与农民之间关于土地所有权的矛盾加剧，寻租现象频繁出现，难以满足农民的土地改革需求；另一方面，《中华人民共和国城市房地产管理法》规定城镇居民可以有偿出售商品房，而《中华人民共和国物权法》规定农村宅基地只能在村集体内部转让，限制了农村居民融资土地流转的途径。而在德国，土地规划由地方自行制定，并鼓励公众参与，真正考虑农村居民利益。德国土地所有者可以通过市场获取利益，并允许城乡土地双向流通，实现城乡一体化。在中国乡村振兴中，土地产权问题直接影响农村经济和社会发展。要实现城乡统筹发展，平等享有土地使用权很重要。合理规划土地、明确产权、农民积极参与，能维护集体土地产权所有权。通过市场化改革，促进城乡土地流转，使城乡居民获得收益。

2. 经济上以县域为发展的基本单元

2021年中央一号文件强调县域乡村产业体系建设，打破传统以农村作为城市劳动力"蓄水池"的发展模式。然而，随着城市化进程加速，农村劳动力外流导致土地撂荒和农村老龄化问题日益严重。这导致农村第一产业生产要素外流，第二、第三产业发展受阻，农村经济发展面临困境。同时，大量农村劳动力流向快速发展的大城市，对城市公共设施、交通和生活环境等方面造成严重影响。城乡发展差距在生产规模和市场建设等方面不断扩大。中国的城乡发展史显示，由于土地、人口、生产要素和市场等多种因素的影响，城乡产业规模差距难以消除。而德国通过"城乡均等化"发展理念，按照联邦、州、地方和社区等层面划定规划，并根据不同地区的发展需求制定科学规划。因此，在中国需要以县级作为基本单位，综合考虑农村发展能力和经济成本等因素，实现一二三产业的融合发展。县域作为城乡过渡区域，在经济规模和生产要素等方面具有优势，市场具有更强的包容性，经济成本相对较低。县域发展以农业产业为核心，建立农业全产业链，促进农村与县域的有机融合，实现生产要素与城市的双向流动。同时，通过县域联动，缩小城乡经济差距，使农村发展保持特色，促进城乡经济一体化。

3. 构建生态高质量发展的激励约束双驱动机制

改善生态环境是民生保障的基础，对于促进农村休闲农业等新业态发展，提高农民收益至关重要。乡村振兴战略的实施加强了国家对生态建设的重视。然而，尽管中央财政对国家重点生态功能区的支出不断增加，但公共财政支持并未如预期般改善生态环境。根据《2020 年中国生态环境状况公报》，全国重点生态功能区县域生态环境改善率为 22.7%，基本稳定率为 71.7%，恶化率为 5.6%。财政转移支付在生态环境保护中扮演重要角色，但仅仅依靠财政支出的刺激可能导致效果停滞。而在德国，除了联邦财政资金承担生态环境保护支出外，还制定了严格的法律法规控制生态景观的维护和利用。为了体现城乡统筹发展，德国引入现代科技改造农村环境，提高保护效率。参与公众积极支持是实现生态环境保护的重要方面，需要结合村民需求和发展目标，激发其保护意识和积极性。当前，中国正处于乡村振兴的关键阶段，生态环境保护面临多重挑战。构建激励和约束的双重驱动机制，软硬手段相结合，以实现生态环境改善的理想效果。

4. 文化上重塑乡村文化价值体系

乡村振兴战略对乡风文明的规划提出了更高要求，要将正确的价值观融入乡村文化发展，并将社会价值观作为乡村公共文化服务的重要内容。同时，需要改进或剔除不符合时代发展的部分，保护和传承适应时代进步的文化财富。乡村文化包括乡村本身的文化和独特社会环境中形成的地方特色的传统乡村文化，这两个方面构成了乡村文化振兴的基本内容。然而，在中国的"文化下乡"实践中，往往忽视了"他者"的视角，外国文化传播者难以真正认同村民的文化价值观，这是一个原因。为了实施乡村文化的振兴，可以借鉴德国乡村建设的经验，提高村民对乡村文化的认同感，并构建乡村文化价值体系。在基础设施建设方面，应与城市进行统筹规划，充分挖掘当地资源，按照居民需求建设娱乐场所，使主流社会文化与农村居民的生活有机融合。同时，修复和保护传统农村的老建筑，提升文化底蕴，并传承文化精髓。通过加强当地村落的文化建设，提高村民的文化自信，有助于乡村文化的发展。

四、日本城乡发展的典型模式 *

（一）因地制宜型模式

1. 模式简介

日本的因地制宜型模式是指在乡村治理中，充分挖掘地方资源，尊重地方特色，根据具体情况灵活利用乡村资源，推动乡村建设，实现农村的可持续繁荣。其中，最典型的模式是日本的造村运动。

该模式的背景是二战后，日本政府为了加快社会发展速度，实施了以城市为导向的政策，重点发展城市产业，以追求经济发展。这导致了城乡发展的不平衡和农村的落后。为了振兴乡村，实现城乡一体化目标，大分县前知事平松守彦在全国范围内发起了乡村建设运动。各地根据自身情况培育出具有地方特色的农村发展模式，形成了备受世界赞誉的"一村一品"项目。在实施过程中，大分县以市场为导向，依托本地资源，努力发展主导产业。通过农业技术创新和产品加工，提高了农产品的附加值。大分县培养了大批优秀农村人才，并通过"一村一品"活动提高了农民收入。同时，在团体自治和村民自治制度的保障下，日本农村居民实现了对农村的良好治理。政府通过建立农业生产基地、深加工农产品、建立农产品产业链、提高农民素质和知识水平等方式推动农村经济发展。建村运动振兴了日本农村经济，推进了农业现代化。

2. 经验总结

因地制宜型模式在具体的乡村治理实践中，非常讲究具体问题具体分析的思路，通过整合和开发本地传统资源，形成区域性的经济优势，从而打造富有地方特色的品牌产品。从当前农村发展的现状来看，很难找到适用于各地区的标准化乡村治理模式，因此，因地制宜型的乡村治理能够充分发挥本地优势，有利于提升乡村社会的整体效益。

（二）生态旅游发展模式

1. 模式简介

在中国人民大学中国扶贫研究院的案例分析中提到，位于北海道富良野地区的富田农场是一个私家农场，拥有优美的温带海洋性气候和壮丽的风景。年降水量为 800 ~

---

* 顾鸿雁. 日本乡村振兴转型的新模式："地域循环共生圈"的实践与启示 [J/OL]. 中国农村研究网，https：// ccrs. ccnu. edu. cn/list/H5Details. aspx?tid = 19697.

1200 毫米，是北海道最为知名的花卉农场之一。农场占地 12 公顷，曾以种植薰衣草而闻名，如今已发展为种植多达 150 种花卉的大型园区①。每年从四月到十月中旬，前来观赏花海的游客络绎不绝。农场内建有设施，可制作各类花卉产品。由于广阔的花田和鲜艳的色彩，近年来成为北海道旅游的热门景点。

2. 经验总结

通过以花卉观光为主的旅游项目，扩展花卉产业链并丰富园区旅游产品。产业链包括花卉种植、花期观光和花卉相关产品制作，如干花、精油、香水、香皂和香草冰激凌。延长花期观光的时间，安排不同花卉在不同时间观赏。利用温室和露天结合，填补花期外的产品空白。提供免费旅游观光服务吸引游客消费，同时通过产业观光旅游获取收益。加工、销售和种植花卉相关产品，如薰衣草香皂、花卉手工制品、薰衣草精油和香水等。规划农场设施，提供购物、休闲和展示等配套设施。引入观光小火车，为游客提供花海穿梭服务。

（三）日本城乡发展实践对我国的启示

1. 加强城乡融合发展立法和顶层设计

城乡差距是经济发展中常见的现象，而城乡融合发展是一个漫长的过程。日本通过施行《农业基本法》和《食物、农业、农村基本法》等法律，持续推动乡村振兴，努力缩小城乡差距。日本的城乡融合发展受益于基本法和普通法相结合，确保了乡村振兴和城乡融合发展的法律保障，保证了相关政策的稳定性。

中共中央、国务院于 2019 年发布的《关于建立健全城乡融合发展体制机制和政策体系的意见》，旨在实现城乡融合发展。为此，中国应注重以下方面：立足国情，保障政策的稳定性；加强顶层设计，将缩小城乡发展差距和居民生活水平差距作为目标；不断完善产权制度，优化生产要素的市场化配置，破除体制机制弊端；促进城乡要素的自由流动、平等交换和公共资源的合理配置，打造工农互促、城乡互补、全面融合、共同繁荣的新型城乡关系；通过立法巩固、细化和实施推进农业农村现代化、实现城乡融合发展等政策目标和理念，为城乡融合高质量发展提供法律法规保障。

2. 完善以农村居民为主体的基层治理机制

日本的农村居民在推动乡村振兴和促进城乡融合发展方面具有直接利益关系。因此，相关政策的可行性对农村居民的切身利益非常重要。日本在政策制定、实施和监督的各个环节都坚持以人为本的原则，推动社区自治，使农村居民成为政策的自觉参与者和真正的受益者。这种做法既尊重了居民的首创精神，也激发了居民的主人翁精神，提

---

① 资料来源：中国人民大学中国扶贫研究院（http：//capri.ruc.edu.cn/）。

高了政策实施效率。中国农村存在多种形式的基层群众性组织，如村委会、农村集体经济组织和农民专业合作社等，但在民主管理等方面仍存在一些不足。为促进城乡融合发展，中国应以农村居民自治为基础，努力完善基层组织体系和治理机制，不断提升农村居民的主体地位，充分发挥他们在乡村治理中的作用。同时，应以法治和德治为保障和引导，推动乡村振兴战略的高质量实施和城乡融合发展的高水平推进。

3. 因地制宜推动农民多重增收

借鉴日本的发展经验，提高农民收入水平、缩小城乡多维差距是推动城乡协同发展的主要途径。日本采取提高农业规模化生产和集约化经营水平、大力扶持文旅等新兴产业推动三产融合、加大转移支付力度等措施提高农民各项收入水平，夯实政府发展"三农"的经济实力。而针对城乡发展不平衡问题，日本也根据各地区不同的经济地理条件实施与自身发展相适应的农业政策。例如，在地广人稀、具备规模化发展条件的地区，推广机械化、规模化生产经营模式；而在交通不便、农地分散不具备集中管理条件的山区和半山区因地制宜发展特色产业，并根据农村特色发展状况的变化及时调整。

目前，中国正逐步迈进高收入发展阶段，人民整体收入水平稳步提升，但城乡发展不平衡问题仍较为突出，农民收入水平依旧大大落后于全国平均水平。因此，现阶段发展的重心应继续落在大力促进乡村振兴、缩小城乡发展差距之上。基于此，我国各级政府部门应以提高农业农民收入水平、缩小城乡多维发展差距为政策的出发点和落脚点，并结合地区发展水平和经济地理条件，明确财政、金融、税收等政策工具的适用领域和人群，制定差异化的乡村振兴政策，拓宽农民增收渠道，改善农村人居环境，提高农村小康水平。

4. 多措并举促进人才双向流动

从日本的经验来看，即使取消户籍制度，城乡人口自由流动也较难实现。因为还存在诸如就业前景、薪酬待遇、营商环境以及发展潜力等其他会阻碍人口自由流动的因素。与中国情况类似，日本也面临着农村人才吸引力不足导致人才单向流入城市的困境，而仅仅依靠单一的财政手段和经济政策难以摆脱这一困境。因此，为了促进人才回流农村，满足乡村发展对人才的需求。日本政府从2009年开始实施"乡村支援队"和"地区振兴协作队"制度并取得显著成效。据统计，到2020年底，约有1/2的队员在受援乡镇落户并发展诸如民宿、农业公司、古民居咖啡馆等特色产业，不仅提高了自身的收入水平也带动了当地农民就业，还使更多人才嗅到农村发展的商机，吸引大批人才回流农村（张季风，2022）。

在中国，受城乡固有二元结构以及户籍制度的限制，一方面，进城务工的农民工难以享受与城市居民同等的权益保障，处于半市民化状态，没有完全转变为市民；另一方面，城市下乡人才也由于权益保障水平低、配套政策激励水平不高等原因难以长期留在农村发展，导致城乡人才流动和农村发展进一步受限。为了推动城乡人才双向流动，鼓励更多人才深入乡村基层促进乡村发展，我国应充分发挥中国特色社会主义的制度优势，继续推进和完善城市干部下乡"临聘"和"第一书记"制度，并推动该制度普及化、常态化；提高对返乡人才的激励力度，以更加完善的权益保障和配套政策鼓励更多的城市人才定期下乡，为乡村振兴以及共同富裕的实现贡献力量。

五、韩国城乡发展的典型模式 *

（一）自主协同型模式

1. 模式介绍

韩国的自主协同型模式是一种农民与政府互相配合实现农村跨越式发展的一种模式，其核心是农民充分利用现有条件自主发展，政府提供相配套的政策制度，两者合力降低乡村发展成本，共同推动乡村发展，其中最具代表性的便是韩国的新村运动。韩国新村运动的起因也是国家优先发展工业经济并以城市建设为核心、忽略乡村发展，导致乡村发展大大落后于城市，城乡两极分化不断加深、贫富差距不断增大。20 世纪 70 年代，为了促进农业农村发展和农民增收、缩小城乡发展差距，韩国政府决定在全国范围内开展"勤劳、自助、协作"的新村运动，并采取了一系列科学的发展战略。具体的治理策略如下所述。

首先，政府大力提高农村基础设施水平，改善农村生产生活环境，如在农村地区修建公共道路、地下水管道、河道桥梁等，以改善农村人居环境、提高农民生活质量；其次，优化现有农业生产模式和产业结构、大力增加农民收入，如推广经济作物种植，建设专业化农产品生产基地、制订并实施"农民副业"计划、"新村工厂"计划、"农村工业园"计划等；再次，成立专业的农业互助合作协会，为各类农户提供先进的生产技术和专业的生产指导，帮助农民提高生产积极性，促进城乡互利共赢；最后，在各乡镇开展丰富多彩的文化活动和教育活动并鼓励农民积极参与，提高村民的知识水平和文化素养，提升农民自主管理和建设农村的意识和能力。

2. 经验总结

新村运动的开展取得了巨大的成就，不仅改善了乡村发展长期落后的局面，实现了乡村振兴的目标，还提高了农村的生产生活积极性和农民的幸福感，缩小了城乡发展差距。总结韩国的发展经验如下：一是加强农业农村基础设施建设，为农业农村发展夯实基础；二是重视现代科学技术在农业中的应用，推动农业农村现代化；三是加大政府财政支持力度，为农村经济发展提供资金保障；四是成立诸如农业互助合作协会等中介组

---

* 资料来源：云南省农业科学院（https://www.yaas.org.cn/）。

织，提高农民自主管理建设乡村的意识和能力。自主协同型模式主要适用于城乡差距较大的国家或地区。

（二）韩国城乡发展实践对中国的启示

1. 大力改善农村基础设施

韩国"新村运动"聚焦于农民最根本、最亟须解决的问题，十年期间，政府投入大量人力物力财力，有针对性地改善农村基础设施落后的面貌，极大地调动了农民的积极性。中国也存在着农村基础设施相对落后的问题，借鉴韩国的发展经验，应采取两方面的应对措施：一是从农民需求出发，深入基层了解农民最真实最迫切的需求以及农村最亟须改善的方面，从最基本的需求出发，先改善农村生活条件，再逐步走向深度治理；二是政府需要采取措施最大限度激发人民群众的主观能动性，如通过建设物资支持奖励、干部选拔奖励等激励政策提高基层干部群众建设家乡的使命感和责任感。

2. 大力发展农村教育事业

教育是国家发展的重要推动力。韩国的新村运动不仅注重对基层干部的教育，还注重对基层农民的教育与培养。不仅提高了基层干部的管理能力，还能帮助提高农民的知识水平和对新事物接受与理解能力，在一定程度上推动了新村运动在农村的顺利开展。目前，我国农民的整体受教育程度仍然偏低，亟须对农民开展全方位的教育活动。首先，在教育内容方面，要涵盖文化知识、道德伦理、法律法规等多个方面，以提高农村居民的综合素质。其次，还要加强义务教育的法律保障和充足的资金保障，完善的法律是教育可持续发展的保障，而充足的资金也是农村教育发展的重要基础。

3. 政府治理与民间自治相结合

在新村运动初期，韩国采取的是政府主导的方式，随着新村运动的不断向纵深发展，治理方式也逐渐从政府主导向民间主导转变。在这个过程中，政府始终扮演着积极的引导者和服务者的角色，而民间则在政府的引导和帮助下逐步跟进和投入，两者共同配合推动新村运动不断向好发展。这种政府治理和民间治理相结合的治理策略非常值得中国借鉴。在中国推进乡村振兴的过程中，政府要充当好引导者和政策制定者的角色，要明确自身职能以及各级政府的职责划分，引导农民提高主体意识和治理能力，而农民作为乡村发展的主体，要增强主人翁意识，在政府的引导下充分发挥自身主体作用，提高自我建设和自我管理的能力。

4. 体制创新与产学研相结合

韩国为了更好推进"新村运动"的发展，成立了准部级的农业振兴部，将农林部国家科技教育局、农业科学院和农民教育中心的职能整合在一起。这种产学研结合的举措在提高农业农村生产力方面发挥了重要作用。目前，中国高校与基层机构的科研结合还不够紧密，应当借鉴韩国的做法，采取类似的方式，建立统一的产学研相结合的部门，让研究深入农村基层，把研究的重点放在基层农民的需求上，致力于帮助农民解决当前农业生产中亟须解决的问题，提高农业农村的生产力和生产效率。

六、法国城乡发展的典型模式*

（一）综合发展型模式

1. 模式介绍

综合发展模式是指以满足农村现代化需求为出发点，通过集中化、专业化、规模化的农村建设，促进农村地区的综合发展，法国的农村改革就是一个典型的例子。作为高度发达的资本主义国家，法国既是工业强国，也是农业强国。法国在短短20多年的时间里就实现了农村现代化，这主要得益于法国政府采取相应的发展战略，积极有效地推进农村改革。法国的农村改革主要包括两个方面：一是发展"一体化农业"；二是进行国土整治。

所谓"一体化农业"，是指工商资本家和农民利用现代科学技术和管理方法，在专业化协作生产的基础上，通过控股或签订合同等形式，将农业与工业、商业、运输、信贷等与农业相关的部门结合起来，形成利益共同体，通过其他部门和机构提供资金和技术指导，带动农业建设，实现对农业的支持和反馈。而所谓属地化整治，是指通过国家相关法律法规对经济欠发达地区的农村进行帮助和扶持，实现农村社会资源的优化配置，加快农村社会的现代化建设。

在法国农业一体化改革和国土整治过程中，政府十分注重综合运用资金支持、技术支持、教育培训等方式，支持农村建设，促进农村社会善治。这些措施最终可以加快农村地区的发展，平衡城乡发展速度、经济水平和预期目标。

2. 经验总结

综合发展型模式本着国家统筹规划、科学指导的精神，通过有效协作加强各部门之间的联系，有效整合社会各部门的优势资源，使其共同致力于推动农村社会的发展。综合发展型模式注重健全合作机制，通过相互融合、相互促进，构建利益共同体，形成工农业共同发展的良性经济循环，加快实现农业现代化。

（二）乡村文化旅游模式

1. 模式介绍

普罗旺斯位于法国南部地中海沿岸，不仅是法国最美的乡村度假胜地，也吸引着世

---

　*　杨慧，吕哲臻. 市场化与城乡等值化：法国农业农村现代化及其对我国乡村振兴的启示［J/OL］. 中国农村研究网，https：//ccrs. ccnu. edu. cn/List/Details. aspx？tid＝20251.

界各地的度假爱好者前来体验普罗旺斯的宁静氛围。彼得·梅尔在《重返普罗旺斯》一书中介绍说："普罗旺斯作为一种生活方式的代名词，已经成为法国最迷人的旅游胜地，就像香榭丽舍大街一样。几乎每个人的梦想之地都是'逃离城市，享受慵懒'。"普罗旺斯的旅游形象定位为薰衣草之乡，功能定位为农业观光旅游目的地。核心旅游项目和旅游产品是田园观光游、葡萄酒作坊体验游和香水作坊体验游。

2. 经验总结

第一，凸显特色化。立足本土，魅力独具的薰衣草是普罗旺斯的代名词，在普罗旺斯不仅可以看到遍地薰衣草紫色花海翻腾迷人的画面，而且在住户家也常见挂着各式各样薰衣草香包、香袋，商店也摆满由薰衣草制成的各种制品，像薰衣草精油、香水、香皂、蜡烛等，在药房与市集中贩卖着分袋包装好的薰衣草花草茶。而薰衣草花海同时也赋予了普罗旺斯浪漫的色彩，使其成为世界最令人向往的度假地之一。

第二，农业产业化。游客体验，乐在其中。法国农村的葡萄园和酿酒作坊，游客不仅可以参观和参与酿造葡萄酒的全过程，还可以在作坊里品尝，并可以将自己酿好的酒带走，其乐趣当然与在商场购物不一样。同样，游客在田间观赏薰衣草等农业景观的同时，还可以到作坊中参观和参与香水、香皂制作的全过程。

第三，生产景观化。有机结合，增加业态。运用生态学、系统科学、环境美学和景观设计学原理，将农业生产与生态农业建设以及旅游休闲观光有机结合起来，建立科研、生产、加工、商贸、观光、娱乐、文化、度假、健身等多功能于一体的旅游区。

第四，活动多元化。大众参与，感悟乡村。旅游活动多样化，真实体现乡村生活，增加乡村旅游的大众参与度。通过庄园游、酒庄游等乡村旅游都可以让游客体会到真正的乡村生活。普罗旺斯地区每个月都有两至三个大型节庆举办，从年初2月的蒙顿柠檬节到7~8月的亚维农艺术节、欧洪吉的歌剧节，再到8月普罗旺斯山区的薰衣草节，吸引着来自世界各地的度假游客。

（三）法国城乡发展实践对我国的启示

1. 明确乡村功能多元化的目标定位

一般而言，乡村单一的生产和居住功能很难吸引人口流入，然而法国乡村凭借其突出的生态功能、旅游度假功能吸引大量人群从城市返回农村，乡村"空心化"问题得到根本改观，乡村复兴得以实现。法国乡村建设经验告诉我们，我国在进行乡村发展规划和功能定位时，可以结合本地的资源禀赋、乡风民俗和经济实力来丰富和调整本地乡村建设的目标定位和功能重点。例如，对生态资源条件好的地区，可以重点发掘其度假休闲、居住养老及体验旅游等功能；对产业基础较好的乡村，可以进一步发挥其生产服务功能，并提升其居住、休闲、养老等功能。总体来说，有条件的地区要明确乡村功能多样化的目标定位，增强乡村生态环境的吸引力，促使乡村功能向多元化价值转型，改变传统乡村聚落作为农业生产和农民居住场所的单一功能定位，将其建设成为城乡人口生产、居住、度假、休闲、养老等多功能并存的场所。

2. 统筹推进乡村基础设施和公共服务建设

乡村基础设施和公共服务是更好满足乡村居民需求以及扎实推进乡村居民与城镇居民共同富裕的重要支撑条件。提升乡村基础设施和公共服务水平是"十四五"时期我国乡村建设的重要任务之一。从整体来看，法国基础设施和公共服务的供给体制是城乡统一的，供给质量不因城乡差别而有所不同，仅是根据不同地区的人口密度来设置公共设施的数量。目前，由于历史原因，我国城乡基础设施与公共服务供给未能完全形成统一体制，乡村基础设施供给未能形成常态化的管理、建设和养护机制，乡村公共服务供给还存在一些弱项和短板。可借鉴法国的经验，在顶层设计层面，将城市和乡村作为一个整体来统筹规划，明确乡村基础设施的公共产品定位，按照城乡统一规划、统一资金来源、统一建设、统一管护的原则深化改革，努力实现城乡基础设施和公共服务设施共建共享、互联互通。在实践层面，由于乡村基础设施和公共服务的供给是一项持久且艰难的任务，要特别注意平衡好分散居住的乡村居民的需求与建设成本之间的关系，并且相关规划和建设都需要充分征求当地居民的意见。

3. 着力提升乡村生态环境和人居环境水平

从法国的经验来看，以最严格的法律法规规范乡村生态环境建设、在乡村地区投入巨额生态环境建设资金以及建设区域自然公园，是保证法国乡村生态环境优异的重要举措。目前，我国乡村生态环境正在逐步改善，越来越多的村庄逐渐变美，但是我国农业生产环境、农村生态环境、农民居住环境的改善提升仍有较大空间，如何规划、保护和改造乡村环境是未来乡村建设的重要内容。首先，应结合中国乡村景观建设的实际需求出台关于乡村景观的法律法规，制定完善乡村景观规划的标准和编制办法，为乡村生态环境建设实践提供标准和保障。其次，提高乡村生态环境治理资金的投入份额并进行专项管理，避免县乡因财政困难无法进行乡村生态环境修复及水平提升。最后，加大力度提升乡村人居环境水平。通过对生活污水治理、生活垃圾治理、村庄绿化美化等农村人居环境提升行动以及建设乡村区域性自然公园、乡村公园等措施，逐步改善乡村生态环境，建设生态宜居的美丽乡村。

4. 重点支持城镇产业向乡村转移并促进乡村产业多元化发展

随着土地、人力等成本的上升，产业在不同地域之间的梯度转移是经济活动的正常现象。法国在城镇化过程中，引导和鼓励资本到指定的乡村区域建立企业或设立分支机构，降低或免除部分税收，给予新建企业资金补贴，促进了乡村地区的产业多元化发展并提供了更多就业岗位。目前，我国部分农产品深加工企业、文化创意企业、旅游服务企业等有转移到乡村地区的需求，乡村地区也迫切需要企业项目支撑带动乡村振兴。因此，要有序引导产业资本转移到有条件的乡村地区，培育多元化产业，推动城乡产业融合发展。一是可以在部分乡村地区尤其是贫困地区划定特定区域范围，通过财政补贴、降低税费、信贷支持等措施鼓励建立分厂或创办新企业，为乡村地区提供新的就业岗位。二是要以促进乡村产业多元化为导向完善城镇产业向乡村转移的机制，可以由中央授权地方根据本区域的人力、地域、生态资源等条件和区域需要，制定政策，吸引与地区经济、社会发展相适应的企业来落户，推进农业与工商业、服务业的深度融合。三是鼓励乡村本土人才创业，激活农民创新创业热情，释放乡村家庭产业活力，推动乡村产业发展壮大。通过税收优惠、设立产业补助发展基金等政策鼓励农民工返乡创业，加快推进乡村手工业、农村电商产业、生态农业及乡村旅游业的发展。四是完善企业进入乡村的准入门槛和监管制度，特别要注意完善企业进入乡村的环保政策和标准，严防城市污染企业向乡村转移，坚决制止和防范工商资本违反产业发展规划导致耕地"非农化"和"非粮化"的行为。

5. 大力引导支持农村居民改善居住条件

住房条件直接关系到农村居民的居住品质和幸福指数。法国乡村比城市更有吸引力的主要因素有两方面：一是美丽、生态良好的乡村环境；二是更加舒适、品质更高且价格较低的个人居住空间。法国农村居民居住品质的提升与政府的政策支持、资金补贴以及专业人才、技术的引进是分不开的。当前，我国农村居民生活质量仍有待提高，可以借鉴法国的经验，采取有力措施，提高农村居民生活质量。第一，建立健全乡村住房建设、改造的补贴机制。通过向农村居民提供补贴或优惠贷款等方式，指导农村居民对个人住房品质的改造和提升。第二，提升乡村住房的建造水平，并通过以下措施提高建筑质量：提供房屋通用设计图集供农民选择；吸引建筑师及其他人才参与到乡村建设中来；为乡村住房改造提供咨询服务；对示范项目进行引导带动等。第三，在农村民居改造中，要注重优秀传统文化的传承与保护。在法国许多地区，农民的私人住房大多是通过更新改造来实现的，而非重建。我国在开展乡村建设的过程中，应充分考虑当地民众的主观意愿，在重视乡村当地特有传统文化的同时，打造具有地域特色的乡村景观。

6. 打破单一经营模式，构建多种经营模式的乡村旅游综合体

目前，我国的乡村旅游大多采用农家乐的经营模式，考虑到农民自身经济实力和自身素质的限制，在旅游服务、产品质量、安全卫生等方面还有待于提高。在此情形下，可以通过对生产合作社的引入，探索政府、企业、公司、社区、互联网等多种主体带动农户的经营模式，让农村、村集体、投资者之间形成相互融合的利益关系，进而带动各方的积极性，塑造共建共享的乡村旅游新模式。

第二章　乡村振兴与新型城镇化战略耦合的问题挖掘与模式路径：以江浙粤为例

本章在前文对国内外乡村建设、城镇化发展以及城乡一体化融合概况的把握和了解基础上，以浙江、江苏、广东三个地区为研究对象，进行了大量实地调研。通过对乡村振兴和新型城镇化战略实施现状的调查研究，剖析两者战略耦合及协同治理的典型模式、一般规律及成功经验和存在问题，以期理解我国乡村振兴与新型城镇化战略实施的现状、问题和成效。

第一节　浙江省乡村振兴与新型城镇化调研结果分析

2020 年是全面建成小康社会目标实现之年，也是全面打赢脱贫攻坚战收官之年。虽然区域性整体贫困得到解决，完成了消除绝对贫困的艰巨任务，但是 2020 年后巩固脱贫攻坚成果，建立解决相对贫困的长效机制将成为中国贫困治理工作的重点（叶兴庆，2019）。而中国的贫困人口大多是农民，农村更易产生贫困地区，"三农"问题的合理解决是解决贫困问题的关键所在。改革开放 40 多年来，城乡发展不充分、不平衡问题仍然是中国现阶段社会经济发展面临的主要问题（张海鹏，2019）。从新中国刚成立时"以乡促城"的城乡对立阶段，到改革开放后"乡镇企业异军突起"的城镇快速发展阶段，早期城乡发展更加偏向于城市，带来城乡"一头热、一头冷"的发展现状。进入 21 世纪以来，从中共十六届五中全会提出的"社会主义新农村建设"到党的十八大提出"新型城镇化战略"、"美丽乡村建设"与"精准扶贫"方略，再到党的十九大提出的以"建立健全城乡融合发展体制机制和政策体系"为主导的"乡村振兴战略"，新时期的城乡关系就是要走"以城带乡、以乡促城、城乡互动、城乡融合的高质量发展之路"（张英男，2019）。

浙江作为中国沿海经济发达、城乡融合度最高、区域协调发展最好的省份之一，统筹城乡发展已从"城乡兼顾"过渡到"城乡融合"的新阶段，在城乡一体化的道路上位居全国前列（邵峰，2013）。浙江模式的特点在于发展县域经济，改革开放以来，县域经济的发展促使浙江实现"经济强省"的转变。本书以浙江省县域作为研究单元，从生态宜居、公共服务、基层治理以及生活质量四个方面入手，总结城乡发展的经验和问题，探索城乡耦合模式及实现路径，具有重要的理论意义和迫切的实践意义。

本节首先以浙江省城乡居民家庭作为调研对象，从生态宜居、公共服务、基层治理以及生活质量四个方面构建指标体系，作为城乡发展的切入主线。通过熵值法、耦合协调度模型、泰尔指数等方法，总结浙江省不同县市的城乡发展经验和问题，探索城乡耦合模式及实现路径，以期能够对中国不同区域当前城乡耦合协调程度与城乡耦合模式做出准确判定与合理估计。其次，通过分析浙南、浙东、浙北、浙西南城市群的问题、背景与机制，剖析在"温州模式"的情况下，县域地区发展强中心、多中心的重要性。

一、研究设计

（一）研究区域概况

1. 区域概况

浙江地处长江三角洲南翼，陆域面积 10.55 万平方千米，海域面积 26 万平方千米，辖 11 个设区市、90 个县（市、区）、1364 个乡镇（街道），截至 2019 年，共有村民委员会 20402 个，农村常住人口 1755 万人，是全国农业现代化进程最快、乡村经济发展最活、乡村环境最美、农民生活最优、城乡融合度最高、区域协调发展最好的省份之一。2019 年末浙江省城镇化率为 70.0%，根据城乡一体化住户调查，2019 年全省居民人均可支配收入为 49899 元，城镇和农村居民人均可支配收入分别为 60182 元和 29876 元。根据经济发展与地域特征浙江省按区域划分为浙东（绍兴市、宁波市、舟山市）、浙南（温州市、台州市、金华市）、浙北（杭州市、嘉兴市、湖州市）、浙西南（衢州市、丽水市）（赵磊，2014）。

2. 数据来源

本次问卷的调查对象为农村居民和城镇居民，以家庭为单位。问卷内容是通过课题组成员、有关专家多次充分讨论、结合调查所需信息设计完成的。问卷设计包括四部分：（1）生态宜居情况，包括安全饮水、清洁能源、卫生厕所、垃圾处理、河道整治等；（2）公共服务情况，包括养老、医疗保险，教育、医疗、交通条件，文化设施等；（3）基层治理情况，包括选举等重大事项参与率，重大事项知情率，村/居委会公开事务情况，村/居治安状况等；（4）生活质量，包含家庭文娱支出、教育支出、汽车拥有量、恩格尔系数以及家庭年收入等（涂丽，2018）。相关评价指标如表 2-1 所示。

表 2-1　　　　　　　　　　评价指标体系及量化说明

系统层	评价指标	指标及量化说明	目标值
生态宜居	安全饮水	安全饮水：井水、自来水、桶装水、纯净水或过滤水 =1，否则为 0	100%
	清洁能源	清洁能源：罐装煤气、液化气、天然气、管道煤气、太阳能、沼气、电 =1，否则均为 0	100%
	卫生厕所	室内、室外冲水厕所 =1，其他 =0	100%
	垃圾处理	公共垃圾桶/箱 =1，否则均为 0	100%
	河道整治	对所在地的河道整治情况打分，1 表示非常不好，10 表示非常好	10
	绿化情况	对所在地的绿化情况打分，1 表示非常不好，10 表示非常好	10
公共服务	养老保险	是否购买城镇/新型农村社会养老保险（是 =1，否 =0）	≥85%
	医疗保险	是否购买城镇/新型农村合作医疗（是 =1，否 =0）	≥95%
	教育条件	您所在社区内是否有以下设施？（幼儿园 =1）	100%
	医疗条件	您所在社区内是否有以下设施？（医院/卫生院/诊所 =2）	100%
	交通条件	从家到最近的公交站点有多远？（10 分钟以内 =4，10~30 分钟 =3，30~60 分钟 =2，1 小时以上 =1，没有公交车 =0）	4
	文化设施	距离村里的文化大礼堂/市图书馆有多远（10 分钟以内 =3，10~30 分 =2，30 分钟以上 =1，没有 =0）	3
基层治理	重大事项参与	最近一次村/居委会投票您有没有参加（参加的 =1，没去 =0）	≥95%
	重大事项知情	您没去参加投票是因为什么？（压根不知道有选举 =0，否则为 1）	100%
	公开事务情况	您所在村/居委会是否公布以下信息？（公开事务类型数）	7
	配套设施类型	您所在村/居委会是否建有以下设施？（配套设施类型数）	14
	村/居治安状况	对所在地的居住治安情况打分，1 表示非常不好，10 表示非常好	10
	健身娱乐设施	对所在地的健身娱乐设施打分，1 表示非常不好，10 表示非常好	10
生活质量	文娱支出	文化娱乐支出占家庭总支出的比重	≥5%
	教育支出	家庭教育支出占家庭总支出的比重	≥15%
	阅读情况	过去一年总共读完的书籍	≥5 本
	家庭汽车拥有量	您的家庭拥有私家车的数量（0、1、2、3）	≥1
	家庭恩格尔系数	平均每月家庭伙食费、外出聚餐及购买的零食、饮料、烟酒等支出占家庭支出的比重	≤35%
	家庭年收入	过去一年的家庭所有收入	≥10 万元

调研开展于 2020 年 6~9 月，由在校大学生假期返回家乡所在地的乡村/城镇进行调研。要求每名学生对家乡所在地的村庄和城镇分别进行问卷调研，确保了城乡问卷数量的均等化。共发放乡村调查问卷 2257 份，城镇 2310 份，涉及 51 个县（市、区）。从所回收的问卷中，剔除掉基本信息缺失、答案不符等无效样本后，最终得到乡村有效样本 2058 份、城镇有效样本 2142 份，有效回收率均高于 90%。

（二）研究方法

1. 耦合协调度模型

为了探讨浙江省县域城乡是否统筹协调，借鉴物理学上的耦合（coupling）模型，构建了耦合协调度评价模型：

$$C = \frac{2\sqrt{u_1 \times u_2}}{u_1 + u_2} \qquad (2-1)$$

$$D = \sqrt{C \times T} \qquad (2-2)$$

$$T = \alpha u_1 + \beta u_2 \qquad (2-3)$$

其中，T 为浙江县域城镇化与乡村发展之间的综合指数；α、β 为待定系数，通常分别取 0.5；C 代表耦合度，用来测度乡村发展与县域城镇化之间耦合作用的程度，但是耦合度无法展现出两个系统整体的"协同"效应。D 表示耦合协调度（也称协调度），是学者较多用于反映两个系统整体协调程度的变量。为此，本书采用耦合协调度 D 来判别浙江县域城镇化与乡村发展的协调发展程度（城乡耦合程度），关于耦合协调度的分类学界还没有统一的划分标准，根据范昊（2018）的研究成果将耦合协调度分为 4 个等级及对应的耦合模式，具体如表 2-2 所示。

表 2-2　　　　乡村发展与城镇化的耦合协调类型及对应耦合模式

协调度区间	类型	子类型	耦合协调类型	耦合模式
0.8 < D ≤ 1.0	优质协调	R(a) - U(b) > 0.1	优质协调—乡村先行	城乡非对称融合式耦合
		U(b) - R(a) > 0.2	优质协调—城镇领先	城乡非对称融合式耦合
		0.1 < U(b) - R(a) < 0.2	优质协调—城镇先行	城乡非对称融合式耦合
		0 < |R(a) - U(b)| < 0.1	优质协调	城乡融合共生式耦合
0.7 < D ≤ 0.8	良好协调	R(a) - U(b) > 0.1	良好协调—乡村先行	城乡非对称互惠式耦合
		U(b) - R(a) > 0.2	良好协调—城镇领先	城乡非对称互惠式耦合
		0.1 < U(b) - R(a) < 0.2	良好协调—城镇先行	城乡非对称互惠式耦合
		0 < |R(a) - U(b)| < 0.1	良好协调	城乡对称互惠式耦合
0.6 < D ≤ 0.7	中级协调	R(a) - U(b) > 0.1	中级协调—乡村先行	城乡依托吸收互动式耦合
		U(b) - R(a) > 0.2	中级协调—城镇领先	城乡依托吸收互动式耦合
		0.1 < U(b) - R(a) < 0.2	中级协调—城镇先行	城乡依托吸收互动式耦合
		0 < |R(a) - U(b)| < 0.1	中级协调	城乡偏利交互式耦合
0.0 < D ≤ 0.6	初级协调	R(a) - U(b) > 0.1	初级协调—乡村先行	城乡依托吸收并立式耦合
		U(b) - R(a) > 0.2	初级协调—城镇领先	城乡依托吸收并立式耦合
		0.1 < U(b) - R(a) < 0.2	初级协调—城镇先行	城乡依托吸收并立式耦合
		0 < |R(a) - U(b)| < 0.1	初级协调	城乡独立并行式耦合

2. 泰尔指数

泰尔指数（Theil index）是一个不仅可以度量差异的绝对水平，也可以衡量组内差距与组间差距对总差距贡献率的方法。这里引入泰尔指数测度浙江省四大区域乡村发展与城镇化的不均衡程度（彭冲，2014），公式如下：

$$T = T_b + T_w \tag{2-4}$$

$$T_b = \sum_{k=1}^{K} y_k \ln \frac{y_k}{n_k/n} \tag{2-5}$$

$$T_w = \sum_{k=1}^{K} y_k \left(\sum_{i \in g_k} y_{ik} \ln \frac{y_{ik}}{1/n_k} \right) \tag{2-6}$$

其中，T 代表浙江省各县域城乡发展总体差异；T_b 为浙江县域之间的城乡发展差异；T_w 为浙江县域内部的城乡发展差异；k 为分区域（浙江省按四区域划分为浙东、浙南、浙北和浙西南）；y_k 为区域内各县域城乡发展之和占浙江省 51 个县域城乡发展之和的比重；n_k 为分区域县域数量；n 为浙江省被调研县域之和（51）；y_{ik} 为 k 区域内 i 县域城乡发展占 k 区域各县域城乡发展之和的比重。T 越大，说明浙江省各县域城乡发展之间的差异性越大；T_b 越大，说明分区域之间的城乡发展差异越大；T_w 越大，说明分区域内部县域的城乡发展差异越大。

二、结果分析

（一）浙江省乡村振兴与新型城镇化的发展格局

通过对调研数据的整理和分析，运用熵值法分别评价乡村发展与城镇化两大系统的效果，分析结果如表 2-3 所示。总体上看，城镇化发展均值比乡村发展均值高，浙江省城镇化与乡村发展水平不断提升。

表 2-3　　　　　　　　　乡村/城镇发展评价指标值

系统层	指标层	城市均值	乡村均值	城镇权重	乡村权重
生态宜居	安全饮水 +	99.85%	98.88%	0.0180	0.0204
	清洁能源 +	98.21%	94.20%	0.0408	0.0275
	卫生厕所 +	99.66%	98.69%	0.0313	0.0250
	垃圾处理 +	98.63%	98.14%	0.0572	0.0555
	绿化水平 +	7.8323	7.5958	0.0669	0.0737
	河道整治 +	7.5850	7.3847	0.0440	0.0329

续表

系统层	指标层	城市均值	乡村均值	城镇权重	乡村权重
公共服务	养老保险 +	51.14%	42.01%	0.0428	0.0446
	医疗保险 +	89.94%	87.78%	0.0728	0.0273
	教育条件 +	59.62%	52.78%	0.0283	0.0513
	医疗条件 +	65.97%	62.37%	0.0285	0.0420
	交通条件 +	3.8524	3.5748	0.0342	0.0214
	文化设施 +	2.1463	2.4337	0.0260	0.0563
基层治理	重大事项参与率 +	47.40%	45.18%	0.603	0.0394
	重大事项通知率 +	54.23%	49.00%	0.0479	0.0375
	公开事务情况 +	3.4554	3.1873	0.0519	0.0383
	村/居治安状况 +	7.9818	7.1634	0.0331	0.0363
	配套设施类型数 +	7.8003	6.2839	0.0379	0.0380
	健身娱乐设施 +	8.2652	6.7370	0.0376	0.0305
生活质量	家庭汽车拥有量 +	1.21 辆	0.96 辆	0.0520	0.0383
	文娱支出占比 +	8.35%	3.99%	0.0283	0.0719
	教育支出占比 +	19.78%	17.04%	0.0292	0.0457
	家庭恩格尔系数 −	38.83%	42.38%	0.0350	0.0434
	阅读情况 +	4.75 本	4.26 本	0.0392	0.0655
	家庭收入 +	19.89 万元	12.50 万元	0.0565	0.0371

注：表中带"＋"号指标表示该指标为正向指标，指标值越大表示正向效益越显著；带"－"号指标表示该指标为负向指标，指标值越小表示正向效益越显著。

城镇化与乡村发展差异主要体现在养老保险、教育条件、医疗保险等公共服务，重大事项通知率、配套设施类型数等基层治理以及生活质量方面。公共服务方面城乡养老保险覆盖率差距比医疗保险覆盖率差距大，新农合的参合率接近90%，但新农保的参保率还不到50%。接近50%的乡村还没有配备幼儿园，接近40%的乡村没有配套的医院/卫生院/诊所。但是文化基础设施方面，大部分乡村配有文化大礼堂并且距离较近。城乡基层治理的整体差异不大，基层选举的投票参与率普遍不高，不到50%，没有参与选举的居民将近50%均是因为压根不知道有选举。

城乡基层治理差距主要体现在配套设施类型数和对健身娱乐设施的满意度。生活质量方面城乡差距较大，城镇家庭平均拥有汽车大于1辆，而农村家庭平均拥有汽车量还不到1辆。城乡文娱支出占比差距比教育支出占比差距大，这从家庭恩格尔系数中也能反映出，只有生活水平提高了文化娱乐等业余支出才有可能提高。在人均阅读书籍量方面，城市地区多于乡村地区。随着数字化阅读方式越来越多元化，纸质阅读量在下降。

浙江省城镇家庭收入接近 20 万元一年，农村家庭收入在 12.5 万元左右一年。

1. 浙江省地级市城乡发展对比分析

为了进一步分析浙江省城乡发展差异，本书首先对浙江省地级市城乡发展进行对比分析。其中，浙东的舟山由于调研区域只涉及普陀区，不具有覆盖性，因此在市级尺度未考虑在内。结果如表 2-4 所示。

表 2-4　　　　　　　　　　　浙江省地级市城乡发展对比

地级市	生态宜居		公共服务		基层治理		生活质量		综合指数		耦合协调度
	城镇	乡村	城镇	乡村	城镇	乡村	城镇	乡村	城镇	乡村	
杭州	0.795	0.745	0.682	0.916	0.909	0.620	0.891	0.618	0.814	0.732	0.878
绍兴	0.745	0.747	0.596	0.439	0.562	0.627	0.572	0.366	0.621	0.524	0.755
湖州	0.515	0.874	0.520	0.755	0.556	0.894	0.419	0.416	0.577	0.706	0.762
嘉兴	0.814	0.599	0.682	0.592	0.723	0.698	0.815	0.576	0.758	0.608	0.824
金华	0.428	0.416	0.391	0.265	0.467	0.275	0.490	0.428	0.453	0.345	0.622
丽水	0.365	0.228	0.241	0.108	0.288	0.159	0.232	0.134	0.276	0.157	0.456
宁波	0.840	0.803	0.812	0.725	0.622	0.541	0.614	0.523	0.697	0.676	0.828
衢州	0.511	0.472	0.334	0.314	0.317	0.103	0.466	0.124	0.434	0.266	0.589
温州	0.393	0.315	0.491	0.432	0.472	0.409	0.533	0.346	0.484	0.374	0.652
台州	0.356	0.228	0.496	0.428	0.369	0.331	0.424	0.235	0.413	0.305	0.596

在市级尺度，城镇化综合指数排名依次是：杭州、嘉兴、宁波、绍兴、湖州、温州、金华、衢州、台州、丽水。乡村发展综合指数排名依次是：杭州、湖州、宁波、嘉兴、绍兴、温州、金华、台州、衢州、丽水。城镇化和乡村发展的耦合协调度排名依次为：杭州、宁波、嘉兴、湖州、绍兴、温州、金华、台州、衢州、丽水。总体上，浙北的杭州、嘉兴、湖州，浙东的宁波、绍兴，无论是城镇化还是乡村发展指数均位于前列。分系统来看，城镇生态宜居最好的是宁波，乡村生态宜居排名第一的是湖州；城镇公共服务排名第一的是宁波，乡村公共服务指数最高的是杭州，并且乡村公共服务地级市之间差距较大；基层治理方面差距也较大，杭州的城镇基层治理遥遥领先，乡村基层治理排名第一的是湖州，这离不开湖州市大力实施数字乡村战略，依托"数字乡村一张图"，优化了基层服务管理，提高了基层办事效率，促进了基层治理高效透明。生活质量方面，杭州的城镇生活质量和乡村生活质量均位列第一。因此浙江省地级市城镇化与乡村发展均存在区域不均衡现象，由东到西呈现明显的梯度变化，尤其是公共服务、基层治理方面表现得尤为明显。

2. 浙江省分区域城乡发展差异

本书以 51 个县域为基本空间单元，将浙江省城乡发展总体差异分解为浙东、浙北、浙南和浙西南间的差异以及分区域内各县域之间的差异（见表 2 - 5）。

表 2 - 5　　　　　　　　　浙江省城镇化与乡村发展泰尔指数及其分解

指标	浙江省泰尔指数	浙北		浙东		浙南		浙西南		组间差异	
		泰尔指数	贡献率（%）	泰尔指数	贡献率（%）	泰尔指数	贡献率（%）	泰尔指数	贡献率（%）	泰尔指数	贡献率（%）
乡村发展	0.0307	0.0143	16.17	0.0066	7.51	0.0215	24.34	0.0325	36.75	0.0135	15.23
城镇化	0.0296	0.0042	5.68	0.0036	4.85	0.0275	37.12	0.0238	32.11	0.0150	20.23
城乡耦合协调度	0.0075	0.0019	10.10	0.0009	4.59	0.0055	29.84	0.0064	34.45	0.0039	21.02

结果可以发现，浙江省乡村发展、城镇化发展以及城乡耦合协调度差异均主要来源于浙江省分区域内的发展差异。其中，乡村发展的区域内差异贡献率最大，达到 84.77%。组内差异主要来源于浙西南的乡村发展差异贡献率最大，达到 36.75%。浙东县域乡村发展差异的贡献率最小；城镇化发展的组内差异贡献率占到 79.77%，其中浙南的城镇化发展差异的贡献率最大，占到 37.12%，浙东和浙北的县域城镇化发展差异贡献率均比较小。乡村发展与城镇化的耦合协调度分区域内差异贡献率达到 78.98%，其中浙西南的城乡耦合协调度差异贡献率最大，达到 34.45%，浙东的内部差异贡献率仅占 4.59%。总体上，浙东、浙北、浙南和浙西南分区域间差异不大，浙江省城乡发展的总体差异八成左右来自分区域内部差异，其中又有六成来源于浙西南和浙南的内部差异。表明浙西南和浙南城乡发展不平衡问题较为突出，尤其是县域间乡村发展与城镇化发展差异较大。浙东区域城乡发展及城乡耦合差异均最小且最为稳定，浙北的县域城镇化发展差异最小。

3. 浙江省县域城乡耦合协调度空间分异

根据耦合协调度模型计算出浙江省乡村发展与县域城镇化的耦合协调度，按照其对应的协调等级分类得到表 2 - 6。

表 2 - 6　　　　　　　　　城乡发展及其耦合协调度

项目	缓慢发展	加快发展	优质发展	示范引领
乡村发展	景宁畲族自治县、龙泉市、缙云县	浦江县、永嘉县、青田县、庆元县、仙居县、遂昌县、永康市、龙岗区、江山市、龙游县、长兴县、天台县、余杭区、嵊州市、淳安县、苍南县、新昌县、乐清市	萧山区、龙湾区、北仑区、慈溪市、黄岩区、鄞州区、富阳区、海盐县、桐乡市、余姚市、诸暨市、路桥区、柯城区、椒江区、普陀区、瓯海区、海宁市、义乌市、柯桥区、温岭市、瑞安市、上虞区、东阳市、奉化区、平阳县、南浔区、三门县	安吉县、南湖区、西湖区

项目	缓慢发展	加快发展	优质发展	示范引领
新型城镇化	永嘉县、庆元县、景宁畲族自治县、仙居县	柯城区、江山市、乐清市、新昌县、义乌市、龙游县、黄岩区、浦江县、平阳县、龙港市、遂昌县、三门县、缙云县、龙泉市、青田县	富阳区、奉化区、慈溪市、安吉县、瓯海区、上虞区、余杭区、诸暨市、余姚市、桐乡市、柯桥区、北仑区、海盐县、南湖区、普陀区、龙湾区、路桥区、海宁市、东阳市、南浔区、长兴县、嵊州市、鄞州区、天台县、苍南县、瑞安市、淳安县、温岭市、椒江区、永康市	萧山区、西湖区
项目	乡村先行	协调发展	城镇先行	城镇领先
城乡发展差异	龙湾区、南湖区、三门县、仙居县、黄岩区	瓯海区、天台县、嵊州市、南浔区、苍南县、柯桥区、淳安县、富阳区、景宁畲族自治县、缙云县、龙泉市、东阳市、诸暨市、龙港市、普陀区、海宁市、龙游县、余姚市、桐乡市、萧山区、瑞安市、遂昌县、路桥区、海盐县、慈溪市、新昌县、西湖区、乐清市、温岭市、青田县、永嘉县、椒江区、庆元县、柯城区、安吉县、平阳县、鄞州区、义乌市、北仑区	奉化区、余杭区、永康市、浦江县、江山市、长兴县、上虞区	—
项目	初级协调	中级协调	良好协调	优质协调
耦合协调度	青田县、缙云县、庆元县、龙泉市、永嘉县、仙居县、景宁畲族自治县	龙游县、永康市、江山市、三门县、龙港市、遂昌县、浦江县	桐乡市、余姚市、瓯海区、诸暨市、海盐县、奉化区、鄞州区、上虞区、柯桥区、路桥区、普陀区、海宁市、东阳市、瑞安市、余杭区、椒江区、南浔区、黄岩区、温岭市、柯城区、苍南县、嵊州市、义乌市、淳安县、长兴县、天台县、乐清市、新昌县、平阳县	西湖区、萧山区、安吉县、慈溪市、南湖区、富阳区、北仑区、龙湾区

　　根据熵值法计算出的城镇化与乡村发展指数，将其分为四个等级：缓慢发展阶段（0.001～0.300）、加快发展阶段（0.301～0.500）、优质发展阶段（0.501～0.700）和示范引领阶段（0.701～1.000）。由表2－6可知，在被调研区域中乡村发展指数排名前三的是浙江省湖州市安吉县（0.730）、浙江省嘉兴市南湖区（0.721）、浙江省杭州市西湖区（0.713），均属于乡村振兴示范引领区域。其次处于优质发展阶段的是浙江省杭州市富阳区、萧山区，浙江省宁波市慈溪市、鄞州区、北仑区以及温州市龙湾区。处于缓慢发展阶段的主要分布在丽水市龙泉市、景宁畲族自治县和缙云县。调研的大部分

县域乡村发展还是处在优质发展和加快发展阶段，浙东和浙北调研区域中大部分处于优质发展及以上阶段。被调研区域中县域城镇化发展最好的是浙江省杭州市萧山区（0.717）、西湖区（0.712），浙东和浙北大部分区域处于优质发展阶段。丽水市庆元县、景宁畲族自治县以及台州市仙居县、温州市永嘉县城镇化发展还处于缓慢发展阶段，除了温州市瓯海区处于优质发展阶段，被调研的浙南和浙西南区域基本上处于加快发展阶段。

除此之外，在表 2-6 城乡发展中可以看出浙东和浙北部分区域乡村发展指数和城镇化发展指数均很高，杭州市富阳区，嘉兴市南湖区，宁波市慈溪市、北仑区城乡耦合协调均处于优质协调阶段，浙东和浙北其余被调研区域的乡村发展与城镇化耦合协调度均处于良好协调阶段。台州市黄岩区、椒江区、路桥区、温岭市，温州市乐清市、龙湾区、瓯海区、瑞安市、苍南县，金华市义乌市、东阳市以及衢州市柯城区城乡耦合均处于良好协调阶段。浙西南被调研县域基本上处于初级协调阶段。除此之外，被调研的大部分区域在亚类型划分上还是处于城乡协调发展阶段，即乡村发展与城镇化发展指数差值绝对值小于 0.1。湖州市长兴县，杭州市余杭区，绍兴市上虞区，宁波市奉化区，金华市浦江县、永康市，衢州市江山市均是乡村发展较城镇化发展相对滞后。而嘉兴市南湖区，台州市仙居县、黄岩区、三门县，温州市龙湾区均是城镇化较乡村发展相对滞后。

总体上，城镇化与乡村发展指数呈现"东北高、西南低"的空间格局。浙东和浙北大部分区域的城乡发展处于优质发展阶段，浙西南地区城乡发展大部分处于加快发展阶段。乡村发展与城镇化耦合协调度最高的是杭州市西湖区、萧山区和湖州市安吉县。被调研的大部分区域乡村发展与城镇化发展指数差值绝对值小于 0.1。分系统来看，生态宜居的城乡耦合协调度发展态势最好，被调研区域基本上处于初级协调及以上阶段。基层治理、公共服务差异主要表现为城镇先行或城镇领先，尤其是浙东和浙北城乡耦合协调度高的区域；生活质量方面处于良好协调阶段的调研区域大部分是城镇生活质量高于乡村生活质量或城乡生活质量均等化，处于初级协调阶段的 11 个县域里近一半是乡村生活质量高于城镇生活质量。

（二）城乡耦合模式及实现路径探讨

根据以上分析，本节提出了城乡系统耦合模式及实现路径分析框架，如图 2-1 所示。

1. 城乡独立并行式耦合

城乡独立并行式耦合通常发生在城乡耦合的初级协调阶段，适用于发展相对落后的浙西南部分地区。这些地区城市与乡村如同两条平行线，各自独立运行，城乡互动较少。表现在：首先，乡村经济具有自主性，以农业生产为主。这类城乡关系下的乡村主

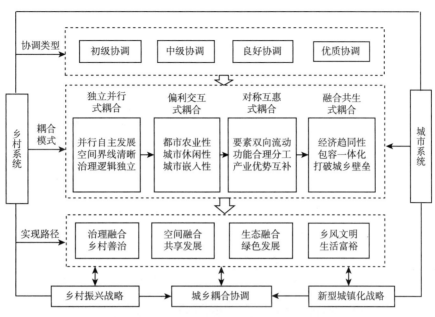

图 2 - 1　城乡系统耦合模式及实现路径分析框架

要以自给自足的传统小农经济为主，乡村的发展需要切实保障农民日常生活，并提升农民的收入水平。农业生产有自主发展空间，农民可以根据自身需求安排农业生产以及农产品的去向。其次，城乡空间界限还很清晰、城乡互动性还不强。这主要是由于城乡交通便利性不强导致的，城乡之间还存在地理上的隔阂。尤其是偏远落后的山区农村，与城市互动较难，因此完善乡村基础设施建设是这类城乡关系的首要目标。最后，城乡治理思路不同，城市治理主要是在工商业发展的基础上，以维持商业社会的秩序为主，以为城市居民提供配套生活服务为义务（杜姣，2020）。而乡村治理是建立在农业生产体系的基础上，还是以为农民提供农业生产相关的配套为主，然后是农民生活秩序。

2. 城乡偏利交互式耦合

在城乡偏利交互式耦合类型中，城乡关系是从并行关系向互惠共生关系转化的中间类型，依托吸收式是此时城乡关系的主要表现形式。首先，乡村依托城市发展，乡村主要以服务于城市的经济社会发展为主。这种情况下的农业以满足城市居民的消费需求为主，扮演"粮袋子""菜篮子"的保障性角色。这种情况下的农民种植农作物主要是依据市场行情决定，政府意志在乡村农业发展中扮演着重要角色，表现为都市农业型。其次，乡村地域系统发挥城市休闲性的作用，主要是满足城市居民的休闲娱乐、观光旅游等业余需求。此时的乡村空间也带有一定的行政规划性，不同于城市的钢铁水泥塑造，乡村以自然景观和生态休憩空间吸引人。最后，乡村治理方面也还是以城市的意志为转移，这种类型下的城乡还处于非对称关系，城乡地位还不平等，即乡村治理受到城市需求的影响程度较大。这种城乡关系适用于大都市农村地区，比如杭州、宁波这些省会、副省级城市，农村地区发展空间有限，主要以都市农业、城市后花园的形式发展。

3. 城乡对称互惠式耦合

城乡对称互惠式耦合说明城乡关系逐渐走向平等与对称，无论是城市居民还是乡村居民均享有与其相关的同等的组织资源，城乡地位发生了变化，乡村不再像过去依附城市而生存，也不仅仅是发展其自主经济，与城市的互动性也逐渐增强。表现在：一是城乡要素的双向自由流动，城乡合理配置公共资源、平等地交换要素，乡村居民也逐渐享受与城市居民同等的公共服务和权益。二是城乡功能分工明确，城市与农村在保留各自特色的基础上实现功能分工与互补，城市的功能主要是创造集聚效应、规模效应和空间效益，这些都是带动农村发展的动力与基础。农村主要是利用广大腹地的地域优势等发展绿色生态农业，利用不同于城市的自然资源优势吸引广大游客，扩大城市消费市场、延续乡村生态宜居空间。三是产业优势互补，城乡两个空间实体应该形成优势互补、互为支撑的格局，将各自的优势产业有机结合，推动一二三产业融合，实现城乡要素、产品的一体化发展。尤其适用于有地方特色的农村地区，应该利用其资源禀赋发挥自身的比较优势，再加上政府的适度引导，吸引城市更多的资本、人才、资源等要素投入到农村地区的建设中来。

4. 城乡融合共生式耦合

"城乡融合"是相对"城乡分割"而言，城乡融合共生式关系背景下的城乡之间壁垒逐渐被打破、城乡要素互通有无、城乡差距日益缩小，乡村逐渐发展成为城市带的一部分，已经具备城市部分功能。表现为：首先，城乡经济趋于同步发展，乡村经济中的非农成分占比越来越大，逐渐趋向于城市的工商化，乡村经济活动也开始具有城市的对外开放性，与城市经济形态的差异逐渐缩小。其次，打破城乡壁垒，城乡之间的界限越来越模糊。乡村空间逐渐承接城市空间扩张带来的生产、生活要素等，开始具备城市的各项功能，形成以非农经济为主体，集现代化生活、娱乐、休闲于一体的综合性空间。最后，包容一体化发展，无论是浙东、浙南还是浙北应该形成以城市群为主、大中小城市和小城镇协调发展一体化局面，增强城镇对乡村的带动性，除了本地乡村居民就地就能享受与城市居民同等的配套设施，对于农业转移人口也要享有与当地城市居民同质的公共服务、社会保障等，促进城乡包容一体化发展（年猛，2020）。

5. 城乡统筹协调的实现路径

（1）治理融合，乡村善治。城市作为国家治理体系的基础，乡村治理反而成为次要部分，城乡治理由于缺乏有效的交流，导致农村地区的基础设施处于相对落后局面。城乡治理主要以"共建共治共享"为理念，让城乡居民共同参与社会建设，使得城乡居民具有同等权利共享治理成果，一改过去城乡分治的局面。乡村善治的关键是构建合理的城乡空间治理体系，这也是乡村振兴的要义（卓玛草，2019）。乡村振兴中的"治理有效"要求乡村治理结构要形成自下而上的村民集体制度，乡村建设力量主要体现在内部，在自我组织内部构建社会网络结构，最终这种高质量发展的"治理有效"可以促进乡村可持续发展。

（2）空间融合，共享发展。城市与乡村要在保留各自特色的基础上实现功能延伸、分工与互补，尤其是城市基础设施的延伸，城市的公共交通可以向农村地区进行延伸，市政设施应及时向农村延伸，促成城乡基础设施协同发展，保障农村居民也能获得良好的公共服务、基础设施等便利的权益；共享发展主要体现在社会民生事业方面，政府公共财政不仅要包含城市，还要覆盖农村范围。尤其是财政支农方面要保持稳定增长，最终目的是实现城乡公共教育资源、医疗卫生资源公共服务供给等均等化。还要因地制宜，创新农村公共服务供给，保证农民需求和公共服务能够相匹配。

（3）生态融合，绿色发展。现代农业与传统农业的不同之处就在于以可持续发展为目标，以"绿水青山就是金山银山"为发展理念，在发展农业的过程中将绿色生态理念融入其中，打造绿色、宜居的乡村生态，并拓展农业新业态。生态融合突出体现为城乡生态功能的合理分工，农村提供城市所需的各类生态产品，发挥生态宜居功能以吸引城市居民换个环境缓解压力，通过建立健全生态补偿机制来体现农村生态价值。

（4）乡风文明，生活富裕。乡风文明以文化产业振兴为重点，持续推进农业农村现代化建设，发展以"人"为核心的现代化建设。在物质文明得到满足的同时建设精神文明，关键在于激发农民的发展动力、培育农民的主体自觉性、增强农村的内在活力，让广大农民在乡风文明建设中更加有一种主体认同感，有更多的获得感、幸福感和安全感。"生活富裕"要针对农民的就业情况进行提升，发掘农业创收。同时还要探寻国家收入总方针向"三农"方面投入的方法，实现城乡共同富裕的目标（见表2-7）。

表2-7　　　　　　　　城乡耦合模式的典型区域、特点及实现路径

项目	山区模式	大都市模式	安吉模式	萧山模式
典型区域	浙西南部分地区	杭州、宁波等大都市	浙江湖州安吉市	杭州市萧山区
城乡关系	城乡独立并行式	城乡偏利交互式	城乡对称互惠式	城乡融合共生式
模式特点	城乡空间界线还很清晰、城乡互动性不强。偏远落后的山区农村由于城乡交通便利性不强，城乡之间还存在地理上的隔阂，城乡各自平行发展，乡村自主性较强	乡村依托城市发展，这种城乡关系适用于大都市农村地区，比如杭州、宁波这些省会、副省级城市，农村地区发展空间有限，主要以都市农业、城市后花园的形式发展	以生态立县，尤其适用于有地方特色的农村地区，利用生态优势推动三产融合；再加上政府的适度引导，吸引城市更多的资本、人才、资源等要素投入到农村地区的建设中	城乡之间壁垒逐渐被打破，乡村已成为城市带的一部分。城乡在基础设施、社会保障、医疗卫生、文化教育等资源配置方面逐步趋于均衡化、公平化，让农村居民享受城市居民等值的生活质量
实现路径	治理融合，以"共建共治共享"为理念让城乡居民共同参与、共享成果	空间融合，城乡在保留各自特色的基础上实现功能延伸、分工与互补，共享发展	生态融合，乡村为城市提供生态供给功能，缓解城市压力，以绿色发展为核心要义	文化融合，激发农民的发展动力、主体自觉性、内在活力，实现物质生活和精神生活共同富裕

三、浙江案例总结

（一）浙南案例分析——温州—义乌商贸模式

1. 温州模式

温州市作为浙南的经济文化中心，地处浙江东南部，与东海相邻，距台湾海峡较近，但在区位条件上与苏南地区存在较大差距。温州在改革开放前由于山区的地理条件、交通环境十分恶劣，再加上远离全国性市场中心，与外界交流的成本都很高，很难发展现代工商业。但是温州人有家庭手工业的传统，这是温州民营企业的雏形，因此改革开放后温州具有特色的家庭手工业结合市场经济就形成了一种"小商品、大市场"的"温州模式"。温州模式作为一种非农产业发展模式，和"苏南模式"一样被学界广泛研究，该模式是指温州特有的"小商品、大市场"格局的发展模式，主要是由温州地区家庭手工业和专业化市场结合形成的。最早由费孝通先生于 1986 年提出。他发现温州家庭工厂的形成主要是由最早一批外出打工的温州手艺人带动发展的，这也是"温州模式"的骨干，这些手工艺人通过打零工卖手艺积攒了最早的启动资金，后来家庭工厂又随着营销网络形成出售家庭作坊的产品。温州经济发展的基本特点就是以商带工的"小商品、大市场"。温州模式是从农村商品经济发展来的，再通过民营经济扩大非农产业，最终实现了农业经济向工业经济转型的目标（史晋川，2002）。

温州模式最典型的特征就是专业化生产，这也是和其他区域经济发展模式最大的不同之处。温州模式最大的特色就是"一村一品""一乡一业"，在市场经济的作用下利用户帮户、村帮村，形成了著名的十大专业市场。如永嘉桥头镇的纽扣市场号称远东第一纽扣市场，平阳县萧江镇的塑料编织市场被誉为中国塑编城，乐清柳市镇的低压电器市场是全国最大的低压电器产销基地等，乐清市的虹桥镇作为小商品市场拥有全国最大的电子元器件产销基地。批发业和零售业还是温州市区、鹿城区、龙湾区、瓯海区、瑞安市和乐清市占据优势。2019 年限额以上批发贸易业中私营企业占到 92.71%，按国民经济行业分：纺织、服装及日用品占到 20%，矿产品、建材及化工产品占到 34%，金属及金属矿占到 15%，机械设备、五金交电及电子占到 13%。2019 年限额以上零售贸易业中私营企业占到 80%，其中国民经济行业中汽车、摩托、燃料及零配件占到 40%。①

2. 义乌模式

义乌市作为中国首个县级市国家级综合改革试点，隶属于浙江省金华市，地处浙

---

① 资料来源：国家统计局（https：//www.stats.gov.cn/）。

江省中部地区，以小商品经济闻名全球，从"温州模式"到"义乌模式"体现了浙江人民的创新创业精神，陆立军教授把"义乌模式"总结为是一种"体制外市场再造模式"①，通过兴商建市、小商品经济、第三产业配套服务等特点，形成了具有鲜明特色的农村经济发展格局。"义乌模式"的制度创新在于并非发展传统的制造业为主的第二产业，而是将重心放在第三产业的销售领域，这种销售市场集聚促进了周边的工业化进程，以小商品制造业为主的私有企业形成体制外市场。2019年全市地区生产总值（GDP）达到1421.1亿元，人均GDP达17179元，三次产业增加值的结构调整为1.6：29.4：69.0。全年实现进出口总额2967.8亿元，出口2867.9亿元，增长13.7%；全年小商品市场交易额达4583.1亿元，增长12.0%，其中中国小商品城成交额为1537.4亿元。②

义乌的廿三里镇（现为廿三里街道）与稠城镇（现为稠城街道）是最早出现小商品市场的地方。随着改革开放的推进，小商品市场由于其规模效应不断扩大主要积聚在稠城镇，稠城镇是义乌县城的政治经济和文化教育中心，基础设施、信息技术等方面比较完善，也吸引了人才集聚。当商品市场合法化后，城区的集聚效应就会迅速得到扩散，成为小商品市场集聚的首选地，进而推动了义乌商品中心的发展，推动全县第三产业向商业中心集聚，能够使集聚效应进一步体现，周围一些村镇由于交通便利被纳入中心镇经济圈，能够带动制造业向义乌交通干线上的乡镇集聚（徐剑锋，2002）。截至2019年底，义乌市下辖8个街道、6个镇。

义乌小商品市场主要是以日用消费品为主的市场，产业集聚也是从"以商兴县"的稠城镇小商品市场开始集聚，不断向外扩散，以其专业市场成为"华夏第一市"。1982年成立的义乌小商品市场当年的成交额只有392万元，1991年成为全国第一大商品市场，号称"中国小商品城"。此后，其交易额一直高居全国各商品市场首位（徐维祥，2005）。浙江中国小商品城集团股份有限公司2019年年报显示，截至2019年末，中国小商品城营业额超4500亿元。到2019年末义乌国际商贸城共有60607个商位数，市场总建筑面积608万平方米。总经营户数有7.89万户，其中涉外经营主体有8046个，经营100多个国家和地区的10多万种产品，种类包含食品、酒类、婴童用品、化妆品、日用百货等。

3. 模式分析

从"温州模式"到"义乌模式"体现了创新创业的浙江精神、"浙商"实践的"浙江模式"。"浙江模式"就是以民营经济为主体，以块状经济为发展特色的一种发展模式，是一种内源自发型的区域经济模式。主要特点如下：（1）民营经济的创新发展。

---

① 陆立军. 义乌商圈 [M]. 杭州：浙江大学出版社，2019.
② 资料来源：义乌市人民政府网站（https://www.yw.gov.cn/）。

从 20 世纪 80 年代开始，在坚持公有制主体地位的基础上，通过市场机制推动民营企业发展，利用民间力量创办私营企业推动了市场化进程，尤其是以温州、义乌为代表的"小商品、大市场"的商贸经济，均是以民营经济为发展主体，推动了民营化进程。（2）块状经济的集聚效应。块状经济也是浙江经济发展中的一大特色，浙江在改革开放中走在前列，因此浙江市场经济起步较早，随着市场主体逐渐多元化，出现了一大批专业化市场，比较典型的有义乌的小商品市场、永康的五金城、海宁的皮草城、绍兴的轻纺城等。

产业集群在城乡互动联系中扮演着重要角色，城镇化进程中形成了产业集聚，产业集聚又使中心城区进一步膨胀带动邻近乡村振兴（见图 2-2）。商品市场早期通常出现在老城区并形成商业集聚，改革开放后，商品市场又由于其规模效应在中心城区迅速集聚。中心城区由于空间有限通常集聚的是服务业，但是中心城区内又因为配套设施、信息技术等较为完善，容易集聚人才，因此中心城区往往形成商业中心，集聚效应迅速得到扩散，带动全县商贸服务业等发展并且集中在城区。但随着商业区不断向外扩张，中心城区空间有限，此时，交通便利的城镇受到中心城市的溢出效应影响，并融入中心城区的影响范围，并且传统制造业向交通干线上的中心镇转移，周围一些交通便利的村镇也被纳入了中心镇经济圈，加快了城镇化进程。中心城区在扩张期间，服务业加速向商业中心集聚，中心地区的商业化现象越发明显，但是对于传统的制造业和商业而言，由于产能落后以及占地面积大等原因，开始由中心城区向郊外乃至中心镇转移。中心城区扩张的同时也带来交通拥堵、住房拥挤等问题，也有中心城区的部分居民由市中心向郊区转移，这些人力资本和产业迁移都加强了城区与中心镇的进一步联系，带动了周边乡村发展。

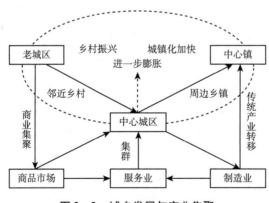

图 2-2　城乡发展与产业集聚

（二）浙东案例分析——以宁波为例

1. 城镇化在宁波城乡一体化过程中的作用

宁波全市共 77 个镇，城镇化率在 2014 年达到 70.84%，高于全省平均水平的

6.8%，并高于全国平均水平 16 个百分点。陆地总面积为 9816 平方千米，其中市区面积为 2461 平方千米。耕地面积约 300 万亩，人均耕地面积仅 0.55 亩。[①] 由于第二、第三产业比较发达，又有较长的经商历史，所以宁波农村传统型农民所占的比重较小。随着我国非农产业的快速发展和城镇化进程的逐步加快，大量的农村人口向城市转移，流动人口所占的比重逐渐增大。他们在生活、就业、养老、子女教育、医疗保健等方面还没有得到平等的对待，这对社会的和谐和稳定造成了很大的冲击。城镇化是实现乡村工业化，实现农村人口向城镇转化，实现城镇化的重要途径。能够彻底地对农村的产业结构、生产生活方式以及价值观进行优化，推动生产要素向城市的汇集，推动农民生活水平和收入水平的提高，并抑制城乡收入差距的扩大。在宁波实施城乡一体化战略中，要探索适应宁波区域经济社会发展的新思路新举措，在实践中探索适合宁波地区经济社会发展的新理念和新措施（郭跃，2017）。

2. 宁波以城镇化为主导的城乡一体化发展路径选择

（1）推动农村土地流转。农村土地流转是我国发展农业产业化，加快城镇化进程的重要手段。当前，对土地流转模式的探索我国仍处于初级阶段，宁波市也积极对土地流转方式展开了探索，2021 年，全市家庭承包耕地共 212.4 万亩，经营权流转面积 148.6 万亩，占比 70%，居全省第二[②]，在土地流转中，5 年以上的面积近半数，土地流转结构趋于稳定。宁波农村土地流转的主要途径有两条，一条是由开发区建立的城镇化土地征用模式。如宁波高新区，就是按照市政府的计划，对开发区范围内的所有土地征收为国有土地，并享受特殊的开发管理政策。原农民也将变为被征地农民，并享有与之相适应的基本社会保障（农贵新，2010）。另一条是按照法律规定，对"城中村"进行国有土地改造，并将其转给农民，使其成为居住区。2023 年，宁波计划实施改造 197 个村、1004.3 万平方米，截至 10 月中旬，全市城中村已完成改造 722.9 万平方米，完成年度计划的 72%。[③]

（2）建设特色小城镇。小城镇建设是融合了地方特色的城乡发展模式，是乡村地区向城市融合的基础性阶段。当前，我国农业劳动生产率水平不高，土地流转给农户带来的经济、社会利益并未得到充分的体现，城乡居民收入差距不断拉大。小城镇不仅能够吸引城市中的人才和资本，还能够将农村中的剩余劳动力转移到城市中的二三产业中去，提升农民的收入水平，减小城乡居民的收入差距，从而为城市发展提供了一个很好的缓冲地带。宁波有众多的小城镇，通过创建一批重点镇、特色镇、卫星镇、专业镇等，使宁波城镇化走上了一条有特色的发展之路。例如，宁波的卫星城建设，2009 年

---

① 资料来源：宁波市统计局（http://tjj.ningbo.gov.cn/）。
② 资料来源：宁波市农业农村局（http://nyncj.ningbo.gov.cn/）。
③ 资料来源：中国宁波网（http://news.cnnb.com.cn/）。

末，确立了泗门、石浦、慈城、溪口、观海卫、西店、贾世港等 7 个乡镇作为卫星城的实施试点，并在 2011 年增加了周巷镇。按照"特色产业培育，特色产业集聚"的原则，小城积极推动转型集约发展，将传统的街区经济转变为现代产业集群，形成了具有不同特点的卫星小镇。目前，周巷、观海卫、石浦、贾世港等卫星城已初具规模，形成了产业集群发展的态势。城乡在城市体系中越来越多地成为新型区域中心，并成为重要的节点。梁弄镇和莼湖镇经过多年的发展，已经跻身浙江十大特色小镇之列。泗门镇、梁弄镇、陆埠镇被列为全国重点乡镇。以物流、信息流、资本流和交通运输网络为纽带，使各小城镇联系进一步加强。

（3）发挥港口城镇的贸易枢纽作用。相对于浙江省其他城市而言，宁波具有得天独厚的港口条件。宁波港包括北仑港区、镇海港区、大榭港区、船山港区、梅山港区、象山港区以及宁波旧港区。它是一个集内河、入海口和海港为一体，并配有大中小泊位的现代化多功能港口。它是国内货柜、矿石、原油、液态化学制品、煤炭、食品和其他大宗商品的转运和储藏基地。截至 2023 年，宁波港域共有生产泊位 335 个，其中 10 万吨级以上 36 个。① 它是中国规模最大的超大型船舶集散港，也是全球少数几个海上交通枢纽港口之一。为了实现这一目标，宁波大力发展港口交通、石化、电力、钢铁、造纸、造船、原材料等工业，同时还发展了金融、商务、旅游、房地产等服务业，吸引了周围大量的农村劳动力，形成了一批具有鲜明港口特色的城镇。宁波地区产品主要以出口为主，而港口小镇则为宁波提供了一个很好的出口平台，使宁波成为联系全国和世界的贸易中心，对促进宁波城乡一体化发展起到了积极的作用。

（4）提高新农村建设水平。目前，我国的新农村建设已不再局限于乡村自身的发展，而更多的是在城市的帮助下共同发展。一是解决了农村边远、与世隔绝的问题；二是要消除大城市中人口过多的不正常现象。宁波社会主义新农村建设的新阶段，就是要打破城乡割裂，把乡村建设放到城乡一体化的大背景中去，并在此基础上对乡村进行新的规划。要推进新农村建设，需要改变传统农业生产方式，实现农村工业化，发展农村经济，提高精神文明建设和农民整体素质。首先，要创新农业发展模式，巩固农业基础地位，保证农业经济每年都有进步，甚至超越；其次，要建立新型农业经营体制，培育地方优势产业，使改革红利成为农民收入增加的主要渠道；再次，加强基层组织建设，加强精神文明建设，重视农村社会管理，不断改善农村面貌；最后，提高农民的社会保障、收入水平和发展空间，激发农村发展积极性，尽力减小城乡收入差距，推动共同富裕目标实现，为持续推动城乡一体化奠定基础。

3. 存在的主要问题和对策

（1）城镇化水平虚高，农民市民化进程缓慢。统计过程中，有数额庞大的农民工

---

① 资料来源：中国宁波网（http://news.cnnb.com.cn/）。

及亲属被划为城镇居住超过六个月的常住人口，导致统计结果偏高。但是，当前中国的城镇化并不彻底，一大批农民只是结束农民工的身份，并未转变为城市居民。长期以来，他们一直在城乡之间活动。2023 年末，全市常住人口为 969.7 万人，其中城镇户籍人口为 774.3 万人。[①] 城镇人口较为稀少，密度较低，农村人口向城市转移的趋势较弱，城市化是以"人"为核心的城镇化，农民向城市转移是我国城市化进程中的一个重要因素。城市有能力和责任支持农民进城，分担农民的成本（何文华，2017）。为加快农民市民化的进程，一方面，要加快城市建设，吸引更多的农民到城市工作和生活；另一方面，要加快新农村建设的步伐，保障农民的生产、生活和教育有序开展。

（2）农村产业化布局不合理，缺乏集群效应。宁波农村工业化呈现出"小，散，低"的特征。产业布局不合理，导致小城镇重复建设，基础设施建设不足，资源浪费现象严重等困境，极大地影响着工业化发展质量的提升和经济的集聚。宁波市各县市产业结构的相似性都在九成以上，产能过剩严重。乡镇间在生产资源、市场等方面的竞争日趋激烈。这种不合理的产业布局，使得专业化、区域化以及产业集群的优势不能得到最大限度的发挥（李加林，2003）。产业为城镇化提供了必要的支撑，要改变目前宁波农村地区产业结构不合理的现状，必须建立起主导产业与辅助产业协调发展的产业格局。政府应该尽快出台相关政策，引导产业在城乡之间的布局和资源的利用。在城乡发展过程中，各乡镇的功能划分和产业的发展方向是重要的组成部分，可以有效避免重复竞争的产生；建设并培育定位明确、有特色的产业体系，发挥产业集群优势，鼓励支持创新创业。

（三）浙北案例分析——以安吉为例

1. 案例区简介

安吉，安且吉兮之意，一个以竹闻名的美丽的地方。作为杭州大都市经济圈的重要节点，安吉与周边大中城市的距离均在 1~3 小时交通圈内，具有优越的地理位置优势。安吉县是长三角地区著名的休闲旅游场所，是国家首个生态县、全国生态文明建设试点县，因其优美的生态环境、丰富的文化底蕴等荣获联合国人居奖，也是全国唯一一个获此殊荣的县级市。2008 年时，安吉县便提出建设美丽乡村的战略部署，并逐渐形成独具特色的"安吉模式"，成为发展美丽乡村的典范。2019 年，全县接待国内外游客2221.69 万人次，全年实现旅游总收入 303.94 亿元，共建成休闲农业园区 22 个，建成"中国美丽乡村" 187 个，创建乡村经营示范村 15 个，美丽乡村创建覆盖率高达 100%（余佶，2015）。生态人居优化的同时，城镇化、经济发展水平也在不断提高，社会各项事业全面增强。数据显示，从 2004 年的 76.9 亿元到 2019 年的 469.6 亿元，安吉县经

---

① 资料来源：宁波市统计局（http://tjj.ningbo.gov.cn/）。

济增长了近 6 倍；第三产业产值也由 2004 年的 30.3 亿元增长到 2019 年的 230 亿元，并且超过了第二产业比重；城乡居民收入显著提高，农村居民收入由 2004 年的 6161 元增长到 2019 年的 33488 元，城镇居民可支配收入则由 12910 元增长到 56954 元，城乡收入比也逐渐下降，达到 1.70∶1，大大低于全国平均的 2.64 倍和浙江省的 2.01 倍，城乡差距降幅居浙江首位。①

2. 安吉模式的特点

（1）生态立县。安吉县和中国大部分县类似，农村地域面积占大多数，大部分人口也居住在农村。安吉县作为浙江省曾经的贫困县之一，在 20 世纪也曾想学习"苏南模式"发展乡镇工业企业，安吉县也曾尝试走"工业强县"的道路，短期虽然获得了 GDP 快速增长，但是也遗留了许多环境问题。最终作为太湖水污染治理的重点区域受到了"黄牌"警告，这些教训让安吉县意识到传统工业发展之路不适合本县县情，只有立足于生态优势、以习近平生态文明思想引领县域经济发展，才能走经济与环境协调一致的道路。

（2）发挥生态优势，形成竹产业链。安吉县依托当地的竹类资源，发展农产品加工产业，并积极推进农业服务业建设，促使三产有效融合。以林业和安吉白茶及其他经济作物为主体，建设万亩的毛竹、白茶和蚕桑产业园。明确了依据自身资源禀赋和经济社会相结合的发展路径，以"优雅竹城—风情小镇—美丽乡村"为发展格局，统筹城乡协调发展。在不断发展现代农业的过程中，将农产品加工业进一步延伸，衍生新的产品种类，促使农民群体长效增收。

（3）以生态旅游推动三产融合。安吉县通过扩大农村服务业的功能，把重点放在休闲农业和乡村旅游上来推动乡村产业发展。2010 年就确立了美丽乡村建设与新型城镇化互促共建的生态经济发展之路。乡村的旅游业不仅可以带动各类农业基地和农产品加工业的建设，还能促进相关农产品的增收，实现规模与效益的增加。通过乡村观光旅游向休闲经济的转变，推动农村一二三产业融合，将产业生态化与现代文明等高度融合。进一步打响了"中国美丽乡村"建设品牌，培育核心竞争力，打造地区优势产业。安吉县在 2018 年前一直是第二产业占比最大，2014 年后第三产业的产值逐渐接近第二产业，并于 2018 年实现反超。②

3. 安吉模式的启示

（1）低碳经济建设。在"碳减排""碳关税"等国际新规的推动下，中国也制定了相应的"双碳"目标。安吉的"美丽乡村建设"则践行了绿色、低碳的环保理念，农村地区作为重要的减碳场所，将成为全国发展低碳经济的重要地区（柯福艳，2011）。中国约七成的国土面积为农村，农村生态环境状况与我国低碳经济建设的整体进程有直

---

①② 资料来源：安吉县人民政府（https://www.anji.gov.cn/）。

接关系，因此，大力推进农村低碳经济建设，将有效减少中国的碳排放量，有利于我国在国际低碳经济环境中树立良好形象。

（2）生态立县。中国自古以来就是一个农业大国，虽然农村与城市相比还存在着许多资源制约，也没有城市的基础设施配套完善，但是农村地区蕴含着巨大的绿色经济发展潜力，担负着生态屏障的保障作用。安吉的这一思路，对于广大农村地区来说，可以借鉴，但不一定要继续坚持工业立县的传统思路，而是要以第一产业为依托，以生态资源为依托，大力发展二三产业，特别是要把绿色生态与农村经济有机地结合起来，发展绿色生态经济，走绿色跨越发展的道路。所以，对于农村地区来说，最重要的就是要对产业发展路径进行正确定位，对产业进行规划和布局，充分利用农村资源，将其转变为农村资本，从而实现经济效益和生态效益的和谐统一。安吉美丽乡村的实践表明，广大农村地区通过发挥自身资源禀赋，实现跨越式发展，以及县域经济转型升级，走上绿色、生态、富民的发展之路。

（3）三产融合。安吉的经济发展之路与许多地区通过将乡村剩余劳动力转移至城市完成市民化的城镇化发展路径不同，安吉实现了就地城镇化。也不同于有些地区通过发展交通便利的中心镇向周边地区辐射，安吉县通过将当地农业、生态、文化向第三产业转移，实现当地产业可持续发展。农民可以完成就地就业；除此之外，农村产业发展的同时城乡一体化建设也逐渐增强，农民不用离开自己的家乡，也能享受到与城市相同的生活条件。安吉的这一做法，为欠发达农村地区的发展提供了一个新的思路，即由传统经济向现代绿色经济转型。依靠生态资源优势发展休闲旅游等第三产业，实现农民就地创业、农村人口就地向非农产业转型，农村产业重心向二三产业迁移，但是劳动力、资源等没有向城市集聚，可以完成农村内部各产业间的协调发展，这对其他地区也有借鉴意义。

4. 从安吉模式到田园综合体

（1）田园综合体简介——以安吉县鲁家村为例。

田园综合体是一种综合发展模式，集现代农业、休闲旅游、田园社区等元素于一体，以城乡融合发展为基础，实行农业供给侧改革，发展农村新产业、农业新业态，实现农业现代化与经济社会的可持续发展模式。田园综合体以乡村田园景观为基础、专业合作社为载体、农民为主体、乡村资源为优势，在农业生产、农村生活、生态现代化"三生"平台下发展乡村产业，通过农村地区的三产融合，实现产业结构升级、产业链延伸等目的，进而丰富农村的各项功能。2017 年中央一号文件首次提到"农业供给侧结构性改革"，就是把田园综合体作为乡村新业态，加快培育农业农村发展新动能，同时在 18 个省份开展了田园综合体建设试点。

安吉县作为中国最早实行美丽乡村建设的区域，安吉模式也成为各地乡村学习借鉴的典范。以鲁家村为例，位于安吉县的东北部地区，邻近莫干山景区。鲁家村的地理位置优越、交通十分便利，这些均在长三角一体化的背景下为田园综合体的建设提供了广阔的空间。安吉县鲁家村本来是安吉有名的贫困村，原本是个环境卫生差、基础设施落后的村庄，2011 年就开始了美丽乡村建设工作，从改善鲁家村的生态环境开始，仅仅一年多在 2013 年鲁家村就荣获安吉县美丽乡村精品村的称号。2014 年提出了建设中国首个家庭农场集聚区和示范区的目标，并且请专业团队做了规划，开创性地结合鲁家村地形特点提出以家庭农场为载体，推动一二三产业融合发展初步形成田园综合性模式（史尧露，2019）。2015 年，鲁家村将观光火车与十八个特色农村连接起来，构建全域旅游景区，并借助旅游公司进行专门化的管理。2017 年鲁家村被列为首批 15 个田园综合体试点，标志着鲁家村的乡村建设迈入新的阶段。

（2）田园综合体的主要模式。

目前，关于田园综合体的发展基于不同地方的要素禀赋、自然条件以及文化传统等，结合农业供给侧结构性改革、新型城镇化以及乡村振兴战略，不同地方探索出了一批各具特色、具有典型性的田园综合体模式。主要有以下三种。

优势农业主导模式。这是田园综合体最普遍的模式之一，也是核心精神的体现。该模式主要是以农业产业为主导，基于地方优势和特色形成从生产到加工再到销售、经营的产业链条，重在推进集约化、标准化和规模化的生产，以形成特色产业带和农业产业园。除了推动农民积极参与建设，还要重点培育一批新型农业经营主体，为了形成农业现代化的示范引领效应还要与农民建立紧密联结机制，带动发展以农业为核心的特色田园综合体开发模式。

文化创意带动模式。这种模式主要是通过挖掘地方特色文化和产业，来带动农村一二三产业融合。依托当地特色乡村风貌和文化传统，在特色文化创意产业的引导下，与生态休闲旅游相结合形成产业、生态、旅游、休闲一体化的农旅综合体。通过文化创意企业的入驻开发民宿、创意工坊、民俗活动等，带动青年群体回乡创业就业，构建乡风文明与生态旅游相互融合的乡村发展模式。

都市近郊型休闲度假模式。这种模式主要是针对城郊乡村进行开发的模式，利用城郊田园风光和生态环境优美的自然资源优势，目的是将城郊乡村发展成一个供城市居民感受乡村自然风光、放松身心、体验农耕文明的场所，尤其是在繁忙、快节奏的城市生活背景下让城市居民工作之余休憩放松、旅游休闲、亲近自然、体验农事（刘竞文，2018）。

（3）田园综合体对乡村振兴与新型城镇化战略耦合的意义。

田园综合体作为城乡一体化格局下的一个新平台，根本目的是推进城乡统筹发展。随着城镇化进程加快，城乡矛盾越来越突出，休闲农业和乡村旅游崛起的田园综合体模式为解决城乡二元结构矛盾提供了一个平台。

首先，田园综合体是农村三产融合下的产物，其动力来源是农村产业结构调整，集优势农业、休闲度假、文化创意于一体的田园综合体模式打破了过去传统农业发展的单调性，创新了特色手工业、旅游服务业等二三产业的形式，改变了过去农业与其他产业脱离的局面。通过创新农村产业间融合的新局面，对农业的各种可能进行了充分的发掘，并将其渗透到生态、文化、休闲旅游等有关的行业之中，培育农业新业态，可以在保障农民增收的基础上加快农村产业结构调整，实现资源合理配置、增强农村经济水平。

其次，龙头企业利用田园综合体进行改革创新，实现了城乡之间劳动力、资金、技术等资源的相互流动与共享，目的是推动乡村经济的高质量发展，尤其是缩小城乡经济之间的差距。城乡之间正是因为各类资源的差异性，因此需要整合城乡资源将其紧密联系起来，通过政策优惠等措施将城市的资金、人才吸引到乡村共同建设田园综合体。推动城乡之间文化、社会、经济等资源高效整合、良性互动，促进乡村振兴与新型城镇化建设的耦合协调水平提升。

最后，以绿色生态农业为依托，发展特色乡村旅游，促进乡村振兴。一方面，田园综合体是以绿色、生态的发展理念将农业生产贯穿始终，农业仍然是基础，只是在此基础上利用科技创新、文化创意等发展特色手工业、农产品加工等（王笑容，2018）。从而可以满足城市居民对农产品的多样需求，不仅是满足口腹之欲，还可以为他们提供一些高品质的农产品加工品等。另一方面，田园综合体作为一种农村新业态，利用乡村自身优势以休闲旅游带动生态农业、绿色农业、观光农业等农业新业态发展。还可以通过创意农业的融入满足城乡居民多元化需求，真正做到以城市带动乡村发展，城市所不具备的功能可以通过乡村来弥补，并通过城乡互动来进一步缩小城乡差距。

（四）浙西南案例分析——以龙泉市为例

在"七山一江两田"的浙江，山地面积占70%，是乡村振兴的重要组成部分，也是乡村振兴的关键。山区不仅是一个水源涵养区和绿色生态屏障，还是一个多民族聚居区和革命老区。目前，浙江省山区经济发展相对落后，经济收入相对较低，经济发展相对滞后。追赶全省发展的任务依然艰巨，这既是浙江的短板，又是其发展的潜力（车俊，2018）。在浙江省实施乡村振兴战略的过程中，关键是加快山区乡村振兴的步伐。这一模式的实质就是寻求一条新的绿色发展之路，通过推动山区生态繁荣和科学的跨越式发展贯彻新形势下的乡村振兴战略，构建"适合居住、工作和旅游"的美丽山区和幸福新家，实现生态经济繁荣和绿色发展。

1. 模式特征

（1）绿色发展。山区以绿色为其特色，而生态优势是其最突出的特征，生态文明建设是山区经济社会转型的关键，需要坚定不移地走绿色发展道路，坚持绿色产业为主导，进而实现乡村振兴。要增强绿色安全农产品供给能力，打造绿色产品基地，实施绿色产业工程，推进农村电子商务加快发展。

（2）活化资源。山区需要坚持"两山"的重要思想。以形成、保护、保障、转化、激活绿水青山为主线，将资源优势转变为经济优势，对于偏远落后的边陲地区要多一些政策上的倾斜与支持，并依靠制度创新走出乡村振兴的发展之路。

（3）山海联动。山区应始终保持积极的开放态度，实现山海协同联动的发展态势，利用山区的生态优势，满足城市的消费需求，加快推动山区与平原、海岛、城区的合作，在此基础上要优化空间布局，实现区域良性互动与均衡发展。具体来讲，要根据各地在发展过程中展现出来的路径趋势，有针对性地统筹协调与合理优化不同区域在两者协调发展中的功能定位，继续发挥以杭州为核心及其周边地区的区位优势和资源优势，发挥辐射带动作用，探索以信息化和智能化协同推进乡村振兴的新路径。

2. 典型案例

龙泉市地处浙闽赣交界处，位于浙江省的西南部地区。龙泉地形以山脉为主，经济以生态产业为主。根据国家的有关部署，持续推进工业绿色、低碳、循环转型。以生态为基础，发展生物医药、绿色能源、健康食品等新兴产业。全面推进"三江源"地区生态保护工作，加快推进国家重点生态功能区建设，构筑"美丽浙江"生态屏障，加快推进生态文明建设步伐。与此同时，要着重提升城乡居民收入。大力重塑农产品，打造"龙泉金观音""龙泉绿""龙泉木耳""龙泉灵芝"等品牌。

第二节　江苏省乡村振兴与新型城镇化调研结果分析

一、研究设计

（一）调研区域说明

江苏省是中国东部沿海的一个省份，省会是南京市，简称苏。江苏省总面积10.72万平方千米，占全国的1.12%。2020年，江苏省常住人口为8070万人，是中国人口密度第一大省。江苏省下辖13个地级市，并均跻身全国百强。江苏省是中国古代文明的发祥地之一，也是中国经济和文化的重要中心之一。江苏省的GDP在2020年达到122875.6亿元，突破12万亿元的关口，比上年提升了2.8%。人均GDP达到144390元，相较前一年提升2.5%。江苏省的非公有制经济增加值占比为75.2%，而民营经济的占比为57.7%，个体私营经济的占比为54.7%。[①]

根据江苏省统计局数据，江苏省城乡发展现状如下。农林牧渔业：2020年，江苏省粮食总产量为3769.1万吨，比上年增产0.6%。畜牧业产量达到316.1万吨，较前一

---

① 资料来源：江苏省统计局（https://tj.jiangsu.gov.cn/）。

年提升 3.9%；水产品产量为 507.1 万吨（不含远洋捕捞），比上年增长 3.6%。高标准农田面积增长为 400 万亩。工业和建筑业：2020 年，江苏省规模以上工业增加值比上年增长 5.1%。高技术增加值同比增长 10.8%，对规模以上工业增加值的贡献率为 68.7%，占 24% 的比重；装备制造业增加值比上年增长 8.5%，其贡献率为 85.2%，占 52.6% 的比重。新材料及信息技术类产品的产量呈现上升趋势。服务业：2020 年，第三产业增加值为 62027.5 亿元，增长 1.9%，贡献了 68.7% 的 GDP 增长。规模以上高技术服务业营业收入同比增长 10.1%，数字经济核心产业增加值占 GDP 的比重为 11%。城镇化：2020 年，全省常住人口城镇化率为 73.44%，户籍人口城镇化率为 67.3%，两者差距持续缩小，城镇化发展水平持续走在全国前列。《江苏省"十四五"新型城镇化规划》提出，到 2025 年，常住人口城镇化率达到 78%，户籍人口城镇化率达到 72%，城乡融合发展水平显著提高。

（二）数据来源与处理方式

本次问卷的调查对象为农村居民和城镇居民，以家庭为单位。问卷内容是通过课题组成员、有关专家多次充分讨论，结合调查所需信息设计完成的。问卷设计包括四部分：（1）生态宜居情况，包括安全饮水、清洁能源、卫生厕所、垃圾处理、河道整治等；（2）公共服务情况，包括养老、医疗保险、教育、医疗、交通条件，文化设施等；（3）基层治理情况，包括选举等重大事项参与率、重大事项知情率、村/居委会公开事务情况，村/居治安状况等；（4）生活质量，包含家庭文娱支出、教育支出、汽车拥有量、恩格尔系数以及家庭年收入等（涂丽，2018）。

调研开展于 2021 年 6～9 月，由在校大学生假期返回家乡所在地的乡村/城镇进行调研。每名学生要求对家乡所在地的村庄和城镇分别进行问卷调研，确保了城乡问卷数量的均等化。共发放乡村调查问卷 1335 份，城镇调查问卷 1494 份。从所回收的问卷中，剔除掉基本信息缺失、答案不符等无效样本后，最终得到乡村有效样本 1251 份、城镇有效样本 1365 份，有效回收率均高于 90%。

江苏省的调研问卷处理方式及研究方法参考浙江省的处理方式，为了减少篇幅，该部分略去。

二、结果分析

（一）江苏省乡村振兴及新型城镇化发展格局

1. 乡村振兴空间格局

乡村振兴整体水平较高值区主要分布在连云港市、南通市、常州市等地区。低值区主要分布在宿迁市、扬州市、泰州市、宿州市等地区（见表 2 - 8）。较低值区和较高值区零散分布在江苏省内部，梯度分布不明显。乡村生态宜居水平与乡村生活质量水平方面，表现出由苏南地区向苏北地区分布的态势，高、较高的发展水平主要分布在苏南地区，中等的发展水平主要分布在苏中地区，低、较低的发展水平主要分布在苏北地区。与江苏省的经济发展特点相吻合，苏南地区乡村企业起步较早，发展较好，居民收入水平较高。两个指标的空间集聚程度较高，主要集中在苏南地区，如苏州市、无锡市。中部地区乡村生态宜居水平较高，如扬州市、泰州市、镇江市、常州市。水平低的地区主要集中在苏北地区，如徐州市。乡村公共服务水平方面，高水平、较高水平区主要分布在连云港市、淮安市及周边县域、常州市区等地区。较低、低水平区分布在无锡市、宿迁市以及苏南绝大部分地区。乡村基层治理水平方面，高水平区呈点状分布，主要分布在苏南地区；中部地区是较高、中值水平区的集中分布区域；低水平区分布在苏北地区，如宿迁市和徐州市。

表 2 - 8 江苏省乡村振兴发展水平

项目	低值区	较低值区	中值区	较高值区	高值区
乡村生态宜居水平	徐州市	连云港市、淮安市	盐城市、南通市、南京市	宿迁市、扬州市、泰州市、镇江市、常州市	无锡市、苏州市
乡村公共服务水平	无锡市	宿迁市、泰州市、镇江市、苏州市	盐城市、南京市	徐州市、扬州市、南通市	连云港市、淮安市、常州市
乡村基层治理水平	宿迁市	扬州市、苏州市	徐州市、镇江市、泰州市、无锡市	连云港市、淮安市、盐城市、南京市	南通市、常州市
乡村生活质量水平	徐州市、宿迁市	盐城市、扬州市	连云港市、淮安市、南京市	南通市、泰州市、镇江市、常州市	无锡市、苏州市
乡村振兴整体水平	宿迁市	扬州市、泰州市、苏州市	徐州市、盐城市、南京市、镇江市、无锡市	淮安市	南通市、常州市

2. 新型城镇化空间格局

新型城镇化整体水平分布格局表现出由苏南地区向苏北地区分布的态势，高、较高的发展水平主要集中于苏南地区，中等发展水平主要集中于苏中地区，低、较低的发展水平主要集中于苏北地区（见表 2 - 9）。城镇生态宜居水平方面，主要呈现南高北低的格局，高值区与较高值区城市较少，如常州市、扬州市；大部分为中值区，主要分布在中部地区，如盐城市、淮安市；低值区主要分布在苏北地区如连云港市。城镇公共服务水平方面，各地区呈块状分布，高值区主要分布在苏南地区，如镇江市、常州市；较高值区主要分布在中西部地区，如淮安市、宿迁市；较低值区主要分布在苏北地区，如盐城市、连云港市。城镇基层治理水平方面，高值区、较高值区主要分布在南京市、南通市等地区。较低值区、低值区分布在淮安市辖区、宿迁市辖区与大部分的苏北地区。城镇生活质量水平方面，高值区形成点状分布的特点，主要分布在连云港市、扬州市；苏南地区是较高值区、中值区的集中分布区域；低值区分布在苏北地区，如盐城市、徐州市。

表 2 - 9　　　　　　　　　　江苏省新型城镇化整体水平

项目	低值区	较低值区	中值区	较高值区	高值区
城镇生态宜居水平	连云港市	徐州市、泰州市、镇江市	宿迁市、淮安市、盐城市、南通市、南京市、苏州市	扬州市	无锡市、常州市
城镇公共服务水平	连云港市	徐州市、盐城市、扬州市、泰州市	南通市、苏州市	宿迁市、淮安市、南京市	镇江市、常州市、无锡市
城镇基层治理水平	宿迁市	连云港市、淮安市	盐城市、常州市、无锡市	徐州市、泰州市、南通市、苏州市	扬州市、南京市、镇江市
城镇生活质量水平	徐州市、盐城市、泰州市	宿迁市、淮安市、镇江市	南通市、常州市	南京市、无锡市、苏州市	连云港市、扬州市
新型城镇化水平	宿迁市	徐州市、连云港市、盐城市	淮安市、泰州市、南通市、苏州市	扬州市、常州市、无锡市	南京市、镇江市

3. 乡村振兴与新型城镇化耦合协调空间格局

通过自然断点法确定临界值并进行 ArcGIS 制图分析，探寻江苏省城乡耦合协调水平的空间分布格局，结果如表 2 - 10 所示。

表 2 - 10　　　　　江苏省乡村振兴与新型城镇化耦合协调发展水平

项目	初级协调	中级协调	良好协调	优质协调
城乡生态宜居协调水平	徐州市、连云港市	淮安市、盐城市、泰州市、南通市、南京市	宿迁市、扬州市、镇江市、常州市、苏州市	无锡市
城乡公共服务协调水平	泰州市、无锡市、苏州市	徐州市、宿迁市、连云港市、盐城市、镇江市	扬州市、南京市、南通市	淮安市、常州市

项目	初级协调	中级协调	良好协调	优质协调
城乡基层治理协调水平	宿迁市	淮安市、扬州市、无锡市、苏州市	徐州市、连云港市、盐城市、泰州市	南通市、南京市、镇江市、常州市
城乡生活治理协调水平	徐州市、宿迁市、盐城市	淮安市、泰州市、镇江市	连云港市、扬州市、南通市、南京市、常州市	无锡市、苏州市
城乡整体耦合协调水平	宿迁市	徐州市、盐城市、泰州市	连云港市、淮安市、扬州市、镇江市、无锡市、苏州市	南通市、南京市、常州市

（1）就城乡生态宜居协调水平而言，其优质协调地区仅有无锡市；良好协调地区包括宿迁市、扬州市、镇江市、常州市和苏州市；中级协调地区分布较为广泛，包括淮安市、盐城市、泰州市、南京市和南通市；初级协调地区为徐州市和连云港市，通过观察地理位置可以看出，这两个城市处于苏北地区，整体而言苏南地区的生态宜居协调水平高于苏北地区。

（2）就城乡公共服务协调水平而言，其优质协调地区为常州市和淮安市；良好协调地区包括南京市、扬州市和南通市；中级协调地区包括徐州市、宿迁市、连云港市、盐城市和镇江市；初级协调地区为泰州市、无锡市和苏州市，位置上主要集中于苏南地区，分析其初级协调产生的原因可能是这些城市新型城镇化发展水平较高，但受限于乡村资金短缺，公共服务设施的建设需要消耗较多资金，而财政投入并不充分，管理机制并不完善，设施的维护保养也存在不足，导致城乡公共服务协调水平处于较低阶段。

（3）就城乡基层治理协调水平而言，其优质协调地区包括南京市、镇江市、常州市和南通市；良好协调地区包括徐州市、连云港市、泰州市和盐城市；中级协调地区包括淮安市、扬州市、无锡市和苏州市；初级协调地区为宿迁市，该地区存在受教育水平和基层治理能力不足，治理主体较为单一的问题。

（4）就城乡生活治理协调水平而言，其优质协调地区包括无锡市和苏州市；良好协调地区分布较为广泛，包括南京市、常州市、南通市、扬州市和连云港市；中级协调地区包括淮安市、泰州市和镇江市；初级协调地区为徐州市、宿迁市和盐城市，主要分布在苏北地区，由于在城镇化快速发展的过程中，过于重视城镇生活质量的提升，而对乡村生活质量存在忽视，造成两者耦合协调水平较低。

（5）就城乡整体耦合协调水平而言，其优质协调地区包括南京市、常州市和南通市；良好协调地区包括连云港市、淮安市、扬州市、镇江市、无锡市和苏州市，分布范围比较广泛，但整体上以苏南地区为主；中级协调地区包括盐城市、泰州市等；而初级协调地区仅有宿迁市。整体而言，江苏省乡村振兴与新型城镇化耦合协调发展水平较高，仅有苏北地区的城乡耦合协调发展水平较低，需要进一步推动城乡整体耦合协调水平的提高，包括政策实施、基础设施建设、城乡治理能力等城乡治理策略，从而推动整体耦合协调发展水平提升。

（二）江苏省乡村振兴与城镇化耦合协调发展存在的问题

1. 城乡发展不平衡，差距扩大

江苏省城乡之间存在较大的差距，尤其是在基础设施、公共服务和产业发展上的差距进一步拉大，影响了区域间的协调发展。在居民收入水平和社会保障水平上，城乡收入差距表现最为显著。在某些地区，农村居民趋向于集中居住。通过问卷调查发现，苏南、苏北两个地区集中居住的农户，其生活方式、生活费用与城镇居民基本一致，但在收入上存在较大差距，社会保障方面、医疗保障等方面差距更大。因此，在城乡一体化进程中，努力缩小城乡居民收入差距，提高社会保障水平，既是重点也是难点。

2. 城乡要素流动不顺畅

江苏省的劳动力、资金和技术等要素在城乡流动的过程中产生资源错配，影响了资源配置的效率。实现城乡统筹的一个重要标志就是大部分农村人口向城镇转移并实现就业，这其中面临着农村劳动力数量与产业结构调整的双重挤压。当前，江苏的农村地区劳动力水平与西方发达国家存在一定差距，农村劳动力转移存在较大难度，其中，城镇产业发展对农民就业也存在较大影响。城市产业正处在加速发展阶段，许多传统产业发生转变，对劳动人员自身素质的要求也日益增加，市场竞争更加激烈，再加上新型产业以知识、技术密集型产业为主，对劳动力的吸收能力和留存作用逐渐减弱，然而，新增劳动力正不断涌现，这就导致农民进城后很难找到合适的工作。

城镇化是一种资源再分配过程，市场化和行政化是其中的难点，影响着资源配置的效果。众多的市场相互叠加，形成网络纽结，它是一个对资本、劳动力、土地和企业家进行最优化配置的体系，只有让这个体系保持开放状态，促使各类产品和要素流入和流出，才能完善这一体系，否则，它将趋于垄断和劣化。政府为城市提供所需的公共产品。政府首先要做的就是做好城市规划，这是一种动态的、科学的过程。其次，要尽快建立起一个覆盖所有人的社会保障制度。

3. 城乡关系不协调，利益分配不均

江苏省城乡之间由于政策倾斜、资金投入的差异，以及利益分配的不平衡性等因素的影响，使之差距进一步拉大。财政对农业的投入结构不尽合理，财政对农业投入中用于保障政府机构运行的行政费用占了很大比重；在我国农业生产性支出中，以基础设施建设、生态环境保护为重点，农业科技推广投入相对较少。目前，我国农村财政支农支出的覆盖面不大，存在着严重的"缺位"现象。当前，我国的农村地区在医疗、科技、

市场、数字化等领域与城市存在不小的差距，城乡发展不协调的现象日趋严重。"越位"现象主要表现为，在以市场机制为主导的生产性商业领域和应用科学领域，仍然持续投入资金；一些地方政府受到利益的引诱，片面地追求眼前的发展，而缺乏长远的考虑。为切实保障支农资金的使用，并缓解资金的供需矛盾，需要对当前支农政策进行改革，通过拓展农业投资平台，增加资金来源，强化城乡利益协调，促进共同发展，构建更加公平合理的城乡利益分配机制。

4. 城乡政策不衔接，发展战略不协调

目前，江苏省已出台的城乡发展政策缺乏有效的衔接与协调，城乡发展战略较为分散。要选准重点，分清轻重缓急，扎实推进城镇化和城乡协调发展。当前的工作重点，应该是努力提高城市化质量，使已经进城的农民变为真正的市民。促进农民工在就业、子女教育、社会保障等方面享受与城市居民平等的待遇，以提高城市对外来居民的吸收和包容能力。除此之外，需要进一步完善农村地区土地使用制度，提高农村地区居民的收入水平和社会保障能力，注重农村地区的长远发展，促进城乡一体化水平的提高和城乡协调发展。

5. 土地、人口双向流动障碍

江苏省城乡居民与土地要素之间的双向流动存在着巨大的障碍，影响着生产要素的优化配置与人口的自由流动。目前，江苏省仍存在着城乡二元结构的现象。近年来，随着户籍制度改革的深入，以及城镇化进程的加快，城乡居民收入差距有所缩小。然而，城乡二元化的局面仍然存在，表现为农村地区居民进城就业存在困难、地方保护主义、部分城市对农民工种和行业的限制等方面。另外，随着城市化进程的推进，一些失地农民无法在城市就业，无法实现职业转移；同时，土地、社保、宅基地等制度的限制使得农村居民无法融入城市。这表明，要想从根本上改变城乡二元结构，实现城乡经济社会一体化，还需要一段时间，要推进土地制度和户籍制度的改革，放宽各类要素流动的限制，实现人口和土地的双向有序流动。

三、江苏城乡发展典型模式及案例

（一）苏南地区典型模式分析

1. 模式特征

"苏南模式"最早的发源地是指过去包括苏州、无锡、常州在内的苏南地区，2000年江苏省又对苏南地区重新划分，增加了南京、镇江，至此现在的苏南地区包括苏州、无锡、常州、镇江、南京五个地级市，经济总量在全国名列前茅。20 世纪 80 年代，苏南地区以"乡镇企业异军突起"闻名，利用农村工业化推动经济社会的繁荣发展，这

就是"苏南模式"的雏形。最早是 1983 年费孝通在他的《小城镇·再探索》一书中提到的,传统苏南模式通常是指 20 世纪 90 年代以前的苏南地区发展模式,其特征是以农村集体企业为主,并实施以工代农的发展模式,进而推动农村的发展,实现城镇化水平的提高。一般来说,传统"苏南模式"中的乡镇企业是以集体经济为主体,通过开展农村工业化来对产业进行结构调整,是一种以大中城市为依托,通过多行业、多渠道的结合加快农民共同富裕的农村经济发展模式。当然也有人把"苏南模式"直接定义为苏南地区的农民以村办企业的形式,依托市场调节机制,以乡镇干部为主要决策者,实现共同富裕的经济发展目标的模式。20 世纪 90 年代中期是重要的划分阶段(有学者具体定为 1996 年),学者将这个时间之后的苏南农村经济发展模式称为"新苏南模式"。"传统苏南模式"与"新苏南模式"的具体区别如表 2-11 所示。

表 2-11　　　　　**"传统苏南模式"与"新苏南模式"的区别**

项目	传统苏南模式	新苏南模式
发展阶段	20 世纪 70 年代至 90 年代前期(1996 年之前)	20 世纪 90 年代后期(1996 年之后)
典型特征	发展乡镇企业(内生型)	发展外向型经济(外经、外贸、外资)
管理模式	地方政府主导干预	政府引导,政企分开
资源配置手段	指导性计划配置为主	市场配置为主(政府引导与市场调节结合)
经济增长方式	粗放型,产品附加值低	集约型、规模化经营,产品附加值高
经济发展理念	"经济增长"为核心,不顾及环境污染(生态失调)	"五位一体"协调发展,绿色 GDP
产权制度	公有性质,生产资料归全体居民所有	混合经济模式(股份制、民营、外资经济)
产权结构	以传统工业为主	第二、第三产业并举
空间分布	乡镇企业零星分散(城外)	工业园区集中布局(进城)
发展目标	促进乡村经济	推进城乡融合

资料来源:武小龙,谭清美.新苏南模式:乡村振兴的一个解释框架 [J].华中农业大学学报(社会科学版),2019(2).

(1)核心要义。传统苏南模式的立足点还是促进乡村经济发展,随着制度创新、社会形态的变化,新苏南模式的核心则是城乡融合,从乡村本位出发的"乡村城镇化"到城乡平衡发展的"城乡融合",这就是苏南乡村建设的演进特征。

(2)经济增长动力。传统苏南模式在早期主要是通过小城镇和乡镇企业的带动发展乡村经济,这种发展模式还停留在"内生型"为主导的模式。20 世纪 90 年代后,随着国家沿海开放战略的实施以及上海浦东开放政策的辐射,新苏南模式动力逐渐由"内生型"转向"外向型"的发展模式,外向经济、对外贸易、海外投资迅速发展,逐渐形成"三外"型经济增长方式。

(3)产权结构形式。传统苏南模式还是以集体所有制经济为主导,但是在市场经济和沿海开放的冲击下,传统苏南模式遭遇困境。苏南乡镇企业受温州模式的启发,通过组建企业集团、与外商合资等形式,将集体所有制改制成混合所有制结构,主要由

"股份制、民营、外资"组成，这就是新苏南模式中现代企业管理制度的雏形，核心就在于从集体所有制转向股份制公司。

（4）经济增长方式。过去传统苏南模式的产业布局是以粗放、分散为主，造成资源配置不合理、产业附加值较低的局面。20 世纪 90 年代后期后，乡村工业企业在工业园区和经济开发区的带动下，形成集中化的局面。除此之外，城乡工业企业互动性也逐渐增强，乡镇工业企业逐步形成竞争优势，在企业规模、技术装备以及产品质量方面，均能够与城镇工业企业旗鼓相当，经济增长方式由"粗放型"逐渐向"集约型"转变。

2. 典型案例——以无锡市江阴市为例

江阴市隶属于无锡，地处长三角，是"新苏南模式"中重要的县级市代表。改革开放以来，江阴的经济地位一直居全国前列，江阴经济的最大特色就是村镇经济。江阴城乡发展规划中重要的"一区"就是指澄东片区，也在新苏南模式发展中扮演着重要的角色，澄东片区包括村镇齐头并进的周庄镇、拥有闻名天下华西村的华士镇和坐拥知名企业海澜之家的新桥镇。截至 2019 年，三镇总面积约为 170.2 平方千米，总人口约为 22.47 万人，地区生产总值为 826.24 亿元，经济总量占全市的 1/5（见表 2 - 12）。三镇均入选 2019 中国乡镇综合竞争力 100 强，并呈现出特色鲜明的发展模式①。

（1）周庄镇——村镇发展齐头并进，体现典型的"苏南模式"。

周庄镇位于江阴市东部，经济社会发展指标均列江阴各乡镇之首，一直排在全国综合实力千强镇前 100 名，江苏省乡镇综合实力百强排名中的前 10 名。总面积约为 76 平方千米，下辖 15 个村委会。2019 年周庄镇三产比重分别为 0.5%、68.5%、31%，工业保持高速增长，2019 年周庄镇规模以上工业总产值为 874.49 亿元，仅次于高新技术产业开发区和澄江街道（镇政府所在地）②。周庄镇的特色在于其庞大的工业经济规模，通过中心镇辐射周边村镇，从而形成中心镇区与周边村镇经济发展齐头并进的局面，是苏南模式的良好诠释。

表 2 - 12　　　　2019 年江阴市各镇（街道）、园区社会经济指标

区域	GDP（亿元）	二三产业占比（%）	非农人口占比（%）	规上工业产值（亿元）	进出口总额（万美元）	人均可支配收入（元）
高新区	686.64	99.9	100.00	1079.47	889216	56914
临港开发区	829.62	99.2	42.12	1172.66	595954	54775
澄江街道	599.9	99.9	100.00	410.78	99799	62468
南闸街道	71.89	97.3	11.78	97.63	15153	50800

---

① 资料来源：《2019 年无锡市国民经济和社会发展统计公报》。

② 资料来源：江阴市人民政府（https：//www.jiangyin.gov.cn/）。

区域	GDP（亿元）	二三产业占比（%）	非农人口占比（%）	规上工业产值（亿元）	进出口总额（万美元）	人均可支配收入（元）
云亭街道	149.69	99.3	100.00	168.02	41036	57922
月城镇	66.93	96.5	15.40	99.5	20731	51562
青阳镇	81.09	97.1	12.00	116.56	24734	48022
徐霞客镇	145.24	96.9	27.11	202.31	51299	51764
华士镇	266.37	99.3	24.52	552.99	109478	58895
周庄镇	348.33	99.5	44.14	874.49	310589	63488
新桥镇	211.54	99.6	5.79	729.68	49671	65026
长泾镇	73.16	97.6	36.93	109.11	30395	51724
顾山镇	96.73	97.7	33.99	144.23	40607	53629
祝塘镇	105.58	97.1	29.92	152.76	62082	52126

注：临港经济开发区辖璜土镇、夏港街道、申港街道、利港街道。

资料来源：《2019年江阴市国民经济和社会发展统计公报》。

（2）华士镇——一枝独秀，将传统苏南模式效果发挥到极致。

号称"天下第一村"的华西村就坐落于江阴市东部的华士镇，一个下辖2个社区、27个行政村，总面积达到74.64平方千米的乡镇，也是苏南乡镇工业的发祥地之一。"离土不离乡，进厂不进城"的华西村就是通过发展集体经济将传统苏南模式极致化。近年来，华士镇地区产业结构不断调整，2019年华士镇地区生产总值为266.37亿元，三产比重分别为0.6%、68.3%、31.1%。工业保持高速增长，2019年华士镇规上工业产值为552.99亿元（唐伟成和彭震伟，2020）。虽然2019年华士镇的非农户籍人口占比仅为24.5%，但是华士镇的非农经济增长迅速，也带来了大量外来劳动力，地区城镇化率还跟不上经济结构升级的步伐。

（3）新桥镇——管理体制创新初见成效。

新桥镇总面积19.6平方千米，总人口6.5万人左右，下辖9个行政村和5个社区居委会[①]。新桥镇作为江苏省首批特色小镇之一，以"时裳小镇"著称。新桥镇是江阴市城乡发展一体化示范镇，拥有国内服装行业龙头企业——海澜集团，因此也被评为中国纺织服装名镇。2019年完成地区生产总值211.54亿元，公共财政预算收入16.23亿元，居民人均可支配收入6.50万元[②]。2001年以来，新桥镇镇政府开始将农民住宅集中转移到镇区，将土地规模化集中管理，把工业企业迁移至园区集中管理。新桥镇的目标是建设成为长三角甚至全国范围内第一个无村镇，这一系列措施将新桥镇的城乡建设带上新高度，并为其他地区开展城乡治理起到带头作用。

---

①②　资料来源：江阴市人民政府门户网（http：//www.jiangyin.gov.cn/）。

周庄、华士、新桥三镇在发展中，规模经济发挥了重要作用。2019 年全市开票销售收入前 30 名工业企业中三镇有企业 11 家，占比大于 1/3，其他入选的企业大多落户园区内发展（见表 2 - 13）。2019 年全市开票销售收入前 30 名村（社区）中三镇有 13 个村庄入选，其中周庄镇占到 8 个村，华士镇占到 5 个村①。三镇在抓好技改投入的同时，工业园区也作为新的载体吸引了新的企业入驻，形成企业集聚进一步加强招商引资的吸引力。目前周庄镇、华士镇、新桥镇三镇的工业园区建有 6 个。华士镇当年的私营工业园就有 35 家企业入驻，当前更是在此基础上开辟出更具发展前景的工业园区，带来新一轮的企业落户潮。乡镇企业在经历一个阶段的发展后，企业形成规模集聚也是一种必然趋势，而到这个阶段乡镇工业园区不可或缺。乡镇工业园区作为一个关键要素，周庄镇、华士镇、新桥镇利用自身的区位优势和当时的优惠政策，通过工业园区这个载体吸引外资、民资和社会资本等，引进了大量资本和企业，发展壮大工业园区的规模，进一步带动当地经济增长，并加速企业的集聚，推动企业的发展。

表 2 - 13　　　　　　　　　2019 年全市开票销售收入前 30 名工业企业及所在村

名次	单位名称	所属地	所在村	实绩（万元）
1	海澜集团有限公司	新桥镇	周庄镇三房巷村	5644240
2	中信泰富特钢集团股份有限公司	高新技术产业开发区	璜土镇花港苑村	5361556
3	江阴澄星实业集团有限公司	澄江街道	华士镇华西新市村	4493118
4	三房巷集团有限公司	周庄镇	夏港街道长江村	4230527
5	江苏新长江实业集团有限公司	临港经济开发区	申港街道创新村	3344854
6	江苏华西集团有限公司	华士镇	周庄镇华宏村	2463086
7	江苏阳光集团有限公司	新桥镇	夏港街道三联村	2427948
8	远景科技集团	临港经济开发区	利港街道陈墅社区	1415317
9	江苏扬子江船业集团公司	江阴—靖江工业园区	璜土镇小湖村	1410282
10	江苏华宏实业集团有限公司	周庄镇	徐霞客镇任九房村	1336075
11	江苏西城三联控股集团有限公司	临港经济开发区	申港街道于门村	1257408
12	法尔胜泓昇集团有限公司	澄江街道	周庄镇倪家巷村	1194736
13	双良集团有限公司	利港街道	周庄镇周庄村	1118121
14	江苏新潮科技集团有限公司	澄江街道	申港街道滨江村	915416
15	江苏利电能源集团	临港经济开发区	华士镇陆丰村	860452
16	江阴江东集团公司	周庄镇	华士镇龙河村	729161
17	江阴苏龙热电有限公司	澄江街道	周庄镇周西村	662682

① 资料来源：江阴市人民政府门户网（http：//www.jiangyin.gov.cn/）。

名次	单位名称	所属地	所在村	实绩（万元）
18	大明重工有限公司	江阴—靖江工业园区	华士镇曙新村	654683
19	阿尔法（江阴）沥青有限公司	临港经济开发区	高新区东新村	640642
20	江苏福尔泰铜铝集团	华士镇	徐霞客镇璜东村	629471
21	江阴模塑集团有限公司	周庄镇	月城镇沿山村	627584
22	江阴市长乐新科技电源有限公司	周庄镇	周庄镇宗言村	622423
23	江阴华润制钢有限公司	月城镇	南闸街道观山村	611089
24	中船澄西船舶修造有限公司	高新技术产业开发区	长泾镇花园村	604231
25	瀚宇博德科技（江阴）有限公司	澄江街道	周庄镇长乐村	601295
26	江苏嘉盛新材料有限公司	临港经济开发区	祝塘镇建南村	573918
27	江苏蝙蝠塑料集团有限公司	华士镇	申港街道东刘村	535936
28	江苏向阳集团有限公司	华士镇	华士镇红苗村	490843
29	江阴天江药业有限公司	高新技术产业开发区	周庄镇长寿村	431026
30	江苏利安达集团有限公司	澄江街道	徐霞客镇方园村	425791

资料来源：《江阴统计年鉴2022》。

3. 典型案例——以苏州市昆山市为例

苏南地区在改革开放后经济腾飞的重要标志就是"乡镇企业异军突起"，现在这些乡镇企业成为外资嫁接的桥梁，苏州市昆山市以外资企业密集而闻名，外向型经济成为21世纪苏南地区经济快速增长的引擎，是苏南小城镇向外扩散的主要途径。2019年苏州市规模以上外资工业产值达199870072亿元，占规模以上工业总产值的近60%，规模以上外商及港澳台商投资企业达到3961个，占规模以上工业企业（11042个）超过1/3的比例。苏州市进出口总额3190.9亿美元中，国有企业167.2亿美元（占比5%）、民营企业724.9亿美元（占比23%）、外商及港澳台商投资企业2297.5亿美元（占比72%），因此外向型经济是苏州工业经济发展的重要标志①。

昆山的地理位置优越，位于上海和苏州之间，从20世纪开始就开启了一条"自费办开发区"的道路，以外向型经济和经济开发区为依托，连续多年居全国百强县榜首。昆山经济的特点就是外向型经济，尤其是"新苏南模式"形成后，外向型经济成为苏南经济发展的主力军。2019年，昆山地区生产总值为4045.06亿元，工业总产值为1912.96亿元，进出口总额为826.7亿美元，占全市进出口总额的26%。本年新设外资项目达到266个，仅次于苏州市区。本年新增注册外资达到221212万美元，实际利用外资金额为74710万美元，表现出很强的竞争力（见表2-14）②。

---

① ②　资料来源：苏州市人民政府（https://www.suzhou.gov.cn/）。

表 2 – 14   **2019 年苏州市外向型经济部分主要指标**

地区	进出口总额 （亿美元）	本年新设 外资项目数 （个）	历年累计 批准项目数 （个）	本年新增 注册外资 （万美元）	历年累计 注册外资 （万美元）	本年实际 使用外资 （万美元）	历年累计实际 使用外资 （万美元）
苏州全市	3190.9	994	23350	1134200	20155508	461545	13244487
苏州市区	1660.1	553	12431	530854	10842415	253294	6865347
常熟	225.8	59	1414	108478	2115885	49764	1468268
张家港	343.6	40	1348	161560	1524965	39782	1315870
昆山	826.7	266	6394	221212	4085971	74710	2579291
太仓	133.6	76	1763	112096	1586272	43995	1015711

注：历年累计批准项目和注册外资指未终止注销企业。

资料来源：苏州市统计局。

昆山市下辖 10 个镇，由于自身资源条件、文化传统等的不同，昆山各镇呈现出色彩缤纷、亮点频出的发展特征。2019 年昆山市各区镇地区生产总值如表 2 – 15 所示。2019 年昆山市外向型经济部分主要指标如表 2 – 16 所示。

表 2 – 15   **2019 年昆山市各区镇地区生产总值**   单位：亿元

区镇	GDP	第一产业	第二产业	第三产业	财政收入	财政支出
昆山开发区	1501.17	1.42	873.10	626.65	156.35	74.96
昆山高新区	841.34	2.28	380.50	458.56	110.30	55.05
花桥经济开发区	326.50	0.52	55.68	270.28	44.86	30.27
张浦镇	238.90	4.01	150.23	84.70	49.75	33.99
周市镇	301.10	1.52	158.84	140.73	44.44	30.70
陆家镇	156.20	0.34	86.61	69.23	15.22	7.51
巴城镇	200.10	5.60	88.17	106.34	24.21	15.38
千灯镇	222.30	4.01	135.01	83.28	45.80	25.40
淀山湖镇	104.90	3.30	60.10	41.50	24.03	13.88
周庄镇	43.10	3.50	11.20	28.40	4.41	4.66
锦溪镇	109.50	3.90	73.00	32.60	9.34	5.56

注：2012 年，整合玉山镇、花桥镇成为昆山高新区及花桥经济开发区，形成"三区八镇"格局。

资料来源：《苏州统计年鉴 2020》《2019 昆山市国民经济和社会发展统计公报》。

表 2 – 16   **2019 年昆山市外向型经济部分主要指标**

区镇	进出口总额 （亿美元）	实际利用外资 （万美元）	规模以上工业 企业单位数（家）	工业增加值 （万元）	规模以上服 务业单位数（家）
昆山开发区	622.41	29174	437	8855991	149
昆山高新区	69.92	19517	332	3036932	88
花桥经济开发区	13.06	6000	70	341599	81

续表

区镇	进出口总额（亿美元）	实际利用外资（万美元）	规模以上工业企业单位数（家）	工业增加值（万元）	规模以上服务业单位数（家）
张浦镇	15.53	5500	270	976119	23
周市镇	15.67	4000	221	843015	35
陆家镇	14.41	5600	94	644434	42
巴城镇	14.38	1851	191	598487	22
千灯镇	22.28	4000	248	948256	22
淀山湖镇	9.97	2054	120	473116	11
周庄镇	1.35	90	20	42821	5
锦溪镇	27.74	600	87	932104	4

注：2012 年整合玉山镇、花桥镇成为昆山高新区及花桥经济开发区，形成"三区八镇"格局。

资料来源：《苏州统计年鉴 2020》《2019 年昆山市国民经济和社会发展统计公报》。

（1）玉山镇作为昆山市的政治、经济、文化和现代化工商业重镇，蝉联全国综合实力千强镇第一。2019 年，玉山镇完成地区生产总值 820 亿元，占全市的 1/5；工业总产值 1360 亿元，增长 6.2%。（2）巴城镇总面积 157 平方千米，2019 年入选第七批中国历史文化名镇，凭借昆曲入选 2018~2020 年度"中国民间文化艺术之乡"名单。2019 年全年实现地区生产总值 200.1 亿元，第二产业产值为 88.17 亿元，第三产业产值达到 106.34 亿元。（3）花桥镇由于地理位置优越，号称"江苏东大门、苏沪大陆桥"。行政管理上是按照"南北分治"，南部花桥经济开发区与花桥镇"区镇合一"，北部蓬朗地区由昆山经济技术开发区代管。作为"中国 10 大最佳服务外包园区"的花桥国际商务城早在 2006 年就设立，依靠紧邻上海的地理优势发展服务业。2019 年花桥经济开发区完成地区生产总值 326.5 亿元，其中第三产业占 82.78%，规模以上服务业单位数有 81 家。（4）周市镇作为历史文化名镇，与昆山经济开发区仅一河之隔，2019 年实现地区生产总值 301.10 亿元，规模以上工业企业有 221 家，工业增加值达到 843015 万元。（5）千灯镇区位优势明显，距离上海虹桥机场仅 30 千米，距离苏州市中心也仅 35 千米。作为昆山南部的产业重镇、国家农业示范区、中西国际科技合作基地、国家火炬计划昆山电路板特色产业基地等，千灯镇汇集了电子新材料、高端汽车组件、品牌民生用品、商贸物流等主导产业。（6）陆家镇作为中国对外开放的先导区，以电子、轻工、机械、化工四大产业作为支柱。2019 年，陆家镇实现地区生产总值 156.20 亿元，财政收入 15.22 亿元，三次产业比为 0.22：55.45：44.32，财政支出 7.51 亿元。（7）张浦镇总面积 110 平方千米，人口有 25 万人。形成以"甲鱼、西瓜、蘑菇、花卉、水产、粮油"为主的特色农业产业，张浦镇借助园区化及工业化的模式，实现农业发展现代化。2019 年张浦镇完成地区生产总值 238.9 亿元，同比增长 4%，其中第二产业占比最高达到 62.9%，财政收入 49.75 亿元位于各镇榜首。（8）周庄镇作为江南六大古镇之一，以旅游业为主导产业，利用自身的自然资源优势及人文景观，发展旅游、餐饮、商贸等行业。但是周庄镇经济发展还是居于昆山市末尾，2019 年地区生产总值为 43.10 亿元，第一产业占比 8.1%、第二产业占比 26.0%、第三产业占比 65.9%。（9）锦溪镇作为江苏省的"南大门"，素有"中国民间博物馆之乡"的美誉。2019 年全年完成地区生产总值 109.5 亿元，工业增加值 47.3 亿元，第二产业占比 66.7%，居于昆山市各区镇之首。（10）淀山湖镇总面积 65.84 平方千米，作为中国民间文化艺术（戏曲）之乡，2019 年完成地区生产总值 104.90 亿元，第二产业占比 57.3%，第三产业占比 39.6%。①

苏南小城镇建设的最大特色就是以发展工业为主，借助自身紧邻市中心或紧靠大城市的区位优势，拓展乡镇工业企业与大城市企业的紧密联系渠道。以工业为主导的产业作为培育对象，并且进行改造和提升、扩大规模，同时发展民营企业，壮大乡镇企业的经济实力。在乡镇企业逐步壮大的同时，通过兴办工业园区招商引资，把各类企业汇集到小城镇，形成产业集聚、特色鲜明的小城镇建设局面。昆山经济发展的最大特色是开发区建设，并且由市政府和镇政府集中开发管理，政府能够集中有限的开发资金为工业园区提供优质的配套基础设施建设，吸引更多的企业入驻，形成良性循环。最著名的"昆山经济技术开发区"一开始只有 3.75 平方千米，到 1992 年 8 月被国务院批准为国家级经济技术开发区时规模已达 10.4 平方千米。到 2019 年开发区总面积达到 921.3 平方千米，荣获 2018 年国家级经济技术开发区综合发展水平考核评价排名第 5②。

4. 案例区经验启示

苏南小城镇建设是"苏南模式"中最具特色的地方，也是苏南地区 20 世纪 80 年代城镇化进程中最强劲的动力。乡镇企业在城镇与乡村互动中发挥着重要作用，在大中城市的辐射效应下，乡镇企业异军突起，形成产业集聚，带动了小城镇的发展。小城镇的发展吸引了乡村剩余劳动力转移到城镇工业生产领域，发挥了城镇对周边农村的辐射带动效应。乡镇企业作为连接城镇与乡村的重要载体，农村地区为乡镇企业提供了劳动力和广大腹地，小城镇为乡镇企业提供企业集聚、吸引人才的场所。最终城乡经济互动更加频繁，促进了乡村振兴，驱动了小城镇发展，逐步使城市与乡村协调均衡增长。苏南小城镇建设随着苏南模式的演变而变化，从农村集镇发展到现代中心城镇，其背后反映的是苏南模式的演进过程。苏南小城镇发展主要抓住了产业、交通和开发区建设三大契机。

---

① 资料来源：昆山市人民政府（http：//www. ks. gov. cn/kss/）。
② 资料来源：中国政府网（https：//www. gov. cn/）。

（1）产业是苏南小城镇发展的根基所在。

农业、工业和服务业的发展是推动苏南小城镇建设的三大力量。城镇化本质上是一个迁移的过程，即农村人口和其他要素资源等转移到城市的过程，其中产业结构调整是其中一个重要的表现。因此苏南地区城镇化进程中，产业结构的演进为苏南模式提供了不竭的动力，当然还有改革开放的红利和国家政策优惠等因素。苏南小城镇建设在外向型经济的推动下，产业结构也发生了很大的变化。早期以自给自足的小农经济为主，到如今以工业为主导，各个小镇都有其产业特色，最终形成了工业中心和商贸交易中心镇，这个过程都是从第一产业向二三产业演变的过程。按照发达国家发展历程，在工业化进程中，一二三产业比重初期呈金字塔形，到工业化加速时期会转变成纺锤形，即二三产业比重远大于第一产业，同时第二产业比重通常大于第三产业（见表2-17，这里不包含园区）。2019年昆山、江阴的城镇产业比重，除了昆山巴城镇、周庄镇以发展旅游服务业等第三产业为主，其余城镇均处于第二产业占比最大、第一产业比重最小的阶段。因此，产业是城镇化进程中的不竭动力，是城镇发展的支撑，只有形成产业集聚才能吸引更多的人才流入。

表2-17　　　　　　　　　　　2019年昆山、江阴小城镇的产业构成　　　　　　　　　　单位：%

地级市	县级市	建制镇	第一产业	第二产业	第三产业
苏州	昆山	张浦镇	1.68	62.88	35.45
		周市镇	0.50	52.75	46.74
		陆家镇	0.22	55.45	44.32
		巴城镇	2.80	44.06	53.14
		千灯镇	1.80	60.73	37.46
		淀山湖镇	3.15	57.29	39.56
		周庄镇	8.12	25.99	65.89
		锦溪镇	3.56	66.67	29.77
无锡	江阴	月城镇	3.50	49.80	46.70
		青阳镇	2.90	64.50	32.60
		徐霞客镇	3.10	61.30	35.60
		华士镇	0.60	68.30	31.00
		周庄镇	0.50	68.50	31.00
		新桥镇	0.40	69.00	30.60
		长泾镇	2.30	62.80	34.80
		顾山镇	2.20	59.70	38.00
		祝塘镇	2.90	73.50	23.60

资料来源：《2019年昆山市国民经济和社会发展统计公报》《2019年江阴市国民经济和社会发展统计公报》。

（2）交通建设为苏南小城镇发展带来机遇。

苏南小城镇建设中交通建设起着关键作用，各地政府也提出了"交通先行"的重要性。交通运输是城镇化进程中的重要基础，为城镇化发展起着支撑作用。以昆山市花桥镇为例，花桥经济开发区有着优越的地理位置优势，凭借着距离昆山市中心16千米，距离上海虹桥机场25千米的区位，成为了上海大都市的后花园、江苏的东大门。除此之外，花桥镇政府不仅利用地理优势，还加强交通建设，作为中国第一条跨省地铁线路——上海11号地铁线于2013年开通（见图2-3），再次让花桥招商引资占据优势，花桥不仅地理上邻近上海，基础设施建设也全面融入上海，让许多对上海房价望而却步的人居住在花桥、工作在上海成为一种可能，也让昆山市利用交通优势承接更多更优质的制造业项目。因此，综合交通体系建设的重要性不言而喻，可以推动城镇化进程、带动产业提升，产业转型升级与城镇化建设、综合交通体系建设也都是密不可分的，苏南小城镇正是抓住了这一发展契机。

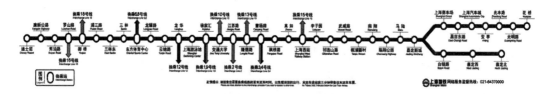

图2-3 上海市轨道交通11号线运行线路示意

资料来源：百度百科。

（3）开发区建设为苏南小城镇发展提供"产镇融合"平台。

开发区指中央和省级地方政府划定的一块区域，主要是用于推行优先鼓励产业发展政策。从20世纪90年代开始，全国就兴起了开发区建设浪潮，这不仅促进了工业化水平的快速提升，也带来了城市空间规模的拓展，通常都是非农人口和非农产业的聚集地。从21世纪初开始，苏南小城镇建设也进入了开发区建设阶段，这也是新苏南模式发展的第三阶段。工业园区的开发给乡镇企业发展也带来了新的机遇，无论是企业数量上还是质量、产业类型上均有了飞跃。工业园区的存在提供了更多的就业岗位，可以让农村大量劳动力向小城镇集中，又为小城镇在商业服务、交通通信等方面提供了物质基础和资金来源。昆山很好地抓住了首批国家级开发区建设的契机，让招商引资也进入了一个新的阶段，由过去内资转向外资。一开始获批国家级开发区的昆山，经济实力还是很弱，土地开发资金不足，但是通过优质的服务吸引了外资，从此开始了"以商引商"的良性循环过程。苏州、无锡31个开发区建设中昆山就有4个，国家级和省级有2个（见表2-18）。

表 2-18　　　　　　　**2019 年苏州、无锡开发区建设情况一览**　　　　　　单位：万美元

级别	地级市	开发区名称	所属地	注册外资	进出口总额
国家级开发区	苏州	苏州工业园区	苏州市吴中区	194102	7739259
		苏州高新技术产业开发区	苏州市虎丘区	51000	4197800
		昆山经济技术开发区	苏州市昆山市	65563	6352537
		张家港保税区	苏州市张家港	70132	1538891
		苏州太湖国家旅游度假区	苏州市吴中区	720	27642
		昆山国家高新技术产业开发	苏州市昆山市	50929	804681
		常熟经济技术开发区	苏州市常熟市	89075	1234317
		吴江经济技术开发区	苏州市吴江区	47735	1429359
		太仓港经济技术开发区	苏州市太仓市	65628	939679
		张家港经济技术开发区	苏州市张家港	75338	1372507
		吴中经济技术开发区	苏州市吴中区	19392	592343
		苏州浒墅关经济开发区	苏州市虎丘区	6746	2249633
		相城经济开发区	苏州市相城区	19831	454796
		常熟高新技术产业开发区	苏州市常熟市	45325	562964
	无锡	无锡高新技术产业开发区	无锡市新吴区	131516	5057097
		江阴高新技术产业开发区	无锡市江阴市	50131	1004439
		宜兴环保科技工业园	无锡市宜兴市	9090	55601
		宜兴经济技术开发区	无锡市宜兴市	26383	280589
		锡山经济技术开发区	无锡市锡山区	36393	392347
		太湖国家旅游度假区	无锡市滨湖区	12587	37360
省级开发区	苏州	昆山旅游度假区	苏州市昆山市	3848	238502
		汾湖高新技术产业开发区	苏州市吴江区	11079	175838
		昆山花桥经济开发区	苏州市昆山市	67693	173995
	无锡	无锡空港经济开发区	无锡市新吴区	6338	116382
		江阴临港经济开发区	无锡市江阴市	22455	633574
		江阴—靖江工业园区	泰州市靖江市	5046	9342
		宜兴陶瓷产业园区	无锡市宜兴市	1369	50196
		惠山经济开发区	无锡市惠山区	23425	202264
		蠡园经济开发区	无锡市滨湖区	3973	110177
		无锡经济开发区	无锡市滨湖区	306	46050
		无锡太湖山水城旅游度假区	无锡市滨湖区	6000	21119

资料来源：江苏自然资源（http://zrzy.jiangsu.gov.cn/）。

（二）苏北地区典型模式分析

1. 宿迁市耿车镇

耿车镇，江苏省宿迁市宿城区辖镇，坐落于宿城区西北部，总面积35.01平方千米。耿车镇辖1个社区和7个行政村，镇人民政府驻耿车社区。2020年末，耿车镇总人口为3.66万人。[1] 耿车镇坚持生态优先、绿色发展，实施乡村振兴战略，以中心城市的站位谋划布局，围绕一个中心任务（服务开发区拓园），紧抓两项重点工作（城镇建设和环境治理），加快三大园区发展步伐（循环经济产业园、生态农业示范园、大众创业园），着力打造"四化"同步集成改革示范镇，努力把耿车建设成为宿迁富有活力的"西部新城"。

（1）案例区典型做法[2]。

①形成以废旧塑料加工为主的发展模式。

改革开放初期，耿车镇的经济发展水平和生产力水平相对落后。为促进经济发展水平的提高，当地人开始大力发展乡镇企业，并将重点放在废旧塑料加工上，但是，这种模式存在一些问题，即废旧塑料加工所需的原料大多来自全国各地的垃圾场，不仅对土地资源造成巨大的浪费，还污染了当地的地下水水质。依托废旧塑料加工形成的"耿车模式"享誉全国。然而，随着时间的推移，耿车人逐渐意识到这种模式的弊端，并将目光放在家具制造、电子商务、花卉园艺等产业，实现产业升级。这一系列转变得到国家层面的重视，并将其推广至其他不发达地区，以带动当地的乡镇企业和经济发展。

耿车镇在发展废旧塑料加工产业的过程中造成严重的环境污染。空气、废水、耕地的污染以及村民患病人数的增加，为"耿车模式"的发展蒙上一层阴影。耿车镇的村民认识到，只注重眼前利益而牺牲环境的现状并不利于耿车镇的可持续发展，只有在保护环境的基础上发展经济才能带来持续的繁荣。因此，耿车人开始意识到环境保护的重要性，并开始采取措施来减少环境污染。这一转变不仅是对环境的保护，也是对未来世代的负责，为耿车的可持续发展奠定了坚实的基础。

②形成产业、创业、生态、文化"四轮齐转"的发展新模式。

2016年起，耿车镇开展了一系列美丽乡村建设，以实现绿色产业转型，同时对废旧塑料回收加工也展开了系统的治理。在此推动下，耿车镇焕发生机，带动生态农产品的价值提升。"耿车模式"的成功转型关键在于创业精神，以此为依托，耿车镇成为著名的"淘宝镇"和绿色农产品示范基地。耿车镇的转型之路并非一帆风顺，但耿车人始终坚持绿色发展的理念，不断探索创新，努力实现经济发展与环境保护的良性循环。

---

[1] 资料来源：耿车镇政务服务网（http://scqgcz.jszwfw.gov.cn/）。

[2] 资料来源：宿迁市人民政府（http://www.suqian.gov.cn/）。

通过科学推进美丽乡村建设，耿车镇逐渐摆脱了过去废旧塑料加工所带来的环境污染问题，实现了经济结构的转型升级。

如今的耿车镇已经焕发出勃勃生机，成为一个充满活力和创新精神的地方。耿车人以创业精神为动力，不断开拓市场，推动当地经济的发展。同时，他们也注重环境保护，积极参与绿色农业示范，为全国乃至全球的可持续发展作出了积极贡献。耿车镇的成功经验为其他地区提供了有益的借鉴。它告诉我们，只有坚持绿色发展，才能实现经济的可持续发展和社会的繁荣。耿车人的努力和奋斗是值得赞扬的，耿车人树立了一个榜样，激励着更多的人积极投身于绿色转型和可持续发展的事业中。

③推动电商平台为主体的互联网技术使用。

经过多年的转型发展，耿车镇成功实现了从"破烂镇"到"淘宝镇"的华丽蜕变，2021年耿车境内电商交易额突破了90亿元[①]。这些年来，耿车镇不仅走上了一条"绿色"之路，也走上了一条致富之路。2021年，耿车地区的生产总值从2015年的21亿元增长到了27.63亿元，全镇居民的人均可支配收入也突破了3.5万元[②]。耿车的转型是成功的，也符合当前乡村振兴的总体要求。

耿车镇的妇女们通过直播带货的方式，将耿车的多肉植物推向了世界舞台。这种新兴的销售方式不仅为当地妇女创造了就业机会，也为耿车的农产品带来了更广阔的市场。通过直播带货，耿车的多肉植物得到了更多人的认可和喜爱，为当地经济的发展注入了新的活力。

耿车镇的转型发展是一次成功的实践。多年来，耿车人坚持绿色发展的理念，积极推动农村经济的转型升级。通过发展电商和直播带货等新兴产业，耿车镇成功实现了从传统的"破烂镇"到现代的"淘宝镇"的转变。这一转型不仅为当地居民带来了更好的生活条件，也为乡村振兴战略的实施提供了有益的经验和借鉴。

耿车镇的成功转型也得益于政府的支持和引导。政府积极推动农村电商的发展，提供政策支持和资金扶持，为当地企业和创业者提供了更好的发展环境。同时，政府还加大了对农村基础设施建设和公共服务的投入，提高了农村居民的生活质量和幸福感。

总之，耿车镇的转型发展是一次成功的实践，也是乡村振兴战略的有益探索。通过绿色发展和创新创业，耿车镇实现了经济的繁荣和社会的进步，为其他地区提供了宝贵的经验和借鉴。

（2）案例区经验启示。

①因地制宜、不断革新的发展理念。

一方面，当地深刻认识到企业在乡镇经济发展中扮演着重要角色，早早展开产业升级和转型的举措。凭借企业和市场的活力，他们为乡村企业开辟出了致富的道路。另一

---

①②　资料来源：宿迁市人民政府（http：//www.suqian.gov.cn/）。

方面，与苏南地区不同，耿车镇与主要城市距离较远，难以享受城市产业的溢出效应和转移机遇。同时，受制于有限的经济基础，难以建设大规模的产业集群。因此，耿车镇充分考虑当地的自然条件、生产水平和经济现状，坚持因地制宜的原则，突破了思维的束缚。他们从乡村企业这个准入门槛相对较低的领域入手，培育发展了一批小型乡村企业集群。同时，精准把握时机，成功将废旧塑料加工行业转型为农村电子商务产业。这些实践证明，以耿车镇为典范的落后地区，应当及时抓住基层乡镇的时代机遇，不断壮大本地乡镇企业，提高居民的收入水平，走上一条追赶时代发展浪潮的致富之路。

②政府引导，企业自觉的绿色转型。

耿车模式的形成与转型是一个系统性的发展过程，受到众多因素的影响。国家的制度背景和地方政策对于区域发展具有重要的影响。在传统意义上，乡镇企业缺乏环保理念，但随着工业化的进行，绿色理念和实践逐渐融入了乡镇企业的发展中。在清洁生产模式和绿色理念的形成方面，一方面，政府在绿色转型中发挥引导作用，积极推动乡镇企业走向环境友好的产业发展模式，制定环保政策以解决环境污染等社会经济发展问题；另一方面，企业家也需要树立生态利益自觉的行动，同时政府也应逐渐在政治生态上有所自觉。原先的耿车模式缺乏绿色理念，在经历了艰难的环境转型之后，需要将绿色发展理念深深扎根于村民的日常生活中。在政府生态文明建设的大力推动下，耿车镇致力于推动清洁生产和乡镇环境治理，打造美丽乡村。绿色发展模式不仅得到了村民和企业的认同，也得到政府的认可和强力支持。它在推动乡镇经济发展、提高农民收入水平的同时，注重提高环境质量。这一模式的成功实施为耿车镇带来了繁荣和可持续发展的前景。

2. 徐州市马庄村

徐州市的马庄村位于徐州市的东北部地区，全村总面积 5.2 平方千米。作为江苏省第一批入选全国乡村旅游重点村名录的乡村之一，马庄村其东与潘安湖连为一体，成为徐州贾汪由"一城煤灰半城土"到"一城青山半城湖"生态蝶变的最佳注脚。徐州是百年煤城，位于贾汪区的马庄曾是一座煤灰弥漫的小村庄。21 世纪初，马庄一马当先，勇敢转型，在村"两委"带领下，走出了一条文化兴村、产业富民的新路子。现在的马庄，绿树村边合，河湖环村绕，再也不见"黑煤庄"的影子。

（1）案例区典型做法①。

①加快集体产业转型，寻求持续发展道路。

马庄的产业转型主要分为两个阶段：一是由资源开发型产业建设转向生态文明建设的绿色转型阶段；二是以单一工业发展为主转向手工业、旅游业协同发展的多元化转型阶段。

就第一阶段而言，改革开放后，由于马庄村拥有煤炭资源，村"两委"为改变马庄贫困的面貌，提高村民生活水平，决定在其自然资源基础上发展采矿业、煤矿加工业

---

① 资料来源：新店镇政务服务网（http://xysxdz.jszwfw.gov.cn/）。

等相关产业。但煤炭产业严重依赖煤炭这一不可再生资源的开采，所以马庄村随着煤炭资源的枯竭而面临迫在眉睫的转型问题。煤炭资源枯竭后，曾经的马庄村坑塘遍布、耕地损毁、道路断裂、房屋沉降及荒草丛生，"黑、脏、乱"现象触目惊心，采煤塌陷地面积达 13.23 万亩，占徐州全市采煤塌陷地的 1/3①。区域内村庄数次搬迁，生态环境极其恶劣，造成严重的生态问题。马庄村前期工业化发展过度依赖煤炭资源，这使其在 21 世纪后陷入资源枯竭、后续发展动力不足的困境，发展短板也逐渐显现。煤炭资源枯竭、产业结构单一与生态环境破坏等问题促使马庄村开始注重产业转型、生态重塑等各项工作。2001 年，马庄村关停所有煤矿，对因采煤而塌陷的土地进行综合整治，并且成立专项资金用于马庄村生态环境修复的绿色建设。然后建立了化工厂、水泥厂等 16 家企业，这些企业也于 2013 年陆续关闭。马庄村将闲置的大量农作物秸秆进行利用，推广使用以秸秆为主要原料的沼气工程以减少污染改善村貌，目前已经为 400 多户农户提供管道沼气。

就第二阶段而言，在习近平生态文明思想的指导下，2012 年，贾汪区在最大的一片采煤塌陷区上建成了面积达到 1.1 万亩的潘安湖湿地公园。潘安湖的建设为马庄村的产业转型带来了新的发展机遇。利用民间乐团和民俗表演展开了众多精彩的文化活动。借助潘安湖景区的旅游行业发展，他们将香包民俗文化与旅游观光相结合，全力推动马庄村观光旅游业的跨越式发展。2017 年，习主席考察了马庄村之后，"马庄香包"一经推出，便在全国范围内引起了轰动，供不应求②。为了充分展示马庄村的文化特色，加强民俗文化的品牌建设，2018 年 1 月 24 日，马庄村开始建设马庄香包文化大院。他们深入挖掘马庄香包文化的内涵，升级香包产品，开发制作新款香包，并扩大生产经营规模，将香包产业打造成为该村的主导产业。文化大院于 2018 年 3 月中旬竣工并投入运营，可容纳 300 余人同时工作。此外，马庄村还成立了香包生产合作社，并注册了有限公司负责销售工作。每年香包产业的产值超过 600 余万元。通过这些努力，马庄村成功地将传统的香包产业发展成为一个具有规模和品牌影响力的支柱产业。

②加强基础设施建设，纵情文化娱乐交流。

为了给广大村民提供更好的文化活动场所并营造更好的文化氛围，马庄村在 2003 ~ 2015 年，建造了农民文化中心广场、民俗文化广场、村史展览馆、图书馆和文化大礼堂等文化活动地点。这些场所能够举办文化演出，并组织文化宣讲、技能培训、民俗展示等活动。其中特别值得一提的是 2015 年基于原址按照民俗风格改建的马庄新文化礼堂。新文化礼堂占地面积 380 平方米，舞台面积 80 平方米，舞台设施完备，拥有固定的灯光、音响等设施，并配备了 150 把中式座椅。总投资额达 120 万元，它成为一个集

---

① 资料来源：江苏省民政厅（http://mzt.jiangsu.gov.cn/）。
② 资料来源：国家发展和改革委员会（https://www.ndrc.gov.cn/）。

演出、讲堂、展示、培训于一体的多功能文化活动场所。

此外，马庄村还邀请浙江大学的专家们对整个村庄进行了统一规划，将村庄划分为几个功能区域，将香包、民塑、商业街道以及民俗博物馆规划在不同的区域内，形成了一个集"文化＋旅游"于一体的多功能区域。这有助于提升民俗文化的品牌影响力，传播马庄特色文化内涵，并取得更长远的发展。通过这些努力，马庄村将文化活动的场所和发展与民俗文化规划融合在一起，为村民提供了更好的文化生活，并通过文化旅游的方式推动马庄村的长远发展。

③运用新兴数字技术，焕发文化发展活力。

随着数字技术的迅速发展，农村文化产业发展也搭上技术日新月异的高速快车，其发展前景不容小觑。农村通信基础设施不断完善，网络信号也愈加稳定与快速，使得农民可以更加便捷、低成本地掌握外界信息。越来越多的农村地区逐步搭建宽带网线，互联网覆盖的区域不断扩大，马庄村也充分利用通信技术的优势，通过互联网对外宣传与销售马庄香包，吸引外界游客来马庄观光旅游。在马庄村"两委"的支持与联系下，马庄的一些香包工作坊与相关学校建立了紧密的合作关系。一方面，学校师生帮助开发与创新马庄香包新形式。在合作中，充分发挥学校图形创意工作室、品牌形象设计工作室的设计创意优势，通过学习运用扎染、刺绣、手工钩针等传统技艺，并与现代数码印花等技术融合，对马庄传统香包加以开发、创新，增加其非遗包装设计，为香包赋予现代流行元素，在最大限度保留香包传统特色的同时，根据不同年龄人群的喜好，改造香包并增加定制服务，以此吸引更多消费者，增强香包的市场竞争力。另一方面，学校可通过多种方式为马庄村拓宽销售渠道。互联网直播是当前炙手可热的销售方式，学校团队成员可利用其丰富的线上线下品牌推广方面的经验，借助其与抖音、斗鱼等短视频平台建立的密切合作关系，继续扩大马庄香包的知名度与销售渠道。

（2）案例区经验启示。

①用文化振兴为乡村振兴铸魂赋能。

乡村振兴需要激活乡村的内生动力，而文化融入乡土人的基因之中，可以为乡村振兴提供价值指导与发展活力。因此，乡村振兴应注重保护各个乡村的特色文化景观，并鼓励特色村庄在保护传统风貌的基础上，挖掘和开发地方的文化基因，以促进乡土文化功能的发挥。此外，还需要寻求传统文化保护的经济驱动力，将旅游业与乡土文化相结合，发展"文化＋旅游"的特色地方产业，实现产业发展与特色文化保护和复兴的良性互动。文化建设是经济建设的灵魂，而经济建设是文化建设的坚实物质基础，没有经济支撑的文化发展只是空中楼阁。因此，要处理好文化保护与开发的关系，寻求平衡点，促进文化与经济共同发展，助力乡村振兴战略的实施。

②用人力资本为文化振兴凝心聚力。

人才是发展的基础，以人为本是文化建设与发展的基本准则与行为规范。没有人才支持的文化建设如无根浮萍，无法传承和发展。因此，在文化建设中需要充分发挥人才的主观能动性。一方面，要挖掘现有的乡土文化人才，为他们提供展示平台，提高其参与乡土文化活动的积极性与热情，并使用文字、照片、视频等方式将其完整记录下来，通过专项资金的拨款，将传统文化发扬光大。另一方面，需要构建完善、科学的人才培养体系，促进乡土文化与人才培养的可持续发展。乡土文化并不是凭空出现的，而是通过祖辈、父辈与子辈之间口耳相传等方式传承而来。充分发挥老一辈"文化宝库"的作用，以他们为中心开展传授活动，有助于乡土文化的传承。

③用新兴技术为文化振兴提能增效。

当前以互联网为代表的信息技术发展迅速，将互联网融入民间手艺的发展中，有助于其焕发新生。借助互联网对民间手艺进行广泛传播，不仅能够激发在外人员建设家乡的热情，更能够向广大外地游客传递优秀的民间文化，为乡村振兴营造良好的氛围。将手工艺品与互联网连接，可以打破空间与时间的限制，通过网络销售渠道将其送至全国各地消费者手中，让他们体会不同地区的文化特色，增强文化熏陶，进而提高其文化自信。新兴技术不仅可以成为传统文化的传播媒介，还可以为文化振兴带来更高效的方式和方法，提升文化传承的影响力和效果。

3. 盐城市恒北村

恒北村地处盐城市大丰城区南侧，距离城区 4.5 千米。全村 8000 多亩地用于林果耕种，是苏北最大的早酥梨生产专业村。[①] 恒北村围绕"梨园风光、生态宜居、乡村旅游"的发展定位，放大"恒北早酥梨"品牌影响力，将农业、文化和旅游有机融合，走出一条一二三产业融合的发展之路，同时注重生态特色，打造最美乡村，全面推进乡村振兴。

（1）案例区典型做法[②]。

①以梨为基，促进产业兴旺。

第一，特色化做强梨产业。一是做大梨产业规模。恒北村是全国最大的早酥梨商品生产基地，恒北村积极推动早酥梨的耕种落地，目前已形成万亩规模。同时，恒北村通过成立早酥梨合作社，辐射带动周边地区扩大耕种面积，充分发挥"恒北"品牌效应，做大做强"恒北"牌梨果产业。二是改良梨品种。针对现有品种老化、品质下降等现状，恒北加大与科研院所合作，引进苏翠 1 号、翠冠等新品种，开展示范种植。改良的苏翠 1 号获得了江苏省优质水果金奖，并参加了北京世界园艺博览会优质果品展示。三是延伸梨产业。对果酒套瓶技术进行开发，探索出适合恒北镇的特色梨木工艺品及相关产业，并注册了"恒北"系列商标，以果树种植产业为基础，构建果品、旅游、衍生产业相互融合的特色产业体系。

---

①②　资料来源：恒北村官方网站（http：//hengbeicun. com/intro. asp？id＝38）。

第二，系统化推进乡村旅游。一是强化旅游品牌。充分挖掘梨园风光特色文化内涵，努力打造"恒北恒美、梨园天下"的旅游品牌。先后建成了梨园风光主题公园、原乡星星亲子乐园等乡村旅游景点，集聚开发果林飘香、美满河畔等乡村田园特色旅游项目。二是强化招商引资。2016年开始，恒北采用市场化、社会化、特色化方式招商引资，引进集温泉养生、农耕体验、研学旅行、休闲观光于一体的恒北原乡温泉旅游度假村项目，初步形成产业聚集，为恒北村发展注入源源活力，实现"春有花，夏有荫，秋有果，冬有泉"的四季旅游目标。三是丰富文化活动。持续开展旅游文化活动，举办"恒北梨花文化节""金秋采摘节""梨园戏曲"等特色品牌活动，完善酒店、民宿等旅游配套，提高恒北乡村旅游品牌知名度。恒北还将实施非遗文化项目，建设瓷刻馆、墨学馆、摄影馆，引进瓷刻、根雕、秸秆画、国学、戏曲等非遗文化。

第三，规范化发展电商。在乡村振兴中，电商发挥着重要的作用。以下是恒北在电商方面所采取的三项举措：一是成立电商中心。恒北成立电商中心，组建了专业的电商人才队伍，包括客服、物流跟单、美工和运营等职能。这个电商中心承担着服务展示与体验、渠道建设与监管、品牌创建与推广三大职能，有效推广了恒北品牌，实现了品牌的展示和销售。二是加强平台合作。恒北与多个电商平台建立了合作关系，包括开通淘宝企业店铺、阿里巴巴企业店铺，并积极与顺丰快运、拼多多、捷农生活等平台进行合作。这样的合作能够拓宽产品的销售渠道，提高果品、苗木等产品的销售效益，进而带动农民增收和村庄的发展。三是电商直播助力。李晓霞书记走进"吾悦助农"直播间，向网友介绍了恒北的特色产品，尤其推介了"苏翠1号"早酥梨新品。通过直播的方式，网友能够在短时间内对"恒北"品牌有直观的认识，并有机会购买产品。在直播期间，恒北还通过赠送恒北民宿体验券、恒北文化创意产品等礼包，进一步加强了恒北品牌文化的推广效果。通过成立电商中心、加强平台合作和利用电商直播，恒北成功地将电商作为推广品牌和增加销售的重要工具。这些举措不仅提升了产品销售效益，还提高了品牌知名度，推动了当地农民增收和乡村振兴的发展。

②规划引领，促进生活富裕。

一是重新规划建设。恒北村和其他村一样，走过工业化之路，办过汽修厂、养殖场，但结果都不尽如人意，还因此背上了数十万元的债务。李晓霞书记任职恒北后，开始了恒北脱贫致富奔小康的追梦之路，利用两年多时间还清了村里所有债务，委托高资质单位精心编制恒北村规划，围绕空间布局、建筑形态、产业支撑等重点，做精做深发展规划，使规划更具科学性和合理性。二是实现富民增收。2019年，恒北村果品总产量达5600吨，产值达7000万元，实现村民人均可支配收入30244元，其中果品收入23500元，果品收入的比重一直保持在70%以上[①]，农民收入持续增加，吃穿住行条件

---

① 资料来源：中国江苏网（https://jsnews.jschina.com.cn/yc/a/202108/t20210805_2829481.shtml）。

大幅改善，实现了"家家有钱存银行，一日三餐有鱼虾，衣服不比城里差，住房宽敞又明亮，出门开着小汽车，幸福生活人人夸"的喜人景象。

③美化村庄，实现生态宜居。

首先，恒北村在基础设施上作出了显著的改进。近年来，投入超过 1000 万元用于基础设施建设，致力于改善村庄的水、电、道路等方面，实现了生产、生活和生态的和谐发展①。主干道延伸 23 千米，已全面进行道路提档升级，并新增了桥梁、涵闸和污水处理设施。同时，恒北村还实现了城乡供水一体化，为村民提供了可靠的供水服务。其次，恒北村积极改善人居环境。新村庄的建设改善了老村庄的面貌，使整个村庄呈现出宜居、幸福和祥和的农村新风貌。在道路、河道和村庄周边进行了绿化和亮化工作，安装了超过 300 盏高杆路灯，使整个道路两旁呈现一片翠绿的草坪。此外，恒北村还引入了垃圾清运车，实行"户分类、村收集、镇转运、区处理"的垃圾处理模式，确保了日产日清的生活垃圾处理要求得到落实。为了建设一个统一管理的乡村环境综合体系，恒北村还制定了村庄环境管理和四季绿化的措施。通过以上努力，恒北村致力于提升基础设施建设，并改善人居环境，以创造一个美丽、宜居的乡村。

④以民为先，增进乡风文明。

首先，恒北村注重培育良好的党风和民风。通过身边人身边事的教育和引导，村里注重村民的文化建设。开展了众多评创活动，如幸福家庭、道德模范、五星文明户、好婆媳、恒北文明新事等，旨在倡导尊老爱幼、扶贫济弱、邻里和善的良好社会风气。这些活动深入人心，村民们由衷地感叹："恒北能有今天，关键是有一个好的党组织和一个好的村党委书记。"

其次，恒北村致力于提高村民的法律意识。他们积极开展普法宣传教育活动，提升村民的民主法治意识。定期举办法律讲座，向村民普及未成年人保护法、涉农政策法规等相关法律知识，使村民的法律意识得到不断提升。由于这些努力，恒北村荣获了"全国科普示范先进村"和"江苏省民主法治示范村"的荣誉称号。

最后，恒北村丰富了村民的业余生活。他们不断完善基层综合性文化服务设施，提升了健身步道、灯光球场等娱乐设施的档次。村民们组建了六支文体骨干队伍，自编自导自演了《喜看恒北新面貌》等一系列文艺作品，深受村民们的欢迎。此外，恒北村还成立了广场舞协会、风筝协会、篮球协会等组织，组织开展各种文化比赛活动，为村民们丰富了精神生活，也营造出良好的社会风气。

（2）案例区经验启示。

①党建引领，选优配强党组织书记。

党的农村基层组织是党在农村全部工作和战斗力的基础，要做好农村工作，不是墨

---

① 资料来源：中国江苏网（https://jsnews.jschina.com.cn/yc/a/202108/t20210805_2829481.shtml）。

守成规，而是要大胆改革创新，探索一条强化党的组织功能，提升领导力的好路子。恒北村党委书记李晓霞同志是党的十九大代表。她是远近闻名的名人，更是美丽乡村的领跑人。她拥有"全国优秀党务工作者""江苏省优秀党务工作者""江苏省先进工作者""江苏最美基层干部""盐城市劳动模范"等多项荣誉称号。近年来，李晓霞同志领导党委团结一心，开展了富有创新精神的服务型党组织建设。通过推行"五个一"计划，他们为村民提供了更好的服务。同时，他们创新了党员教育管理方式，务实地推动了"两学一做"学习教育，将全面从严治党的要求付诸实施。得益于他们的勇于创新与进取精神，恒北村走出了一条独具特色的美丽乡村建设之路。

②因地制宜，发挥当地资源优势。

恒北村被认为是全国最大的早酥梨商品生产基地，在这里，政府鼓励农民种植早酥梨。从最初只有零星几亩的种植规模，如今已经发展到了万亩连片的规模。梨产业的蓬勃发展展示了恒北村充分利用当地资源优势，因地制宜促进乡村振兴的成功做法。恒北村在资质水平、规划水平较高的单位帮助下，制定了一系列高标准、高起点的规划文件。这些文件规划着重考虑了空间布局、建筑形态、产业支撑等关键要素，精心制定了发展规划，使其更具科学性、前瞻性、合理性和可操作性。恒北村形成了"一个核心、两个主轴、三个片区"的总体空间布局结构。以上规划为恒北村引领未来发展方向，为乡村振兴奠定了坚实的基础。随着大众旅游时代的推进，恒北村依托现有的生态优势，抓住机遇，开启了"乡村＋康养"的旅游新模式，也迎来了其黄金发展期。恒北村巧妙地将村庄和田园糅合成一个综合性的旅游体验区，将预防、治疗、修复、康养的健康需求相结合，倾力打造原乡养生温泉酒店和原乡星星乐园项目，将泡温泉的"以静养生"与体验农耕的"以动养生"相结合，满足了游客多样性的旅游消费需求，成为游客青睐的旅居体验。此外，恒北村还通过星星乐园，开发了中小学生的户外拓展训练项目，致力于青少年创造性思维的培养，更好地满足了人民群众日益增长的精神文化需求。

③共建共享，合作产生新动力。

一是产学研共建。积极推动科研创新与基地实践相结合，加快生态产业的扩展与提升。与省农科院、省农技推广总站、南京农业大学进行产学研合作，开展"三新"示范，在大丰全区推广带动3000亩优质梨种植，与省农科院建立三年横向科研技术合作，启动建设50亩梨综合示范园，示范带动新品种、新技术、新模式。二是部门共建。恒北村和国土、住建、交通、旅游等部门建立了紧密的联系，通过部门合作争取项目资金。目前恒北已经落实了节能环保、智能微电网、污水管网、光伏发电等多个项目，多方面、全方位带动恒北村的经济发展。三是名村联建。为助力乡村振兴，恒北村积极推动合作共建，通过资源共享、联合共建的模式，构建基层干部培训联动体系，更好地服务于全国基层干部培训，为国家实施乡村振兴战略贡献一份力量。恒北村和张家港永联村确定了共建永联干部学院恒北基地，联合办班，实现人才、师资等资源的有效对接。

除此之外，恒北还与浙江余村、张家港永联村、安徽小岗村联合开设了长三角乡村振兴的示范培训班，涉及乡村振兴、美丽乡村、基层党组织建设、乡村旅游、生态文明五个课题，组建了专门的服务队伍，每年提供 5000 个名额，接待 300 多批学员，已成为全国基层干部培训服务的引领者。

4. 连云港市谢湖村

谢湖村地处江苏最北部，三面环山，北与山东临沂接壤，以农业种植为主，谢湖村曾经是一个村集体经济欠发达、农民普遍不富裕的典型苏北落后村。在"党建＋现代农业＋特色农村产业"政策指导和上级党组织帮助下，谢湖村党支部针对丘陵地区适合果树种植这一优势，通过市场考察，最终选定种植大樱桃这一特色农业。在村党支部带领下，目前，谢湖村的 668 户村民中有 556 户从事大樱桃种植，种植面积达 1.2 万亩，该村已形成一个集大樱桃种植、加工、销售于一体，加之旅游、餐饮、服务多层次的乡村特色产业群，村民特色产业产值达到 1.5 亿元，发展成了远近闻名的樱桃旅游村[①]。

（1）案例区典型做法[②]。

①产业调整带来收入增加。

谢湖村在发展农产品方面采取了与传统农产品不同的策略。他们依托本地区丰富的自然资源，形成地方特色鲜明的农产品品牌，在此基础上进一步优化产业布局，形成区别于传统农产品的一个垄断竞争型市场。谢湖村地处世界黄金水果产业带，良好的区位优势赋予了大樱桃稀缺的自然环境优势。这为大樱桃赋予了独特的价格差别、不可替代的品质特点和有限的产量。谢湖村政府在全面了解当地的生产情况后决定发展樱桃产业，进一步扩大种植面积和农户参与率，随着谢湖大樱桃的品牌效应和价格优势得到充分发挥，当地居民的收入得到显著提升。通过依托地理标志农产品市场和发展具有区域特色的农产品品牌，谢湖村实现了农业产业的转型升级，为农民增加了收入。这种策略的成功经验可以在其他拥有类似资源优势的地区进行借鉴和推广。

②提升科技含量，实现产品升级。

谢湖村结合现代科技，从樱桃生产效率、品质、品种等方面入手，进而明显影响农户的收入。这些创新举措帮助村民提升了樱桃种植技术水平，提高了樱桃产量和质量，进而增加了他们的收入。这种注重科技创新的做法可以在其他农业领域中进行借鉴和推广，为农村地区的经济发展作出贡献。谢湖村十分注重樱桃生产技术的提升，并在众多领域开展相关工作，同时建设樱桃培育苗示范中心，实现樱桃种植品种和技术的跨越式提升。

③依托互联网建设新农业发展模式。

互联网的使用为农业生产方式带来更多的路径，促使三产加速融合。谢湖村依托村级平台，打造完善的电商服务中心，并开展相关的学习和实操培训。互联网的引入激发

---

①②　资料来源：乡村干部报网（https://www.dxscg.com.cn/area/js/202011/t20201123_6883883.shtml）。

了群众的创业热情，并提供技能学习的渠道。2020年，谢湖村政府引入直播带货模式，将互联网与农业有机结合，以品牌优势为基础，借助互联网平台实现线上线下、三产的有效融合，进一步推动农民收入水平的提高。通过互联网与农业的结合，谢湖村实现了线上线下的融合发展，带动了农村经济的多元化和创新发展。这种做法不仅为其他地区提供了借鉴，还为农民提供了更多经济增收致富的机会。

④提高樱桃附加值，延伸产业链。

谢湖村以产业链的延伸为樱桃品牌发展路径，大力提升产品的附加值。整合上下游产业资源，在提升樱桃产品附加值的同时深化了产品加工的水平，进而提升樱桃品牌的经济收益。为进一步提升产品附加值并扩大樱桃的仓储实践，谢湖村与多家企业构建深度的合作，开发以樱桃为特色的新产品，并加强仓储设施的建设以提升樱桃产业的生产和销售能力。此外，谢湖村规划建设一批果品加工车间，以促进果品的精细化、深加工生产。通过延伸产业链，谢湖村在樱桃产业中不仅提供了更多的产品种类，还延长了供应期，并增加了产业的附加值。这种做法有助于谢湖村打造出具有竞争优势的樱桃品牌，并进一步提升农民的收入水平。

（2）案例区经验启示。

①坚持产业主导。

坚持产业主导是实现区域经济高质量发展的基础，产业规模的扩大将促进区域发展水平的提升。谢湖村将有限的资源进行集中，以支撑主导产业，进而推动农产品生产经营水平的提升。通过产业重点发展规划，谢湖村走上了一条重点突出、方向明确、规划得体的产业发展之路，同时也带动当地村民经济水平的提升。谢湖村始终重视打造主导产业，并进一步加强产业集聚，以促进影响力的提升。谢湖村依托"谢湖大樱桃"这一品牌，成功跻身2021年度乡村特色产业亿元村。这个例子表明，坚持产业主导，在专注于发展优势产业的同时，通过集群效应和品牌塑造，可以有效推动地区的高质量发展，引领经济增长和群众收入的提升。这种做法可以成为其他地区在区域发展中的参考和借鉴。

②坚持技术、产业、品牌进步。

高科技农业技术创新发展、高质量农产品产业安全建设、高品质农业品牌树立营造，是当下推动农业农村发展、带动农民增收的重要措施，也是实现现代化乡村建设、产业升级进步的有效途径。当前，谢湖村的品牌建设及技术创新已取得长足进步，走在发展前列。从品牌建设的角度看，谢湖大樱桃这个品牌已获得农产品地理标志认证，同时"甜美新时代""维大樱桃"等品牌商标方案也获得通过。从技术创新的角度看，谢湖大樱桃在生产加工、线上营销等领域发力，已发展为智能、高效的现代化农业产业。

这些努力使得谢湖村在品牌建设和技术创新方面取得了重要成就。谢湖村积极践行现代农业发展理念，不断适应市场需求和消费者口味，在激烈的市场竞争中脱颖而出。他们的成功经验可以为其他地区提供启示，促进农业的创新发展，推动农村经济的繁荣和农民的富裕。

③提升资源开发效率。

将全部资源和心力倾注于主导产业，加强农业资源整合，或许能实现资源的最佳配置以及延长农业产业链。如此一来，农业资源的利用效率将得到提升，各类农业资源的价值也能被充分挖掘，进而推动农业产业结构的优化。以谢湖村为例，他们明确了大樱桃产业的主导地位，将所有资源集中用于产业发展，以提高资源的利用效率。通过协同合作，将资源有效整合至战略性主导产业，打造以一项事业的卓然实力为核心的发展机制，从而引领整个乡村的蓬勃发展。这个做法对于农村政策的制定和执行具有极为重要的参考意义。它为优化资源配置、推动农业产业升级、促进农村经济的繁荣提供了一种高效且行之有效的路径。

谢湖村的成功经验可以为其他乡村地区提供启示，尤其是在农业领域寻求资源整合和产业优化的地方。通过将精力集中在主导产业上，农村地区有望实现可持续发展，并提升农民的生活水平。这一做法需要政府和企业共同努力，通过整合资源、优化产业结构以及提高农业生产效率等手段，推动农村经济的快速发展。与此同时，我们也要注重保护生态环境，促进农业的可持续发展。只有在保护生态环境的前提下，农业产业才能长期繁荣。因此，在推进农村经济的发展过程中，须充分考虑生态因素，采取可持续的农业生产方式，促进土地的保护，保护和改善农田生态环境，加强农业资源的可持续利用。只有这样才能实现农村经济的长期繁荣，同时实现社会、经济和生态的协同发展。

第三节　广东省乡村振兴与新型城镇化调研结果分析

一、研究设计

（一）调研区域概况

广东省是中国南部沿海的一个省份，省会是广州市，简称粤。广东省总面积 59.88 万平方千米，其中陆地面积 17.97 万平方千米，海域面积 41.93 万平方千米。广东省陆地边界长达 3000 多千米，与福建、江西、湖南、广西四省区接壤，与香港、澳门两个特别行政区相邻，与海南隔琼州海峡相望。广东省大陆海岸线长达 4114.3 千米，为全国各省级行政区之最。① 广东省是中国古代文明的发祥地之一，也是中国经济和文化的重要中心之一。广东是中国大陆最早进行改革开放的省份之一，经济总量自 1989 年起常年居于中国大陆首位，是中国经济第一大省。2022 年，广东省地区生产总值达到

---

① 资料来源：广东省人民政府网站（https：//www.gd.gov.cn/）。

129118.58 亿元，人均地区生产总值 98285 元。2022 年，广东省常住人口城镇化率达到74.79%，户籍人口城镇化率达到 69.5%，常住人口城镇化率、户籍人口城镇化率两者差距持续缩小，城镇化发展水平持续走在全国前列。① 《广东省新型城镇化规划（2021～2035 年）》提出了 2035 年广东省基本实现新型城镇化的目标。按照规划，广东省将更加合理地规划城市发展，避免过度集中化的问题，实现城镇化的均衡发展。此外，广东省还将注重提升城市的功能品质，打造现代化、人性化的城市设施和公共服务，在满足居民基本需求的同时，引领居民的全面发展。在这一转型过程中，广东省重视建立新型城乡关系，促进城乡融合发展。通过推进农村的现代化建设和农业产业的转型升级，实现城乡一体化发展，减少城乡差距，提高农村地区的发展水平，将农民纳入城市化进程，让每个人都能分享城市发展带来的利益。总之，广东省在全面转型城镇化的过程中，将不断提升发展质量，优化城乡空间布局和形态，加强城市功能品质，并建立新型城乡关系，以实现人的全面发展在新型城镇化进程中的彰显。这个规划目标的实现将对广东省的经济社会发展产生深远影响。通过推进城镇化，广东省将实现区域均衡发展，提高城市的发展质量和效益。同时，城乡关系的建立也将促进农村地区的发展，提升农民的生活水平。这一规划将为广东省提供一个清晰的指导框架，帮助实现城镇化进程中的有效管理和可持续发展。

广东省的城乡发展现状是城市化进程较为迅速，城市化率较高，城市化率已经超过了全国平均水平。广东省的城市发展主要集中在珠江三角洲地区，包括广州、深圳、珠海等大城市。这些城市拥有先进的经济、科技和文化发展水平。广东省的农村地区也在不断发展，农村经济逐渐多元化，农村地区的基础设施建设和农业生产水平也在不断提高。政府也在积极推动农村地区的农业现代化和农民收入增加。

（二）数据来源与处理

本次问卷的调查对象为农村居民和城镇居民，以家庭为单位。问卷内容是通过课题组成员、有关专家多次充分讨论，并结合调查所需信息设计完成的。问卷设计包括四部分：（1）生态宜居情况，包括安全饮水、清洁能源、卫生厕所、垃圾处理、河道整治等；（2）公共服务情况，包括养老、医疗保险，教育、医疗、交通条件，文化设施等；（3）基层治理情况，包括选举等重大事项参与率，重大事项知情率，村/居委会公开事务情况，村/居治安状况等；（4）生活质量，包括家庭文娱支出、教育支出、汽车拥有量、恩格尔系数以及家庭年收入等（涂丽，2018）。

调研开展于 2023 年 5～6 月，由在校大学生对家乡所在地的乡村/城镇进行调研。每名学生要求对家乡所在地的村庄和城镇分别进行问卷调研，确保了城乡问卷数量的均

---

① 资料来源：广东省人民政府网站（https：//www.gd.gov.cn/）。

等化。共发放乡村调查问卷479份、城镇调查问卷743份。从所回收的问卷中，剔除掉基本信息缺失、答案不符等无效样本后，最终得到乡村有效样本462份、城镇有效样本719份，有效回收率均高于90%。

广东省的调研问卷处理方式及研究方法参考浙江省的处理方式，为了减少篇幅，该部分略去。

二、结果分析

（一）广东省乡村振兴与新型城镇化格局

1. 乡村振兴空间格局

本章运用ArcGIS制图软件，使用自然断点法探寻广东省乡村振兴发展指数的空间分布格局，结果如表2-19所示。

表2-19 广东省乡村振兴发展水平

项目	低值区	较低值区	中值区	较高值区	高值区
乡村生态宜居水平	湛江市、阳江市、汕尾市、潮州市	梅州市、揭阳市	茂名市、云浮市、江门市、中山市、东莞市、广州市、汕头市	肇庆市、佛山市、清远市、惠州市、韶关市、河源市	深圳市、珠海市
乡村公共服务水平	清远市、河源市、江门市	云浮市、茂名市、湛江市、汕尾市、梅州市	阳江市、惠州市、潮州市	肇庆市、广州市、汕头市、佛山市、揭阳市	韶关市、中山市、东莞市、深圳市
乡村基层治理水平	肇庆市、阳江市	湛江市、珠海市、惠州市、河源市、潮州市	茂名市、云浮市、广州市、汕尾市、揭阳市	中山市、梅州市、汕头市、韶关市、清远市	佛山市、江门市、东莞市、深圳市
乡村生活质量水平	珠海市	肇庆市、阳江市、韶关市、河源市、潮州市	湛江市、茂名市、云浮市、佛山市、清远市、惠州市、汕尾市、揭阳市、汕头市、梅州市	广州市、中山市、江门市	东莞市、深圳市
乡村振兴整体水平	河源市、珠海市	湛江市、阳江市、清远市、梅州市	茂名市、江门市、云浮市、汕尾市、潮州市	肇庆市、广州市、佛山市、惠州市、韶关市、揭阳市、汕头市	东莞市、深圳市、中山市

（1）乡村生态宜居水平存在两个高值地区，分别为深圳市和珠海市，而较高值区主要分布在广东省北部，包括韶关市、清远市、佛山市等6个地区。高值地区北侧存在一条狭长的中值地区作为过渡，包括广州市、东莞市、中山市等6个地区，且东侧存在

零星中值区汕头市与较低值区如梅州市和揭阳市。其低值地区主要包括湛江市、阳江市、汕尾市和潮州市，其低值产生的原因为：在这些地区，由于经济条件相对较弱，投资资源有限，可能会导致对农村居住环境的改善和生态保护方面的投入不足。缺乏资金和技术支持，可能导致缺乏基础设施建设和环境改善项目的推进，限制了居民享受优质的生活环境。

（2）乡村公共服务水平的高值地区，主要集中在东莞市、中山市和深圳市等，中心地区之外存在广州市、佛山市等较高值区，较低值区与低值区向西延伸，而东部地区存在如揭阳市、汕头市等零星较高值区，同时也存在梅州市、汕尾市等零星较低值区。与乡村生态宜居水平空间分布相比，乡村公共服务水平空间格局较为分散，其原因在于，广东省存在明显的乡村公共服务非均衡现象，难以实现城乡统筹发展。在教育领域，城市地区相对于农村地区拥有更高水平的学校资源和教育机会。农村地区的教育资源不足，师资力量较弱，教育质量相对较低。在医疗保健方面，城市地区拥有更多的医疗机构和优质医疗资源，而农村地区医疗设施和服务水平相对滞后，居民往往面临较长的就医时间和较高的医疗费用。在基础设施建设和交通出行方面，城市地区拥有更完善的交通网络和基础设施，而农村地区存在交通不便、交通条件差的问题，限制了农村居民的出行和经济发展。在社会保障和福利保障方面，城市地区提供更全面和完善的社会保障和福利服务，而农村地区的社会保障体系相对薄弱，居民享受的保障程度较低。为了解决城乡发展不平衡的问题，广东省需要加大力度推进城乡公共服务均等化。需要提高农村地区的医疗服务水平，加强基层医疗机构的建设和管理，提供更先进的医疗设备和技术支持，吸引更多的医疗专家前往农村工作。还应该鼓励医务人员常态化驻扎农村，确保农村居民能够及时获得高质量的医疗服务。同时，还要注重提升乡村公共服务的可持续发展能力，加强政策制定和实施的协调性，确保各项公共服务能够得到有效的落实。通过这些努力，可以逐步缩小城乡公共服务的差距，促进广东省城乡协调发展。

（3）乡村基层治理水平的高值地区，主要分布在广东省珠三角地区，包括深圳市、东莞市、江门市和佛山市，珠三角地区同时存在零星较低值区珠海市；而较高值区主要分布在广东省北部与东部，包括清远市、韶关市、梅州市与汕头市，零星分布在南部如中山市。中低值区向西分布，也零星分布在东部如潮州市。分析其低值产生的原因为：对于阳江市、肇庆市等经济欠发达地区而言，农村劳动力大量涌入发达城市带来空心村、留守儿童、妇女、老人等社会问题和农村治理接班人危机，均会导致乡村基层治理水平偏低；对于珠海市经济发达地区而言，大量近城农村已逐渐城市化，传统的城乡二元结构使该地区的基层治理面临集体经济、土地问题与治安问题等挑战。

（4）乡村生活质量水平的高值、较高值地区，主要分布在广东省珠三角地区，存在以高值为中心向外递减的阶梯状分布特征，同时也存在1个低值区珠海市，而中值区分布范围最广，零星存在阳江市、潮州市等5个较低值区。分析珠海市低值产生的原

因如下：珠海经济特区总面积较小，发展空间受限，加之中央对珠海特区的定位，在
1980～1984 年珠海引进项目以旅游为主，在引进工业方面力度不够，而我国刚开放的
前五年引进的工业大多数落地在深圳，从而建立了深圳地区雄厚的产业基础和配套企
业。这也可以解释为什么珠海市乡村生活质量水平较低而生态宜居水平较高。

（5）对生态宜居、公共服务、基层治理与生活质量指数进行总体测算，得到乡村
振兴整体水平发展指数。其高值地区包括东莞、深圳市与中山市，存在以珠三角地区
为中心，向外逐步递减，阶梯状分布特征明显的格局特征。从空间分布上来看，东部珠
三角地区乡村振兴整体水平最高，广州市、佛山市等中部地区次之，中低值区多向西延
伸，而东部地区的整体水平分布不均。可以看到，乡村振兴整体水平仅存在两个低值地
区，分别为珠海市和河源市。

总的来说，广东省乡村振兴综合发展水平的空间分布往往与乡村生活质量和公共服
务水平的空间分布相一致。这呈现出了生活质量和公共服务对当前广东省乡村振兴综合
发展空间格局的重要影响。高水平的公共服务和良好的生活质量是吸引人才和促进乡村
经济发展的重要因素。城市地区通常拥有更多的公共服务设施和更好的生活条件，这吸
引了人口和资源的集中流动，形成了相对发达的经济和社会资源集聚区。相反，农村地
区由于公共服务设施欠缺以及经济和社会资源相对匮乏，导致农村居民的生活质量相对
较低。公共服务水平的不足也限制了农村地区的发展潜力和吸引力。因此，提升乡村的
生活品质和公共服务水平是实施乡村振兴战略的重要使命。通过加大对乡村的投资力
度，改善基础设施、教育、医疗和交通等公共服务设施，为乡村居民提供更好的生活质
量，能够促进人口和资源的合理流动，推动乡村经济的蓬勃发展。当我们在乡村振兴综
合发展中注重空间规划和区域协调发展时，公共服务水平和生活品质将更加均衡地分布
在广东省的乡村格局中。这将有助于减少城乡差距，实现乡村振兴的全面发展目标。

2. 新型城镇化空间格局

本章运用 ArcGIS 制图软件，使用自然断点法探寻广东省新型城镇化的空间分布格
局，结果如表 2 - 20 所示。

表 2 - 20　　　　　　　　　　　　广东省新型城镇化发展水平

项目	低值区	较低值区	中值区	较高值区	高值区
城镇生态宜居水平	韶关市、梅州市、揭阳市、潮州市、茂名市、阳江市	湛江市、云浮市、中山市、广州市、清远市、汕尾市	佛山市、东莞市、惠州市、汕头市	肇庆市、江门市、河源市、深圳市	珠海市
城镇公共服务水平	茂名市、潮州市	云浮市、江门市、佛山市、清远市、惠州市	湛江市、珠海市、东莞市、揭阳市	肇庆市、广州市、中山市、河源市、梅州市、汕头市	阳江市、深圳市、韶关市、汕尾市

项目	低值区	较低值区	中值区	较高值区	高值区
城镇基层治理水平	湛江市、茂名市、揭阳市、潮州市	阳江市、清远市、中山市	云浮市、肇庆市、佛山市、广州市、韶关市、河源市、梅州市、汕头市	江门市、东莞市、深圳市、惠州市、汕尾市	珠海市
城镇生活质量水平	湛江市、云浮市、清远市、河源市、梅州市	茂名市、阳江市、肇庆市、韶关市、惠州市、汕尾市	揭阳市、汕头市	江门市、佛山市、中山市、广州市、东莞市、潮州市	珠海市、深圳市
新型城镇化水平	湛江市、茂名市、云浮市、清远市	惠州市、河源市、揭阳市、潮州市	肇庆市、佛山市、江门市、梅州市	阳江市、韶关市、广州市、东莞市、中山市、珠海市、汕头市	深圳市、汕尾市

（1）城镇生态宜居水平高值地区主要为珠海市，中值区包括东莞市、汕头市、惠州市、佛山市，而低值区主要为韶关市、梅州市、潮州市、揭阳市等六个城市。从空间格局上看，广东省城镇生态宜居程度属于中高水平的城市主要集中在珠三角地区，而外围的粤东西北地区整体城镇化生态宜居水平不高，其可能的原因在于：珠三角地区经济发展水平高，经济建设成就巨大，因而也更为注重生态宜居水平的提升；对于粤东西北地区来说，其经济发展较差，这使得环保投资不足，从而造成了城镇生态宜居水平指数偏低的结果。

（2）城镇公共服务水平高值地区主要包括韶关市、汕尾市、深圳市和阳江市，主要分布于粤北地区和沿海地区；中值地区为揭阳市、东莞市、珠海市和湛江市，而低值区为潮州市和茂名市。其可能的原因在于：沿海地区已经建立了现代化的交通网络，包括高速公路、铁路、航空运输等，并拥有先进的港口设施，为贸易和物流提供了良好的支持。同时，这些地区还投入大量资金和资源来改善城市基础设施，基础设施建设相对完备，公共服务水平高；而其他地区基础设施建设相对不足，公共服务水平也相对落后。

（3）城镇基层治理水平高值地区主要为珠海市，中值地区包括广州市、佛山市等8个城市，低值地区则为粤东的潮州市、揭阳市以及粤西的茂名市、湛江市。其可能的原因在于：粤东、粤西为省内经济欠发达地区，其基层干部队伍可能面临老龄化严重、受教育程度低下、文化水平不高等问题，由此造成了与经济相对发达城市的基层治理水平的差异。

（4）城镇生活质量水平高值区主要集中在珠三角区域，中值地区主要为揭阳市和汕头市，低值地区则大面积分布在粤东西北。其可能的原因在于：珠三角地区凭借其地理位置、交通便利性和优越的自然条件，成为中国经济发展的重要引擎和对外开放的窗口，因而经济发展水平较高，人民生活富裕；粤东西北地区由于自然因素等条件限制，经济发展相对落后，居民收入水平相对珠三角区域偏低，造成生活质量水平相对较差。

（5）将城镇生态宜居水平、公共服务水平、基层治理水平和生活质量水平指数进行加权综合，得到新型城镇化水平综合发展指数。其高值地区主要是深圳市和汕尾市，珠三角区域城市普遍城镇化水平较高，中低值则在粤东西北地区均有分布。综合分析可知，广东省新型城镇化水平存在显著的区域差异，珠三角地区较高，粤东、粤北次之，粤西最低，可见粤东西北地区新型城镇化水平仍有待提升。

城镇化是区域经济发展的一种象征，在达到一定阶段时才逐渐形成。除了自然地理条件和交通区位等因素之外，珠三角地区还拥有其他优势，使其成为引领地区城镇化的先行者。这个地区早期就孕育了广州等几个重要的中心城市，并利用其毗邻港澳的地理位置优势，在改革开放后率先接收了港澳地区的制造业转移。凭借良好的经济基础和产业积累，珠三角的经济建设处于领先地位。珠三角地区的快速城镇化发展吸引了大量外来务工人员，逐渐形成了广州、深圳等超大城市以及东莞、中山等次一级中心城市。城镇化的进展带来了资金和产业要素的集聚，促进了城市规模效应的形成，并进一步推动了区域经济的发展。然而，珠三角周边的粤东、粤西和粤北地区主要由江河湖泊和山区丘陵构成，交通基础设施建设相对滞后，这成为限制内外经济联系的自然因素之一。此外，由于长期以来低工资水平、不足的基础服务和城镇配套设施建设，粤东、粤西和粤北地区成为劳动力输出的主要来源地。因此，粤东西北地区整体经济规模较小，辐射影响较弱，与珠三角地区相比，在协同发展水平上仍存在差距。

3. 乡村振兴与新型城镇化耦合协调的空间格局

通过自然断点法确定临界值并进行 ArcGIS 制图分析，探寻广东省城乡耦合协调水平的空间分布格局，结果如表 2 - 21 所示。

表 2 - 21　　　　　广东省乡村振兴与新型城镇化耦合协调发展水平

项目	初级协调	中级协调	良好协调	优质协调
城乡生态宜居协调水平	梅州市、潮州市、揭阳市、汕尾市、阳江市、湛江市	茂名市、云浮市、广州市、中山市、韶关市	肇庆市、清远市、佛山市、江门市、东莞市、惠州市、河源市、汕头市	珠海市、深圳市
城乡公共服务协调水平	河源市、潮州市、清远市、江门市、云浮市、茂名市	湛江市、佛山市、珠海市、惠州市、梅州市	肇庆市、广州市、东莞市、揭阳市	韶关市、汕头市、汕尾市、深圳市、中山市、阳江市

续表

项目	初级协调	中级协调	良好协调	优质协调
城乡基层治理协调水平	梅州市、河源市、惠州市、肇庆市、云浮市、阳江市、湛江市	茂名市、清远市、韶关市、汕尾市、揭阳市、潮州市	江门市、珠海市、中山市、广州市、汕头市	佛山市、东莞市、深圳市
城乡生活质量耦合协调水平	河源市、珠海市	湛江市、阳江市、云浮市、韶关市、梅州市	茂名市、肇庆市、清远市、惠州市、汕尾市、揭阳市、汕头市、潮州市	广州市、东莞市、深圳市、佛山市、中山市、江门市
城乡整体发展协调水平	梅州市、潮州市、河源市、清远市、云浮市、茂名市、湛江市	阳江市、江门市、肇庆市、惠州市、揭阳市	佛山市、广州市、韶关市、汕尾市、汕头市	东莞市、深圳市、中山市

（1）就城乡生态宜居协调水平而言，其优质协调地区包括珠海市和深圳市，主要分布在广东省经济较发达的珠三角地区。其初级协调地区包括梅州市、潮州市、揭阳市、汕尾市、阳江市、湛江市，主要分布在粤东、粤西地区，分析其初级协调产生的原因可能是粤东和粤西地区经济发展水平、区位条件、交通基础设施相对较差，对农村地区生态文明的建设相对欠缺，同时对农村地区生态环境的投资并未有显著的增加，阻碍了城乡生态宜居耦合协调水平的提高，导致其处于初级协调阶段。

（2）就城乡公共服务协调水平而言，其优质协调地区分布于韶关市、汕头市、汕尾市、深圳市、中山市、阳江市，在粤东、粤西、粤北及珠三角地区均有分布。其初级协调地区包括河源市、潮州市、清远市、江门市、云浮市、茂名市，位置上主要集中于粤西和粤北地区，分析其初级协调产生的原因可能是粤西和粤北地区受限于城乡公共部门对公共服务设施的建设、资金支持欠佳，以及两地区的市场竞争程度，城市管理体系与机制相对不完善，导致城乡公共服务协调水平处于较低阶段。

（3）就城乡基层治理协调水平而言，其优质协调地区分布于佛山市、东莞市、深圳市，集中于珠三角地区。其初级协调地区包括梅州市、河源市、惠州市、肇庆市、云浮市、阳江市、湛江市，位置上主要分布于粤东和粤西地区，分析其初级协调产生的原因可能是两地区教育水平和基层治理能力存在不足，治理主体较为单一，造成城乡基层治理协调水平处于初级协调阶段。

（4）就城乡生活质量耦合协调水平而言，其优质协调地区主要分布于广州市、东莞市、深圳市、佛山市、中山市和江门市，均分布于珠三角地区，数量较多，可见珠三角地区的城乡生活质量协调水平整体上处于较好的态势。其初级协调地区包括河源市和珠海市，可能原因在于，在城镇化快速发展的过程中，过于重视城镇生活质量的提升，而对乡村生活质量存在忽视，造成两者耦合协调水平较低。

（5）就城乡整体发展协调水平而言，其优质协调地区分布于东莞市、深圳市和中山市，均分布于珠三角地区。初级协调地区包括梅州市、潮州市、河源市、清远市、云浮市、茂名市和湛江市，在四类协调水平中所占比重最大，可见就广东省整体而言，其城乡耦合协调水平总体仍处于初级协调阶段，部分城市处于优质协调阶段但城市数量较少，因此需要采取措施，进一步推动城乡整体耦合协调水平的提高，优质协调地区大多处于珠三角地区，因此珠三角地区在保持已有优质协调水平的基础上需要向相对落后地区传授政策实施、基础设施建设、城乡治理能力等城乡治理策略，推动整体协调水平的跨越发展。

（二）广东省乡村振兴与城镇化耦合协调发展存在的问题

一是城乡差距仍然较大。虽然广东省常住人口城镇化率已经达到79.4%[①]，但是城乡之间在经济发展水平、公共服务水平、基础设施水平、生活质量水平等方面仍然存在较大的差距，尤其是珠三角地区与粤北地区、粤西地区、粤东地区之间的差距更为明显。珠三角地区一方面汇集了众多服务业企业和先进制造业企业，另一方面吸引了省内绝大多数资金资本，成为人才流入地和汇集地，导致珠三角地区在多个领域领先于粤东、粤西、粤北地区。

二是城市发展不平衡不充分。广东省城市规模结构不够合理，超大城市和小城镇比重偏高，中等城市比重偏低，城市群和都市圈发展不够协调，城市功能品质不够完善，城市生态环境和安全防范面临压力，城市治理能力和水平有待提高。广东沿海地级市依托港口优势不断壮大，外向型经济非常发达，经济发展水平远超广东非沿海地区城市，造成城市发展进一步的不平衡。

三是市民化质量亟待提升。广东省吸纳了大量外来常住人口，然而他们的市民化程度仍有待提高。农业转移人口在城镇中的融入能力有待改善，这主要受制于户籍制度和基本公共服务供应机制存在的一些限制因素。农业转移人口在就业、住房、教育、医疗和社会保障等方面仍然面临各种困难和不公平待遇。近年来，广东省在户籍制度方面有所改善，2020年发布的《广东省进一步深化户籍制度改革若干措施（征求意见稿）》更进一步提出"推动未落户常住人口逐步享有与户籍人口同等的城镇基本公共服务"。但目前研究指出，广东省的户籍政策改革仍调控限制大规模劳动力迁徙在大城市中的聚集，约束珠三角地区城市常住人口规模差异性的持续增长。政策改革对广东省城市新增就业人口规模的影响集中表现为对特大城市新增就业人口的抑制作用，这一政策调控具体通过社会保障与房地产交易等领域实现落户限制，从而形成了户籍政策改革背景下持

[①]　资料来源：广东省人民政府网站（https://www.gd.gov.cn/）。

续收紧的一环，从而抑制了劳动力向大城市聚集的过程①。同时，不同行业之间社会保障的差异很大，总体水平偏低，与城镇人口形成了巨大的鸿沟。一旦这些农业转移人口遇到失业、疾病、生育等问题，由于缺乏相应的社会保险，他们将无法得到应有的保障，从而阻碍了市民化的进程。

四是城乡融合发展体制机制不健全。广东省城乡要素流动还不够自由，城乡产业发展还不够协调，城乡社会治理还达不到共建共治共享，城乡融合发展的体制机制和政策体系还需要进一步完善。广东省的城市空间拥有相对健全的产业体系，产业的整体发展水平较高。然而，由于城乡产业融合程度不深，城乡经济发展的联动性受到制约，这使得城市难以通过产业来带动乡村经济的发展。城乡产业融合不深主要受到以下几个方面的影响：城乡产业结构的差异、产业技术水平的不均衡、产业发展空间的限制以及城乡产业利益联结机制的不完善。为了促进城乡融合发展，需要加强城乡产业的深度对接，优化城乡产业结构，推动技术创新与知识转移，扩大城乡产业发展空间，建立起城乡产业利益联结机制。此外，还需要加强城乡社会治理，实现政府、市民和社会组织的共同参与和协作。只有通过完善城乡融合发展的体制机制，才能进一步推动广东省城乡经济的有机协调发展。

五是城乡数字治理的推进及信息获取差距较大。由乡村及城镇对数字化的推进情况和信息获取情况可知（见图 2-4），就乡村情况而言，37.45%的村民对乡村数字治理了解程度一般，占调查数据的最大一部分比例，很了解和很不了解的村民分别占4.11%和12.34%的比例，两者占比均较少，总体而言，村民群体中对数字信息具有一定认识的比例占六成，表明乡村地区中，对数字信息的获取已存在一定规模的人数，但仍存在较大比例对数字信息并不了解的村民群体。涉及数字治理领域，在农村地区数字化税收平台服务、数字化农业信息获取、数字化医疗平台、数字化教育平台服务的占比较为接近，其中数字化医疗平台和数字化教育平台服务在其中占有更明显的优势。就城镇情况而言（见图 2-5），49.3%的城镇居民对数字信息具有一般的认识，占最大规模，与乡村类似，很了解和很不了解的群体分别占5.99%和5.71%，占比较小，而城镇群体中，对数字信息具有一定认识水平的占74.51%，远大于不了解的居民群体。与乡村情况相比可知，城镇地区对数字信息的认识和获取情况与乡村地区存在较大的差别，城镇地区居民的认知情况明显领先于乡村地区的居民。而在城镇的数字治理领域，呈现数字化税收平台服务、数字化医疗平台服务、数字化教育平台服务、数字化养老信息获取、数字化交通信息获取、数字化物业信息获取、数字化购物信息获取等多元的数字应用场景，其种类和数量均领先于乡村地区，一方面表明城镇地区数字治理应用领域的广泛性，另一方面也显示出乡村地区在数字治理领域与城镇地区存在的明显差距。

---

① 杨欣铠. 我国户籍制度背景下广东省户籍政策改革对劳动力流动的影响 [D]. 北京：对外经济贸易大学，2022.

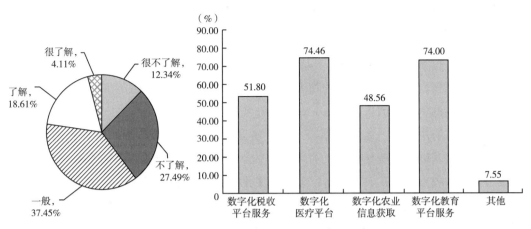

图 2-4　乡村人口对数字化治理的了解情况

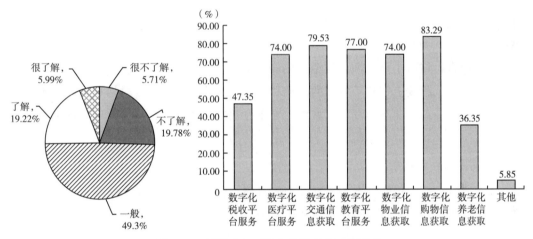

图 2-5　城镇人口对数字化治理的了解情况

三、广东城乡发展模式与案例分析

（一）广东城乡发展耦合模式总结

1. 城市主导式耦合

在城市主导式耦合类型中，城乡关系偏向城市经济带动乡村经济，依托吸收式是此时城乡关系的基本表现形式。第一，乡村规划并入城乡规划管理体制。乡村发展依赖于城镇化进程，乡村以配合城市的经济社会发展为主要目标，农村要融入城市空间格局，成为城市规划的"拼图"。比如，对城区内高度城市化的农村集中改造；将各级别行政区域统筹规划，其中重点做好中心镇的规划工作；各级管理机构将协同合作，共同制定和执行发展规划，以推动各地区的综合发展。同时注重人才培养和引进，不断提升村镇管理机构的专业水平和素质能力。第二，将农业纳入城市现代化、工业化体系。这种情况下的农业以满足城市居民的消费需求为主，依托本地特色农产品优势，促进农业产品加工与工业互动发展，同时发挥观光农业、市民农园的优势，带动旅游、餐饮、住宿等服务业发展，扮演好"粮袋子""菜篮子""后花园"等保障性角色。以城市工业带动农业产品的销售，降低农业发展的物流成本和经营风险，以市民观光和体验旅游带动种植业、养殖业的生产和销售。第三，城市主导乡村基础设施建设，提升农村基本公共服务水平。在政府主导下，通过规划、用地、建设等方面的政策指导，推动美丽乡村建设，解决农村基础设施差异明显、功能布局不合理和设施共享性不足等问题。同时，推动城市公共财政重点支持农村教育、卫生、文化、就业和社会保障，努力让农民享受与城市居民同等的公共服务。第四，城乡治理以城市的发展为前提，城市地位高于乡村。在这种情况下，城乡关系处于非对等地位，乡村的发展主要围绕城市对乡村的需求展开，高度嵌入城市的经济体系之中。这种城乡关系常见于珠三角核心城市的农村地区，如广州和珠海的农村地区。尽管起点较高，但发展受到城市的制约，主要以特色农产品和美丽乡村模式为发展方向。

综合而言，城市主导式耦合类型下的城乡关系主要表现为城市经济带动乡村经济，农村发展在很大程度上依赖于城市的需求和引领。这种模式下，乡村规划与城市规划管控相结合，农业与工业互动发展，城市主导乡村基础设施建设，乡村治理以城市发展为前提。

2. 城乡互补式耦合

城乡互补式耦合说明城乡关系逐渐走向对等，城市和乡村居民趋向享有同等的公共服务，城乡地位有所改善，乡村不再是依附于城市，依靠城市的资源而生存，乡村与城市的互动性逐渐增强，城乡间形成分工鲜明、优势互补的互惠关系。具体表现在：第一，乡村积极融入核心都市圈。通过破除阻碍要素自由流动的各种壁垒，以城市群中心城市辐射带动周边城市区域经济协同发展。比如，开通城际铁路、建设"四好农村路"强化城乡间联系，运用现代信息技术来改进政府管理和服务，落地"数字政府"工程，向中心城市的良好营商环境靠拢。第二，补强乡村治理短板。推动基层党建、涉农公共服务水平的提高。明确农村土地承包经营权，完善农村基本经营制度，整合涉农服务平台、涉农资金和土地，优化农村资源要素配置。积极发挥品牌示范带动效应，加快区域公用品牌体系建设。第三，城乡功能优势互补。城市与农村保留各自特色实现功能分工与互补，城市的功能主要是集中优势产生集聚效应、规模效应和空间溢出，助力农村发展与乡村振兴。农村主要是利用广大腹地的地域优势等发展绿色生态农业，利用有别于市区的自然资源、生态景观优势吸引游客，拓展居民消费场景、延续乡村生态宜居空间。城乡将各自的优势产业有机结合，推动产业融合，实现城乡要素、产品的一体化发展。第四，升级转型生态产业。发挥当地良好的自然环境、利用乡村地区的生态优势和人文资源，发展生态旅游和乡村旅游，可以实现经济的快速增长，并为当地居民创造更多的就业机会和收入来源。这种发展模式还能够促进城乡经济的协调发展，缩小城乡差距，实现社会资源的合理分配和共享。因此，加强乡村地区的产业发展、生态保护和旅游开发，对于乡村振兴和经济可持续发展具有重要意义。

3. 乡村自立式耦合

乡村自立式耦合的区域通常处于城乡耦合初级协调水平，适用于发展相对落后的粤东北三省交界地区。这些地区城市为乡村提供的资源有限，城乡互动较少，乡村发展需要打破地理障碍，立足当地特点，通过一二三产业融合，提升农产品竞争力，强化旅游品牌影响力。表现在：第一，城乡经济差异明显，城乡关联性较弱。对于偏远落后的山区农村，与城市互动较少，打破城乡交通不便，消除城乡地理隔阂尤为重要。不同于城市商业社会，乡村社会根植于农业生产体系，需要完善农业生产配套设施，改善农村治理制度，从而增强乡村经济韧性。第二，乡村经济具有自主性，以农业生产为主。这类城乡关系下的乡村经济还是以农业为主，农民通过劳作为自身提供生活保障，产业配套以实现农民增收为首要目标。农业生产有可供自由发挥的空间，农民可以根据自身技能选择种植合适的作物。同时，通过引入外来资金、村民集资等手段设立供销公司，帮助农民利用当地资源，种植茶叶、果树、中草药等高经济价值作物，政府牵头建设农产品产业示范基地辐射带动周边农业，培育出优质农产品品牌。第三，发展旅游综合体，拉动乡村就业。农村蕴含巨大的劳动人口，发展当地旅游业有助于创造农村居民就业岗位，丰富农民收入来源。基于当地丰富的自然资源、温泉疗养以及红色文化背景，打造一个独特的旅游综合体。通过发展温泉民宿、红色文化旅游以及生态旅游等重点项目，旨在提升乡村的吸引力，拓宽居民的非农业收入渠道，并促进乡村居民从事非农产业就业。

（二）珠三角案例分析——以广州市、珠海市为例

广州作为华南地区重要的政治、经济和文化中心，拥有 7 个带农村的区和 2 个县级市，下辖 78 个建制镇和 1269 个行政村①。近年来，广州市将农村工作作为重要抓手，积极推进社会主义新农村建设。为了加速城乡一体化进程，广州市于 2006 年出台了《广州市委、市政府关于贯彻〈中共中央、国务院关于推进社会主义新农村建设的若干意见〉的实施意见》；2009 年颁布实施了《关于加快形成城乡经济社会发展一体化新格局的实施意见》以及 12 个配套文件；2011 年出台了《关于加强我市农村扶贫开发工作的实施意见》；2016 年颁布了《广州市统筹城乡发展第十三个五年规划（2016～2020年）》。这些文件的出台旨在将广州建设成为全国城乡一体化发展的示范城市，打造统筹城乡发展综合配套改革的示范区。通过这些政策文件和规划，广州市致力于加强城乡

---

① 资料来源：广州市人民政府网站（https://www.gz.gov.cn/）。

发展的一体化，促进城乡经济社会协调发展。城乡一体化的目标是打破城乡二元结构，实现资源要素的全面流动和优化配置，提高农村发展的质量和效益，改善农民的生活条件。为此，广州市在推进农村扶贫开发、城乡规划融合、农业产业升级等方面采取了一系列措施，着力解决城乡发展不平衡的问题。

1. 模式分析

（1）推进城乡规划一体化。广州市在破除城乡规划二元体制问题上采取了一系列具体措施，以促进城乡规划的一体化和协调发展。广州市积极推动城乡规划的一体化，以确保城市总体规划与土地利用总体规划之间的密切衔接，进一步强调总体规划在城市建设和发展中的重要引导作用。市域城镇体系规划和城乡总体规划已经制定，旨在实现市域和镇村的协调发展，形成"城带村、镇带村"的发展模式。同时，还对高度城市化的农村地区进行了"三集中"和"三改"，以实现公共服务均等化。此举对于城乡统筹发展和协调发展具有积极意义，可以促进城乡产业和人口的集聚与重组，进一步加强了城乡间的交流与合作。另外，广州市还积极推进城乡规划管理体制的一体化，建立了市、区、镇、村一体化的规划管理机制，并加强了村镇管理机构的人才培养。这些举措有助于实现城乡发展的整体性和协调性，为城乡产业布局和人员流动创造更好的条件。在此基础上，城乡各方面的交流与合作进一步加强，有助于推动城乡间的资源共享和互利共赢。总的来说，广州市的城乡规划一体化工作正在取得积极的进展。通过明确规划体系衔接关系、实现城市与乡村的统筹发展、加强规划管理体制建设等措施，有望进一步推动城乡间产业和人员的有机结合，实现城乡发展的协同增长。这将为广州市的综合发展打下坚实基础，促进城乡间的互利共赢和可持续发展。通过这些举措，广州市致力于解决城乡规划二元体制问题，推动城乡规划的整体发展，促进城乡间的经济社会交流与合作。

（2）广州市致力于推动都市型现代农业的发展，以促进农业与城市现代化和工业化的联合发展，打破农业孤立发展的状态，并促进城乡融合。为此，广州市采取了一系列重要举措，以促进农民增收为中心。首先，广州市致力于提升农业的综合生产能力。通过对连片农田和鱼塘进行标准化改造，实施农田治理工程，广州市努力提高单位农田的生产率和抗风险能力，为发展现代化都市型农业打下了坚实的基础。其次，广州市积极推动农业产业化经营。遵循"支持优势、培育强势、淘汰劣势"的原则，大力发展农业龙头企业，为它们提供资金、技术和设备等方面的支持，以确保这些企业能够持续发展和壮大。通过推动农业产业化经营，广州市努力提升农产品的质量和附加值，促进农民增加收入。在推进农业产业化经营的同时，广州市也注重保护农业生态环境。通过优化农业生产结构，推广节水灌溉、有机农业和绿色种植等可持续的农业技术，广州市努力实现农业与生态的协调发展。这样不仅能够提高农产品的质量和安全性，还能保护农田的长期可持续利用。广州市在农业发展方面积极探索并采取了一系列有效举措。通过提升农业综合生产能力和促进农业产业化经营，广州市努力实现农业的现代化和可持续发展，为农民增加收入，提高农产品的质量和附加值，促进农业与生态环境的协调发展。除此之外，广州市还加强农业科技创新和人才培养，推动农业科技与现代农业的融合。通过引进前沿的农业科技和培养专业农业人才，广州市努力提升农业生产的水平和效益，推动都市型现代农业的发展。这些措施也有助于促进城乡融合和协调发展，打破城乡发展的隔阂，为广州市的经济和社会发展注入新的活力。

（3）改善农村基础设施。广州市政府积极推动改善农村基础设施，以弥补城乡在基础设施方面的差距，促进城乡一体化发展。通过政府主导、突出重点、可持续发展和共建共享等原则，广州市政府针对城乡基础设施差异明显、功能布局不合理、设施共享性不足等问题，给予了相关政策指导。其中，广东省全面启动了美丽乡村试点建设，广州市积极参与其中。重点从"清洁美化乡村"入手，注重环境治理、经济发展、乡风文明等方面，努力打造宜业、宜居、宜游的社会主义新农村。通过这些举措，广州市旨在缩小城乡之间的差距，改善农民的生活条件，推动农村的可持续发展，并促进城乡共同进步。

（4）提升农村基本公共服务。广州市政府重视提升农村基本公共服务的重要性，以缩小城乡差距、促进社会公平正义为目标，采取了一系列举措。在教育方面，政府不断增加农村基础教育的公共财政支出比重，特别关注农村中小学校的建设，并建立了民办学校和公办学校相统一的管理制度，以提高农村教育的质量和均衡发展。在公共卫生方面，广州市政府通过政府、社会和个人的合作，推行了"大病统筹＋个人账户"的农村合作医疗制度，加快了农村卫生服务体系的建设。该制度通过建立农民医疗保险制度，提供医疗保障，解决了农村居民看病难、看病贵的问题，提高了农村居民的健康保障水平。广州市政府通过这些举措提升农村基本公共服务的质量与覆盖范围，努力使农民拥有与城市居民同等的公共服务，改善农民的生活条件，促进城乡融合和社会公平正义的实现。

2. 典型案例——以珠海市斗门镇为例

斗门镇作为珠海市斗门区的基层节点和承载平台，在城乡一体化发展中具备许多优势。该镇拥有丰富的自然资源和独特的人文景观，得到了上级规划的支持，拥有完善的交通基础设施，受益于广珠铁路、富山工业园、南方影视城等重点项目的实施。这些优势将为斗门镇的旅游、产业和基础设施建设提供便利条件，促进城乡经济融合发展。斗门镇作为珠海市斗门区的基层节点和承载平台，在城乡一体化发展中具备了许多优势。首先，斗门镇拥有丰富的自然资源和独特的人文景观。该镇地处亚热带海洋性气候区，自然环境优美，拥有独具特色的山脉、寺庙、温泉等资源，成为吸引游客的重要资产。其次，斗门镇得到了上级规划的支持。斗门镇作为广东省的一个重点发展区域，将受益于广东省推行的促进乡村发展的行动计划。这包括了一系列计划，如"新农村建设"

"名镇名村""幸福村居""旅游特色镇""历史文化名镇"等。这些计划将为斗门镇提供更多政策和资金支持，用于推进城乡一体化建设。再次，斗门镇拥有完善的交通基础设施，这为其发展提供了便利条件。黄杨大道、粤西沿海高速公路和珠港大道等陆路交通网络，以及虎跳门水运交通系统，为该镇提供了便利的交通条件。同时，随着珠港大道北延和珠海市域快速交通系统的建设，斗门镇将成为珠海市西北部公路和水路交通的枢纽，其交通优势将进一步凸显。此外，广珠铁路、富山工业园、南方影视城等重点项目的实施和推进将促进就业增加和产业升级，进而推动城乡一体化的发展。综上所述，斗门镇具备自然环境、规划支持、交通基础设施等方面的优势，成为城乡一体化发展的示范区。在政策和资金的支持下，该镇将继续推动旅游、产业和基础设施建设，促进城乡经济的协调发展。

3. 模式分析

在新型城镇化和广东省城乡一体化发展的趋势下，斗门镇的地位不断扩大，珠海市与斗门区共同提出了发展定位和策略，旨在推进城乡一体化的进程。该定位和策略包括依托龙山工业园区内的高新技术产业、生态农业和乡村旅游业的发展，打造成为三次产业联动发展的产业高地；充分发挥综合优势，将斗门镇打造成为珠海西部"生态—休闲—旅游—产业"四位一体的核心区域；重点发展生态农业项目，推进绿色农业生产方式，结合乡村旅游，打造独特的观光农业和休闲度假项目，吸引游客和投资者。通过以上发展定位和策略，斗门镇将在城乡一体化发展中发挥重要作用，实现珠海市的城乡全面发展。

以村镇作为研究的切入点，得出如下结论：基础设施改善与基本公共服务均等化、"三次"产业联动、土地发展权益共享等因素有力地推动了珠海市斗门镇城乡一体化。鉴于此，应以现实问题为导向，以投资环境改善、治理制度优化及发展理念创新等举措，助力化解城乡一体化矛盾，推动城乡区域协调并进。

（1）基于村镇特点，推动基础设施改善与基本公共服务均等化。在中国的城乡发展中，村镇区域作为重要的组成部分，具有自身独特的发展特点和生活方式，必须立足于村镇区域特点，推进惠民基础设施的建设和基本公共服务的均等化。村镇道路、电力网络和环境设施等基础设施建设是实现村镇区域发展的基础，通过合理规划和投入资金，可以改善村镇地区的交通状况，提升电力供应可靠性，改善环境质量，为居民提供更好的生活条件。基础教育、医疗保险和社会保障等公共服务的均等化是村镇居民生活的重要保障，通过改善村镇地区的教育资源，提高医疗服务水平，建立完善的社会保障体系，可以缩小城乡差距，提高村镇居民的生活质量。斗门镇以省市合作模式为村镇地区的发展提供了示范，通过合作与共享，省市合作能够为村镇区域提供更多的资金投入和政策创新，在促进城乡一体化发展、降低城乡冲突与差异方面取得显著成果。

（2）联动一二三产业，奠定城乡产业一体化发展基础。斗门镇养殖业和种植业的优势被充分利用，将农业与工业相结合，推动农业产品加工与工业互动发展，实现了养殖业、种植业与农产品加工的良性互动。观光农业和市民农园的发展带动了旅游、餐饮、住宿等服务业的兴起，为斗门镇创造了更多就业机会和经济增长点。同时，工业的发展也对农业产业起到了拉动作用，带动农产品的销售，并减少了物流成本和经营风险。在休闲旅游方面，通过观光和体验旅游，进一步激发了种植业和养殖业的生产和销售潜力。政府在实现产业联动中起到了至关重要的作用，不仅改善了基础设施和市场环境，而且提供了良好的发展条件和政策支持。此外，斗门镇充分发挥土地、农副产品和生态环境的比较优势，进一步提升村镇的综合功能，通过充分利用现有资源、政府的推动以及基础设施和市场环境的改善，不断提升综合功能，促进城乡产业一体化发展。

（3）在现行的城乡二元土地制度下，确实存在农用地保护与人口增长、经济活动、村镇建设之间的矛盾。土地管制限制了村镇区域的建设和村民建设用地的流转需求。为了解决这一土地产权问题，提出了一种创新的土地发展权的理论与实践框架，即将土地发展权益与土地所有权分离，以解决土地经营管理和发展的问题。这种框架下，土地发展权益在"城市—村镇"区域和"村镇—村镇"间趋于平衡，它将为城乡土地与空间的一体化发展提供有力推动。在实践中，要考虑资源和条件的差异，并创建土地权益补偿机制，以保障村镇区域的绿色发展。同时，逐步建立统一的城乡土地市场也是非常重要的。在村镇区域建设用地规划中，应制定合理的土地利用规划，以满足村镇和村民建设用地增长的需求。同时，可以优先发展重点区域，在条件较差的村镇与重点区域之间统筹划拨部分建设用地指标，落实集体土地经营权和收益权。另外，也可以通过土地入股的方式共享项目建设的收益。此外，还可以基于人口和投资规模实现发展增益的转移支付，以促进土地发展权益与价值增益的平衡。这些举措将推动城乡空间一体化发展迈上新的台阶。

（三）粤北案例分析——以清远市为例

1. 典型案例——以清远市为例

清远市毗邻珠三角地区，其独特的地理位置使得该地区处于极化发展模式，导致城乡二元经济和社会结构的差异尤为明显，形成了典型的中国城乡二元结构。清远市的城乡发展面临着不协调、不平衡的问题，城乡差距日益扩大。主要存在以下矛盾：农村基础设施匮乏，建设困难重重，农村公共服务供给滞后；教育、文化、医疗、社会保障等方面供给不足；乡村规划滞后，缺乏关于乡村产业、环保、土地整合、基础设施建设等方面的一体化政策指引。

为解决城乡二元结构的问题，清远市人民政府积极进行实践探索，并着重进行统筹规划。以城乡二元结构问题为切入点，综合考虑经济、社会、文化、政策等多方面因素，坚持以"一区"发展定位为指导，充分发挥粤港澳大湾区和深圳先行示范区的"双区驱动效应"，逐步实现与粤港澳大湾区的有机融合，推动产业结构升级和转型。通过发布《中共清远市委关于破解城乡二元结构加快城乡融合发展的决定》，为清远市制定了打破城乡二元对立、加速城乡融合发展的"时间表"和"路线图"，同时也为其他地区提供了宝贵的经验和启示。

2. 模式分析

（1）清远市基于自身的区位优势，深入探索"入珠融湾"。清远市是一个位于粤港澳大湾区边缘的城市，而粤港澳大湾区作为世界第四大湾区，以其高水平的工业发展、发达的金融、资讯、物流和科技领域，以及卓越的人才优势，为清远市提供了广阔的发展机遇。为了充分利用毗邻粤港澳大湾区的优势，清远市以粤港澳大湾区中心城市的辐射带动效应为动力，推进与广州市的交通设施、产业和营商环境的一体化发展，打造一个环湾宜居、宜业、宜游的优质生活圈，消除阻碍城乡要素流动的壁垒，为促进经济均衡发展和城乡一体化创造良好条件。清远市在交通建设、营商环境优化和产业发展多方位发力，为促进区域经济的协同发展、破解城乡二元结构问题提供了宝贵的经验和启示。第一，在交通建设方面，清远市已经完善了广清城际铁路、多条高速公路以及农村公路的建设，有效提升了区域内外的互联互通。截至2020年，清远市已经完成了总里程达290.7千米的广清城际轨道一期工程（包括272千米的铁路和18.7千米的城际轨道）；新建了6条高速公路，总里程约为846千米；同时，推进了"四好农村路"工程，使农村公路通车里程总计达到20179千米①。这些交通基础设施的建设，促进了人员、物资和信息的快速流动，为清远市区域经济的发展提供了有力支撑。第二，在营商环境方面，清远市积极推进政务服务一体化，深化了"放管服"改革，优化了营商环境。通过建立广州和清远两市的政务服务一体化工作专班，清远市着力提升政府服务的效能和便捷性。同时，深化"放管服"改革，实施"证照分离"改革试点，推广"互联网＋不动产登记"等举措，落地"粤省事""粤商通""粤政易"等"数字政府"工程，进一步减少企业办事的时间和成本，提高市场准入效率，为企业提供更加便利的创业环境。这些举措有助于提高企业办事效率，降低成本，为企业创造更加便捷的营商环境。第三，在产业方面，清远市与广州市根据各自的产业优势和需求进行分工合作，着重发展"生活生产服务业""先进制造业""都市农业"。精细化工、新型材料、汽车制造、装备制造、有机农业、生态旅游等新兴产业进行细化分工，这些产业的发展既带动城市经济的增长，又满足居民日益增长的生活需求。在农业方面，清远市深入实施乡村振兴战略，大力发展现代农业，推动农村经济的多元化和可持续发展。在现代服务业方

---

① 资料来源：清远市人民政府网站（http://www.gdqy.gov.cn/）。

面，服务业总产值持续增长，2020 年产值达到 892.80 亿元，连续两年占 GDP 50% 以上，成为清远市经济发展的重要引擎①。此外，清远市依托其优美的生态环境和丰富的人文历史资源，积极发展生态旅游和乡村旅游，形成新的经济增长点，促进了就业和创业机会的增加，提升了乡村居民的收入水平。

（2）秉持"效率优先，兼顾公平"，农村改革取得了显著成效。首先，下移基层党建、涉农公共服务和村民自治的重心，完善基层党建和乡村治理体系。通过将党支部建设延伸到村组一级，清远市实现了党组织全覆盖，并推进了 1052 个省级民主法治村（社区）的创建，占比近 90%，成立了 17024 个村民理事会，加强了基层组织的功能和作用，促进了农村自治和社会稳定②。其次，整合涉农平台、涉农资金和农村土地，优化农村资源要素配置。统筹 11.52 万公顷的农村耕地，并处置 260 宗闲置土地，完成约 512.87 公顷的"三旧"改造，以提高土地利用效率和农业生产效益③。同时，明确农村土地权益，对土地承包经营权进行确权登记颁证，推动了农村基本经营制度的完善，提高农村资源配置的科学性和灵活性，为农民增加收入和发展提供了良好基础。最后，推广品牌建设典型案例，塑造地方品牌形象，打造影响力、竞争力和识别度兼具的品牌。到 2020 年，清远市拥有 24 个国家地理标志产品、19 个区域品牌、14 个广东省著名商标和 54 个广东省名牌产品，成功地塑造了地方产品的形象和品质，提升了产品的附加值和市场竞争力。24 个广东省"菜篮子"基地、25 个广东省名特优新农产品区域专用品牌、64 个有机食品品牌和 36 个绿色食品品牌，则体现了市场对清远市绿色农业、有机农业的高度肯定。④ 这些品牌的建设和推广为农产品、食品和其他产业的发展提供了有效的推动力，同时也提升了清远市的知名度和竞争力。

（3）升级文旅融合产业和探索绿色发展道路。作为粤北生态发展区，清远市拥有丰富的自然生态环境和深厚的人文底蕴，同时还是少数民族人口主要聚集地。这里的民居、民俗和民歌具有独特的特色，清远市充分发挥自然生态和人文环境的资源优势，将短板转化为潜力，将"绿水青山"转化为"金山银山"，坚定地走上了生态优先、绿色发展的道路。为推动文旅融合产业升级和绿色发展，清远市大力推行因地制宜、因时制宜的城乡一体化建设，根据南北片区的功能定位和差异化的考核标准进行规划和实施。不仅注重保护和开发自然资源，还在城乡规划中充分考虑了文化、历史和民俗特色，努力打造独具魅力的旅游目的地。同时，清远市积极推动绿色产业和全域旅游的发展，促进产业生态化和生态产业化的进程。通过鼓励绿色产业的发展和推广，清远市不仅实现了经济效益的提升，还注重保护生态环境和提升居民生活品质，为清远市的经济发展注入了新的动力，也为社会可持续发展和居民生活质量的提高作出了积极贡献。

---

① 资料来源：清城区人民政府网站（http://www.qingcheng.gov.cn/）。

②③④ 资料来源：清远市人民政府网站（http://www.gdqy.gov.cn/）。

（4）布局政策体制，探索城乡协调联动。采取了"一县一改革"的试点探索，以点带面推动城乡融合发展的体制机制。这些试点探索涵盖了多个领域，包括农村人居环境整治、农村综合性改革、农民就地城镇化、扶持村级集体经济发展等创新乡村治理管理模式，以及城乡统一建设用地、重点区域建设、城乡基础设施一体化、三变改革、创新体制机制推动全域旅游等统筹城乡发展策略，为解决清远市城乡二元结构问题提供了可行的途径，促进了城乡全面发展和融合。

（四）粤北案例分析——以梅州市平远县热柘镇为例

1. 热柘镇概况[①]

热柘镇位于平远县东南部，包括升平、小柘、上山、韩坑、热柘、热水、下黄地和礤上八个行政村，行政区域约 106.17 平方千米。截至 2020 年，镇常住人口为 6566 人，占户籍人口约 50%，其中农村现有劳动人口 3423 人。交通干线上，热柘镇距离县城约 30 分钟车程，省道 S225 线、S239 线以及县道 X959 线是镇内主要交通线路。地理资源上，整体地势为丘陵山地，土地以林地为主，柚树河贯穿整个热柘镇，带来丰富的水资源。热柘镇耕地面积约 10780 亩，其中以水田为主。此外，丰富的温泉资源也是当地一大特色。人文历史上，热柘镇是红色故土，曾属于平远热柘革命老区，镇域内拥有包括 1 处市级、2 处县级等 16 处不可移动文物保护单位。礤上村的礤尾德化学校等红色遗存，以及韩坑崇古驿道等历史文化遗迹、热柘豆干等非物质文化保护遗产均体现了当地丰富的人文资源。

2. 热柘镇产业近况

特优农产品繁多，品牌化建设程度较低。出自热柘镇的客家传统美食——热柘豆干、水泉腐竹、茶叶状似"八"的八星茶叶、绿叶矿泉水、曹字仙人粄等农特优产品在市场上享有一定的知名度和美誉度。但热柘镇农特优产品多而杂乱，在产品特色、品牌树立和市场推广方面还存在短板，影响力局限在区域内部，品牌价值有待进一步挖掘。

农业现代化普及度低，产业延伸性较差。尽管热柘镇已建成一些蔬菜基地和茶叶种植基地等农业基地，但生产方式仍以人工为主，农业技术应用较少。而且多数农产品在产业链环节中仍处于初级加工阶段，产业链延伸性有待提高，农业资源开发不充分，农耕文化有待挖掘。然而，乡村振兴战略下，近年广藿香产业成为热柘镇的一个新动能。热柘镇因地制宜，引进农业龙头企业开展药稻种植，以"企业 + 村集体 + 农户"的合作经营模式，建立"保底收益 + 产值分红 + 劳务承包"的利益联结机制，统筹撂荒地复耕，集约 2000 亩土地"春种广藿香，秋种藿香米"。热柘镇陆续落地优种培育基地、

---

① 资料来源：梅州市人民政府网站（https://www.meizhou.gov.cn/）。

生物组培实验室、GACP 标准化种植基地、集约化生产基地等产业项目，产业体系初见成果，农村集体经济收入得到显著提升。

温泉资源丰富，服务品质有待提升。热水村以丰富的温泉资源而得名，温泉水硫含量较高，水温适中，在平远及其周边地区已小有名气，但温泉资源开发利用程度较低，温泉旅店规模小，服务种类有限，旅游体验有待改善。

综上所述，热柘镇在农产品品牌化建设、农业现代化、乡村旅游等方面还存在一些问题和挑战。然而，通过加强品牌建设、推动农业现代化和提升旅游体验品质，热柘镇可以进一步发掘自身的资源优势，推动乡村经济的发展和乡村振兴战略的实施。

3. 发展机遇

2021 年、2022 年连续两年中央一号文件作出了聚焦产业促进乡村发展和构建现代乡村产业体系的重要指示。在此背景下，作为粤北生态区，广东省支持平远县重点发展南药和茶叶产业，这也是热柘镇的产业发展的未来方向。热柘镇以广藿香、优质稻科学轮作基地、茶叶种植基地等农业产业基地为支点，进一步辅以物联网、智慧建设，促进电子商务在农村的普及，推动农民合作社的数字化升级，最终实现农业现代化和高质量发展。此外，随着驻镇帮镇扶村工作的开展，热柘镇在政策、人才、技术和资金等方面获得广东省的全面帮扶，为产业和其他方面的发展提供了有力支持。根据中央政策文件和广东省的规划，热柘镇将抓住发展现代乡村产业、农业现代化和乡村振兴的窗口期，依托特色农业产业基地，结合先进的农业技术和数字化手段，热柘镇可以推动农业现代化、高质量发展和示范性乡村建设。驻镇帮镇扶村工作的开展也为热柘镇提供了政策支持和资源保障，进一步促进了镇域产业和乡村发展的融合和提升。

4. 发展思路

（1）梳理资源和统筹布局，成功形成了多元化的农业产业格局。合理利用土地和资源，集油桐、油茶、脐橙等多种作物种植、中华蜂养殖、广藿香种植、优质稻科学轮作于一体。此外，通过建设产业基地，创新"企业 + 合作社 + 基地 + 农户"的利益联结模式，成功推广优质农产品品牌。热柘镇的各个村庄也因其独特的特色主导产业得到了发展。例如，热柘村以热柘豆干为主要产品，促进黄豆种植等传统优势产业的提升。升平村旨在打造"绿色菜篮子"，致力于有机蔬菜的种植和推广。上山村和韩坑村则以种植广藿香为主，开展其与优质稻种的轮作，建设梅州市广藿香种植示范区。小柘村则擅长于林下经济作物的种植，促进了黄樟赣柠 1 号等林下经济的发展。省级"茶叶专业村"的下黄地村，继续发展茶叶产业，并利用茶田、田园和河流等资源打造乡村旅游产业。热水村利用本地温泉资源发展温泉现代休闲康养旅游综合体。礤下村结合走马楼、瀑布群等特色风貌，挖掘红色印迹，发展红色文化旅游项目。

（2）布局多项重点项目，打造富农兴村的引擎。通过布局现代农业田园综合体、温泉现代休闲康养旅游综合体和特色农产品产业园，以改造和提升传统农业为起点，将农业生产、旅游观光、休闲娱乐等多种功能融合在一起，集循环、智慧、创意和务农体验于一体，进一步试验数字农业、观光农业、采摘农业和设施农业等新模式，聚力于当地农业增产、农民增收和农村发展。例如，建设涵盖茶叶种植、中华蜂标准化养殖和广藿香种苗培育及药稻科学轮作等示范基地，推动热柘镇特色农业规模化、标准化、品牌化。依托镇域北部的自然人文景观格局，结合生态旅游特色，发展与溪水、田野和山林景色交互的休闲旅游。热柘镇还计划在下黄地村建设功能多样、环境优美、居住便利、治理创新、社区和谐的新型农村社区为外来游客提供优质多样的乡村旅游服务，促进农民增收致富，推动乡村社区的改善和乡村旅游的发展。通过整合资源和多样化的发展布局，热柘镇为乡村的繁荣发展奠定了坚实的基础。

（3）打造温泉现代休闲康养旅游综合体。依托当地丰富的生态、温泉和红色资源，结合多元文化元素，热柘镇成功打造包括热水温泉民宿、磜上红色文化旅游和梅州柚标准化种植等结合休闲、康养和旅游元素的综合体。还原村落风貌和田园景观，对店岗老街道进行改造、活化利用历史建筑，热水村建设起温泉民宿产业园，形成一个集温泉度假、康养休闲和民俗体验于一体的特色村。利用叶平将军故居和梅州柚基地，盘活客家古建筑，打造爱国教育基地，配套乡愁体验馆、民宿群、田野咖啡厅，磜上村以红色教育和客家民俗为主题为游客提供崭新的一站式体验，涵盖多种业态，促进乡村经济的繁荣和乡村振兴的实现。通过充分挖掘本地特色资源，结合现代旅游发展理念和多元化的旅游体验，进一步提升热柘镇的旅游吸引力和发展潜力促进当地旅游产业的繁荣，为乡村经济带来更多机遇，推动乡村振兴的进程。

（4）布局特色农产品产业园。热柘镇以热柘豆干、中华蜂蜜、平远仙人板等特色农产品为主打产品，规划建设"一心五区"，提升绿色农产品的质量和效益，延伸农产品产业链、价值链。依托特色农产品产业园，通过加工和品牌建设，热柘镇能够提高农产品的附加值，拓宽市场渠道，鼓励居民积极参与农产品加工产业，提高农产品的附加值和市场竞争力，并进一步推动农村经济的多元化发展，进而推动热柘镇农村经济的繁荣和乡村振兴的实现。

第四节　乡村振兴与新型城镇化不同发展模式的实现路径

现阶段，乡村振兴与新型城镇化战略已成为我国各地区振兴乡村，推动城镇化进程，解决城乡问题的战略选择，通过总结国内外典型地区乡村振兴与新型城镇化的战略耦合，提炼适合我国国情的发展路径，以期为全国范围内战略实施提供借鉴（见表2-22）。

表 2-22　　　　　　　　　乡村振兴与新型城镇化的战略耦合实现路径

发展路径	模式	典型国外地区	典型国内地区	特点	做法与经验
依托式发展路径	以城促乡	日本、韩国	珠三角地区	多适用于经济发展水平较低地区的农村地区及城市影响有限的农村地区，此类型内生发展动力不足，需要依靠城市政府帮扶，推动城市要素下乡，促进农村建设发展	日本、韩国依托政府和城市的资源建立专业、特色的农产品生产基地，政府开设农业培训班进行辅导。我国珠三角依托城镇良好的交通、信息、能源条件对周边地区尤其是农村地区产生巨大的辐射作用
吸收式发展路径	自主协同	英国	浙江安吉	多适用于具有地方特色的农村地区，有自身的比较优势。政府只要以身作则，对农村产业、基础设施等合理投入，便能够使更多的民间资金进入该地区建设发展特色产业	英国注重立法先行，建设充满活力和特色的乡村社区模式。浙江安吉立足本地生态环境资源优势，将当地特色产业与其他新兴产业结合发展生态乡村休闲旅游业
反哺式发展路径	城乡融合	法国	江苏苏州	城市内部农村和城市周边农村基本是这一类型，农村居民多数就业于非农产业，农业用地被规划为城市建设用地。这类地区的土地蕴藏着巨大的升值潜力，可通过商业化运作等方式促进城乡融合	法国"发展一体化农业"，将农业与同农业相关的工业、商业、运输等结合组成利益共同体。江苏苏州的乡镇企业发展成熟，不仅可以通过以工建农，以工补农的方式实现城市反哺农村，还作为城乡耦合的枢纽为城市提供后勤保障
互惠式发展路径	城乡互动	美国	浙江杭州	适用地区普遍是经济发达的农村地区或者大城市辐射下的郊区，这些地区农民非农化程度较高，具备实现城乡地位平等和城乡要素双向流动的条件，可以通过互利互惠的方式推进城乡融合发展	美国以农村完善的公共服务体系和发达的城乡交通条件为基础，全面提升城乡一体化水平。杭州中心镇具有特殊的区位优势，位于城乡中间地带，可以作为城市和农村资源交换的载体，发挥其主体能动性推进城乡耦合的进程

一、基于政府引导的依托式发展路径

在乡村振兴与新型城镇化的战略耦合中，政府兼具管理、领导、实施的职能，发挥着自上而下的主导作用，并直接参与开发区建设、新城设置、城市改造和乡村建设的投资与规划，然而，政府在其中应当扮演引导者的角色，充分发挥引导作用而不是大包大揽。特色小镇作为农村改革过程中出现的一种新形式，既承担着乡村振兴与新型城镇化战略耦合过程中重要节点功能，又作为战略耦合的重要载体，发挥着平台的作用。特色小镇根植于乡村，利用城市资源打造具有自身特色的主导产业。一方面，在把人才引进来的同时也要留得住，打造宜居宜业的区别于传统产业园或工业园的发展环境（王景新和支晓娟，2018）；另一方面，以企业为主体，充分利用城市基础设施并依托政府的引导，解决可能出现的外部环境、资金、人才和基础设施等问题。其中关键之处在于以城市的人力、资本、基础设施等要素资源为支撑，在把握自身优势的基础上发展特色产业。

二、基于比较优势的吸收式发展路径

乡村振兴与新型城镇化的战略耦合需要发挥乡村与城市各自的比较优势，一方面，需要乡村利用土地要素发挥市场的主体作用，并培育符合乡村特点的经营主体，同时激发回乡建业、回乡创业的热情；另一方面，需要城市提供自身的资源与政策支持，吸引不同类型的人才融入乡村建设之中，以更好地服务农村、扎根农村，实现乡村振兴的目的。对农民进行职业培训有助于农村形成同时具备组织、经营、管理的人才队伍，这是实现乡村振兴的有效方式，同时需要充分吸收城市的人力、资本、载体等资源，打造懂农业、兴农村、爱农民的"三农"工作队（李智等，2018）。对乡村而言，这一模式的关键之处在于激发农业的主体能动性，利用乡村优势发展以农业为主，文化、旅游、教育等产业融合的乡村发展模式。当前乡村大多侧重于发展休闲农业和乡村旅游，依托自身的自然资源，结合城市的人才、资本、技术等资源，基于农业现代化的基础结合地方民间特色，以现代特色农业示范园、特色小镇、传统村落和田园综合体为载体，发展功能齐全、特色明显、服务优良、具有示范性的休闲农业。

三、基于城乡融合的反哺式发展路径

在乡村振兴与新型城镇化战略耦合的早期发展阶段，农村为城市的工业化提供了必要的要素支持。然而，随着战略耦合的发展，城镇化也进入了一个新的阶段，城市以工业反哺农业的形式来支持农村地区的发展，有效地促进了城市与乡村、工业与农业两者融合。为了推动广大农民融入现代化建设中并共享发展成果，一方面，需要打破城乡之间的障碍，采用"以工促农、以城带乡"的模式来塑造新型的城乡关系；另一方面，可以通过城市工业的产业链和产业集团的方式，实现城市反哺农村，形成城乡契合的产业链，使农村从城市发展中获得红利，同时也有助于解决城市的人口、就业和生产等问题，并促进地区经济发展（曹俊杰，2017）。借助产业链的带动作用，可以充分发挥城市工业在反哺乡村农业中的优势，既有利于降低城市以工业带动农村发展的成本，减少城市工业的损耗费用，促进产业集聚，又有利于城市发挥溢出效应，促进周边农村的发展，能够推动农村经济增长和提高农民的收入水平；同时，在城市反哺农村的过程中，农村也须加快对传统农业的改造，形成有利于农村发展的内生机制（曹俊杰，2017）。此外，农村收入水平较低的根源在于人才的匮乏，因此，农村需要建立人力资本反哺机制，以吸引城市高素质的人力资本回归农村，并从自身出发改造传统农业，推动乡村振兴。

四、基于双向合作的互惠式发展路径

实现以双向合作为基础的互惠式发展路径需要城市与乡村居民、各级政府与非政府组织通力合作，共同推动乡村振兴与新型城镇化战略耦合的发展。乡村地区可以利用其优势的区位、稀缺的资源、充足的人才、完备的供应链、广大的市场和健康的营商环境等特点，与城市实现互惠式耦合。在持续推进城乡战略耦合发展的过程中，一方面，需要创新空间组织形式，利用县镇带动城镇化的发展和乡村振兴（武小龙，2018）。在创新乡村振兴与新型城镇化战略耦合机制方面，需要在城乡发展格局、基础设施、产业结构、人才引进、市场主体、公共设施与服务、产业体系、生态治理等方面共建共享，将基础设施、产业链、市场体系、服务平台等纳入统一的组织框架，促进战略耦合发展层次的提升。另一方面，需要突出县镇发展的着力点，补充基础设施和公共服务的短板。通过产业集聚，汇集人才、资本、技术等要素，促进城镇整体竞争水平和县镇综合服务能力的提升，要打造一批拥有产业特色的经济强镇，并主动承接和疏解城市的产业转移，以此形成以集镇为中心的生活圈，完善城镇配套设施，以满足农民的衣食住行，最终形成以镇带村、村镇互动的格局，促进乡村振兴与新型城镇化的战略耦合。

第二篇

新时代乡村振兴与新型城镇化的战略耦合研究

作为城乡发展不平衡的重要抓手，两大战略之间相互促进、相辅相成。本篇基于第一篇国内外乡村振兴与新型城镇化发展现状及问题的梳理，剖析梳理乡村振兴与新型城镇化的战略耦合机理和交互影响机理，并在省级尺度、长三角县域尺度下分析了乡村振兴与新型城镇化战略耦合的格局特征、驱动机制、效应分析以及交互作用，对推进乡村振兴与新型城镇化战略具有借鉴意义。

第三章 乡村振兴与新型城镇化
战略耦合的影响机理

基于前面关于乡村振兴与新型城镇化研究进展的梳理，本章通过回顾城乡相关理论，对城乡理论的延伸方向和启示进行了总结，梳理了乡村振兴与新型城镇化的战略耦合机理和城乡交互影响机理。主要是围绕"乡村振兴与新型城镇化战略耦合"这一核心问题展开论述，旨在构建乡村振兴与新型城镇战略耦合的相关理论、格局特征、效应分析、模式选择以及推进机制的理论框架。

第一节 乡村振兴与新型城镇化战略耦合的
影响机理分析：基于战略内涵视角

通过乡村人口、土地、原材料等资源要素流动到城镇，城镇人才、资金、信息、技术等要素在城乡间自由流动，乡村振兴与新型城镇化之间存在内在逻辑关系。从乡村振兴与新型城镇化的内涵、维度出发，探讨了乡村振兴与新型城镇化的战略耦合机理（见图3-1）。

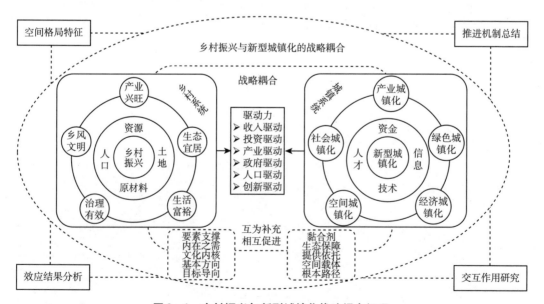

图3-1 乡村振兴与新型城镇化战略耦合机理

城乡两者互为补充、相互促进，形成乡村资源要素更多地流向城市，而城市又反哺农村，最终缩小城乡差距，努力实现城乡均衡发展的目标。

一、产业兴旺与产业城镇化

乡村产业的兴旺为产业城镇化的发展提供了要素支撑。一般来说，乡村产业的发展不仅限于农业，还包含第二、第三产业。然而，我国的许多农村地区只有第一产业，第二、第三产业发展缓慢。尽管乡镇企业曾经"异军突起"，但后来由于国家政策的调整，乡村第二产业失去了竞争优势，发展规模不大。即便是第一产业发展成农产品加工业，产地也主要集中在城镇产业园区内。实施乡村振兴战略的首要任务是解放和发展乡村生产力，因此产业兴旺是最紧迫的问题。产业是一个地区发展的经济基础，乡村产业的兴旺直接关系到农村产业结构的发展、农业科技水平和农村市场化程度。首先，乡村振兴以产业兴旺为战略重点，要求发展乡村新产业新业态，有助于新型城镇化产业结构调整，实现多样化产业开发；其次，乡村产业兴旺意味着农业科技水平的提高，农业生产的组织化和规模化对城镇产业可持续发展十分有利，有利于形成城镇产业集群；最后，产业兴旺带来的农村市场化程度提高，可以促进产业城镇化进程中发展外向型产业。

产业城镇化是乡村产业兴旺的"粘合剂"。通过资金、信息、技术和人才要素的流动，产业城镇化引领城乡一体化，促进农村一二三产业的深度融合。作为城镇化的发展动力，产业城镇化是指二三产业逐渐成为城镇经济结构中的主导产业的过程。为促进乡村产业兴旺，产业城镇化可以通过调整产业结构、发展可持续的产业和扩大产业的外向性来实现。产业城镇化有三个方面可以促进乡村产业兴旺。首先，通过产业结构调整，产业城镇化可以发展农村特色产业，从而完善农村产业结构，提高非农产值所占比重；其次，产业城镇化要想实现产业可持续发展，必须提高科技水平，通过科技要素流动到乡村提高农业机械化综合水平；最后，产业城镇化通过发展外向型经济，吸引更多的资本要素流入乡村，提高农产品商品化率，鼓励农户参加专业合作组织等，进而促进乡村产业兴旺。

二、生态宜居与绿色城镇化

生态宜居是绿色城镇化建设的内在之需。生态宜居是乡村振兴的最理想状态，绿色标准定义了农村工业发展和基础设施建设的质量要求，明确了乡村振兴的品质要求。乡村生态宜居是绿色城镇化建设的内在需求：首先，从自然环境角度来看，农村地区尤其是城市周围的农村地区为我国城市生态宜居提供了绿色空间和生态支撑。其次，从人工环境角度来看，生态宜居涉及生产方式、生活方式和消费模式的根本变化。因此，需要秉持资源开发与节约资源、保护环境并行的生态可持续发展原则，从而优化产业结构、转变消费方式，并最终推进绿色城镇化建设的基本公共服务均等化。最后，从社会环境角度来看，生态宜居意味着生态意识的提高。优良的生态文化可以增强民众的绿色环保意识，形成人与自然共生的绿色理念，最终全面提高城镇环境质量，促进城乡统筹，实现绿色城镇化的发展。

绿色城镇化为乡村生态宜居提供生态保障。绿色城镇化，是基于绿色发展、面向生态文明的城镇化，其本质是回应中国式城镇化新道路发展需求的价值重塑、题域重构以及路径重置，是中国城镇化发展的一次绿色化再造，是城镇化高质量发展的绿色实践。首先，绿色城镇化的发展观与乡村振兴"生态宜居"的理念相契合，为乡村生态宜居提供保障，有助于实现乡村的可持续发展。绿色城镇化提倡节约资源、环境友好和低碳环保等理念。在这种标准下，生态环境的好坏已成为反映城镇化水平高低的标准，因此城镇化进程可以为乡村创造良好的自然环境和宜居条件。其次，绿色城镇化进程不仅是自然环境的改善，还包括人工环境的改善。例如，安全饮用水、生活垃圾无害化处理和家庭信息化覆盖等，这些都为乡村人工环境的宜居创造了条件。最后，绿色城镇化进程中实现基本公共服务的均等化直接影响到农民的福利水平和生活质量。通过改善乡村公共服务，可以为乡村生态宜居创造良好的社会环境和宜居条件。

三、乡风文明与社会城镇化

乡风文明是社会城镇化文化延续的内核。乡风文明是塑造乡村振兴主体价值的关键，为乡村振兴提供保障。乡风文明可以扮演积极引导、规范和凝聚力量的角色。文明的乡风为乡村振兴的各个方面提供了强有力的精神动力和智力支持，是推进和延续社会城镇化进程的核心。乡风文明的建设有以下三个方面的作用：首先，通过文化教育的建设提高农村人口的平均受教育年限，提高村民的整体文明素质和生存技能，这无疑为村民更好地融入城市生活提供了重要保障，客观上减少了城乡冲突，促进了城乡融合发展。其次，乡风文明建设通过公共文化的发展来端正农村乡风。农村乡风的正常与否直接关系到我国村民对待生活、家庭、社会和自然的态度，在一定程度上也影响着社会城镇化进程和全面小康社会的建设。最后，为了促进农村文明建设，不能忘记乡土文化本身的独立性，不能牺牲乡土文化本身的主体性，也不能以依赖城市文明的方式发展。应当在乡村文化特色与城市现代文化相融合的基础上进行发展，让民众不仅感受到社会的公平正义，还可以感受到文化的开放包容。

社会城镇化为乡风文明建设提供了支持。社会城镇化是居民生活质量不断提高，公共设施配套供给活动有序开展，以及相应的商业体系不断完善的过程。在新常态下，我国农村建设的基础在于移风易俗、培育乡风文明。社会城镇化为乡村文化教育建设提供了支持。首先，通过完善教育、公共交通、医疗卫生、社会保障等公共服务体系，社会城镇化为乡村文化教育建设提供了助力。其次，社会城镇化通过公共设施配套供给体系的完善为乡村公共文化发展提供了载体。完善的制度建设和公共服务配套体系使农民积极融入城市生活，让乡村的优秀文化得以传承。最后，在社会城镇化的背景下，为当地村民的自我发展和提升创造了一个良好的人文社会环境。这使他们在不自觉中受到良好乡风的熏陶，自觉吸收文明乡风的价值，并将其内化为自身的品质，从而实现提升农民素质的目的。

四、治理有效与空间城镇化

乡村治理有效为空间城镇化提供基本方向。治理有效是乡村振兴的基石，也是乡村治理的核心。治理有效的要求在于高效性和组织性，需要调动所有主体参与到乡村振兴中，最终构建一套乡村治理体系，其中自治、法治和均衡发展贯穿始终。首先，乡村治理的有效性可以通过法治建设来控制民事纠纷的发生数量和刑事案件的立案数，确保乡村治理的有效程度，这为城市用地规模控制提供了思路。其次，乡村治理的有效性可以通过村民自治实现。政府和农民作为重要的参与主体，在空间城镇化过程中，政府发挥了主导作用。然而，空间城镇化是一个长期的过程，在不同的发展阶段具有不同的特点，面临不同的发展困境和难点。因此，不仅需要政府的参与，还需要民众自觉地参与空间投入和产出阶段。最后，从政府主导、自上而下的治理到村民的积极参与，这种治理对于城乡均衡发展尤为重要。均衡发展也是空间城镇化最重要的环节，需要实现空间投入和产出的均衡发展，从而实现城乡均衡发展的治理方向。

空间城镇化是治理有效的空间载体，是一个逐步将非城镇建设用地转化为城镇建设用地并改善空间结构的过程。空间城镇化的原始动力是产业的区位选择和空间集聚。首先，空间城镇化的改善是一个全方位、系统性的社会工程。综合治理的形式多种多样，包括新闻媒体、工作简报、会议交流等，这些方式可以为乡村治理构建平台。其次，空间城镇化的改善需要各方参与，因此需要充分调动各方力量，让全社会参与到城镇化建设中来。最终达到政府主导、多方积极有序参与的理想状态，为村民自治实践提供前提。最后，空间城镇化可以改善农村原有空间布局结构混乱、基础设施规划落后、居住条件简陋以及城乡空间失调等问题。对乡村进行科学设计，合理规划乡村农业用地和建设用地空间布局，统筹基础设施建设和公共服务改善，为乡村治理有效创造发展均衡的条件。

五、生活富裕与经济城镇化

生活富裕是经济城镇化的目标导向。乡村振兴的根本目标是实现广大农民的生活富裕，这是和农民利益息息相关的富裕目标，同时也是一切行为准则的目标导向。乡村振兴的最终目标是让农民过上富裕、体面且有尊严的生活，因此生活富裕是广大农民的最终诉求，也是经济城镇化的目标。首先，生活富裕意味着要解决与农民群众最密切相关的收入问题。提高农民收入水平是实现经济城镇化的前提条件。其次，生活富裕不仅指农民收入水平的提高，还要考虑收入结构是否得到改善。只有发展低碳循环经济，才能真正将乡村建设成美丽乡村，这与经济城镇化中单位 GDP 能耗的衡量目标是一致的。最后，农民住房得到保障、私家车数量上升等体现农民生活质量提高的表现，也是经济城镇化的最终追求。提高居民生活水平是经济城镇化的目标导向。

经济城镇化是实现乡村生活富裕的根本途径。经济城镇化是一个不断发展的过程，可以优化经济结构，提高经济效率，同时伴随着人口的城镇化。首先，经济城镇化的首要目标是提高城镇居民的可支配收入。无论是从地方、国家还是全球的角度看，经济发展的不平衡性是普遍存在的。城乡收入差距扩大是城乡发展不均衡的首要前提，因此通过经济城镇化带动农民收入水平提高是至关重要的。其次，经济城镇化通过夯实城镇化发展的经济基础，以产业升级为依托，以低碳为取向，以循环为模式完成农村经济结构优化，提升经济效益，为实现农民收入结构转型提供路径依据。最后，生活富裕与经济城镇化的战略目标一致，最终都是通过发展经济提高生活质量，增强幸福感。经济城镇化通过发展城市经济，带动乡村经济发展，最终目标是全面实现"农业强、农村美、农民富"，提高农民生活质量。

第二节　乡村振兴与新型城镇化战略耦合的交互影响机理

一、乡村振兴对新型城镇化的影响机理

人在新型城镇化与乡村振兴的互动中扮演着重要角色，乡村非农就业人口的增加带动了乡村非农化发展，使得乡村就业机会增多，非农就业的提升在一定程度上为城镇化进程的推动提供了依托，进一步带来基础设施公共服务水平的提升；土地作为乡村的根基所在，既是农民的居住场所，也是农业发展的沃土，在城乡发展中扮演着保障、支撑的角色。土地产权制度限制了土地的自由流动导致乡村土地资源的流动性不强，主要是通过乡村常住人口来影响城镇化。在土地资源不变的情况下，乡村非农化水平提高意味着乡村常住人口减少，这部分乡村人口没有放弃土地产权，主要通过兼业化的形式在农村与城镇间流动带动了人口城镇化水平提高；乡村产业发展对城镇化的发展提供了基础性的支撑。乡村产业水平的提升也就意味着劳动生产率的提高，这就使得更多的乡村人口流向城镇，进一步加速人口城镇化过程。农林牧渔业是乡村振兴的产业根基，乡村产业升级有利于推动农业生产的组织化和规模化，在农民自给自足的同时也满足了城镇化的需求，为城镇产

业的发展提供相应的原材料等，在提升农业生产效率的同时促进产业城镇化水平提升。

二、新型城镇化对乡村振兴的影响机理

人口城镇化对乡村振兴的影响主要通过人才吸引和就业机会传导。人口城镇化进程的加快一方面推动了社会经济的发展和城市医疗教育水平的提高，吸引了一部分乡村人口放弃农村户籍迁入城市影响了乡村非农化发展，另一方面城镇化的推进中对劳动力的需求也日益增加，城镇更高的收入、更多的就业机会吸引农村劳动力流入城市，使得农民以兼业化的方式在城镇与乡村间流动，乡村常住人口因此减少。转移到城市的劳动力越多，使得农村土地经营趋向规模化、机械化，通过提高机械化水平来代替劳动力（程明洋等，2019）。同时，城镇化进程中吸引了一部分乡村人口流向城市，乡村常住人口减少，粮食产量、肉类产量则在稳定提高，从而导致乡村产业发展水平提高。城镇基础设施对乡村振兴的影响主要是通过功能延伸传导的。城镇基础设施水平的提高主要体现在教育、医疗、社会保障方面，城镇基础设施具有延伸性一定程度上能惠及本地乡村人口共享公共服务，离土不离乡的情结使得本地乡村人口在享受基础设施的同时更好地留在当地就业。但是乡村基础设施建设时间长、收益性低、公益性强，远落后于城镇更加无法留住人才，也阻碍了劳动力、资金等要素从城市流入，因此乡村基础性产业的发展缺少人、地、钱的支持。产业城镇化对乡村振兴主要通过影响供需变化来实现乡村产业规模化、多元化、高效化发展路径，城镇产业发展的同时形成产业集聚，一方面，产业集聚所需的生产原料带动了农村相关产业的发展，加快了农业结构调整，使得本地农民可以就地实现非农就业，推动了本地乡村人口水平的提升。另一方面，新型城镇化进程中城镇居民加大了对粮食等基础性产品的需求，带来了农产品生产原材料的发展，也推动了农业规模化生产的转变，促使农业向多元、高效方向发展，从而带动了农业产出水平的提高，进一步推进乡村产业的发展（见图3-2）。

三、对乡村振兴与新型城镇化战略耦合的启示

根据以上对城乡交互影响机理进行的分析，从"人—地（基）—业"的视角对乡村振兴与新型城镇化战略耦合的启示如下所述。

乡村振兴与新型城镇化战略耦合是"以人为本的包容一体化"发展，新型城镇化和乡村振兴战略的提出均是为了解决城乡发展不平衡、不充分的问题，通过"以人为本"的核心来提高城乡居民福利水平，带动城乡共同发展。在乡村人口对新型城镇化影响效应中，应加快农业转移人口市民化，农村剩余劳动力就业化。对农业转移人口要确保和城市居民获得同质的公共服务，享有城市优质公共基础设施的便利的同等权利。对

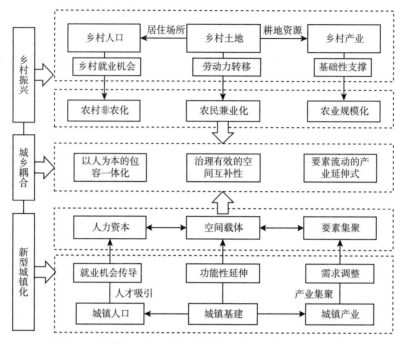

图3-2 城镇人—基—业与乡村人—地—业的交互影响机理

农村地区应加快基础设施建设，获得和城市同质同量的公共服务，推动乡村振兴与新型城镇化耦合协调。继续有效发挥非农化发展途径带动"三农"的发展，以非农化解决农业问题、以非农务工劳动力转移解决农民问题、以城市化解决农村问题是解决"三农"问题的必经之路。

乡村振兴与新型城镇化战略耦合是"治理有效的空间互补性"发展，城市与乡村并非两个完全同质的空间，各有各的特点和功能。城乡功能分工明确，城市与农村在保留各自特色的基础上实现功能分工与互补，城市的功能主要是创造集聚效应、规模效应和空间效益，这些都是带动农村发展的动力与基础。农村主要是利用广大腹地的地域优势等发展绿色生态农业，利用不同于城市的自然资源优势吸引广大游客，为城镇化进程提供所需的生产要素，如劳动力、原材料、能源等，扩大城市消费市场，延续乡村生态宜居空间，缓解城市建设压力。在城镇化进程中建成区扩张的同时，可以通过城市功能延伸，将城市完善的基础设施建设等优质资源延伸到乡村地区，形成合理的布局。

乡村振兴与新型城镇化战略耦合是"要素流动的产业延伸式"发展，产业发展是持续提升城乡居民生活水平、最终实现共同富裕的根本途径，就是要构建城乡产业一体化发展局面，促进农村一二三产业融合，建立农民增收的长效机制。除此之外，还要形成城乡两个空间的产业互动格局，包括乡村第一产业和城市二三产业之间的联动，形成一个利益共同体，共同为城乡发展带来新的机遇；城乡产业延伸应坚持基础性产业发展，扩大农业的多种功能以实现产业升级、扩展农业产业链的延伸、增加农业附加值和提升综合效益。

第三节　多尺度下乡村振兴与新型城镇化的战略耦合机制

从多级时空维度分析乡村振兴与新型城镇化的战略耦合机制是中国城乡发展问题理论重构的前提（叶超和于洁，2020）。中国地区间的发展水平各异，因此城乡关系也有所区分，政策的转化和实施落地也存在差别。在省级层面上，国家战略被转化为相应的管理条例和区域城乡发展规划，发挥着统筹协调的作用。在市级尺度上，这反映为相应的专项规划和行动计划，城乡关系通过"推拉"途径相互作用；县域尺度是更加详细的规划和实施计划，也是城乡互动最为密切的尺度，城乡资源要素双向流动（见图3-3）。

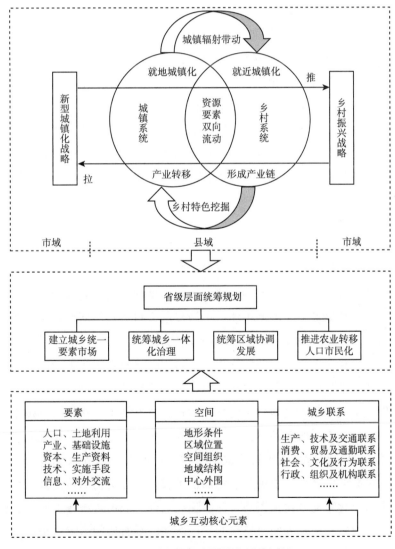

图3-3　不同尺度下城乡互动机制

一、县域尺度

县域层面是乡村系统与城镇系统互动最为密切的尺度，是连接城乡之间最基本的单元，也是新时期乡村振兴与新型城镇化战略耦合的基础和关键。在"四化同步"发展的基础上，县域范围内要保持城乡各自的特色和功能，通过城乡之间资源要素的双向流动打破城乡二元体制，最终为了合理城乡功能布局、缩小城乡收入差距，构建一个县域层面的城乡有机互动融合系统（曾雯等，2018）。

县域层面乡村振兴与新型城镇化的战略耦合主要是通过城镇辐射带动乡村、挖掘乡村的独特内生价值，不同于过去的"以工补农、以城促乡"，乡村系统与城镇系统在县域层面作为平等主体联系紧密，尤其是要形成以县域为基本单元的城乡紧密联系的产业发展链，通过农业现代化推动农业与二三产业合理衔接。组成县域内"农业+"形式的多元化联盟，建设扶持一批多方参与的农文旅深度融合、优势鲜明的产业融合示范园、田园综合体等。县域作为推进乡村振兴与新型城镇化战略耦合的最佳空间地理单元，是城乡融合发展的重要切入点。县域层面乡村振兴与新型城镇化的战略耦合除了形成产业链外，还有通过在县域内流动的"就地城镇化"推动城乡耦合，以县城和中心镇作为就地城镇化的主要载体。政府通过自上而下的引导作用，推进农村土地流转和强镇建设，企业集聚带来的就业机会引导了农村人口流动的方向。

二、市域尺度

地级市的行政区划位置较为特殊，它既是宏观与微观、高层与基层的连接点，又是城市和乡村的接合部，是连接城乡的桥梁。市域尺度起到的是起承转合、连接城乡的作用，是现实意义上统筹城乡发展的主体。市域尺度乡村振兴与新型城镇化的战略耦合主要是通过"推"和"拉"的途径（邹开敏和庄伟光，2016）：

一是新型城镇化对乡村振兴的推动作用，自20世纪90年代中后期开始的城镇化建设浪潮，吸引了大批投资、产业集聚在城镇，带动了城镇基础设施建设。尤其是中心城市的优势地位，不仅带动了当地经济的高速增长，也增加了下辖县的产投规模，从而促进县域经济的发展，缩小城乡差距，也引发了人类历史上罕见的大规模人口向城镇的流动。所谓"推"就是城镇的高速发展推动了农民进城务工以寻求更多的机会，就近城镇化推动了农民职业的转变，农民兼业化加快了农村产业结构的转变以及地域空间的变化，最终实现城镇化带动乡村振兴的目标。除此之外，农民进城务工使得农民从效益相对较低的第一产业转变到收入回报较高的二三产业，最直接的影响就是提高了农民收入水平，这也是城市就业带动的另一种"推"的途径。

二是乡村振兴对新型城镇化的拉动作用，县、乡财政资金来源少，只有地级市通过财政资金扶持将二三产业引入农村，以开展科技、文化、卫生"三下乡"的途径来带动乡村振兴。农村由于经济文化的落后在过去很长一段时间内都是依靠各级政府的财政拨款改善，这对乡村经济复兴短时间内能起到一定程度的作用，但是长期依靠财政拨款振兴乡村不是城市带动乡村的根本途径。随着城镇化进程高速发展后，城市的土地利用资源开始出现不足、城市环保意识逐渐增强，城市工业尤其是高污染项目开始向农村转移，虽然造成了一定污染但也加快了农村工业化进度，实现了农村剩余劳动人口当地就业，拉动了乡村经济发展。除了经济建设还有农村文化建设，从1997年开始实施的文化、科技、卫生"三下乡"活动，满足了广大农民精神文化生活需求，提高了农民素质，促进了农村乡风文明建设，对于拉动城市更多更好的项目进入农村也有一点的作用。

三、省域尺度

省级层面尺度具有引导区域城市化有序发展，调和处理区域中各城市发展矛盾，合理配置区域性要素资源的作用，是将国家战略目标转化为相应的管理条例和区域城乡发展计划，扮演着推进乡村振兴与新型城镇化战略耦合的统筹角色（李兵弟和徐会夫，2004）。统筹性体现在以下四点。

一是建立统一的城乡要素市场，建设一体化的要素市场是乡村振兴和新型城镇化战略耦合要素自由流动、平等交流的基础。通过建立统一的城乡劳动力市场、土地市场和金融市场，促进乡村振兴和新型城镇化的战略耦合。同时，还设计了一些制度安排，以吸引农村地区短缺的人才和资本进入农村地区，实现农村的发展和振兴。它可以打破城乡居民在教育、医疗、就业等方面的制度性差异，提高农村居民分享发展成果的权利，促进城乡要素自由流动和公共资源均衡配置，推进乡村振兴和新型城镇化的战略耦合。

二是整体城乡一体化治理中，省级的作用也是纠正当前城市偏向政策的制度机制。乡村振兴与省域新型城镇化的战略耦合始于乡村治理的思想重点，乡村治理是乡村振兴的五大内涵之一，也是一种基层治理，是国家治理体系的基础，根本地位不可动摇。作为宏观层面，省级应将乡村治理纳入国家治理体系的重要和突出位置，加快城乡治理一体化进程。在治理领域，城乡经济、社会、生态、文化协同发展。省级城乡耦合可以以省级城乡规划为突破口，打破城乡分割管理体制，牢固树立"共建、共治、共享"的城乡治理一体化理念（年猛，2020）。

三是区域整体协调发展，省域乡村振兴与新型城镇化的战略耦合，也集中在区域协调发展的区域性上，也是解决省域城乡格局中区域间发展失衡的关键所在。区域发展与中心城市有着密切联系，共同推动区域高质量发展，实现城乡同步发展。应从区域角度考虑城乡耦合，解决区域发展不平衡问题。需要指出和认识的是，同级政府的规划只能解决同级行政区域内部的发展不平衡，只有上级政府的规划才能解决下级政府间的发展不平衡，因此，省级城乡规划进行区域协调是十分必要的。

四是推动农业转移人口市民化，跨省移民城市化是城乡耦合中的普遍现象，户籍制度的存在使不同地区的城市化形成了显著的半城市化现象。此外，在省内推进城乡公共资源均等化，基础设施一体化，省级协调合理划分空间范围，推动市政公共设施向郊区、中心城镇和农村地区延伸，加快实现县乡公路互联互通，使农村移民能够享受到与城市居民同样的服务和体验。

基于上述分析，发现无论是县域、市域还是省域城乡互动机制离不开三个核心元素，即要素、空间和城乡联系（李智等，2017）。城乡相互作用本质上就是城乡地域的人口、产业、资本、技术、信息等要素在城乡特定空间上所产生的各种联系。

首先是要素，要素作为区域发展的"基本构成"也是城乡相互作用的对象。无论是城市还是乡村均是由人口、土地、产业、基础设施等要素构成的，这些要素的各种组合带来了城乡地域的经济、政治、社会、文化等活动。除此之外，要素还会在城乡地域系统之间自由流动，要素的这种流动也会带来城乡地域空间内的结构变化，如城乡人口流动会影响城乡人口结构继而带来乡村土地结构变化，资本、技术等要素流动可以带来乡村产业结构升级，信息要素流动加强了乡村人口与外界的交流，对于增强乡风文明有利。

其次是空间，空间作为城乡互动机制的载体也是区域发展的重要场所。城乡地域系统归根结底是一种空间圈层结构：城市作为最中心，第一个圈层就是它的直接腹地，第二个圈层是其间接腹地；在中心城市和外围乡村之间还存在过渡带，这种通勤带或者绿化带会使得周边乡村具有明显的通勤优势，但是也有可能会使得产业发展因为靠近中心城市过近而受到绿化、空间等限制。因此，城乡互动机制会受到空间圈层构成以及其他地形、区域位置等空间地域条件等的显著影响。

最后是城乡联系，城乡联系作为区域发展的基本属性具备城乡互动机制的根本特征。城市和乡村是两个相互独立又相互耦合、彼此开放的地域系统，作为一个地域综合体，城乡相互作用的本质还是城乡要素间的流动和联系。城乡联系的形式有很多种，包括生产联系、消费联系、社会联系、行政联系等。生产、消费作为经济活动的中心环节，城乡会围绕着原材料、粮食、商品以及服务等要素的生产消费而形成密切联系，而城市因为市场资源配置作为市场中心具有经济集聚的优势。行政、组织及机构联系主要体现在城市行政职能逐渐向中心村、自然村等逐级辐射，乡村也逐级反馈，这主要是由于城市具有较高的行政等级而产生的联系。交通联系等随着城乡之间通勤越来越便利也日益形成，除此之外随着社会经济发展还有社会、文化及行为联系等日益紧密。

第四节 乡村振兴与新型城镇化战略耦合的研究框架构建

本书主要是围绕"乡村振兴与新型城镇化战略耦合"这一核心问题展开论述，旨在阐明乡村振兴与新型城镇战略耦合的相关理论、格局特征、效应分析、模式选择以及推进机制，具体研究框架如图3-4所示。

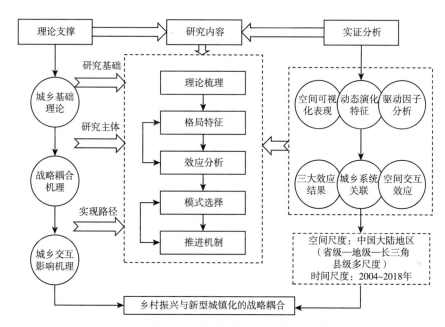

图3-4 乡村振兴与新型城镇化战略耦合的研究框架

一、研究基础

乡村振兴与新型城镇化的战略耦合研究基础主要是基于乡村振兴与新型城镇化的战略耦合机理、城乡交互影响机理以及不同尺度下的乡村振兴与新型城镇化的战略耦合机制。战略耦合机理从乡村振兴与新型城镇化的内涵、维度出发，对产业兴旺与产业城镇化、生态宜居与绿色城镇化、乡风文明与社会城镇化、治理有效与空间城镇化、生活富裕与经济城镇化分别一一进行了阐述；城乡交互影响机理主要是基于人—地（基）—业的视角对乡村振兴与新型城镇化的相互影响机理进行了分析，并且对乡村振兴与新型城镇化的战略耦合有一定启示。从不同尺度分析乡村振兴与新型城镇化的战略耦合机制是中国城乡发展问题理论重构的前提。

二、研究主体

乡村振兴与新型城镇化的战略耦合主体研究主要是基于实证分析，从乡村振兴与新型城镇化耦合协调的格局特征入手，通过空间可视化表现，实证分析了耦合协调度的动态演化特征，以及利用定量分析方法找出影响乡村振兴与新型城镇化耦合协调空间格局变化的驱动因子；效应分析分为两部分，一部分是乡村振兴与新型城镇化战略耦合带来的效应结果（产业优化效应、绿色生态效应、减贫增收效应）；另一部分是乡村振兴与新型城镇化的交互效应研究，基于城乡交互影响机理对乡村人—地—业与城镇人—基—业的相互作用进行了分析。这里由三章内容构成，也是本书研究主体和实证分析部分。

三、实现路径

乡村振兴与新型城镇化的模式选择主要是基于长三角典型案例区的调研和文献梳理，在四种城乡关系背景下总结了四种城乡耦合模式，并且给出了对应其实施所需的客观条件以及实现路径。而推进机制是对不同主体和不同尺度下推进乡村振兴与新型城镇化的战略耦合进行了归纳总结，模式选择和推进机制归根到底都是为了探究乡村振兴与新型城镇化战略耦合的实现路径。

第四章　乡村振兴与新型城镇化战略
耦合的格局特征与驱动机制

本章通过重构省级层面乡村振兴与新型城镇化的指标体系，以 2004 ~ 2020 年除西藏及港澳台外的 30 个省份的面板数据为样本，首先，采用耦合协调度模型测度了乡村振兴与新型城镇化的耦合协调度及各系统协调度，分析了乡村振兴与新型城镇化耦合协调的分布整体特征及其演化趋势。其次，利用引力模型及空间自相关模型分析了乡村振兴与新型城镇化耦合协调度的空间关联及集聚特征。最后，通过随机森林探究了乡村振兴与新型城镇化耦合协调度的驱动机制。

第一节　研究方法与指标选取

一、研究方法

（一）耦合协调度模型

"耦合"一词本来是物理学科里的术语，在经济学界通常是用来测度两个及以上系统间的协调程度。这里用来表征乡村振兴与新型城镇化两个系统的关联性，通常刻画彼此是否和谐一致的程度，揭示从不协调向协调发展的演化规律，具体计算公式如下：

$$C = \frac{2\sqrt{u_1 \times u_2}}{u_1 + u_2} \tag{4-1}$$

$$D = \sqrt{C \times T} \tag{4-2}$$

$$T = \alpha u_1 + \beta u_2 \tag{4-3}$$

其中，C 代表耦合度，用来测度乡村振兴与新型城镇化耦合作用的程度，但是耦合度无法展现出两个系统整体的"协同"效应。D 表示耦合协调度（也称协调度），是学者较多用于反映两个系统整体协调程度的变量。关于耦合协调度的分类学界还没有统一的划分标准，根据前人的研究成果（徐维祥等，2017），结合乡村振兴与新型城镇化的实际发展情况，耦合协调度分为 5 个层次、3 种类型，具体如表 4 - 1 所示。

表 4 - 1　　　　　　　　　　　　　耦合协调度类别划分标准

协调类型	数值	协调程度	亚类型	城乡发展
协调发展	0.7≤D<1	高级协调	R－U>0.3	高级协调—城镇领先
			0.1<R－U≤0.3	高级协调—城镇先行
			0≤|R－U|≤0.1	高级协调
			U－R>0.3	高级协调—乡村领先
			0.1<U－R≤0.3	高级协调—乡村先行
	0.6≤D<0.7	中级协调	R－U>0.3	中级协调—城镇领先
			0.1<R－U≤0.3	中级协调—城镇先行
			0≤|R－U|≤0.1	中级协调
			U－R>0.3	中级协调—乡村领先
			0.1<U－R≤0.3	中级协调—乡村先行
转型发展	0.5≤D<0.6	初级协调	R－U>0.3	初级协调—城镇领先
			0.1<R－U≤0.3	初级协调—城镇先行
			0≤|R－U|≤0.1	初级协调
			U－R>0.3	初级协调—乡村领先
			0.1<U－R≤0.3	初级协调—乡村先行
失调衰退	0.4≤D<0.5	勉强协调	R－U>0.3	勉强协调—城镇领先
			0.1<R－U≤0.3	勉强协调—城镇先行
			0≤|R－U|≤0.1	勉强协调
			U－R>0.3	勉强协调—乡村领先
			0.1<U－R≤0.3	初级协调—乡村先行
	0≤D<0.4	濒临失调	R－U>0.3	濒临失调—城镇领先
			0.1<R－U≤0.3	濒临失调—城镇先行
			0≤|R－U|≤0.1	濒临失调
			U－R>0.3	濒临失调—乡村领先
			0.1<U－R≤0.3	濒临失调—乡村先行

（二）重心模型

重心模型主要是确定城乡协调发展重心的经纬度位置及在不同时期重心的移动方向，具体公式如下：

$$X = \sum_{i=1}^{n} M_i X_i / \sum_{i=1}^{n} M_i, Y = \sum_{i=1}^{n} M_i Y_i / \sum_{i=1}^{n} Y_i \qquad (4-4)$$

其中，X_i 和 Y_i 分别表示 i 省域质心的经度和纬度，M_i 表示 i 省域的城乡耦合协调发展水平。

(三) 引力模型

引力模型起源于天体物理研究，由于其在空间联系的测度分析上具有适用性，在区域空间方面的应用逐渐增加，本书以中国省域作为研究单元，分析各省域间城乡耦合协调的空间关联水平，相关公式为：

$$G_{ij} = KM_iM_j/D_{ij}^{\theta} \tag{4-5}$$

其中，G_{ij} 是代表省域 i 与省域 j 之间的城乡空间联系强度，K 为引力常量，M 表示各省域的城乡耦合协调水平，D_{ij} 为省域 i 和省域 j 之间的距离，θ 则取 2。

(四) 空间相关性分析

全局 $Moran's\ I$ 指数主要反映的是空间自相关性，即描述了空间单元的相邻或相近度，具体的计算过程如下：

$$Moran'\ I = \frac{n\sum\limits_{i=1}^{n}\sum\limits_{j=1}^{n}w_{ij}(x_i-\bar{x})(x_j-\bar{x})}{\sum\limits_{i=1}^{n}\sum\limits_{j=1}^{n}w_{ij}\sum\limits_{i=1}^{n}(x_i-\bar{x})^2} \tag{4-6}$$

其中，n 为样本量；x_i、x_j 为 i 和 j 的空间单元观察量；w_{ij} 表示空间单元 i 和 j 的邻域关系，当 i 和 j 邻近时，$w_{ij}=1$，反之为 0。全局 $Moran's\ I$ 指数的数值在 -1 到 1 区间内，$Moran's\ I$ 大于 0 的是空间正相关，小于 0 的是负相关，等于 0 的是不相关。

(五) 随机森林模型

随机森林模型是布雷曼（Breiman）于 2001 年提出的算法，常见于机器集成学习。它通过组合多个决策树来构建一个更为稳健和准确的模型。它将多棵决策树集成，形成一个随机森林，可以用于分类、判别、回归和预测。随机森林的基本单元是决策树。不同决策树的训练数据有所重叠，但每个决策树的生成都独立进行，即各棵树之间不存在直接关联，能够减小变异性，提高预测精度。

随机森林还具有评估变量重要性的功能。通过计算不同变量的信息增益，可以得出变量重要性的大小排序，为特征选择提供参考。该方法无须再学习验证集合，但有较高的泛化误差，这体现了集成学习的优势。

在训练阶段，随机森林会利用 bootstrap 重采样的方法从原始训练集中抽取等量的数据进行决策树构建。同时，在每个节点分裂选择特征时，也是从所有特征中随机选择若干个特征进行最优分割。这种随机选择特征的思想，可以有效减少过拟合，提高泛化能力。

二、指标选取与数据来源

（一）指标体系构建

根据 2018 年发布的《乡村振兴战略规划（2018～2022 年）》，乡村振兴评价指标聚焦在"产业兴旺、生态宜居、乡风文明、治理有效、生活富裕"五个方面。国内关于乡村振兴的定量化研究近几年开始逐渐增多，乡村振兴指标体系构建也逐步完善，尤其是省级尺度相对容易些。但是目前关于省级层面乡村振兴指标数据来源还是以地区性研究为主，参考该地区当年的国民经济和社会发展统计公报的研究较多。前人的研究还是存在一定不足，无法从全国层面分析乡村振兴的时空演化特征。为此基于数据的可获得性、完整性和连续性，本书在前人研究的基础上（廖文梅等，2020），参照乡村发展相关主题的指标选取，从乡村振兴战略的五大内涵出发构建了全国省级层面乡村振兴评价指标体系，共计 24 个具体指标（见表 4 - 2）。

表 4 - 2　　　　　省级乡村振兴指标体系

目标层	准则层	具体指标	指标含义	性质
乡村振兴（R）	产业兴旺	农林牧渔业产值比重	农林牧渔业产值/地区生产总值×100（%）	+
		农业机械化水平	农业机械总动力/耕地面积（千瓦/公顷）	+
		作物多元化	非粮播种面积/总播种面积×100（%）	+
		乡村非农就业比重	乡村从事非农林牧渔业人数/乡村从业人数（%）	+
		粮食单位面积产量	粮食产量/粮食播种面积（%）	+
		农林牧渔业产出率	农林牧渔业产值/乡村农林牧渔从业人数（%）	+
	生态宜居	森林覆盖率	森林覆盖率（%）	+
		每公顷耕地化肥施用量	农用化肥施用量/耕地面积（吨/公顷）	−
		每万人拥有村卫生室床位数	村卫生室床位数/乡镇人口（床/万人）	+
		农村人均用水量	农业用水总量/农村人口（亿立方米/万人）	+
	乡风文明	电视节目覆盖率	农村电视节目人口覆盖率（%）	+
		广播节目覆盖率	农村广播节目人口覆盖率（%）	+
		教师覆盖率	每万人普通小学专任教师数（万人）	+
		农村家庭移动电话拥有量	农村居民平均每百户年末移动电话拥有量（部）	+
		农村家庭计算机拥有量	农村居民平均每百户年末计算机拥有量（台）	+
	生活富裕	农民人均纯收入	农村居民人均可支配收入（元）	+
		农村人均消费支出	农村居民人均消费支出（元）	+
		农村人均用电量	农村用电量/农村常住人口（千瓦时/人）	+
		农村固定资产投资	农村居民家庭拥有农业生产性固定资产原值（元/户）	+
		农村粮食出售	农村居民人均粮食出售量（千克）	+

目标层	准则层	具体指标	指标含义	性质
乡村振兴（R）	治理有效	有效灌溉率	有效灌溉面积/耕地总面积（%）	+
		农村最低生活保障人数	农村最低生活保障人数（人）	−
		农村人口老龄化	65岁及以上人口占比（%）	−
		农村生活保障	农村最低生活保障平均标准（元/人·月）	+

注："＋""－"分别代表正向影响指标和负向影响指标。

产业兴旺：（1）农林牧渔业产值比重，乡村的基础性产业还是农林牧渔业，也是乡村的主要产业，农林牧渔业产值比重反映了乡村支柱性产业发展情况；（2）农业机械化水平，农业机械总动力与耕地面积的比值反映了农业机械化水平；（3）作物多元化，非粮播种比重越大反映了农民在粮食作物以外种植了其他经济作物，进一步说明农村产业发展具有多元性；（4）乡村非农就业比重，非农就业比重反映了农民务农以外的乡村就业情况，能够侧面说明乡村非农产业发展越迅猛，乡村产业发展的可能性越多；（5）粮食单位面积产量，单位粮食播种面积上的粮食产量反映了一个地区的粮食综合生产能力，说明该地区的基础性产业生产能力的强弱；（6）农林牧渔业产出率，反映农林牧渔业生产的效率水平，是农村的基础性产业产出率。

生态宜居：（1）森林覆盖率，可以反映了一个区域的生态质量；（2）每公顷耕地化肥施用量，反映了农业生产污染物投放强度，农业生产中由于劳动力、土地等要素缺失，不可避免地会投入化肥、农药等物质资本，这虽然能够维持农业生产但是也会带来一定的污染和浪费，因此根据美丽乡村的目标要求化肥使用量有其目标值；（3）每万人拥有村卫生室床位数，反映了该地区的医疗条件，尤其是在农村人口老龄化越来越严重的情况下，医疗机构的需求性越来越大；（4）农村人均用水量，反映了一个地区是否缺水，也能衡量农村的宜居程度。

乡风文明：（1）电视节目覆盖率，用农村电视节目人口覆盖率来表征；（2）广播节目覆盖率，用农村广播节目人口覆盖率来表征；（3）教师覆盖率，反映了乡村人力资本水平，是乡风文明的宝贵资源；（4）农村家庭移动电话拥有量，乡风文明必须坚持物质文明和精神文明一起抓，农村家庭拥有移动电话数反映了当地的信息化程度，是否可以通过更多的渠道了解外面的信息和文明；（5）农村家庭计算机拥有量，计算机是重要的数字基础设施，是农村人与外部信息链接的重要基础。

生活富裕：（1）农民人均纯收入，反映了农村的可支配收入，是农村实现生活富裕的基础；（2）农村人均消费支出，消费和收入是相对的，消费水平越高从侧面也反映了农村居民生活水平在提高、收入状况良好；（3）农村人均用电量，农村用电量一方面能反映农村机械化水平，用电越多说明农村生产越多；另一方面也能从侧面反映农村居民生活水平，用电越多说明村民生活质量越高；（4）农村固定资产投资，反映的是农村居民收入以外的生活水平，固定资产投资越多侧面反映了农村居民生活越富裕；（5）农村粮食出售，粮食出售可以反映农村当地农业发展收入，是衡量农村生活是否富裕的重要指标。

治理有效：（1）有效灌溉率，体现了农田灌溉实施程度，一定程度上反映了农地治理情况；（2）农村最低生活保障人数，最低生活保障是国家社会保障的体现，反映了社会救济制度对农村居民的保障程度，目的是实现城乡公共服务均等化的治理有效性；（3）农村人口老龄化，反映了农村的治理程度，农村人口老龄化现象严重说明农村青壮年劳动力外流普遍，只有真正实现乡村振兴吸引农村劳动力回流，才能从根本上改善农村人口老龄化的情况；（4）农村生活保障，以农村最低生活保障平均标准来衡量。

新型城镇化的发展在传统城镇化的基础上更加强调"以人为本"，关于新型城镇化指标体系构建也趋于成熟，定量研究新型城镇化的文献越来越多。本书基于前面关于战略耦合机理的阐述，与乡村振兴相对应，以及借鉴前人的思路从产业、经济、社会、空间和绿色五个维度来构建新型城镇化评价体系（赵磊和方成，2019）。为此，本书在文献综述研究的基础之上，设计了包括 1 个一级指标，即新型城镇化发展水平，5 个二级指标，即产业城镇化、绿色城镇化、社会城镇化、经济城镇化、空间城镇化，以及 25个三级指标，具体如表 4 - 3 所示。

表 4 - 3   省级新型城镇化指标体系

目标层	准则层	指标层	指标含义	性质
新型城镇化（U）	产业城镇化	第三产业从业人员比重	第三产业从业人员/总就业人员×100（%）	+
		第三产业产值占比	第三产业产值/地区生产总值×100（%）	+
		年末城镇单位就业占比	城镇单位就业人员/城镇人口	+
		城镇登记失业率	城镇登记失业人数/城镇就业人数（%）	−
		人均工业增加值	工业增加值/年末总人口（元/人）	+
	绿色城镇化	人均公园绿地面积	公园绿地面积/城镇年末常住人口（平方米/人）	+
		建成区绿化覆盖率	建成区绿化覆盖面积/建成区面积（%）	+
		生活垃圾无害化处理率	生活垃圾无害化处理率（%）	+
		固体废弃物综合利用率	固体废弃物综合利用率（%）	+
		城市燃气普及率	城市燃气普及率（%）	+
	社会城镇化	每万人拥有公共厕所	公共厕所数量/年末总人口（个/万人）	+
		每百人藏书量	图书馆藏书量/年末总人口（册/百人）	+
		城镇每万人医疗机构床位数	城镇医疗机构床位数/城镇年末总人口（张/万人）	+
		每万人公共汽车营运车辆	年末公共汽车营运车辆/年末总人口（辆/万人）	+
		城镇家庭教育支出占比	城镇家庭教育支出/城镇家庭总支出（%）	+

目标层	准则层	指标层	指标含义	性质
新型城镇化（U）	经济城镇化	城镇人均可支配收入	城镇可支配收入/城镇总人口（元/人）	+
		城镇居民消费水平	城镇人均消费水平（元/人）	+
		城镇恩格尔系数	城镇居民食品消费/消费总额（%）	−
		城镇家庭移动电话拥有量	城镇家庭移动电话用户数/城镇总户数（部/百户）	+
		城镇固定资产投资	城镇固定资产投资（元）	+
	空间城镇化	城镇建成区面积	城镇建成区面积（平方千米）	+
		城市人均建设用地面积	城市建设用地面积/城镇总人口	+
		城市人均道路面积	城市道路面积/城镇总人口	+
		城市建设用地面积占比	城镇建设用地/建成区面积	+
		建成区经济密度	二三产业产值/建成区面积（亿元/平方千米）	+

注："＋""－"分别代表正向影响指标和负向影响指标。

（二）数据来源

由于西藏部分指标数据缺失严重，本书选取了 2004～2020 年除西藏及港澳台外的 30 个省（自治区、直辖市）作为研究对象。相关数据来自国家统计局年度数据，2005～2021 年的《中国统计年鉴》《中国农村统计年鉴》及各省份统计年鉴，部分省份数据缺失采用插值法补齐。

第二节　乡村振兴与新型城镇化耦合协调的空间演化趋势

一、乡村振兴与新型城镇化的数据特征

小提琴图是一种结合直方图和核密度估计的可视化方式，能够展示出数据的分布形态、集中程度以及异常值情况。为了更为准确地对比乡村振兴水平以及新型城镇化水平的情况，本书基于小提琴图可视化方式来对比两者之间的差异，结果如图 4-1 所示，图中黑色粗虚线为中位数，浅色虚横线分别为上四分位线和下四分位线。由图 4-1 可知，从乡村振兴水平的演化趋势来看，整体上中国乡村振兴稳步提升，而各年份中小提琴上侧较长且窄，下侧宽，这表明大部分区域的乡村振兴水平较为接近，但是有小部分区域乡村发展尤为突出。从新型城镇化水平的演化趋势来看，整体上中国新型城镇化建

设也是稳步提升的，在研究初期小提琴上侧较长且窄，下侧宽，这表明大部分区域的新型水平较为接近，但是有小部分区域城镇化水平较高。而随着时间变化，小提琴的上侧变宽，这表明城镇化的发展差距在逐渐降低（见图4-1）。

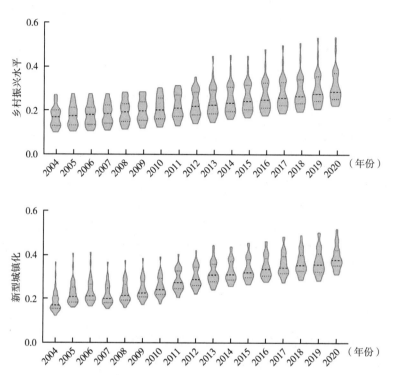

图4-1　省级乡村振兴与新型城镇化水平分布趋势

对比两者发展趋势，乡村振兴与新型城镇化两项建设均取得较大进展，但乡村振兴发展相对滞后。具体来看，与城镇相比，乡村发展水平还存在较大差距，需要加大政策支持与投入。未来两项建设的协调发展依然任重而道远。乡村振兴仍须继续加大基础设施投入力度，强化公共服务保障，改善生态环境，培育壮大新产业，推动产业升级，促进城乡融合发展。新型城镇化也须有所作为，发挥其辐射带动作用，带动乡村一体化发展。长期而言，只有实现乡村振兴与新型城镇化深度融合，才能实现区域协调发展和共同富裕。

二、乡村振兴与新型城镇化耦合协调水平的数据特征

密度估计图是通过统计数据估计一个变量的概率密度分布图，它提供了变量分布形态的视觉化显示，有利于探测变量分布范围、峰值位置、形态变化等特征。本书将2004～2020年城乡协调水平绘制成核密度估计图，如图4-2所示。

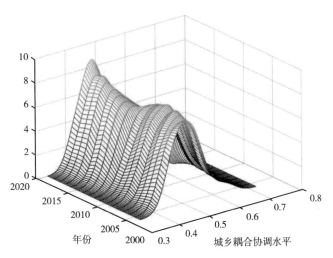

图 4 – 2　城乡耦合协调水平核密度分布

从图 4 – 2 中可以看出，2004～2020 年，城乡协调发展水平总体呈上升趋势，但是城乡发展仍不均衡。尽管城乡差距有缩小趋势，分布曲线相对较左，峰值呈现先下降后上升趋势，协调发展任重而道远。未来应进一步加大对中西部地区和贫困地区的支持力度，加快推进新农村建设，改善农村基础设施和公共服务水平，畅通城乡要素流动，实现发展机会均等。同时，创新体制机制，发挥城市的辐射带动作用，促进产业融合和一体化发展，这将有利于推动城乡融合发展，缩小区域差距，实现共同富裕。综上分析，通过核密度估计图，本书可以较为直观地了解研究区域城乡发展的差异与趋势变化。这为科学制定区域发展战略和差异化政策提供了有益借鉴。

三、乡村振兴与新型城镇化的耦合协调水平的空间分异特征

乡村振兴与新型城镇化的总体协调度呈现"东高西低"的分布特征，基本上城乡协调度在勉强协调以上。随着时间发展，处于勉强协调及以上的阶段，初级协调区域逐渐扩散，濒临失调区域已基本消失。

2004 年处于高级协调阶段的省份主要分布在东部地区的北京、天津、上海，其中，上海城乡协调度最高。江苏、浙江、辽宁和黑龙江均处于中级协调阶段。吉林、江西、福建、广东、海南、山东、新疆以及河北处在初级协调阶段，呈现南北带状分布，大部分分布于东部沿海区域。其中，贵州的城乡协调度最低，贵州的城乡协调发展亟待推进。到了 2020 年，城乡协调水平明显改善，在这期间，国家实施了乡村振兴及新型城镇化战略，在两大战略推进下，城乡均得到了长足发展。在 2020 年，高级协调区增加了浙江和江苏，中级协调区则增加了福建、广东、吉林、内蒙古、山东及宁夏等区域，大部分地区都实现了初级协调，且主要分布于中西部地区。

但是，乡村振兴与新型城镇化的总体协调发展仍然存在阻碍，新型城镇化的进程明显要比乡村振兴的发展势头更猛，随着时间推移城镇先行的省份增多，尤其是东部发达地区更加要重视乡村振兴的问题。城镇化进程加快的同时也不能忽视乡村的发展，尤其在早期城市偏向的发展政策加大了城乡差距，也为后面乡村振兴与新型城镇化耦合协调出现阻碍埋下隐患。

四、乡村振兴与新型城镇化的耦合协调水平的趋势面分析

为了更清晰地展现中国城乡协调发展的整体空间趋势变化，绘制出 2004～2020 年城乡协调发展水平的空间趋势图（见图4-3）。从整体空间演化特征来看各区域间协调发展程度存在较大差异，协调发展状态呈现出"东西高、北高南低"的空间分布特征。具体来看：（1）在东西方向上，具有明显的"中间低两边高"的"U"形特征，说明东部及西部地区的乡村振兴与新型城镇化的耦合协调度优于中部地区。而结合前文空间分布图可知，空间分布上中等水平区域不断由东部向中部深入趋向均衡发展。（2）在南北方向上，趋势线大致呈现出"北高南低"的下降趋势。但是南北侧的均衡性要好于东西侧方向。中国城乡协调发展还任重而道远。需要加快基础设施和公共服务均等化，推动产业深度融合，创新体制机制，弥补区域发展短板，实现城乡共同繁荣。

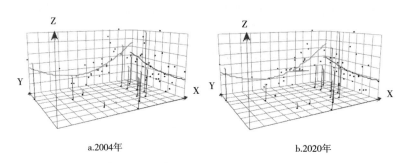

a.2004年   b.2020年

图4-3 城乡耦合协调水平的趋势面

五、乡村振兴与新型城镇化耦合协调水平的重心演化

为了刻画城乡协调发展水平的重心漂移情况，计算重心坐标，并绘制得到城乡协调发展的重心路径转移图（见图4-4，由于2004～2020年的重心漂移是连续的，为使图表更为清晰，仅标注2004年及2020年的重心位置）。从重心漂移情况来分析，其重心从2004年的（112.704，33.792）漂移至2020年的（112.583，33.669），整体向西偏南漂移，这说明城乡协调发展重心逐渐向西南方向转移，而从多重转向的漂移轨迹来看，其重心先向西转移，后向西南转移。区域发展重心变化还反映出产业转移的特征，

这体现出产业转型升级的结果，但也加大了西部地区的产业结构调整压力。重心变化速度的差异表明区域发展政策的倾斜性。经济社会发展重心变化最快，显示政策重点偏向西部地区。重心变化幅度的差异也反映出基础条件与发展阶段的差异。西南地区仍处在城乡协调发展初期阶段，发展后劲有待加强。

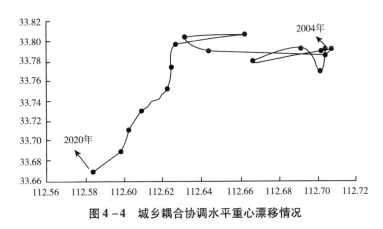

图 4 - 4　城乡耦合协调水平重心漂移情况

第三节　乡村振兴与新型城镇化耦合协调的空间相关特征

一、乡村振兴与新型城镇化耦合协调的空间关联特征

本书对中国城乡协调水平的空间联系格局进行了分析。空间联系网络较为复杂，为了对空间联系网络的分布特征进行更为清晰的展示，研究根据数据特点将城乡协调联系强度分为强联系、较强联系、一般联系、较弱联系及弱联系 5 个等级，并通过 ArcGIS 的网络分析功能绘制得到图 4 - 5。

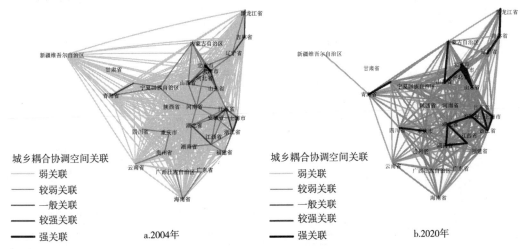

图 4 - 5　城乡耦合协调水平空间关联格局

整体而言，城乡协调水平的空间联系在不断加强，各区域间城乡要素的流动也不断加速，使得核心城市的科技辐射范围逐渐扩大，空间联系网络趋于复杂，空间联系格局的单中心简单网络趋向于多中心的复杂网络。基于时间演化视角分析，在 2004 年，强联系仅有天津和北京，较强联系也较少，仅有长三角等地区存在，空间关联较为简单，以弱关联为主；在 2020 年，空间联系增强较为明显，城市群成为城乡协调空间关联的关键地带，城市群中的中心城市慢慢演化成网络的核心区，形成"多核心"网络形态，较强联系相互交织，联系网络逐渐紧密。

总体而言，协调发展空间错配问题还较为突出。要进一步加强区域协调发展，建立区域发展协作机制，促进要素互动和产业融合，实现共同发展；要加强西部地区的区域发展支撑，弥补区域发展差距；要创新体制机制，促进区域经济社会一体化，实现城乡要素双向流动和产业协同发展。

二、乡村振兴与新型城镇化耦合协调的空间集聚特征

（一）全局自相关

为深入分析乡村振兴与新型城镇化耦合协调的空间集聚特征，本章基于 Stata 软件计算乡村振兴与新型城镇化耦合协调水平的全局 Moran's I 指数，如表 4 - 4 所示，结果显示，所有年份中，Z 值均大于 2.56，且 P 值均小于 0.1，这表明城乡耦合协调水平的 Moran's I 值均通过显著性检验，而且指数均为正，反映出城乡协调的空间集聚特征较为明显。

表 4 - 4　　　　　　　　　　　全局自相关分析结果

年份	Moran's I	Z 值	P 值
2004	0.437	4.031	0.000
2005	0.447	4.087	0.000
2006	0.454	4.144	0.000
2007	0.460	4.177	0.000
2008	0.472	4.255	0.000
2009	0.484	4.355	0.000
2010	0.492	4.420	0.000
2011	0.471	4.223	0.000
2012	0.478	4.269	0.000
2013	0.480	4.375	0.000
2014	0.460	4.187	0.000
2015	0.464	4.222	0.000
2016	0.459	4.193	0.000

续表

年份	Moran's I	Z 值	P 值
2017	0.427	3.945	0.000
2018	0.422	3.891	0.000
2019	0.403	3.766	0.000
2020	0.434	4.034	0.000

（二）局部空间自相关

进一步选用 Local Moran's I 分析城乡协调发展水平的局部空间集聚状态。LISA 图可以展示不同地域单元在某一时期内集聚的空间分布形态，反映区域发展的热点与冷点，如图 4 - 6 所示。

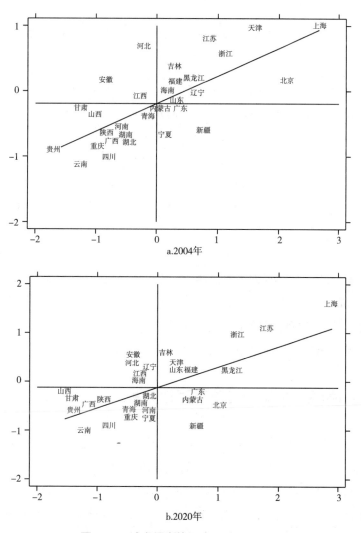

图 4 - 6　城乡耦合协调水平的 LISA 图

在 2004 年，高高集聚区的省份有北京、上海、天津、江苏、浙江、辽宁、吉林等地区，这些地区自身发展水平高，周围地区城乡发展也好；高低集聚区的省份有广东、新疆、宁夏等地区，这些地区自身城乡协调发展水平高，但是邻近区域发展较差；低高集聚区主要有河北、江西、安徽等地区，这些地区自身发展较差，但是邻近区域发展较好。在 2020 年，城乡协调发展水平得到了较大改善，区域的集聚关系也产生了巨大变化。总体而言，空间集聚特征反映出区域发展阶段的差异。高高集聚区的基础设施和产业基础雄厚，发展处于中高速阶段，而低低集聚区较基础较为薄弱，发展仍处于起步阶段，后续发展潜力有待进一步挖掘。空间集聚分布也体现出区域发展政策的倾斜性。高高集聚区主要集中在城市群核心区，表明城市群具有较强的经济辐射与带动能力，但中西部低低集聚区较多，表明发展好的区域对周边地区的带动作用有限，发展难度加大。

第四节　乡村振兴与新型城镇化耦合协调发展的驱动因子

借鉴前人研究成果结合中国各省份乡村振兴与新型城镇化耦合协调进展，选取了 6 个变量作为耦合协调度形成的驱动因子，它们是：收入驱动 UDS（城乡人均收入比）、人口驱动 POP（城镇化率）、投资驱动 UFL（城乡固定资产投资比）、产业驱动 NID（非农产业发展）、政府驱动 GOV（政府农业支出）、创新驱动 INV（国内专利申请授权量）。对变量重要性的计算，可以采用 importance 函数，分别得到精度平均减少值（%IncMSE）和节点不纯度减少值（IncNodePurity）两种评估指标。精度平均减少值（%IncMSE）测算随机变量取值后，模型误差升高的相对幅度。%IncMSE 值越大，说明选取的变量对模型精度贡献越大。节点不纯度减少值（IncNodePurity）测算变量对决策树每个节点的影响力。IncNodePurity 值越大，表明该变量在划分节点上的重要性越高。简言之，%IncMSE 评价变量对模型精度的提高作用，IncNodePurity 评价变量在决策树构建上的重要性。两个指标的计算结果能较全面地反映变量的重要性，为特征选择提供依据。本书主要基于精度平均减少值方法得到的结果进行分析。

一、城乡协调度的驱动因子重要性分析

由图 4 - 7 可知，产业驱动 NID、人口驱动 POP、收入驱动 UDS 是影响城乡协调最重要的三个因子。下面主要分析产业驱动对城乡协调的驱动作用。

产业发展可以对城乡居民的收入水平进行提升，从而缩小城乡差距，促进城乡协调。在现实生活中，由于历史原因和地理原因等因素，中国的城镇和农村之间存在较大的收入差距，容易引发城乡不平衡问题。然而，随着产业发展的不断推进，区域经济逐

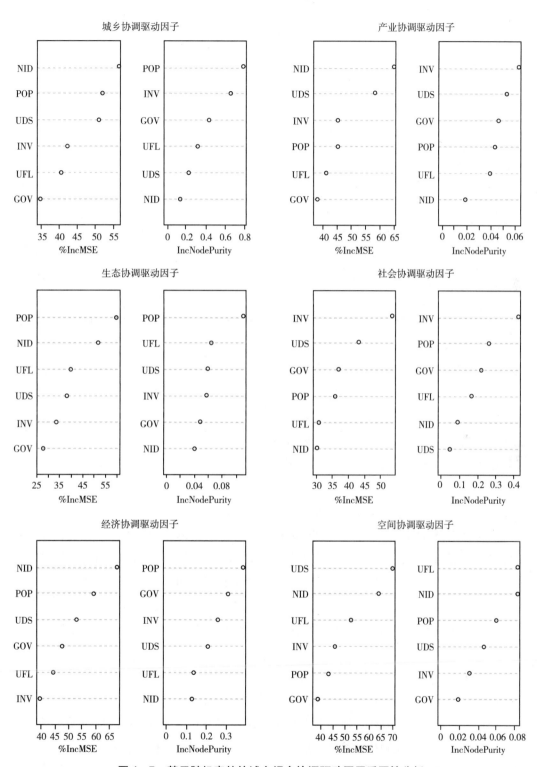

图 4 - 7 基于随机森林的城乡耦合协调驱动因子重要性分析

渐结构多元化，这种现象会得到缓解。例如，在一些发达地区，制造业、金融业、文化创意产业等新兴产业逐渐兴起，给城乡居民带来更多的就业机会和增加收入的可能性。这种趋势使得城乡的收入差距日益缩小。

产业发展能够支持农业现代化和农民转移就业。农村是我国的粮食生产基地，但由于传统农业模式的限制，农民很难获得高效使用资源的技术支持，导致粮食产量不足，无法满足城市居民的需求。随着城市需求和产业结构的改变，新型农业模式正在被推广，例如现代种植、生产、流通渠道改善及电商营销等方式，这些创新模式的提出带来了农业的新活力，增加了农村就业机会，并吸引更多城市物流等行业下沉，与城乡发展实现双赢，同时缩小城乡之间的差异。

产业发展可以促进城乡基础设施升级，解决城乡公共服务不平衡问题。城市的基础设施一般比较完善，但农村地区的基础设施有限，这导致了部分农民无法享受到和城市居民相同的公共服务和基础设施，如交通运输、医疗等方面，难以满足日常生活的需求。然而，在大量产业向农村地区扩张的同时，完善农村基础设施也成为多个部门关注的焦点，如建立综合服务中心，在基层设立一定数量的公共文化、教育、健康等服务设施，提高农村的生产力、发展活力和民生水平，从而缩小城乡之间的差距。

产业发展可以实现城乡资源环境的优化配置和协调发展。过去，由于农村地区的工业较少，为了吸引外资，地方政府常常忽视环境保护，导致土地沙漠化、空气和水污染等问题，这最终成为城市和农村居民之间的矛盾点。然而，随着国家对于环境越来越关注，相关法规的完善以及产业结构布局的调整，生产方式和商业流通的不断创新将有助于异地和异业经济的协同运作和循环利用，有效避免资源重复开采和恶性竞争，自然也更有利于长远的可持续发展。

综上所述，产业发展对于城乡协调的影响是无处不在的。随着区域经济多元化发展、农村创新模式的推广、基础设施改善的深入开展、资源环境保护政策等硬件条件和软件服务的逐渐完善，城乡之间的发展趋势会越来越协调。这不仅对于我国经济发展，而且对于社会的长期和谐稳定和全面兴盛都将产生积极影响。

二、城乡产业协调度的驱动因子重要性分析

由图 4 - 7 可知，产业驱动 NID、收入驱动 UDS、创新驱动 INV 是影响城乡协调最重要的三个因子。下面主要分析产业升级对城乡产业协调的驱动作用。

产业升级可以提高农业、制造业和服务业的生产力和竞争力，从而促进城乡地区的互动和合作。新兴产业和技术往往更适用于城市环境，因此农村劳动力可以通过参与非农就业和创业来获得更高的收入。而且随着城市化进程的加速推进，城市和农村之间的交通和物流成本也将得到改善，这有助于促进产业协调和资源配置。

然而，产业升级也可能会对城乡产业协调带来一些挑战。首先，在某些情况下，新兴产业和技术可能需要先进的基础设施和人才，这可能会导致城市和农村之间的发展差距加大。其次，新兴产业和技术往往需要大量资金支持，这可能会使贫困地区和农村地区受到限制。最后，城市和农村之间的失衡发展可能会导致一些环境问题和社会问题，如资源短缺、污染和人口流失等问题，从而阻碍城乡发展。

综上所述，产业升级对于城乡产业协调具有积极影响，但也存在某些挑战。只有政府充分发挥调节作用，加强城乡合作和协调，才能实现经济快速发展和社会全面进步的目标。

三、城乡生态协调度的驱动因子重要性分析

由图 4-7 可知，人口驱动 POP 是影响城乡协调最重要的因子。随着中国城市化进程的加速，越来越多的农村居民涌向城市，这在一定程度上改变了城乡之间的生态格局和资源配置模式。下面主要分析人口城镇化对城乡产业协调的驱动作用。

人口城镇化导致城市周边地区的土地开发和利用量不断增加，特别是工业区、体育设施、商业地产等大规模建设项目的出现让城市绿地和自然景观承担了极大的压力。而这些项目的建设和运营也可能会导致空气、水资源以及环境质量的恶化，给当地生态环境造成严重的污染和生态损失。

城镇化过程还将带来更多人口和商业活动进入城市，这意味着城市需要更多的基础设施和公共服务支持。虽然高效的交通系统和公共服务设施可以大大提升城市的生活质量和郊区居民的便利性，但它们也需要消耗大量的资源和能源。较多的建筑物、交通工具和垃圾量也会导致更多的消耗和废弃物的排放，同时也可能对野生动植物栖息环境、水资源和空气质量造成影响。

然后，人口城镇化不仅会改变农村地区的土地利用方式和生态结构，也可能重塑农业生产方式。随着城市中心的不断发展和繁荣，城市居民对土地和非污染的环境资源的需求也越来越高，这意味着农村的耕作面积可能会有所减少，但是农产品的供给却不能因此削减。因此，为了满足人们对食品安全和健康的需求，应该在农村地区推行更可持续和环保的种植技术，同时加强现代化农业和生态环保经济理念的普及和推广。

总之，人口城镇化对于城乡生态协调带来了许多挑战，包括资源压力、能源消耗、污染和碳排放等影响。然而，也可以通过引入新技术、加强政策规划、推广低碳经济，推动城乡生态协调发展。

四、城乡社会协调度的驱动因子重要性分析

由图 4-7 可知，创新驱动 INV 是影响城乡协调最重要的因子。下面主要分析创新

驱动对城乡社会协调的驱动作用。

创新发展可以提高城乡地区的生产力和竞争力，从而促进城乡之间的合作和交流。创新发展有利于制造业、服务业等多个领域的发展，为农村地区带来更多就业机会和经济增长点，改善农村地区的基础设施和公共服务水平。创新发展可以增加企业和个人的收入来源，提高城乡居民的生活质量和富裕程度。

创新发展也可能会对城乡社会协调带来一些挑战。首先，在某些情况下，创新技术可能需要先进的基础设施和人才，这可能会导致城市和农村之间的发展差距进一步加大。其次，创新驱动经济发展通常需要大量的投资，这使得贫困和落后地区难以参与到创新发展中。新技术和新产品的不断出现可能会改变现有产业的竞争格局，对一些传统行业和老年人群体造成冲击。

综上所述，创新发展可以对城乡社会协调产生积极影响，但也存在某些挑战。只有通过加强政府规划与指导、推进产业结构优化与调整、鼓励自主创新、加快发展数字经济以及建立良好的城乡合作机制等有效措施，在城乡创新共享、经济共同体、人才共济等方面不断加强，才能实现经济快速发展和社会全面进步的目标。

五、城乡经济协调度的驱动因子重要性分析

由图4-7可知，产业驱动 NID 是影响城乡经济协调最重要的因子。下面主要分析产业驱动对城乡经济协调的驱动作用。

产业升级有利于推动要素城乡流动和产业融合，增强城乡经济联系。随着产业结构的优化升级，先进制造业和生产性服务业加快发展，这将促进相关产业链要素的双向流动，带动一二三产业深度融合，增强城乡经济联系，有利于缩小城乡发展差距。

产业升级能够带动农业产业化发展，提高农民收入。随着产业结构的升级，农业规模化、机械化水平不断提高，农产品深加工业加快发展，这将带动农业产业化进程，促进农业产业链延伸，增加农民就业机会和收入来源，从而增强农民购买力，促进城乡消费市场一体化。

产业升级能够促进新兴产业在城乡自发集聚，促进城乡产业融合发展。高新技术新兴产业和生产性服务业的繁荣发展，能够带动相关企业和机构在城市集聚，而相对劳动密集的产业会向周边农村转移，这种产业"城聚农分"的发展态势，将促进城乡产业布局合理化和空间结构优化，有利于城乡一体化发展。

产业升级能够带动基础设施共建和城乡公共服务提高。随着产业升级，对基础设施和公共服务的要求也在提高，这将带动交通、通信等基础设施的更新和医疗、教育等公共服务体系的完善，有利于城乡基础设施差距的缩小与城乡公共服务水平均等化程度的提高。

但是，产业升级也存在一定风险。如产业结构调整难度加大，转型阵痛期延长；城乡要素流动加快，也可能加剧劳动力稀缺和人才外流；产业集聚程度提高也会加大区域差异；产业深度融合会加大传统产业的转型压力。这需要政策引导和扶持，避免产业升级带来的负面影响，促进产业升级的顺利进行。

综上所述，产业升级发展对城乡经济协调具有重要推动作用。它可以增强城乡经济联系，带动农业产业化和新产业发展，促进基础设施共建，有利于推动城乡融合发展。

六、城乡空间协调度的驱动因子重要性分析

由图 4-7 可知，收入驱动 UDS 是影响城乡空间协调最重要的因子。下面主要分析收入驱动对城乡空间协调的驱动作用。

城乡收入差距加大会加剧人口流动和要素流动，影响城乡空间结构。收入差距扩大，会加速农村劳动力向城市转移，加大人口流向城市的势头，继而影响土地、资本等要素的流动方向和速度，这可能加剧大城市"大城市病"的症状，影响城乡空间结构的协调性。城乡收入差距加大会加剧区域消费差异，影响消费空间的统一性。随着收入差距的扩大，城乡居民消费能力和消费偏好差异也会加大，进而影响各类消费市场的差异化发展，如会加速高端消费向城市集中，这会在一定程度上制约区域消费市场的统一和消费空间的一体化。城乡收入差距加大也会加剧公共服务供给的差异，影响生活空间协调。收入差距加大，会使政府在教育、医疗、养老等公共服务方面的投入力度出现差异，这会进一步影响城乡居民的生活便利性和生活质量，不利于生活空间的统一和协调。城乡收入差距加大还会加剧区域产业转移与集聚的差异，影响产业空间的协调。收入差距加大，会加速高端产业向大城市集聚，而传统产业向小城镇和农村地区转移，这会在一定程度上加剧区域产业布局的非均衡性，影响产业链的延伸和产业空间的协调发展。

然而，适度的城乡收入差异也具有积极意义。它可以发挥激励作用，促进人才和要素向高收入区域流动，也可以带动区域消费品升级和高端消费集聚。关键是要通过政策手段，促进城乡要素流动和产业转移，推动基础设施共建和公共服务均等化，避免收入差距过大带来的负面影响，实现其对城乡一体化的正面作用，这也将有利于国家在缩小区域差距和促进城乡融合方面取得更大成效。

总之，城乡收入差距对城乡空间协调发展具有重要影响。适度的差距有助于区域优化和升级，但差距过大会加剧城乡差异，影响空间协调。关键要通过制度改革和政策扶持，利用好收入差异的积极作用，化解其带来的影响，实现城乡协调发展。这需要加强基础设施共建与公共服务补短，发挥产业集聚的积极效应，促进产业转移和人口流动，通过差异化政策缓解区域差异，推动城乡融合发展。

第五章 乡村振兴与新型城镇化战略耦合的效应分析

基于前文关于乡村振兴与新型城镇化耦合协调度格局特征的空间可视化表现，本章通过构建乡村振兴与新型城镇化省级层面的指标体系，利用耦合协调度模型测度 30 个省份 2004~2020 年乡村振兴与新型城镇化的耦合协调度，并且利用泰尔指数分析乡村振兴与新型城镇化耦合协调的区域差异。通过空间杜宾模型、中介效应模型等分析了乡村振兴与新型城镇化耦合协调带来的产业结构优化效应、绿色环保的生态效应、城乡收入差距减小的经济效应，进一步探讨了乡村振兴与新型城镇化耦合协调带来的效应结果。

第一节 指标选取与研究方法

一、产业升级效应

从产业结构合理化和产业结构高级化两个维度出发计算产业结构优化综合指数（UGS），关于产业结构合理化的测度，学界主要使用标准结构法、结构效益指数法、产业偏离法和泰尔指数法四种测度方法。本书从数据可获得性、完整性角度出发借鉴前人的研究方法（干春晖等，2011），从泰尔指数角度计算产业结构的合理化程度，公式如下：

$$RIS = \sum_{i=1}^{n} \left(\frac{Y_i}{Y} \right) \ln \left(\frac{Y_i}{L_i} \Big/ \frac{Y}{L} \right) = \sum_{i=1}^{n} \left(\frac{Y_i}{Y} \right) \ln \left(\frac{Y_i}{Y} \Big/ \frac{L_i}{L} \right) \tag{5-1}$$

其中，RIS 为产业结构合理化水平；Y 为生产总值，L 为就业人数，Y/L 是生产率；i 是产业数；n 是产业部门数。理想状态时，各产业部门生产率相等，有 $Y/L = Y_i/L_i$，$RIS = 0$ 此时达到均衡状态。反之，假如 $RIS \neq 0$，说明产业结构为非均衡状态，RIS 值越大，则代表经济越不均衡，产业结构越不合理。

产业结构高级化（UIS）体现出经济发展历程中主导产业由第一产业向二三产业变化，主要表现为农业经济比重减少，服务业占比上升。关于产业结构高级化有学者采用非农产业比重直接测度，但是随着第三产业的崛起，产业服务化成为产业结构优化的显著特征，这里借鉴前人研究的测算方式，即第三产业与第二产业之比来表征产业结构高级化程度。最后通过熵值法计算得出产业结构优化的综合指数，指数越大表明产业结构的优化水平越高。

二、绿色环保效应

关于绿色环保领域的研究大多集中于环境污染领域，高污染、高排放的生产模式对环境保护造成极大的破坏，近年来，"三废"指标被广泛应用于环境污染的研究之中，受限于数据的可获得性，通常以废水排放总量、二氧化硫排放总量、烟粉尘排放量来表示各地区的环境污染水平以表征绿色环保效应。

三、减贫增收效应

（一）城乡收入差距

关于城乡收入差距的测度最简单的就是城乡居民收入比，但是有学者指出这种方法不能反映城乡人口所占比重的变化，农村人口在中国城乡二元结构中仍然占有很大比重，因此许多学者提出用泰尔指数法度量城乡收入差距（RUT）（王少平和欧阳志刚，2007），不仅可以反映城乡居民收入比，还能反映城乡人口变化。具体计算公式如下：

$$Theil_{i,t} = \sum_{j=1}^{2} \left(\frac{s_{ij,t}}{s_{i,t}} \right) \ln \left(\frac{s_{ij,t}}{s_{i,t}} \Big/ \frac{r_{ij,t}}{r_{i,t}} \right) \tag{5-2}$$

其中，$Theil_{i,t}$ 表示第 i 个横截单元 t 时期的泰尔指数；$j=1,2$ 分别表示城镇和农村地区，r_{ij} 代表 i 地区城镇或农村人口数量，r_i 表示 i 地区的总人口，s_{ij} 反映 i 地区城镇或农村的总收入，s_i 表征 i 地区的总收入。

（二）泰尔指数测度的城乡收入差距

泰尔指数考虑了人口差异，将城乡收入总体差距分解为组内差距和组间差距，相较城乡收入比，能更全面测度收入差距变动，计算公式为：

$$Theil_{i,t} = \sum_{i=1}^{2} \left(\frac{y_{it}}{y_t} \right) \times \ln \left(\frac{y_{it}}{y_t} \Big/ \frac{x_{it}}{x_t} \right) \tag{5-3}$$

其中，i 表示区域，1 和 2 分别为城镇和农村，y_{it} 为第 t 年 i 区域的可支配收入，y_t 为第 t 年总可支配收入；x_{it} 为第 t 年 i 区域人口数，x_t 为第 t 年总人口数。2013 年起，国家统计局使用"农村人均可支配收入"指标替代原"农村人均纯收入"指标。

（三）控制变量

科教水平（*EDU*），本书选取科学事业、教育事业的支出和占财政总支出的比重来测度科教水平；信息化水平（*IT*），这里用互联网普及率来表征信息化水平；工业发展（*INDU*），采用第二产业增加值占 GDP 的比重度量；经济发展（*PGDP*），经济增长是居民致富脱贫的基础，因而选取地区人均 GDP 来反映我国的经济发展水平；对外开放（*OPE*），选取按当年平均汇率换算的进出口贸易额与地方 GDP 的比值来考察城市对外开放水平；非农发展（*AGR*），农业发展是乡村发展的基础性产业，但是乡村振兴除了第一产业发展还需要非农化带动，因此这里用非农产业生产总值占地区生产总值的比重来考察非农发展的减贫增收效应。最后考虑到面板数据可能存在的异方差现象，把部分变量取自然对数。变量的描述性统计如表 5 - 1 所示。

表 5 - 1   变量的描述性统计

变量	名称	样本	均值	标准差	最小值	最大值
城乡耦合	ruc	2224	0.427	0.068	0.304	0.782
贫困人口	$poor$	2224	0.786	0.101	0.547	0.943
城乡收入差距	rut	2224	0.084	0.045	0.005	0.279
普惠金融	$\ln fin$	2224	4.949	0.508	2.972	5.714
非农发展	$\ln agr$	2224	-0.231	0.152	-0.756	-0.005
科教水平	$\ln edu$	2224	-1.600	0.186	-2.911	-0.988
信息化水平	$\ln it$	2224	2.771	0.729	0.431	5.047
工业发展	$\ln indu$	2224	16.845	1.136	11.937	19.558
经济发展	$\ln pgdp$	2224	10.667	0.608	8.773	15.675
对外开放	$\ln ope$	2224	-4.546	1.167	-9.452	-2.161

以上指标数据主要来源于 EPS 数据库、2005 ~ 2021 年《中国统计年鉴》、各省份统计年鉴及各省份国民经济和社会发展统计公报等。由于西藏、港澳台地区相关数据缺失严重，故最终选取了 30 个省份作为研究样本。

四、模型设计

（一）基准模型

$$rut_{it} = \beta_0 + \beta_1 ruc_{it} + \beta_2 ruc_{it}^2 + \sum Control + \varepsilon_{it} + \mu_i + \omega_t \qquad (5-4)$$

$$poor_{it} = \beta_0 + \beta_1 ruc_{it} + \beta_2 ruc_{it}^2 + \sum Control + \varepsilon_{it} + \mu_i + \omega_t \qquad (5-5)$$

其中，i 表示城市，t 表示年份，rut 为被解释变量城乡收入差距的泰尔指数，$poor$ 为被解释变量贫困人口，ruc 表示核心解释变量乡村振兴与新型城镇化的耦合协调度（城乡耦合）。β_0 为常数项，$\sum Control$ 代表一系列控制变量，ε_{it} 为随机干扰项，μ_i 为个体效应，ω_t 为时间效应。

（二）空间 Durbin 模型 SDM

$$\ln ugs(PM_{2.5})_{it} = \beta_0 + \rho W \ln ugs(PM_{2.5})_{it} + \beta_1 \ln ruc_{it} + \beta_2 \ln agr_{it} + \beta_3 \ln edu_{it}$$
$$+ \beta_4 \ln it_{it} + \beta_5 \ln uri_{it} + \beta_6 \ln fd + \gamma X_{it} + \varepsilon_{it} \qquad (5-6)$$

该模型同时考虑了因变量产业结构优化指数 UGS（雾霾污染 PM2.5）与解释变量城乡耦合 RUC 的空间滞后项引致的溢出效应，X 为其他解释变量与空间权重矩阵的交互项，γ 为交互项的回归系数，ε_{it} 表示服从独立同分布的误差项。SDM 可将总空间溢出效应分解为直接溢出效应和间接溢出效应。

第二节　产业结构的优化效应

一、理论机制分析

乡村振兴与新型城镇化战略耦合是助推农业结构优化调整、巩固和提高农作物生产质量的重要抓手。在保障农作物产量的同时也要大力发展农作物新品种，通过研发新型农业生产技术加强对优质种植地的充分利用，因地制宜地实施乡村基础产业振兴计划，不仅要巩固提高粮食生产能力也要促进农业结构优化调整。在乡村振兴与新型城镇化战略耦合体系下，城镇化进程中伴随着信息化、工业化与农业现代化有机结合。农业结构调整主要体现在对优质农产品产业提供技术上的支持、政策上的倾斜，通过农业科技成果创新与城镇化相结合，城市与乡村、工业与农业互助互促的发展态势来推动农业现代化进程。在产业优化升级过程中还要注意生态保护，不仅要形成农民增收的长效机制，也要保证农业长期高质量发展。现代农业园区就是集农产品的绿色生态与农业园的休闲旅游于一体，通过政府支持、市场参与、农民主导，促进农业与二三产业联动发展，形成"三生"（生产、生活、生态）空间的"协同融合"，在构建现代化产业发展体系的同时探寻文化、旅游、养生一体化。

二、空间溢出效应

为了检验城乡耦合对产业结构合理化的空间效应，本书分别建立了 3 种不同空间权重矩阵下城乡耦合对产业结构合理化空间杜宾回归模型（SDM），结果如表5-2所示。在地理距离矩阵下，空间自相关系数ρ的估计值通过了5%的显著性检验，说明乡村振兴与新型城镇化的耦合协调对地理距离相近的地区有一定的辐射效应，而在邻近距离和经济距离下空间自相关系数ρ均未通过显著性检验，说明乡村振兴与新型城镇化的耦合协调对邻近地区和经济发展水平相近的地区不存在显著影响。三个不同空间权重下，城乡耦合对产业结构合理化均产生显著的正向影响，其中地理距离下乡村振兴与新型城镇化耦合协调对产业结构合理化的影响系数最大，说明城乡耦合对产业结构合理化起到显著的促进作用。直接效应即本地区乡村振兴与新型城镇化耦合协调对本地区产业结构合理化的影响，结果显示在地理距离下直接效应最强，在邻近距离下直接效应最弱，说明本地区城乡耦合协调的改善能够显著促进本地区产业结构的合理化；间接效应反映的是本地区城乡耦合对邻近地区产业结构合理化的影响，结果显示在邻近距离和经济距离下间接效应均不显著，说明本地区乡村振兴与新型城镇化耦合协调对邻近地区和经济发展水平相近的地区不存在显著的溢出效应，而在地理距离下间接效应显著为正，说明本地区城乡耦合对地理邻近地区产业结构合理化产生显著的正向溢出效应，能够促进邻近地区产业结构的升级优化。

表5-2　　　　城乡耦合协调对产业结构合理化影响的空间计量估计结果

变量	地理距离		邻近距离		经济距离	
	Coef.	t 值	Coef.	t 值	Coef.	t 值
urb	-4.294 ***	-11.302	-3.828 ***	-10.301	-3.826 ***	-10.456
per	0.203 ***	4.693	0.153 ***	3.328	0.137 ***	3.472
fdi	0.007	0.456	-0.004	-0.308	0.003	0.200
ind	0.089	0.335	0.156	0.517	0.406 *	1.743
fin	0.022	1.407	0.018	1.136	0.009	0.562
tec	0.046 ***	6.286	0.051 ***	7.170	0.050 ***	7.580
$W \times urb$	-5.598 ***	-2.208	-1.489	-1.643	0.795	0.678
$W \times rer$	0.518	1.566	0.115	1.220	-0.176	-1.458
$W \times fdi$	-0.027	-0.248	-0.044	-1.427	-0.086 **	-2.985
$W \times ind$	-7.126 **	-2.362	-0.070	-0.099	-2.479 ***	-4.095
$W \times fin$	0.196 *	1.709	0.033	1.015	0.061	1.438
$W \times tec$	-0.122 **	-2.093	-0.031 **	-2.424	-0.036	-1.277
ρ	-0.336 **	-2.113	-0.093	-1.533	-0.016	-0.202
$direct$	-4.229 ***	-11.143	-3.801 ***	-10.165	-3.826 ***	-10.497
$indirect$	-3.197 *	-1.871	-1.031	-1.482	0.862	0.864
$total$	-7.426 ***	-4.306	-4.832 ***	-6.275	-2.964 ***	-2.699
R^2	0.111		0.179		0.223	

注：***、** 和 * 分别代表1%、5%和10%的显著性水平。

　　在控制变量上，居民收入水平 *per* 在三种权重矩阵下对产业结构合理化的影响系数均显著为正，这表明城乡收入差距对产业结构合理化具有负向影响，即城乡收入差距的扩大会阻碍产业结构合理化。

　　非农产业发展 *ind* 对产业结构合理化的影响系数仅在经济距离权重矩阵下显著为正，说明非农产业发展会在一定程度上抑制产业结构合理化，这主要是由于非农化发展初期大多是形成以工业化推动非农化的模式，因此工业化发展势头迅猛，但是随着产业结构优化升级对第三产业产生更高的需求，以工业化为主的非农化发展对产业结构合理化反而产生了负向影响，这还需要一定的发展过程才能产生正向影响。地区创新水平在三种权重矩阵下对产业结构优化升级的影响系数均显著为正，说明地区创新水平会显著抑制产业结构合理化。外商直接投资 *fdi*、政府财政支出 *fin* 在三种权重矩阵下的影响系数均不显著，说明二者与产业结构合理化关联性不强。

　　同理，为了检验城乡耦合对产业结构高级化的空间效应，本书分别建立了 3 种不同空间权重矩阵下城乡耦合对产业结构高级化空间杜宾回归模型（SDM），结果如表 5 – 3 所示。

表 5 – 3　　　　　　　　城乡耦合协调对产业结构高级化影响的空间计量估计结果

变量	地理距离		邻近距离		经济距离	
	Coef.	*t* 值	Coef.	*t* 值	Coef.	*t* 值
urb	0. 758 ***	3. 274	0. 036 ***	2. 930	0. 793 ***	3. 318
per	0. 029	1. 107	− 0. 217 ***	− 20. 810	0. 054 **	2. 055
fdi	− 0. 010	− 1. 176	0. 026 **	2. 300	0. 003	0. 326
ind	3. 093 ***	18. 926	0. 024 **	2. 160	2. 811 ***	18. 493
fin	− 0. 019 *	− 1. 924	− 0. 025 *	− 1. 770	− 0. 024 **	− 2. 293
tec	0. 014 ***	3. 030	0. 051 ***	3. 840	0. 001	0. 300
W × *urb*	4. 109 **	2. 734	− 0. 263 ***	− 5. 720	0. 780	1. 031
W × *rer*	0. 362 *	1. 769	0. 125 ***	8. 520	− 0. 130	− 1. 630
W × *fdi*	0. 051	0. 761	0. 044 ***	2. 720	0. 027	1. 406
W × *ind*	5. 414 ***	2. 648	0. 002	0. 120	− 1. 565 ***	3. 108
W × *fin*	0. 236 ***	3. 367	0. 001	0. 040	− 0. 057 **	− 2. 080
W × *tec*	0. 224 ***	6. 477	0. 093 ***	3. 740	− 0. 002	− 0. 111
ρ	− 0. 577 ***	− 2. 983	0. 352 ***	20. 080	0. 145 *	1. 782
direct	0. 673 ***	2. 871	0. 016 ***	3. 400	0. 818 ***	3. 370
indirect	2. 420 **	2. 559	− 0. 355 ***	− 6. 030	1. 025	1. 298
total	3. 093 ***	3. 296	− 0. 339 ***	− 4. 870	1. 842 **	2. 105
R^2	0. 469		0. 433		0. 786	

注：*** 、** 和 * 分别代表 1%、5% 和 10% 的显著性水平。

在三种矩阵下，空间自相关系数 ρ 的估计值通过了 10% 的显著性水平检验，说明乡村振兴与新型城镇化的耦合协调对地理距离相近的地区有一定的辐射效应，在邻近距离和经济距离矩阵下系数显著为正，在地理距离矩阵下系数显著为负，说明城乡耦合对邻近地区和经济发展水平相近的地区具有显著的正向溢出效应，而对地理距离相近的地区具有显著的负向溢出效应。三种不同空间权重矩阵下，城乡耦合对产业结构高级化均产生显著的正向影响，其中经济距离下乡村振兴与新型城镇化耦合协调对产业结构高级化的正向系数最大，为 0.793，说明城乡耦合对产业结构高级化起到显著的促进作用。直接效应即本地区乡村振兴与新型城镇化耦合协调对本地区产业结构高级化的影响，结果显示在经济距离下直接效应最强，系数为 0.818，在邻近距离下直接效应最弱，系数为 0.016，说明本地区城乡耦合协调的改善能够显著促进本地区产业结构的高级化；间接效应反映的是本地区城乡耦合对邻近地区产业结构高级化的影响，结果显示在经济距离下间接效应不显著，说明本地区乡村振兴与新型城镇化耦合协调对邻近地区和经济发展水平相近的地区不存在显著的溢出效应，而在地理距离下间接效应显著为正，在邻近距离下间接效应显著为负，说明本地区城乡耦合会抑制距离邻近地区产业结构高级化，同时会促进经济距离邻近地区的产业结构高级化。

控制变量上，居民收入水平 per 在邻近距离下对产业结构高级化的影响系数显著为负，在经济距离下对产业结构高级化的影响系数显著为正，说明城乡收入差距会对产业结构高级化产生一定影响。外商直接投资 fdi 在邻近距离下对产业结构高级化的影响系数显著为正，说明外商直接投资能够在一定程度上促进产业结构高级化。非农产业发展 ind 在三种权重矩阵下对产业结构高级化的影响系数均显著为正，说明非农产业发展会显著促进产业结构高级化。政府财政支出 fin 在三种权重矩阵下对产业结构高级化的影响系数均显著为负，说明地方政府出于政绩考虑，在城市发展中财政支出结构存在不合理现象，偏向资本密集的投资导向将不利于产业结构高级化。地区创新水平 tec 在地理距离和邻近距离下对产业结构高级化的影响系数均显著为正，说明地区创新水平会显著促进产业结构高级化的发展。

三、空间异质性分析

考虑到中国地域广袤、地区间差异显著的现实，将全国 510 个城市分成东部、中部和西部地区进行分地区样本回归，并且根据上述结果采用地理距离的空间权重以揭示乡村振兴与新型城镇化耦合对国内产业结构合理化和产业结构高级化影响的区域特征。表 5 - 4 为产业结构合理化的分区域回归结果，可以看出，城乡耦合对产业结构合理化的影响存在空间异质性差异。具体而言，本地城乡耦合对产业升级的影响系数在中部地区为 - 1.369，在西部地区为 - 0.783，东部地区虽然为负但未通过显著性检验，说明城乡耦合能够显著促进中西部地区产业结构合理化。表征城乡耦合空间溢出效应 $W \times urb$ 的回归系数在东部地区未通过显著性检验，但在中部和西部地区则均显著为负，系数分别为 -2.753、-2.899，说明在中西部地区，城乡耦合存在正向的空间溢出效应。从城乡耦合对产业结构合理化的直接效用和间接效用来看，中西部地区乡村振兴与新型城镇化的耦合不仅能推动本地产业结构合理化，还能带动周边城市产业升级，但在东部地区，这种正向溢出效应还未出现。

表 5-4　　　　　　　　　　　产业结构合理化分地区异质性检验

变量	东部地区		中部地区		西部地区	
	Coef.	t 值	Coef.	t 值	Coef.	t 值
urb	-1.052	-1.179	-1.369 ***	-3.091	-0.783 ***	-4.285
per	-0.423 ***	-2.598	0.218 ***	4.167	0.108 ***	6.851
fdi	0.065	1.629	-0.053 ***	-4.120	-0.019 ***	-3.173
ind	-1.187	-0.862	1.744 ***	8.689	0.417 **	2.394
fin	0.055	1.104	-0.007	-0.338	-0.032 ***	-4.224
tec	0.071 ***	5.545	0.051 ***	3.100	-0.006	-0.619
$W \times urb$	4.373	1.520	-2.753 *	-1.895	-2.899 ***	-2.897
$W \times per$	0.665	1.031	0.455 ***	3.718	0.170 *	1.832
$W \times fdi$	0.159	0.767	0.007	0.158	-0.022	-0.757
$W \times ind$	25.335 ***	4.162	3.164 ***	3.782	-3.290 ***	-3.504
$W \times fin$	-0.163	-0.663	0.109 *	1.736	-0.064	-1.576
$W \times tec$	0.388 ***	9.180	-0.030	-0.696	-0.214 ***	-4.082
ρ	0.215 *	1.734	-0.559 ***	-3.269	-1.210 ***	-5.686
$direct$	-0.884	-0.963	-1.145 ***	-2.925	-0.582 ***	-3.115
$indirect$	5.412	1.426	-1.500 *	-1.790	-1.065 **	-2.333
$total$	4.529	1.090	-2.644 ***	-2.514	-1.647 ***	-3.641
$citis$	187 个		136 个		187 个	
R^2	0.118		0.419		0.493	

注：*** 、** 和 * 分别代表 1%、5% 和 10% 的显著性水平。

控制变量中居民收入水平 per 的影响系数在东部地区显著为负，在中西部地区显著为正，说明东部地区城乡收入差距加大更多地体现在城镇优势，因此对于城镇产业结构优化升级有推动作用，但会对中西部地区产生抑制作用，其溢出效应在中西部地区显著为正，在东部地区不显著。外商直接投资 fdi 对中西部地区的影响系数显著为负，说明外商投资会促进中西部地区的产业结构合理化，但其溢出效应在东中西部均不显著。非农产业发展 ind 对中西部的影响系数均显著为正，说明非农产业的发展会抑制中西部地区的产业结构合理化，且其在东中部地区的溢出效应为负，在西部的溢出效应为正。政

府财政支出 fin 的影响系数仅在西部地区显著为负，说明政府财政支出能促进西部产业结构合理化，且其溢出效应在中部地区显著为正，在东西部地区均不显著。地区创新水平 tec 的影响系数在东中部显著为正，说明地区创新水平会抑制产业结构合理化，且其溢出效应在东部地区显著为正，在西部地区显著为负。

表 5 – 5 为产业结构高级化的分区域回归结果，可以看出，城乡耦合对产业结构高级化的影响存在空间异质性差异。具体而言，本地城乡耦合对产业结构高级化的影响系数在中部地区为 1.220 且在 5% 的水平上显著，在西部和东部地区则未通过显著性检验，说明城乡耦合能够显著促进中部地区产业结构高级化。表征城乡耦合空间溢出效应 $W \times urb$ 的回归系数值在东部地区显著为负，中部地区显著为正，在西部地区则不显著，说明城乡耦合在东部和中部地区分别存在负向与正向的空间溢出效应。

表 5 – 5　　　　　　　　　　产业结构高级化分地区异质性检验

变量	东部地区		中部地区		西部地区	
	Coef.	t 值	Coef.	t 值	Coef.	t 值
urb	– 0.197	– 0.774	1.220 **	2.196	0.258	0.605
per	– 0.388 ***	– 8.274	– 0.412 ***	– 6.089	– 0.019	– 0.507
fdi	0.025 ***	2.202	– 0.012	– 0.757	0.031 **	2.171
ind	6.159	16.548	2.540 ***	10.066	6.054 ***	14.799
fin	– 0.048 ***	– 3.392	– 0.010	– 0.360	0.026	1.497
tec	0.013 ***	3.867	0.018	0.881	– 0.002	– 0.068
$W \times urb$	– 2.214 ***	– 2.675	3.493 *	1.897	– 2.122	– 0.909
$W \times per$	0.826 ***	– 4.332	0.965 ***	– 6.469	0.034	0.164
$W \times fdi$	0.233 ***	3.870	0.116 **	2.040	0.118 *	1.690
$W \times ind$	12.487 ***	6.755	1.106	1.015	8.337 ***	3.128
$W \times fin$	0.103	1.473	0.086	1.084	0.098	1.055
$W \times tec$	0.049 ***	4.365	0.027	0.503	0.206 *	1.858
ρ	– 0.922 ***	– 6.364	– 0.559 ***	– 3.616	– 0.583 ***	– 2.427
$direct$	0.038	0.130	0.897 *	1.843	0.383	0.934
$indirect$	– 1.261 **	– 2.279	2.115 **	2.040	– 1.477	– 1.074
$total$	– 1.223 **	– 2.471	3.012 **	2.335	– 1.094	– 0.747
$citis$	187 个		136 个		187 个	
R^2	0.817		0.544		0.814	

注：*** 、 ** 和 * 分别代表 1% 、5% 和 10% 的显著性水平。

控制变量中居民收入水平 per 的影响系数在东中部地区显著为负，在西部地区不显著，说明东中部地区城乡收入差距加大会阻碍产业结构优化升级，且其溢出效应在东中部显著为正，在西部不显著。外商直接投资 fdi 对东西部地区的影响系数显著为正，说明外商直接投资会促进东西部地区的产业结构高级化，但其溢出效应在东中西部地区均显著为正。非农产业发展 *ind* 对中西部地区的影响系数显著为正，说明非农产业的发展会抑制中西部地区的产业结构高级化，且其在东西部地区的溢出效应为正，在中部地区的溢出效应不显著。政府财政支出 *fin* 的影响系数仅在东部地区显著为负，说明政府财政支出会抑制东部地区产业结构高级化，且其溢出效应在东中西部地区均不显著。地区创新水平 *tec* 的影响系数仅在东部地区显著为正，说明地区创新水平会促进东部地区产业结构高级化，且其溢出效应在东西部地区显著为正，在中部地区不显著。

第三节　绿色环保的生态效应

一、理论机制分析

乡村振兴与新型城镇化进程中无法避免的话题就是城乡生态文明建设问题。建设生态文明是中华民族永续发展的千年大计，必须树立和践行"绿水青山就是金山银山"的理念（徐维祥等，2021）。城镇化进程初级阶段以工业化为主必然带来工业生产污染，但是那时候经济条件有限、防污减污设备还不够完善，邻近的乡村就成了污染转移的首选区域。乡村在技术水平本就落后的情况下，生态问题也陷入发展困境，对于振兴乡村、建立新型城乡关系都造成了很大的阻碍。自从新型城镇化、乡村振兴战略提出后，绿色低碳的城镇化发展之路、乡村生态宜居均被提上日程，因此乡村振兴与新型城镇化战略耦合必须重视城乡生态文明建设这一议题，以绿色发展理念推动城乡均衡发展、循环发展、可持续发展，注重城乡发展过程中的节约、低碳、清洁等问题，协同推进乡村振兴与新型城镇化中的生态融合互补，实现城乡美美与共。

新型城镇化正在由"量变"进入"质变"阶段，在城镇化提质增效阶段，一些大中城市开始注重生态文明建设问题，采用清洁生产技术、环境治理技术等以应对生产中的污染问题，或者是通过城市布局将一些污染企业转移到一些非污染敏感区域，从而减少对居民的污染危害。乡村地区也把农业面源污染治理列入着力解决的突出环境问题之一，推动农业绿色发展是破解中国农业发展生态环境压力的重要方式，也是满足人民日益增长的美好生活需要的客观要求。在生态文明建设战略要求下，促进农业经济发展同时降低对生态环境的影响，不断提高经济产出与环境效应间的协调性，提升环境效率是重要的实现途径。此外，财政支农水平、环境规制、农业生产能力对中国农业环境同时具有直接效应与间接效应，财政支农水平对本省份的直接影响显著为负，但对邻近省份具有显著促进作用；环境规制、农业生产能力对本省份影响显著为正，但对邻近省份影响为负。农业经济水平、工业化水平、农作物种植结构、农业机械强度对中国农业环境也具有直接影响效应（徐维祥等，2021）。由于乡村振兴与新型城镇化耦合协调程度逐渐提高，城市规划越来越注重生态治理和人与自然的协调关系。城市人均绿地面积、公共绿化普及率均大幅提高，城乡矛盾也趋于弱化，城市和农村的界限开始模糊。这时乡村振兴与新型城镇化战略耦合的绿色效应开始凸显，对生态环境的正向效应逐渐增强，乡村的生态环境不仅依赖于城镇化的发展，自身也开始注重生态宜居的建设，城镇化进程也从数量增长变为质量提高。

二、空间溢出效应

本书分别构建了3种不同空间权重矩阵下城乡耦合对环境污染影响的空间回归模型，以及普通 OLS 回归，结果如表5－6所示。根据 Hausman 检验，判定选择固定效应模型更合理；根据 R^2 判定模型的拟合优度，空间杜宾模型（SDM）邻近距离下的拟合程度最高。空间自回归系数 ρ 的估计值在地理距离和邻近距离下均通过1%的显著性检验，说明存在显著的空间溢出效应。三个不同空间权重下，城乡耦合在地理距离与邻近距离下对环境污染均产生显著的负向影响，在经济距离下结果不显著，此时城乡耦合对环境污染的促减效应还未显现出来。其中地理距离下乡村振兴与新型城镇化耦合协调对环境污染的促减效应最强，系数为 －0.432，邻近距离下城乡耦合对环境污染的负向系数为 －0.428。直接效应即本地区乡村振兴与新型城镇化耦合协调对本地区环境污染的影响，结果显示在地理距离下直接效应最强，系数为 －0.409，在邻近距离下直接效应系数为 －0.330；间接效应反映的是本地区城乡耦合对邻近地区环境污染的影响，结果显示在邻近距离下本地乡村振兴与新型城镇化耦合协调对邻近地区的溢出效应为负，系数为 －0.821，在经济距离下本地乡村振兴与新型城镇化耦合协调对邻近地区的溢出效应为正，系数为 1.178。

表5－6　　　　　乡村振兴与新型城镇化耦合对环境污染影响的空间溢出效应

变量	OLS－固定效应		地理距离		邻近距离		经济距离	
	Coef.	t 值	Coef.	t 值	Coef.	t 值	Coef.	t 值
urb	－0.282 **	－2.217	－0.432 ***	－3.676	－0.428 ***	－3.608	－0.082	－0.685
per	0.006	0.387	0.027 **	1.993	0.018	1.218	0.005	0.410
fdi	－0.013 ***	－2.670	－0.006	－1.262	－0.010 **	－2.309	－0.004	－1.010
ind	－0.210 **	－2.541	－0.380 ***	－4.600	－0.341 ***	－3.523	－0.369 ***	－4.755
fin	0.024 ***	4.135	0.021 ***	4.128	0.022 ***	4.316	0.019 ***	3.760
tec	－0.001	－0.591	－0.004 *	－1.896	0.000	0.015	－0.003	－1.249
$W \times urb$			－1.051	－1.385	－1.217 ***	－4.352	1.234 ***	3.289
$W \times per$			0.082	0.793	－0.001	－0.049	－0.000	－0.004

续表

变量	OLS-固定效应		地理距离		邻近距离		经济距离	
	Coef.	t 值	Coef.	t 值	Coef.	t 值	Coef.	t 值
$W \times fdi$			0.056	1.621	0.014	1.462	0.004	0.460
$W \times ind$			-3.045***	-3.268	-0.288	-1.290	-1.494***	-7.405
$W \times fin$			-0.104***	-2.922	-0.032***	-3.067	-0.024*	-1.731
$W \times tec$			-0.054***	-3.131	-0.003	-0.834	-0.013	-1.495
ρ			-1.427***	-7.030	-0.420***	-6.302	-0.069	-0.916
direct			-0.409***	-3.175	-0.330***	-2.602	-0.095	-0.812
indirect			-0.201	-0.623	-0.821***	-4.141	1.178***	3.562
total			-0.610**	-2.093	-1.150***	-5.964	1.083***	3.036
LogL			1172.467		1167.775		1172.195	
R^2	0.637		0.038		0.043		0.060	

注：***、**和*分别代表1%、5%和10%的显著性水平。

从固定效应回归上看，除了居民收入水平 per、政府财政支出 fin 和地区创新水平 tec 外，其他变量对环境污染均具有促减效应，同时政府财政支出 fin 对环境污染呈现显著的正向作用。从三种空间权重矩阵上看，居民收入水平 per 在地理距离下对环境污染的影响效应显著为正，说明随着居民收入水平的提升，易加剧本地区的环境污染；外商直接投资 fdi 在邻近距离下对环境污染的本地效应显著负相关，说明外商直接投资对环境污染的减小是具有一定作用的；非农产业发展 ind 在三种权重矩阵下均显著为负，说明非农产业的发展可以提高环境效率，减小本地环境污染，同时在地理距离和经济距离下空间溢出效应显著为负，表明非农产业的发展也有利于抑制邻近地区的环境污染；政府财政支出 fin 均显著为正，表明政府财政支出的提升会带来环境污染的加剧，政府财政支出的提升说明地区发展速度的增加，可能导致发展不平衡和环境污染的加剧，而在三种空间权重矩阵下城乡耦合协调水平对邻近地区均呈现显著的抑制作用，在一定程度上改善了邻近地区的环境污染问题；地区创新水平 tec 在地理距离矩阵下显著为负，表明创新水平的提升改变了环境治理的方式进而抑制了环境污染。

三、空间异质性分析

同上，按照东部、中部和西部地区进行分样本回归，并且根据上述结果采用地理距离的空间权重以揭示乡村振兴与新型城镇化耦合对环境污染影响的区域特征（见表5-7）。

表 5 - 7   分地区异质性检验

变量	东部地区		中部地区		西部地区	
	Coef.	t 值	Coef.	t 值	Coef.	t 值
urb	− 1. 164 ***	− 5. 934	− 0. 235	− 0. 692	− 0. 802 ***	− 2. 868
per	0. 045	1. 235	0. 047	1. 207	0. 012	0. 510
fdi	− 0. 026 ***	− 2. 958	− 0. 015	− 1. 543	− 0. 013	− 1. 368
ind	− 0. 390	− 1. 332	0. 496 ***	3. 275	− 1. 376 ***	− 5. 190
fin	0. 044 ***	4. 087	− 0. 021	− 1. 342	0. 024 **	2. 134
tec	− 0. 009 ***	− 3. 451	0. 011	0. 912	− 0. 044 ***	− 2. 787
$W \times urb$	− 4. 604 ***	− 7. 278	0. 588	0. 536	− 3. 266 **	− 2. 142
$W \times per$	0. 240 *	1. 656	0. 204 **	2. 285	0. 032	0. 239
$W \times fdi$	− 0. 165 ***	− 3. 668	0. 004	0. 115	− 0. 009	− 0. 206
$W \times ind$	− 1. 688	− 1. 232	2. 139 ***	3. 494	− 3. 561 **	− 2. 543
$W \times fin$	0. 094 *	1. 773	− 0. 046	− 0. 962	0. 062	1. 028
$W \times tec$	− 0. 056 ***	− 6. 747	− 0. 073 **	− 2. 152	− 0. 144 **	− 1. 970
ρ	− 0. 497 ***	− 2. 936	− 1. 166 ***	− 8. 981	− 0. 755 ***	− 3. 107
direct	− 0. 903 ***	− 4. 302	− 0. 481	− 1. 522	− 0. 620 **	− 2. 294
indirect	− 2. 936 ***	− 5. 374	0. 643	1. 161	− 1. 636 *	− 1. 946
total	− 3. 840 ***	− 6. 737	0. 161	0. 283	− 2. 256 **	− 2. 567
obs	187		136		187	
R^2	0. 245		0. 001		0. 157	

注：***、**和*分别代表1%、5%和10%的显著性水平。

具体而言，本地城乡耦合对环境污染的影响效应在东部地区系数为 − 1. 164，在中部地区为 − 0. 235，在西部地区为 − 0. 802。表征城乡耦合空间溢出效应 $W \times urb$ 的回归系数值在东部地区为 − 4. 604，通过了 1% 水平的显著性检验，在中部地区为正但不显著，在西部地区为 − 3. 266，且通过了 1% 水平的显著性检验。

进一步分析空间异质性原因，中国东部地区的乡村振兴与新型城镇化耦合协调抑制了环境污染，还通过空间溢出效应抑制了邻近省份的环境污染，这是因为东部地区在乡村振兴与新型城镇化逐渐融合、区域经济高度发展的同时，一些区域开始有意识地使用清洁生产技术、环境治理技术来减少生产污染，在城镇化进程加快的阶段，既重视效率又重视质量，有效减少了快速发展过程中可能带来的环境污染问题，并将先进的生产技术和污染处理技术辐射到周边地区，减少了周边地区的环境困境。

中部地区城乡耦合对本地区环境污染为负但不显著，空间溢出效应为正同样不显著。在这一阶段，随着城镇化进程的加快，越来越多的新兴技术和绿色生产工艺涌入城市，通过工业化带动城镇化发展，但此时由于中部地区城乡耦合尚未能有效地与绿色技术相结合，原先重工业体系较为庞大，导致在此情况下城乡耦合对环境污染的影响尚不能得到有效发挥。

在西部地区直接效应和间接效应均能缓解本地和邻近城市环境污染，这主要是由于西部地区城乡耦合还处于初级阶段，城镇化进程还远落后于东部地区，但是此时的城市还保持着原始的自然属性，热岛效应等城市现象还未凸显。西部地区的城市与乡村界限还很明显，乡村通过供应农产品才与城市有所交集。这一时期的城市与周围生态环境的矛盾还很小，因此乡村振兴与新型城镇化耦合协调不仅对本地具有促减效应，对周围城市也具有促减效应。基于此，提出以下建议。

（1）加强各级政府间的合作，跨越行政区划限制，打破区域壁垒，促进各类要素自由流动，加强在资源环境领域方面的交流与合作。农业环境效率高的东部地区省份要继续发挥在科研和技术创新方面的引领作用，积极向效率低的省份传播先进技术和生产经验；环境效率较低的中西部地区省份则要积极利用东部地区的先进技术和创新成果，改进农业生产技术，在保护环境的同时对资源合理使用，减少致污性生产源的投入。通过区域、省份之间的有效合作，使农业环境效率较高的省份辐射带动邻近省份，促进整体效率提升（徐维祥等，2021）。同时，完善对点帮扶建设体制机制，发挥城市间的协同效应和辐射作用。同一省份内部的城市建立对点帮扶合作关系，通过学习模范、以强带弱，实现城市间的优势互补和耦合度的提升（徐维祥等，2021）。（2）因地制宜，东部地区应继续发挥人才优势和区位优势，发挥人力资本对农业生态效率的正向效应；中部地区应合理优化农作物种植结构，发挥粮食作物种植结构对农业生态效率的正效应；西部地区应加大非粮种植面积和政府财政支农的力度，重视自然环境因素对农业受灾率的影响；东北地区应该继续发挥东北老工业优势提升农业机械化程度，发挥好农业机械化对农业生态效率提升的影响机制（李露和徐维祥，2021）。（3）贯彻新发展理念要求，探求绩效提升的内生动力。各城市在高质量发展的征程中须充分释放共享协调等新兴要素的活力，盘活环境政策的倒逼作用、合理控制城市规模、深化对外开放层次、制定科学系统的发展政策，让各要素的潜能无限涌动，为稳步推进促创新、调结构、重绿色、增福利的发展模式打下坚实基础。并实施严格的环境保护政策，发挥区域间的协调联动作用。以省会城市为代表的生态福利绩效高值第一梯队应积极帮扶省内表现逊色的城市，以实现福利水平的整体跃迁（徐志雄等，2021）。

第四节 减贫增收的经济效应

一、理论机制分析

乡村振兴与新型城镇化战略耦合重点要解决的就是城乡发展不平衡、不充分的问题。城乡耦合就是要对减小城乡教育、医疗卫生、就业等方面的差距落实具体举措，尤其是城乡收入差距是城乡发展不平衡中的突出矛盾之一。乡村振兴与新型城镇化战略耦合就是要借助政府力量推动城乡户籍制度改革，使得农业转移人口市民化普及开来，让这部分农民收入水平看得见地增加。另外还要借助企业的发展带来产业集聚，增加对乡村劳动力的需求量，使得更多农民有机会摆脱贫困走向城市、增强城市经济活力，也让自己的生活得到改善。同时，乡村振兴与新型城镇化战略耦合实现城乡要素双向流动，可以在政策扶持下吸引城市科教文卫等方面的人力资本涌入乡村建设中，完善乡村基础设施建设、医疗卫生、教育等民生工程。城市产业链的延伸不仅能够促进农村剩余劳动力就业，还能够因地制宜发展地方特色产业，促进农民增收的长效机制的建立，提高农民收入从而缩小城乡收入差距。此外，协同推进贫困地区乡村振兴与新型城镇化战略耦合对于促进长期减贫有效，城乡间均衡配置资源能够为贫困地区振兴乡村创造机遇，城市作为一个增长极也能够通过产业、人口等要素集聚辐射乡村地区，促进农村发展。

二、空间溢出效应

本书分别建立了 3 种不同空间权重矩阵下城乡耦合对减贫增收空间回归模型的结果（见表 5 – 8）。

表 5 – 8　　　　　　　城乡耦合协调对减贫增收影响的空间计量估计结果

变量	地理距离		邻近距离		经济距离	
	Coef.	t 值	Coef.	t 值	Coef.	t 值
urb	− 0. 185 ***	− 12. 280	− 0. 169 ***	− 11. 195	− 0. 180 ***	− 11. 312
per	0. 081 ***	47. 035	0. 078 ***	41. 509	0. 078 ***	45. 147
fdi	− 0. 002 ***	− 3. 379	− 0. 003 ***	− 5. 151	− 0. 003 ***	− 4. 285
ind	− 0. 050 ***	− 4. 708	− 0. 013	− 1. 052	− 0. 023 **	− 2. 189
fin	− 0. 001	− 1. 221	− 0. 001	− 1. 331	− 0. 002 **	− 2. 879
tec	0. 000	0. 409	0. 001 ***	2. 874	0. 001 **	2. 494
$W \times urb$	− 0. 385 ***	− 3. 655	− 0. 179 ***	− 4. 767	− 0. 198 ***	− 3. 767
$W \times per$	0. 186 ***	9. 438	0. 047 ***	7. 620	0. 003	0. 303
$W \times fdi$	0. 005	1. 145	− 0. 002	− 1. 359	− 0. 001	− 1. 008
$W \times ind$	− 0. 165	− 1. 382	0. 055 *	1. 950	− 0. 166 ***	− 6. 151
$W \times fin$	0. 003	0. 747	0. 000	0. 130	0. 000	0. 022
$W \times tec$	− 0. 012 ***	− 5. 318	− 0. 000	− 0. 301	− 0. 001	− 0. 995
ρ	− 1. 055 ***	− 5. 284	− 0. 582 ***	− 8. 567	− 0. 017	− 0. 195

续表

变量	地理距离		邻近距离		经济距离	
	Coef.	t 值	Coef.	t 值	Coef.	t 值
direct	− 0. 177 ***	− 11. 239	− 0. 158 ***	− 9. 499	− 0. 179 ***	− 10. 948
indirect	− 0. 104 **	− 2. 358	− 0. 062 ***	− 2. 722	− 0. 197 ***	− 4. 526
total	− 0. 280 ***	− 6. 552	− 0. 220 ***	− 10. 422	− 0. 376 ***	− 7. 638
R^2	0. 790		0. 916		0. 837	

注：***、** 和 * 分别代表1%、5%和10%的显著性水平。

　　根据 Hausman 检验，判定选择固定效应模型更合理；根据 LogL、R^2 判定模型的拟合优度，空间杜宾模型（SDM）拟合优度比 OLS 回归结果好，说明考虑空间相关性的必要性，空间自相关系数 ρ 的估计值均通过了 1% 的显著性水平检验，说明乡村振兴与新型城镇化的耦合协调对邻近地区也有一定的辐射效应。三个不同空间权重下，城乡耦合对减贫增收均产生显著的负向影响，其中地理距离下乡村振兴与新型城镇化耦合协调对减贫增收的负向系数最大，为 − 0. 185。直接效应即本地区乡村振兴与新型城镇化耦合协调对本地区减贫增收影响，结果显示在地理距离下直接效应最强，系数绝对值为 0. 385，在邻近距离下直接效应最弱，系数绝对值为 0. 179；间接效应反映的是本地区城乡耦合对邻近地区减贫增收的影响，结果显示本地区乡村振兴与新型城镇化耦合协调对邻近地区的溢出效应为负，在经济距离下的负向效应最强，系数为 − 0. 197，在邻近距离下负向效应系数最小，为 − 0. 062。

　　控制变量上，城乡人均收入比 *per* 对减贫增收的影响系数均为正，尤其是在地理距离下正向效应更显著，系数为 0. 081；人均外商投资比 *fdi* 对减贫增收的影响效应在不同距离下均为负，且通过了 1% 水平的显著性检验；非农业发展 *ind* 在不同距离下对减贫增收的影响均为负效应，且在地理距离和经济距离矩阵下通过了显著性检验，说明非农发展对减贫增收具有显著的抑制作用；地方财政支出 *fin* 对减贫增收在邻近距离、地理距离下均未通过显著性检验，在经济距离下显著为负；人均发明专利申请授权量 *tec* 对减贫增收的影响效应在不同距离下均为正，且在邻近距离、经济距离下通过了显著性检验，说明技术发展对于减贫增收具有显著的促进作用。

三、空间异质性分析

　　考虑到中国地域广袤、地区间差异显著的现实，将全国 510 个城市分成东部、中部和西部地区进行分地区样本回归（见表 5 - 9），并且根据上述结果采用地理距离的空间权重来揭示乡村振兴与新型城镇化耦合对减贫增收影响的区域特征。从分区域回归结果来看，城乡耦合对减贫增收的影响存在空间异质性差异。具体而言，本地城乡耦合对减贫增收的负向效应在东部地区系数为 -0.156，在中部地区为 -0.076，西部地区为 -0.037。表征城乡耦合空间溢出效应 $W \times urb$ 的回归系数值在东部和西部地区分别为 -0.217 与 -0.360，且通过了 1% 水平的显著性检验，在中部地区未通过显著性检验。进一步，从城乡耦合对减贫增收升级的直接和间接影响系数来看，东部地区乡村振兴与新型城镇化的耦合并不能促进本地和邻近城市减贫增收，甚至带来邻近城市减贫增收水平下降。中部地区则是本地城乡耦合并不能促进本地城市减贫增收。西部地区会对邻近城市产生负向溢出效应。

表 5-9　　　　　　　　　　　　　　分地区异质性检验

变量	东部地区		中部地区		西部地区	
	Coef.	t 值	Coef.	t 值	Coef.	t 值
urb	-0.156***	-6.702	-0.076**	-2.384	-0.037**	-2.103
per	0.066***	15.915	0.056***	14.837	0.072***	47.789
fdi	-0.001	-1.094	-0.006***	-6.135	-0.000	-0.542
ind	-0.140***	-4.211	-0.002	-0.120	0.126***	7.465
fin	0.001	0.644	-0.001	-0.448	-0.000	-0.566
tec	0.001***	3.426	0.002*	1.740	-0.002**	-2.441
$W \times urb$	-0.217***	-2.653	-0.007	-0.071	-0.360***	-3.726
$W \times per$	0.094***	4.914	0.029**	2.283	0.091***	5.228
$W \times fdi$	-0.003	-0.546	0.001	0.327	0.006**	2.019
$W \times ind$	-0.441***	-2.879	0.063	1.081	0.006	0.059
$W \times fin$	0.002	0.344	0.015***	3.337	0.009**	2.142
$W \times tec$	0.004***	3.947	-0.008***	-2.713	-0.001	-0.313
ρ	-0.341**	-2.424	-0.287*	-1.774	-0.867***	-3.786
$direct$	-0.148***	-6.291	-0.077***	-2.619	-0.013	-0.712
$indirect$	-0.126**	-2.209	0.011	0.141	-0.201***	-3.873
$total$	-0.274***	-4.606	-0.067	-0.699	-0.214***	-3.920
$citis$	187		126		187	
R^2	0.706		0.835		0.892	

注：***、** 和 * 分别代表 1%、5% 和 10% 的显著性水平。

控制变量中居民收入水平 per 在东中西部地区对减贫增收显著为正，其中西部地区的正向效应更显著，且在东、中、西部地区的溢出效应同样显著为正；外商直接投资 fdi 在西部地区溢出效应为正，但是在中部地区的直接效应显著为负；非农业发展 ind 在东部地区的直接效应与空间溢出效应均为负，说明对减贫增收影响为负，并且通过了 1% 水平的显著性检验，且资源的集中不利于带动周边地区减贫增收的发展。政府财政支出 fin 对减贫增收的影响在东中西部地区本地的影响均不显著，对中西部地区的空间溢出效应显著为正，说明存在正向空间溢出作用，中、西部地区金融发展水平本身就低，如果金融发展能够达到一定的规模对减贫增收将会产生质的飞跃，但是这种带动作用在本身金融发展高地的东部地区无法体现出；地区创新水平 tec 在东、中部地区对减贫增收影响显著为正，在西部地区本地效应显著为负，这主要是由于西部地区本身经济发展水平低，本地减贫增收发展出现了不均衡的现象，这也就加剧了减贫增收的偏离程度。

第六章　乡村振兴与新型城镇化的交互作用研究

基于前文关于城乡交互影响机理的分析，本章从空间视角考察了乡村人—地—业与城镇人—基—业的关系，以长三角 154 个县域为研究样本，运用城乡系统关联耦合计算得出长三角城乡系统关联的强要素与弱要素，通过空间联立方程模型刻画了县域乡村振兴与新型城镇化交互作用的时空格局，探析了乡村人—地—业与城镇人—基—业的交互作用及空间溢出效应，进一步基于不同距离条件下乡村振兴与新型城镇化的地区交互影响考察这种空间溢出效应在多大地理范围内发挥作用。

第一节　研究区概况与指标选取

一、研究区概况

长三角作为中国长江的下游地区，是长江入海前形成的冲积平原，地处江海交汇处，港口众多。狭义的长三角地区过去只包含上海市、江苏省和浙江省，2019 年印发的《长江三角洲区域一体化发展规划纲要》中增加了安徽省，至此长三角地区范围包含三省一市，以上海市、江苏省、浙江省、安徽省包含的 27 个城市为中心区。江苏省、浙江省和安徽省人民政府网的行政区划显示，截至 2020 年江苏有 95 个县（市、区），浙江有 90 个县（市、区），上海有 16 个区，安徽有 104 个县（市、区）。2004～2020 年江苏、浙江、安徽不少地区进行了行政区划调整，具体如表 6－1 所示，在研究过程中为了保持数据的连续性，本书按照截至 2018 年底的行政区划作为研究区域范围。

表 6－1　　　　　　　　长三角地区 2004～2020 年行政区划调整

省份	行政区划调整
江苏省	2009 年撤销通州市，设立南通市通州区
	2010 年撤销徐州市九里区、江苏省铜山县，设立徐州市铜山区
	2011 年撤销县级江都市，设立扬州市江都区
	2012 年吴江撤市设区，为苏州市吴江区

省份	行政区划调整
江苏省	2012 年撤销县级姜堰市，设立泰州市姜堰区
	2014 年赣榆撤县设区，为连云港市赣榆区
	2015 年撤销县级金坛市，设立常州市金坛区
	2015 年撤销县级大丰市，设立盐城市大丰区
	2016 年撤销洪泽县，设立淮安市洪泽区
	2020 年撤销县级海门市，设立南通市海门区
安徽省	2011 年撤销地级巢湖市，设立县级巢湖市
	2011 年撤销地级巢湖市，庐江县划归合肥市管辖
	2011 年和县（除沈巷镇）划入马鞍山市
	2011 年原地级巢湖市管辖的无为县划归芜湖市管辖
	2015 年将六安市寿县划归淮南市管辖
	2015 年撤销铜陵县，设立铜陵市义安区，行政区域不变
	2019 年撤销无为县，设立县级无为市
	2016 年枞阳县正式由安庆市划归铜陵市管辖
	2020 年撤销芜湖县，设立芜湖市湾沚区
	2020 年撤销繁昌县，设立芜湖市繁昌区
浙江省	2013 年撤销县级上虞市，设立绍兴市上虞区
	2013 年撤销县级绍兴县，设立绍兴市柯桥区
	2015 年温州市洞头县撤县设区
	2016 年撤销县级奉化市，设立宁波市奉化区
	2014 年撤销县级富阳市，设立杭州市富阳区
	2017 年撤销县级临安市，设立杭州市临安区
	2019 年撤销苍南县龙港镇，设立县级龙港市

资料来源：江苏省、浙江省、安徽省政府公报。

二、指标选取和数据来源

（一）指标选取

城乡系统关联耦合需要先把城市、乡村两个子系统的基本要素构成确定下来，即城市子系统包含哪些指标，乡村子系统包含哪些指标。这里以长三角县域为例，根据县域指标的获取性，参考前人关于城乡关系的定量研究，城镇系统从人—基—业三个领域选取 12 个指标，具体如表 6 - 2 所示。分别为，人口指标：人口密度（X1）、城镇化率（X2）、城镇单位在岗职工数占比（X3）、城市在岗职工平均工资（X4）；基础设施指标：教育支出占比（X5）、万人拥有医院床位数（X6）、万人普通中学在校生数（X7）、万人社会福利院床位数（X8）；产业指标：人均城镇固定资产投资（X9）、人均社会消费品零售总额（X10）、人均工业增加值（X11）、第三产业产值占比（X12）。乡村系统从人—地—业三个角度共选取9个指标，具体如表6-2所示。分别为，人口指标：乡村非农劳动力比重（Y1）、乡村从业人员数（Y2）；土地指标：乡村人均耕地面积（Y3）、每公顷耕地化肥施用量（Y4）、有效灌溉面积（Y5）；产业指标：农业机械化水平（Y6）、人均粮食产量（Y7）、乡村农林牧渔业产出率（Y8）、农村人均肉产量（Y9）。

表6-2　　　长三角县域城乡人—地（基）—业系统发展水平评价指标体系

目标层	准则层	指标层	具体指标	指标含义
乡村振兴	人	农民兼业	乡村非农就业率（Y1）	乡村从事非农林牧渔业人数/乡村从业人数
		农民就业	乡村从业人员占比（Y2）	乡村从业人员数/乡村常住人口数
	地	农村耕地	乡村人均耕地面积（Y3）	耕地面积/乡村常住人口数
		农地施肥	每公顷耕地化肥施用量（Y4）	化肥施用量/耕地面积
		农地灌溉	有效灌溉率（Y5）	有效灌溉面积/耕地面积
	业	农业机械化	农业机械化水平（Y6）	农业机械总动力/耕地面积
		粮食生产	人均粮食产量（Y7）	粮食产量/乡村常住人口数
		劳动生产率	乡村农林牧渔业产出率（Y8）	农林牧渔业产值/乡村农林牧渔从业人数
		肉产量	农村人均肉产量（Y9）	肉产量/乡村常住人口数
新型城镇化	人	人口集聚	人口密度（X1）	行政区域总面积/年末总人口数
		城镇人口	城镇化率（X2）	城镇人口数/年末总人口数
		城镇就业	城镇单位在岗职工数占比（X3）	城镇非私营单位在岗职工数/总人口数
		城镇工资	城镇在岗职工平均工资（X4）	城镇在岗职工平均工资
	基	教育支持	教育支出占比（X5）	教育支出/财政支出
		医疗条件	万人拥有医院床位数（X6）	医院、卫生院床位数/年末总人口数
		教育水平	万人普通中学在校生数（X7）	普通中学在校生数/年末总人口数
		社会保障	万人社会福利院床位数（X8）	社会福利院床位数/年末总人口数
	业	城镇投资	人均城镇固定资产投资（X9）	城镇固定资产投资/年末总人口数
		社会消费	人均社会消费品零售总额（X10）	社会消费品零售总额/年末总人口数
		工业发展	人均工业增加值（X11）	工业增加值/年末总人口数
		第三产业	第三产业产值占比（X12）	第三产业产值/地区生产总值

（二）数据来源

参考相关研究成果，县域经济以县级行政区划为地理空间，因此市辖区不作为本书的研究对象。这里由于2016年上海市的崇明县撤县设区，上海市下辖县的时代已成为过去式，因此本章研究区域没有把上海包含在内。2020年行政区划调整较多，为了保持数据的完整性，本书按照截至2018年底的行政区划，最终选取江苏、浙江和安徽三个省份共计 154 个县级样本为研究单位，其中江苏、浙江和安徽三省的县（市）数量分别有 41 个、52 个和 61 个（见表 6 - 3）。原始数据主要来源于《中国县域统计年鉴》、各省统计年鉴以及部分市县统计年鉴及统计公报，部分缺失数据采用插值法补全。

表 6 - 3　　　　　　　　　江苏、安徽、浙江地区划分及对应县域

省份	地区划分	地级市	县域
江苏	苏南	南京、苏州、无锡、常州、镇江	昆山市、江阴市、溧阳市、丹阳市、张家港市、扬中市、溧阳市、宜兴市、常熟市、句容市、太仓市
	苏中	扬州、泰州、南通	高邮市、仪征市、泰兴市、靖江市、兴化市、如皋市、海安市、启东市、宝应县、如东县、海门市
	苏北	徐州、连云港、宿迁、淮安、盐城	东台市、邳州市、新沂市、睢宁县、沛县、丰县、东海县、灌云县、灌南县、涟水县、金湖县、盱眙县、建湖县、响水县、阜宁县、射阳县、滨海县、泗阳县、泗洪县、沭阳县
安徽	皖南	芜湖、马鞍山、铜陵、宣城、黄山、池州	含山县、和县、当涂县、芜湖县、繁昌县、南陵县、无为县、东至县、石台县、青阳县、歙县、休宁县、黟县、祁门县、宁国市、郎溪县、广德县、泾县、绩溪县、旌德县
	皖中	合肥、安庆、滁州、六安	长丰县、肥西县、肥东县、庐江县、巢湖市、天长市、明光市、来安县、全椒县、定远县、凤阳县、寿县、霍邱县、舒城县、金寨县、霍山县、桐城市、怀宁县、枞阳县、潜山县、太湖县、宿松县、望江县、岳西县
	皖北	亳州、阜阳、宿州、淮北、淮南、蚌埠	砀山县、萧县、灵璧县、泗县、濉溪县、涡阳县、蒙城县、利辛县、临泉县、界首市、太和县、阜南县、颍上县、凤台县、五河县、怀远县、固镇县
浙江	浙东北	杭州、宁波、嘉兴、湖州、绍兴、舟山	建德市、桐庐县、淳安县、余姚市、慈溪市、象山县、宁海县、海宁市、平湖市、桐乡市、嘉善县、海盐县、德清县、长兴县、安吉县、诸暨市、嵊州市、新昌县、岱山县、嵊泗县
	浙南	温州、金华、台州	瑞安市、乐清市、永嘉县、平阳县、苍南县、文成县、泰顺县、兰溪市、东阳市、永康市、义乌市、武义县、浦江县、磐安县、临海市、温岭市、玉环市、三门县、天台县、仙居县
	浙西南	衢州、丽水	龙泉市、青田县、缙云县、遂昌县、松阳县、云和县、庆元县、景宁畲族自治县、江山市、常山县、开化县、龙游县
总计（个）		40	154

三、研究方法

(一) 灰色关联法

城乡关联耦合的评价方法主要是灰色关联法，具体步骤如下所述。

1. 求关联系数

关联系数主要是用来计算城市与乡村两个系统之间各要素的关联程度（费孝通，1984），通常是计算两个数据序列的绝对差值，公式如下：

$$\xi_{ij}(t) = \frac{\min_i \min_j |X_i'(t) - Y_j'(t)| + \rho \max_i \max_j |X_i'(t) - Y_j'(t)|}{|X_i'(t) - Y_j'(t)| + \rho \max_i \max_j |X_i'(t) - Y_j'(t)|} \tag{6-1}$$

其中，$\xi_{ij}(t)$ 表示长三角地区中，第 t 个空间单元某一年的第 i 个城市指标与第 j 个乡村指标的关联系数；X_i' 代表使用极差标准化法处理后得到的相应年份第 t 个空间单元中第 i 个城市指标的标准化值，Y_j' 代表使用极差标准化法处理后得到的相应年份第 t 个空间单元中第 j 个乡村指标的标准化值；ρ 通常取 0.5，用来表示各关联系数之间的差异显著性。

2. 计算关联度

在计算关联系数的基础上得到城乡关联度模型，计算城乡系统的要素关联性，进而得到全部空间单元的城乡关联系数矩阵，通过求平均值得到长三角城乡系统各个要素指标间的关联度矩阵 γ_{ij}，公式如下：

$$\gamma_{ij} = \frac{1}{k} \sum_{j=1}^{k} \xi_{ij}(t) \tag{6-2}$$

其中，γ_{ij} 为关联度；k 为空间单元数，即长三角 154 个县域。γ_{ij} 的取值范围为 (0, 1]，关联性越大时，其值越接近 1，反之亦反。通过比较关联度 γ_{ij} 的大小，能够考察长三角县域城乡系统中要素联系或关系的紧密程度。在此基础上，分别计算不同行、列的均值，将会得到城市系统中各指标对乡村系统要素指标的关联度均值 γ_i，乡村系统中第 j 个指标对城市系统要素指标的关联度均值 γ_j，其中 m、l 代表的就是城市和乡村系统所选择的要素指标数。

$$\gamma_i = \frac{1}{l} \sum_{j=1}^{l} \gamma_{ij} (i = 1, 2, \cdots, m; j = 1, 2, \cdots, l) \tag{6-3}$$

$$\gamma_j = \frac{1}{m} \sum_{i=1}^{m} \gamma_{ij} (i = 1, 2, \cdots, m; j = 1, 2, \cdots, l) \tag{6-4}$$

（二）空间联立方程

在考察乡村与城镇的人—基—业之间的交互影响与两者之间的空间效应时，本书首先构建了普通联立方程（3SLS），方程（6-5）考察了乡村人—地—业对城镇人—基—业的影响，方程（6-6）用以考察城镇人—基—业对乡村人—地—业的影响。

$$urb_{it} = \alpha_0 + \alpha_1 rur_{it} + \alpha_2 \ln pgdp_{it} + \alpha_3 \ln ins_{it} + \alpha_4 \ln save_{it}$$
$$+ \alpha_5 \ln fc_{it} + \alpha_6 \ln fe_{it} + \varepsilon_{it} \tag{6-5}$$

$$rur_{it} = \beta_0 + \beta_1 urb_{it} + \beta_2 \ln pgdp_{it} + \beta_3 \ln ins_{it} + \beta_4 \ln fltp_{it}$$
$$+ \beta_5 \ln agd_{it} + \beta_6 \ln ric_{it} + \xi_{it} \tag{6-6}$$

其中，i 和 t 分别表示地区和年份；urb 表示县域城镇化系统，包含城镇人口 $urbp$、城镇基础设施 $urbl$、城镇产业发展 $urbi$；rur 表示乡村发展水平，包含乡村人口 $rurp$、乡村土地 $rurl$ 和乡村产业 $ruri$，这里没有一一表示。再次构建空间联立方程（G3SLS），式（6-7）、式（6-8）用以考察城镇化与乡村人—地—业的空间交互效应：

$$urb_{it} = \alpha + \rho_1 \sum_{i=1}^{n} w_{ij} urb_{it} + \rho_2 \sum_{i=1}^{n} w_{ij} rur_{it} + \alpha_1 rur_{it} + \alpha_2 \sum_{i=1}^{n} X_{it} + \varepsilon_{it} \tag{6-7}$$

$$rur_{it} = \beta + \rho_3 \sum_{i=1}^{n} w_{ij} rur_{it} + \rho_4 \sum_{i=1}^{n} w_{ij} urb_{it} + \beta_1 urb_{it} + \beta_2 \sum_{i=1}^{n} Z_{it} + \xi_{it} \tag{6-8}$$

空间联立方程模型的两个方程较普通联立方程均多出了两个空间滞后项，其中 w_{ij} 为空间权重矩阵，本书采用的是地理阈值距离倒数空间权重矩阵，是基于路网最短路径的可达距离。ρ 表示空间相关系数，用来捕捉城乡系统的空间溢出效应，考虑到其他影响内生变量的因素，X_i 表示影响城镇人—基—业水平的控制变量，Z_i 表示影响乡村人—地—业发展的控制变量，ε_{it}、ξ_{it} 分别表示随机误差项（武小龙和谭清美，2019），城镇与乡村系统控制变量具体如表6-4所示。

表6-4　　　　　　　　　城镇与乡村系统的控制变量及其测度

系统层	控制变量	符号	变量计算方法	单位
城镇	经济发展	$pgdp$	人均GDP	元/人
	产业结构	ins	工业增加值占比	%
	居民储蓄	$save$	城乡居民储蓄存款余额	元/人
	金融发展	fc	金融机构贷款余额	元/人
	财政支出	fe	人均财政支出	元/人
乡村	经济发展	$pgdp$	人均GDP	元/人
	产业结构	ins	工业增加值占比	%
	信息化发展	$fltp$	乡村每万人固定电话用户数	户/万人
	农业发展	agd	人均农业总产值	元/人
	农村收入	ric	农村居民人均纯收入	元/人

第二节　城乡系统关联耦合

城乡关联耦合是一个交换过程，即乡村人口向城市转移、城市建成区不断扩张进程中城乡的物质资源等要素交换的过程。城乡关联耦合由城乡关联与城乡耦合构成，城乡关联是城市与乡村系统要素之间一一对应的一种联系（Allen and Clark，1951）；城乡耦合则是指城市与乡村两个系统间不同要素彼此影响与相互作用。因此，城乡关联的侧重点是城乡要素之间的相互作用影响；而城乡耦合的侧重点则在于城市与乡村两个系统互动的整体表现。由于本书城乡耦合统一用的是第四章提到的耦合协调度模型，因此这里只考察了城乡关联特征。

一、长三角城乡系统关联的要素分析

运用上述灰色关联分析模型，通过计算时序上（2004～2018年）长三角城乡系统指标的关联度，将计算得到的关联系数进行平均化处理，得到长三角乡村人—地—业与城镇人—基—业关联度矩阵（见表6-5）。结果发现，二者关联度数值在0.4～0.9，属于中高等关联，说明城乡系统要素之间关系密切，存在相互影响、相互制约的关系。

表6-5　　　　　　　　乡村人—地—业与城镇人—基—业间的灰色关联度模型

项目		城镇人 (0.719)				城镇基础 (0.746)				城镇产业 (0.672)				
		X1	X2	X3	X4	X5	X6	X7	X8	X9	X10	X11	X12	均值
乡村人 (0.674)	Y1	0.657	0.677	0.513	0.660	0.694	0.599	0.677	0.647	0.579	0.528	0.515	0.704	0.621
	Y2	0.735	0.702	0.591	0.751	0.794	0.704	0.784	0.740	0.666	0.615	0.595	0.817	0.708
乡村地 (0.704)	Y3	0.765	0.761	0.731	0.752	0.725	0.793	0.722	0.763	0.757	0.746	0.740	0.747	0.750
	Y4	0.494	0.522	0.396	0.497	0.557	0.446	0.550	0.498	0.444	0.407	0.400	0.535	0.479
	Y5	0.695	0.679	0.562	0.690	0.752	0.651	0.751	0.685	0.627	0.583	0.566	0.740	0.665
乡村业 (0.758)	Y6	0.762	0.735	0.784	0.761	0.704	0.816	0.720	0.768	0.779	0.792	0.778	0.723	0.760
	Y7	0.768	0.745	0.737	0.724	0.713	0.767	0.714	0.740	0.745	0.742	0.743	0.719	0.738
	Y8	0.735	0.722	0.904	0.721	0.634	0.810	0.639	0.737	0.857	0.917	0.917	0.655	0.771
	Y9	0.753	0.745	0.781	0.735	0.692	0.803	0.696	0.758	0.782	0.784	0.783	0.712	0.752
	均值	0.707	0.699	0.666	0.699	0.696	0.710	0.695	0.704	0.693	0.679	0.671	0.706	

乡村产业与城镇系统的关联度在整体的乡村人—地—业与城镇化发展的关联系数中

均值最高，为 0.758，达到较强关联性。产业结构要素中乡村农林牧渔业产出率（Y8）与城镇单位在岗职工数占比（X3）、人均社会消费品零售总额（X10）、人均工业增加值（X11）、人均城镇固定资产投资（X9）的关联系数均达到 0.85 以上，说明乡村产业与城镇产业发展具有强关联性，乡村产业发展对城镇化进程具有重要的推动作用。乡村土地与城镇系统的平均关联度为 0.704，但是每公顷耕地化肥施用量（Y4）与城镇系统的关联性较弱，基本上在 0.35 ~ 0.65 中等关联区间；土地结构要素中乡村人均耕地面积（Y3）与城镇系统关联性较强，均值在 0.750，虽然乡村土地产权制度限制了土地的自由流动导致乡村土地资源的流动性不强，但土地在城镇化进程和乡村发展中起着空间支撑作用，乡村土地不仅为乡村人口保障了居住场所、为农业的发展提供了耕地资源，也为城镇化发展提供了后勤保障。乡村人口结构要素中乡村非农就业率（Y1）与城镇系统关联系数均值为 0.621，表现为中等关联；乡村从业人员占比（Y2）与城镇系统关联性较强，其中 Y2 与第三产业产值占比（X12）关联度最高，达到 0.817，乡村从业人员增加不仅能发展乡村本地产业，在农民自给自足的同时，也满足了城镇化的需求，为城镇化的发展提供相应的原材料等，在提升农业生产效率的同时带动城镇化水平提高。

城镇系统中城镇基础与乡村系统的关联性最强，均值为 0.746 达到较强关联，结构要素中教育支出占比（X5）、万人普通中学在校生数（X7）与乡村从业人员占比（Y2）关联系数分别为 0.794、0.784，达到较强关联。X5、X6、X7 与乡村系统的关联系数均值均在较强关联区间。这是由于生活水平的提高带来社会对教育、医疗的投入增加，从而对乡村的吸引力也增强，对乡村系统产生较强的影响。城镇人口结构中人口密度（X1）与乡村系统关联性最强，人口密度与乡村人均耕地面积（Y3）、人均粮食产量（Y7）关联系数分别为 0.765、0.768，均达到较强关联。这是由于乡村人均耕地面积、乡村人均粮食产量均与乡村常住人口有关，城镇人口密度越大反映了乡村流入城镇人口越多，因此人口密度与乡村系统紧密关联。城镇产业结构要素中第三产业产值占比（X12）与乡村系统关联性最强，尤其是与乡村从业人员占比（Y2）关联系数达到 0.8 以上，城镇第三产业的发展会促进乡村人口向城镇迁移流动，这就使得乡村本地就业人员减少，从而也会影响乡村人均耕地面积（Y3），农民以兼业化的方式在城镇与乡村间流动，乡村常住人口因此减少。

二、长三角城乡系统关联的强要素与弱要素

通过计算 2004 ~ 2018 年城乡系统各要素关联度的均值，并将均值按照"从大到小"进行排序，得到表 6 - 6 弱关联要素（关联度排名后 3 位的要素）与强关联要素（关联度排在前 3 位的要素）。

表 6 - 6   2004～2018 年长三角县域城乡系统关联的要素驱动分析结果

年份	城镇对乡村		乡村对城镇	
	强作用要素	弱作用要素	强作用要素	弱作用要素
2004	X2;X12;X1	X7;X5;X9	Y8;Y6;Y9	Y4;Y5;Y1
2005	X2;X12;X1	X7;X5;X11	Y8;Y6;Y9	Y4;Y5;Y1
2006	X2;X12;X1	X7;X5;X11	Y8;Y6;Y9	Y4;Y1;Y5
2007	X12;X2;X8	X7;X5;X11	Y8;Y6;Y9	Y4;Y1;Y5
2008	X8;X12;X2	X11;X7;X3	Y8;Y9;Y6	Y4;Y1;Y5
2009	X8;X12;X1	X11;X3;X10	Y8;Y9;Y6	Y4;Y1;Y5
2010	X8;X12;X5	X3;X11;X10	Y8;Y9;Y6	Y4;Y1;Y5
2011	X8;X4;X12	X3;X11;X10	Y8;Y9;Y3	Y4;Y1;Y5
2012	X7;X8;X4	X3;X11;X10	Y8;Y9;Y3	Y4;Y1;Y5
2013	X7;X6;X8	X3;X11;X10	Y8;Y6;Y9	Y4;Y1;Y5
2014	X6;X7;X9	X3;X11;X10	Y6;Y8;Y9	Y4;Y1;Y5
2015	X6;X7;X5	X3;X11;X10	Y6;Y8;Y2	Y4;Y1;Y5
2016	X7;X6;X5	X3;X11;X4	Y6;Y8;Y2	Y4;Y1;Y5
2017	X6;X5;X7	X3;X4;X8	Y2;Y6;Y8	Y4;Y1;Y9
2018	X5;X6;X1	X4;X3;X12	Y2;Y6;Y8	Y4;Y1;Y9

（一）乡村对城镇的影响分析

总体来看，与城市人—基—业发展综合关联度由强到弱排序依次为乡村业、乡村地、乡村人。乡村对城市系统的强作用要素主要集中在乡村产业领域，排名前三位的要素主要是乡村农林牧渔业产出率（Y8）、农业机械化水平（Y6）、农村人均肉产量（Y9）3 个指标，其中乡村农林牧渔业产出率（Y8）出现频数为 15，农业机械化水平（Y6）出现 13 次，农村人均肉产量（Y9）出现 11 次。这主要是由于在乡村振兴中产业兴旺是关键，但是大多数农村经济主要以第一产业为主导产业，乡村产业除了第一产业还有二三产业，历史上乡镇企业曾经"异军突起"就发生在长三角地区的江苏，长三角地区的乡村第二产业经济规模相比较其他地区更大，工业型乡村分布在苏锡常，而服务型乡村分布在宁杭及台州地区。近年来，休闲农业和乡村旅游等新产业新业态发展迅猛，也为长三角地区的乡村产业发展提供依托，随着城市蔓延城乡在非农产业领域的关联性也逐渐增强。并且农村人均肉产量（Y9）这一要素对城市系统的影响在 2014 年后逐渐减弱，甚至在 2017 年后出现在弱因素中，随之替代的乡村从业人员占比（Y2）这一要素的影响作用排在前三名，这也进一步说明了乡村基础性产业（粮食生产、肉产量）对城市的影响作用逐渐减弱。

弱作用因子主要集中于每公顷耕地化肥施用量（Y4）和乡村非农就业率（Y1）要素，出现频数均为15，其次是有效灌溉率（Y5）出现了13次。虽然长三角地区的农业产业体系已经相比较其他地区更加全面，但是乡村土地自身流动性不强对城市系统的影响性较弱。另外，长三角发达地区，如苏南、浙东北等地乡村剩余劳动力就地转移比重大，可以发展乡村非农就业，但是长三角地区内部劳动力转移比重也很大，经济相对落后的地区乡村非农产业发展较为滞后，农村剩余劳动力选择流动到省内发达地区甚至邻近省份的大城市较多，因此乡村非农就业也不能成为城乡关联的重要环节。

（二）城镇对乡村的影响

城镇系统中对乡村地域关联的强作用因素主要分布在城镇基础设施领域，2004～2006年第三产业产值占比（X12）、城镇化率（X2）、人口密度（X1）是对乡村系统的主导作用因素，这是因为在城镇化进程起步阶段，城市空间蔓延、产业发展、人口流动都会对乡村地域系统产生重要影响。2007年开始万人社会福利院床位数（X8）要素开始挤进强作用要素前三，2012年后强作用要素基本就集中在城镇基础设施领域，即万人普通中学在校生数（X7）、万人拥有医院床位数（X6）、教育支出占比（X5）等要素，这反映了近年来长三角县域中尤其是经济发达地区，由于其交通基础设施便利、医疗教育等资源丰富也吸引了外来人口流入。2012年前第三产业产值占比（X12）一直作为强作用要素出现，这主要是由于城市化进程中，第三产业发展也越来越迅速，流动到城市的乡村人口更愿意从事收入水平相对较高的第三产业。

城镇系统对乡村系统的弱作用要素主要集中在城市工业发展、社会消费品零售领域。其中城市人均工业增加值（X11）出现频数为12次，且在2005～2016年连续出现。城镇单位在岗职工数占比（X3）出现频数为11次，原因在于长三角地区乡村就地城镇化的现象很多，城镇单位就业对乡村人口的吸引力并不强，浙西南地区有外出经商的传统，苏南地区乡镇企业发展势头迅猛解决了一部分农村剩余劳动力问题，还有安徽劳动力外流现象普遍。人均社会消费品零售总额（X10）出现频数为7次，城镇消费产业链延伸至乡村扩大了消费市场，但随着移动支付手段的普及，农村新业态的出现加上农村交通、基础设施等的改善，受城镇消费的影响也越来越小。2018年前弱作用要素还集中在X7、X5城镇基础设施领域，近些年城镇人口发展要素X3、X4对乡村地域系统的影响反而越来越弱，城镇基础设施要素已成为近些年城乡关联的重要领域。

第三节 乡村振兴与新型城镇化的交互作用分析

一、长三角县域城镇人—基—业与乡村人—地—业时空格局

（一）时序演变特征

从图6-1总体来看，2004～2018年乡村人—地—业发展相较于城镇波动较大，其中乡村人口发展波动最大，2004～2007年呈现下降趋势，2007～2011年呈现稳步增长的趋势，2011～2016年又表现出下降的势头，但是到2017年又达到峰值；乡村土地在2004～2010年一直保持平稳的发展趋势，2010～2013年出现急速下滑，2013～2018年维持稳步增长中又有所调整的势头；乡村产业相较于乡村土地、乡村人口发展一直呈现稳步增长的趋势，2013年后略有调整，但波动幅度较小。

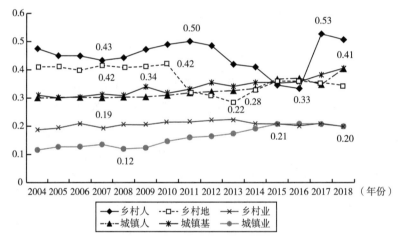

图6-1 长三角县域城乡发展时序演变过程

2004～2018年城镇人—基—业发展呈现逐步上升的趋势，其中城镇人口发展和城镇基础设施演变过程基本保持一致，2004～2018年一直保持稳步增长的同时略有调整，城镇人口相较于城镇基础设施波动略有起伏，城镇基础设施发展势头在2016年后增长更猛。城镇产业发展相较于城镇人口和城镇基础设施发展指数均值偏低，但总体发展趋势平稳，除了2008年、2018年略有下降，其余年份均保持良好的稳步增长趋势，并且城镇产业和乡村产业演变趋势基本保持一致，尤其在2015年后还出现重叠趋势，这也进一步说明城乡产业发展关联性强。

（二）乡村人—地—业时空格局

根据指标体系人口维度的测度结果，2004～2018年乡村人口发展水平空间分异显

著，呈现"东南高、西北低"的分布特征，随着时间推移中高值区域明显地向北扩散，分布在中等水平区间（0.4~0.6）的区域显著增多。2004年高值区域——乡村人口发展水平在0.8以上的县域主要分布在浙江的义乌市、临海市、温岭市。中高值区域（0.6~0.8）主要分布在浙江北部和江苏南部。中低值区域（0.4以下）主要分布在安徽西北部和江苏北部，乡村人口外流现象严重，外出务工人员较多导致乡村剩余人口多以老人、小孩居多，乡村就业和乡村非农化难以发展；到2011年高值区域（0.8以上）增加了浙江慈溪市、平湖市和江苏的常熟市、太仓市，这些地区本身乡村经济发展较好，以其自身的商旅服务业为主导，能够为当地农民提供较多的就业机会，因此乡村人口发展水平较高。低值区域（0.2以下）除了分布在安徽省濉溪县还增加了江苏的泗洪县和灌云县。中低值区域（0.2~0.4）相较于2004年明显减少，尤其是皖南地区由中低值区域向中等水平演进，安徽芜湖的无为市和繁昌县的乡村人口水平显著提高，挤进中高值区域（0.6~0.8）。到2018年高值区域变化不大，增加了江苏昆山市，减少了浙江义乌市。低值区域变化明显，分布在安徽的霍邱县、定远县、来安县、固镇县以及浙江的仙居县、天台县。虽然低值区域有所增加，但是中高值区域（0.6~0.8）明显向北扩散，尤其是江苏北部乡村人口外流现象近些年明显缓解，还增加了安徽的怀宁县、涡阳县。中低值区域（0.2~0.4）由北向南迁移，由原先的皖北、苏北地区集中分布向浙西南地区迁移呈扩散趋势。总体而言，乡村人口发展水平高值区域基本上聚集于长三角经济发达的东部地区，这些地区乡村发展底子好，家门口就有很多就业机会，因此乡村人口不需要大量流出，乡村人口发展就有很多机遇。

根据指标体系土地维度的测度结果，2004~2018年长三角县域乡村土地发展水平空间变化明显，随着时间推移中高值区域（0.4以上）明显减少，低值区域（0.2以下）有所增加。2004年长三角县域乡村土地发展水平空间分异特征显著，呈现"北高南低"的趋势，高值区域（0.5以上）大部分分布在苏北地区以及安徽的长丰县、肥东县、全椒县、和县等。低值区域（0.2以下）分布在浙江的文成县、玉环市、宁海县、岱山县。2011年高值区域（0.5以上）明显减少，只剩下安徽的金寨县、舒城县和全椒县。低值区域有所增加主要集中在浙南地区的云和县、苍南县、瑞安市、青田县、缙云县、温岭市、临海市、宁海县，这些地区较多沿海发展，当地村民趋向于外出务工或经商谋生，使得乡村常住人口有一定的流失，土地搁置而无人问津。长三角大部分区域乡村土地发展水平集中在0.2~0.4。2018年中高值区域（0.4以上）又有所增加，还是主要分布在皖北和苏北地区，中低值区域（0.3以下）主要集中在浙南地区。乡村土地发展水平和乡村人口分布截然不同，乡村土地低值区域集中在长三角西南地区，乡村常住人口的流失加剧了村庄空心化现象，导致土地集约化程度低，相反长三角北部地区乡村土地集约化利用程度高、发展水平高。

根据指标体系产业维度的测度结果，2004~2018年长三角县域乡村产业发展总体上呈现"东北高，西南低"的空间分异特征，中高值区域（0.3以上）由北向南逐渐扩散，中等水平区域（0.2~0.3）由东向西逐渐扩散。2004年乡村产业发展水平最高的县域是浙江温岭市（0.764），其次中高值区域（0.3~0.5）分布在浙江象山县、岱山县，江苏的太仓市、昆山市、金湖县、高邮市、射阳县以及安徽的天长市。低值区域（0.1以下）则集中在安徽的金寨县、岳西县、宿松县和浙南地区。到2011年中高值区域（0.3~0.5）明显增多，主要集中在江苏，由苏北向苏南扩散，高值区域（0.5以上）增加了江苏的昆山市、太仓市，中值区域（0.2~0.3）也明显由东向西扩散，主要是增加了皖北地区。2018年高值区域（0.5以上）又发生变化，由苏南向苏北迁移，分布在金湖县和射阳县，虽然低值区域（0.1以下）有所增加，主要集中在浙南和浙西南地区，但是中高值区域（0.3~0.5）也明显趋于连片分布在江苏苏州市、盐城市、淮安市和扬州市等地。总体上看，乡村产业发展水平较高的县域主要分布在长三角东部地区，虽然长三角东北部乡村产业发展以满足日常需求的基础性产业为主，但是沿海经济为乡村产业发展也带来了多元化、规模化等优势。

（三）城镇人—基—业时空格局

根据指标体系人口维度的测度结果，2004~2018年长三角县域城镇人口发展空间分异呈现"东北高，西南低"的显著特征，城镇人口发展水平由东北向西南逐层递减，随着时间推移中高值区域（0.4以上）不断向外扩散，低值区域（0.1以下）明显减少。2004年高值区域（0.6以上）呈带状集中分布在江苏的扬中市、泰兴市、靖江市、江阴市、张家港市、常熟市、太仓市、昆山市，以及浙江的海宁市、玉环市。低值区域（0.1以下）零星分散在安徽的岳西县、东至县、休宁县、绩溪县，浙江的开化县、龙泉市、松阳县、文成县、泰顺县、仙居县。2011年城镇人口发展水平中高值区域（0.4以上）明显增加，主要集中在浙北地区和江苏大部分县市以及浙南零星县市，高值区域（0.6以上）增加了江苏的海安市、如皋市、海门市、丰县、沛县、睢宁县、新沂市、沭阳县，浙江的平湖市、海盐县、温岭市。中低值区域（0.1~0.2）集中分布在长三角西南边缘地带并且不断向东北方向扩散。到2018年低值区域（0.1以下）显著减少，只剩下浙江的景宁畲族自治县。中低值区域（0.1~0.2）也由北向南逐渐减少，中等水平区域（0.2~0.4）不断向北扩散。高值区域（0.6以上）呈连片式块状分布，主要集中在苏南、苏中南通部分地区，浙北嘉兴，浙南温州、台州部分县市，苏北零星分布在徐州、宿迁、淮安等部分县市。

根据指标体系基础设施维度的测度结果，2004~2018年长三角县域城镇基础设施发展水平显著提高，高低值区域空间分布较为分散，高值区域由南向北显著增加。2004年低值区域（0.2以下）主要集中在皖北地区，分布在临泉县、阜南县、颍上县、利辛县、蒙城县、涡阳县、霍邱县、无为市以及浙江的文成县。高值区域（0.5以上）分布在江苏的江阴市，浙江的嘉善县、瑞安市。中高值区域（0.4~0.5）大部分分散在浙东北、苏南部分县市。2011 年高值区域（0.5 以上）明显增多，连片式分布在苏南地区的江阴市、张家港市、常熟市、太仓市、昆山市，浙江的嘉善县、桐乡市、海宁市、诸暨市、东阳市，呈现带状分布。低值区域（0.2 以下）零星地分散在安徽的萧县、临泉县、寿县、旌德县、歙县，浙江的青田县、文成县、景宁畲族自治县以及江苏的扬中市、宝应县。2018 年变化最明显的是高值区域（0.5 以上）显著增多，这也反映了长三角县域城镇基础设施建设显著改善，尤其是安徽的大多数县市城镇基础设施水平显著提高，皖北地区部分县市由中低值区域向中高值跃迁。中高值区域（0.4~0.5）数量也大幅增加，浙东北大部分县市的基础设施条件明显得到提高。总体来看，长三角地区城镇基础设施省内差异明显，低值区域的分布较为分散，高值区域呈现带状、块状分布较多，说明城镇基础设施发展具有空间溢出效应。

根据指标体系产业维度的测度结果，2004~2018 年长三角县域城镇产业空间布局呈现显著的"东南高，西北低"的分异特征，随着时间推移低值区域（0.1 以下）由东到西明显减少，中高值区域（0.3 以上）由北向南逐渐扩散。2004 年城镇产业发展低值区域（0.1 以下）基本涵盖安徽全县以及苏北地区、浙西南部分县域。中高值区域（0.3 以上）呈现连片分布趋势，主要集中在江苏的江阴市、张家港市、常熟市、太仓市，浙江的桐乡市、海宁市、平湖市、海盐县、慈溪市、余姚市。2011 年低值区域（0.1 以下）由东向西减少，主要分布在皖北、皖南地区，高值区域（0.5 以上）连片分布在江苏的江阴市、张家港市、常熟市、太仓市、昆山市以及浙江的海宁市，浙西南部分地区的城镇产业也显著提高，由低值区域（0.1 以下）向中低值区域转变。2018 年低值区域（0.1 以下）明显减少，大部分集中在皖北地区。中高值区域（0.3 以上）明显增加，连片分布在苏南和浙东北地区。总体来看，城镇产业呈弱势的县市主要分布在苏北、皖北、浙江南部，并在皖南零星分布。城镇产业发展好的主要还是集中在苏南强县以及浙东北部分县市。

二、基于城乡人—地（基）—业的空间交互作用分析

为了更精确地检验城镇人—基—业和乡村人—地—业是否存在空间自相关，首先计算了城镇人—基—业与乡村人—地—业的全局 Moran's I，均大于 0 且在 1% 的统计水平上显著。因此，在接下来的空间联立方程分析城镇化与乡村人—地—业的交互影响时，必须把这种空间特征考虑进来。以往多数文献只对城镇与乡村系统的单向关系进行了实证检验，考虑到新型城镇化与乡村振兴可能存在双向因果关系（孔亚男，2014），本书首先采用三阶段最小二乘法（3SLS）进行了估计，再通过广义空间三阶段最小二乘法（GS3SLS）考查乡村人—地—业与城镇化的空间交互效应，通过比较 3SLS 和 GS3SLS 的

估计结果可以得出，在考虑了空间溢出效应后，空间联立方程比普通联立方程的拟合优度（R^2）明显提升，且在空间联立方程中考虑了空间滞后项的模型变量系数均有所提高，因此这里只显示了空间联立方程结果进行分析（朱介鸣，2013）。

（一）城镇人口与乡村人—地—业

表6-7显示本地城镇人口对乡村人口的影响效应为负，系数为-0.615，并且通过了1%水平上的显著性检验，说明城镇人口每提高1单位，乡村人口减少0.615个单位。邻近县域城镇化（$w \times urbp$）为-2.397且通过了1%水平上的显著性检验，说明邻近县域城镇人口水平的提高会减少本地的乡村人口。因此，可以得到的结论为：本地和周边县域城镇人口水平的提高均会减少乡村人口。县域人口城镇化进程加快能够给农民提供更多的就业机会，为乡村人口就近就业创造了条件也带来了乡村人口的流失。同时，本地城镇化发展到一定阶段造成的人口集聚，带动周边地区人口城镇化水平提高也会吸引本地乡村人口流动，导致乡村人口减少；本地城镇人口对乡村土地、乡村产业的影响效应均为正，且通过了1%水平的显著性检验。一方面，人口城镇化水平越高，转移到城市的劳动力越多，使得农村土地经营趋向规模化、机械化，通过提高机械化水平来代替劳动力。另一方面，在人口城镇化中吸引了一部分乡村人口流向城市，使得乡村常住人口减少，人均粮食、肉产量则在稳定提高，从而带来乡村产业发展水平的提高。但是周边人口城镇化水平的提高在吸引本地乡村人口进城务工的同时，还不足以带动本地乡村土地和乡村产业水平的提高，这需要后面进一步在边界效应分析中寻找城镇化效应的最优辐射距离。

表6-7 　　　　　　长三角县域城镇人口与乡村人—地—业的 GS3SLS 估计结果

变量	城镇人与乡村人		城镇人与乡村地		城镇人与乡村业	
	rurp	*urbp*	*rurl*	*urbp*	*ruri*	*urbp*
$W \times urbp$	-2.397 *** (-7.53)	3.851 *** (7.27)	-0.981 *** (-4.93)	2.158 *** (6.27)	-1.265 *** (-4.52)	2.485 *** (6.06)
$W \times rur$	1.821 *** (5.29)	-2.914 *** (-8.32)	1.735 *** (5.24)	-3.349 *** (-6.12)	2.090 *** (5.93)	-3.889 *** (-6.13)
urbp	-0.615 *** (-4.71)		0.478 *** (3.73)		0.559 *** (4.44)	
$rur(p \backslash l \backslash i)$		1.680 *** (7.30)		1.594 *** (6.38)		1.283 *** (6.63)
ln*pgdp*	0.176 *** (7.20)	0.323 *** (5.14)	-0.056 *** (-7.49)	0.391 *** (5.44)	0.024 *** (3.53)	0.392 *** (5.32)

续表

变量	城镇人与乡村人		城镇人与乡村地		城镇人与乡村业	
	rurp	urbp	rurl	urbp	ruri	urbp
lnins	0.002 (0.43)	-0.035 *** (-4.40)	0.030 *** (6.74)	-0.046 *** (-4.98)	-0.023 *** (-5.77)	-0.043 *** (-5.81)
ln$save$		0.055 *** (4.07)		0.021 ** (2.48)		0.031 *** (4.03)
lnfc		-0.145 ** (-2.05)		-0.143 (-0.58)		-0.129 (-0.03)
lnfe		0.051 *** (4.61)		0.118 *** (5.85)		0.096 *** (4.15)
ln$fltp$	0.024 *** (3.87)		-0.035 *** (-9.73)		0.016 *** (4.91)	
lnric	0.012 *** (3.21)		-0.017 *** (-3.12)		-0.028 *** (-5.06)	
lnagd	-0.085 *** (-2.94)		0.056 *** (7.06)		0.107 *** (7.15)	
_cons	-0.290 *** (-7.38)	0.451 *** (7.33)	0.438 *** (8.16)	-1.027 *** (-10.47)	-0.454 *** (-10.79)	-0.202 *** (-3.89)
R^2	0.547	0.433	0.228	0.395	0.483	0.504

注：括号内数字为 t 值，*** 、** 分别代表1%、5%的显著性水平。

乡村人—地—业对城镇人口的影响系数均为正，且影响效应从大到小依次为乡村人口＞乡村土地＞乡村产业，但是乡村人—地—业的空间滞后项系数均为负，且在1%的统计水平上显著，形成了乡村人—地—业显著推动本地人口城镇化抑制周边人口城镇化的局面。这主要是由于在本地城镇化进程的驱动下，乡村劳动力优先向本地城镇迁移，然后才是向周边城镇迁移。虽然部分乡村劳动力流向城镇，剩余劳动力不足，这在一定程度上也推动了乡村土地经营水平的提高，农业机械化、规模化经营是大势所趋，农业机械化水平的提高意味着粮食产量、肉产量稳定，乡村产业水平的提升也就意味着劳动生产率的提高，这就使得更多的乡村人口流向城镇，进一步推动人口城镇化进程。但是本地乡村人—地—业水平的提高，最先满足的是本地城镇化的需要，对周边城镇化进程的推动作用还不足以发挥。

城镇化方程中控制变量结果显示，经济发展 ln$pgdp$ 对城镇人口的发展起着正向作用，通常人均 GDP 高的地区人口城镇化水平较高，医疗、教育等有利于改善居民生活水平的条件吸引着人口向城市集聚又进一步推动城镇化进程；产业结构 lnins 对城镇人口的影响效应为负，且均通过了1%水平的显著性检验。产业结构中以工业发展为主未必就能吸引乡村人口进入城镇，在城镇化初级阶段工业发展会吸引大量劳动力，但是在城镇化提质增效阶段工业发展带来的环境问题等可能不利于人口城镇化进程；居民储蓄 lnsave 对城镇人口的影响效应均显著为正，城乡居民储蓄越高说明居民生活水平提高越有利于城镇人口的发展；金融发展 lnfc 对城镇人口的影响为负相关，但是大多不显著，说明金融发展对城镇化的推动效应还未发挥作用；财政支出 lnfe 对城镇人口起着正向推动作用，说明政府财政支出对于促进全体居民的生活水平提高，推动人口城镇化具有积极的意义。

（二）城镇基础设施与乡村人—地—业

表6-8显示城镇基础设施发展对乡村人口的影响显著为正，对乡村土地的负效应未通过显著性检验，对乡村产业的影响效应为负且通过了1%水平的显著性检验。邻近地区城镇基础设施（$w \times urbl$）对乡村人—地—业均产生显著的负向效应。城镇基础设施水平的提高主要体现在教育、医疗、社会保障方面，这些公共服务领域与人民生活息息相关，城镇基础设施具有延伸性一定程度上能实现本地乡村人口共享公共服务，离土不离乡的情结使得本地乡村人口在享受基础设施的同时更好地留在当地就业。但是邻近乡村未必就能享受城镇的公共服务，反而会吸引更多的乡村人口流向邻近城镇，因此邻近城镇基础设施对本地乡村人口产生负效应。本地和邻近城镇基础设施对乡村产业的负向效应体现在，乡村基础设施建设由于公益性强、收益性低，吸引来的社会资本往往很少，但是城镇基础设施公共服务的延伸性对于乡村人口也许能受惠，对于振兴乡村产业的带动性还不足以发挥。相反还会在一定程度上吸引乡村人口流入本地及周边城镇，或者本地村民发展非农化，对于乡村基础性产业的发展缺少人、地、钱的支持。

乡村人口对城镇基础设施的发展起着正向作用，尤其是乡村人口中非农就业的提升在一定程度上为城镇化进程的推动提供了依托，进一步带来基础设施公共服务水平的提升。乡村土地发展对城镇基础设施水平提升还未能发挥作用，乡村产业对城镇基础设施建设的影响效应为负。这里的乡村产业还是以传统农业为主，以生产基础性产业为主多以满足农民自身的需要，缺乏发展现代服务业、农产品加工业、现代农产品物流等新兴产业，因此乡村产业的提升还是以人为主，未能推动城镇基础设施水平提高，甚至还有可能需要人力资本回流阻碍公共服务的提升。空间滞后项显示只有邻近地区的乡村人口对城镇基础设施建设的负向效应显著，邻近县域乡村人口水平提升意味着乡村非农化发展势头良好、乡村就业人数增加，这不仅会带来本地城镇人口回流，还有可能吸引邻近县域人力资本，从而对邻近地区城镇基础设施建设起到负向作用。

表 6 - 8　　　长三角县域城镇基础设施建设与乡村人—地—业的 GS3SLS 估计结果

变量	城镇基与乡村人		城镇基与乡村地		城镇基与乡村业	
	rurp	*urbl*	*rurl*	*urbl*	*ruri*	*urbl*
$w \times urbl$	- 3.005 *** (- 7.35)	1.480 *** (11.54)	- 0.844 *** (- 9.31)	0.340 *** (4.44)	- 1.496 *** (- 8.29)	0.192 (1.49)
$w \times rur$	1.962 *** (7.17)	- 0.933 *** (- 10.50)	1.439 *** (7.30)	- 0.099 (- 1.23)	2.312 *** (7.66)	- 0.109 (- 0.59)
urbl	0.783 *** (11.85)		- 0.007 (- 0.12)		- 0.469 *** (- 8.42)	
$rur(p\backslash l\backslash i)$		0.431 *** (10.70)		- 0.042 (- 0.80)		- 0.171 *** (2.86)
ln*pgdp*	0.090 *** (2.84)	0.080 ** (2.30)	0.050 * (1.88)	0.009 (0.30)	0.373 *** (13.79)	0.171 *** (4.26)
ln*ins*	0.034 * (1.66)	0.024 (1.55)	0.091 *** (5.41)	0.108 *** (8.13)	0.027 * (1.64)	0.100 *** (7.66)
ln*save*		- 0.077 * (- 1.75)		- 0.013 (- 0.31)		- 0.002 (- 0.04)
ln*fc*		0.324 *** (7.10)		0.468 *** (9.81)		0.385 *** (8.62)
ln*fe*		- 0.091 *** (- 3.54)		- 0.095 *** (- 3.70)		- 0.133 *** (- 5.26)
ln*fltp*	0.082 *** (3.75)		- 0.159 *** (- 7.87)		0.128 *** (7.33)	
ln*ric*	0.216 *** (9.27)		0.019 (0.82)		0.150 *** (7.70)	
ln*agd*	- 0.103 *** (- 5.72)		0.098 *** (5.86)		0.106 *** (7.00)	
_cons	0.203 *** (8.03)	0.087 *** (4.98)	0.162 *** (7.57)	0.236 *** (14.26)	0.230 *** (11.77)	0.268 *** (6.10)
R^2	0.510	0.191	0.408	0.374	0.346	0.344

注：括号内数字为 t 值，***、** 和 * 分别代表 1%、5% 和 10% 的显著性水平。

城镇化方程中控制变量结果显示经济发展 ln*pgdp* 对城镇基础设施的发展起着正向作用，通常人均 GDP 高的地区医疗、教育、交通等公共服务发展良好；产业结构 ln*ins* 对城镇基础设施的影响效应均为正，且均通过了 1% 水平的显著性检验。工业发展是城镇基础设施建设的基础，尤其是传统基建等离不开工业的发展；居民储蓄 ln*save* 对城镇基础设施的影响效应为负，但总体上未通过显著性检验，说明居民储蓄水平提高对城镇基础设施建设的推动效应还未发挥作用；金融发展 lnfc 对城镇基础设施的影响均显著为正效应，说明在城镇化建设中金融发展起着支撑作用，金融发展为城镇化过程中基础设施建设提供了信贷支持；财政支出 lnfe 对城镇基础设施起着正向推动作用，说明政府财政支出对于促进全体居民的生活水平提高，推动基础设施建设具有积极的意义。

(三) 城镇产业与乡村人—地—业

表6-9 显示城镇产业对乡村人口、乡村产业的影响效应均为正且通过了1%水平的显著性检验，城镇产业对乡村土地的影响效应显著为负。空间滞后项显示邻近地区的城镇产业对本地乡村人口、乡村土地、乡村产业均显著为负。城镇产业发展的同时形成产业集聚，产业集聚所需的支撑原材料促进了农村相关产业的发展，加快了农业结构调整，使得本地农民可以就地实现非农就业，推动了本地乡村人口水平的提升。城镇产业集聚也吸引了邻近地区的乡村人口，周边地区的农民无法就地城镇化只能去邻近的城镇发展，从而造成乡村人口流失带来乡村人口水平的下降；城镇化进程中城镇居民加大了对粮食等基础性产品的需求，带来了农产品生产原材料的发展，也推动了农业规模化生产的转变，促使农业向多元、高效方向发展，从而促进农业产出水平，进而推动乡村产业的发展。而周边地区城镇化水平的提高会吸引乡村青壮年流动，使得乡村劳动力减少反而不利于本地乡村产业的发展；随着产业城镇化的进程，产业集聚增加了对土地的需求，促使城市建成区不断向周边扩张，扩张到一定程度可能占用农村土地，致使该区域耕地面积减少、土地水平下降。同时，随着产业城镇化的发展，不仅本地农村青壮年劳动力外流，邻近地区城镇化水平提高也会吸引本地乡村青壮年，致使乡村常住人口减少，耕地闲置，农业生产所需的基本要素缺乏乡村土地发展水平退化。

表6-9　　　　　　长三角县域城镇产业与乡村人—地—业的 GS3SLS 估计结果

变量	城镇业与乡村人		城镇业与乡村地		城镇业与乡村业	
	rurp	urbi	rurl	urbi	ruri	urbi
$w \times urbi$	-2.538 *** (-6.35)	-0.365 *** (-4.41)	-1.088 *** (-5.26)	-0.973 *** (-6.59)	-1.829 *** (-5.96)	0.523 *** (6.46)
$w \times rur$	1.145 *** (6.86)	0.175 *** (4.38)	1.310 *** (9.88)	0.064 (0.53)	2.067 *** (10.57)	-0.706 *** (-8.74)
$urbl$	0.454 *** (4.86)		-0.972 *** (-8.98)		0.549 *** (7.67)	
$rur(p\backslash l\backslash i)$		0.240 *** (3.26)		-0.859 *** (-8.69)		0.409 *** (3.84)
$lnpgdp$	-0.059 (-0.80)	0.477 *** (8.88)	0.790 *** (8.14)	0.761 *** (3.55)	0.031 (0.53)	0.348 *** (5.72)

续表

变量	城镇业与乡村人		城镇业与乡村地		城镇业与乡村业	
	rurp	*urbi*	*rurl*	*urbi*	*ruri*	*urbi*
ln*ins*	0.057 *** (2.66)	0.076 *** (6.99)	0.143 *** (9.46)	0.134 *** (4.26)	−0.049 *** (−3.14)	0.158 *** (7.09)
ln*save*		−0.088 *** (−2.70)		−0.025 (−1.18)		−0.065 ** (−2.27)
ln*fc*		0.265 *** (7.37)		0.089 *** (3.41)		0.413 *** (12.78)
ln*fe*		0.124 *** (6.18)		0.009 (0.62)		0.038 ** (2.21)
ln*fltp*	0.224 *** (6.16)		−0.021 (−1.16)		0.039 (1.48)	
ln*ric*	0.340 *** (11.95)		0.008 (0.58)		0.127 *** (5.60)	
ln*agd*	−0.195 *** (−8.90)		0.017 * (1.67)		0.104 *** (6.49)	
_cons	0.212 *** (9.68)	−0.087 *** (−11.19)	0.141 *** (10.52)	0.127 *** (11.13)	−0.021 (−1.59)	−0.015 ** (−2.04)
R^2	0.593	0.800	0.217	0.564	0.442	0.813

注：括号内数字为 t 值，*** 、** 和 * 分别代表1%、5%和10%的显著性水平。

结果显示，本地乡村人口与产业发展对城镇产业的影响系数均显著为正，乡村土地对城镇产业影响显著为负。空间滞后项显示邻近地区乡村人口、乡村土地对城镇产业的影响效应显著为正，而乡村产业对城镇产业影响效应则为负。乡村非农就业和乡村从业人员增加代表乡村人口水平的提高，人力资本是城镇产业发展的基础，乡村非农化的发展能够为城镇产业发展提供保障。邻近地区乡村人口水平提高也会带来乡村市场的打开，产业发展提供便利，就近扩大市场；土地是乡村的根基所在，能够为农民的居住场所，也是农业发展的沃土，在城乡发展中扮演着保障、支撑的角色，乡村土地发展水平的提高主要归因于乡村土地面积增加或者是乡村常住人口的减少，现阶段乡村耕地资源很难增加，因此是乡村人口流动到城镇为产业集聚提供人力资本。但是乡村土地的流动性较弱，因此周边地区的乡村土地对本地产业城镇化的影响力还不足以发挥。

乡村产业空间滞后项（$w. ruri$）系数为 −0.706，通过了1%水平的显著性检验，说明邻近地区乡村产业的提升会降低本地城镇产业水平。而本地乡村产业（$ruri$）的系数为0.409，且通过了1%水平的显著性检验，表明本地乡村产业的提升会对本地产业城镇化产生正向影响。总结起来，邻近县域和本地乡村产业发展对城镇化产生的效应恰好相反，这是因为邻近县域乡村产业的发展能够带动本地相关联产业的发展，为周边地区的乡村人口提供了就业机会，减少乡村劳动力向城镇的转移，不但流向城镇的人口减少，乡村产业兴旺也有可能吸引城镇人才回流；而本地乡村产业越发达，可以为城镇化的发展提供相应的原材料，提供基础性支撑，也为就近消费农产品原料扩大了市场，从而推动了本地产业城镇化进程。

城镇化方程中控制变量结果显示，经济发展 lnpgdp 对城镇产业的发展起着正向作用，通常经济发达的地区对于推动产业城镇化能够提供经济基础支撑；产业结构 lnins 对城镇产业的影响效应均为正，且均通过了 1% 水平的显著性检验。工业发展是城镇产业发展的基础，尤其是城镇固定资产投资等离不开工业的发展；居民储蓄 lnsave 对城镇产业的影响效应均为负，说明居民储蓄水平提高对城镇产业的推动效应还未发挥作用；金融发展 lnfc 对城镇产业的影响均显著为正效应，金融机构在城镇产业发展中可以扮演资金支持的桥梁作用，通过剩余资金流动形成良性循环，财政支出 lnfe 对城镇产业起着正向推动作用。

在城镇人口与乡村人—地—业方程中，产业结构与经济发展对乡村人—地—业发展的影响并不相同，经济发展对乡村人口与产业均产生正向效应。经济发达的地区往往能够为乡村非农化发展提供更有利的人才、技术、资金等条件，因此乡村非农就业人口增加，乡村人口就近就业带动了乡村人口发展。从而为乡村产业发展提供了人力资本支撑，经济发达的地区为乡村产业发展也提供了经济基础。而经济发达的地区往往也是城镇发展快速的地区，城镇化进程的加快使得中心城区不断向外扩张侵占了部分乡村土地，反而不利于乡村土地的发展。

产业结构对乡村人口、乡村土地的影响均为正，但乡村人口未通过显著性检验，对乡村产业的影响为负效应。产业结构对乡村土地的影响为正且通过了显著性检验，主要是由于以工促农的发展路径，工业发展的原材料需求带动了乡村土地的发展，但是工业发展在初期也会对乡村产业形成冲击，吸引大量乡村人口进城务工从而导致乡村基础性产业的衰落。

信息化发展 lnfltp 对乡村人口、乡村产业均表现为正效应，对乡村土地为负效应，信息化发展有助于乡村人口与外界的便捷交流，农村居民可以便捷获取外部世界的信息变革和发展经验，让农业农村农民与城市的联通无限接近，为乡村产业发展提供依托。

农村收入 lnric 对乡村人口为正效应，对乡村土地、乡村产业均为负效应，这可能是由于农村人均收入的提高带来了乡村非农化的发展，所以对乡村基础性产业产生冲击，传统农业无法带来农民收入的提高，致使农民必须寻找发展非农产业的有效方法，因而造成了对乡村土地与产业的负向影响。

农业发展 lnagd 对乡村人口表现为负效应，对乡村土地、乡村产业均显著为正，农业发展水平的提高带动了乡村劳动力就近就业，但是以第一产业为主，因此不利于乡村非农人口就业，对乡村人口产生负向影响。而农业发展作为乡村的支柱性产业，对乡村土地的需求量大尤其是耕地资源，从而带动了乡村土地和乡村基础性产业的发展。

在城镇基建与乡村人—地—业方程中，经济发展、产业结构、农村收入均对乡村人—地—业产生正向效应。信息化发展、农业发展结果与上述相同。在城镇产业与乡村人—地—业方程中，经济发展对乡村人口表现为负效应，对乡村土地、乡村产业产生显著的正效应。产业结构、信息化、农业发展对乡村人—地—业的影响与城镇人口和乡村人—地—业方程中结果一致，农村收入对乡村人口、乡村产业的效应均显著为正，对乡村土地的正向效应不显著。由于控制变量结果变化不大，这里就不加以赘述。

三、长三角地区城乡交互影响的空间边界分析

基于上述分析，考虑到乡村人—地—业和城镇人—基—业的空间溢出效应在不同的空间范围内可能产生的影响不同，首先测度出乡村人—地—业的综合指数乡村振兴指数 rur，以及城镇人—基—业的综合指数新型城镇化水平 urb。其次，基于路网最短路径的可达距离分成（0,100]、（100,200]、（200,300]、（300,400]、（400,500] 以及 500 以上的不同区间。表 6 - 10 给出了长三角县域不同距离条件下乡村对城镇的空间溢出及地区交互影响的估计结果，表 6 - 11 给出了长三角县域不同距离条件下城镇对乡村的空间溢出及地区交互影响的估计结果。

表 6 - 10　　　　基于不同距离条件下乡村振兴对新型城镇化的空间溢出效应

变量	距离（千米）						
	（0,100]	（100,200]	（200,300]	（300,400]	（400,500]	500 以上	全距离
$w \times urb$	2.876 *** (17.45)	0.485 ** (2.53)	- 1.447 *** (- 5.25)	- 3.946 *** (- 10.71)	- 0.533 (- 1.11)	2.315 *** (4.76)	0.690 *** (7.75)
$w \times rur$	- 2.152 *** (- 14.92)	- 1.352 *** (- 8.69)	- 0.009 (- 0.04)	2.302 *** (7.49)	2.517 *** (5.99)	- 0.213 (- 0.63)	- 0.846 *** (- 11.78)
rur	0.789 *** (6.45)	0.820 *** (6.14)	0.782 *** (11.28)	0.385 *** (8.35)	0.674 *** (4.12)	0.722 *** (6.48)	0.965 *** (13.00)
$pgdp$	0.269 *** (10.34)	0.462 *** (9.03)	0.494 *** (14.3)	0.615 *** (14.07)	0.520 *** (7.59)	0.497 *** (6.59)	0.326 *** (10.36)
ins	0.070 *** (6.56)	0.136 *** (11.78)	0.112 *** (9.92)	0.083 *** (7.87)	0.111 *** (10.09)	0.124 *** (11.27)	0.123 *** (9.89)
$save$	0.024 (1.33)	0.050 *** (2.66)	0.114 *** (4.40)	0.205 *** (6.12)	0.110 *** (4.19)	0.127 *** (4.59)	0.047 ** (2.16)
fc	0.020 (0.97)	0.012 (0.61)	- 0.018 (- 0.65)	- 0.071 * (- 1.86)	- 0.003 (- 0.10)	0.012 (0.39)	0.027 (1.08)

续表

变量	距离（千米）						
	(0,100]	(100,200]	(200,300]	(300,400]	(400,500]	500 以上	全距离
fe	0.015 (1.28)	0.024 ** (2.09)	0.020 (1.20)	0.101 *** (4.44)	0.067 *** (3.86)	0.084 *** (4.74)	0.026 * (1.95)
_cons	− 0.095 *** (− 12.13)	− 0.101 *** (− 12.88)	− 0.106 *** (− 8.89)	− 0.001 (− 0.06)	− 0.156 *** (− 13.15)	− 0.155 *** (− 14.76)	− 0.106 *** (− 8.77)
Adj. R^2	0.734	0.676	0.680	0.782	0.709	0.702	0.617

注：括号内数字为 t 值，*** 、** 和 * 分别代表 1%、5% 和 10% 的显著性水平。

表 6 – 11　　基于不同距离条件下新型城镇化对乡村振兴的空间溢出效应

变量	距离（千米）						
	(0,100]	(100,200]	(200,300]	(300,400]	(400,500]	500 以上	全距离
w × rur	2.722 *** (16.14)	1.579 *** (8.28)	0.139 (0.46)	− 0.392 (− 0.80)	− 3.007 *** (− 5.22)	− 0.035 (− 0.07)	0.927 *** (13.27)
w × urb	− 3.602 *** (− 18.28)	− 0.503 ** (− 2.00)	1.538 *** (3.97)	0.653 (1.09)	− 0.146 (− 0.23)	− 2.235 *** (− 3.09)	− 0.783 *** (− 8.44)
urb	1.201 *** (4.98)	1.170 *** (3.81)	1.075 *** (5.66)	0.673 *** (9.53)	1.072 *** (12.18)	0.995 *** (12.00)	0.993 *** (13.28)
pgdp	− 0.300 *** (− 9.59)	− 0.525 *** (− 15.96)	− 0.461 *** (− 12.89)	− 0.037 (− 0.66)	− 0.402 *** (− 9.90)	− 0.361 *** (− 8.96)	− 0.315 *** (− 9.85)
ins	− 0.068 *** (− 4.78)	− 0.144 *** (− 9.6)	− 0.082 *** (− 5.50)	0.031 * (1.82)	− 0.076 *** (− 4.79)	− 0.074 *** (− 4.76)	− 0.105 *** (− 7.64)
fltp	− 0.007 (− 0.64)	− 0.016 (− 1.44)	0.001 (0.09)	0.053 ** (2.33)	− 0.004 (− 0.23)	0.005 (0.23)	− 0.018 * (− 1.74)
ric	− 0.011 (− 1.07)	− 0.027 ** (− 2.19)	− 0.060 *** (− 3.92)	− 0.111 *** (− 5.65)	− 0.074 *** (− 5.16)	− 0.062 *** (− 4.03)	− 0.003 (− 0.27)
agd	0.019 ** (2.38)	0.020 ** (2.47)	0.051 *** (4.69)	0.146 *** (9.63)	0.071 *** (6.00)	0.074 *** (6.08)	0.019 ** (2.30)
_cons	0.117 *** (13.02)	0.123 *** (13.48)	0.132 *** (13.22)	0.161 *** (10.55)	0.240 *** (21.51)	0.210 *** (21.4)	0.104 *** (8.02)
Adj. R^2	0.275	0.169	0.192	0.331	0.178	0.228	0.289

注：括号内数字为 t 值，*** 、** 和 * 分别代表 1%、5% 和 10% 的显著性水平。

从新型城镇化方程的估计结果来看，全距离下乡村振兴 w × rur 对新型城镇化的影响呈现负向效应，系数为 − 0.846。基于不同距离，在 300 千米区间内，邻近地区的乡村振兴对本地新型城镇化的负向效应逐渐衰弱，在 (200,300] 区间邻近地区乡村振兴对本地新型城镇化的负向效应已经呈现不显著。当距离超过 300 千米，邻近地区的乡村振兴对本地新型城镇化开始呈现正向效应，并且逐渐增强，但是当距离超过 500 千米后正向效应又转为负向效应。因此，乡村振兴对新型城镇化的空间溢出效应最佳距离是在 300～500 千米，此时邻近地区的乡村振兴能够促进本地新型城镇化进程。而本地乡村振兴对本地新型城镇化均呈现正向效应，且通过了 1% 水平的显著性检验。控制变量上人均 gdp、产业结构 ins 均对新型城镇化发展产生正向影响，且均通过了 1% 水平的显著性检验，说明经济发展、工业发展对新型城镇化进程还是起着促进作用。

从乡村振兴的方程估计结果来看，全距离下新型城镇化 w×urb 对乡村振兴的影响呈现负向效应，系数为 -0.783，且通过了 1% 水平的显著性检验。基于不同距离下，在 200 千米内，邻近地区的新型城镇化发展对本地乡村振兴的负向效应逐渐衰弱，当距离在（200,300］区间时邻近地区新型城镇化发展对本地乡村振兴的正向效应最显著，系数为 1.538，且通过了 1% 水平的显著性检验。当距离超过 300 千米，邻近地区的新型城镇化发展对本地乡村振兴的正向效应开始变得不显著，并且逐渐转为负向效应，且负向效应逐渐增强。尤其是当距离超过 500 千米后负向效应最强，系数达到 -2.235。因此，新型城镇化发展对乡村振兴的空间溢出效应最佳距离是在 200～300 千米，此时邻近地区的新型城镇化进程能够促进本地乡村振兴。而本地新型城镇化发展对本地乡村振兴均呈现正向效应，且通过了 1% 水平的显著性检验。

综上可以看出，在 500 千米范围内长三角县域间新型城镇化的空间溢出效应、乡村振兴的空间溢出效应均较明显，500 千米这一空间范围已基本覆盖长三角地区所有市县。邻近地区乡村振兴对本地新型城镇化进程的影响在 300～500 千米区间最佳，而邻近地区新型城镇化进程对本地乡村振兴在 200～300 千米表现为正向溢出效应。基于此，提出以下建议。

第一，因地制宜，推动多样化、生态化的城镇化发展。城镇化进程与生态效率之间存在双向交互作用，城镇化进程中不可片面追求城市的规模和人口密度而忽略生态效率对城镇化进程的约束性。针对邻近地区城镇化进程对生态效率的负向影响，建立邻近地区的污染联动预警机制，确保本地城镇化进程加快不是建立在周边地区生态效率降低的代价上。第二，多级联动，聚力构建"城镇生态化—生态城镇化"的空间协同机制。结合不同城市经济圈的特征，构建区域间生态效率和城镇化进程的协同发展机制。根据城镇化和生态效率存在的空间效应阈值范围，以及生态效率对人口城镇化进程的约束效应，应对各城市实施功能区定位战略，避免人口集中在大城市造成生态环境承载力过大，发挥好中小城市的功能区战略定位吸引一部分人口流向中小城市，从而在合理的空间阈值内发挥城镇化进程与生态效率的正向交互效应。建立区域协同治理体系，发挥好"本地—邻近"联动的生态保护有效性，在更小的阈值内可以更好地发挥生态效率与产业城镇化的交互促增效应（李露等，2022）。第三，建立充足的重大公共卫生应急资源和医疗急救人才储备库；完善金字塔形的多层级联防体制，实现社区防控，基层医疗机构隔离，核心医院治疗；城镇化的发展及区域联系的增强提升了疾病的空间传播力，建议以城市群为单位，建构医疗资源储存完备、人才体系完善的空间防御体系，强化区域治理又实现合理阻断（周建平等，2021）。

第三篇

新时代乡村振兴与新型城镇化协同发展的理论机制与典型案例

　　乡村振兴与新型城镇化分别以乡村和城市为载体，而推动两大战略协同发展对于健全城乡融合体制机制、实现中国式现代化具有深远意义。本篇围绕"乡村振兴与新型城镇化为什么能够协同发展"及"乡村振兴与新型城镇化协同发展的典型模式"两大问题展开，旨在从理论层面构建相应的分析框架，从实践层面提炼不同的发展模式，以期实现理论分析与经验证据相统一。

第七章 乡村振兴与新型城镇化
协同发展的机理阐释

立足于"乡村振兴与新型城镇化为什么能够协同发展"问题，通过对城乡关系、耗散结构、协同发展等理论的梳理，本章拟运用逻辑归纳演绎的方法对乡村振兴与新型城镇化协同发展的理论进行探索。首先，基于乡村振兴与新型城镇化互相影响的视角来阐明两大战略协同发展的内在机理；其次，进一步明确了两大战略协同发展的过程状态机制；再次，剖析了乡村振兴与新型城镇化协同发展的多元利益协调机制；最后，提出了贯穿协同发展全过程的保障机制，以期为后文的分析奠定坚实的理论基础。

第一节 乡村振兴与新型城镇化协同发展的内在机理

乡村振兴与新型城镇化是分别为解决"乡村病"与"城市病"而提出的重大战略，两大战略犹如"车之双轮，鸟之双翼"，是互利共生的共同体，目标具有高度的一致性，即为通过乡村振兴和新型城镇化子系统内部相互磨合、双向交流、互补互惠、满足城乡居民对美好生活的需要，进而推动两大战略协同互动发展。乡村和城市作为经济社会发展的空间载体，两者的协同互动关系得益于构成两大子系统各维度变量之间的相互作用，基于此，本章从乡村振兴对新型城镇化的影响、新型城镇化对乡村振兴的影响两大层面来揭示协同发展的内在机理（见图7-1）。

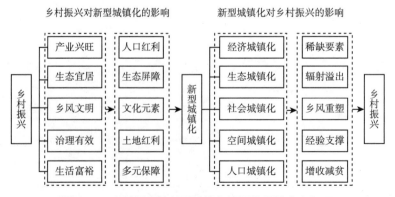

图7-1 乡村振兴与新型城镇化协同发展的内在机理

一、乡村振兴对新型城镇化的影响

（一）乡村振兴为新型城镇化产业发展提供人口红利

产业是城市发展的动力支撑，一般认为城市的产业结构类型以第二产业和第三产业为主，随着经济结构的逐步调整，环境友好、附加值较高的第三产业比重会呈上升的趋势，而在这一过程中，乡村振兴对新型城镇化产业发展的作用主要体现在不同维度的人口红利上。首先，在城市工业化发展初期，刘易斯的二元结构理论表明，乡村存在较多的剩余劳动力，城市则面临着劳动力资源紧缺、工业劳动报酬率高于农业劳动生产率的境况，这种劳动力的供需不匹配以及报酬的剪刀差将促使大量乡村的劳动要素涌入城市，以缓解城市"用工荒"的难题，因此，人口数量维度体现的人口红利奠定了城镇产业发展的基础（刘双双和段进军，2021）。其次，在城镇化发展的中期，传统的经济发展模式已经不再适应实践发展的需要，产业结构面临转型升级、动能转化等问题。一方面，乡村基础设施的完善可以承接城市部分产业的就地转移；另一方面，乡村振兴的过程中农业生产的机械化、规模化进一步释放了一部分劳动力，而教育环境的改善也提升了从业者的职业技能，这为产业的转型提供了不同层次的高素质人才，故人口质量维度体现的人口红利促成了城市产业结构的优化调整。最后，乡村振兴会提升广大农民的生活质量，农村因其产业链较短的弊端却隐藏着巨大的市场空间，城市在技术、资本的加持下，根据城乡居民多样化的消费需求，基于农业相应产品供给，可能会带动产品加工、网商平台等产业兴起，这种由人口消费维度体现的人口红利催生了城市崭新的产业业态。当然，人口红利在促进城市产业发展的同时也会对乡村振兴产生负面影响，这也正是两大子系统相互竞争、彼此协同作用的结果。

（二）乡村振兴为新型城镇化环境改善提供生态屏障

新型城镇化是以人为核心的城镇化，是绿色高效的城镇化，而传统城镇化片面注重发展速度，结果将对生态环境造成严重的负面影响，且将污染面积进一步延伸到农村区域。而实现乡村振兴必然会以"绿水青山就是金山银山"的理念为引领，对生产、生活、生态空间环境进行修复和完善，以达到"生态宜居"的预期目标，这一过程中乡村振兴主要通过生态禀赋和资本红利两个渠道为新型城镇化提供生态屏障。生态禀赋层面，以第一产业为主的乡村有着较高的森林覆盖率，对生态环境的破坏主要来源于化肥、农药的使用或垃圾的不当处理，实施乡村振兴战略无疑会提高乡村居民环保意识、开展农村人居环境整治、探索乡村绿色发展模式，进而将生态优势变为经济优势，为新型城镇化的发展提供绿色的农业产品和优质的生态资源空间。资本红利层面，现阶段中国农村居民储蓄存款的增长速度明显高于城市居民储蓄存款的增长速度，而乡村振兴战略的实施会继续夯实居民的收入水平，市场经济条件下资本要素进一步盘活，在一定程度上乡村储蓄资金的支持为城市开展环境综合整治提供了重要的物质支撑，这将极大地提升城市居民生活的生态福祉水平。值得注意的是，乡村振兴在为新型城镇化提供生态屏障的同时也在不断权衡自身发展状况，竞合中形成城乡生态环境共同体。

（三）乡村振兴为新型城镇化社会繁荣注入文化元素

文化无形却有着强大的韧性，新型城镇化在发展过程中注重文化的内核，而乡村振兴重塑了农村发展理念、优化了乡风民俗、保留了文化记忆，并基于文化素养、文化传承、文化交融的路径带动城市社会的欣欣向荣。在文化素养层面，乡村教育环境的改善会提高村民的科学文化素养和职业技能水平，而农民市民化的过程就是提升他们的文化素养，适应市场经济文化、实现生活方式转变的过程（苏小庆等，2020）。就文化传承而言，乡村的发展会根植于自身特有的文化元素，且有着广泛的群众基础，乡村的振兴表现为文化的振兴，乡村社会风气的改善会通过社会主义核心价值观来引领，乡村居民的精神风貌将体现出中华民族的传统美德，这种"崇尚文明、团结互助、学有所教、老有所养、病有所医"的淳朴乡风也会对城市发展的基础设施、文化认同、生活方式产生潜移默化的影响。针对文化交融，农村的移风易俗、传统文化的传承将与现代城市文明产生碰撞，有利于城市在发展的过程中深挖文化记忆符号、整合文化资源、弘扬传统美德，建设充满现代气息与人文气息的新型城镇化（谢天成，2021），不利之处在于城市现代文化对乡村传统文化具有破坏与割裂作用。

（四）乡村振兴为新型城镇化空间拓展提供土地红利

土地作为生产、生活赖以依存的要素资源，具有稀缺性的特征，而土地集约利用是乡村振兴的必然要求，也是新型城镇化的战略选择。农业的发展要牢牢守住18亿亩耕地红线，由人口集聚所带来的城市建设用地增加须确立城市开发边界，这一过程中乡村振兴能够为新型城镇化的空间扩展提供土地红利。具体表现为：农业集约化、规模化的高效生产会提高耕地资源的利用效率，乡村国土资源的空间规划会明晰土地资源的功能定位，居民生活质量的提高也对生活空间提出更高的要求，因此，从控制总量、优化结构等层面深化农村土地制度改革盘活了土地存量，增强了土地流动性，这也为空间城镇化的合理发展释放了土地红利，以解决城市土地供需不匹配的矛盾（张琛和孔祥智，2021）。在具体的实践过程中，《中华人民共和国土地管理法》（以下简称《土地管理法》）从法律层面允许了集体经营性建设用地入市，也有省份探索出地方集体建设用地"村村挂钩"、点状供地的发展模式，随着乡村土地治理的不断推进，城乡土地要素将实现合理配置。此外，在"绿水青山就是金山银山"理念的引导下，环境规制工具也是推动土地绿色发展的有效手段。用好环境规制"组合拳"，既是落实绿色高质量发展的现实需要，也是提升土地产出质量、促进经济社会生态可持续发展的必然要求。提高土地绿色利用效率，需要把握环境规制合理区间，发挥"组合拳"的交互协同作用，因时因地动态灵活调整主导环境规制类型。还应协同使用各类环境规制工具，充分发挥多元主体联动作用。因时制宜、因地制宜，动态调整规制工具。在产业结构、技术创新以及对外开放的不同阶段，占主导地位的环境规制工具有所差异，因此，各省份应结合自身定位与发展现状灵活运用环境规制类型，进一步推动产业、技术、开放更高层次的发展（徐志雄等，2021）。

（五）乡村振兴为新型城镇化生活品质提供多元保障

乡村振兴与新型城镇化战略都将人民生活福祉的提升作为落脚点，体现出"人本思想"的内核，其中，乡村振兴主要通过物资保障、活动空间、文化认同等路径提升新型城镇化过程中的城市居民生活质量水平。详而叙之，乡村振兴首先表现为产业的振兴，一方面，在可持续发展理念的引导下会逐步减少化肥、农药、塑料薄膜的使用，这有助于实现农业绿色发展、提升农产品质量，此外，规模化、多样化的种植将源源不断地为城市居民提供类型多元的生活必需品；另一方面，农村产业链的延长可以对易腐农产品进行初加工和深加工，在便利交通运输条件的作用下，能够满足城市居民对新鲜农产品的多层次需求。乡村振兴还表现为生态的振兴，以生态文明建设为引领，以生态禀赋条件为依托，乡村会逐步兴起生态旅游新业态，在为城市发展提供生态屏障的同时也为城市居民提供了生态活动空间与生态服务。乡村振兴同样也是文化的振兴，内化于心、外化于行的文化认同是城乡居民的根，乡村文化舞台的搭建、文化符号的留存、非物质文化遗产的传承、红色研学实践的开展都将唤起城市居民源自内心的文化记忆，在现代物质社会中丰富居民的精神生活。

二、新型城镇化对乡村振兴的影响

（一）新型城镇化为乡村振兴产业兴旺提供稀缺要素

产业兴则乡村兴，推动乡村第一产业与第二、第三产业的深度融合是实现农业现代化的必然要求，而新型城镇化在该过程中可以发挥出技术优势和资本优势。首先，城市工业化的高质量发展能够很好地保障农业生产所需的耕种、灌溉、收割等技术设备，这将带动乡村农业生产的规模化、机械化，进而提高产业发展的效率，夯实产业兴旺的根基（谢天成，2021；李宾和孔祥智，2016）。其次，城市成熟的"互联网＋"商业模式能够助力乡村产业的转型与升级，借助互联网直播带货延伸了农产品销售渠道，削减了交通运输成本，而基于自身生态资源、红色旅游资源的禀赋条件，在增强现实（AR）、虚拟现实（VR）技术的加持下能够发展增强游客体验感的服务业，以此打破乡村单一的产业结构，促进三产的协调发展。再次，由新型城镇化人口集聚所引致的消费需求进一步带动了乡村产业的发展，随着城市劳动、资本、技术等要素边际收益的逐步下降，这些要素也会合理地向乡村转移，物资资本的流入、产业向乡村的转移都将吸纳剩余劳动力、延长现有的产业链，形成城市带动乡村、城乡产业互动的新发展格局。最后，乡贤作为重要的人力资本，是服务乡村振兴的重要力量，具有特殊专业技能的人才返乡创业，可以很好地改善乡村营商环境，为乡村产业发展注入资金流与物质流。从实际情况来看，新型城镇化在带动乡村产业发展的同时仍面临着要素流通渠道受阻、乡村产业内生发展动力不足等问题，两者需要在磨合、适应、匹配中逐步走向协同。

（二）新型城镇化为乡村振兴生态宜居发挥溢出效应

生态环境作为崭新的生产力，衡量了区域发展的可持续性与居民生态福祉水平的状况，城市和乡村是生态环境的空间载体，和谐共生的生态共同体是城乡发展应有的状态，而新型城镇化可以通过发挥直接效应与间接效应带动乡村的生态宜居。在间接效应层面，体现人本思想的新型城镇化必然是绿色高效的城镇化，在可持续发展理念的引领下，一方面，新型城镇化建设的合理规划、城市拓展边界的清晰划定，都将不再打破乡村原有的生态平衡，最大限度减少对乡村脆弱生态的破坏。另一方面，高质量城镇化的推进伴随着产业结构的优化调整，循环经济、现代化产业体系成为主要发展方向，这也在一定程度上遏制了城市对乡村环境的污染。在此期间，命令控制型、市场激励型与公众参与型环境规制组合拳的联合使用将从源头上减少污染物的排放，故新型城镇化的发展对乡村生态环境的破坏作用也会逐步减弱（谢天成，2021）。在直接效应层面，城市环境治理过程中运用的新技术设备权衡利弊后有可能在乡村推广，城市环境基础设施向乡村覆盖，垃圾无害化处理厂的建立，这些举措都将加大对乡村环境的治理，改善村民"三生"空间环境；与此同时，进城务工的村民在融入城市生活的过程中重塑了生活习惯，环保意识的增强对生态宜居发挥着不可小觑的作用。在重构城乡生态空间的过程中，应该看到乡村贫困地区环境的脆弱性、面源污染的规模性、治理难度的复杂性等问题，推动两大空间生态协同任重道远。

（三）新型城镇化为乡村振兴乡风文明带来重塑可能

乡风文明是对村庄文教素养、邻里关系、文化传承、风俗习惯等多方面的映射，是乡村社会发展的综合缩影，而建立在工业文明基础上的新型城镇化能够通过文化传承、文化辐射、公共服务供给等渠道重塑乡村社会的风貌。具体而言，新型城镇化的建设更加侧重对传统文化的保护，在尽可能保留农耕文明的基础上融入地方特有的文化资源，创新性地对其进行传承与发扬，创造性地呈现出多样化的文化表现形式，进而给居民留下深沉的文化记忆符号，厚植乡村文化自信。此外，"文化下乡""乡村大舞台"等文化设施在乡村的搭建，也将进一步丰富村民的精神生活、提升村民的文化素养，为推进乡村文化建设提供了良好的机遇。城市作为现代文明的集聚地，市场经济条件下的契约精神与法治精神具有较强的文化辐射能力，能够帮助村民摒弃陈规陋习、不良之风，形成现代化的生活方式与科学思维，促进乡村社会文明程度的提高（苏小庆等，2020）。在这一过程中，城市对点帮扶乡村等政策的有效实施不仅可以提升乡村教育医疗水平，普及科学知识，提高文化素养，还能够推进民生领域重点问题的解决，助力乡风文明。借新型城镇化之力重塑文明乡风，既需要看到乡风具有根深蒂固的特征，也要留意到工业文明对乡村文化的解构作用（张英男等，2019）。

（四）新型城镇化为乡村振兴治理有效提供经验支撑

乡村治理体系、治理能力现代化是实现治理结果最优化的重要保证，城市以其先进的管理理念、有序的治理架构、多元的治理方式不断推进管理的智能化与便捷化，城乡作为协同发展的有机体，城市积淀的经验对乡村的有效治理具有很强的指导与支撑作用。首先，从新型城镇化发展的模式来看，就地城镇化是实现乡村振兴与新型城镇化双轮驱动的有效途径，这既可以发挥县域"增长极"的作用，带动劳动力当地就业，还能够基于城市治理模式来推动乡村的治理，缓解乡村人口空心化、组织空心化等"乡村病"（李梦娜，2019）。其次，就新型城镇化的服务下沉而言，基层组织的定期培训、驻村干部的精准帮扶、社会实践的挂职锻炼、"选调生"的选拔服务等都将为乡村治理注入源源不断的活力，结果会极大地促进乡村组织的精简、工作方法的转变与工作能力的提升。最后，从新型城镇化发展过程中积累的经验来看，基于"最多跑一次"的改革、服务型政府的打造、民主监督渠道的完善等便民化举措，结合村庄实际发展情况适时合理地在乡村进行推广，充分发挥法治和德治的约束，将明显使乡村面临的问题得到有效的治理，这也对乡村基层服务人员提出了更高的要求。

（五）新型城镇化为乡村振兴生活富裕奠定坚实基础

乡村振兴战略的落脚点体现为人民生活的富裕，满足乡村居民对美好生活的多层次需要，而新型城镇化在促进该目标实现的过程中能够夯实乡村居民生活的物质基础、拓宽农民的收入渠道、提高农民生活的幸福感。首先，新型城镇化的产业结构调整能够延长乡村既有的产业链，促进农业生产的机械化与规模化，并提高农产品的质量与产量，增大农业稳定增收的可能性。在此期间，农村劳动力的剩余会驱动其向城市制造业与服务业进行转移，相对可观的劳动报酬进一步增加了农村家庭的总收入，有助于改善家庭的收入结构（李宾和孔祥智，2016）。其次，在新型城镇化反哺下，乡村生态环境的整治以及基于禀赋条件催生的乡村旅游新业态在满足农民生态福利需求的同时增加第三产业收入来源，降低了农民对农业生产的依赖。最后，社会风气的改善，文化血脉的传承，文教卫生条件的优化，都将极大地丰富村民的精神生活，提升村民的生活质量，为扎实推动共同富裕、补齐农村发展短板奠定了坚实的基础。值得关注的是，当前城市和乡村发展不平衡的问题突出，城乡居民收入总量、收入结构都存在着较大的差距，农民市民化的权益尚且得不到充分满足，这都有碍于生活质量的提升、减缓乡村振兴与新型城镇化协同发展的进程。

第二节　乡村振兴与新型城镇化协同发展的运行机制

乡村振兴与新型城镇化的协同发展是构成子系统的序参量之间相互磨合、相互适应、彼此联动的最终结果。在这一动态发展的过程中，两大子系统在外部环境的作用下，从最初的无序协同到经历突变的稳定，再到高度的有序协同，进而形成了协同发展的局面。该格局形成后，复合系统的协同程度会进入一个崭新的演变阶段，这一阶段以上一阶段达到的高度协同为起点，在外界环境的变化下，进一步实现从无序协同到经历突变后的高级协同，由原来的旧结构状态上升到现在的新结构状态。因此，乡村振兴与新型城镇化的协同发展总是从无序到有序、从有序到新的无序、再从新的无序到有序这样周而复始，如此循环的演变过程，不断推动两大战略达到更高层次的协同。鉴于外部环境的差别，推动乡村振兴与新型城镇化两大子系统从初始的无序结构走向当前阶段的有序协同，一般遵循着如下的运行过程（见图 7 - 2）。

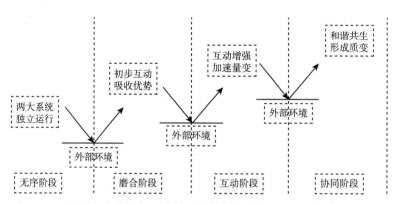

图 7 - 2　乡村振兴与新型城镇化协同发展的运行机制

其中，在无序阶段，乡村振兴与新型城镇化各子系统内部的序参量相对封闭、独立发展，并基于各自禀赋条件不断提升乡村振兴与新型城镇化发展水平，形成与该状态相对应的协同发展程度，该阶段可能会加大区域内、区域间两大子系统的发展差距。在磨合阶段，乡村振兴子系统与新型城镇化子系统打破原有的孤立状态，序参量逐步实现交流互动，乡村振兴可以为新型城镇化发展提供稀缺的劳动、土地要素，以促成人口的集聚、规模的扩大、产业的升级，提升新型城镇化水平；新型城镇化在宏观政策的指引下能够为乡村振兴带来些许的技术溢出、资本支持，但在这一适应的过程中，两系统的相互作用程度相对较弱，主要以吸收对方优势来保持自身的发展为目的，可能出现城市和乡村单一偏向发展的情况。

在互动阶段，两大子系统均远离了最初的无序状态，序参量之间、子系统之间、序参量与子系统之间的互动进一步加强，新型城镇化的发展得益于乡村振兴的保障，乡村振兴的稳定归因于新型城镇化的反哺，且加速量变是该阶段的主要特征，同时也应看到系统内部互动关联的过程中也存在着利益冲突、互相竞争的关系，慢序参量支配着协同发展的程度。在协同阶段，乡村振兴和新型城镇化子系统和谐共生、非线性彼此促进的作用逐步加深，相互制约的程度日渐削弱，在外部环境的刺激下，当序参量达到了对应的阈值后，质变的结果将使得乡村振兴与新型城镇化协同发展进入崭新的结构，正是这种螺旋式的上升才带来了复合系统的协同发展并向更高层次迈进。

第三节　乡村振兴与新型城镇化协同发展的动力机制

乡村振兴与新型城镇化的序参量均基于各自内涵从经济、生态、社会、空间、人口五个维度进行选取，两者协同发展的本质在于子系统序参量的相互作用，而这种作用在一定程度上是多元主体利益协调的最终结果，经由政府、社会、居民等层面表现出来。因此，也可以认为乡村振兴与新型城镇化的协同发展是紧紧围绕核心的人口、土地、产业、资本等要素，实现各方利益最大化的过程，在这一过程中，任何主体的利益诉求都将影响和制约着不同系统的发展，即利益关系驱动两大战略协同发展。

基于政府层面，在乡村振兴与新型城镇化协同发展的过程中，产业兴旺与经济城镇化是在市场机制的作用下，政府促进城乡均衡发展、增加公共利益的表现；生态宜居与生态城镇化是协调居民生态福祉诉求和推进可持续发展的结果；乡风文明与社会城镇化反映了服务型政府改善民生、提供保障的能力；治理有效与空间城镇化则是从宏观顶层设计、治理体系现代化、治理结果预期化等层面衡量了政府所关注的利益；将"人"作为落脚点的生活富裕与人口城镇化同样是多方利益协调的结果。由此可知，在协同发展的过程中，政府发挥着宏观调控的作用，平衡地区发展、提高治理效率、增加公共福利是其利益的表达。

基于社会层面，企业是重要的社会主体，是市场经济的弄潮儿，在高质量发展的背景下，能够推动科学研究成果向实物转化。从利益关系上来看，企业的选址设厂充分考虑了地区的禀赋条件，这直接决定了产业链延伸的可能性与产业集聚的规模性，由此便造就了乡村和城市产业发展的异质性。在政府严苛的环境保护政策下，企业可以通过改进生产工艺、推动科学创新等途径来加速产业结构的转型升级，这种绿色发展理念也权衡了政府的社会利益和自身的长远利益。与此同时，企业在带动居民就业、增加居民收入、提高居民生活质量层面发挥着重要作用，而工资率的标准也会受到市场规律、政府政策、自身经营状况的制约。因此，乡村振兴与新型城镇化协同发展也是企业充分权衡各方利益、积极承担社会责任、追求利润最大化的综合表达。

基于居民层面，乡村振兴与新型城镇化协同发展过程中的利益关系主要表现为对美好生活的多层次需要。经济上，一方面，希望政府、企业通过产业发展来提供就业岗位以解决收入来源与收入结构的问题；另一方面，也对"公平"与"效率"提出了更高的要求。生态上，既关切城乡环境的整治与宜居环境的打造，又要监督企业行为以降低对环境的破坏，满足绿色生产、生活、生态空间的需求。社会层面上，城乡教育资源、医疗资源分布不均衡，城乡公共服务、社会保障不对等的问题有待于进一步解决，数字化时代倒逼简化办事手续、提高服务效率也是乡村治理面临的难题所在。虽然居民的利益在政府强有力的调控下都能得到不同程度的满足，但也对政府、企业的行为具有一定的约束作用。

综上所述，乡村振兴与新型城镇化协同发展是多元主体影响序参量演化路径呈现出的利益"交集"，在市场规律作用下，政府实施调控促成公共利益最大化，企业通过转型升级实现规模效益最大化，居民经由监督反馈确保生活福祉最大化，只有以宏观目标为引领，协调各方既得利益，才能最大限度地推动两大战略协同发展。

第四节　乡村振兴与新型城镇化协同发展的保障机制

乡村振兴与新型城镇化协同发展的保障机制是指通过一系列政策的制定实施，使两者按照一定的规律来运行，最终达到提升协同匹配程度的目的。鉴于协同发展是从无序状态走向有序状态的周而复始过程，这也要求政策的实施具有目标指向性和动态系统性的特征。而当前两大战略协同发展面临的突出问题表现为二元经济结构明显、要素双向流动存在壁垒、公共服务尚未均等化，因此，乡村振兴与新型城镇化协同发展的保障措施须从推动两大战略双轮驱动、健全要素合理配置机制、完善公共服务普惠共享机制层面着手。

（1）推动两大战略双轮驱动。乡村振兴是解决新型城镇化发展过程中乡村发展不充分、要素配置不合理、收入差距扩大等问题而提出来的战略，实质在于通过"三农"问题的解决助推农业农村现代化的实现。乡村作为经济社会发展的稳定极，在振兴的过程中伴随着产业结构的升级、人居环境的改善、社会风貌的变化、治理效率的提升，这对补齐乡村发展短板、提升乡村振兴水平大有裨益。新型城镇化战略是解决城市无序扩张、城市发展失序、社会差距拉大、生态环境恶化等问题的良方，以期通过实施以人为核心的城镇化战略在解决"城市病"的同时推动城乡协调发展。虽然两大战略的立足点不尽相同，但落脚点都是满足人民对美好生活的需要，因此，城市和农村的发展有着同等重要的位置，实现两大战略协同发展需要两者的联合发力，在优势互补、要素交流的基础上带动城乡经济、生态、社会、治理、生活的多维联动。

（2）健全要素合理配置机制。人口、土地、资本要素在乡村振兴与新型城镇化发展中发挥着重要作用，打破要素的单向流动是实现协同发展的必然要求。其中，在人口层面，深化户籍制度改革，完善农民市民化机制，确保农民融入城市，拥有与城市居民相一致的公共服务，提升农民的生活质量，实现"进得来、留得住、离得开"。与此同时，应建立健全人才入乡激励机制，为乡村振兴提供人才支撑。在土地层面，一方面，完善农村土地承包制度，严守耕地红线不动摇，依法保护农民权益；另一方面，推进农村宅基地改革，积极探索在宅基地"三权分置"的基础上，盘活现有的土地存量，适时提高土地的流动性，并形成城乡统一的用地市场。在资本层面，应积极引导工商资本流入，促进农村产业链的延长与乡村三产融合的发展项目，为乡村的振兴注入持久动能。

（3）完善公共服务普惠共享机制。乡村振兴与新型城镇化协同发展的重要标志为公共服务均等化，这背后体现了实现民生领域的机会均等，主要涉及教育资源、医疗卫生、基础设施、就业机会、社会保障等方面。为解决教育资源配置不均衡的问题，需要加强对农村教育的财政投入，推动教师资源向农村倾斜，建立起长效的城乡对口帮扶机制，改善乡村教育发展的环境。就医疗卫生而言，提高农村居民就医效率应加强对基层医生的培训，鼓励城市医生下沉乡村，进而建立起多层次的医疗分流与会诊系统。基础设施的短板在农村，尚须按照"新基建"的要求针对性地解决乡村道路硬化、垃圾处理、能源普及、文化场所等问题，助力城乡基础设施的协同。从就业机会与社会保障层面来看，市场经济条件下应加强劳动力就业技能的再教育，满足不同人群的就业需求，优化养老保险、失业保险、医疗保险的制度设计，统筹城乡社会同等保障。

第八章　乡村振兴与新型城镇化
协同发展的典型案例

立足于"乡村振兴与新型城镇化协同发展的典型模式"这一命题，考虑到东部、中部、西部的地理差异，南方与北方的发展特征，本章从江苏、山东、湖北、湖南、云南、广西六省份选择案例，分析案例地区乡村振兴与新型城镇化协同发展的典型模式，以形成不同的示范效应，为同类型地区高质量推动两大战略协同发展提供借鉴参考。

第一节　科技创新、产业协同：江苏省常州市金坛区

一、案例区概况

江苏省常州市金坛区地处江苏省南部，位于南京、上海、杭州的地理中心，总占地面积约为 975.46 平方千米，截至 2023 年末统计，金坛区下辖 3 个街道、6 个镇、37 个居委会和 92 个村委会，金坛区常住人口约为 59.56 万人。全体居民人均可支配收入约为 5.65 万元，其中城镇居民人均可支配收入约为 6.84 万元，农村居民人均可支配收入约为 3.81 万元，城乡收入比值约为 1.79，均低于我国城乡收入差距平均水平。[①]

二、案例区典型做法[*]

（一）建立农村集体经营性建设用地入市制度

建立一个统一的城乡公示地价体系，规范建设用地市场价格体系，并加快完成农村存量集体建设用地使用权权属调查和登记发证工作。在符合规划和用途管制的前提下，允许农村集体经营性建设用地进行出让、租赁、抵押，以实现集体经营性建设用地同权

---

① 资料来源：常州市金坛区人民政府（jintan. gov. cn）。

* 资料来源：常州市金坛区推动城乡融合发展的试验措施 ［Z/OL］. PPP 拾穗者，2021 - 03 - 23.

同价、流转顺畅、收益共享的目标。在此期间，鼓励商业银行开展"农建地"抵押贷款，建立一个统一的城乡建设用地出让、租赁、转让、抵押、入股等公开交易平台，并强化土地一级、二级市场的联动。此外，对存量集体经营性建设用地进行分类处置，其中城中村、城边村、村级工业园等可连片开发区域土地经依法合规整治后进入市场，而园区外分散工矿集体建设用地则有序退出市场。在国土空间规划的指导下，通过节约指标异地调整等方式，将村庄内零散或分散的经营性建设用地转化为集体经营性建设用地并纳入市场。

（二）建立科技成果入乡转化机制

促进科技创新和经济发展，推动政府和企业协同发力，完成河海大学常州新校区的建设，并吸引更多科研机构在该地设立分支机构，以促进资本、技术和人才等创新要素向镇村流动。同时，推动创新创业载体平台的建设，包括规划和打造华罗庚产业科技创新中心、生物医药产业园和各镇科技创业园，以及支持省级华罗庚高新技术产业开发区加快建设。为吸引高层次产业人才和技能型产业人才，提升科技创新配套服务水平，吸引公共检验检测、科技中介服务、科技成果转移、科技信息服务、知识产权保护等中介服务机构落户金坛。此外，推动技术交易市场互联互通，积极参与区域技术合作，并加入长三角科技创新圈城市技术转移共同体。

（三）搭建城乡产业协同发展平台

首先，构建"两区多园"的城乡制造业分工体系促进金坛区城乡产业协同发展，在各镇实施点状集聚开发，打造具有特色的配套产业园，并与经济开发区、高新技术产业开发区形成产业链协同发展，成为城乡产业协同发展的先行区。其次，打造城乡各具特色的园区集聚平台促进金坛区经济发展，以共建优势产业链为方向，重点发展新能源汽车及其关键零部件、智能制造、生物技术和新医药等产业，强化与南京溧水和江宁、常州溧阳、湖州等新能源汽车产业基地的分工协作，打造国家级经济技术开发区。再次，积极推动三产融合发展，分类指导实施三产融合发展工程。结合特色农业的发展，探索农用无人机等相关产业的发展，鼓励省级特色田园乡村打造成为农村高质量发展的样板。最后，强化生态文化旅游科技融合发展，以茅山和长荡湖两个旅游度假区为先行区，并深入推进"旅游+"产业融合，打造一批休闲观光特色村庄和精品线路。

（四）建立生态产品价值实现机制

1. 探索建立生态资源价值核算体系

更好地管理和利用金坛地区的自然资源，以山水林田湖草等自然资源为主要研究对象，探索建立与金坛自然资源和社会经济发展相适应的生态产品总值（Gross Ecosystem Product，GEP）核算体系。在此基础上，树立"绿色 GDP"的理念，进一步优化自然资源核算体系。对于山水林田湖草等自然资源，可以在不动产统一登记的基础上，梳理其产权，明确可用于交易的产权，形成归属清晰、权责明确、监管有效的自然资源产权制度。通过制定生态产品价值核算办法和建立自然资源产权制度等工作，可以探索建立一套山水林田湖草等自然资源的生态资源转化机制，使其从资源到资本再到资源的转化过程更加顺畅和高效。

2. 建立生态资源市场交易机制

促进生态资源可持续利用和生态环境保护，探索建立区域生态资源交易机制，鼓励政府优先采购生态产品，推行工业企业资源集约利用的综合评价体系，并促进生产者对自然资源的约束性有偿使用。各个镇可以配置土地、能耗、排污等指标，进行横向生态补偿，以提高区域生态环境的整体质量和健康度。为实现生态资源的交易和优化利用，探索建立金坛区的生态产品交易平台，将土地使用权、林权、矿业权等自然资源产权交易纳入生态产品交易平台，并逐步完善覆盖山水林田湖草等主要自然资源的生态产品交易机制。这将有利于促进生态产品的交易和流通，推动生态产业的发展，同时也有助于提高生态产品的品质和信誉度，促进消费者对生态产品的信任和认可。

3. 实现生态资产多元化和生态资源资本转化

在完善生态资源交易体系的基础上，探索建立将排污权、用能权、水权、碳排放等权益的初始配额与生态资源价值核算挂钩的机制，以激励企业更加积极地保护环境。同时，探索建立产业绿色化改造的激励机制，通过出台激励政策，为降低能耗和排放的企业提供一定的补贴或优惠政策。培育生态产品的区域品牌，支持提供生态经济的企业发行绿色债券，并建立企业生态信用档案，将破坏生态环境、超过资源环境承载能力开发等行为纳入失信范围，以促进企业更加重视生态环境和资源保护。

（五）健全农民持续增收体制机制

1. 实施新型农业经营体系构建工程

采取一系列措施推进农业现代化和乡村振兴。首先，推进全国农民合作社质量提升整县试点，同时开展争创市级百家示范农场和百家示范合作社的活动，以提高农业生产效益和服务水平。其次，搭建区域性新型农业经营主体服务联盟，促进新型农业经营主体的集聚和优势互补，发展服务城镇居民的乡村产业和乡土产业，并开发经营休闲农业、乡村旅游、创意农业等领域。为了加快培育一批"市内有权威、省内有影响"的农业精英人才，分层次、分类别开展重点培育，并加强新型经营主体带头人及基层农技推广人员的知识更新培训，同时培训和培育新型职业农民，以提高农业生产的技术水平和管理能力。

2. 大力发展壮大村集体经济

促进乡村振兴，壮大集体经济。首先，将推行乡村集体增收计划，巩固之前取得的低收入村提升成果，培育一批具有乡村振兴示范意义的村庄。其次，加强村庄经济的活力，引导和支持农村集体经济组织充分利用现有资产资源，通过资产租赁、企业入股土地、综合农业开发、生产服务、联合发展等多种途径，壮大集体经济。为了提升资金支持的质量，鼓励整合集体积累资金和政府扶持资金，通过入股或参与农业领军企业、村村合作、村企联合发展、扶贫开发等多种方式推动集体经济的发展。同时，积极探索激励村干部发展村级集体经济和服务村域产业发展的机制，激发基层干部积极投身事业创业的热情，以激发创造财富的热情。

3. 整体推进农村集体产权制度改革

巩固和完善农村集体资产清产核资工作成果，建立健全监管制度。首先，全面开展农村集体经济组织成员身份确认、折股量化，以及改革股份合作制度，以此健全集体经济组织登记和赋码等方面的工作。其次，积极推行江苏省农村集体经济组织信息管理系统，实现农村集体经济组织名称、标牌、登记证书和管理系统的统一。为了有效实现农民对集体资产股份占有、收益、有偿退出以及抵押、担保、继承权的权益保障，探索实现这些权益的有效形式。同时，对于具备条件的镇（街道），实行村民委员会和集体经济组织事务分离以及账务分开，以加强对农村集体资产的监管，这些措施将有助于促进农村集体经济的发展。

（六）建立进城落户农民依法自愿有偿转让退出农村权益制度

1. 稳步推进农村承包土地制度改革

贯彻中共中央和国务院的指导意见，保持农村土地承包关系稳定并长久不变，巩固和完善农村基本经营制度，进一步深化农村土地所有权、承包权和经营权的"三权分置"改革，规范土地流转程序，引导土地承包经营权向农民合作社、家庭农场等新型农业经营主体流转。同时，继续推进承包土地经营权入股和履约保证保险等试点改革。为此，加快建立土地承包经营权信息管理平台，探索承包经营权证的动态维护、变更登记、抵押登记和注销登记等创新实践。加强土地承包经营纠纷调处能力的建设，妥善解决土地承包经营纠纷，维护农村社会稳定。同时，鼓励农民将土地经营权入股用于农业产业化经营，并在入股收益上实施农民的保底分红机制。

2. 稳妥推进农村宅基地管理与改革工作

贯彻新修订的《土地管理法》和相关政策文件，建立起部门间职责明确、协作顺畅的机制，以及区级主导、镇级主责、村级主体的宅基地管理机制。为此，制定加强宅基地管理的意见，加快完成宅基地确权登记和颁证工作，实现宅基地和房屋的有机结合。同时，探索宅基地的所有权、资格权以及使用权的"三权分置"改革和管理机制，以更好地利用宅基地资源。积极探索农村宅基地的有偿退出机制，并积极利用闲置宅基地和闲置农房，对于超标准宅基地和一户多宅等情况，探索有偿使用的方式。同时，支持进城落户的农民在本集体经济组织内自愿有偿退出或转让宅基地，这些措施将有助于规范宅基地管理，促进农村土地资源的有效利用，推动农村经济发展。

3. 开展土地征收制度改革

明确公共利益需求，宜制定征地目录，规范征地程序。全面公开征地信息，切实保障农民权益，是当前亟须解决的难点。与农民签订补偿协议后，应及时兑现补偿金，依法依规推进征地工作。建立动态调整的补偿标准机制，将被征地农民纳入社保体系，可探索股权置换等创新安置方式，切实提高农民获得感、幸福感。完善多元制度，公正公平地对待每一位农民，使其利益免受侵犯，这是政府应尽的责任。补偿安置制度需要不断完善，才能与时俱进地顺应形势发展，切实保障农民权益，实现社会公平正义。

4. 开展全域土地综合整治和复合利用

以乡镇为单位，整体推进农用地整理、建设用地规划和村庄生态修复工作。对于涉及永久基本农田调整的情况，可以适量增加新增面积，确保农田资源的稳定和可持续利用。同时，鼓励农业等用地的复合开发利用，拓展土地的多样功能。在防止外部势力侵占土地的前提下，可以发挥国企的带动作用，引导集体经济组织积极盘活农房和闲置宅基地，建设体验项目。在农村集体土地试点中，可以考虑建设公租房作为产业园区的配套设施，既促进产业发展，又为集体经济组织和农民增加收入渠道。在整治过程中，必须充分保障农民的合法权益，防止资本掠夺。通过科学规划引导土地开发，实现土地资源的优化配置，既能满足多样化的需求，又能让农民从中受益，这是实现乡村振兴的必要路径。

（七）建立城乡基础设施一体化发展体制机制

1. 建立城乡基础设施一体化规划机制

在全区范围内，积极推动交通一体化，建立立体化的运输网络，与周边城市的发展战略对接。加快相关铁路、公路项目的建设，畅通城乡交通。扩大重要市政设施的覆盖范围，实现供水全覆盖，鼓励将燃气延伸到农村地区。加强农村垃圾分类处理，探索污水治理的新模式，根据实际情况选择集中或分散处理。城郊乡村可以延伸城市污水管网，而边远地区则可以建立分散处理设施。同时，加强视频监控系统的建设，统一技术规范和数据标准。通过统筹规划，补齐农村基础设施的短板，提升设施质量，实现城乡公共服务的均等化，这是推动城乡融合发展的关键举措。

2. 健全城乡基础设施一体化建设机制

采取分类投入的方式，由政府主要投资具有较高公益性的设施项目，而收益性较强的设施则引入社会资本，以此建立权责明晰的建设和运营机制。探索项目包装集中开发的模式，提高项目的规模和效益。财政可以发挥杠杆作用，引导社会资本投向农业农村基础设施领域，运用 PPP 等模式进行合作。同时，推动国有企业参与基础设施建设，并形成合理的投入分配机制。通过明确镇村设施的定位，改进投入方式，创新运作模式，充分发挥政府的引导作用，吸引社会资本的参与，可以提高基础设施建设与运营的效率和透明度。这是推进新型城镇化，实现城乡基本公共服务均等化的重要举措。

3. 建立城乡基础设施一体化管护机制

对于城乡基础设施的统一管理和运营，建立统一模式，形成体制机制，促进基础设施的长效化。对于城乡道路等公益性设施，将维护运营费用纳入公共财政一般预算。同时，明确城乡基础设施的产权归属，建立相应的管理制度并落实管护责任，通过国家购买服务等方式提高市场化管护水平。此外，推进城市基础设施建设维护机构改革，更好地落实城乡基础设施的管护责任。这样能够更好地保障基础设施的运行和维护，使其能够长期发挥效益。

三、案例区经验启示

当前我国城乡发展存在明显的失衡，乡村治理仍然较为薄弱。为了解决这个问题，必须以习近平新时代中国特色社会主义思想为指导，坚持"五位一体"的治理理念，并以乡村振兴战略为契机，统筹城乡发展。需要让城市和乡村在经济建设和社会治理方面实现紧密协作和良性互动。要加快补齐乡村治理的短板，提升农村自我管理、自我服务、自我教育和自我监督的能力，建立起权责清晰、运行高效的乡村治理体系。在发展中，要加强协同，让城市和乡村在经济、公共服务、环境保护等方面实现均衡发展，通过共建、共治和共享的方式，实现城乡治理体系和治理能力的现代化。

（一）打造具有城乡特色的现代化绿色产业体系

1. 发展具有本地特色的农业产业

新时代推进城乡一体化发展，必须以乡村振兴为重点，发展特色农业，实现农业增效、农民增收。可以结合以农业为基础的乡村振兴战略，从本地区的实际情况出发，充分利用本地区的区位优势和资源优势，因地制宜发展符合本地特色的农业产业，打造自己的品牌。第一，要建立信息平台和教育平台，一方面，通过平台帮助农民及时了解、获取和发布农业信息，扩大农业的影响力，保证农业的发展；另一方面，通过平台帮助农民学习和掌握农业科技知识，获得农业技术培训，促进农业科技发展。第二，加大财政支农力度。政府要确保农业发展的财政资金的合理注入，合理管理和严格控制农产品价格和农产品市场运行，保障农民的基本权益与未来发展。此外，还要吸引有实力的企业和个人投资，促进农业现代化和规模化生产。第三，要培训专业农民，传授专业技能，提高农业科技水平，实现农业增效、农民增收。以上措施的实施将刺激农村经济的发展，推动乡村振兴战略的顺利实施。

2. 坚持城乡工业"绿色发展"

推进新型工业化是城乡经济一体化的关键，这就要求优先发展高新技术产业，以科技创新引领绿色发展。同时，要积极推进产业集群发展，支持产业向规模大、价值高、特色强的方向发展。要特别重视化工、农产品加工等产业园区建设，支持污水处理等环保设施建设，实现城乡工业与绿色生态协调发展。加强节能减排项目建设，推进高新技术产业发展，做大做强特色产业，积极培育新兴产业，实现绿色可持续发展。此外，还要加强城乡产业互联互动，促进新兴产业发展。这些举措将有助于促进城乡经济的快速发展，提高经济效益和社会效益，实现城乡一体化的协调发展和共同繁荣。

3. 大力发展第三产业

为推动城乡经济的快速发展，第一，要大力发展现代服务业。完善城乡行业分工、工农衔接、城乡衔接，提高资源配置效率以促进城乡经济协调发展，提高农村服务水平。第二，要结合当地工农业的实际情况，积极推进第三产业与工农业的协调发展。因势利导发展符合当地资源优势的第三产业，如农家乐、文化旅游等项目，这样既能充分发挥农业对第三产业的拉动作用，又能吸纳农村剩余劳动力，解决农民就业难问题，增加农民收入，促进农业发展。第三，积极开发旅游资源。利用当地旅游资源，创新旅游方式，积极组织旅游文化节，选址开展农家乐、花卉展览等文化旅游活动。这样的举措能够吸引更多的本地和外地游客参观，促进旅游业的发展，并拉动相关产业的发展。这些措施将有助于推动城乡经济的快速发展，实现城乡一体化的协调发展。

4. 积极发展村镇经济

村镇经济和农村发展密切相关且相辅相成。以下是推动村镇经济发展的建议：首先，可以将村庄和小镇作为发展平台，重点发展具有当地特色和习俗的农产品。形成生产、加工、销售一体化链条，解决农产品销售问题，切实提高农民收入。可以开展农产品加工、农村电商、农民合作社等形式，推动产业链延伸和增值，提高农产品附加值和市场竞争力。其次，需要合理开发和规划村镇集体土地、森林、景观等资源，根据本地特点和市场需求，因地制宜地发展休闲旅游等产业。通过承包、入股、租赁、流转等方式，将村镇集体资源有效利用起来，推动产业发展和就业增长，提升村镇经济的发展水平。同时，充分发挥村集体和城市集体的优势，推动建立农村合作社、农业合作社等专业组织。推进农业规模化、集约化，积极发展蔬菜种植、园艺、畜牧、家禽养殖等示范项目，打造本地特色产品。这种发展方式有助于提高农业生产效率和经济效益，形成"一村一品"的发展格局，进一步推动农村经济增长。通过以上措施的实施，可以促进村庄之间的互动和合作，实现农村产业的协同发展，为农村经济繁荣打下坚实基础。

（二）深化城乡要素双向流动的体制机制改革

1. 改革城乡户籍制度

推进城乡融合发展，户籍制度改革是关键所在。应建立统一的户口管理机制，保障人口自由流动，使城乡资源得以优化配置。应尽快打破城乡户口藩篱，使城乡居民享有平等就业和居住的权利，共享发展机遇。还应降低农民进城门槛，提供更多城镇工作岗位，改善农民居住条件，健全社会保障体系，引导农村人口有序城镇化。更为重要的是，必须完善法律制度，杜绝一切歧视待遇，确保公民权利平等。以上措施的贯彻实施，必将促进城乡居民自由流动、平等对待，推进城乡融合发展的进程，最终实现和谐稳定、安居乐业的社会目标。呼吁有识之士共同努力，以改革创新精神，破除阻碍城乡一体化的体制机制障碍，让广大人民群众真正享受改革发展成果，共建幸福家园。

2. 完善城乡劳动制度

首先，要克服城乡二元户籍制度的限制，取消对农村劳动力进城务工和自谋职业的限制。要建立统一规范的劳动力市场和就业岗位登记管理制度，确保城乡居民享有平等的机会。这有助于提高农民工的社会地位和融入城市的能力，实现全面的城乡劳动力流动与平等就业。其次，需要加强城乡劳动者的就业培训。特别是对农民的教育指导和就业培训，以提高他们在人才市场的竞争力，这可以通过建立健全的职业培训机构、开展技能培训和创业指导等方式来实现。培训内容应根据市场需求和农村劳动力的特点进行定制，提供实用的技能和商业知识，增强农村劳动者的就业能力。此外，还需要完善就业帮扶制度，为就业困难的人群提供及时的帮助和支持。最后，建立城乡统一的劳动保障制度，全面保障城乡劳动力特别是农村劳动力的合法权益。这可以通过制定适应本地就业情况的劳动法规和规章制度，确保城乡劳动力在就业过程中签订劳动合同，并按照规定参加劳动保险。同时，还需要完善劳动保险制度，提供全面的社会保障，包括养老保险、医疗保险、失业保险等，保障城乡劳动力的权益和福利。通过以上措施的实施，可以逐步改善城乡居民的就业状况，促进城乡劳动力的平等就业和职业发展，实现城乡劳动力的全面保障和权益平等。

3. 深化土地制度改革

推进城乡协同治理和一体化发展。首先，必须建立城乡统一的土地市场，实现城乡政府所有土地的平等权利和公平交易。这可以通过制定一致的土地交易规则和政策，消除城乡土地权益差异，确保农村和城市居民在土地交易中享有平等的权利和机会。这有助于促进土地有效配置，提高土地利用效率，推动城乡土地保持高效率流转。其次，要保障农民的土地承包经营权利。这意味着要坚持农村土地承包制度，确保农民对土地的合法权益。同时，加强土地承包经营权的保护措施，防止违法征地和非法侵占农民土地，确保农民的稳定收入和生计保障。再次，政府应加大针对土地征用的管理力度，并尽量减少强制性征用。如果确实需要征用土地，应按照公平、合法的程序进行，并合理补偿农民的利益损失。也可将强制征地纳入城乡土地市场公平交易范围，确保征地公平合理。最后，创新农村土地流转发展方式，有效利用农村土地资源，通过规模化干预，帮助农民增收，提升生活品质。可以鼓励农民进行土地流转，引导农村土地资源的集约化使用和产业化发展。同时，要加强对土地流转的监管，防止土地流转中的不正当行为，确保农民的权益不受侵犯。通过以上措施的实施，可以推进城乡土地制度改革，实现自然资源的最优化配置，加速农业农村现代化发展并提高农民的生活水平。

4. 建立城乡一体化的金融制度和财政制度

在金融体系方面，要完善城乡金融体系，拓宽城乡投融资渠道，吸引社会资本支持城乡发展。此外，要积极推进农村小额信贷，解决农民在生产性经营活动或创业途中面临的资金问题。在财政制度方面，要解决城乡金融资源不平衡问题，使城乡金融资源与城乡发展需求相适应。同时，要提高城乡建设财政资金的使用效率，根据城乡建设的实际需要，科学计划资金的分配，对项目进行评估论证，严格控制每个项目的融资额度，避免资金使用不合理。通过这些措施，可以促进城乡经济的协同发展，推动城乡一体化进程的顺利进行。

（三）着力发展城乡均衡共享的公共服务事业

1. 着力推动城乡教育公平发展

为了实现城乡教育公平，可以调整城乡教育布局、优先发展农村教育、提升城乡优质教育资源的共享水平和完善助学体系。这些措施可以提高农村教育条件，加强城乡学校的改造和整合，提升城乡教师队伍的建设，逐步扩大教育资助的范围，从而实现城乡教育的均衡发展。应加快调整城乡教育布局，加强城乡学校的更新和升级，改善和恢复城乡薄弱学校，投资城乡学校的设施建设和设备改造。要加大城乡优质教育资源交流，加强城乡教师队伍培训。要建立城乡教师交流互动的长效机制，为农村教师到城市学校学习培训提供平台，鼓励城市教师到农村交流经验、指导培训。

2. 完善城乡医疗卫生体制

首先，要加大对农村医疗卫生事业的财政投入。国家应对医疗卫生事业发展滞后的农村地区加大财政支持。同时，要加强农村医疗卫生人员的业务培训，改善农村医疗卫生条件。其次，国家要加强对医疗卫生体系的监察管理。国家已经建立了包括市医院、乡镇卫生院和农村（街道）综合医院在内的三级医疗卫生体系，并加强了统一管理。要推动各级公共卫生机构向福利型、服务型的方向转变，确保卫生系统整体协调发展。再次，还要根据不同地区的发展实际和需求，科学规划和整合医药资源，加强城区、村镇卫生设施建设，确保医药卫生事业能够更好地满足病患的就医需求，因地制宜地进行布局。最后，要加强公共卫生服务的监督，确保医生开药和药品定价的合理性，保障公众的用药安全。通过这些措施，能够更好地改善农村地区的医疗卫生条件，为人民群众提供更好的医疗服务。

3. 提供城乡一体的就业服务

要实现城乡劳动力市场一体化，首先，必须确保城乡居民在劳动力市场上的平等权利和地位。其次，要加强城乡就业体系建设，包括就业信息咨询与培训服务等。这些服务要适应不同需求，为城乡居民提供有针对性的培训、及时准确的就业信息和就业援助。最后，要进一步落实《劳动合同法》，特别是要加强对农民工权益的保护，建立健全相应的社会保障制度，确保农民工的合法权益得到充分保障。通过以上措施，可以促进城乡一体的就业市场发展，确保城乡居民都能在公平、公正的环境中获得就业机会和相应的社会保障。

（四）建立城乡统一、多层次、全覆盖的社会保障体系

1. 多渠道筹措社保资金

政府可以通过加大财政对城乡基本保障的支持力度以建立全面的社会保障体系。我国已全面实施全民参保计划，包括城镇职工基本养老保险计划、城乡居民基本医疗保险计划和大病保险计划。借助政府主导力量，确保大多数甚至全部人口纳入社会保障体系范围，从而在面临重大疾病、失业和残疾等困境时享受国家和政府的关爱。

2. 健全和完善财政资金管理与监督机制

建立健全财政资金管控机制，加强对财政资金的审计监督，确保社会保障制度建设投入有保障。成立专门的社会保障管理机构，对社会保障资金进行全程严格监管和使用，避免出现资金投入不足、失衡或管理不善的情况。规范管理、公开透明，确保社保资金真正发挥效益，让城乡居民平等享受社保权益。

（五）促进城乡生态一体化发展

1. 坚持城乡空间资源一体化规划

在城乡规划中，不仅要考虑经济社会资源的整合和一体化配置，还要注重城乡空间

资源的合理整合和配置。一是考虑本地地理特点与资源分布，充分了解本地城乡地理特点、资源分布和环境条件，为城乡空间资源规划提供科学依据。考虑山水林田湖草等自然资源的保护与利用，推动城乡空间的优化整合。二是打破行政区划壁垒，在城乡规划中消除行政区划的隔阂，统筹城乡资源配置。通过合理规划城乡之间的连通性和交通网络，促进人员、物资和信息的流动。三是科学、合理的城乡空间布局，在综合考虑城市和乡村自身特点的基础上，实施科学合理的城乡空间布局，推动城乡空间资源的有机整合。四是合理规划城市的功能区，注重乡村的生态保护和农业发展，推动农村产业升级和乡村振兴。五是注重公共服务设施的均衡配置，优化公共服务资源布局，合理安排基础设施建设，提供公共交通、水、电、气、物流等基础设施，缩小城乡之间的发展差距。

2. 加大城乡生态环境保护投入

一是增加政府财政投入。政府应注重城乡环境建设并加大财政支持力度，为城乡环境保护基础设施建设提供充足的资金保障。要加大财政拨款力度，适当优先安排城乡环境保护工作，重点支持城乡环境重点工程和基础设施建设。二是吸引社会资金支持。鼓励引导社会资本积极参与生态环境保护。建立健全公私合作机制，为民间资本提供投资回报和政策激励，吸引社会资金投入生态保护项目。

3. 积极开展城乡综合整治项目

为了改善城乡环境，可以扎实开展城乡环境综合整治项目，推行城乡生活垃圾处理一体化，鼓励农民减少化肥和农药施用，推广绿色种植等措施。这些措施可以提高城市和农村环境的卫生与美观程度，促进城乡环境协调发展，提高居民的生活质量和健康水平。

4. 加强对城乡生态环境的执法监督

一是建立城乡环境管理长效机制。制定城乡环境与保护工程考核办法，定期对城乡基础设施、街道绿化、环境整治等进行检查考核。考核结果与年终质量考核挂钩，建立激励机制和约束机制，推动城乡生态环境工作的落实和改善。二是强化监督管理。加强政府内部监督和社会舆论监督，建立健全监督机制。加大对生态环境保护工作的宣传力度，增强公众对环境保护的重视和参与，同时，加强对环境违法行为的举报受理和快速查处，建立畅通的举报投诉渠道，保障举报人的合法权益。三是建设数字化、信息化城管平台。通过建设数字化、信息化的城管平台，提升城市管理水平和工作效率。建立城管热线、领导信箱、政务咨询等渠道，方便公众反映问题和投诉，及时解决环境问题。利用大数据和人工智能等技术手段，实现对城市环境的全面监测和管理，提高城乡生态环境保护的科学性和精准性。

第二节　党建引领、资源重组：山东省淄博市高青县

一、案例区概况

山东省淄博市西邻省会济南，东接潍坊、青岛，总面积为 5965 平方千米，下辖五区三县，2022 年全市常住人口约为 470.59 万人[①]。高青县位于淄博市北端，北部与滨州相望，东与博兴县、滨城区接壤，行政区划总面积为 831 平方千米，其中城区面积为 17.8 平方千米。2023 年，全县生产总值为 225.5 亿元，城镇居民人均可支配收入为 42490 元，农村居民人均可支配收入为 22615 元。[②]

二、案例区典型做法[*]

（一）制度保障：构建城乡"共建共治共享"新格局

1. 建立"1 对 1"结对机制

建立 7 个城市社区党总支与 6 个管区所辖 35 个村党支部结对帮扶，每对社区村居由 2 名街道班子成员挂包，围绕基层党建、村集体经济发展、社区治理、劳动就业等方面，逐步探索农村服务城市、城市带动农村的和谐发展路径，打造社区和乡村"共建共治共享"的新发展格局。

2. 探索结对社区村居捆绑考核机制

不断创新管理考核形式载体，通过捆绑考核方式，将社区村居共同纳入考核范围，考核结果实行相互挂钩、责任连带，切实做到社区支部书记及村干部"双方同责"，"一荣俱荣、一损俱损"的考核模式，倒逼社区村居相互帮扶。2022 年帮带社区考核成绩中帮带分值比例占社区总体成绩的 30%，而通过帮带行动，台陈村、尹马乔村等软弱涣散村在基层党建、乡村治理、壮大村集体经济发展等方面得到极大改善，由后进村变成了先进村，彻底摘掉了软弱涣散村的帽子，变成了"明星村"。

（二）资源重组：探索"以城带乡、以乡促城"发展新模式

社区、村居发展各有差异，如何有效打破城乡二元结构，推动人才、技术等多个发

---

① 资料来源：淄博市人民政府（zibo. gov. cn）。
② 资料来源：高青县人民政府（gaoqing. gov. cn）。
* 资料来源：【改革创新动态】"帮带式"激活半城半乡"一池水"——高青县田镇街道城乡协同发展的探索实践 [Z/OL]. 高青改革，2023 - 06 - 02.

展要素下乡，激活乡村的功能，高青县因地制宜，有效整合双方优势资源，探索"以城带乡、以乡促城"的发展模式。

1. 打造"共同富裕直播间"，推动"数字下乡"

各村依托结对社区直播平台，与社区联合打造"共富共享直播间"。一是通过与农业基地合作，将农产品带到社区直播间进行销售，拓宽农产品销路；二是通过街道37°云仓及社区直播间培养新农人主播，通过免费直播培训，提供免费实操场地与成熟货品供应链等一站式服务，以利润分成的方式，让每名主播零门槛当老板；三是"网红主播＋素人探店＋特色产品"的带货形式，为台孙村"甘棠蝉青"、平安村"五彩旱稻"、清秀村"清水龙虾"等一批党组织领办合作社品牌做大做强提供平台支撑。截至2023年5月，该直播间累计完成涉农零售30余万元，开展20余场直播助农培训。

2. 探索社区村居供需"搭桥"机制

定期对社区村居群众需求情况进行摸排，建立双方需求清单，根据清单精准对接联盟的"需求连接处"和发展契合点，有效实现双方建设资源的流通。比如，老旧小区有"物业需求"，农村有剩余劳动力"就业需求"，双方需求产生匹配，通过联盟的牵线搭桥，由农村党支部领办成立劳务服务型合作社，城市社区党组织领办成立"红色物业"。"红色物业"既解决了老旧小区物业难题，又方便了村民就近灵活就业，实现村集体与村民增收，2022年，各村劳务合作社增收均超过2.4万元，参与服务社区村民人均增收0.84万元以上。

3. 开设"公益市集"，畅通惠民助农新通道

"公益市集"除了为社区居民提供健康义诊、爱心义剪、口腔检查等服务外，2023年积极创新服务内容，将乡村时令果蔬、手工编织、家政服务也"搬"进"公益市集"。一方面，将"土特产"直销到社区，让社区居民直接从农户手中买到新鲜便宜的农产品。另一方面，社区通过党支部领办合作社成立"共富工坊"，提供编制手工活、培训家政、月嫂等服务，让社区"宝妈"、村内留守妇女、退休居民实现灵活再就业。截至2023年4月，各社区共组织"公益市集"活动5次，每次销售农产品2000余元，解决200余人"再就业"问题。

（三）党建引领：探索社区村居治理新模式

街道办事处"半城半乡"的特点，致使管理上各有差异，如何因地制宜实现管理的精细化、精准化。高青县有效发挥各方优势，有序引导乡村劳动力流入城市，同时运用社区经验反哺乡村治理，创新实践社区村居结对共治共管新模式。

1. 打造志愿服务"双红"模式

田镇街道共有98个无物业小区，疫情防控期间，部分老旧小区门口处于敞开式的

状态，人员复杂、人口流动出入频繁，无形中加剧了疫情防控的难度。社区召集结对村年轻党员或者志愿者组成一支近100人的志愿服务队，帮助社区值班值守，筑起"红色屏障"。田镇街道还创新开展支部+"家庭会议""楼道口会议""路灯会议""早看窗帘晚看灯""我为乡村环境提升提建议"等多种志愿活动，实现社区村居志愿服务队伍常态化管理。

2. 党建引领，探索各项工作齐抓共管

社区与结对村共同开展"主题党日"，定期召开联席会议，共同协商双方发展存在的问题，研讨双方共享的资源及下一步促进双方发展的推进措施。例如，和谐新村与长江社区结合区域相连、资源互通的优势，将邻近的林地进行规模经营、统一管理，打造林下经济新模式。前后池村通过与国井社区进行联动帮扶，探索出"订单农业"的发展模式；在城乡环境大整治等工作中，结对帮扶的社区与村进行工作互助。

3. 开展"送文化下乡"活动，助力乡村文化振兴

依托社区老年大学的师资力量，有计划地策划老年大学的老师及学生编排吕剧曲目、京剧曲目等文化作品，组织社区老年大学到乡村开展文艺演出，并集合专业老师到乡村开展书法、剪纸等活动，帮助乡村提高文明实践活动质量。截至2023年5月，田镇街道共开展帮扶活动19次，极大丰富了乡村文明实践活动的形式，满足了村民对精神文化的需求，助力文明实践在乡村落地生根。

三、案例区经验启示

第一，城乡帮扶体系。通过山海协作、对点帮扶等政策，充分发挥城市在促进农村地区发展中的作用，加大城乡发展力度的同时缩小发展差距。第二，创新发展模式。因地制宜，积极推动数字化发展，建立需求清单，打造共富工坊，实现资源的重组与高效利用。第三，转变治理理念。主题党日引领、志愿服务常态化管理、文化活动城乡覆盖形成了良好的乡风和系统的治理模式。

第三节　强产兴城、城乡共进：湖北省宜昌市宜都市

一、案例区概况

宜都市，是中华人民共和国湖北省宜昌市代管的县级市，地处湖北西南部，在东面

隔长江与宜昌市猇亭县、枝江市相望,西南和西部与五峰土家族自治县和长阳土家族自治市相邻,东南部与松滋市接壤,北面与宜昌市重点军区相连,区域面积为 1357 平方千米。截至 2023 年,宜都市辖 8 镇 1 乡 1 街道、2 个管委会,常住人口为 35.84 万人,常住人口城镇化率为 61.45%,城镇居民人均可支配收入为 50866 元,农村居民人均可支配收入为 30803 元,为中国百强县之一①。

二、案例区典型做法*

宜都市是国内第二批新型城镇化综合试点县市,近年来提升社区公共设施水平和产业培育设施的升级改造、积极推动公共服务设施、加强环境卫生改造,打造了城乡融合发展的现代化版本。城市升级了,城乡发展质量提高了,新型城镇化模式形成了。

(一)强产兴城,能级跨越

宜都大力发展高新科技制造业,给城乡工业发展带来有力支撑。项目因良好的营商环境和得天独厚的区域资源优势,吸引众多引进项目聚集。迄今为止,宜都化工园吸纳了大批的成长型、实力型、新科技型民营企业,包括兴发绿色工业园、华昊新材、华阳化学、新洋丰肥业等,园区内已建成 23 家规模较大的企业,并有 30 个项目正在建设中。宜都以打造国家高新区为契机,以高标准谋划和积极兴建了宜都化工园区、生物医药工业园、双创园区、高新科技示范园,形成了"一区四园"的经济发展新格局。最近 5 年间,宜城已引入了 203 个亿级项目,投入金额突破 1700 亿元。

宜都化工园区占地面积为 34 平方千米,并计划新建 7 条化工园区道路,总长度为 25.724 千米,总投资达到 25.8 亿元。这些道路建设项目将采用 PPP 模式进行建设和运营。项目完成后,预计将带动园区近 2.5 万亩土地的开发。宜都市华阳化工有限责任公司是全球最大的紫外线吸收剂生产企业,经过 5 年的研发,最近推出的高端紫外线吸收剂"三嗪酮类"已通过小规模量产测试,并具备大规模生产的能力。通过以上措施的实施,宜都致力于推动强产兴城和能级跨越,为城乡经济发展提供强大动力。宜都化工园区的建设和各个企业的发展将进一步推动宜都的经济增长。

(二)城乡共进,两翼齐飞

为促进城乡融合发展,各地乡镇正在积极推动文旅产业融合发展,结合地区特色和创新产业发展模式,推进乡村振兴战略和城乡一体化进程。通过这些努力突破了城乡之

---

① 资料来源:宜都市人民政府(yidu.gov.cn)。

* 资料来源:宜都:打造城乡融合发展升级版 [Z/OL].宜都发布,2022 - 06 - 13.

间的二元分割，同时推动了城乡融合发展。当前宜都积极推进新型城镇化建设，以提升县城品质和改善小城镇环境为主要目标，以打造美丽宜居乡村为主要任务，形成"一主引领、一带支撑、一区协同、一体发展"的区域布局。同时，也致力于实现城市公共服务向乡村延伸，有效整合城乡资源，提升城乡发展的整体效益，为城乡居民提供更便捷、更优质的公共服务（见表8-1）。

表8-1　　　　　　　　　　　宜都市产城融合案例

乡镇名称	地区特色	案例说明
高坝镇青林寺村	"中国谜语村"	这里的村民几乎人人善于猜谜，个个都能传承这一技艺。它是国家发改委确认的37个投融资模式创新试点特色小镇之一，其独特的谜语文化建设成为其独具特色的标志
架锅山村	桃花节	随着春天的到来，一年一度的桃花节即将拉开帷幕，吸引无数赏花人涌至。架锅山村也踏上了农旅融合发展之路，使更多村民能够在家门口找到就业机会，享受日益美好的幸福生活
五眼泉镇拖溪、丑溪、望佛桥、弭水桥四村	"一户一特色、一步一景观"	以区域内丰富的山水资源为依托，致力于打造"两溪两桥"旅游环线，提升生态环境治理水平，改造农户庭院和周边公路等区域，积极探索建设宜居的"美丽家园"，并计划新建40千米的道路，增建16座桥梁，以实现"一户一特色、一步一景观"
望佛桥村、拖溪村	旅游扶贫创新模式	弭水桥村荣获湖北旅游名村称号，而望佛桥村和拖溪村则相继摆脱贫困，取得脱贫的成就。此外，九凤谷旅游扶贫模式因其出色表现被评为全省旅游扶贫的十大典范案例之一
全心畈、油榨坪、全福河、双井寺	乡村振兴片区串联	一个个乡村振兴片区，如"红（红花套）高（高坝洲）"三产融合示范、"宝（宝塔湾）十（十里铺）"城郊都市休闲、"两溪（拖溪、丑溪）两桥（胡敌桥、望佛桥）"乡村旅游以及百里生态茶廊和宜红古茶道等，将全市的123个村相互连接起来，促进城乡融合发展，让城市与乡村联动发展

通过以上措施的实施，希望实现城乡共进、两翼齐飞的目标，推动城乡融合发展，实现经济社会的协调发展。这将为乡村振兴和城乡一体化发展带来新的机遇和活力，为全面建设社会主义现代化国家作出积极贡献。

（三）功能完善，幸福满城

由于年久失修和缺乏有效管理，宜都市的居民生活空间面临许多问题，公共空间狭小，电力、水和燃气管线老化等都给人们的生活带来极大不便。为改善这一状况，宜都市于2022年3月正式启动了老旧小区改造项目，水电气网和管道设施改善、地面硬化、防护设施安装等为项目改造的重点。根据湖北省政府批复的《宜都市城乡总体规划（2012～2030年）》，宜都市将主要推进四个领域的18项建设任务，改造了16个老旧小区，同时还整治了12个重点节点，一系列措施不仅对居民小区基础设施的不足进行了弥补，还全面提升了宜都市的宜居环境。

按照湖北省政府批复的《宜都市城乡总体规划（2012～2030年）》，宜都市将主要推进四个领域的18项建设任务，其中包括公共服务设施提升和扩面。宜都市总投资20.25亿元用于更新和改造旧城区，通过环境整治、重塑历史风貌、美化街景等措施，对16个老旧小区进行了改造，同时还对12个重点节点环境进行整治，不仅弥补了居民小区基础设施的不足，还全面提升了宜都市的宜居环境。

在基础设施方面，宜都市率先在全省县域范围内推出了"车共体＋"试点项目，通过整合停车资源、实行错时共享，极大地缓解了车位资源不足的问题。目前，"车共体＋"项目已纳入了40多个公共停车场和多达5000个共享车位，实现停车资源利用最大化，为车主提供了更为便捷的优质服务。

在公共服务方面，宜都市于2022年6月1日启用了占地面积35亩的宜都市妇幼保健院新院。该院总投资高达18553万元，按照国家卫健委的"四大部"设计理念规范设置了多个功能科室，同时还设有污物暂存等配套设施。该院极大地提高了为全市妇女儿童提供健康诊疗服务的能力。

在项目投资建设方面，通过高起点规划和标准化建设，有效缓解了宜都市服务供给缺失和服务质量不高等问题，并荣获了国家工程优秀项目一等奖、国家钢结构等大奖。

三、案例区经验启示

宜都市运用了协同治理理念和措施，在城乡一体化实践中取得了积极进展。作为城乡一体化试点城市，为我国城乡社会治理提供了新样板，也为解决城乡分治、改善城乡分割局面提供了治理思路。因此，必须采取切实有效的对策，提升城乡协同治理水平，加大城乡协同治理力度，才能实现城乡一体化发展。

第一，发挥党组织的领导核心作用。基层党委在城乡社会协同治理中起着领导核心作用。为实现治理合力，基层党组织应有效调节各方利益、动员可用力量，进而实现整合资源。在多元主体参与的城乡社会协同治理体系中，应形成党委统一领导的工作机制，确立党委的领导核心地位。

第二，着力打造服务型政府。当前，社会治理缺乏活力和效果不强的主要原因在于，城乡社会治理中政府一方独大，政府与社会、公民之间缺乏沟通和了解。因此，必须转变政府职能，打造服务型政府，坚持以民为本，城乡基层政府应当不断优化服务功能，将重心放在群众的愿望和需求上，同时整合行政、经济和社会力量，才能实现城乡社会治理的有效运行和协调发展。

第三，积极培育城乡社会组织。作为政府与公民的连接桥梁，社会组织在城乡协同治理中具有重要作用，能够调解人民的利益冲突和服务需求，同时促进协同治理主体的多元化。因此，一方面，应当建立健全共青团、妇代会、工会等社会组织，并在城乡基层党组织的领导下开展工作，深入群众，了解人民群众的需求。另一方面，各类社会组织可以在民主参与等多个方面起到桥梁和纽带的作用，政府应鼓励居民成为社会组织的管理者、参与者和受益者，使城乡居民自愿参与到社区民间组织、社会公益组织的建设中，并为人民群众提供有效的服务，积极化解人民群众之间的利益矛盾，全力构建城乡社会协同治理体系。此外，应健全内部规章制度，支持各类社会组织提升治理能力，规范社会组织的建立与运行。同时，公众参与基层治理是推进城乡社会协同治理的重要基础和举措，应鼓励城乡公众参与治理，增强公众参与热情，激发治理活力。此外，还可以在社区、村委会等地进行居民文化知识教育，提高科学文化水平，打破对于部分文化素质较低的农村居民参与农村治理能力的限制，要尊重他们的主体地位，不断加强对居民民主意识的教育与参政议政的能力和积极性，增强居民对于城乡治理决策与自身利益息息相关的意识，进而提高城乡社会治理效率。

总之，为了进一步推进城乡社会协同治理，宜都市的经验表明需要发挥党组织的领导核心作用，积极打造服务型政府，同时培育城乡社会组织，鼓励城乡公众参与治理。通过这些措施，可以加大城乡协同治理力度，提升城乡协同治理水平，实现城乡一体化发展。

第四节　规划引领、要素衔接：湖南省长沙市长沙县

一、案例区概况

长沙县，隶属于湖南省长沙市，位于长沙市中部，湖南省东部，总面积 1756 平方千米，下辖 13 个镇、5 个街道。长沙县位于长株潭"两型社会"试验区的中心地带，是中国 18 个改革开放的典型地区之一，是湖南构建"一核两副三带四区"格局中长株潭核心增长极的关键支撑点、先进制造业发展的重要地区。2023 年，全县三次产业结构调整为 4.5：48.6：46.9，居民人均可支配收入达 5.5 万元，农村居民收入继续领跑全省，居全国县域前列。连续 17 年获评"中国最具幸福感城市"。①

二、案例区典型做法*

（一）以县域内城乡规划统一引导乡村振兴有序发展

城乡要发展，规划须先行。为推动城乡精明规划、精致建设，需要有效地衔接县域

---

① 资料来源：长沙县人民政府（csx. gov. cn）。

* 资料来源：【决策研究】以县域内城乡融合为基点 推动乡村振兴开创新局［Z/OL］. 政智潇湘，2021 - 04 - 22.

城市抽象战略规划与乡村详细性规划。第一，在明确乡镇内村庄布局分类的基础上，根据乡镇的资源禀赋、比较优势，制订与实际需求相符的村庄规划。第二，有意义地划定各区的主体功能分布，明确空间发展指引和管控要求。通过空间资源的差异化配置，避免规模集聚的低效现象。以资源配置最优化、发展效益最大化为目标。第三，突出城市规划的综合性与系统性特点，把城市基础设施规划的重心转为围绕着经济、生活、社会秩序这三条主线来进行设计。通过整合城市基础设施、农村工业、生态环境、公共服务、社区生活等领域的综合规划，有效促进了城乡人口的合理整合与优化布局，有序推进了城乡融合。

（二）以县域内城乡功能衔接推进乡村振兴共享发展

乡村振兴，以人为本。地区各级政府作为推进乡村振兴工作的责任主体，必须逐步解决长期存在的"城市偏向"思维和制度惯性所导致的城乡结构性问题，以城乡功能衔接为重要突破口，促进城乡公共资源全民共享。第一，提升县城公共服务的综合能力，把县城打造为区域性农民服务中心。第二，以加强城乡基础设施为首要任务，积极优化设施布局，填补水电气、通信、物流等基础设施方面的短板。逐步统筹城乡资源和设施，满足农民基本发展权益。第三，以解决城乡均等化问题与公共服务可获得性问题为应有之义。着重解决乡村民生方面的短板，解决民生难题，实现普惠共享。加快发展城乡教育联合体，统筹考虑城乡社会保障体系的发展，以满足乡村居民对美好品质生活的需求。

（三）以县域内城乡要素流通提升乡村振兴互助发展

要素融合是乡村振兴的重要依托。国家"十四五"规划提出，要促进更多要素向农村流动，增强农业农村发展的活力，为此，一是政府着力加强城乡人才素质的双向流动，促进农村转移人口就地实现市民化。并根据农村特点吸纳各种人才回乡、进镇创业，培养懂科技、会经营的致富能人、新型职业农民，从而激活农村经济振兴的内生动能。二是积极推进城市土地要素的双向流转。加速推进城市集体经营性建设土地实现市场化，注重发展集体经济，提高土地资源的使用效率，通过还权赋能，充分发挥农村农户的主观能动性，将沉睡资本转变为有效资本。三是加强城乡资本要素双向流动。鼓励社会资本积极参与乡村建设，引导社会资本流向农业领域，为乡村振兴提供源源不断的新动能，降低融资成本的同时加快探索健全新型乡村金融体系。

（四）以县域内城乡产业协同实现乡村振兴联动发展

乡村振兴，产业为先。2021 年中央一号文件提出，要把产业链主体留在县城，让农民更多分享产业增值收益。以"特色镇""新兴产业区"等包括农家乐、文旅、养老等多领域的特色现代化产业作为县域城乡产业协同的重要空间载体。并在此基础上，充分利用县域自身的比较优势，鼓励发展具有乡村特色的主导产业。根据"一乡一品"原则，积极发展科技农业、旅游农业、高效农业，同时，还应建设一批城乡产业加工园区、现代农业示范园区和田园生活体验园区等产业园区，以进一步促使乡村初步形成有利于自身发展的产业体系。

三、案例区经验启示

第一，顶层设计城乡规划。当前城市规划的前瞻性远高于乡村，结合实际、精准规划、差异化管理，实现城乡资源的合理布局。第二，合理衔接城乡功能。政策引导资源、要素在城乡间的合理流动，推动城市公共服务与基础功能覆盖农村，极力缩小城乡在经济、社会、空间层面的差距。第三，协同城乡产业体系。因地制宜发展乡村特色产业，加强城市对乡村在技术、人才等层面的指导，多方位打造"农业＋"的产业发展格局。

第五节　功能分区、多元治理：云南省保山市隆阳区

一、案例区概况

保山作为云南省辖地级市，位于云南省西部，内与大理、临沧、怒江、德宏毗邻，外与缅甸山水相连。国土面积为 19637 平方千米，下辖 1 区 1 市 3 县，常住人口为 240.7 万人，少数民族占总人口的 11.9%，是全国最大的山葵、石斛、核桃、红花油茶种植基地，是全国著名的"滇西粮仓"[①]。隆阳区隶属保山市，位于云南省西部、横断山脉南端，常住人口为 94.55 万人，地区生产总值为 453.65 亿元，2022 年 8 月，入选2022 年农业现代化示范区[②]。

二、案例区典型做法[*]

（一）构建"中心城区＋功能园区＋特色小镇＋美丽乡村"的城乡发展模式

城乡一体化发展的空间格局实现，重点是提高主城区的承载能力以及推动周边乡村

---

① 资料来源：保山市人民政府门户网站（baoshan. gov. cn）。
② 资料来源：隆阳区人民政府门户网站（longyang. gov. cn）。
＊ 资料来源：城乡如何融合发展？保山"三个万亩"建设给出答案［Z/OL］. 中共保山市委政策研究室，2018 -09 - 20.

的综合发展。同时，将在城郊区接合处建设多功能的综合园，内容涉及工业、生态和人文等方面，以形成与城市互动互惠、共融共生的综合经济体系，并促进城市融合发展。另外，政府还着力于建设产业特色小镇，以促进中心城区功能疏导，带动农村人口就近转移就业，促进城市就地城镇化。此外，重视美丽乡村建设进程，推动城市公共基础设施更多覆盖农村地区，这样可以切实落实农民群众对美好生活的向往。

（二）采取"大产业+新主体+新平台"的产业协同路径

保山市万亩生态观光农业园，是规模化发展现代农业大产业的典型案例。以"规模化、工业化、生态化"为发展思路，完善农业农村现代化产业体系，重点建设规模农业示范区，流转土地面积达到 12.51 万亩。同时，注重提高农业生产质量与绿色发展，推进绿色、有机、无公害农产品供应，打造绿色生态农业品牌。在农业经营体系方面，推行多种形式适度规模经营，推动土地规模流转，实现土地面积达到 36.81 万亩。

积极培养新型农村合作组织和本地公司等新兴的农村运营主体，推动农产品加工龙头企业上市，构建利益联结机制，将小农户纳入产业链。同时，采取精准招商、定向招商和全产业链招商，积极吸纳经济实力较雄厚的大型公司进驻农村产业园区，全力打造园区项目投资建设与经营管理服务的新型主体。

在以市场运作为核心的基础上更好发挥政府功能，培育引领现代农业规模化发展。该地区积极开展招商引资工作，进行精准招商、定向招商以及全产业链招商是重点区域和重点园区吸引实力雄厚大企业的重要手段。将大企业进驻的农业产业园区打造成为新的主要经营和管理主体，同时，对于本土企业和新型农村合作组织等创新型农业经营主体的培育也是重要举措。截至 2017 年，保山市省级重点龙头企业和农业产业化龙头企业的销售收入已达到 143.04 亿元，增长了 22.5%。此外，还完善了利益联结机制，将小块流转土地"返包倒租"给回乡创业人员并按照企业要求和生产标准种植，从而实现小农户与产业链的有机衔接。为支持农业规模化发展，建立了新的政府服务平台，旨在培育重点产业和建设产业园区，同时还设立了 2 亿元的产业基金。通过创新已有的投融资模式，即根据现实情况将投融资项目与需求分门别类，成立与企业共同持有股权的国资公司，同时出台了相应的激励措施，积极推动农产品加工龙头企业上市，切实解决"融资难"问题。此外，成立了市、县（区）、乡镇（街道）三级工作机构，提供全流程的"菜单式"服务，包括企业土地流转、办证经营、化解矛盾纠纷等事项。

为支持农业规模化发展，建立了新的政府服务平台，旨在培育重点产业和建设产业园区，同时还设立了 2 亿元的产业基金。通过创新已有的投融资模式，即根据现实情况将投融资项目与需求分门别类，成立与企业共同持有股权的国资公司，切实解决企业面临的"融资难"问题。推动农产品加工龙头企业上市，并出台了相应的激励措施。此外，成立了市、县（区）、乡镇（街道）三级工作机构，提供全流程的"菜单式"服务，包括企业土地流转、办证经营、化解矛盾纠纷等事项。

（三）实施"空间功能管控＋人居环境整治＋基层综合治理"的城乡治理模式

在城乡治理方面，基于功能分区和分类管控措施，优化城乡的空间布局，采取多规合一的"空间功能管控＋人居环境整治＋基层综合治理"策略。保山市和隆阳区以编制村庄总体规划图、规划说明书、村（居）规，作为村庄建设与管理的主要依托，通过对坝区及周边可视范围的251个村庄进行分类划定和分类管控，如在坝区村庄划定禁建区、限建区等。此外，推进城市和农村的环境共同治理，将农村人居环境综合整治列为乡村振兴的重要任务。在改善人居环境方面，通过实施城乡基础设施建设项目，逐步完善基础设施，并不断强化农村基层党组织的领导核心地位，创新自治形式，提升基层政府和自治组织的管理水平和服务水平，进而形成完善的公共服务体系。同时，激发农村群众的主体作用，积极培育和壮大农村集体经济组织，以此促进农村集体经济的发展。通过上述措施，保山市在城乡发展、产业发展和城乡治理方面取得了一定成绩，推动了乡村振兴和农业农村现代化战略的实施。

三、案例区经验启示

第一，城市空间功能分区。从顶层设计的角度对城市空间进行划分，明确不同功能区的发展方向，推动功能分区之间的优势互补，形成层级化、立体化的空间发展形态。第二，产业协同发展体系。以农业为依托，重点发展农商文旅，立足特色打造农业品牌；完善经营主体利益联结机制，创新投融资模式，高质量促进大产业发展。第三，多元主体治理格局。以规划为引领，以创新为杠杆，形成多元主体共建共治的城乡发展局面。

第六节　因地制宜、"旅游＋N"：广西桂林市阳朔县

一、案例区概况

桂林位于广西壮族自治区的东北部，地处南岭山系的西南部、湘桂走廊的中南端，是湖南、贵州、广西、广东四省区交界的中心城市，也是以山水闻名的旅游城市。总面积为2.78万平方千米，全市下辖17个区（市）县[①]，而阳朔位于桂林市的南部，总面积1436平方千米，辖6镇3乡，三次产业结构为32.8∶16.5∶50.7，城镇居民人均可

---

① 资料来源：广西桂林市人民政府门户网站（www.guilin.gov.cn）。

支配收入为 48201 元，农村居民人均可支配收入为 24774 元①。在乡村振兴与新型城镇化逐步推进过程中，该地正在做大做强城乡协同发展的大文章。

二、案例区典型做法*

（一）城乡基础设施"一体化"

阳朔有着丰富的自然、人文景观，旅游资源相对比较丰富，为进一步通过文旅融合推动城乡协同发展，该地加强基础设施和公共服务基础设施的建设，开启了集镇到村（社区）的"一体化"建设。现阶段，自然村的道路硬化率达到 100%，旅游驿站、便民步道等旅游服务设施正逐步完善，微田园、微菜园等景观也随处可见，通过城乡各业态的耦合协调，逐渐实现"城市带动乡村"的发展目标。

（二）城乡农文体旅"四互动"

为统筹城乡发展，阳朔乡充分发挥市（县城）内旅游发展的循环经济作用，积极推行"旅游＋农业"等发展策略。该镇致力于促进传统农村向观光农业转变。一方面，培养部分农户作为观光从业人员，休闲式农业转变为接待式的观光新农业；另一方面，利用一年一度的世界自行车锦标赛、全国铁人三项赛、登山比赛等体育赛事，吸引中外游客，进一步推动农业与旅游业紧密结合的战略。将传统文化与中西元素互融共通，不仅促进了旅游业的发展，还使得城乡文化、体育等产业实现良性互动、共同进步。

（三）城乡项目建设"八方招"

阳朔镇在努力完善城乡基础设施和发展城乡产业的同时，积极致力于优化城乡融合发展环境。它积极引导和鼓励社会资本投资到集镇和乡村，通过政府的小投资来带动社会的大投资，以实现发展的大效益。近年来，阳朔镇积极推进高端旅游的发展，引进了一系列具有重要影响的高端项目和精品项目，以促进生态旅游、文化旅游等新型旅游业态的发展。目前，阳朔镇正在积极准备阳朔宋城演艺二期项目、刘三姐阳朔印象国际演艺城项目，并搭建一批优质客栈，如九五渡城中村有宾馆 22 家，客房 450 间，床位 800 张；同时，还引进一批生态旅游企业，创新业态发展产业，如荷塘观光园、菊花观光园、香草森林等项目。通过社会资本投资、政府持续推动，有效解决了本地农村劳动力就业问题，进一步激活了城乡融合发展的"一池春水"。

---

① 资料来源：广西桂林市阳朔县人民政府门户网站（http://www.yangshuo.gov.cn/）。
* 资料来源：【一线】广西阳朔：做大做强城乡融合发展大文章 [Z/OL]. 城乡融合发展联盟，2022－04－02.

三、案例区经验启示

第一，挖掘自身特色。阳朔凭借着得天独厚的旅游资源，在乡村振兴与新型城镇化协同发展的过程中，围绕自身资源禀赋的优势，以旅游为突破口，推动文旅融合，打造"旅游＋"的产业发展模式，实现了城乡的高质量融合，也为其他资源型城市的发展发挥了示范效应。第二，"软环境"与"硬环境"相结合。一方面，完善城乡居民生活的基础设施、旅游发展的配套基础设施；另一方面，营造良好的旅游发展环境，引进重大项目的投资落地。

第四篇
新时代乡村振兴与新型城镇化的协同发展研究

　　基于第三篇对于乡村振兴与新型城镇化协同发展的理论分析，以及相关典型案例的剖析，本篇将以2006~2020年作为时间跨度，以全国30个省（区、市）（不包括港澳台和西藏）为研究单元，围绕"乡村振兴与新型城镇化协同发展得怎么样"及"乡村振兴与新型城镇化协同发展会怎样"的核心命题展开，旨在把握发展现状、明晰驱动因素、识别多维效应、检验影响机理，以期为地方生动实践开展提供理论支撑与政策参考。

第九章　乡村振兴与新型城镇化协同发展的格局特征

立足于"乡村振兴与新型城镇化协同发展得怎么样"这一核心命题，本章以 2006 ~ 2020 年全国 30 个省（区、市）（不包括港澳台和西藏）的面板数据为研究对象，基于乡村振兴与新型城镇化的内涵构建起各自的序参量评价指标体系，借助复合系统协同度模型对两大战略协同发展的程度进行了测度。在此基础上，运用经典的时空分析方法从多维视角展现了乡村振兴与新型城镇化协同发展的静态、动态演进规律，并借助地理探测器的方法从单因子作用、双因子交互的层面探究了不同变量对两大战略复合系统协同度的作用强度。

第一节　乡村振兴与新型城镇化协同发展的测度

乡村振兴与新型城镇化协同发展是实现城乡良性互动发展的重要保证，而两大战略的协同发展必然会受到各自内部条件的制约，鉴于此，本书在协同学和系统学理论的基础上，将乡村振兴子系统与新型城镇化子系统视为一个复合系统，借助复合系统协同度模型来测度两者的协同度。该模型作为度量复合系统协同发展状况常用的方法，优势在于从构成复合系统的子系统出发，可以很好地从时间变化趋势层面了解子系统间协同匹配程度。计算的具体思路为：首先，基于乡村振兴与新型城镇化的内涵构建起能够反映两系统运行规律的序参量，也即各自的评价指标体系，并在此基础上对各序参量进行标准化处理得到相应的序参量有序度；其次，结合研究需要采用相应的权重确定方法计算出两子系统不同序参量对应的权重；再次，根据各序参量有序度和与之相对应的权重，采用线性加权的方法测度出乡村振兴与新型城镇化两个子系统的有序度；最后，依照子系统有序度的演变特征计算出乡村振兴与新型城镇化复合系统协同度。

一、序参量的选取

乡村振兴与新型城镇化组成的复合系统为 $S = f(S_1, S_2)$，其中，S_1 表征乡村振兴子系统，S_2 表征新型城镇化子系统，f 为两个子系统协同发展的复合因子。在构成的复合系统 S 中，两者实现协同发展取决于子系统 S_1 和 S_2，而乡村振兴与新型城镇化两个不同子系统的发展由构成 S_1 和 S_2 的序参量所决定，故序参量的选取从源头上影响着复合系统中两系统间的协同作用。

对于序参量的选取，《乡村振兴战略规划（2018～2022 年）》中明确从"产业兴旺、生态宜居、乡风文明、治理有效、生活富裕"五个层面来评价乡村振兴（S_1）。基于已有的新型城镇化分类方法，本书从"经济城镇化、生态城镇化、社会城镇化、空间城镇化、人口城镇化"五个维度来对其（S_2）进行刻画。表 9-1、表 9-2 呈现了测度乡村振兴与新型城镇化复合系统协同度所涉及的序参量，本质上两大子系统的五个维度也存在着对应关系。

表 9-1　　　　　　　　　　　　　乡村振兴子系统序参量指标体系

子系统	准则层	测度指标	序参量释义	记法
乡村振兴 S_1	产业兴旺	劳动生产率	第一产业增加产值/乡村人口（万元/人）	e_{101}
		一产增加值	第一产业产值/地区生产总值（%）	e_{102}
		土地生产率	第一产业产值/总播种面积（万元/公顷）	e_{103}
		农业机械化	单位播种面积农业机械动力（千瓦/公顷）	e_{104}
		作物多元化	非粮播种面积占总播种面积的比重（%）	e_{105}
		有效灌溉率	有效灌溉面积占总播种面积的比重（%）	e_{106}
	生态宜居	自然环境	森林覆盖率（%）	e_{107}
		生产环境	单位播种面积化肥施用量（千克/公顷）	e_{108}
		生活环境	农村用水普及率（%）	e_{109}
		居住环境	村庄绿化覆盖率（%）	e_{110}
		卫生环境	无害化卫生厕所普及率（%）	e_{111}
		能源环境	人均太阳能热水器面积（平方米）	e_{112}
	乡风文明	文化资源	每万人拥有乡镇文化站个数（个）	e_{113}
		教育水平	义务教育专任教师本科以上学历占比（%）	e_{114}
		基础设施	农村电视节目覆盖率（%）	e_{115}
		文教支出	文化教育支出占家庭总支出比重（%）	e_{116}
		卫生医疗	每千农业人口村卫生室人员数（人）	e_{117}
	治理有效	养老服务	农村每万人养老服务机构数（个）	e_{118}
		村庄建设	有村庄建设规划的占全部行政村的比重（%）	e_{119}
		乡镇规划	有乡镇总体规划的占全部乡镇的比重（%）	e_{120}
		村庄机构	村委会的数量占全部自然村的比重（%）	e_{121}
		村镇管理	有村镇管理机构的占全部村镇的比重（%）	e_{122}
		贫困发生	最低生活保障标准人数（人）	e_{123}

续表

子系统	准则层	测度指标	序参量释义	记法
乡村振兴 S_1	生活富裕	居民收入	农村居民家庭人均纯收入（元）	e_{124}
		消费支出	农村居民家庭人均消费支出（元）	e_{125}
		消费结构	农村居民家庭恩格尔系数（%）	e_{126}
		生活质量	农村家庭每百户移动电话拥有量（部）	e_{127}
		生活空间	农村居民人均住房面积（平方米）	e_{128}

表 9 – 2　　　　　　　　新型城镇化子系统序参量指标体系

子系统	准则层	测度指标	序参量释义	记法
新型城镇化 S_2	经济城镇化	人均产值	城市人均二三产业产值（万元/人）	e_{201}
		产业结构	非农产业产值占地区生产总值的比重（%）	e_{202}
		经济开放	人均实际利用外商投资额（万元）	e_{203}
		投资水平	城镇人均固定资产投资额（万元）	e_{204}
		科技投入	RD 经费支出占 GDP 的比重（%）	e_{205}
		商品流通	人均社会消费品总额（万元）	e_{206}
	生态城镇化	污水处理	城市污水处理率（%）	e_{207}
		垃圾治理	城市生活垃圾无害化处理率（%）	e_{208}
		公园绿地	人均公园绿地面积（平方米）	e_{209}
		绿化建设	建成区绿化覆盖率（%）	e_{210}
		废物利用	一般工业固体废物综合利用率（%）	e_{211}
		空气质量	工业二氧化硫排放量/二产增加值（吨/亿元）	e_{212}
	社会城镇化	文化资源	人均拥有公共图书馆藏量（册）	e_{213}
		教育水平	教育经费占 GDP 的比重（%）	e_{214}
		基础设施	每万人拥有公共交通车辆数	e_{215}
		社会就业	城镇人口登记失业率（%）	e_{216}
		医疗卫生	每千人口卫生技术人员数（人）	e_{217}
		养老保险	城镇职工基本养老保险参保人数占比（%）	e_{218}
	空间城镇化	土地供给	建成区面积占辖区面积比重（%）	e_{219}
		土地承载	人均建成区面积（平方米）	e_{220}
		土地开发	建成区土地经济密度（亿元/平方千米）	e_{221}
		紧凑程度	城市人口密度（人/平方千米）	e_{222}
		路网格局	人均城市道路面积（平方米）	e_{223}
	人口城镇化	居民收入	城镇居民家庭人均可支配收入（元）	e_{224}
		消费支出	城镇居民家庭人均消费支出（元）	e_{225}
		消费结构	城镇居民家庭恩格尔系数（%）	e_{226}
		生活质量	城镇家庭每百户汽车拥有量（台）	e_{227}
		城镇化率	城镇人口占总人口的比重（%）	e_{228}

假设子系统 S_i 的序参量为 $e_i = (e_{i1}, e_{i2}, e_{i3}, \cdots, e_{ij})$，由上述描述可知，$i$ 的取值为 1 和 2，分别代表两个子系统；每个子系统的序参量均有 28 个，故 j 的取值范围为 1～28。

二、序参量有序度

有序度是对系统内部的有序性进行描述，序参量有序度体现的是指标对于子系统的贡献程度。子系统 S_i 的 28 个序参量可以表示为 $e_i = (e_{i1}, e_{i2}, e_{i3}, \cdots, e_{ij})$，假定 $\beta_{ij} \leqslant e_{ij} \leqslant \alpha_{ij}$，若 e_{ij} 为正向指标，那么越大的数值表征越高的有序度；若 e_{ij} 为负向指标，意味着有序度会随着数值的增大而减小。对此，序参量分量 e_{ij} 的有序度 $\mu_i(e_{ij})$ 可以表示为：

$$\mu_i(e_{ij}) = \begin{cases} \dfrac{e_{ij} - \beta_{ij}}{\alpha_{ij} - \beta_{ij}}, & e_{ij} \text{为正向指标} \\[4mm] \dfrac{\alpha_{ij} - e_{ij}}{\alpha_{ij} - \beta_{ij}}, & e_{ij} \text{为负向指标} \end{cases} \tag{9-1}$$

其中，α_{ij} 和 β_{ij} 分别表示第 i 个子系统趋于稳定时，序参量分量 e_{ij} 对应的理想条件下的上限和下限；$\mu_i(e_{ij})$ 的取值范围在 0～1，$\mu_i(e_{ij})$ 越大说明序参量 e_{ij} 的有序度越高，对子系统的贡献度也就越大。

鉴于序参量在量纲、数量级上的差异，为消除其对数据处理的影响，参考邬彩霞（2021）、沈颂东和亢秀秋（2018）等的做法，首先，采用 Z-Score 标准化的方法对序参量的原始数据进行处理；其次，将序参量标准化后的最大值与最小值作为本书的 α_{ij} 和 β_{ij}；最后，根据指标的正负项属性，将离散化后的 e_{ij} 数值和确定的最值代入式（9-1）计算出各序参量的有序度。

三、子系统有序度

子系统有序度 $\mu_i(e_i)$ 反映了子系统内部序参量的协同发展程度，可以通过序参量有序度 $\mu_i(e_{ij})$ 进行集成，也即 $\mu_i(e_i)$ 的大小取决于 $\mu_i(e_{ij})$ 的绝对数值以及 $\mu_i(e_{ij})$ 之间的组合形式。本书采用常用的线性加权方法来合成子系统 S_i 的有序度，具体计算公式如下：

$$\mu_i(e_i) = \sum_{j=1}^{28} W_j \mu_i(e_{ij}) \tag{9-2}$$

$$W_j \geqslant 0, \sum_{j=1}^{28} W_j = 1 \tag{9-3}$$

由式（9-2）可知，$\mu_i(e_i) \in [0, 1]$，其数值越接近于 1，意味着序参量 e_i 对子系统

S_i 的贡献程度越大，也即子系统的有序度越高；W_j 为序参量 e_{ij} 所对应的权重，而权重的大小直接反映了序参量在系统中的重要程度，为了增强权重的客观性与合理性，采用熵值法来确定各地区序参量的权重。

四、复合系统协同度

复合系统协同度反映了子系统之间的协同匹配程度，若 t_0 时刻，乡村振兴子系统 S_1 的有序度为 $\mu_1^0(e_1)$，新型城镇化子系统 S_2 的有序度为 $\mu_2^0(e_2)$；复合系统在子系统的协同互动作用下演变至 t_1 时刻，对应的乡村振兴子系统 S_1 的有序度和新型城镇化子系统 S_2 的有序度分别演变为 $\mu_1^1(e_1)$、$\mu_2^1(e_2)$，对此，从 t_0 时刻到 t_1 时刻，由 S_1 和 S_2 两个子系统构成的复合系统协同度的计算公式为：

$$syn = Sig(\,\cdot\,)\sqrt{|\mu_1^1(e_1) - \mu_1^0(e_1)| \times |\mu_2^1(e_2) - \mu_2^0(e_2)|} \tag{9-4}$$

$$Sig(\,\cdot\,) = \begin{cases} 1 \\ -1 \end{cases} \tag{9-5}$$

式（9-4）、式（9-5）中，$Sig(\,\cdot\,)$ 的取值为 1 和 -1，则乡村振兴与新型城镇化复合系统协同度的取值范围介于 -1~1，且协同度 syn 数值越大说明复合系统协同发展程度就越高。协同度 syn 为正的充要条件为：$\mu_1^1(e_1) - \mu_1^0(e_1) > 0$ 且 $\mu_2^1(e_2) - \mu_2^0(e_2) > 0$，$Sig(\,\cdot\,)$ 取值为 1，也即 t_1 时刻乡村振兴与新型城镇化子系统有序度要高于 t_0 时刻各自子系统有序度，此时复合系统处于协同发展状态。反之，如果其中任意一个子系统或者两个子系统 t_0 时刻的有序度大于 t_1 时刻的有序度，那么 $Sig(\,\cdot\,)$ 取值为 -1，复合系统协同度为负，这意味着乡村振兴与新型城镇化复合系统将处于非协同演进状态。

需要说明的是：（1）乡村振兴与新型城镇化复合系统协同度的判定过程需基于历年子系统 S_i 有序度的演变规律，本书的时间跨度为 2006~2020 年，而复合系统协同度的计算均将 2006 年作为相同基期，以便于从时间序列层面了解各省份复合系统协同度相对于 2006 年的演变过程，因此，两大战略协同度数值的时间跨度为 2007~2020 年。（2）复合系统协同度的正负体现了子系统有序度的协同匹配状况，而子系统有序度的高低取决于序参量有序度的大小，只有两个子系统在 2007~2020 年的有序度均高于 2006 年的子系统有序度，才能保证复合系统协同度为正。（3）若其中一个子系统的有序度相对于 2006 年有着较大幅度的提升，而另一子系统的有序度随着时间的推移提升幅度较小，虽然能够保证复合系统协同度的值为正，但是数值却相对较小，也即乡村振兴与新型城镇化复合系统协同度处于相对较低的良性发展水平上。

五、复合系统协同度测算结果

参考乡村振兴与新型城镇化复合系统协同度的计算过程，可以得出历年 30 个省（区、市）两大战略的协同度数值，表 9 - 3 呈现了 2007 年、2011 年、2016 年以及 2020年四个时间节点的测算结果。

表 9 - 3　　　　　　部分年份乡村振兴与新型城镇化复合系统协同度

地区	2007 年	2011 年	2016 年	2020 年	地区	2007 年	2011 年	2016 年	2020 年
北京	0.024	0.174	0.381	0.559	河南	0.071	0.194	0.426	0.647
天津	0.059	0.169	0.364	0.566	湖北	0.042	0.212	0.518	0.692
河北	0.030	0.203	0.426	0.653	湖南	-0.035	0.156	0.479	0.771
山西	-0.040	0.208	0.478	0.634	广东	0.045	0.206	0.447	0.698
内蒙古	0.025	0.170	0.506	0.620	广西	-0.027	0.247	0.521	0.743
辽宁	-0.054	0.183	0.406	0.563	海南	-0.013	0.184	0.432	0.675
吉林	0.043	0.154	0.407	0.633	重庆	-0.057	0.265	0.490	0.695
黑龙江	-0.026	0.158	0.412	0.695	四川	-0.020	0.256	0.487	0.744
上海	-0.017	0.136	0.326	0.503	贵州	-0.018	0.179	0.489	0.729
江苏	0.058	0.226	0.545	0.740	云南	0.037	0.205	0.519	0.781
浙江	-0.019	0.187	0.479	0.642	陕西	0.038	0.269	0.429	0.638
安徽	0.011	0.161	0.515	0.729	甘肃	-0.027	0.196	0.481	0.710
福建	-0.040	0.175	0.497	0.711	青海	0.033	0.236	0.514	0.735
江西	-0.043	0.237	0.457	0.744	宁夏	0.012	0.112	0.423	0.667
山东	-0.016	0.181	0.387	0.592	新疆	0.031	0.170	0.387	0.553

针对上述结果，需要着重做出如下说明。

（1）从数值的正负来看，以 2006 年初始年份为基期，2007 年有 50% 的样本复合系统协同度数值为负，其中，山西、辽宁、黑龙江、上海、福建、江西、山东、湖南、广西、重庆、四川、贵州、甘肃负值产生的原因为：乡村振兴子系统的有序度相较于2006 年出现了不同幅度的下降，而新型城镇化子系统有序度呈现出上升的趋势。与之形成对比的是，浙江、海南两省新型城镇化子系统有序度出现了下降，而乡村振兴子系统有序度逐步上升，根据式（9 - 4）和式（9 - 5）可知，若任意一个子系统相对于2006 年的有序度出现下降时，测度的结果将为负值。与此同时，重庆的复合系统协同度最低是因为 2007 年新型城镇化子系统有序度相较于 2006 年的 0.301 上升了 0.140，乡村振兴子系统反而降低了 0.023，当一个子系统有序度出现大幅度的上升，另一个子系统略微下降，则测算的结果表现为较小的负值。此外，随着时间的推移，乡村振兴与新型城镇化复合系统协同度为负的地区逐步减少，2008 年出现负值的有 8 个样本，这一现象在 2009 年为 4 个，2010 年及其以后所有地区的复合系统协同度均为正值。

（2）从演进的状态来看，复合系统协同度整体上呈现出提升的趋势，考察期内，2020年乡村振兴与新型城镇化复合系统协同度相对于2006年的初始值发生了倍增的变化，增长幅度最大的为湖南，江西、广西、四川紧随其后；增长幅度最小的为上海，其次是天津、新疆、北京。新型城镇化子系统有序度的增长幅度明显较快，在一定程度上说明了我国乡村振兴与新型城镇化子系统正逐步优化，但子系统间的协同发展匹配度有待于进一步增强。

（3）从地区的分布来看，东部地区存在"先发优势"，中部和西部地区具有明显的"后发优势"，2010年以前东部地区复合系统协同度均值分别为0.005、0.037和0.092，而中部的均值分别为0.003、0.020和0.070，西部的均值为0.002、0.022和0.081，这得益于东部地区在这一时期有着充足的就业机会、完善的产业结构、发达的经济基础，在农村和城市利好政策的引领下新型城镇化子系统有序度明显高于中部和西部地区，乡村振兴子系统有序度也稳步提升。而在2010年以后，禀赋条件相对处于劣势的中部和西部地区实现了跨越式发展，原因在于这两大区域子系统有序度在2006年相对较小，由于城乡一体化、城乡融合、新型城镇化战略与乡村振兴战略的相继提出，子系统有序度的追赶速度明显快于初始基数较大的东部地区，因此，后发优势逐步形成了当前"东部地区＜中部地区＜西部地区"的复合系统协同度均值分布格局。

（4）从省域的差异来看，2007~2020年30个省（区、市）复合系统协同度均值最高的为江苏，14年均值为0.389，其次为广西（均值为0.384）、四川（均值为0.373），具体表现为江苏新型城镇化子系统有序度由2006年的0.104提升至2020年的0.930，乡村振兴子系统2020年的有序度相对于2006年的0.200增加了0.663，也与全国层面新型城镇化子系统有序度的增幅快于乡村振兴子系统有序度增幅相一致。同时，复合系统协同度均值最低的地区为上海，均值为0.242，其次为新疆（均值为0.287）、吉林（均值为0.288），上海新型城镇化子系统有序度由初始年份的0.165上升至考察期末的0.900，但乡村振兴子系统有序度2020年比2006年的0.302增加了0.344，因此，较大的基数带来了较小的增幅，两大系统协同发展的数值较小。与之相类似的还有北京、天津，其复合系统协同度的均值分别为0.299和0.294，考察期内前者S_1、S_2子系统有序度的增加值分别为0.500和0.625，后者S_1、S_2子系统有序度分别增加了0.469和0.683，这低于大多数地区的增加值，故乡村振兴与新型城镇化复合系统协同度相对较低。

简而言之，乡村振兴与新型城镇化水平表现为东部优于中部且高于西部的分布格局，而复合系统协同度的分布规律与之相反，深层次的原因在于复合系统协同度的计算公式在一定程度上体现的是相对于基期的增速概念，虽然东部地区新型城镇化与乡村振兴综合水平高于中部和西部，但是禀赋条件所决定的较大的子系统有序度的初始水平使其有着较慢的增长速度。因此，具有先发优势的上海、北京、天津等地的复合系统协同度相对较低，而初始条件较差的中部和西部地区却有着巨大的提升空间，故后发优势使其乡村振兴与新型城镇化复合系统协同度的数值明显大于东部地区。接下来的章节将从时间、空间维度对复合系统协同度的演化规律进行详细分析。

第二节　乡村振兴与新型城镇化协同发展的时序特征

一、研究方法

（一）核密度估计

核密度是借助概率密度函数进行的非参数估计，主要运用平滑连续的曲线对选定的样本数据进行拟合，以此来刻画样本数据在分布位置、形态、延展性等层面的特征，其优点在于数据的分布不需要假定前提条件，曲线的绘制仅与样本数据相关，具有较强的稳健性。随机变量 X 的密度函数为（Parzen，1962）：

$$f(x) = \frac{1}{Nh} \sum_{i=1}^{N} K\left(\frac{X_i - \bar{x}}{h}\right) \tag{9-6}$$

$$K(x) = \frac{1}{\sqrt{2\pi}} exp\left(-\frac{x^2}{2}\right) \tag{9-7}$$

其中，N 为样本观测值的个数，X_i 表示独立同分布的复合系统协同度数值，$\bar{x}$ 为复合系统协同度均值，h 为带宽，为了提高精确性通常选择较小的带宽，$K(\cdot)$ 代表核密度，常用的核密度函数包括双角核、高斯核等，本书采用高斯核密度来探讨不同区域层面复合系统协同度的分布动态。

（二）相对发展率指数

相对发展率指数作为衡量相对增长量快慢的指标，主要计算的是在一定时期内每个个体增量占样本总体均值增量的比重，本书在得到乡村振兴与新型城镇化复合系统协同度的基础上，借助该指数来刻画 30 个省（区、市）复合系统协同度相对于全国整体的发展速度，计算公式为（胡雪瑶等，2019）：

$$NICH = (y_{it} - y_{i0})/(y_t - y_0) \tag{9-8}$$

其中，$NICH$ 为相对发展率指数，y_{it} 表示地区 i 在第 t 年的复合系统协同度数值，y_{i0} 代表地区 i 在样本初始年份所对应的复合系统协同度数值，两者的差值体现了地区 i 在第 t 年相对于初始年份复合系统协同度的增量，y_t 与 y_0 分别表示第 t 年和初始年份全样本复合系统协同度的均值。若 $NICH > 1$，意味着该地区复合系统协同度的发展速度高于全国整体发展速度；反之，$NICH < 1$，代表全国层面乡村振兴与新型城镇化复合系统协同度发展速度快于该地区发展速度。

（三）Dagum 基尼系数及其分解

Dagum 基尼系数是衡量地区间差异的重要指标，本书借助该方法来揭示不同区域层面乡村振兴与新型城镇化复合系统协同度的差异与来源，总体基尼系数的计算公式为：

$$G = \frac{\sum_{j=1}^{k} \sum_{h=1}^{k} \sum_{i=1}^{n_j} \sum_{r=1}^{n_h} |y_{ji} - y_{hr}|}{2n^2 \bar{y}} \qquad (9-9)$$

其中，n 为研究样本，k 为区域划分的数量，j 和 h 是划分的不同区域的下标，i 和 r 表示省（区、市）的下标，n_j 与 n_h 体现的是第 j 和第 h 区域所包含的样本数量，y_{ji} 与 y_{hr} 分别为第 j 组、第 h 组内样本 i 和 r 复合系统协同度数值。

在总体基尼系数的基础上，通过对划分的不同区域复合系统协同度的均值进行排序，从而计算出区域内（G_{jj}）与区域间（G_{jh}）的基尼系数，公式如下：

$$G_{jj} = \frac{\sum_{i=1}^{n_j} \sum_{r=1}^{n_j} |y_{ji} - y_{jr}|}{2n_j^2 \bar{y_j}}, G_{jh} = \frac{\sum_{i=1}^{n_j} \sum_{r=1}^{n_h} |y_{ji} - y_{hr}|}{n_j n_h (\bar{y_j} + \bar{y_h})} \qquad (9-10)$$

借鉴达格玛（Dagum）的理论成果，本书将总体基尼系数分解成以下三个部分：组内差异贡献（G_w）、组间净差异贡献（G_{nb}）以及超变密度贡献（G_t），分解过程如下：

$$G_w = \sum_{j=1}^{k} G_{jj} p_j s_j, G_{nb} = \sum_{j=2}^{k} \sum_{h=1}^{j-1} G_{jh}(p_j s_h + p_h s_j) H_{jh} \qquad (9-11)$$

$$G_t = \sum_{j=2}^{k} \sum_{h=1}^{j-1} G_{jh}(p_j s_h + p_h s_j)(1 - H_{jh}) \qquad (9-12)$$

其中，$p_j = \frac{n_j}{n}$ 反映了区域 j 包含的样本占总样本的比重，$s_j = \frac{n_j \bar{y_j}}{n \bar{y}}$ 为区域 j 复合系统协同度数值占全样本数值的比例；$H_{jh} = (d_{jh} - p_{jh})/(d_{jh} + p_{jh})$ 反映了区域 j 与 h 的相对影响力，d_{jh} 为区域 j 与 h 中所有 $y_{ji} - y_{hr} > 0$ 的样本期望值，p_{jh} 为区域 j 与 h 中所有 $y_{ji} - y_{hr} < 0$ 汇总值的数学期望。

（四）马尔可夫链

马尔可夫链分析方法主要是对历年随机变量进行离散化处理后按照一定的标准对其进行类型划分，从而构建出不同类型随机变量在不同时间跨度下的概率转移矩阵，以达到描述变量随时间推移所具有的动态转移趋势的目的。该方法同样作为特殊的随机过程，随机变量 X 在 t 时期的状态仅依赖于 X_{t-1} 所处的类型，若将复合系统协同度划分为 K 个类型，可构造出如式（9-13）所示的时间跨度为 d 年的 $K \times K$ 阶的转移概率矩阵（徐志雄等，2021）：

$$P_{ij}^{t,t+d} = P(X_{t+d} = j \mid X_t = i) = \frac{\sum\limits_{t_0+d}^{t_1} n_{ij}^{t,t+d}}{\sum\limits_{t_0}^{t_1-d} n_i^t} \qquad (9-13)$$

其中，$P_{ij}^{t,t+d}$ 表示某地复合系统协同度由第 t 年 i 类型转移到第 $t+d$ 年 j 类型的概率，t_0 和 t_1 为样本的起止年份，$n_{ij}^{t,t+d}$ 代表 d 年后由 i 类型演变至 j 类型的样本数量，n_i^t 反映的是考察期内复合系统协同度为 i 类型的地区个数。

二、核密度估计

表 9-3 给出了 30 个省（区、市）2007 年、2011 年、2016 年和 2020 年的乡村振兴与新型城镇化复合系统协同度，为了更直观地从分布形态、延展性、极化等角度刻画其动态分布规律，基于式（9-6）、式（9-7）借助 Stata 15.0 软件绘制出如图 9-1 所示的不同区域复合系统协同度的核密度分布图。

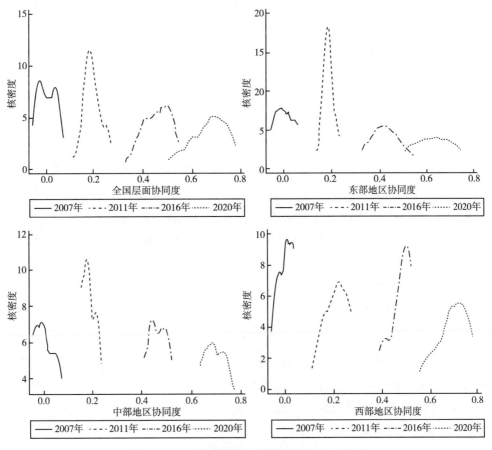

图 9-1 不同区域复合系统协同度的分布动态

就全国层面复合系统协同度的动态分布而言，从分布位置来看，2007～2020 年核密度曲线的中心与变化的区间都向右移动，这反映出 30 个省（区、市）乡村振兴与新型城镇化复合系统协同度总体呈上升趋势，均值也由 2007 年的 0.004 大幅度增加到 2020 年的 0.634。从分布形态来看，分布曲线主峰高度经历了"先上升后下降"的倒"U"形变化过程，且宽度具有延展的特征，说明复合系统协同度的发展逐步集中，地区间绝对差异有扩大的倾向，其中，2007 年的极差为 0.128，这一指标在 2020 年为 0.257。从分布的延展性来看，分布曲线由 2007 年的右拖尾发展至 2020 年的左拖尾，意味着早期复合系统协同度相对较高的地区逐步拉开与全国均值的差距，而当前却是相当一部分地区的复合系统协同度低于全国均值水平，也从侧面解释了随着时间的推移，部分地区由初始的高协同度转化为当前的低协同度，最明显的为北京、天津、上海、山东等地。从极化现象来看，核密度曲线由 2007 年的双峰逐步演变成 2016 年后的多峰，说明复合系统协同度存在一定的梯度效应，多极化的分布格局基本形成。

具体到三大地理区域，首先，东部、中部和西部地区核密度分布曲线的中心均较大幅度右移，也即复合系统协同度表现出上升的态势，这与全国层面保持一致，具体表现为：东部、中部、西部三大地区的复合系统协同度均值分别由 2007 年的 0.005、0.003 和 0.002 上升至 2020 年的 0.627、0.693 和 0.692，也进一步体现了东部地区两大战略协同发展具有"先发优势"，中西部地区的复合系统协同度表现为"后发优势"。其次，三大地区 2020 年的主峰高度相对于 2007 年具有明显的下降特征，但在中间不同的年份存在上升的现象，主峰的宽度总体有所延展，说明东部、中部和西部地区内部发展不平衡，极差相对于 2007 年分别上升了 0.124、0.023 和 0.133。接着，中部地区以右拖尾为主，西部地区与之相反，东部地区从右拖尾变为稍微左拖尾，揭示出东部和中部地区的离散程度体现在高值与均值之间，西部地区表现为低值与均值之间。最后，三大区域在 2007 年都存在多极化发展的现象，截至 2020 年，中部地区内部多极发展趋势仍然十分明显，东部地区和西部地区极化特征则呈现出减弱态势。

三、相对发展指数

为进一步探究各地区复合系统协同度的相对增长速度，根据式（9-8）计算出历年 30 个省（区、市）的 NICH 相对发展指数，鉴于 2007 年作为复合系统协同度的起始年份，为和上述章节时间选取保持一致，故表 9-4 呈现了 2011 年、2016 年以及 2020 年的测算结果。

表 9 - 4　　　　　　　　　　复合系统协同度的相对发展指数

样本	2011 年	2016 年	2020 年	样本	2011 年	2016 年	2020 年
北京	0.785	0.791	0.804	河南	0.646	0.788	0.866
天津	0.575	0.676	0.762	湖北	0.893	1.055	0.977
河北	0.910	0.879	0.937	湖南	1.005	1.141	1.211
山西	1.301	1.148	1.012	广东	0.847	0.891	0.981
内蒙古	0.766	1.069	0.896	广西	1.440	1.214	1.157
辽宁	1.244	1.021	0.927	海南	1.038	0.987	1.034
吉林	0.583	0.808	0.886	重庆	1.693	1.213	1.130
黑龙江	0.970	0.973	1.085	四川	1.450	1.125	1.149
上海	0.808	0.762	0.782	贵州	1.034	1.123	1.122
江苏	0.887	1.082	1.025	云南	0.883	1.070	1.119
浙江	1.084	1.104	0.994	陕西	1.218	0.868	0.902
安徽	0.790	1.119	1.080	甘肃	1.173	1.126	1.107
福建	1.132	1.191	1.130	青海	1.070	1.068	1.055
江西	1.475	1.110	1.183	宁夏	0.527	0.912	0.986
山东	1.040	0.895	0.914	新疆	0.735	0.791	0.786

不难看出，相对于 2007 年，2011 年和 2020 年均有 15 个省（区、市）的复合系统协同度发展速度快于全国平均水平，2016 年有 17 个地区的 NICH 相对发展指数大于 1，而上述样本中 2008～2020 年的复合系统协同度发展速度均快于全国平均水平的包括福建（均值为 1.470）、江西（均值为 1.512）、广西（均值为 1.526）、重庆（均值为 1.721）、四川（均值为 1.382）、贵州（均值为 1.048）6 个省（区、市）；大部分年份 NICH 相对发展指数大于 1，只有 1～2 年小于 1 的样本有山西（均值为 1.245）、浙江（均值为 1.222）、甘肃（均值为 1.005）、青海（均值为 1.050）4 个省份。从上述省（区、市）对应的地理区划来看，复合系统协同度发展速度快于全国均值的样本大多来自西部地区，这也与当前西部地区乡村振兴与新型城镇化复合系统协同度较高的典型事实相吻合。

此外，2008 年东部地区的北京、天津、上海、浙江、福建、海南等地的相对发展指数分别为 1.779、1.649、3.400、1.895、4.060、2.307，这明显领先于其他样本发展速度，此后逐步放缓的数值印证了东部地区乡村振兴与新型城镇化复合系统协同度具有先发优势的特征这一结论。对于典型的省份而言，江苏的复合系统协同度均值位列全国首位，其相对发展速度在 0.859～1.345 这一区间波动，均值为 1.008，故总体快于全国的发展速度，而优越的禀赋条件造就了两子系统具有较高的协同度数值。初始复合系统协同度数值较低的重庆，其相对发展指数均值最高，可见随着时间的推移，该地乡村振兴子系统与新型城镇化子系统的协同匹配度逐步提升。

四、Dagum 基尼系数及其分解

基于基尼系数的公式计算出全样本、分地区乡村振兴与新型城镇化复合系统协同度的基尼指数，在此基础上，为进一步了解差异的来源并对总体差异进行分解，表 9 – 5 给出了逐年的测算结果。

表 9 – 5　　　　　　　　复合系统协同度的基尼系数及其分解

年份	总体基尼系数	区域内基尼系数			区域间基尼系数			区域内（％）	区域间（％）	超变密度（％）
		东部	中部	西部	东—中	东—西	中—西			
2007	5.952	4.170	7.898	7.259	5.762	5.360	8.136	32.573	2.989	64.438
2008	0.996	0.626	1.469	1.234	0.967	0.882	1.373	32.918	14.492	52.590
2009	0.405	0.283	0.487	0.462	0.393	0.378	0.494	32.956	13.963	53.081
2010	0.150	0.109	0.100	0.206	0.107	0.172	0.168	33.028	2.101	64.871
2011	0.108	0.064	0.088	0.126	0.085	0.122	0.130	30.241	28.495	41.264
2012	0.096	0.074	0.078	0.101	0.078	0.110	0.108	30.718	31.564	37.718
2013	0.078	0.091	0.056	0.061	0.080	0.088	0.072	31.388	24.970	43.642
2014	0.061	0.086	0.046	0.034	0.073	0.067	0.048	31.457	26.274	42.269
2015	0.066	0.083	0.053	0.046	0.074	0.075	0.053	31.848	26.483	41.669
2016	0.067	0.080	0.050	0.047	0.075	0.083	0.052	30.199	38.315	31.486
2017	0.068	0.076	0.053	0.052	0.068	0.079	0.062	30.958	31.428	37.614
2018	0.063	0.073	0.046	0.054	0.063	0.073	0.057	32.091	29.705	38.204
2019	0.060	0.070	0.045	0.048	0.064	0.071	0.050	31.402	34.207	34.390
2020	0.060	0.065	0.040	0.051	0.067	0.072	0.047	30.461	38.114	31.425

由表 9 – 5 可知，复合系统协同度的总体差距依然显著存在，但全样本的差异值呈现出波动下降的特征。其中，基尼系数的最大值 5.952 出现在 2007 年，2020 年达到最小值 0.060，这意味着乡村振兴与新型城镇化复合系统协同度正逐步提升，差异值不断缩小。就阶段性而言，2015 年之前，基尼系数逐步下降，但 2012 年之前该数值均高于 0.100，原因为 2007～2009 年复合系统协同度均有负值的出现将拉大与其他省（区、市）的离差，这在 2007 年表现尤为突出，故该年的基尼系数最大，此后随着两大战略协同互动能力的增强，整体的差异正逐步削弱。2015 年之后，总体基尼系数在保持稳定中伴有小幅波动，也进一步与复合系统协同度具有提升的态势相吻合，说明乡村振兴与新型城镇化的协同发展取得一定的成效。

从传统的三大地区来看，各区域复合系统协同度的基尼系数差异值总体呈现下降的趋势，且中部地区的降幅最大，由 2007 年的 7.898 下降至 2020 年的 0.040，西部地区 2020 年的基尼系数比 2007 年降低了 7.208，东部地区的差异绝对数值减少了 4.105，且随着时间的推移中部地区发展相对均衡，差异在三大区域中最小。由于区域发展异质性的存在，基尼系数的变化具有阶段性的特征，东部地区复合系统协同度具有先发优势，故在 2012 年之前基尼系数相对较低；初始条件较差的西部地区在该时间跨度内基尼系数最大；在中西部地区发展速度的显著提升下，具有后发优势的地区基尼系数差异值也呈现减小趋势，2012 年之后东部地区的差异值明显较大，中部和西部地区一直保持着较低的差异值，因此，地区内的差异与区域包含的样本所具有的发展特征紧密相关。就三大区域间的基尼系数而言，由于考察期初期负值的存在，2011 年之前中西部地区之间的差异值最大，此后，组间差距的主要来源变为东西部地区间的差异，而中西部地区之间的差距保持在较低的水平。

从总体基尼系数的分解结果来看，考察期内，超变密度为复合系统协同度总体差异的主要来源，区域间差异贡献度逐步提升，而区域内差异则始终保持稳定。具体表现为：反映区域间样本交叉重叠问题的超变密度贡献率均值超过 40%，出现这一现象是因为虽然西部地区复合系统协同度的均值高于中部和东部地区，但中部和东部地区部分样本的复合系统协同度数值高于一些西部地区样本，由此便形成了概率密度函数重叠带来的差异，与区域内差异贡献率相似，两者皆表现为下降的特征。而区域间差异的贡献率则恰恰相反，2020 年对总体基尼系数的贡献率高达 38.114%，且相较于初始年份有着大幅度的提升，意味着区域之间的差异正成为总体差异的核心构成部分，复合系统协同度区域间发展不平衡问题凸显。这一方面由于各省（区、市）初始资源禀赋、宏观政策导向、经济实力基础的差异决定，另一方面在于地区间两大战略协同发展的涓滴效应小于极化效应，区域协同联动作用相对较弱，因此，区域间乡村振兴与新型城镇化协同发展问题需要引起高度重视。

五、马尔可夫链

为进一步探究样本复合系统协同度的演变规律，借助马尔可夫链分析工具，采用 0.25/0.50/0.75 四分位数的分类方法，将历年 30 个省（区、市）乡村振兴与新型城镇化复合系统协同度数值划分为四个类型：低水平、中低水平、中高水平和高水平，记法分别为Ⅰ、Ⅱ、Ⅲ、Ⅳ。在此基础上，计算出不同时间跨度下复合系统协同度的概率转移矩阵，具体结果见表 9-6。

表 9-6　　　　　　　　　　　复合系统协同度的概率转移矩阵

年份	类型	Ⅰ	Ⅱ	Ⅲ	Ⅳ
2007~2011	Ⅰ	0.728	0.272	0.000	0.000
	Ⅱ	0.000	1.000	0.000	0.000
	Ⅲ	0.000	0.000	0.000	0.000
	Ⅳ	0.000	0.000	0.000	0.000

年份	类型	I	II	III	IV
2007～2016	I	0.714	0.286	0.000	0.000
	II	0.000	0.721	0.279	0.000
	III	0.000	0.000	0.885	0.115
	IV	0.000	0.000	0.000	0.000
2007～2020	I	0.714	0.286	0.000	0.000
	II	0.000	0.714	0.286	0.000
	III	0.000	0.000	0.721	0.279
	IV	0.000	0.000	0.000	1.000

2007～2011年，复合系统协同度数值只有低水平（I）和中低水平（II）两个类型，且低水平类型维持自身水平状态的概率为72.8%，向类型II转移的概率为27.2%，在累计4年103个低水平省（区、市）数量中没有出现向类型III、类型IV转移的情况。该时间段内，中低水平样本维持自身状态的概率为100%，这意味着2011年之前全国层面的复合系统协同的数值相对较低，各省（区、市）以保持自身类型为主。

2007～2016年，离散化后的复合系统协同度存在3个类型，其中类型I、类型II、类型III保持自身状态不变的概率分别为71.4%、72.1%和88.5%，这说明乡村振兴与新型城镇化的协同发展具有明显的"锁定效应"。此外，类型I、类型II、类型III分别向相邻的高于自身状态的类型发生转移，对应的概率值分别为28.6%、27.9%和11.5%，数据充分表明类型较低的样本向上一层次类型转移的难度更小，因此转移的概率值较大，同样，这期间所有样本没有发生跨越类型的转移。

纵览2007～2020年全样本期间的转移矩阵，首先，主对角线上的概率值介于0.714～1.000，表明复合系统协同度在不同时间跨度下均具有稳定性的特征。此外，初始状态为中高水平和高水平类型的样本保持自身稳定的概率明显高于低水平和中低水平类型，这意味着复合系统协同度的动态演变一方面与初始类型紧密相关，形成典型的路径依赖；另一方面，空间趋同带来的"马太效应"会使得发展程度较低的样本陷入"贫困陷阱"，发展程度较高的样本形成"强者愈强"的格局，由此便拉大了省（区、市）的发展差距。其次，从主对角线两侧的元素来看，所有类型的转移方向均为向上，没有向下转移的样本，这也与复合系统协同度逐步提升的发展趋势相一致。最后，从转移强度来看，复合系统协同度发展类型的转移皆为相邻类型之间，既没有出现向下的转移，也没有出现跨越类型的转移，也进一步阐明乡村振兴与新型城镇化协同关系的演变调整是渐进、缓慢的过程。

第三节　乡村振兴与新型城镇化协同发展的空间格局

一、研究方法

（一）莫兰指数

空间上相互接近的地理单元在某些属性上存在相似性，为了描述这种空间相似程度，常用全局空间自相关的 Moran's I 指数进行衡量，具体计算公式为：

$$I = \frac{n \sum\limits_{i=1}^{n} \sum\limits_{j=1}^{n} W_{ij} |x_i - \bar{x}| |x_j - \bar{x}|}{\sum\limits_{i=1}^{n} \sum\limits_{j=1}^{n} W_{ij} \sum\limits_{i=1}^{n} |x_i - \bar{x}|^2} \tag{9-14}$$

$$Z = \frac{I - E(I)}{\sqrt{VAR(I)}} \tag{9-15}$$

式（9-14）中，x_i 和 x_j 表示 i 和 j 省（区、市）复合系统协同度的观测值，$\bar{x}$ 为协同度的均值，n 体现的是样本容量，W_{ij} 是用于界定空间关系的空间权重矩阵。在计算出 Moran's I 指数后，一般采用标准化后的 Z 统计量来验证空间关系是否显著。莫兰指数 $I \in [-1, 1]$，若 I 显著为正，说明复合系统协同度存在正向的空间自相关关系；反之，复合系统协同度表现为负向空间自相关关系；$I = 0$ 说明两大战略协同发展相互独立，且 $|I|$ 越大意味着空间自相关程度越高。

（二）冷热点分析

全局空间 Moran's I 指数从样本总体层面反映了要素的空间关联性，而冷热点分析则是对特定要素属性从空间上进行高值（热点）和低值（冷点）的聚类，充分考虑了空间异质性问题，通常用 $G_i^*(d)$ 指数来进行表征，其计算过程如下：

$$G_i^*(d) = \frac{\sum\limits_{j=1}^{n} W_{ij}(d) x_j}{\sum\limits_{j=1}^{n} x_j} \tag{9-16}$$

其中，$W_{ij}(d)$ 和 x_j 分别表示距离权重矩阵和复合系统协同度的数值，n 为样本地区数量。若 j 地区 $G_i^*(d)$ 指数显著为正，提示该地区处于高值集聚区，也即热点区；若 j 地区 $G_i^*(d)$ 指数为负且通过显著性检验时，表明该地处于低值集聚区，也即冷点区；未通过显著性检验则为随机分布区。

（三）空间趋势面分析

空间趋势面用于描述观测值在地理空间上的分布特征和变化趋势，其原理为：将样本点绘制在二维坐标系 xy 平面上，根据观测值的数据特征在 z 轴上生成相应的高度，并将三维坐标分别投影至 xz 和 yz 平面上，基于每个平面上散点拟合出反映空间分布规律的趋势线。计算公式为：

$$Z_i(x_i, y_i) = T_i(x_i, y_i) + \varepsilon_i \tag{9-17}$$

其中，(x_i, y_i) 为空间平面上 i 地区的坐标，$Z_i(x_i, y_i)$ 表示区域 i 的观测值在空间上的分布，$T_i(x_i, y_i)$ 是用二次多项式进行拟合的趋势函数，ε_i 为真实值和趋势值之间的误差。

（四）标准差椭圆

标准差椭圆作为刻画地理要素空间分布的方法，能够很好地描述观测值分布的方向性特征，主要包括重心坐标、长轴与短轴标准差、方向角等四个参数，其中，重心揭示的是观测值空间集聚的相对位置，长轴、短轴标准差反映观测值分布的主要和次要方向，方向角体现的是观测值空间演化的主趋势。计算公式如下：

$$x_j = \frac{\sum_{i=1}^{n} w_i x_i}{\sum_{i=1}^{n} w_i}, \ y_j = \frac{\sum_{i=1}^{n} w_i y_i}{\sum_{i=1}^{n} w_i} \tag{9-18}$$

$$\delta_x = \sqrt{\frac{\sum_{i=1}^{n} (w_i x_i' \cos\theta - w_i y_i' \sin\theta)^2}{\sum_{i=1}^{n} w_i^2}}, \ \delta_y = \sqrt{\frac{\sum_{i=1}^{n} (w_i x_i' \sin\theta - w_i y_i' \cos\theta)^2}{\sum_{i=1}^{n} w_i^2}}$$

$$\tag{9-19}$$

$$\tan\theta = \frac{\left(\sum_{i=1}^{n} w_i^2 x_i'^2 - \sum_{i=1}^{n} w_i^2 y_i'^2\right) + \sqrt{\left(\sum_{i=1}^{n} w_i^2 x_i'^2 - \sum_{i=1}^{n} w_i^2 y_i'^2\right)^2 + 4\left(\sum_{i=1}^{n} w_i^2 x_i'^2 y_i'^2\right)^2}}{2\sum_{i=1}^{n} w_i^2 x_i' y_i'}$$

$$\tag{9-20}$$

其中，(x_j, y_j) 为全样本观测值的中心坐标，(x_i, y_i) 为样本 i 的空间位置，w_i 表示 i 省（区、市）复合系统协同度的数值，样本容量为 n。(x_i', y_i') 是各样本中心经纬度坐标与全样本重心坐标的偏差，δ_x 和 δ_y 表示沿 x 轴和 y 轴的标准差，也即椭圆的长短半轴，其中，长半轴表征数据分布方向，短半轴描述数据分布范围，两者的差值可以体现数据分

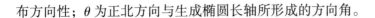

布方向性；θ 为正北方向与生成椭圆长轴所形成的方向角。

二、莫兰指数

借助 ArcGIS 10.2 软件计算出邻接权重、不同距离权重下复合系统协同度的莫兰指数，以探究其是否存在空间集聚特征。表 9 – 7 呈现了 2007 年、2011 年、2016 年以及 2020 年四个时间截面的测算结果。

表 9 – 7　　　　　　　　　　复合系统协同度的莫兰指数

年份	权重矩阵	Moran's I	Z 值	P 值
2007 年	邻接矩阵	– 0.156	– 0.973	0.165
	反距离平方矩阵	– 0.072	– 0.390	0.348
	经济距离矩阵	0.016	0.429	0.334
	反距离矩阵	– 0.049	– 0.393	0.347
2011 年	邻接矩阵	0.033	0.548	0.292
	反距离平方矩阵	0.071	1.109	0.134
	经济距离矩阵	0.124	1.371	0.085
	反距离矩阵	0.016	1.399	0.081
2016 年	邻接矩阵	0.060	0.766	0.222
	反距离平方矩阵	0.232	2.771	0.003
	经济距离矩阵	0.287	2.764	0.003
	反距离矩阵	0.079	3.114	0.001
2020 年	邻接矩阵	0.257	2.361	0.009
	反距离平方矩阵	0.332	3.823	0.000
	经济距离矩阵	0.351	3.318	0.000
	反距离矩阵	0.136	4.683	0.000

总体来看，2007～2020 年，不同权重下的莫兰指数具有逐步提升的特征，意味着乡村振兴与新型城镇化复合系统协同度的空间集聚态势随着时间的推移正逐渐强化。详而叙之，2007 年只有在经济距离权重矩阵下，复合系统协同度的莫兰指数数值为正，而 2020 年四种不同类型权重矩阵下的莫兰指数不存在负值，说明乡村振兴与新型城镇化复合系统协同度正向空间自相关的趋势正在加强，且邻接权重矩阵的莫兰指数增加的幅度最大，反距离平方权重矩阵、经济距离权重矩阵下的莫兰指数增幅紧随其后。

结合对应的显著性，2007 年四种权重矩阵下的空间自相关系数均不显著，2011 年经济距离权重矩阵和反距离权重矩阵的莫兰指数显著为正，到 2016 年只有邻接权重矩阵莫兰指数的 P 值大于 0.100，而在 2020 年所有权重矩阵对应的莫兰指数均通过了显著性水平检验，这也更进一步说明随着城乡融合进程的加快，乡村振兴与新型城镇化复合系统协同度表现为正向的空间集聚效应。

就不同的权重矩阵而言，经济距离权重矩阵下的莫兰指数只有 2007 年不显著，2008 ~ 2020 年的数值始终显著为正，其大小从初期的 0.016 增加到末期的 0.351，始终超过其他权重矩阵对应的数值，这说明复合系统协同度的发展与经济发展水平存在紧密的联系。即使邻接权重矩阵在报告的四个时间截面中大部分年份的莫兰指数不显著，但在其他时间存在显著的现象，且这种显著为正的趋势越来越明显，同样，反距离平方权重矩阵和反距离权重矩阵也具有同样的特征。

因此，复合系统协同度在空间层面并不是孤立的独立分布，而是随着时间的变迁显著为正的空间自相关关系越发明显。

三、冷热点分析

基于式（9 - 16），借助 ArcGIS 10.2 软件计算出历年复合系统协同度冷热点的 Getis-Ord G_i^* 指数值，根据其显著性水平利用自然断点的分类方法将上述数值划分为 7 个类型，其中，冷点区和热点区均包括 99%、95% 和 90% 三个不同的置信区间。表 9 - 8 呈现了四个时间截面下的复合系统协同度冷热点分布。

表 9 - 8　　　　　　　　　复合系统协同度的冷热点分布

类别	2007 年	2011 年	2016 年	2020 年
冷点区 99% 置信区间	—	—	吉林	内蒙古、辽宁、北京、天津、河北
冷点区 95% 置信区间	—	—	内蒙古、辽宁	山东、吉林
冷点区 90% 置信区间	—	辽宁	北京、天津、河北	—
随机分布	其余 29 个省（区、市）	其余 24 个省（区、市）	其余 16 个省（区、市）	其余 15 个省（区、市）
热点区 90% 置信区间	—	重庆	湖南	—
热点区 95% 置信区间	北京	甘肃、四川、云南、广西	四川、云南、贵州、广西、广东、海南	四川、湖南、广东
热点区 99% 置信区间	—	—	重庆	云南、贵州、重庆、广西、海南

从冷点区来看，2007 年绝大多数省（区、市）处于空间分布特征不明显的随机分布区，没有冷点区的出现；到 2011 年，辽宁加入 90% 置信区间下的冷点区行列。2016

年辽宁所处冷点区的显著性进一步加强，与内蒙古同处 95% 置信区间下的冷点区，北京、天津、河北代替辽宁的位置处于 90% 置信区间下的冷点区，吉林也由随机分布区过渡到 99% 置信区间下的冷点区。而 2016 年位于 90% 和 95% 置信区间下冷点区的省（区、市）到 2020 年其冷点程度再次加深，转化为 99% 置信区间的冷点区，山东由随机分布演变为考察期末的 95% 置信区间下的冷点区，与之相反的是，位于冷点区的吉林其显著性由 99% 降低至 95%。纵览不同显著性水平下复合系统协同度冷点区分布的地理位置可以发现，随着时间的推移，冷点区所包含的样本逐步增加，且华北地区和东北地区的大多数省（区、市）是冷点区的主力军，原因在于北京、天津的复合系统协同度具有先发优势，考察期末的数值明显低于具有后发优势的其他样本；而辽宁、吉林、内蒙古、山西历年自身的复合系统协同度相对较低，均值分别为 0.289、0.288、0.297 和 0.329，因此从空间上形成了复合系统协同度低值包围低值的冷点区。

从热点区来看，2007 年仅有北京位于 95% 置信区间下的热点区，进一步体现着先发优势；2011 年北京退出热点区行列，且热点区的样本逐步增加至 5 个，其中，重庆对应着 90% 置信区间的热点区，甘肃、四川、云南、广西位于 95% 置信区间的热点区。到 2016 年有 8 个省（区、市）位于热点区，重庆的显著性水平增加到 99%，四川、云南、广西仍处于 95% 置信区间下的热点区，与此同时，甘肃退出该行列，贵州、广东、海南加入其中，湖南也从随机分布区演变至 90% 置信区间下的热点区。截至 2020 年，位于热点区的样本与 2016 年保持一致，但其显著性发生了改变，热点区最显著的为重庆、贵州、云南、广西、海南，而四川、湖南、广东所属热点区的显著性水平为 95%。梳理四个时间截面下协同度热点区的演变规律可以得知，乡村振兴与新型城镇化复合系统协同度呈现出空间集聚的特征，热点区的样本逐步增多，主要以西南地区的省（区、市）为主。究其原因，尽管这些省份初始协同度数值较低，但是有着较快的增长速度，显著的后发优势使其成为当前协同度的高值区，也从空间上形成了高值周围分布着高值的分异格局，由此产生了复合系统协同度的热点区。

四、空间趋势面分析

图 9 - 2 呈现了 ArcGIS 10.2 软件操作下的 2007 年、2011 年、2016 年和 2020 年乡村振兴与新型城镇化复合系统协同度的空间拓展趋势。图 9 - 2 中，Z 轴代表复合系统协同度数值，X 轴、Y 轴正方向代表正东与正北方向，XZ 平面与 YZ 平面上的曲线分别表示样本复合系统协同度在东西和南北方向上的投影。

总体来看，复合系统协同度在东西方向上具有"西高东低"的特征，在南北方向上从 2007 年的"北高南低"演变为此后的"南高北低"的空间分布格局，且乡村振兴与新型城镇化复合系统协同度的空间集聚趋势明显，南北方向的差异大于东西方向上的差异。

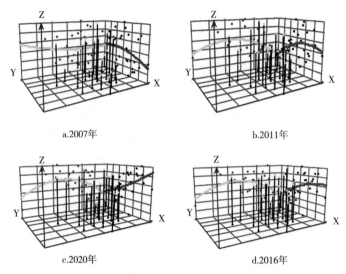

a.2007年　　　　　　　　　　　　　　b.2011年

c.2020年　　　　　　　　　　　　　　d.2016年

图9-2　复合系统协同度的空间趋势面分析

具体来看，2007年复合系统协同度在东西方向上的投影曲线呈现出缓慢下降的趋势，但在2011年、2016年和2020年均表现为"中间高、两端低"的倒"U"形分布格局，且西部的投影值高于东部，说明两大战略协同发展的高值具有集聚分布的态势，"西高东低"的数值也与前文所述的复合系统协同度计算结果相吻合。从曲线演变的态势来看，2007年趋势面越往正东方向越平缓，这意味着正西方向上的差异大于正东方向，尽管2011年投影曲线为倒"U"形，但同样具有西侧坡度陡峭的特征，体现着复合系统协同度越往西侧差异越大；而2016年和2020年趋势面东侧的陡峭程度明显高于西侧，表现出东部差异高于西部的特征，与基尼系数计算的结果相印证。

南北方向上，2007年的投影曲线自北向南依次降低，且南方兼具数值低和趋势面陡峭的特征，说明复合系统协同度南方的差异高于北方。2011年曲线却呈现出"南高北低"的倒"U"形分布特征，此时北方的差异大于南方。2016年和2020年投影曲线都自北向南逐步提升，但前者增加的速度逐步放缓，后者增加的速度越来越快，也从侧面体现出2016年北方的差异大于南方，2020年与之相反，南方的差异更大。此外，通过对比东西方向和南北方向的趋势面坡度，可以发现南北方向的差异相对而言大于东西方向。

五、标准差椭圆

利用ArcGIS 10.2软件绘制出2007年、2011年、2016年以及2020年30个省（区、市）复合系统协同度的标准差椭圆，表9-9呈现了具体的参数结果。

表9-9　　　　　　　　　　复合系统协同度的标准差椭圆结果

年份	质心经度（°E）	质心纬度（°N）	X轴标准差（千米）	Y轴标准差（千米）	旋转角（°）
2007	111.938	35.101	828.767	1354.343	81.760
2011	111.776	33.164	912.704	1247.869	72.763
2016	112.012	33.246	924.382	1254.642	71.266
2020	112.063	33.197	924.248	1265.577	68.296

从重心的演变轨迹来看，2020年的经度相对于2007年向东移动，纬度相对于基期向南移动，故复合系统协同度的重心在考察期内总体向东南方向移动。结合重心的经纬度变动范围，可以粗略得出其大致位于河南的西部，演变路线大致从济源市到南阳市，其中，2011年向西南方向移动的距离最大，2016年和2020年重心均向东南方向小幅度移动。

就长短轴标准差而言，沿X轴的标准差从2007年的828.767千米波动上升至2020年的924.248千米，这说明复合系统协同度在短轴上的离散程度逐步增大。在此期间，沿Y轴的标准差总体呈现出递减的趋势，且2020年相较于2007年的数值减少了88.766千米，意味着复合系统协同度在长轴上具有极化的特征。从两轴数值的差值来看，长轴与短轴标准差在2007年相差525.576千米，此后，该数值在此基础上不断缩小至2011年的335.165千米和2016年的330.26千米，而2020年差值略微增加至341.329千米，这也体现出反映标准差椭圆长短半轴之差的扁率总体上具有缩小的特征，说明复合系统协同度的空间分异格局正逐步弱化。

针对标准差椭圆的方向性而言，2007年以重心为参照，正北方向与长轴所形成的夹角度数为81.760°，说明复合系统协同度具有"东（略偏北）—西（略偏南）"走向的空间分布规律。随着时间的推移，旋转角的度数逐渐缩小，也即椭圆呈逆时针的方向发生转动，这反映出标准差椭圆虽然分布格局未发生变化，但是"南—北"方向的变化趋势正在逐步加强。

第四节　乡村振兴与新型城镇化协同发展的驱动因素

一、研究方法：地理探测器

地理探测器能够从空间异质性的角度揭示观测变量背后的驱动因子，该方法没有太多的限制性假设，若某一探测因子对因变量有着很强的解释力度，那么这两个变量在空间分布上具有明显的相似性。本书借助地理探测器的分析方法来探究乡村振兴与新型城镇化复合系统协同度的驱动因素，相应的自变量对协同度的影响程度q可以表示为：

$$q = 1 - \frac{\sum_{h=1}^{L} N_h \sigma_h^2}{N\sigma^2} \qquad (9-21)$$

其中，q 值体现了探测因子对复合系统协同度的解释程度或重要程度，取值范围为 0 ～ 1，接近于 1 的 q 值表明某一因子与复合系统协同度具有很强的相关性，因此对乡村振兴与新型城镇化协同发展的影响力越大；反之，q 值趋近于 0 代表该因子对复合系统协同度的驱动作用越小。$h = 1,2,\cdots,L$ 为探测因子分层的数量，N 和 N_h 分别表示全区域、层 h 所包括的单元数，σ^2 与 σ_h^2 体现的是全样本以及层 h 对应的复合系统协同度的方差。

地理探测器不仅可以测度单一因子对复合系统协同度的解释程度，还可以探究两个不同因子间的交互协同作用，假定两单一因子的作用大小分别为 $q(x)$ 和 $q(y)$，两者交互后对复合系统协同度的解释程度为 $q(x \cap y)$，根据上述三个数值可以对变量间的交互协同作用做出如下分类：若 $q(x \cap y) < \min(q(x), q(y))$，说明因子 x 和 y 的交互作用对复合系统协同度空间分异的解释强度具有非线性减弱的特征；若 $\min(q(x), q(y)) < q(x \cap y) < \max(q(x), q(y))$，表明因子 x 和 y 的交互作用呈现出单因子减弱的趋势；若 $\max(q(x), q(y)) < q(x \cap y) < (q(x) + q(y))$，则 x 和 y 的交互作用表现为双因子协同增强的特征；若 $q(x \cap y) = q(x) + q(y)$，意味着两个因子的交互作用相互独立；若 $q(x \cap y) > (q(x) + q(y))$，表明因子 x 和 y 的交互作用对复合系统协同度空间分异的解释强度具有非线性增强的特征。

二、变量选取

乡村振兴与新型城镇化复合系统协同度由复合的指标体系通过多重运算求得，两个子系统均从经济、生态、社会、空间、人口五大维度选择了相应的序参量，因此，复合系统协同度影响因子的选取也需涵盖多个层面变量。基于此，本书参考相关学者的成果（徐维祥等，2020；吕萍和余恩琪，2021；马志飞等，2021），选取如下七个变量作为复合系统协同度的驱动因子，来探究各变量及其交互作用对因变量的解释程度。

经济发展（GDP）。城市和农村的发展建立在已有的经济基础之上，两者的协同则需要匹配相应的政策和资金的投入，因此，经济条件是实现乡村振兴与新型城镇化两子系统协同发展的基础，该指标用人均 GDP 来表征。

产业结构（STR）。产业兴旺是乡村振兴的核心，是城市发展的支撑，充分发挥着促进经济增长、吸纳居民就业等作用，由此带来的人口要素合理流动也能够推动两大战略协同发展，故该指标选择第三产业与第二产业产值之比来度量。

技术创新（INN）。作为生产要素中活跃的因素，技术创新不仅能够突破农村数字瓶颈，还可以发挥倒逼作用促进绿色可持续发展，进而形成改善生态、缩小收入差距的协同发展局面，采用专利授权量在总授权量中的占比来度量该指标。

财政支农（*FSA*）。农村是城乡系统发展的短板，财政支农是农业发展重要的资金来源，它可以提升农业基础设施、改善农业发展环境、带动农业经济增长，进而弥补产业发展的差距，该指标用财政农业支出占 GDP 的比重来表示。

人力资本（*HUM*）。作为经济增长重要的内生动力，人力资本既能够促进知识成果的转化、促成科技创新，也可以在自身流动的过程中产生溢出效应，带动乡村振兴和城镇化的高质量发展，人均受教育年限则能很好地衡量该指标。

信息化水平（*INT*）。互联网作为信息传递的媒介，它的快速普及能够促进城市数字化水平的提升，增加乡村农民的收入，"数字红利"可以实现城市和乡村人流、物流、信息流的融通，该指标采用互联网普及率来表示。

基础设施（*INF*）。推动城市基础设施向农村延伸，助力城乡的互联互通，是乡村振兴与新型城镇化协同发展的必然要求。用地区路网密度衡量的基础设施能够体现城乡间要素流动的畅通度、外溢辐射作用的强度。

三、因子探测结果分析

基于 ArcGIS 10.2 中的 Jenks 自然断点法将影响复合系统协同度的各影响因子进行了五分法的离散化处理，在此基础上，借助 GeoDetector 软件来探究各主导因子以及因子间的两两交互作用对因变量的解释程度，表 9 - 10 给出了对应的 q 值大小以及交互作用的分类，其中，q1 和 q2 代表前后两个不同因子的 q 值，q1 + q2 为两因子 q 值的线性和，q1∩q2 反映了因子交互所形成的 q 值。

表 9 - 10　　　　　　　　复合系统协同度的因子探测及其交互作用 q 值

q1∩q2	q1	q2	q1 + q2	q1∩q2	交互作用分类
GDP∩STR	0.129	0.209	0.339	0.513	非线性增强
GDP∩INN	0.129	0.148	0.277	0.395	非线性增强
GDP∩FSA	0.129	0.184	0.313	0.514	非线性增强
GDP∩HUM	0.129	0.339	0.468	0.569	非线性增强
GDP∩INT	0.129	0.302	0.432	0.438	双因子增强
GDP∩INF	0.129	0.035	0.165	0.410	非线性增强
STR∩INN	0.209	0.148	0.357	0.572	非线性增强
STR∩FSA	0.209	0.184	0.393	0.689	非线性增强
STR∩HUM	0.209	0.339	0.548	0.503	双因子增强
STR∩INT	0.209	0.302	0.511	0.724	非线性增强
STR∩INF	0.209	0.035	0.245	0.793	非线性增强

q1∩q2	q1	q2	q1 + q2	q1∩q2	交互作用分类
INN∩FSA	0.148	0.184	0.332	0.398	非线性增强
INN∩HUM	0.148	0.339	0.487	0.575	非线性增强
INN∩INT	0.148	0.302	0.450	0.416	双因子增强
INN∩INF	0.148	0.035	0.183	0.303	非线性增强
FSA∩HUM	0.184	0.339	0.523	0.654	非线性增强
FSA∩INT	0.184	0.302	0.486	0.588	非线性增强
FSA∩INF	0.184	0.035	0.219	0.483	非线性增强
HUM∩INT	0.339	0.302	0.641	0.753	非线性增强
HUM∩INF	0.339	0.035	0.374	0.642	非线性增强
INT∩INF	0.302	0.035	0.338	0.500	非线性增强

从表 9 - 10 中的数值可以发现，人力资本对乡村振兴与新型城镇化复合系统协同度的解释程度最高，q 值为 0.339，原因在于人均受教育年限的增加，不仅能够提升居民的科学文化素养，建立起良好的社会管理秩序，增强劳动者的就业竞争力，还可以在其双向流动的过程中产生溢出效应以促进科学技术的转化、先进理念的实践，因此，实现教育资源的均衡发展是提升两大战略协同度的重要手段。互联网普及率的逐步提高意味着城乡信息不对称问题将得到缓解，而这将进一步改善农村发展环境，优化农村信息化服务水平，引导城乡资源要素合理流动，便捷城乡社会综合治理，将原有的"数字鸿沟"转化为当前的"数字红利"，充分释放其在乡村振兴与新型城镇化协同发展过程中的动能，故该变量的解释力仅次于人力资本，具体 q 值为 0.302。

产业是城乡发展的支柱，城市第三产业比重的上升体现了以人为核心的新型城镇化绿色高效的要求，也发挥了带动劳动力就业、增加居民收入的作用，为经济社会发展的可持续性提供了广阔空间。在城市反哺乡村的过程中，资金、技术加持下的乡村旅游服务业的发展在解决"乡村病"问题的同时提升了居民的生活质量水平，由此，产业结构对复合系统协同度的解释力为 20.9%。财政支农既可以直接作用于农业经济的社会需求，完善农业生产基础设施，营造良好的发展环境，提高农民生产的积极性，从而实现生产的规模化、现代化；也能够通过增加科技投入、完善补贴政策、促进居民消费等途径间接地影响带动农业经济增长，缩小城乡产业间的差距，地理探测器下该指标单独作用对乡村振兴与新型城镇化复合系统协同度的解释力度为 18.4%。

技术创新可以解释复合系统协同度差异原因的 14.8%，究其原因为：技术创新改变着要素的投入组合，催生资源的高效利用，在新发展理念的引领下，产业结构将得以转型升级，生产效率会逐步提升，社会治理体系不断完善，经济发展韧性将进一步增强；与此同时，"创新补偿论"通过技术杠杆倒逼生态环境的改善，这都大大提升了乡村振兴与新型城镇化多维度的协同程度。人均 GDP 是两大战略协同发展的基础，对应的 q 值为 0.129，因为经济发展"量变"到一定程度方可实现"质变"，才有与之匹配的人力、物力、财力来着重解决城乡发展不均衡、乡村发展不充分的问题；此外，补齐乡村发展短板，"城乡并重"的发展模式所带来的投资，在乘数效应的影响下将形成规模报酬，深化乡村振兴与新型城镇化协同发展层次。以路网密度衡量的交通基础设施对复合系统协同度的解释力度最小，可能的原因为，基础设施条件的改善削减了城乡居民的通勤成本，增强了要素资源的流动性，统筹城乡发展的环境下，农村既可以接受来自城市辐射带动的"涓滴效应"，也经历了城市规模虹吸的"极化效应"，较小的 q 值是两大方向相反的作用力互相竞合的结果。

四、交互作用结果分析

就不同因子的相互作用而言，表 9 - 10 同样列出了各因子交互所产生的 q 值。总体来看，21 组交互项中有 18 组表现为非线性增强效应，剩余 3 组体现为双因子增强效应。从每一因子与其余六个因子交互产生的 q 值均值来看，产业结构交互项的 q 值均值最高，数值大小为 0.632；人力资本次之，与之形成交互的所有变量 q 值均值为 0.616；基础设施、经济发展、技术创新的交互项 q 值均值排序相对靠后。

具体而言，产业结构与交通基础设施的交互作用最为显著，q 值高达 0.793，主要原因为交通条件的改善促成了产业的集聚与升级，产业的转型进一步巩固优化了交通条件，两者的相辅相成带动了乡村振兴与新型城镇化经济社会的协同。此外，产业结构与信息化水平、财政支农的交互 q 值分别为 0.724 和 0.689，其解释力位居所有交互项的第三和第四顺位，与其余变量所产生的交互 q 值也均在 0.5 以上，这都充分说明产业结构是最优交互因子，在两大战略协同发展中发挥着至关重要的作用。

在人力资本的 6 组交互项中，解释力最强的产生于与互联网的交互，q 值大小为 0.753，与财政支农、交通基础设施的交互 q 值位居其后，通过对比可以发现，人力资本单一作用和交互作用的影响程度都比较靠前，由此可见，人才可以赋能乡村振兴与新型城镇化的协同高质量发展。就信息化水平因子而言，q 值排在前两位的来自与人力资本、产业结构的交互，与经济发展和技术创新的交互表现为双因子增强效应，所有交互项 q 值均值位居第三，充分发挥着技术赋能两大战略的协同发展。经济发展、技术创新两大因子的所有交互项 q 值总体偏低，均值分别为 0.473 和 0.443，对此的解释为：经济状况作为乡村振兴与新型城镇化发展的基础，禀赋条件的差异直接决定了城市和乡村发展偏向，而不同发展模式则进一步带来了两大战略发展是否均衡的问题，加之技术创新也存在合理的溢出边界，因此，通过外力的交互作用虽然能够弥补一定的劣势，但潜能的释放尚需时间的考验。

交通基础设施单一因子作用的 q 值最低，但是所有因子与其交互都产生了"1 + 1 > 2"的非线性增强效应，最明显的体现为与产业结构的交互，与人力资本交互的 q 值同样高达 0.642，意味着路网密度的提升增加了城乡交流互动的机会，带动了城乡人才流、物质流等要素的流动，是推动乡村振兴与新型城镇化协同发展的基础保障，也蕴含着"要想富先修路"的思想。财政支农交互项 q 值的均值为 0.555，与之形成交互的产业结构和人力资本对复合系统协同度有着较强的解释力度，这说明政府财政行为与市场规律的"两只手"结合通过直接效应与间接效应可以有效地推动两大战略朝着协同的方向发展。

从交互作用 q 值的分类来看，经济发展与信息化水平、产业结构与人力资本、信息化水平与技术创新这 3 组因子的交互呈现出双因子增强的状态，也即共同作用的 q 值高于两因子单独作用中的最大 q 值。而交通基础设施、财政支农两大因子与所有变量的交互都表现为非线性增强效应，其中，路网密度衡量的交通基础设施因子单独作用时的 q 值最小，这也从侧面揭示出基础设施和财政支农是最佳的交互对象。

五、驱动机理剖析

乡村振兴与新型城镇化的协同发展是在外部经济社会环境等因素的综合驱动下，两大子系统内部的序参量互相磨合、彼此竞合、层层联动、推动两大子系统向更高层次协同迈进的过程，上述选取的变量主要通过不同的影响路径对其产生相应的驱动作用（见图 9 - 3）。

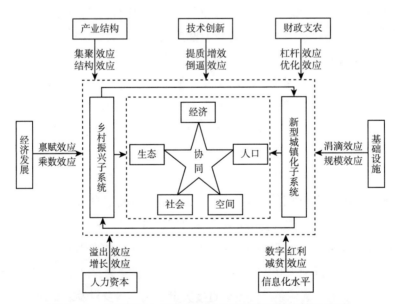

图 9 - 3 乡村振兴与新型城镇化协同发展的因子驱动机理

具体而言，经济发展是两大战略协同发展的基础条件，其禀赋效应直接反映了乡村振兴与新型城镇化综合水平的差异化程度，在解决乡村和城市发展不平衡问题过程中的投资乘数效应会进一步缩小城乡经济、社会层面差距，而产业结构是带动经济发展的源泉，第三产业占比的上升可以优化经济结构，吸纳城乡就业，实现绿色发展，其集聚效应也将形成规模经济，增加财政收入，减小城乡收入差距，进而推动乡村振兴与新型城镇化在经济、生态层面的协同。技术创新对两大战略协同发展的驱动效应主要体现为提质增效和福利效应层面，前者促进了生产的绿色转型，提升了农业机械化水平、优化了资源利用效率，有利于实现高质量发展；后者表现为倒逼环境质量的改善，带动城乡治理体系的精确化。同样，财政支农的间接效应会通过农业科技创新表现出来，达到优化农业生产结构、增加农民收入的效果，其直接效应则是借助政府专项支出的杠杆、宏观调控资源的配置，弥补乡村和城市在生产、生活、生态三维空间上的差距。

交通基础设施的日臻完善，尤其是城乡封闭状态的打破，乡村可以积极接受来自城市的"涓滴效应"，增加城乡要素互动交流的机会，在路网密度提升的过程中产生的规模效应、沿线商业效应都将带动城市和乡村多方面的融合，这也为人力资本的双向流动提供了可能。而人力资本主要通过发挥溢出效应和增长效应来驱动乡村振兴与新型城镇化协同发展，因为经济的集聚效应加速了人口的空前流动，人力资本在不同空间的合理配置为地区的发展带来了先进的理念、技术的转化、治理的思路，这都将支撑着乡村振兴和新型城镇化子系统的经济增长、社会文明。信息化水平作为两大战略协同发展的"软环境"和"助推剂"，对其驱动作用表现在"数字红利"和减贫效应两大层面，数字金融的辐射和带动作用为二者协同发展提供原动力，提升传统生产要素配置效率。前者集中体现在互联网普及率的提升，减少了城乡信息不对称，增加了要素的互动交流，便捷了城乡社会的治理；后者改变了乡村传统的产销模式，催生了新的产业形态，丰富了居民的收入结构，从而助力乡村振兴与新型城镇化社会、治理、人口的协同联动。同时，良好的区域空间布局、合理的产业结构及外部政策环境可以为二者协同发展提供底层支撑，同时生产性服务业和制造业协同集聚可进一步畅通要素流转通道，提升资源配置效率及城镇化质量。随着"绿水青山就是金山银山"的科学理念深入人心，绿色技术创新及能源消费结构的转型升级可推进供给侧结构性改革，在此基础上政府间协同可助力两个子系统内部协同发展。

第十章 乡村振兴与新型城镇化协同发展的多维效应

立足于"乡村振兴与新型城镇化协同发展会怎样"这一核心命题，本章基于前文测度的历年各样本两大战略复合系统协同度数值，结合高质量发展、"双碳"目标约束以及共同富裕等社会热点话题，借助门槛回归、空间计量等模型，剖析了协同发展过程中潜在的增长效应、减排效应、共富效应，明确了各效应产生的影响机制，以期为中国生动实践的开展提供理论支撑与决策参考。

第一节 乡村振兴与新型城镇化协同发展的增长效应

目前我国正处于高质量发展阶段，城乡发展不平衡的问题已得到充分重视，在乡村振兴与新型城镇化战略的稳步推动下，城市和农村的发展都取得了显著成效，两大战略的协同互动关系进一步加强。而这种协同互动必然会带来要素的自由流动、城乡收入差距的缩小，最终的结果将会作用于经济的增长，这也构成了本节所关注的问题：乡村振兴与新型城镇化的协同发展和经济增长之间存在怎样的影响关系，以及这种影响关系的传导机制是什么？该问题的探讨对于促进战略间的协同发展、推动经济高质量增长具有较强的政策意义。

一、理论基础

从宏观层面上来看，区域一体化是解决地区间发展不平衡的重要手段，整合资源要素、打破行政壁垒、提升发展空间是城市群高质量发展的目标所在。相关学者的研究表明，区域一体化政策的实施可以显著地促进各地区经济增长（Francis，2021），且这种作用对原位地区的拉动程度明显高于新进位地区（张跃等，2021）。在此期间，技术效应、分工效应也带动了区域产业结构高级化（柯蕴颖等，2022），而产业结构一体化的发展将为经济增长提供正外部性（张亚丽等，2021）。于微观层面而言，城市和乡村作为两大不同的发展空间，实现乡村振兴与新型城镇化的协同发展是有效解决城乡发展不平衡、农村发展不充分矛盾的权宜之策，理应具有类似于宏观层面的增长效应（高波和孔令池，2019）。具体表现在如下层面：（1）两大战略协同发展意味着以人口、土地、资本为核心的生产要素可以充分实现双向流动，既可以很好地发挥人力资本的溢出效应与技术创新的福利效应，也能够推动城乡空间的合理规划与基础设施的互联互通，这种由优化资源配置所产生的规模效应必将为经济增长注入强大动力。（2）两大战略协同发展体现为社会文明、生态友好，公共服务的均等化兼顾了城乡发展的"公平"，基础设施的延伸实现了城乡发展的"共享"，资源利用效率的提升体现了城乡发展的"永续"，这为经济增长发挥着重要的助推和保障作用。（3）协同发展的落脚点为提升居民生活质量，居民生活水平的提升会进一步引致消费需求、投资需求，而当前乡村有着广阔的市场机会，这是促进经济增长的重要源泉，也是畅通国内大循环打通城乡内需的关键所在。由此可见，乡村振兴与新型城镇化协同发展的过程同样是经济增长的过程。

二、模型构建

（一）基准回归

为验证乡村振兴与新型城镇化协同发展和经济增长之间存在的关系，基于 30 个省（区、市）14 年复合系统协同度的数据，设定如下的线性基准回归模型：

$$\ln EG_{it} = \beta_0 + \beta_1 syn_{it} + \beta_2 \ln FD_{it} + \beta_3 \ln IG_{it} + \beta_4 \ln HC_{it} + \beta_5 \ln IF_{it} + \delta_i + \mu_t + \varepsilon_{it} \qquad (10-1)$$

其中，i 表示研究样本的单元，t 表示时间，EG_{it} 为 i 地区在第 t 年的经济增长水平，syn_{it} 为第 t 年 i 地区复合系统协同度数值，FD、IG、HC 与 IF 分别代表影响经济增长的一系列控制变量，β_0 为常数项，β_k 表示待估计的回归系数，δ_i 和 μ_t 分别体现地区固定效应与时间固定效应，ε_{it} 为一般意义的随机扰动项。模型中除复合系统协同度变量外，其余变量均进行了对数化处理。

（二）分位数回归

鉴于经济增长和复合系统协同度数值在地区层面存在差异性，引入分位数回归的分析方法来揭示复合系统协同度对不同经济增长程度的边际影响，以此可以检验基准回归结果的稳健性，其回归方程为：

$$Q_{\ln EG_{it}}(\tau | X_{it}) = \alpha_i + \beta_{1\tau} syn_{it} + \beta_{2\tau} \ln FD_{it} + \beta_{3\tau} \ln IG_{it} + \beta_{4\tau} \ln HC_{it} + \beta_{5\tau} \ln IF_{it} + e_{it}$$

$$(10-2)$$

其中，$\ln EG_{it}$ 表示第 i 个截面在第 t 年对应的经济增长水平；τ 为分位数，一般取 0.1、0.25、0.5、0.75 以及 0.9 五个分位数点；α_i 为不依赖于 τ 的其他不可观测因素；$\beta_{1\tau}$ 为核心解释变量复合系统协同度的回归系数；$\beta_{2\tau}$、$\beta_{3\tau}$、$\beta_{4\tau}$、$\beta_{5\tau}$ 分别对应财政分权（FD）、收入差距（IG）、人力资本（HC）以及基础设施（IF）四个控制变量的弹性系数；e_{it} 为随机误差项。

（三）调节效应模型

为探讨乡村振兴与新型城镇化协同发展与经济增长之间的作用关系是否受到其他变量的影响，构建出如下的调节效应回归模型：

$$\ln EG_{it} = \beta_0 + \beta_1 \ln FD_{it} + \beta_2 \ln IG_{it} + \beta_3 \ln HC_{it} + \beta_4 \ln IF_{it} + \beta_5 syn_{it} + \beta_6 \ln MED_{it} + \delta_i + \mu_t + \varepsilon_{it} \tag{10-3}$$

$$\ln EG_{it} = \beta_0 + \beta_1 \ln FD_{it} + \beta_2 \ln IG_{it} + \beta_3 \ln HC_{it} + \beta_4 \ln IF_{it} + \beta_5 syn_{it} + \beta_6 \ln MED_{it} \\ + \beta_7 \ln MED_{it} \times syn_{it} + \delta_i + \mu_t + \varepsilon_{it} \tag{10-4}$$

式（10-3）在基准回归模型（10-1）的基础上引入了 MED 变量，分别代表技术创新（IN）和金融发展（FE），考察的是调节变量对经济增长的影响作用。式（10-4）在式（10-3）的基础上增加了调节变量与复合系统协同度的交互项，β_7 的显著性决定了调节效应是否存在。

（四）门槛模型

为进一步讨论乡村振兴与新型城镇化复合系统协同度和经济增长之间的作用强度，借助汉森（Hansen, 1999）的门槛面板模型，以复合系统协同度为门槛变量、经济增长为因变量，构建起本节的单门槛模型。具体回归模型如下：

$$\ln EG_{it} = \alpha_i + \beta_1 \ln FD_{it} + \beta_2 \ln IG_{it} + \beta_3 \ln HC_{it} + \beta_4 \ln IF_{it} + \beta_5 syn_{it} I(syn_{it} \leq \gamma) \\ + \beta_6 syn_{it} I(syn_{it} > \gamma) + \mu_{it} \tag{10-5}$$

若复合系统协同度与经济增长之间的单门槛存在且通过显著性水平检验，则需要将模型（10-5）拓展至双门槛情形，具体设定如下：

$$\ln EG_{it} = \alpha_i + \beta_1 \ln FD_{it} + \beta_2 \ln IG_{it} + \beta_3 \ln HC_{it} + \beta_4 \ln IF_{it} + \beta_5 syn_{it} I(syn_{it} \leq \gamma_1) \\ + \beta_6 syn_{it} I(\gamma_1 < syn_{it} \leq \gamma_2) + \beta_7 syn_{it} I(syn_{it} > \gamma_2) + \mu_{it} \tag{10-6}$$

其中，i 和 t 分别表示不同省（区、市）与不同年份，FD、IG、HC 以及 IF 代表同上述回归一样的四个控制变量，即财政分权、能源结构、人力资本、基础设施；EG 为被解释变量，syn 为门槛变量，$I(\cdot)$ 为指示函数；α_i 体现地区间的差异特征，β_k 表示一系列待估参数，γ_1 与 γ_2 代表双门槛估计的门槛值，μ_{it} 为模型的误差项。

在估计出门槛值后需要着重检验门槛值的显著性和真实性，前者 P 值以 10% 的显著性水平为检验标准，后者以 LR 统计量作为识别的依据。

三、变量与数据

(一) 被解释变量

经济增长 (*EG*)。采用人均实际 GDP 来衡量经济增长 (徐维祥等),具体计算公式为:人均实际 GDP = 人均名义 GDP/折算指数,为消除价格因素的影响,折算指数以 2006 年为基期对 GDP 指数进行平减,上述数据均来源于国家统计局网站发布的《中国统计年鉴》。

(二) 核心变量

复合系统协同度 (*syn*)。该指标基于复合系统协同度模型测算求得,较大的数值代表较高的协同发展程度。

(三) 控制变量

在已有研究的基础上,本书选择了如下四个影响经济发展的控制变量:用财政收入占 GDP 比重衡量的财政分权 (*FD*) 可以提高经济发展效率,进而带动经济增长;而经济的增长直观体现为居民收入水平的改善,收入差距 (*IG*) 体现了经济增长的绩效,采用城乡居民可支配收入之比进行表征;人力资本 (*HC*) 是经济增长的内生动力,选择人均受教育年限这一指标来表示;基础设施 (*IF*) 建设是经济发展的重要基础,是商品流通的重要渠道,采用区域内公路和铁路里程数占区划面积的比重来度量,四个指标的数据均来自历年《中国统计年鉴》。

(四) 调节变量

经济增长依赖于技术的革新,采用万人专利授权量来表征科技创新 (*IN*) 指标;金融发展 (*FE*) 为经济的增长注入活力,该指标用年末银行贷款余额占 GDP 的比重来衡量。上述两项指标的原始数据出自历年《中国统计年鉴》。

表 10 - 1 给出了上述变量的描述性统计分析。

表 10 - 1　　　　　　　　　　变量描述性统计分析

变量	符号	观测值	均值	标准差	最小值	最大值
经济增长	ln*EG*	420	0.695	0.484	-0.492	2.063
复合系统协同度	*syn*	420	0.329	0.221	-0.113	0.781
财政分权	ln*FD*	420	-0.767	0.397	-1.909	-0.050
收入差距	ln*IG*	420	1.028	0.178	0.655	1.525

续表

变量	符号	观测值	均值	标准差	最小值	最大值
人力资本	lnHC	420	2.191	0.108	1.912	2.548
基础设施	lnIF	420	−0.298	0.780	−2.584	0.791
科技创新	lnIN	420	1.481	1.219	−1.049	4.309
金融发展	lnFE	420	0.201	0.365	−2.041	1.070

四、基准回归结果分析

在面板数据回归之前先对变量间的相关性与方差膨胀因子进行分析，以增强回归结果的可靠性。结果显示变量间的相关系数均较低，方差膨胀因子 VIF 最大值为 3.27，最小值 1.44 出现在收入差距变量，均值为 2.22，满足小于 10 这一经验参考值，意味着变量间不存在共线性问题。

就具体模型的选择而言，基于 Stata 15.0 软件对模型进行随机效应和固定效应的 Hausman 检验，自由度为 5 的卡方统计量检验结果为 188.43，对应的 P 值小于 0.000，这意味着拒绝随机效应模型的原假设，故应采用固定效应模型来分析复合系统协同度与经济增长之间的关系。

采用逐步回归的方法对变量之间的关系进行参数估计，表 10 − 2 给出了基准回归的结果。列（1）控制了时间固定效应和地区固定效应，仅加入了复合系统协同度这一核心解释变量，回归系数为 0.430 且通过了 5% 的显著性水平检验，这意味着复合系统协同度的提高将会对经济增长产生正向的推动作用。列（2）在列（1）的基础上进一步引入财政分权变量，此时复合系统协同度与经济增长之间的作用方向和显著性水平均未发生变化。列（3）、列（4）、列（5）依次在前一模型基础上分别加入了收入差距、人力资本以及基础设施这三个控制变量。随着变量逐渐增多，复合系统协同度的回归系数总体呈现出缩小的趋势，但一直保持显著的正向促进作用，模型的拟合优度也在不断提升，上述现象可以佐证乡村振兴与新型城镇化复合系统协同度的提升有利于带动经济增长的事实，这得益于两大战略协同匹配度的增强能够促进要素的自由流动，扭转资源错配的局面，发展效率的提升会减少冗余的产生，进而为经济增长注入强有力的动能。

表 10 − 2　　　　　　　　　　　　基准回归结果

变量	(1)	(2)	(3)	(4)	(5)
syn	0.430 ** (0.200)	0.424 ** (0.184)	0.435 ** (0.184)	0.333 * (0.170)	0.284 * (0.165)
lnFD		0.430 *** (0.101)	0.405 *** (0.099)	0.384 *** (0.090)	0.346 *** (0.089)

变量	(1)	(2)	(3)	(4)	(5)
lnIG			−0.080 * (0.040)	−0.088 ** (0.039)	−0.086 ** (0.042)
lnHC				0.738 *** (0.267)	0.649 ** (0.272)
lnIF					0.176 (0.114)
_cons	0.528 *** (0.016)	0.820 *** (0.076)	0.884 *** (0.085)	−0.678 (0.541)	−0.431 (0.557)
id_FE	Yes	Yes	Yes	Yes	Yes
year_FE	Yes	Yes	Yes	Yes	Yes
N	420	420	420	420	420
R-sq	0.451	0.524	0.531	0.547	0.555

注：括号内数字为稳健标准误，*、**、***分别表示在10%、5%和1%的水平上显著。

就列（5）的控制变量而言，财政分权对经济增长的弹性系数为0.346，且通过了1%的显著性检验，两者之间存在显著的正向影响关系是因为国家赋予了地方政府一定的财政自主权，在现有完善的官员考核体系下，地方政府更加注重发展的质量，通过增加基础设施建设支出营造良好的招商环境，加强清洁生产技术研发提高创新效率等手段赋能经济高质量增长。城乡居民收入差距每提升1个百分点，经济增长下降0.086%，原因在于城乡发展不平衡所产生的马太效应会使得穷者越穷，富者越富，进一步引发消费需求增长速度放缓，产业结构不能合理调整，储蓄投资转化率降低等问题，这势必将抑制经济增长。人力资本作为现代经济增长的源泉，平均受教育年限的提高意味着较强的"干中学"效应，加之其空间流动的外溢效应，这对推动技术革新发挥着至关重要的作用，而技术创新正是经济增长的内生动力，因此，人力资本1%的变动对经济增长产生0.649%的影响。基础设施对经济增长同样具有促进作用，回归的弹性系数为0.176，但未通过显著性水平检验，也即合理的路网密度会加强地区之间的互联互通，进而带动经济增长，反之则会产生拥挤效应，降低运输效率，对经济增长产生阻碍作用。

五、稳健性检验

考虑到基准回归结果可能会受到样本选择偏误的影响，为进一步检验上述回归结论的可靠性，本节采用三种方法来对前文结果进行检验，结果如表10 – 3所示。

表 10 - 3   稳健性检验

变量	(1)	(2)	(3)	(4)	(5)	(6)	(7)
syn	0.429 **	0.346 ***	0.329 ***	0.305 ***	0.286 *	0.746 ***	0.300 *
	(0.197)	(0.092)	(0.065)	(0.068)	(0.074)	(0.234)	(0.160)
$\ln FD$	0.899 ***	1.013 ***	1.301 ***	0.928 ***	1.176 ***	0.526 ***	0.346 ***
	(0.065)	(0.029)	(0.029)	(0.006)	(0.036)	(0.118)	(0.089)
$\ln IG$	−0.134 ***	−0.102 ***	−0.117 **	−0.045 ***	−0.146	−0.083	−0.087 **
	(0.024)	(0.035)	(0.008)	(0.007)	(0.066)	(0.053)	(0.042)
$\ln HC$	2.318 ***	1.333 ***	1.135 ***	2.300 ***	1.616 ***	1.026 **	0.646 **
	(0.100)	(0.219)	(0.135)	(0.022)	(0.176)	(0.400)	(0.276)
$\ln IF$	−0.162 ***	−0.098 ***	−0.302 ***	−0.161 ***	−0.229 ***	0.381 **	0.174
	(0.012)	(0.014)	(0.015)	(0.004)	(0.039)	(0.157)	(0.115)
$\_cons$						−0.882	−0.425
						(0.820)	(0.567)

注：括号内数字为稳健标准误，* 、** 、*** 分别表示在 10%、5% 和 1% 的水平上显著。

(一) 变换估计方法

复合系统协同度与经济增长之间的关系在基准回归中采用的是双向固定效应模型，纳入其他影响经济增长的控制变量在一定程度上也缓解了模型的内生性问题。对此，借助式 (10 - 2) 的分位数回归方法来对两者关系重新进行估计，表 10 - 3 中的列 (1) ～列 (5) 分别对应 5 个不同分位数点处的回归结果。可以发现，在 0.1 分位数点处，复合系统协同度对经济增长具有显著的推动作用，回归系数为 0.429，随着分位数点的不断上升，这种促进作用在逐步缩小，但是仍然保持显著的状态，这意味着基准回归中两者间正向线性关系的稳健性。控制变量中，财政分权、收入差距、人力资本均与基准回归中的符号相一致，基础设施在分位数回归中显著为负，可以从路网密度带来的拥挤效应以及路网密度呈"核心—边缘"的分布格局中得以解释。

(二) 替换核心变量

经济增长在基准回归模型中采用人均实际 GDP 来衡量，此处用人均 GDP 对其进行替换，表 10 - 3 中的列 (6) 对应双固定效应模型下线性估计的回归结果。可以清楚地发现，复合系统协同度与经济增长之间存在正向的影响关系，且通过了 1% 的显著性检验，模型的拟合优度为 0.950，这均意味着基准回归结果具有较强的稳健性。

（三）数据缩尾处理

为了排除异常值对回归结果带来的影响，对复合系统协同度数据进行1%的缩尾处理，表10-3中的列（7）呈现了双固定效应模型下线性的回归结果，该结果与基准回归模型相类似，故再次验证了前文所述结果的稳健性。

六、调节作用检验

（一）调节作用的理论分析

乡村振兴与新型城镇化的协同发展意味着两子系统之间是动态互动的关系，这种互动必然会带来资金流、人才流、信息流的双向流动，进而显著地促进经济增长，在此期间，该作用的产生可能会受到科技创新与金融发展等变量的调节。

作为城乡社会发展"加速器"的科技创新，一方面，能够降低农业生产对传统资源禀赋的依赖，促进农业生产技术的进步，提升农业全要素生产率（姬志恒，2021），进而推动农村剩余劳动力的转移，实现劳动要素在城乡间的合理流动，在发挥城乡优势互补作用的同时也可以高效解决城乡发展过程中的实际问题，以期推动城乡治理的数字化与科学化，城乡产业的合理化与高级化，逐步提升乡村振兴与新型城镇化的协同程度。另一方面，科技创新水平的提高能够促进资源要素配置效率的提高，进而加强数字经济与实体经济的深度融合，加速经济发展新动能的转换，实现从基础创新到技术经济模式变革的周期性演变来驱动经济高质量增长（许红丹和杨武，2022）。从金融发展来看，相较于城市地区，金融资本在农村存在一定的排斥现象，随着"数字经济＋金融"的普及推广，提高城乡金融发展的水平，降低农村金融资本的门槛，提供多样化的农村金融产品，能够满足农业生产、企业经营的金融需求（刘殿国和张又嘉，2022），增强农民创收致富的能力，提升工业企业全要素生产率（刘赛红等，2021），这种以产业为杠杆所形成的乡村振兴与新型城镇化协同互补格局将推动城乡经济的融合，而产业的发展也正是促进县域经济增长的重要传导机制（宋科等，2023）。

由此，提出科技创新与金融发展可以增强复合系统协同度对经济增长的正向影响假设。

（二）科技创新调节作用的实证检验

基于上述的理论分析，运用式（10-3）与式（10-4）来进一步检验科技创新与金融发展的调节作用，表10-4给出了双固定效应模型的检验结果。

表 10 - 4　　　　　　　　　科技创新、金融发展调节作用检验

变量	（1）	（2）	（3）	（4）	（5）	（6）
syn	0. 430 **	0. 284 *	0. 297 *	0. 337 **	0. 300 *	0. 415 **
	(0. 200)	(0. 165)	(0. 165)	(0. 158)	(0. 149)	(0. 155)
$\ln FD$		0. 346 ***	0. 352 ***	0. 336 ***	0. 274 ***	0. 275 ***
		(0. 089)	(0. 088)	(0. 089)	(0. 082)	(0. 079)
$\ln IG$		- 0. 086 **	- 0. 088 **	- 0. 083 **	- 0. 061 *	- 0. 053
		(0. 042)	(0. 041)	(0. 038)	(0. 035)	(0. 034)
$\ln HC$		0. 649 **	0. 681 **	0. 677 **	0. 444 *	0. 224
		(0. 272)	(0. 277)	(0. 263)	(0. 221)	(0. 215)
$\ln IF$		0. 176	0. 184	0. 270 ***	0. 242 **	0. 224 **
		(0. 114)	(0. 111)	(0. 093)	(0. 093)	(0. 086)
$\ln IN$			- 0. 014	0. 008		
			(0. 021)	(0. 023)		
$syn \times \ln IN$				0. 081 *		
				(0. 045)		
$\ln FE$					- 0. 178 *	- 0. 237 ***
					(0. 092)	(0. 055)
$syn \times \ln FE$						0. 313 **
						(0. 124)
$\_cons$	0. 528 ***	- 0. 431	- 0. 486	- 0. 491	- 0. 056	0. 357
	(0. 016)	(0. 557)	(0. 569)	(0. 543)	(0. 449)	(0. 440)
id_FE	Yes	Yes	Yes	Yes	Yes	Yes
$year\_FE$	Yes	Yes	Yes	Yes	Yes	Yes
N	420	420	420	420	420	420
$R\text{-}sq$	0. 451	0. 555	0. 555	0. 573	0. 630	0. 669

注：括号内数字为稳健标准误，*、**、*** 分别表示在10%、5%和1%的水平上显著。

　　具体而言，列（1）中仅加入了复合系统协同度这一核心解释变量，列（2）在列（1）的基础上引入了四个同基准回归保持一致的控制变量，均佐证复合系统协同度的提升会促进经济增长这一结论。列（3）在列（2）的基础上引入了科技创新变量，此时，核心解释变量的回归系数为0.297，且通过了10%的显著性水平检验，传递出复合系统协同度主效应为正的信号。就控制变量而言，财政分权、收入差距、人力资本以及基础设施的作用符号、显著性与基准回归的结果相比未发生根本性的变化，科技创新对经济增长的影响却不显著，也进一步说明复合系统协同度与经济增长之间关系的稳健性。

　　为了避免共线性带来的问题，对列（4）中的交互项进行了中心化处理，以检验可

能存在的调节作用，回归的结果表明：复合系统协同度与科技创新的交互项在 10% 的水平上显著，半对数模型的回归系数为 0.081，与主效应的符号保持一致，意味着科技创新强化了复合系统协同度对经济增长的正向促进作用，原因在于农业科技创新水平的提升将改善农业生产效率，增强产业发展内生动力，缩小乡村与城市的差距，进而带动乡村振兴与新型城镇化的协同发展；先进生产技术的落地将优化产业结构，促进资源的合理配置，带动经济的可持续增长，因此，科技创新进一步夯实了复合系统协同度与经济增长之间的影响关系。

（三）金融发展调节作用的实证检验

表 10 - 4 中列（5）和列（6）是用来检验金融发展的调节作用。列（5）在基准回归列（2）的基础上增加了金融发展这一变量，结果表明核心解释变量复合系统协同度对经济增长仍保持着显著的正向作用，其余控制变量的符号也与预期相吻合，而金融发展抑制了经济增长，对此解释为：发挥金融的投资作用存在门槛约束，此外，金融资源配置不均衡所产生的金融排斥将阻碍经济增长。

采用同样的处理方法，列（6）引入了金融发展与复合系统协同度的交互项，其中，复合系统协同度回归系数显著为正，说明金融发展处于均值水平时，复合系统协同度每提升 1 个单位，经济增长增加 41.5%；当复合系统协同度处在均值状态时，金融发展每变动 1%，经济增长下降的幅度为 0.237%，控制变量对经济增长的影响方向与列（2）中的结果总体保持一致。就两者的交互项而言，回归系数为 0.313 且在 5% 的水平上显著，继续与基准回归中核心解释变量的符号保持相同，说明金融发展在复合系统协同度对经济增长的推动作用中扮演着正向调节的角色。主要的原因是，年末贷款余额占 GDP 比重的增加可以促进城乡资源的合理配置，改善城市和农村发展的"软环境"与"硬设施"，这也将进一步增强两大战略协同发展的能力，拓展经济增长的空间。

七、进一步讨论：门槛效应

面板回归的结果表明，乡村振兴与新型城镇化复合系统协同度能够显著地促进经济增长，考虑到复合系统协同度在不同水平下对经济增长的回归系数可能呈现出差异化的特征，故借助 Stata 15.0 软件基于式（10 - 5）的门槛回归模型来揭示复合系统协同度对经济增长正向作用的变化趋势。

表 10 - 5 呈现了经过 300 次重复抽样得到的复合系统协同度门槛值情况。就门槛的个数而言，双门槛情况下的 P 值为 0.183，未通过 10% 的显著性水平检验，因此拒绝复合系统协同度存在双门槛的假设，而单门槛对应的 P 值在 5% 的水平上显著，故复合系

统协同度对经济增长具有显著的单门槛效应。

表 10 - 5　　　　　　　　　　复合系统协同度的门槛效应检验

门槛变量	门槛个数	F 值	P 值	门槛值	置信水平临界值			BS 次数
					1%	5%	10%	
syn	单门槛	30.25	0.020	0.290	30.951	23.872	20.064	300
	双门槛	30.25	0.017	0.290	32.163	25.278	21.423	300
		11.36	0.183	0.038	24.539	17.760	13.915	300

为进一步验证单门槛值 0.290 与真实值的一致性，依据 LR 似然比统计量绘制出如图 10 - 1 所示的 95% 置信区间对应的似然比函数图。图中虚线代表 5% 显著性水平上 LR 统计量的临界值 7.35，曲线的最低点即为模型估计的门槛值，鉴于门槛值对应的 LR 统计量位于虚线的下方，可以认为复合系统协同度的门槛值与真实值相一致。

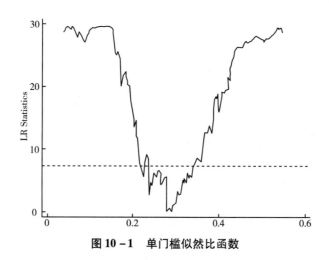

图 10 - 1　单门槛似然比函数

表 10 - 6 给出了门槛模型的回归结果。当乡村振兴与新型城镇化复合系统协同度低于单一门槛值 0.290 时，复合系统协同度对经济增长的作用方向显著为正，回归系数为 0.419；当其越过门槛值时，回归系数的大小降低至 0.177，仍然通过了 1% 的显著性水平检验。出现上述现象的原因为：城市和农村作为发展的两个不同载体，曾长期处于发展不平衡、不充分的状态，新型城镇化的虹吸效应大于对乡村振兴的涓滴效应，这造就了城市的繁荣，加速了农村的衰落。随着乡村振兴与新型城镇化战略的实施，城市和农村之间的协同互动能力逐步增强，由城乡关系改善所产生的复合系统协同度小幅度的提升会带来较大幅度的经济增长，也与经济学中的边际收益递减的规律相吻合。同时，这也进一步从侧面说明了复合系统协同度与经济增长之间总体是正向促进的影响关系，但是这种推动作用呈现出"先快后慢"的梯度式递增特征。就控制变量而言，所有的变量都在 1% 的水平上显著，符号也与基准回归中保持一致，在此不必要对其经济含义进

行重复性的解释。

表 10 - 6　　　　　　　　　　　　门槛模型回归结果分析

变量	Coef.	Std. Err.	t	P > t	95% 置信区间
lnFD	0.365	0.044	8.240	0.000	[0.278, 0.452]
lnIG	-0.104	0.025	-4.120	0.000	[-0.153, -0.054]
lnHC	0.466	0.141	3.300	0.001	[0.188, 0.743]
lnIF	0.212	0.064	3.330	0.001	[0.088, 0.337]
$synI(syn \leqslant 0.290)$	0.419	0.075	5.570	0.000	[0.271, 0.566]
$synI(syn > 0.290)$	0.177	0.051	3.440	0.001	[0.076, 0.278]
_$cons$	0.053	0.310	0.170	0.865	[-0.556, 0.662]

第二节　乡村振兴与新型城镇化协同发展的减排效应

绿水青山就是金山银山，生态宜居是乡村振兴的关键，生态城镇化是城镇居民绿色福祉的象征，改善居民"三生"空间环境，是解决资源环境约束突出问题、实现绿色包容性增长的重要抓手。面对 2030 年实现"碳达峰"和 2060 年实现"碳中和"的"双碳"目标约束，如何有效降低碳排放量，高质量推动生态文明建设便成为极具意义的研究议题。据此，本节从协同发展的视角切入，探究乡村振兴与新型城镇化的协同互动能否在一定程度上降低碳排放强度，以及在什么条件下这种减排效果最理想。对这一问题的回答有利于丰富拓展两大战略的研究内容，为助推经济绿色低碳转型政策的制定提供参考价值。

一、理论基础

推进碳减排是应对全球环境问题、构建人类命运共同体的迫切需要，中国碳排放呈现出总量大、强度高的特征，在"双碳"目标约束下，相关研究表明，区域一体化是实现协调联动和降碳减排双重红利的有效政策（姬志恒，2021），且新型城镇化与减排目标可以两者兼得（李硕硕等，2022），这也在一定程度上说明了乡村振兴与新型城镇化的协同发展存在潜在的减排效应。首先，两大战略的协同发展最直观地体现为生态协同，绿色高效的新型城镇化更加注重生态环境的保护，杜绝打破乡村生态平衡现象的出现，生态宜居的乡村将形成集约化的生产、清洁化的生活、绿色化的生态这一"三生"空间格局，城乡生态的互相支撑能够从能源消费等层面降低碳排放，进而产生生态协同的社会福利效应（许红丹和杨武，2022）。其次，两大战略的协同发展意味着产业的高度集聚，其间，产业的发展会利用共同的基础设施，在"干中学"和知识外溢的影响下带来技术的革新与结构的调整，从而降低对碳排放总量贡献度最大的工业碳排放，实现城乡三产的融合与绿色高效发展，发挥出相较于分散化生产更为显著的碳减排效应（刘殿国，2022）。最后，两大战略协同发展反映了资源要素的合理配置，人力资本的双向流动有助于发挥科技创新的溢出效应，而技术创新则是撬动碳减排的重要杠杆，对碳排放绩效的改善具有显著的"技术红利"作用（宋科等，2023）。城市数字基础设施向乡村延伸，以互联网信息平台为支撑的数字经济也将通过优化能源结构、加速技术渗透等渠道降低本地和周边地区的碳排放（赵琳琳和张贵祥，2020）。除此之外，数字赋能下的金融资本在城乡间的有序流动，相较于传统金融规模有限且服务于实体经济的特征而言，金融的普惠化更能推动经济的转型和二氧化碳排放量的减少（张可，2018）。因此，乡村振兴与新型城镇化协同发展具有减排效应。

二、模型构建与权重矩阵

（一）空间计量模型构建

地理学第一定律表明，任何事物都是空间关联的，且这种关联程度随着距离的递增而逐步衰减。鉴于乡村振兴与新型城镇化复合系统协同度具有显著的正向空间集聚特征，而碳排放在气候、空气、地形等因素的影响下同样存在着空间溢出效应，因此，采用空间计量模型来探讨复合系统协同度对碳排放强度的影响是十分必要的。

空间计量模型相较于普通 OLS 回归的优势在于，考虑了地理事物的空间依赖特征，克服了传统计量模型忽略变量的空间自相关关系所带来的估计结果偏误的弊端。基于上述空间依赖特征的不同表现形式，常用的空间计量模型有空间误差模型（SEM）、空间滞后模型（SLM）和空间杜宾模型（SDM），以上三种模型可以互相转化，且空间杜宾模型兼具了对自变量与因变量的空间溢出效应检验。空间计量模型的一般形式为：

$$\ln CE_{it} = \rho \sum_{j=1}^{N} w_{ij} \ln CE_{jt} + \beta_1 \, syn_{it} + \gamma_1 \sum_{j=1}^{N} w_{ij} \, syn_{jt} + \beta_n \sum_{n=2}^{k} \ln X_{nit}$$

$$+ \sum_{n=2}^{k} \gamma_n \left(\sum_{j=1}^{N} w_{ij} \ln X_{jt} \right) + \delta_i + \mu_t + \varphi_{it} \qquad (10-7)$$

$$\varphi_{it} = \theta \sum_{j=1}^{N} w_{ij} \, \varphi_{jt} + \varepsilon_{it} \qquad (10-8)$$

其中，被解释变量 $\ln CE_{it}$ 代表样本 i 在 t 年的碳排放强度对数值，w_{ij} 为标准化后的空间权重矩阵 W 中的元素，$\sum_{j=1}^{N} w_{ij} \ln CE_{jt}$ 表示 t 年除 i 地区外所有的省（区、市）j 的碳排放强度加权平均值，空间自回归系数 ρ 反映的是 j 地的碳排放强度对本区域 i 的影响大小与方向。syn_{it} 为 t 年 i 地测度出的乡村振兴与新型城镇化复合系统协同度水平，X_{it} 表示一系列影响碳排放强度的控制变量，β_1 与 β_n 分别体现的是核心解释变量和控制变量的回归系数，γ_1 和 γ_n 反映的是考虑了空间依赖关系后复合系统协同度与控制变量的模型估计系数。δ_i、μ_t 以及 φ_{it} 分别对应空间效应、时间效应和随机扰动项。式（10－8）中的 $\sum_{j=1}^{N} w_{ij}\varphi_{jt}$ 表示空间滞后误差项，空间自相关系数 θ 反映了因变量的误差对本区域观测值的影响程度。

上述式子中，若 $\rho\neq0$，$\gamma=0$ 且 $\theta=0$，此时空间计量模型可以简化为空间滞后模型，也即碳排放强度的空间依赖性体现在自身的滞后项上。若 $\rho=0$，$\gamma=0$ 且 $\theta\neq0$，此时模型可以简化成空间误差模型，其空间依赖性表现为无法观测的误差冲击或者被解释变量的遗漏变量。若 $\rho\neq0$，$\gamma\neq0$ 且 $\theta=0$，说明空间计量模型充分考虑了自变量、因变量的空间特征，上述式子则简化成空间杜宾模型。在实际操作过程中，会根据相应的参数检验来确定最优的模型。

（二）空间权重矩阵设定

空间权重矩阵是展开空间计量分析的前提，不同权重矩阵的设定将会对结果产生异质性的作用。经验分析表明，通常情况下地理事物的空间联系与空间距离成反比关系，对此，本部分基于各省（区、市）的经纬度数据测算出样本间的地理距离 d_{ij}，为与地理学第一定律保持一致，构造出如下的空间权重矩阵：

$$W_{ij}=\begin{cases}\dfrac{1}{d_{ij}^2}, & i\neq j\\0, & i=j\end{cases} \tag{10-9}$$

此外，为了增强模型间的对比分析，检验空间计量模型结果的稳健性，根据区域 i 与 j 地理位置是否有共同的边界，构造出如下的邻接权重矩阵：

$$W_{ij}=\begin{cases}1, & i\ 与\ j\ 相邻\\0, & i\ 与\ j\ 不相邻\end{cases} \tag{10-10}$$

上述空间权重矩阵在实际运算的过程中，都对其进行了行标准化处理，以满足各行的元素之和为 1。

三、变量与数据

被解释变量：碳排放强度（CE）。考虑到区域差异性的存在，采用万元 GDP 碳排放量来表示，以增强纵向可比性。其中，碳排放的数据来源于中国碳核算数据库。

核心解释变量：复合系统协同度（*syn*）。沿用前文乡村振兴子系统与新型城镇化子系统的序参量评价指标体系，借助复合系统协同度模型求得 30 个省（区、市）2007 ~ 2020 年的复合系统协同度数值。

控制变量，选取了经济增长（*EG*）、工业化程度（*IL*）、交通条件（*TC*）、环境规制（*ER*）、技术创新（*TI*）五个影响碳排放强度的变量。其中，经济增长采用人均实际 GDP 来衡量，该指标体现了经济发展的可持续性，计算方法与上节保持一致。用第二产业增加值占 GDP 比重表征的工业化程度反映了工业生产的清洁绿色化程度。交通工具也是碳排放来源的渠道之一，路网密度则是对交通条件直观的体现，该指标的计算方法与上节基础设施指标保持一致。面对"双碳"目标约束，环境规制则是减排的重要手段，用单位能源 GDP 产生量来表示。技术创新可以催生清洁生产、降低碳排放强度，采用专利授权量进行表示。上述指标的数据均来自《中国统计年鉴》。

表 10 - 7 给出了实证模型中所有变量的描述性统计分析，同样为了消除异方差的影响，除复合系统协同度外，所有变量均进行了取自然对数处理。

表 10 - 7　　　　　　　　　　　变量描述性统计分析

变量名称	符号	观测值	均值	标准差	最小值	最大值
碳排放强度	ln*CE*	420	0.504	0.609	− 1.408	1.979
复合系统协同度	*syn*	420	0.329	0.221	− 0.113	0.781
经济增长	ln*EG*	420	0.695	0.484	− 0.492	2.063
工业化程度	ln*IL*	420	3.771	0.234	2.762	4.078
交通条件	ln*TC*	420	− 0.298	0.780	− 2.584	0.791
环境规制	ln*ER*	420	0.250	0.526	− 1.208	1.583
技术创新	ln*TI*	420	9.673	1.570	5.403	13.473

四、空间效应检验与模型选择

（一）空间自相关检验

核心变量的空间自相关性是进行空间计量分析的前提，常用的度量方法是探索性空间数据分析（ESDA），具体涵盖全局和局部空间自相关检验，故本部分着重对碳排放强度和复合系统协同度的空间依赖性进行分析。

Moran's I、Geary's C 是检验全局空间自相关常用的统计量。第九章的分析表明，2007 ~ 2020 年复合系统协同度的全局莫兰指数显著为正，对此，接下来仅对碳排放强度进行上述两种全局空间自相关检验，表 10 - 8 报告了反距离平方空间权重矩阵下的具体结果。

表 10 - 8　　　　　　　　　　碳排放强度的全局空间自相关检验

年份	Moran's I	Z	P	Geary's C	Z	P
2007	0.236	2.841	0.004	0.749	−2.476	0.013
2008	0.263	3.131	0.002	0.727	−2.691	0.007
2009	0.253	3.015	0.003	0.737	−2.599	0.009
2010	0.261	3.111	0.002	0.736	−2.608	0.009
2011	0.245	2.974	0.003	0.751	−2.406	0.016
2012	0.265	3.162	0.002	0.724	−2.698	0.007
2013	0.252	3.031	0.002	0.736	−2.579	0.010
2014	0.265	3.172	0.002	0.718	−2.756	0.006
2015	0.270	3.208	0.001	0.706	−2.892	0.004
2016	0.265	3.146	0.002	0.703	−2.944	0.003
2017	0.255	3.058	0.002	0.706	−2.886	0.004
2018	0.245	2.952	0.003	0.717	−2.777	0.005
2019	0.236	2.848	0.004	0.724	−2.727	0.006
2020	0.228	2.760	0.006	0.725	−2.717	0.007

　　由表 10 - 8 可知，2007～2020 年 30 个省（区、市）碳排放强度的全局 Moran's I 在 1% 的水平上显著为正，碳排放强度整体上具有显著的正向空间自相关关系。就具体的数值大小而言，莫兰指数呈现出波动递减的特征，最大值出现在 2015 年，反映了碳排放强度正向的空间依赖性和溢出效应在逐步弱化。从 Geary's C 统计量的结果来看，历年该指数的数值均介于 0～1，且都在 5% 的水平上显著，再次拒绝了考察期内所有样本的碳排放强度不存在空间自相关的假设，其数值变化特征与莫兰指数保持一致，意味着碳排放强度正向空间集聚特征日渐减弱。

　　局部空间自相关检验。图 10 - 2 刻画了各地区碳排放强度相对于周边地区的局部 Moran's I 指数的空间分布特征。散点图中，横轴 z 代表碳排放强度观测值与均值的离差，纵轴 wz 为变量的空间滞后值，数字为各省（区、市）的行政编码，选取的 2007 年、2011 年、2016 年以及 2020 年的局部莫兰指数分别为 0.236、0.245、0.265 和 0.228，且大部分样本落在第一象限和第三象限，这也进一步证实了碳排放强度在空间上的正相关性，"高—高"集聚与"低—低"集聚是其典型的分布特征。具体来看，第三象限表现为低值被低值包围的"低—低"（LL）集聚形式，该区域主要以东部地区和中部地区的省（区、市）为主，反映了万元 GDP 的碳排放相对较少；第一象限为高值周边是高值的"高—高"（HH）集聚区，东北地区和西部地区的样本是该区域的主要力量，说明这些省（区、市）及其周边样本的碳排放强度较高，该现象也与经济发展的事实相吻合。

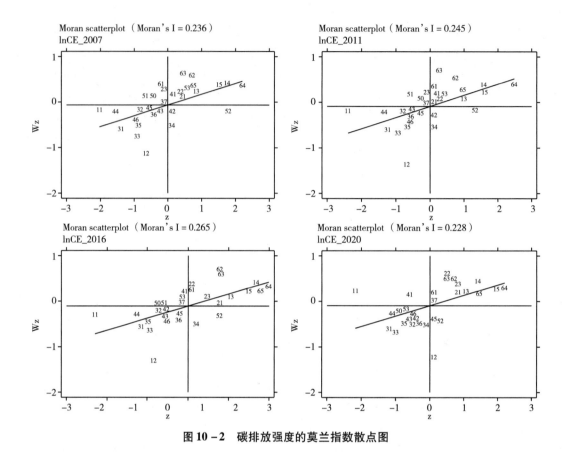

图 10 - 2　碳排放强度的莫兰指数散点图

（二）模型检验结果

乡村振兴与新型城镇化复合系统协同度与碳排放强度均存在显著的空间溢出效应，因此，探究两者间的关系适合采用空间计量模型，为进一步识别模型的使用类型，判断空间杜宾模型（SDM）的合理性，表 10 - 9 给出了相应的识别参数。

表 10 - 9　　　　　　　　　　　　　　空间面板模型的选择

普通 OLS 模型检验	统计量	P 值	空间面板模型检验	统计量	P 值
Moran's I	48000.000	0.000	Hausman	24.220	0.029
LM-spatiallag	0.719	0.396	LR-spatiallag	104.500	0.000
RobustLM-spatiallag	5.021	0.025	LR-spatialerror	81.040	0.000
LM-spatialerror	8.930	0.003	Wald-spatiallag	119.830	0.000
RobustLM-spatialerror	13.232	0.000	Wald-spatialerror	75.620	0.000

模型选择的基本思路为：首先，采用普通面板的 OLS 进行回归，通过拉格朗日乘数（LM）检验来验证变量是否存在空间依赖性。表 10 - 9 中，莫兰指数显著为正，空间滞后模型的 LM 检验 P 值为 0.396，但稳健的 LM 检验的卡方统计量为 5.021，且在

5%的水平上显著性；空间误差模型的 LM 检验及稳健的 LM 检验均通过了 1% 的显著性检验，这意味着碳排放的空间滞后与空间误差均具有空间依赖性，鉴于空间误差 LM 的显著性高于空间滞后，说明更不能忽视由误差带来的空间效应。其次，在验证空间效应存在后，借助 LR 检验、Wald 检验来识别空间杜宾模型是否可以简化为 SLM 模型和 SEM 模型。其中，空间滞后和空间误差的 LR 检验都拒绝了模型可以简化的原假设，Wald 检验的卡方统计量分别显著为 119.830 和 75.620，再一次印证了构建空间杜宾模型是合理的。最后，对空间杜宾模型进行 Hausman 检验，决定使用固定效应还是随机效应模型。P 值为 0.029，通过显著性检验，因此，采用固定效应空间杜宾模型展开分析。

五、空间计量结果分析

（一）核心变量作用方向初步判断

结合前文复合系统协同度与碳排放强度之间的理论分析可以判断，乡村振兴与新型城镇化的协同发展存在减排效应，为直观地展现两者之间的作用关系，图 10-3 绘制了变量间的散点图以及拟合线，其中，左图采用的是全样本面板数据，右图是各省（区、市）对应变量的均值数据。图中斜率为负的拟合线可以初步说明复合系统协同度的提升将会降低碳排放强度，也与预期的符号一致，接下来，进一步通过实证模型来更为精确地识别变量间的关系。

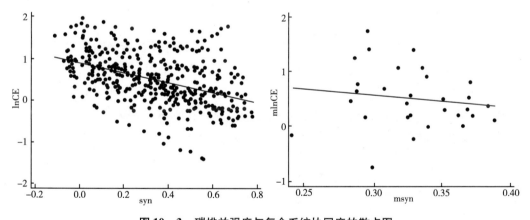

图 10-3　碳排放强度与复合系统协同度的散点图

（二）空间计量回归结果

表 10-10 报告了空间杜宾固定效应模型的回归结果。从表 10-10 中的数据可以发现，乡村振兴与新型城镇化复合系统协同度的回归系数为 -0.692，且在 1% 的水平上显著，这说明两大战略协同发展可以降低碳排放强度；从空间层面上看，加入交互项后的复合系统协同度（W×syn）回归系数在 10% 的显著性水平上为负，意味着其他省

（区、市）的复合系统协同度与本区域的碳排放强度间也存在负相关关系。就被解释变量碳排放强度而言，空间自相关系数为 0.251，且通过了 1% 的显著性检验，再一次验证了碳排放强度具有正向的空间溢出效应，也解释了局部莫兰指数形成了"高—高"集聚与"低—低"集聚的分布特征。至于控制变量，经济增长、环境规制、科技创新三个变量对碳排放强度具有弱化作用，但科技创新的溢出效应未通过显著性检验；而工业化程度、交通条件这两个变量与碳排放强度间存在显著的正向作用关系。由于上述回归结果系数不具有一般性经济意义，这里暂不对其原因进行解释。

表 10 – 10　　　　　　　　　　空间计量回归结果分析

变量	Coef.	Std. Err.	z	P > |z|	变量	Coef.	Std. Err.	z	P > |z|
syn	− 0.692	0.178	− 3.89	0.000	$W \times syn$	− 0.678	0.407	− 1.67	0.096
$\ln EG$	− 0.235	0.027	− 8.75	0.000	$W \times \ln EG$	0.350	0.052	6.71	0.000
$\ln IL$	0.342	0.052	6.59	0.000	$W \times \ln IL$	0.322	0.110	2.94	0.003
$\ln TC$	0.041	0.017	2.35	0.019	$W \times \ln TC$	0.114	0.058	1.95	0.051
$\ln ER$	− 1.048	0.033	− 32.23	0.000	$W \times \ln ER$	0.225	0.116	1.95	0.051
$\ln TI$	− 0.040	0.012	− 3.22	0.001	$W \times \ln TI$	0.006	0.032	0.19	0.845
ρ	0.251	0.087	2.89	0.004	σ^2	0.025	0.002	14.07	0.000
$Log\text{-}L$	184.461				$R\text{-}sq$	0.711			

（三）效应分解

鉴于空间杜宾模型加入了空间权重矩阵，其回归系数可以初步判断变量的作用方向，但不能反映解释变量对碳排放强度的边际影响，据此，采用偏微分的方法对各变量进行直接效应和间接效应分解，表 10 – 11 给出了具体分解结果。其中，直接效应与间接效应分别反映了本地区解释变量对本地碳排放强度与其他地区解释变量对本地区碳排放强度的作用，两者之和为该解释变量对因变量产生的总效应。

表 10 – 11　　　　　　　　　　空间杜宾模型效应分解

变量	直接效应	间接效应	总效应	变量	直接效应	间接效应	总效应
syn	− 0.724 *** (0.183)	− 1.097 ** (0.515)	− 1.820 *** (0.569)	$\ln TC$	0.046 *** (0.018)	0.160 ** (0.075)	0.206 ** (0.082)
$\ln EG$	− 0.223 *** (0.025)	0.379 *** (0.071)	0.156 ** (0.072)	$\ln ER$	− 1.048 *** (0.031)	− 0.052 (0.113)	− 1.101 *** (0.116)
$\ln IL$	0.365 *** (0.053)	0.538 *** (0.137)	0.903 *** (0.172)	$\ln TI$	− 0.040 *** (0.013)	− 0.004 (0.044)	− 0.043 (0.053)

注：括号内数字为标准误，**、*** 分别表示在 5% 和 1% 的水平上显著。

核心解释变量对碳排放强度的影响。复合系统协同度对碳排放强度的总效应为

-1.820，且在 1% 的水平上显著，说明两大战略协同发展能够降低碳排放强度；其直接效应和间接效应分别显著为 -0.724、-1.097，意味着本地和其他省（区、市）乡村振兴与新型城镇化的协同互动皆与本地碳排放强度呈负向作用关系。产生上述现象的原因为：复合系统协同度具有空间溢出效应，资金在城乡间的合理配置，加之人力资本的溢出作用，会改善农村居民的生活环境与生产技术，推动城市结构转型与绩效提升，在"一体化""都市圈"发展模式的助力下，逐步形成区域城乡生态互补联动、产业深度融合的格局，这将明显抑制碳排放强度的提升。

控制变量对碳排放强度的负向影响。经济增长是碳排放的必然结果，在高质量发展的背景下，其他地区污染性产业的转移，会加剧转入地的碳排放强度，而本地经济增长能够加大环境治理与技术研发的投资力度，以此来降低万元 GDP 的碳排放量，因此，经济增长对碳排放强度的直接效应为负，间接效应为正。环境规制对碳排放强度的直接效应、间接效应和总效应均为负值，但间接效应不显著，说明实施强有力的环境保护政策，可以对本地市场主体的行为产生极大的约束，促使其节能减排降碳，不显著的间接效应可能与地区环境规制强度、实施环境规制的手段相关。技术创新直接效应的弹性系数为 -0.040，且通过了 1% 的显著性检验，而间接效应和总效应的系数为负但不显著，意味着本地技术创新可以推动节能减排技术的运用，生产的规模报酬递增将会释放强大的"技术红利"，结果将有利于减少碳排放；而这种技术的创新与人力资本的集聚存在密切关系，区域发展水平的差异和地方保护主义弱化了技术创新的溢出效应。

控制变量对碳排放强度的正向影响。工业化程度对碳排放强度的总效应为 0.903，本地与其他地区工业化程度每提升 1 个百分点，则本地碳排放强度将分别增加 0.365 和 0.538 个百分点，这说明工业化与碳排放强度是相辅相成的关系，因为工业作为国民经济的主导产业，产业类型偏重工业，能源消费以煤炭为主，上述事实也足以说明工业是碳排放的主要来源。交通条件的改善会带来碳排放强度的提升，其总效应为 0.206，直接效应和间接效应的弹性系数分别为 0.046 和 0.160，三者至少都通过了 5% 的显著性检验，也即区域路网密度与碳排放强度成正比关系，具体原因为：交通条件的优化促进了地区间频繁的交流，路网密度的增加带来了大量的交通工具，这种现象产生的"拥挤效应"延长了通勤时间，其本身的行驶也会排放一定的 CO_2，因此，该变量的回归系数的符号保持为正。

六、稳健性检验

为进一步考察空间杜宾固定效应模型估计结果是否可靠，选择下列三种方法对上述结果进行稳健性检验。

（一）调整样本时间

考虑到样本选择的时间跨度较大，起止年份的指标数据可能存在偏差，因此，对样本容量进行缩减，剔除了 2007 年和 2020 年相应的指标数据，采用 2008～2019 年的面板数据再次对模型进行估计。表 10-12 中的结果显示，反距离平方矩阵下复合系统协同度对碳排放强度的作用效果与全样本空间杜宾模型结果保持一致，直接效应、间接效应和总效应均显著为负，且此时碳排放强度的空间滞后系数为 0.224，通过了 5% 的显著性检验，体现了其正向的空间溢出效应。就控制变量而言，经济增长、环境规制、技术创新与碳排放强度呈负相关关系，工业化程度、交通条件与碳排放强度之间成正比关系，变量的显著性总体上保持不变，说明前文所述的结果具有稳健性。

表 10-12　　　　　　　　稳健性检验：调整样本时间

变量	直接效应	间接效应	总效应	变量	直接效应	间接效应	总效应
syn	-0.802 *** (0.195)	-1.182 ** (0.540)	-1.985 *** (0.600)	$\ln TC$	0.047 ** (0.019)	0.157 ** (0.077)	0.205 ** (0.084)
$\ln EG$	-0.222 *** (0.027)	0.366 *** (0.075)	0.144 * (0.077)	$\ln ER$	-1.034 *** (0.033)	-0.028 (0.120)	-1.062 *** (0.123)
$\ln IL$	0.387 *** (0.057)	0.552 *** (0.144)	0.939 *** (0.183)	$\ln TI$	-0.045 *** (0.014)	-0.009 (0.045)	-0.054 (0.054)

注：括号内数字为标准误，*、**、*** 分别表示在 10%、5% 和 1% 的水平上显著。

（二）数据缩尾处理

对实证模型分析中所涉及的指标进行 1% 的缩尾处理，继续采用空间杜宾固定效应模型来检验变量间的作用关系，结果如表 10-13 所示。具体而言，此模型中碳排放强度的空间自相关系数显著为 0.386，数值与空间杜宾模型基准回归中一致，乡村振兴与新型城镇化复合系统协同度对碳排放强度的三种效应至少都在 5% 的水平上显著为负，意味着两大战略协同发展具有空间溢出效应与减排效应。控制变量中，所有纳入模型中的变量符号正负以及显著性与基准回归相吻合，意味着反距离平方权重矩阵下的空间杜宾模型回归结果是稳健的。

表 10-13　　　　　　　　稳健性检验：数据缩尾处理

变量	直接效应	间接效应	总效应	变量	直接效应	间接效应	总效应
syn	-0.686 *** (0.186)	-1.120 ** (0.514)	-1.806 *** (0.568)	$\ln TC$	0.047 *** (0.018)	0.164 ** (0.075)	0.211 ** (0.082)
$\ln EG$	-0.220 *** (0.025)	0.386 *** (0.072)	0.166 ** (0.073)	$\ln ER$	-1.049 *** (0.031)	-0.048 (0.114)	-1.097 *** (0.116)
$\ln IL$	0.362 *** (0.053)	0.554 *** (0.138)	0.916 *** (0.174)	$\ln TI$	-0.043 *** (0.013)	-0.006 (0.044)	-0.049 (0.053)

注：括号内数字为标准误，**、*** 分别表示在 5% 和 1% 的水平上显著。

（三）更换权重矩阵

将空间杜宾模型基准回归中反距离平方权重矩阵替换成 0-1 邻接权重矩阵，再次回归后的结果如表 10-14 所示。

表 10-14 稳健性检验：更换权重矩阵

变量	直接效应	间接效应	总效应	变量	直接效应	间接效应	总效应
syn	-0.952 *** (0.164)	-0.513 (0.361)	-1.465 *** (0.430)	$\ln TC$	-0.027 (0.019)	0.333 *** (0.046)	0.306 *** (0.043)
$\ln EG$	-0.254 *** (0.025)	0.487 *** (0.057)	0.233 *** (0.055)	$\ln ER$	-1.099 *** (0.031)	-0.029 (0.074)	-1.128 *** (0.079)
$\ln IL$	0.364 *** (0.042)	0.489 *** (0.100)	0.853 *** (0.120)	$\ln TI$	-0.021 * (0.013)	-0.151 *** (0.029)	-0.172 *** (0.038)

注：括号内数字为标准误，* 、*** 分别表示在 10% 和 1% 的水平上显著。

此时，碳排放强度的空间自相关系数在 1% 的显著性水平上为 0.487，印证着被解释变量存在空间溢出效应的结论。就核心变量间的关系而言，复合系统协同度对碳排放的直接效应和总效应显著为负，说明两大战略协同发展可以降低碳排放强度，虽然其间接效应不显著，但符号仍保持为负，原因在于中国的城乡发展不平衡，碳排放强度区域差异明显，两者均呈现出"高—高""低—低"的空间集聚格局，在邻接权重矩阵下，这使得发展逊色的地区相对集聚且对周边地区的辐射带动作用较弱，未释放出应有的溢出效应。控制变量的符号总体上与基准回归中保持一致，少许变量因空间权重矩阵的变化带来显著性发生改变，在一定程度上也可以进一步说明空间杜宾模型结果具有稳健性。

七、进一步讨论：溢出边界

空间杜宾模型的结果表明，乡村振兴与新型城镇化复合系统协同度存在减排效应，而普遍性的规律认为这种减排效应具有空间地理衰减特征。为进一步探讨在哪个最优距离内两大战略协同发展对碳排放强度的抑制作用最大，借鉴相关学者的研究成果（宋科等，2023），通过设置不同的阈值矩阵并利用空间杜宾模型对其进行连续回归，以此来揭示两者间的溢出边界。该矩阵的构建方法如下：

$$W_{ij} = \begin{cases} \dfrac{1}{d_{ij}^2}, & d_{ij} < d \\ 0, & d_{ij} \geq d \end{cases} \tag{10-11}$$

其中，d_{ij}代表由经纬度确定的两省（区、市）之间的距离，d 为累进的空间阈值，当两地之间的距离小于设定的空间阈值时，空间权重矩阵元素为两地距离平方的倒数，不在阈值范围内的样本对应的权重元素为 0。结合中国两省（区、市）的最小距离，将初始阈值设置为 200 千米，并以 200 千米作为递进距离来构建不同阈值下的空间权重矩阵。表 10 - 15 呈现了空间杜宾模型连续迭代 10 次得到的 200～2000 千米范围内复合系统协同度对碳排放强度影响的效应分解。

表 10 - 15 阈值矩阵下复合系统协同度对碳排放强度的影响

距离（千米）	直接效应	间接效应	总效应	距离（千米）	直接效应	间接效应	总效应
200	- 1.090 *** (0.186)	0.161 * (0.083)	- 0.929 *** (0.181)	1200	- 0.604 *** (0.182)	- 0.900 *** (0.276)	- 1.504 *** (0.344)
400	- 0.848 *** (0.184)	- 0.308 ** (0.153)	- 1.157 *** (0.281)	1400	- 0.641 *** (0.185)	- 0.906 *** (0.291)	- 1.547 *** (0.356)
600	- 0.559 *** (0.182)	- 0.800 *** (0.221)	- 1.359 *** (0.305)	1600	- 0.676 *** (0.189)	- 0.399 (0.400)	- 1.075 ** (0.445)
800	- 0.600 *** (0.182)	- 0.873 *** (0.246)	- 1.473 *** (0.325)	1800	- 0.728 *** (0.188)	- 0.615 (0.464)	- 1.344 ** (0.522)
1000	- 0.609 *** (0.180)	- 0.817 *** (0.246)	- 1.426 *** (0.314)	2000	- 0.742 *** (0.189)	- 0.625 (0.477)	- 1.367 ** (0.534)

注：括号内数字为标准误，* 、** 、*** 分别表示在 10%、5% 和 1% 的水平上显著。

从表 10 - 15 中的结果可以发现，复合系统协同度对碳排放强度影响的直接效应在不同阈值矩阵下全部显著为负，意味着本区域两大战略的协同发展可以降低本区域的碳排放强度，抑制作用在 200 千米和 400 千米处最明显。就间接效应而言，符号总体上为负，随着阈值的递增结果逐渐不显著，说明复合系统协同度对碳排放强度的影响具有距离衰减特征，且在 1400 千米处抑制作用达到最大值。从总效应来看，分解后的系数均至少在 5% 的水平上显著为负，再次佐证了乡村振兴与新型城镇化复合系统协同度存在减排效应，这种效应在 1400 千米处达到峰值，1200 千米处次之，也进一步体现了两大战略协同发展的减排效应存在溢出边界。至于碳排放强度的空间相关系数，在不同的阈值矩阵下空间滞后系数 ρ 总体保持为正，但其正向的空间溢出效应同样随着距离的递增数值逐渐减小且显著性逐步降低。

乡村振兴和城镇化复合协调发展有显著的碳减排效应，因此促进二者协同发展对实现绿色转型意义重大。因此可通过以下举措助力二者协同发展，首先，要不断推进新一代信息基础设施建设，加快实现更高质量的互联互通，为数字经济发展提供坚实的信息基础设施支撑，从而在更广区域扩充数字经济惠及范围，探索大众参与的环境规制模式，实现两个系统之间要素的要素互通，扩大复合系统协同度对碳排放的促减作用；其次，基于两个子系统的禀赋和产业基础差异，调整数字经济发展步伐，破除新模式、新业态的行业壁垒和地域限制，提升各区域数字经济治理的差异性及协同性，实施有效的产业偏移政策，不断通过路径创造实现产业结构调整和升级，减小资源消耗和环境污染，同时也要基于城市自然资源的比较优势，以传统城镇和乡村产业优化升级及新兴产业培育壮大为目标，集中城市优势资源打造生产性服务业集群，建立健全低碳长效机制，以新型城镇化建设为重点加快推进城市转型进程，提升城市资源环境承载力，协调城市发展的经济效益和环境保护，全面推进城市经济产业、社会生活和生态环境综合转型，为最大化乡村振兴和新型城镇化协同发展的碳减排效应提供发展基础和制度保障。

第三节　乡村振兴与新型城镇化协同发展的共富效应

随着全面小康社会的建成，中国开启了共同富裕的新征程，如何实现贫困地区由"输血式"扶贫向"造血式"帮扶的转变，巩固脱贫攻坚成果与乡村振兴的有效衔接以及乡村振兴与新型城镇化的双轮协同驱动便成为解决相对贫困问题的重要政策。共同富裕是全民的共富，有差别的共富，推动城乡均衡发展、降低城乡居民收入差距就成为当前亟待攻克的难题。鉴于此，本节从宏观层面来回答如下问题：乡村振兴与新型城镇化协同发展是否能够缩小城乡收入差距，进而实现共同富裕？其间存在怎样的传导路径，以及该路径约束下两大战略协同发展对共同富裕的影响将具有何种特征？所得结论将对促进战略间高效协同、扎实推进共同富裕具有较强的理论价值与实践意义。

一、理论基础

推动乡村振兴与新型城镇化的协同发展，是解决"乡村病"和"城市病"的重要手段，也是缩小城乡居民收入差距、实现全民有差别共富的有效保障。现有的研究表明：宏观层面上，长三角一体化水平的提升可以抑制城乡收入差距的拉大（赵琳琳和张贵祥，2020）；微观层面上，城乡收入差距与城乡一体化存在着非线性关系，具体表现为"先负后正"的趋势（王海星和周耀东，2022），且当前正发挥着对城乡收入差距的阻滞作用；此外，城乡社会一体化同样能够缩小收入差距（邵帅等，2022），且高质量推进城镇化有助于实现经济增长与收入分配改善的兼得（万广华等，2020）。因此，按照理论逻辑的推演，乡村振兴与新型城镇化协同发展也能够缩小城乡收入差距，实现共同富裕。具体表现为：第一，城市和乡村的互动交流建立在交通条件逐步完善的基础上，而这也将推动农村剩余劳动力的转移，显著提高经济发展效率，本区域在向周边地区扩散这种正外部性的同时提高了农业劳动生产率，结果表现为农民收入水平的提升，在一定程度上缩小收入差距（徐维祥等，2022）。第二，在城乡要素合理流动的情境下，农村居民收入水平的提升会增加对消费的需求，这进一步刺激了城市的生产，同样，城市居民消费的激发也将推动农村高质量、规模化的供给，这一良性的循环发展链条为实现城乡共同富裕目标奠定了坚实基础（廖珍珍和茹少峰，2020）。第三，两大战略协同发展意味着基础设施、公共服务的共享，而互联网作为信息交流、资源配置的重要媒介，对农村居民的收入效应远大于城市（黄繁华和李浩，2021），因此，农村互联网等基础设施的不断完善能够有效缓解城乡数字鸿沟的问题，将阻止城乡收入差距的拉大。此外，基于互联网信息平台而发展的数字经济、数字普惠金融，在人力资本、技术创新等变量的调节下，对城乡收入差距的缩小效应越发明显（欧阳志刚，2014；吴昌南和张云，2017）。可见，乡村振兴与新型城镇化协同发展能够推动共同富裕。

二、模型构建

（一）基准回归

为验证乡村振兴与新型城镇化的协同发展能否对城乡居民收入差距产生抑制作用，进而实现共同富裕，构建起如下的基准回归模型：

$$theil_{it} = \beta_0 + \beta_1 syn_{it} + \beta_2 \ln ED_{it} + \beta_3 \ln HC_{it} + \beta_4 \ln TC_{it} + \beta_5 \ln IL_{it} + \delta_i + \mu_t + \varepsilon_{it}$$

$$（10-12）$$

其中，$theil$ 为城乡收入差距的泰尔指数，syn 是乡村振兴与新型城镇化复合系统协同度，ED、HC、TC 与 IL 即为一系列控制变量，β_k 对应各变量的回归系数，δ_i、μ_t 以及 ε_{it} 分别反映的是个体固定效应、时间固定效应与随机误差。

（二）调节效应

基准回归探究了复合系统协同度与城乡收入差距两者之间的作用关系，为进一步明确这种影响关系是否受到其他变量的调节，在式（10-12）的基础上引入核心解释变量与调节变量的交互项，来验证潜在的调节效应。模型设定为：

$$theil_{it} = \beta_0 + \beta_1 \ln ED_{it} + \beta_2 \ln HC_{it} + \beta_3 \ln TC_{it} + \beta_4 \ln IL_{it} + \beta_5 syn_{it} + \beta_6 syn_{it}$$
$$\times \ln FA_{it} + \delta_i + \mu_t + \varepsilon_{it} \qquad （10-13）$$

其中，FA 为财政支农这一调节变量，由财政农业支出占 GDP 的比重来加以表征，若 β_6 系数通过显著性水平检验，意味着存在预期的调节效应，其余变量与基准回归保持一致。

（三）门槛模型

在调节效应模型的基础上，为深入了解财政支农变量处于不同的发展水平，乡村振兴与新型城镇化协同发展对城乡收入差距的阶段性影响特征，参考相关学者的做法（徐志雄等，2021），构建含有调节效应的面板门槛模型：

$$theil_{it} = \alpha_i + \beta_1 \ln ED_{it} + \beta_2 \ln HC_{it} + \beta_3 \ln TC_{it} + \beta_4 \ln IL_{it} + \beta_5 syn_{it} I(\ln FA_{it} \leq \gamma)$$
$$+ \beta_6 syn_{it} I(\ln FA > \gamma) + \mu_{it} \tag{10-14}$$

若复合系统协同度与城乡收入差距之间存在显著的单门槛效应，则需要将模型（10-14）拓展至双门槛情形，具体设定如下：

$$theil_{it} = \alpha_i + \beta_1 \ln ED_{it} + \beta_2 \ln HC_{it} + \beta_3 \ln TC_{it} + \beta_4 \ln IL_{it} + \beta_5 syn_{it} I(\ln FA_{it} \leq \gamma_1)$$
$$+ \beta_6 syn_{it} I(\gamma_1 < \ln FA_{it} \leq \gamma_2) + \beta_7 syn_{it} I(\ln FA_{it} > \gamma_2) + \mu_{it} \tag{10-15}$$

上述模型中，门槛变量即为前文的调节变量财政支农水平，γ 反映了其对应的门槛值，门槛依赖变量为复合系统协同度，因变量为城乡收入差距的泰尔指数，其余变量的含义同前文。

三、变量与数据

（1）因变量：城乡收入差距（*theil*）。基于城乡居民可支配收入数据，通过泰尔指数计算公式求得历年城乡收入差距的泰尔指数，并将其作为全民共富、有差别共富的代理指标，数据来源于《中国统计年鉴》。

（2）自变量：复合系统协同度（*syn*）。该指标数据来源于复合系统协同度模型测算出来的结果。

（3）控制变量。本节选择了经济发展、人力资本、交通条件、工业化水平四个影响城乡收入差距的控制变量，其中，经济发展（*ED*）是改善城乡收入差距、促进城乡均衡发展的前提保障，该指标采用人均 GDP 来进行表示。通过人均受教育年限指标表征的人力资本（*HC*）变量可以很好地发挥溢出效应，以改善城乡居民的收入来源及其结构。交通条件（*TC*）直接体现了城乡要素流通的便捷性以及城市对农村反哺作用的可能性，该指标采用区域内公路和铁路里程数占区划面积的比重来度量。结构类型齐全的工业（*IL*）能够带动城乡居民就业，提高收入水平，选择第二产业产值占 GDP 的比重来衡量。上述四个指标的数据均来自历年《中国统计年鉴》。

（4）调节变量。乡村作为城乡发展的短板，精准实施财政支农政策对于推动乡村振兴与新型城镇化的协同发展，进一步缩小城乡收入差距、达到共同富裕具有重要的作用，本节选择将财政农业支出占 GDP 的比重作为财政支农的代理指标。

表 10 - 16 给出了实证模型中所有变量的描述性统计分析。

表 10 - 16   变量描述性统计分析

变量名称	变量符号	观测值	均值	标准差	最小值	最大值
城乡收入差距	*theil*	420	0.105	0.052	0.018	0.274
复合系统协同度	*syn*	420	0.329	0.221	-0.113	0.781
经济发展	ln*ED*	420	1.417	0.571	-0.369	2.803
人力资本	ln*HC*	420	2.191	0.108	1.912	2.548
交通条件	ln*TC*	420	-0.298	0.780	-2.584	0.791
工业化水平	ln*IL*	420	3.771	0.234	2.762	4.078

四、基准回归结果分析

（一）变量作用方向预判

为粗略判断复合系统协同度对城乡收入差距影响的方向，借助 Stata 15.0 软件绘制了两变量的散点图以及拟合线，图 10 - 4 对两者的关系进行了直观的展现。图 10 - 4 中，横轴代表不同区域层面的复合系统协同度，并通过全国、东部、中部、西部的英文

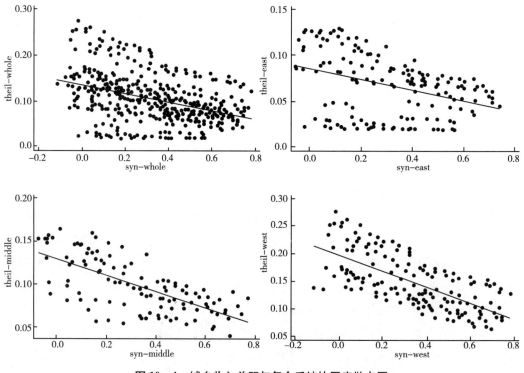

图 10 - 4   城乡收入差距与复合系统协同度散点图

字母后缀加以识别，纵轴为对应各区域的城乡收入差距泰尔指数。可以清晰地发现，不同区域的拟合线均呈现出从左向右逐步下降的特征，这意味着复合系统协同度水平的提高将会进一步抑制城乡居民收入差距的扩大，也与预期的符号保持一致。接下来将通过实证模型对乡村振兴与新型城镇化协同发展的共富效应进行检验。

（二）基准回归

在确定变量之间不存在共线性的基础上，对随机效应和固定效应模型进行了 Hausman 检验，相关统计量的结果为 79.070，对应的 P 值也在 1% 的水平上显著，因此采用固定效应模型对复合系统协同度与城乡收入差距之间的关系展开分析。

表 10-17 给出了双固定效应模型下逐步回归的结果。其中，列（1）尚未加入控制变量，复合系统协同度的回归系数为 -0.108，且通过了 1% 的显著性水平检验，这说明乡村振兴与新型城镇化协同发展能够促进城乡收入差距的缩小，其结果与散点图的结果相吻合。列（2）在列（1）的基础上引入了经济发展控制变量，此时复合系统协同度与城乡收入差距之间的作用方向与显著性水平均未发生变化。列（3）、列（4）和列（5）依次在前一模型基础上分别将人力资本、交通条件、工业化水平三个控制变量纳入回归模型，随着变量的增加，复合系统协同度的回归系数在逐步降低，但其始终具有显著为负的影响特征，且模型的拟合优度不断提升，进一步证实了乡村振兴与新型城镇化协同发展具有共富效应的假说，可见，两大战略协同发展减少了信息不对称，产业协同体系的建立拓宽了居民的收入渠道，为共同富裕奠定了坚实的基础。

表 10-17　　　　　　　　　　基准回归结果

变量	（1）	（2）	（3）	（4）	（5）
syn	-0.108 *** (0.016)	-0.049 *** (0.015)	-0.040 *** (0.015)	-0.035 ** (0.015)	-0.031 ** (0.015)
$\ln ED$		-0.058 *** (0.005)	-0.054 *** (0.005)	-0.048 *** (0.006)	-0.039 *** (0.007)
$\ln HC$			-0.091 *** (0.032)	-0.079 ** (0.032)	-0.083 *** (0.032)
$\ln TC$				-0.036 *** (0.010)	-0.036 *** (0.010)
$\ln IL$					-0.025 ** (0.010)
_cons	0.143 *** (0.002)	0.181 *** (0.004)	0.370 *** (0.067)	0.323 *** (0.067)	0.421 *** (0.078)
id_FE	Yes	Yes	Yes	Yes	Yes

续表

变量	（1）	（2）	（3）	（4）	（5）
year_FE	Yes	Yes	Yes	Yes	Yes
N	420	420	420	420	420
R-sq	0.787	0.837	0.840	0.845	0.847

注：括号内数字为标准误，**、***分别表示在5%和1%的水平上显著。

就列（5）中的控制变量而言，经济发展的回归系数为 -0.039，且通过了1%的显著性水平检验，说明人均GDP水平的提高可以缓解资源的错配程度，能够促进城乡的协调发展，并达到中低收入人群收入提高的目的，以此缩小城乡收入差距。而人力资本对城乡收入差距则具有显著的抑制作用，原因在于随着教育环境的改善，适龄人口的受教育年限在逐渐提高，增强了农村居民的收入能力，城市人力资本的溢出效应也将带动周边乡村的发展，城乡收入差距进一步缩小。此外，交通条件的回归系数为 -0.036 且在1%的水平上显著，意味着区域路网密度的提升将阻止城乡收入差距的扩大，对此的解释为：一方面，交通基础便捷了城乡的交流互动，推动了劳动力的跨部门转移，进而提高了农村居民的收入水平；另一方面，乡村发展也会受到城市的辐射作用，人均劳动产出的差异将逐步缩小。工业发展不仅可以吸纳更多农村劳动力实现就业，还能够带动农村加工业的发展，增加农产品附加值，因此，与城乡收入差距之间存在显著为负的作用关系。

五、稳健性检验

乡村振兴与新型城镇化协同发展存在共富效应，为进一步验证这种效应的稳健性，采用调整时间窗口和数据缩尾处理两种方法对其加以检验，表10-18给出了各模型的回归结果。

表10-18　　　　稳健性检验：调整时间窗口、数据缩尾处理

变量	调整时间窗口		数据缩尾处理	
	Coef	Std. Err	Coef	Std. Err
syn	-0.031*	0.016	-0.033**	0.015
lnED	-0.039***	0.008	-0.036***	0.007
lnHC	-0.032	0.033	-0.076**	0.031
lnTC	-0.044***	0.012	-0.036***	0.010
lnIL	-0.026**	0.011	-0.028***	0.010
_cons	0.319***	0.084	0.413***	0.077
id_FE	Yes		Yes	

变量	调整时间窗口		数据缩尾处理	
	Coef	Std. Err	Coef	Std. Err
year_FE	Yes		Yes	
N	360		420	
R-sq	0.828		0.848	

注：括号内数字为标准误，*、**、*** 分别表示在10%、5%和1%的水平上显著。

（1）调整时间窗口。为避免样本起止时间数据的波动性对模型结果造成的影响，该部分剔除2007年和2020年相关变量数据，采用相同的方法对模型进行重新估计。结果显示，复合系统协同度的回归系数为 -0.031，虽然其显著性有所降低，但仍然在10%的水平上显著，意味着乡村振兴与新型城镇化协同发展有利于缩小城乡收入差距，实现共同富裕。其余控制变量的符号大体与基准回归保持一致，足以证明两大战略协同发展存在共富效应这一结论的稳健性。

（2）数据缩尾处理。考虑到变量异常值的存在，对模型中涉及的变量均进行了1%分位上双边缩尾处理。由表10-18可知，复合系统协同度的回归系数在5%水平上显著为负，与基准回归的估计系数之间存在较小的误差，控制变量符号及其显著性未发生实质性改变，进一步佐证乡村振兴与新型城镇化协同发展具有共富效应的结论。

六、调节作用及其边际影响

乡村发展不充分制约着两大战略协同互动的进程，补齐乡村发展短板希冀于城市的反哺和财政支农的扶持，其中，财政支农作为农村发展的主要资金来源，重点支持乡村农业生产、公共服务、社会治理、产业发展等层面，这对高质量实施乡村振兴战略、缩小城乡收入差距发挥着重要作用。鉴于此，本部分在乡村振兴与新型城镇化协同发展的共富效应基础上，进一步探究财政支农在此期间扮演的调节效应角色。

表10-19呈现了双固定效应模型下的回归结果。列（1）与基准回归保持一致，复合系统协同度对城乡收入差距的泰尔指数影响显著为负，人力资本、交通条件、经济发展以及工业化水平均能对城乡收入差距产生抑制作用，以实现全民共富。列（2）在列（1）的基础上，引入了财政支农变量，此时核心解释变量的估计系数为 -0.030，且通过了5%的显著性水平检验，四个控制变量的回归系数符号为负，且至少在5%的水平上显著，也进一步检验了前文所得结果的稳健性。此外，财政支农的参数估计为负但暂不显著，仅可以粗略地判断随着财政支农水平的提升，城乡收入差距可能会逐步缩小。列（3）基于列（2）再次加入了复合系统协同度与财政支农的交互项，可以直观地发现，拟合优度 R^2 高达0.883，两者交互产生的回归系数为 -0.086，符号与主效应

保持一致，意味着财政支农增强了复合系统协同度对城乡收入差距的负向抑制作用，原因在于财政支农可以通过补贴和投资两种渠道带动农村发展，前者直接增加了农村居民的收入水平，后者通过带动产业发展、基础设施的完善，建立起了提升居民可支配收入的长效机制，在这一过程中农村消费需求的增加也会刺激城市的生产，因此，财政支农水平的提升有助于缩小差距、实现共富。

表 10 - 19 　　　　　　　　　　　财政支农调节效应检验

变量	(1)		(2)		(3)	
	Coef	Std. Err	Coef	Std. Err	Coef	Std. Err
syn	-0.031 **	0.015	-0.030 **	0.015	0.198 ***	0.025
$\ln ED$	-0.039 ***	0.007	-0.039 ***	0.007	-0.030 ***	0.006
$\ln HC$	-0.083 ***	0.032	-0.081 **	0.032	-0.076 ***	0.028
$\ln TC$	-0.036 ***	0.010	-0.037 ***	0.010	-0.003	0.009
$\ln IL$	-0.025 **	0.010	-0.027 **	0.011	-0.035 ***	0.009
$\ln FA$			-0.003	0.006	0.035 ***	0.006
$syn \times \ln FA$					-0.086 ***	0.008
$\_cons$	0.421 ***	0.078	0.432 ***	0.080	0.383 ***	0.070
id_FE	Yes		Yes		Yes	
$Year\_FE$	Yes		Yes		Yes	
N	420		420		420	
$R\text{-}sq$	0.847		0.847		0.883	

注：括号内数字为标准误，** 、*** 分别表示在5%和1%的水平上显著。

图 10 - 5 进一步对财政支农调节变量进行了相关探讨。左图中，以均值为基础上下浮动一个标准差将财政支农划分为低、中、高三个不同组别，在 95% 的置信水平上，随着财政支农水平的提升，曲线的斜率由正变负，且高财政支农水平的曲线更为陡峭，充分说明了提升财政支农水平能够深化复合系统协同度对城乡收入差距的抑制作用。右图基于调节效应回归模型，绘制出财政支农变量逐步提升的过程中，乡村振兴与新型城镇化复合系统协同度在 95% 置信水平上对城乡收入差距泰尔指数的边际影响。可以清晰地发现，从左至右向下倾斜的曲线意味着复合系统协同度与城乡收入差距泰尔指数两者间存在负向作用关系，这和基准回归中的结果相吻合。从作用的强度来看，当所有控制变量处于均值水平时，随着财政支农水平的不断提升，核心解释变量对被解释变量的边际影响系数在不断缩小，当财政支农小于 2.254 时，复合系统协同度的边际影响从初始显著的 0.108 下降至暂不显著的 0.005，此后系数保持负值并达到显著的 -0.046，这也进一步说明了财政支农对复合系统协同度抑制城乡收入差距存在正向调节作用。

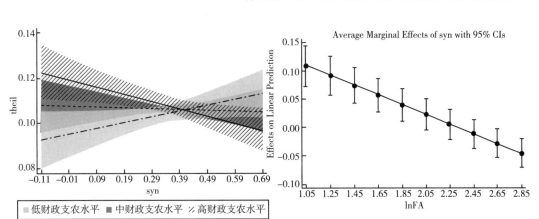

图 10 - 5　财政支农的调节效应及其边际影响

七、进一步讨论：调节约束

乡村振兴与新型城镇化两大战略协同发展能够使城乡收入差距的泰尔指数降低，财政支农在此期间发挥着正向调节作用。考虑到不同程度的财政支农水平对这一抑制作用可能呈现出差异化的特征，对此，本部分借助门槛效应模型来探讨财政支农约束下，复合系统协同度的共富效应。将财政支农作为门槛变量经过 300 次重复抽样得到如表 10 - 20 所示的门槛情况。

表 10 - 20　　　　　　　　　　　财政支农的门槛效应检验

门槛变量	门槛个数	F 值	P 值	门槛值	置信水平临界值			BS 次数
					1%	5%	10%	
lnFA	单门槛	64.570	0.010	2.464	57.605	38.848	32.884	300
	双门槛	64.570	0.007	2.464	54.926	37.156	30.332	300
		30.310	0.063	2.066	56.333	32.514	26.655	300
	三门槛	64.570	0.007	2.464	57.980	38.987	32.606	300
		30.310	0.040	2.066	43.780	28.692	22.903	300
		6.640	0.680	2.343	35.063	27.287	22.230	300

就门槛值的个数而言，三门槛的 P 值为 0.680，未通过相应的显著性水平检验，因此拒绝财政支农存在三门槛的情况。从双门槛的结果来看，两个门槛值的 P 值分别在 1% 和 10% 的水平上显著，此时单门槛也保持显著的特征，由此可以说明财政支农具有双门槛效应，两个门槛值为 2.066 和 2.464。

图 10 - 6 为 95% 置信水平上的财政支农双门槛值的似然比函数图。图 10 - 6 中，第一门槛值和第二门槛值均显著低于 LR 统计量 7.35 这一临界值，也证实了门槛估计值与实际值具有高度一致性。

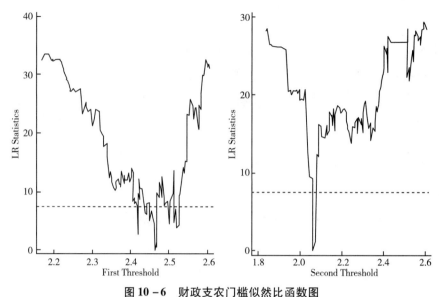

图 10 - 6　财政支农门槛似然比函数图

表 10 - 21 给出了门槛回归的具体结果。

表 10 - 21　　　　　　　　　　　门槛模型回归结果分析

变量	Coef.	Std. Err	t	P > t	95%置信区间
lnED	- 0.026	0.005	- 5.410	0.000	[- 0.036, - 0.017]
lnHC	- 0.033	0.021	- 1.560	0.120	[- 0.074, - 0.008]
lnTC	- 0.018	0.010	- 1.800	0.073	[- 0.038,0.002]
lnIL	- 0.021	0.007	- 2.920	0.004	[- 0.036, - 0.007]
$synI$(lnFA≤2.066)	- 0.017	0.012	- 1.450	0.148	[- 0.040,0.006]
$synI$(2.066 < lnFA≤2.464)	- 0.049	0.010	- 4.680	0.000	[- 0.069, - 0.028]
$synI$(lnFA > 2.464)	- 0.075	0.011	- 7.040	0.000	[- 0.096, - 0.054]
_$cons$	0.308	0.052	5.880	0.000	[0.205,0.411]

当财政支农水平低于第一门槛值时，乡村振兴与新型城镇化复合系统协同度对城乡收入差距泰尔指数的作用程度为 - 0.017，此时尚未通过显著性水平检验；随着财政支农水平的逐步提升，当其位于 2.066 和 2.464 两个门槛值中间时，回归系数为 - 0.049 且通过了 1% 的显著性水平检验；当财政支农跨过第二门槛值 2.464 后，复合系统协同度的系数估计在 1% 的显著性水平上为 - 0.075，符号为负、绝对值逐渐增大的系数不仅说明了乡村振兴与新型城镇化协同发展具有共富效应，也佐证了财政支农具有正向的调节作用，与前文分析的结果保持一致。对此的解释为：乡村振兴与新型城镇化实现协同发展有利于发挥城市对农村的辐射带动作用，产业互动的加强与要素流动的提升使城乡居民收入水平得到大幅提升，进一步扩大了收入来源渠道；与此同时，财政资金对乡村振兴的精准帮扶，进一步巩固了乡村发展成果，增强了乡村内生发展动能，其最终结果将缩小城乡收入差距，实现全民有差别的共同富裕。

第十一章　乡村振兴与新型城镇化协同发展的机制检验

为进一步外延乡村振兴与新型城镇化协同发展的研究命题，本章基于前文两大战略互相影响的理论分析，拟借助双变量空间自相关的分析方法从时间视角证实两者在地理位置分布上具有相似性的特征，在此基础上，基于 PVAR 模型从空间视角证实乡村振兴与新型城镇化是互为因果的关系，并对两者间的影响程度进行识别，以做到理论与实践相统一。

第一节　基于空间维度的协同互动关系实证检验

一、研究方法：双变量空间自相关

单变量全局空间自相关反映了地理要素在研究区域上的空间关联程度，而双变量空间自相关衡量的是某地理单元上特定的地理要素（变量 A）与其相邻的地理单元上其他地理要素（变量 B）之间的联系程度。于本书而言，借助双变量空间自相关的方法来探讨乡村振兴与新型城镇化两者在空间上的相似性，一般情况下，常采用双变量全局空间自相关和双变量局部空间自相关来进行分析，具体计算过程如下（Anselin，1995）：

$$I = \frac{n \sum\limits_{i=1}^{n} \sum\limits_{j=1}^{n} W_{ij}(x_i^r - \bar{x}_r)(x_j^u - \bar{x}_u)}{\sum\limits_{i=1}^{n} \sum\limits_{j=1}^{n} W_{ij} \sum\limits_{i=1}^{n} (x_i^r - \bar{x}_r)(x_j^u - \bar{x}_u)} \qquad (11-1)$$

$$M = \frac{(x_i^r - \bar{x}_r)}{\delta_r} \sum\limits_{j=1}^{n} w_{ij} \frac{(x_j^u - \bar{x}_u)}{\delta_u} \qquad (11-2)$$

其中，I 和 M 分别表示双变量全局、局部空间自相关系数，其中，I 的取值范围介于 $-1 \sim 1$，显著为正（负）的 I 值表明乡村振兴与新型城镇化之间存在空间正（负）相关的关系，若 I 值为 0，意味着两变量相互独立。i 与 j 代表不同样本，n 为样本容量，即 30 个省（区、市）。x_i^r 与 x_j^u 分别表示 i 地乡村振兴水平、j 地新型城镇化水平，$\bar{x}_r$ 和 $\bar{x}_u$ 各自代表乡村振兴均值与新型城镇化均值，δ_r、δ_u 用于体现乡村振兴水平与新型城镇化水平的方差。w_{ij} 是样本 i 与 j 构成的空间权重矩阵，本章均采用的是空间邻接权重矩阵来进行简化分析，矩阵的构造原则为区域相邻的为 1，不相邻的为 0。

二、乡村振兴与新型城镇化空间自相关检验

（一）乡村振兴全局空间自相关检验

在双变量空间自相关检验之前，本书首先对单一变量的全局空间自相关进行了识别，表 11 – 1 给出了 0 – 1 空间权重矩阵下的全样本及历年乡村振兴 Moran's I 指数的检验结果。

表 11 – 1　　　　　　　　　　乡村振兴全局空间自相关检验

年份	Moran's I	Z	P	年份	Moran's I	Z	P
2006	0.533	4.624	0.000	2014	0.438	3.895	0.000
2007	0.563	4.896	0.000	2015	0.437	3.946	0.000
2008	0.553	4.835	0.000	2016	0.440	3.963	0.000
2009	0.565	4.919	0.000	2017	0.417	3.764	0.000
2010	0.560	4.878	0.000	2018	0.411	3.767	0.000
2011	0.535	4.677	0.000	2019	0.425	3.908	0.000
2012	0.518	4.529	0.000	2020	0.432	3.956	0.000
2013	0.493	4.330	0.000	全样本	0.392	12.390	0.000

考察期内，乡村振兴全样本的 Moran's I 指数为 0.392，且通过了 1% 的显著性水平检验，这意味着乡村振兴水平具有显著为正的空间集聚特征，周边地区乡村的发展会带动本地区乡村综合水平的提升。具体到特定年份，历年莫兰指数均显著为正，但总体呈现出波动下降的趋势，最大值出现在 2009 年，最小值 0.411 出现在 2018 年。从阶段性来看，2012 年及其以前乡村振兴莫兰指数的数值均保持在 0.5 以上，这得益于历年中央一号文件对于"三农"问题的关注，乡村实现了向好的发展。随着新型城镇化战略的深入推进，城市的虹吸效应在不同程度上抑制了乡村的发展，因此，2012 ~ 2018 年的莫兰指数逐步下降。此后，乡村振兴战略的实施明确了乡村的定位与发展方向，近年来的莫兰指数也呈现出逐步上升的趋势。

（二）新型城镇化全局空间自相关检验

表 11 – 2 展现了 0 – 1 空间权重矩阵下，历年新型城镇化水平的全局空间自相关检验结果。

表 11 - 2　　　　　　　　　　新型城镇化全局空间自相关检验

年份	Moran's I	Z	P	年份	Moran's I	Z	P
2006	0.360	3.345	0.001	2014	0.403	3.649	0.000
2007	0.372	3.442	0.001	2015	0.445	4.040	0.000
2008	0.396	3.619	0.000	2016	0.413	3.758	0.000
2009	0.377	3.446	0.001	2017	0.421	3.894	0.000
2010	0.379	3.450	0.001	2018	0.429	3.935	0.000
2011	0.388	3.515	0.001	2019	0.400	3.696	0.000
2012	0.390	3.537	0.001	2020	0.422	3.874	0.000
2013	0.396	3.580	0.000	全样本	0.402	12.708	0.000

全样本尺度下的莫兰指数在 1% 的显著性水平上为 0.402，也从整体层面上进一步说明新型城镇化存在较强的空间正相关性，空间上表现为集聚分布的格局。分年份来看，考察期内全局莫兰指数具有波动上升的发展态势，最大值 0.445 产生于 2015 年，最小值 0.360 出现在样本起始年份。同样从阶段性来看，2015 年及其之前，新型城镇化尚且处于正向增加的集聚状态，当达到最高点后便出现较大幅度的波动变化，但其显著性均未发生变化，也不改变新型城镇化既有的空间关联性。

三、乡村振兴与新型城镇化双变量全局空间自相关

基于式（11-1）借助 GeoDA 软件对历年乡村振兴与新型城镇化双变量全局空间自相关进行了检验，以识别两者的空间关联性，其中，空间权重矩阵采用的是邻接矩阵，表 11-3 呈现了莫兰指数通过 999 次置换的随机化结果。

表 11 - 3　　　　　　乡村振兴与新型城镇化双变量全局空间自相关检验

年份	I	Z	P	年份	I	Z	P
2006	0.417	4.236	0.001	2014	0.431	4.409	0.001
2007	0.450	4.499	0.001	2015	0.470	4.790	0.001
2008	0.462	4.602	0.001	2016	0.448	4.568	0.001
2009	0.466	4.608	0.001	2017	0.445	4.542	0.001
2010	0.473	4.698	0.001	2018	0.425	4.384	0.001
2011	0.472	4.701	0.001	2019	0.416	4.257	0.001
2012	0.474	4.731	0.001	2020	0.419	4.248	0.001
2013	0.452	4.568	0.001	—	—	—	—

从表 11-3 中可以清晰地发现，双变量全局莫兰指数均为正值，且对应的 P 值都小于 1%，这说明乡村振兴与新型城镇化在空间上呈现出显著的正向关联，也即乡村振兴综合水平较高的地区其周边同样有着较高的新型城镇化水平，"高高—低低"的集聚特征主导着空间分异格局的形成。就莫兰指数的数值而言，考察期内该值始终在 0.416 和

0.474 之间波动变化，最大值与最小值分别在 2012 年和 2019 年产生，15 年的极差为 0.058，也揭示出乡村振兴与新型城镇化的空间依赖特征相对比较稳定。针对其变化规律，2020 年双变量全局莫兰指数相较于初始年份总体上表现为波动上升的趋势，说明乡村振兴与新型城镇化的空间趋同作用有所增强，这种趋势在 2006～2012 年表现尤为突出，但 2012 年以后两者莫兰指数的波动幅度明显加大，且主要以下降趋势为主，反映了两变量的空间集聚特征经历了由强到弱的阶段性转变。

四、乡村振兴与新型城镇化双变量局部空间自相关

为进一步明晰乡村振兴与新型城镇化双变量产生空间集聚关联的区域，基于式（11－2）的算法，运用同样的工具对两者间的局部空间自相关进行检验，并选择了与前文保持一致的四个时间截面加以简化分析，图 11－1 展示了相应的散点图。图 11－1 中，横轴

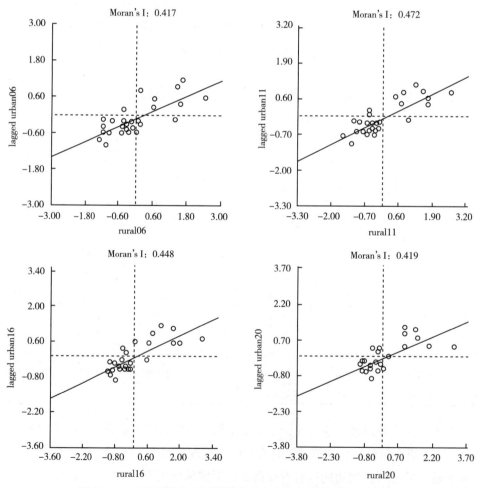

图 11－1　乡村振兴与新型城镇化双变量局部空间自相关散点图

rural 代表了各区域乡村振兴水平相较于均值的分布状态，纵轴 lagged urban 表示与中心单元相邻接的地区新型城镇化的平均水平相较于整体均值的分布情况，变量名称之后的数字用于区分不同的时间点。

双变量局部莫兰散点图根据均值分布特征，从第一象限按照逆时针的顺序将 30 个样本划分成"高—高（HH）""低—高（LH）""低—低（LL）""高—低（HL）"四个集聚区域。以 1% 的显著性水平为标准的 LISA 集聚图显示，乡村振兴与新型城镇化双变量之间仅存在显著的 HH 和 LL 集聚类型，这两种类型在所选的年份中至少包括 25 个样本，也与其具有正向的空间关联特征相吻合。

HH 集聚类型即为本地区乡村振兴水平高于均值水平，与本地区相邻的区域新型城镇化的加权平均水平也高于均值水平。2006 年位于该类型的有 8 个样本，分别为北京、天津、上海、江苏、浙江、福建、海南、河北，2011 年和 2016 年的格局与 2006 年保持一致，2020 年山东取代河北加入该行列，这进一步印证了前文所述的双变量空间自相关具有稳定性特征的这一结论。此外，从地理分区来看，HH 集聚类型的样本主要分布在沿海省市，随着时间的推移，上海、江苏、浙江的显著性程度越发明显，原因在于先天的地理优势在经济禀赋的加持下，形成了工业反哺农业、城市带动乡村的发展格局，城乡发展差距逐步缩小，故乡村振兴与新型城镇化呈现出"双高"的态势。

LL 集聚类型即为本地区乡村振兴水平低于均值水平，与本地区相邻的区域新型城镇化的加权平均水平也低于均值水平。属于该类型的样本数量由 2006 年的 17 个增加到 2011 年的 18 个，2016 年与 2020 年均为 19 个，既反映了乡村振兴与新型城镇化的发展存在路径依赖性，也体现了两者空间分布的相似性，而上述这些样本主要来自中部地区和西部地区。其中，云南、贵州、四川在四个截面中一直保持着很高的显著性，重庆、湖南、广西在 2006 年和 2011 年两个时间点也均位于显著的 LL 类型，这与地区乡村振兴和新型城镇化发展现状保持一致。

位于第二象限的 LH 类型和位于第四象限的 HL 类型仅包含少量样本，鉴于其不符合双变量正向空间自相关的特征，因此，不对其加以分析。

第二节 基于时间维度的协同互动关系实证检验

乡村振兴与新型城镇化的协同发展得益于两个子系统之间的互相匹配与动态互动，前文从两大战略相互影响的视角阐述了协同发展的内在机理，为进一步从实证层面判断两者的协同联动、互为因果关系，本部分基于测算的 2006～2020 年 30 个省（区、市）乡村振兴与新型城镇化综合水平数据，借助面板向量自回归（PVAR）模型来考察乡村振兴战略与新型城镇化战略之间的动态关系，以期为协同发展的理论机制提供现实依据。

一、研究方法：PVAR

PVAR 模型能够很好地检验变量之间的互动关系，采用该方法验证乡村振兴与新型城镇化协同作用，首先，需要对两变量进行单位根检验，若变量数据平稳则进行 PVAR 回归并确定最优滞后阶数；其次，基于最优滞后阶数对模型进行重新估计，并根据回归的结果判断模型的稳健性；最后，在模型稳健的基础上对两变量的 Granger 因果关系进行识别，若变量存在因果关系，则可以进一步分析脉冲响应和方差分解。

（一）单位根检验

单位根检验用于判断面板数据的平稳性，避免伪回归现象的出现，常见的单位根检验方法有 LLC 检验、IPS 检验、Fisher-ADF 检验、Fisher-PP 检验、Hadri LM 检验以及 Breitung 检验。结合本书的特征，选取前四类检验方法分别对乡村振兴与新型城镇化这两个内生变量的平稳性进行检验。

其中，所采用的四种单位根检验方法的原假设均为：所有的个体均为非平稳序列，若拒绝原假设则证明所有个体均为平稳序列的备择假设成立。

（二）PVAR 模型构建

PVAR 模型的设立不易受到理论的约束，通过将自变量、因变量及其滞后项纳入回归，既考虑了变量的个体差异，也可以很好地解决由内生性所产生的估计偏差问题。具体模型的设定如下（Holtz-Eakin et al, 1988）：

$$y_{it} = \alpha_0 + \sum_{j=1}^{n} \alpha_j y_{i,t-j} + \delta_i + \mu_t + \varepsilon_{it} \tag{11-3}$$

其中，i 表示样本单元个数，t 为时间跨度，y_{it} 是一个包含了乡村振兴与新型城镇化两个内生变量的列向量，j 反映的是滞后的期数，$y_{i,t-j}$ 即为 i 地滞后 j 期的内生变量集，α_0 表示常数项，α_j 为回归的系数矩阵，δ_i 和 μ_t 是体现个体效应和时间效应的向量，ε_{it} 为随机误差项。

（三）格兰杰因果关系

乡村振兴与新型城镇化的协同发展意味着两者是互相影响的状态，为了从实证角度验证这种状态，在构建 PVAR 模型后对两者关系进行 Granger 因果检验。该检验的核心思想为：若某一变量 x 是另一变量 y 的原因，那么 x 的变化应快于 y 的变化，如果 x 的滞后能显著提升对 y 的预测，意味着 x 是 y 的格兰杰原因。模型的表达式为（Granger, 1969）：

$$y_{it} = \alpha_i + \sum_{j=1}^{n} \alpha_{ij} y_{i,t-j} + \sum_{j=1}^{n} \beta_{ij} x_{i,t-j} + \varepsilon_{it} \qquad (11-4)$$

$$x_{it} = \alpha_i + \sum_{j=1}^{n} \delta_{ij} x_{i,t-j} + \sum_{j=1}^{n} \gamma_{ij} y_{i,t-j} + \varepsilon_{it} \qquad (11-5)$$

其中，y_{it} 和 x_{it} 分别表示两个平稳变量对应的观测值，格兰杰因果关系的原假设为 $\sum_{j=1}^{n} \beta_j$ 和 $\sum_{j=1}^{n} \gamma_j$ 均为 0，即变量间不存在格兰杰因果关系；若 $\sum_{j=1}^{n} \beta_j \neq 0$ 且 $\sum_{j=1}^{n} \gamma_j \neq 0$ 则意味着变量之间互为因果；如果 $\sum_{j=1}^{n} \beta_j$ 与 $\sum_{j=1}^{n} \gamma_j$ 其中一个为 0，则不为 0 的自变量是因变量的单项因果。对于回归系数的显著性而言，一般根据 P 值与临界值的比较来确定。

二、单位根检验

为提高检验结果的精确性与稳定性，对乡村振兴（rural）和新型城镇化（urban）综合水平取自然对数以消除异方差的影响，然后借助 Stata 15.0 软件采用 LLC、IPS、ADF-Fisher 和 PP-Fisher 四种方法对其进行单位根检验以避免伪回归现象的出现。表 11-4 给出了变量单位根的检验结果。

表 11-4　　　　　　　　　　乡村振兴与新型城镇化单位根检验结果

变量	LLC	P	IPS	P	ADF-Fisher	P	PP-Fisher	P
ln*urban*	-4.292	0.000	-1.579	0.057	12.229	0.000	9.688	0.000
ln*rural*	1.477	0.930	-1.099	0.136	3.722	0.000	3.733	0.000
D_ln*urban*	-2.271	0.012	-2.287	0.011	7.824	0.000	40.709	0.000
D_ln*rural*	-5.381	0.000	-4.018	0.000	4.277	0.000	24.279	0.000

表 11-4 的结果显示，新型城镇化综合水平（ln*urban*）在四类方法检验下的 P 值均小于 10% 的显著性水平，说明该变量拒绝数据是非平稳的原假设，也即不存在单位根情况。而乡村振兴综合水平（ln*rural*）在 LLC 和 IPS 检验下均支持数据是非平稳的假设，可见该变量存在单位根。鉴于此，本书对乡村振兴与新型城镇化水平进行一阶差分处理，重新检验 D_ln*rural* 和 D_ln*urban* 数据的平稳性。表中的第四行和第五行的 P 值均通过了 5% 的显著性水平检验，说明乡村振兴与新型城镇化存在一阶单整，符合构建 PVAR 模型的条件。

三、最优滞后阶数确定

单位根检验保证了乡村振兴与新型城镇化综合水平存在同阶单整，接下来需要确定变量的最优滞后阶数，其目的在于避免出现因滞后阶数过大损失样本、滞后阶数过小降低结果准确性的问题。本书基于 MBIC 准则、MAIC 准则以及 MQIC 准则来确定最优滞后阶数，其中，各准则对应的数值越小，说明该值所对应的滞后阶数越合适。表 11 – 5 给出了各标准下的检验值。

表 11 – 5　　　　　　　　　　　PVAR 模型最优滞后阶数的选择

lag	CD	J	MBIC	MAIC	MQIC
1	0.696	42.284	– 64.658	2.284	– 24.779
2	0.766	33.227	– 52.327	1.227	– 20.423
3	0.765	31.768	– 32.398	7.768	– 8.470
4	0.754	15.789	– 26.988	– 0.211	– 11.036
5	0.770	2.709	– 18.679	– 5.291	– 10.703

结合表 11 – 5 可以分析出，MBIC 准则下最小值为 – 64.658，对应滞后一阶的情况；MAIC 准则下的最小值出现在滞后五阶，MQIC 的最小值 – 24.779 仍然产生于滞后一阶的情况，综合 MBIC、MAIC、MQIC 最小的原则，故 PVAR 模型的最优滞后阶数为 1 期。

四、模型稳健性检验

在确定构建滞后一阶的 PVAR 模型后，需要进一步验证模型的稳定性，以增强后续分析结果的可靠性。本部分主要依据动态矩阵特征值的大小与 1 的关系来判断，若特征值的模长小于 1，也即点落在单位圆内，即可说明模型是稳健的。图 11 – 2 给出了单位根的分布情况。

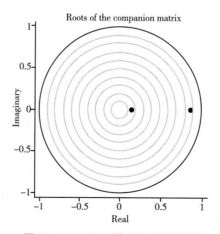

图 11 – 2　PVAR 模型稳定性识别

模型的回归结果显示，动态特征方程的特征根分别为 0.857 和 0.138，两者均为实数根，因此模长小于 1，点未分布在单位圆的外围，意味着采用一阶滞后的 PVAR 模型具有稳定性。

五、GMM 模型参数估计

通过单位根检验、最优滞后阶数选取后，为消除模型中的个体效应与时间效应，对数据进行 Helmert 变换，以此来保证变量之间具有正交关系，且与误差项不相关。在此基础上，借助 Stata 15.0 软件基于 2006 ~ 2020 年 30 个省（区、市）乡村振兴与新型城镇化综合水平数据进行 PVAR 模型的 GMM 估计。具体结果如表 11 – 6 所示。

表 11 – 6　　　　　　　　PVAR 模型的 GMM 参数估计

被解释变量	解释变量	Coef.	Std. Err.	z	P > z
$D\_lnurban$	$L.\,D\_lnurban$	0.602	0.058	10.370	0.000
	$L.\,D\_lnrural$	0.492	0.110	4.460	0.000
$D\_lnrural$	$L.\,D\_lnurban$	0.240	0.043	5.580	0.000
	$L.\,D\_lnrural$	0.392	0.077	5.080	0.000

当新型城镇化（$D\_lnurban$）为被解释变量时，滞后一期的新型城镇化（$L.\,D\_lnurban$）水平对本期的影响显著为正，回归系数为 0.602，也进一步说明新型城镇化的发展与前期存在明显的路径依赖特征。而滞后一期的乡村振兴（$L.\,D\_lnrural$）水平对当期新型城镇化（$D\_lnurban$）的弹性系数为 0.492，也通过了 1% 的显著性水平检验，这意味着农村发展水平的提升会进一步巩固城镇化的发展，原因在于随着城乡融合水平的提升，农村人口等要素流向城市，进而产生一系列的生活成本，而这种"涓滴效应"和"转移效应"会促进城市的繁荣，也从侧面证实了两大战略协同互动关系中乡村振兴带动新型城镇化发展的结论。

当乡村振兴（$D\_lnrural$）作为因变量时，同样滞后一期的乡村振兴水平（$L.\,D\_lnurban$）对本期自身的影响为 0.392，对应的 P 值为 0.000，可以理解为上一期的乡村振兴水平会带动本期的发展，锁定效应明显；反观滞后一期的新型城镇化（$L.\,D\_lnurban$）水平对本期乡村振兴的影响系数为 0.240，且在 1% 的水平上显著，揭示出新型城镇化的发展在一定程度上能够带动乡村振兴，集中表现为城市对农村在基础设施、公共服务、生态环境、经济发展等层面的溢出效应，也体现出在两大战略协同发展的过程中，新型城镇化能够反哺乡村振兴。

通过系数的对比可以发现，乡村振兴综合水平主要依赖于农村发展的禀赋基础，新型城镇化的发展依赖于既往城镇化水平，后者滞后一期对自身的解释程度高于前者，也在一定程度上凸显了新型城镇化自身惯性发展的"黏性"大于乡村振兴。

六、格兰杰因果检验

乡村振兴与新型城镇化相互促进、互为联动是实现协同发展的必要前提，因此，引入格兰杰因果检验进行分析进一步证实两大战略之间是否存在因果关系及其作用方向，表 11 - 7 给出了相应的检验结果。

表 11 - 7　　　　　　　　　　　　格兰杰因果检验结果

方程	因果关系	卡方值	滞后阶数	P
D_lnurban	D_lnrural	19.932	1	0.000
	ALL	19.932	1	0.000
D_lnrural	D_lnurban	31.176	1	0.000
	ALL	31.176	1	0.000

当 D_lnurban 作为被解释变量时，对应的原假设为乡村振兴不是新型城镇化的格兰杰原因，该情况下，一阶滞后产生的卡方值为 19.932，P 值为 0.000，同时通过了 1% 的显著性水平检验，此时应拒绝原假设，接受乡村振兴是新型城镇化的格兰杰原因这一备择假设。同理，卡方值为 31.176，显著为 0 的 P 值也拒绝新型城镇化不是乡村振兴的格兰杰原因这一原假设。

综合上述的结果分析，可以得出乡村振兴与新型城镇化相互促进，两者是互为因果的关系。城市和农村不再作为孤立的两部分存在，工业反哺农业，城市带动农村、农村支撑城市发展的良性互动互补格局初步形成，乡村振兴与新型城镇化的协同发展也取得了显著成效。

七、脉冲响应

GMM 估计从静态层面描述了乡村振兴与新型城镇化的互动关系，为进一步捕捉两者间的动态作用以及影响路径，分析给定某一内生变量一个标准差冲击对另一内生变量产生的作用强度，借助 Stata 15.0 软件经过蒙特卡罗（Monte Carlo）300 次模拟，绘制出如图 11 - 3 所示的 95% 置信区间下滞后 15 期的脉冲响应图。图 11 - 3 中，横坐标表示滞后的期数，纵坐标代表因变量对自变量发生冲击后所产生的响应程度，虚线表示 95% 置信区间所对应的响应值的上下限，实线为脉冲响应曲线，逐渐收敛于 0 的特征也说明结果符合预期。

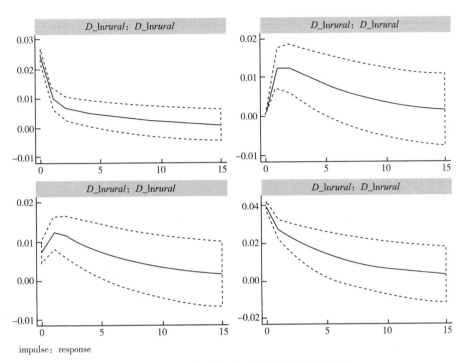

impulse：response

图 11 - 3　乡村振兴与新型城镇化的脉冲响应

乡村振兴（$D\_lnrural$）面对自身一个标准差冲击后产生持续弱化的影响，每一期的响应值均为正值，且对当期的响应程度最大，数值高于 0.02，第 1 期的响应值为 0.01，第 10 期后基本保持稳定，脉冲响应曲线也一直表现为下降的趋势，这说明乡村振兴的发展具有惯性特征。长期来看，前几期的冲击效果比较明显，后续的冲击影响相对较小，数值逐步趋向于 0，在此期间需要借助其他外力的冲击来提升其水平。对乡村振兴（$D\_lnrural$）施加一个来自新型城镇化（$D\_lnurban$）的冲击，其响应程度整体为正值，响应曲线先上升后下降，然后收敛于 0。其中，第 1 期与第 2 期的响应数值大于 0.01，最大值出现在第 1 期，而 10 期过后响应值之间的差异相对较小，这意味着新型城镇化对乡村振兴的大幅带动作用在短期内明显，经过若干期后将处于一个收敛的状态。

八、方差分解

方差分解反映的是因变量方差的波动在多大程度上来自本身，是对脉冲响应的量化分析，也即某个变量对结果的贡献率越高，该变量的解释能力会越强，方差分解的数值就越大。本部分在脉冲响应的结果基础上，对乡村振兴与新型城镇化不同冲击的重要程度进行 15 期的方差分解，具体结果如表 11 - 8 所示。

表 11 - 8 乡村振兴与新型城镇化方差分解结果

预测期数	D_lnurban		D_lnrural	
	D_lnurban	D_lnrural	D_lnurban	D_lnrural
0	0.000	0.000	0.000	0.000
1	1.000	0.000	0.076	0.924
2	0.937	0.063	0.216	0.784
3	0.901	0.099	0.298	0.702
4	0.882	0.118	0.345	0.655
5	0.870	0.130	0.374	0.626
6	0.863	0.137	0.393	0.607
7	0.858	0.142	0.405	0.595
8	0.855	0.145	0.414	0.586
9	0.853	0.147	0.420	0.580
10	0.852	0.148	0.424	0.576
11	0.850	0.150	0.428	0.572
12	0.850	0.150	0.430	0.570
13	0.849	0.151	0.431	0.569
14	0.849	0.151	0.433	0.567
15	0.848	0.152	0.433	0.567

表 11 - 8 的结果显示，在新型城镇化的方差分解方面，第 1 期 100% 来自自身的冲击，第 3 期后，新型城镇化对自身的贡献度开始低于 90%，这一数字在第 10 期仍然高达 85.2%，随着时间的推移此后一直稳定在 85.0% 左右，这意味着新型城镇化的发展原动力来自本身，既往新型城镇化的水平会持续影响当前所处的状态，再次印证该值存在路径依赖的特征。而乡村振兴对新型城镇化方差分解的贡献度由预测 1 期的 0% 逐步上升至预测 3 期的 9.9%，从第 4 期开始一直维持着两位数的贡献率，这一数值在预测 10 期为 14.8%，此后呈现出稳定的略微上升趋势，上述现象表明新型城镇化的发展离不开乡村振兴，且乡村振兴对新型城镇化的解释力度在不断增强。

若对乡村振兴作 1 期预测，则预测方差 92.4% 来自自身的冲击，其余部分由新型城镇化来解释；作 2 期预测时，乡村振兴自身的解释力度大幅度下降至 78.4%；到第 7 期这一数值已低于 60%，也与逐渐下降的脉冲响应曲线保持一致，这充分说明相较于新型城镇化而言，乡村振兴发展的路径依赖性低于新型城镇化，具体表现为，作 15 期预测时，乡村振兴预测方差只有 56.7% 来源于自己。反观新型城镇化对乡村振兴方差的贡献率从 1 期的 7.6% 攀升至 2 期的 21.6%，第 6 期以后解释力度一直超过 40%，最大值 43.3% 出现在研究末期，这也进一步说明新型城镇化的作用正在凸显，也即新型城镇化的发展有利于带动乡村振兴，两大战略协同发展的能力在逐步增强。

第五篇

新时代乡村振兴与新型城镇化若干问题的治理研究

　　在新时代背景下，中国正处于社会主要矛盾发生重大变化的关键时期，人民对美好生活的向往日益增长，但城乡发展不平衡、农村发展不充分等问题依然突出。为解决这些问题，党和国家提出了乡村振兴和新型城镇化战略，旨在推动乡村全面振兴，实现城乡融合发展，最终实现全体人民的共同富裕。本篇围绕"新时代乡村振兴与新型城镇化若干问题的治理研究"这一主题，分为六个章节，从不同角度探讨相关治理问题。

　　新时代乡村振兴与新型城镇化是一项复杂的系统工程，需要政府、企业、社会等多方共同努力。减贫脱贫、农业科技创新、产业协调发展、绿色城镇化、数字经济、数字普惠金融是推动乡村振兴和新型城镇化的重要力量。本篇将从不同角度探讨相关治理问题，并提出相应的政策建议，以期为推动新时代乡村振兴与新型城镇化提供参考。

第十二章　乡村减贫问题下的扶贫资源配置

第一节　引　言

改革开放 40 多年来，中国快速城镇化进程中农村人口大规模乡—城迁移，农村生产要素快速溢出，导致城乡发展失衡（佟伟铭和张平宇，2016）。为实现乡村复兴，21世纪以来中国不断创新乡村发展战略，经历了统筹城乡发展到新农村建设，再到新时代的乡村振兴的发展。当前中国经济要实现转型发展和新的边际增长，亟待释放农业农村发展新动能（杨忍等，2015），中国式扶贫在此发挥了重要作用。中国扶贫工作大致经历了体制扶贫、开发式扶贫、扶贫攻坚、扶贫新开发以及精准扶贫等阶段（李小云等，2019），取得了举世瞩目的成就。特别是习近平于 2013 年高瞻远瞩地提出了精准扶贫思想，开启了中国精准扶贫战略的新时代（张俊良等，2020）。而且随着精准扶贫制度体系的形成，扶贫工作不断深入，绝对贫困问题在 2020 年基本得到了解决，但是受自然资源禀赋差、经济发展基础薄弱以及城乡二元结构等多层次问题的影响（王士君等，2017），中国农村相对贫困问题仍然突出。

随着扶贫工作的展开，产业扶贫、教育扶贫、社会保障扶贫以及搬迁扶贫等扶贫模式日渐增多（杨志恒等，2018；孟照海等，2016；朱俊立，2014；李聪等，2020）。相比于传统扶贫模式而言，产业精准扶贫更强调贫困区域内源发展（李志平，2017），能够将扶贫事业嵌入现代产业链之中，通过产业发展促进企业和贫困户合作共赢（张玉明和邢超，2019），为贫困地区注入了市场活力，同时也增强了贫困区域的内生发展动力。产业扶贫也受到了国内学术界的持续关注，相关研究不断增加，主要聚焦于以下三个方面：（1）产业扶贫的理论基础研究。关于这方面研究，部分国内学者借鉴与吸纳了反贫困理论，如借鉴涓滴效应理论（Dollar D，Kraay A，2002；Li Y et al，2016）、财政脱贫理论（王雨磊和苏杨，2020）以及平衡增长理论（王春萍和郑烨，2017）等经典理论来展开中国问题研究，另一部分学者则进行了具有中国特色的扶贫理论研究，如对精准扶贫思想的论述与深化（檀学文和李静，2017），这均为国内学者展开产业扶贫的研究提供了有益的理论支撑。（2）产业扶贫的模式及机制剖析。针对产业扶贫的模式研究，有学者进行了中国产业扶贫模式演变以及模式比较研究（孙久文和唐泽地，2017；Sun J W，Tang Z D，2017），也有学者聚焦于具有区域特色优势的产业扶贫模式创新研究（郭晓鸣和虞洪，2018）；而针对产业扶贫的机制研究，学者主要从产业扶贫资源要素配置机制（张志新等，2019）、产业选择机制（杨艳琳和袁安，2019）、运行机制（陈敬胜，2019）等视角展开。（3）产业扶贫的减贫效应研究。有学者基于贫困户调查数据分析产业扶贫政策对农户的增收效应，发现产业扶贫具有显著增收作用（沈宏亮等，2020），也有学者聚焦于产业扶贫政策的福利效应，得到了"授渔"式产业扶贫政策的福利效应更优的结论（朱红根和宋成校，2021），还有较多学者从区域发展视角切入，指出产业扶贫可以推动贫困区域经济增长（张国建等，2019），进而达到贫困人群减贫增收的目的。但是由于扶贫瞄准"失靶"、精英俘获、产销失衡等困境约束（刘卫柏，2019），传统产业扶贫模式的动力逐渐降低，扶贫绩效难以持续提高，突破现有困境并优化产业扶贫模式成为了现有研究的关注重点。

梳理国内外文献后发现，学界对产业扶贫进行了广泛且深入的研究，为产业扶贫的展开提供了一定的理论支撑，但是现有研究中对产业精准扶贫的空间格局及脱贫成效测度偏重特定区域，在多尺度网络视角下分析产业扶贫资源跨区域配置的研究相对不足。而随着企业帮扶活动的深入拓展，企业扶贫资源由本省内部流动逐渐向跨越不同经济区域的流动转变，形成了多尺度的扶贫资源跨区域配置格局，这就会导致不同尺度下的精准扶贫网络呈现出差异化的网络规模和资源配置规律性（徐维祥等，2019），多尺度扶贫网络研究有助于探究企业扶贫要素的跨区域配置方式，挖掘扶贫要素的空间适配模式，而且相关研究表明尺度越小空间可改变的可能性越大（侯静轩等，2021）。因此，本书在多尺度视角下运用社会网络分析法分析企业产业扶贫资源跨区域配置网络格局以及网络结构，并聚焦于市级尺度分析产业扶贫网络的减贫效应，在识别网络现象及网络结构效应基础上探究产业精准扶贫的空间格局及脱贫成效，以期为巩固脱贫攻坚成果提供决策参考及科学依据。

第二节　研究方法及数据来源

一、研究方法

本书基于上市公司精准扶贫数据分析企业产业扶贫资源跨区域配置网络及减贫效应，以"多尺度企业产业扶贫网络格局—企业产业精准扶贫网络结构—网络结构的减贫效应"为研究主线进行分析，研究方法主要基于网络格局、网络结构及减贫效应三个方面展开。

1. 扶贫网络密度测度模型

网络密度可以测度扶贫网络中企业所在区域与扶贫区域之间联系的紧密程度，扶贫网络关联的关系数越多，则扶贫网络密度越大，网络越密集（秦奇等，2018）。公式如下：

$$D_i = \frac{2m}{n(n-1)} \qquad (12-1)$$

其中，D_i 表示第 i 个区域的扶贫网络密度；m 表示实际拥有的连接关系总数；n 表示可能拥有的理论最大关系总数。

2. 扶贫网络中心性分析模型

中心度指数能够反映扶贫网络中区域节点的中心性（李天祥，2021）。其中，度数中心度可以挖掘扶贫网络中的核心扶贫区域及受扶贫区域；接近中心度则可以反映受帮扶区域点与扶贫主体所在区域点的联系程度；中间中心度则可以反映扶贫网络中区域节点对资源控制的能力（郑文升，2016）。相关公式如下：

$$C_D(c_i) = \frac{\sum_i a_{ij}}{(n-1)} \qquad (12-2)$$

$$C_C(c_i) = \frac{(n-1)}{\sum_{j\neq 1} d_{ij}} \qquad (12-3)$$

$$C_B(c_i) = \sum_{i\neq j\neq l} \frac{D_{jl}(i)}{D_{jl}} \qquad (12-4)$$

其中：$C_D(c_i)$ 为度数中心度；a_{ij} 为区域节点 i 和区域节点 j 之间的连接数；$C_C(c_i)$ 为接近中心度；d_{ij} 为区域节点 i 和区域节点 j 之间的最短路径；$C_B(c_i)$ 为中间中心度；D_{jl} 为区域节点 j 和区域节点 l 之间的最短距离；$D_{jl}(i)$ 为连接区域点 j 和 l 并通过节点 i 的距离。

3. 区域多维贫困水平测度

区域贫困识别的过程较为复杂，本书借鉴相关研究的多维贫困指标体系（潘竟虎和胡艳兴，2016；李寻欢等，2020；刘新梅等，2019；罗翔等，2020），从经济维度、社会维度及生态维度综合性分析了区域在经济发展支撑、社会资源及公共福利供给、生态资源等方面的优劣程度，同时选取了反映经济发展、人口因素、福利保障、联通水平、治理水平、生活设施、教育设施以及资源环境等方面的 30 个测量指标，构建了多维贫困的指标体系（见表 12-1），最后利用熵权法测度区域多维贫困水平。

表 12 – 1　　　　　　　　　　　　多维贫困测算指标体系

目标层	准则层	指标说明	预期方向
经济维度	经济发展	人均地区生产总值（元）	+
		地区生产总值密度（元/平方千米）	+
		每万人固定资产投资总额（万元）	+
		每万人社会消费品零售总额（万元）	+
		每万人粮食产量（万吨）	+
		职工平均工资（元）	+
		地方财政一般预算内收支比（%）	+
		规模以上工业总产值（万元）	+
社会维度	人口因素	人口密度（人/平方千米）	+
		人口自然增长率（%）	+
		夜间灯光中无光人口占比*（%）	–
	福利保障	每万人失业保险参保人数（人）	+
		卫生、社会保险和社会福利业从业人员数占比（%）	+
	联通水平	移动电话年末用户数（万户）	+
		国际互联网用户数（户）	+
		区域路网密度（千米/平方千米）	+
	治理水平	生活垃圾无害化处理率（%）	+
		生活污水处理率（%）	+
	生活设施	每平方千米剧场、影剧院数（个）	+
		每平方千米医院、卫生院数（个）	+
		每平方千米博物馆数（个）	+
	教育设施	每平方千米普通中学学校数（所）	+
		每平方千米普通高等学校学校数（所）	+
		每平方千米小学学校数（所）	+
生态维度	资源环境	每万人水资源总量（万立方米）	+
		河流密度（千米/平方千米）	+
		区域海拔平均高度（米）	–
		区域平均地表起伏度	–
		森林覆盖率（%）	+
		区域 PM2.5 浓度（微克/立方米）	–

注：本书测度的区域多维贫困水平数值越大，则表示区域贫困水平越低。预期方向为 + 则表示指标数值越大，贫困水平越低；预期方向为 – 表示指标数值越小，贫困水平越低。

*结合 NPP/VIIRS 夜间灯光数据及 Worldpop 人口细分尺度的栅格数据，识别出无光有人栅格及无光有人栅格中的人口数，以此表征贫困人口比例。

4. 减贫效应分析模型

为了进一步揭示企业产业扶贫网络结构减贫效应的空间异质性，结合地理空间的概念，本书引入地理加权回归（GWR）模型进行分析（徐维祥等，2020），公式如下：

$$y_i = \beta_0(\mu_i, v_i) + \sum_k \beta_k(\mu_i, v_i)X_{ik} + \varepsilon_i \qquad (12-5)$$

其中，y_i 为全局因变量，X_{ik} 为自变量；(μ_i, v_i) 为第 i 个区域的坐标；$\beta_0(\mu_i, v_i)$ 为第 i 个区域统计回归的常数项；$\beta_k(\mu_i, v_i)$ 为第 i 个区域的第 k 个回归参数；ε_i 为误差项；β_0 和 β_k 为一套参数；k 为研究区域总数。同时考虑到研究区域分布的疏密，本书采用自适应带宽，并基于 AICc 准则法进行确定。

二、数据来源

本书基于 2016~2018 年中国 A 股上市公司精准扶贫数据构建区域间的精准扶贫关联网络，数据来源于中国研究数据服务平台（www.cnrds.com），为保证研究可行性，将企业精准扶贫数据转换至网络数据，数据处理方法为：根据上市公司总部城市及扶贫区域所在城市构建网络，如中国平安银行对海南省儋州市木棠镇兰训村、琼海市万泉镇大雅村、云南省昭通市鲁甸县黑噜村等村展开精准扶贫，平安银行总部位于深圳市，则可形成深圳市—儋州市、深圳市—琼海市、深圳市—昭通市的精准扶贫关联网络。此外，本书采用的 NPP/VIIRS 夜间灯光数据栅格数据来自美国国家地球物理数据中心（https：//www.ngdc.noaa.gov/eog/viirs/download_monthly.html），人口细分栅格数据来源于 worldpop（https：//www.worldpop.org/），其他数据均来自各省份统计年鉴。

第三节 多尺度企业产业精准扶贫网络格局分析

一、经济区尺度企业产业精准扶贫网络格局

本书在上市公司精准扶贫活动的基础上，构建区域间的精准扶贫联系网络，结合相关研究的做法（刘承良，2019），在经济区尺度采取和弦图的绘制方法，将各经济区之间的精准扶贫空间联系进行可视化处理，而且为了提高可视化效果，将联系值进行了归一化处理，最终得到图 12-1。由图 12-1 可知，各经济区内部的企业精准扶贫活动占比较高，企业的扶贫行为趋于空间邻近区域，空间指向性较强，其中，大西南综合经济区的占比最高，而东北综合经济区的占比最低。基于时间演进视角分析，在 2016 年，精准扶贫的发出联系量呈现出大西南综合经济区、长江中游综合经济区、东部沿海综合

经济区、北部沿海综合经济区、南部沿海综合经济区、黄河中游综合经济区、大西北综合经济区、东北综合经济区的顺序依次降序排列，最高的大西南综合经济区达到了146次，而最低的东北综合经济区则仅有30次。获取精准扶贫的空间联系量则呈现大西南综合经济区、长江中游综合经济区、黄河中游综合经济区、大西北综合经济区、东部沿海综合经济区、南部沿海综合经济区、北部沿海综合经济区、东北综合经济区的顺序依次降序排列，其中，联系量最高的为大西南综合经济区，达到了207次，而联系量最低的东北综合经济区则仅有36次。在2017年，精准扶贫的发出联系量的格局变化较大，呈现南部沿海综合经济区、东部沿海综合经济区、长江中游综合经济区、大西南综合经济区、北部沿海综合经济区、大西北综合经济区、黄河中游综合经济区以及东北综合经济区的顺序降序排列，南部及东部沿海综合经济区跃升至精准扶贫联系的头部区域，但获取扶贫的联系量的格局变化相对较小。在2018年，精准扶贫发出联系量的前三位分别为东部沿海综合经济区、南部沿海综合经济区以及北部沿海综合经济区，而大西南综合经济区接受扶贫的联系量仍然最高。综上所述，东部、南部以及北部沿海综合经济区中的企业精准扶贫活动逐渐增加，这些经济区的贫困地区较少，能够充分发挥上市公司主体的领衔作用，充分集中人才、资金等生产要素，向其他经济区外溢，帮助其他经济区发展乡村特色产业，建立乡村教育体系，同时强化乡村基础设施建设，在产业扶贫领域占据主导地位。

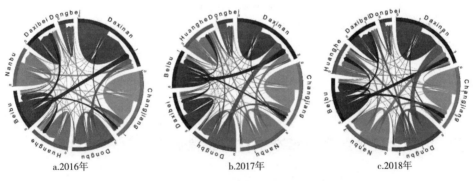

图 12 - 1　八大经济区间精准扶贫关联格局

注：Beibu：北部沿海综合经济区；Daxibei：大西北综合经济区；Daxinan：大西南综合经济区；Dongbei：东北综合经济区；Dongbu：东部沿海综合经济区；Huanghe：黄河中游综合经济区；Nanbu：南部沿海经济区；Changjiang：长江中游综合经济区。

二、省级尺度企业产业精准扶贫网络格局

为了更好地展示省级尺度精准扶贫网络格局，本书将各省份间精准扶贫联系值借助R语言热力图的绘制方法进行可视化处理。热力图能够较好地展示省域间的联系强度关

系，在展开网络数据的可视化处理及理解区域间的联系动态变化方面具有一定的优势，热力图格子颜色的深浅代表省域间精准扶贫联系量的大小关系，颜色越深则两个省份之间的联系量越大，可视化结果如图 12－2 所示。整体而言，企业的省内精准扶贫联系较强，但各省份内部及省份之间的精准扶贫联系在逐渐增加，而且企业的精准扶贫行为从重视本省份贫困区域的发展日益向重视省外贫困区域发展转变。详而叙之，在 2016 年，热力图中的最浅格子的数量占大部分，其他颜色的格子数量相对较少。到了 2017 年乃至 2018 年，热力图中其他深色格子逐渐增加，这表明企业跨省份扶贫行为逐渐增多，同时也说明上市公司响应国家战略，参与扶贫活动不断深入，能够充分调动各类资源跨区域帮扶贫困地区。但是对角线的格子颜色仍较深，这表明企业的省内精准扶贫活动仍占据主导地位，地理因素在精准扶贫空间关联网络的形成中仍发挥重要作用。

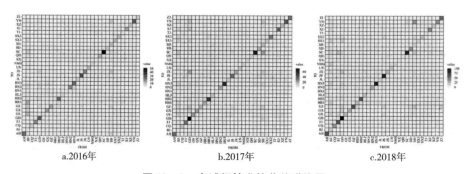

图 12－2 省域间精准扶贫关联格局

注：AH：安徽省；BJ：北京市；FJ：福建省；GS：甘肃省；GD：广东省；GX：广西壮族自治区；GZ：贵州省；HN1：海南省；HB1：河北省；HN2：河南省；HLJ：黑龙江省；HB2：湖北省；HN3：湖南省；JL：吉林省；JS：江苏省；JX：江西省；LN：辽宁省；NMG：内蒙古自治区；NX：宁夏回族自治区；QH：青海省；SD：山东省；SX1：山西省；SX2：陕西省；SH：上海市；SC：四川省；TJ：天津市；XZ：西藏自治区；XJ：新疆维吾尔自治区；YN：云南省；ZJ：浙江省；CQ：重庆市。

三、市级尺度企业产业精准扶贫网络格局

为挖掘城市间的扶贫联系特征，本书结合相关研究成果（刘程军等，2019）分析市级尺度精准扶贫网络的实际情况，结果发现城市间的精准扶贫关联网络呈现由"少核互联"的较稀疏网络向"多核交织"的密集型网络演变，网络复杂度不断提升。网络格局最终形成以京津冀城市群、长三角城市群以及粤港澳大湾区为主体的长距离散射状形态，但是网络形态呈现出一定的空间异质性，不同层级的城市的精准扶贫关联网络形态和联系强度具有显著差异。在 2016 年，北京、上海、广州、深圳等城市成为扶贫开展的核心城市，可能是由于这些城市上市公司相对较多，城市内部的企业人才及金融要素不断外溢。而从城市间的联系总量上看，广州市—清远市、北京市—铜仁市、成都市—凉山彝族自治州、深圳市—河源市、北京市—张家口市、苏州市—泰州市等城市间的网

络关联较强。在 2017 年，长距离的精准扶贫关联网络联系仍然仅由少量核心节点发出，但区域性中心城市的短距离空间关联明显增多，从城市间的联系总量上看，深圳市—河源市、乌鲁木齐市—喀什地区、成都市—凉山彝族自治州、武汉市—宜昌市、西安市—安康市、长沙市—湘西土家族苗族自治州、广州市—清远市、广州市—梅州市、北京市—张家口市、武汉市—黄冈市、武汉市—恩施土家族苗族自治州、乌鲁木齐市—和田地区、深圳市—喀什地区、深圳市—赣州市、上海市—赣州市、廊坊市—保定市、贵阳市—安顺市等城市间的网络关联较强。在 2018 年，城市间精准扶贫关联网络逐渐趋于成熟，区域性中心城市开始关注长距离的帮扶，跨区域的帮扶持续增加，这表明地理距离虽然约束了企业的跨区域帮扶，但是随着时间的演进，这种约束性在逐渐降低。

四、精准扶贫企业的产业分布及性质分析

为了更好地揭示企业精准扶贫的内在机理，本书提取了扶贫总量大于 90 的产业，并计算出各产业中的国有企业（以下简称国企）占比，进行可视化处理，如图 12 – 3 所示。针对各产业的扶贫总量而言，总量排名首位的产业为证券、期货业，该产业主要以金融扶贫为主，金融扶贫将金融资源精准地配置到贫困区域，能够通过减小贫困人群的金融约束、降低金融风险、推动交易等途径使贫困间接获得发展红利而实现增收，也可以为贫困区域产业提供保障，如甘肃省通过苹果"保险 + 期货"的金融产品创新，提升了贫困地区应对风险的能力。扶贫总量排第二位的产业为医疗制造业，医疗制造业一方面可以通过医疗帮扶为贫困地区提供健康保障，另一方面也可以挖掘贫困地区的生态

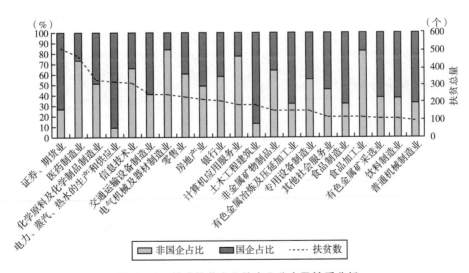

图 12 – 3　精准扶贫企业的产业分布及性质分析

资料来源：2016～2018 年中国 A 股上市公司精准扶贫数据来源于中国研究数据服务平台（www. cnrds. com）。

产品优势，可以在全产业链格局下对药材资源富集的贫困区域展开商业化投资，为贫困地区发展创造持续性动力。针对企业性质而言，国企因其所属的特殊性承载着较多社会责任，成为政企合力扶贫的重要力量，从上市公司扶贫的国企占比来看，国企占比为52.6%，是企业开展扶贫的重要组成部分；从产业中国企占比来看，电力、蒸汽、热水的生产和供应业的国企占比最高，土木工程建筑业次之，证券、期货业的国企占比也相对较高；从产业中非国企占比来看，医药制造业、电气机械及器材制造业、计算机应用服务业以及食品加工业的占比较高，这些产业中的非国企成为扶贫活动中产业力量的重要贡献者。

第四节　企业产业精准扶贫网络结构分析

一、网络密度分析

精准扶贫网络格局显示出各城市的联系持续增加，为了定量分析精准扶贫网络的整体联结程度，本书运用社会网络分析软件 Ucinet 进行扶贫网络密度测算。在省级网络尺度，2016 年的精准扶贫关联网络为 0.176，2017 年为 0.307，2018 年则为 0.399，网络密度呈现持续上升趋势，但增速有所减缓。在市级网络尺度，2016 年精准扶贫关联网络的密度为 0.004，各城市间的精准扶贫联系还较少，关联程度还较低，到了 2017 年，网络密度增长至 0.009，说明各城市间的扶贫联系明显加强，要素流出形成的空间联系越发紧密，空间关联也越来越密切，而演进至 2018 年，网络密度增长至 0.013，在政策及其他因素的影响下，空间网络集聚度及聚合度不断加强。

二、中心性分析

中心性分析可以探究精准扶贫关联网络中各节点的中心地位和联系作用，通过测算出度、入度、度数中心度、中介中心度、接近中心度来分析网络的多重中心性，但由于篇幅受限，仅列出按度数大小排序的前十位。

省级尺度精准扶贫关联网络各中心性前十位如表 12 - 2 所示。由表 12 - 2 可知：（1）针对出度及入度，在数值上，出度整体呈现上升趋势，且前十位格局相对稳定，主要为沿海东部省份及相对发达的省份，入度格局则呈现多变态势，这表明精准帮扶的溢出省份排位变化较小，但是受助省份排位变化较大。（2）针对度数中心度，前十位格局变化较大，首位从北京变为江苏，再演变为广东，表现出从北向南迁移态势。（3）针对接近中心度，接近中心度前五位的省份排序与度数中心度较为相似，这些省份在精准扶贫关联网络的扶贫活动开展较为频繁，网络的中心地位较高。（4）针对中间中心度，与其他中心度不同的是，大部分省份的中心度从2016～2018年都发生了不同程度的下降，这是由于其他省份的企业参与扶贫活动的积极性不断提升，前十位省份的中心行动者地位不断被削弱。

表12-2　　　　　　　　　省级尺度精准扶贫关联网络各中心性前十位

年份	出度	入度	度数中心度	接近中心度	中间中心度
2016	北京 (22.000)	江西 (10.000)	北京 (73.333)	北京 (78.947)	广东 (14.482)
	广东 (21.000)	四川 (9.000)	广东 (70.000)	广东 (76.923)	北京 (13.698)
	上海 (16.000)	河南 (9.000)	河南 (56.667)	河南 (69.767)	上海 (6.953)
	四川 (10.000)	江苏 (9.000)	江苏 (56.667)	江苏 (69.767)	河南 (5.904)
	河南 (9.000)	河北 (9.000)	上海 (53.333)	四川 (68.182)	江苏 (4.928)
	江苏 (8.000)	内蒙古 (9.000)	四川 (53.333)	上海 (66.667)	四川 (4.771)
	湖北 (7.000)	安徽 (9.000)	湖北 (46.667)	湖北 (65.217)	湖北 (4.242)
	湖南 (7.000)	贵州 (9.000)	湖南 (43.333)	湖南 (63.830)	湖南 (2.995)
	山西 (7.000)	湖北 (8.000)	江西 (40.000)	江西 (62.500)	江西 (2.298)
	天津 (7.000)	陕西 (8.000)	内蒙古 (36.667)	内蒙古 (61.224)	安徽 (1.784)
2017	北京 (23.000)	贵州 (18.000)	江苏 (76.667)	江苏 (81.081)	上海 (5.495)
	上海 (23.000)	河南 (16.000)	四川 (76.667)	四川 (81.081)	北京 (4.457)
	广东 (21.000)	甘肃 (15.000)	上海 (76.667)	上海 (81.081)	陕西 (3.902)
	江苏 (17.000)	江苏 (14.000)	北京 (76.667)	北京 (81.081)	重庆 (3.624)
	四川 (16.000)	云南 (14.000)	贵州 (73.333)	贵州 (78.947)	广东 (3.573)

续表

年份	出度	入度	度数中心度	接近中心度	中间中心度
2017	湖北 (14.000)	四川 (13.000)	广东 (73.333)	广东 (78.947)	河南 (3.317)
	福建 (13.000)	重庆 (13.000)	河南 (70.000)	河南 (76.923)	湖南 (2.800)
	湖南 (13.000)	山东 (13.000)	湖南 (66.667)	湖南 (75.000)	江苏 (2.572)
	黑龙江 (11.000)	山西 (13.000)	重庆 (63.333)	重庆 (73.171)	贵州 (2.379)
	辽宁 (11.000)	陕西 (13.000)	陕西 (63.333)	陕西 (73.171)	四川 (2.027)
2018	上海 (29.000)	河北 (18.000)	广东 (100.000)	广东 (100.000)	广东 (4.799)
	北京 (28.000)	河南 (18.000)	北京 (96.667)	北京 (96.774)	上海 (4.401)
	广东 (28.000)	云南 (18.000)	上海 (96.667)	上海 (96.774)	北京 (3.577)
	浙江 (23.000)	四川 (17.000)	浙江 (86.667)	浙江 (88.235)	浙江 (3.180)
	江苏 (21.000)	陕西 (17.000)	四川 (80.000)	四川 (83.333)	江苏 (2.586)
	四川 (21.000)	贵州 (16.000)	江苏 (80.000)	江苏 (83.333)	四川 (2.196)
	福建 (18.000)	湖南 (15.000)	贵州 (76.667)	贵州 (81.081)	湖南 (1.777)
	湖北 (18.000)	山东 (14.000)	湖北 (76.667)	湖北 (81.081)	湖北 (1.776)
	湖南 (18.000)	新疆 (14.000)	河南 (73.333)	河南 (78.947)	贵州 (1.726)
	贵州 (13.000)	山西 (14.000)	湖南 (73.333)	湖南 (78.947)	福建 (1.570)

市级尺度精准扶贫关联网络各中心性前十位如表12-3所示。由表12-3可知：
（1）针对出度及入度，出度及入度的度数均不断上升，出入度格局稳定性具有一定差异性。出度前十位的格局相对稳定，前三位均为北京、上海、深圳，而在2017年，合肥及南京调整退出前十位，成都及贵阳则上升明显，进入出度排名前十位，2018年的出度前十位则增加了贵阳、南京、福州。入度前十位的格局稳定性较差，前十位由

2016 年的赣州、铜仁、安庆、吉安、凉山、张家口、清远、临汾、开封及大理,变化至 2018 年的遵义、凉山、喀什、张家口、广元、甘孜、黔东南、湘西、黔南及安庆,除了凉山、张家口及安庆外,其他均有所不同。(2)针对度数中心度,该中心度格局较为稳定,主要为区域核心城市及省会城市,北京、上海、深圳的度数中心度相对较高,一直位居前几位,且均上升较为明显,北京的中心度从 13.514 增加至 34.054,上海从 8.378 提升至 27.297,深圳从 9.189 上升至 17.568,表明这三个核心城市与其他地区的精准扶贫关联数量有所增加,而且前十位城市均为关系溢出型城市。(3)针对接近中心度,该中心度格局中的前三位变化与度数中心度基本一致,但是第四至第十位变化较大,在扶贫中溢出及受益的城市均存在,这些城市与其他城市在扶贫联系网络中的联系距离较短。(4)针对中间中心度,排名前十位格局中的城市均为扶贫网络中的核心城市,这些城市处于核心地位,发挥着"中心行动者"的作用,而且各城市度数随时间演进而持续上升,这说明随着企业扶贫行为的增多,各类要素在网络中的输送速度不断提升,扶贫网络也逐渐成熟,发达城市与欠发达城市的联结能力也在不断增强。

表 12-3　　　　市级尺度精准扶贫关联网络各中心性前十位

年份	出度	入度	度数中心度	接近中心度	中间中心度
2016	北京 (92.000)	赣州 (16.000)	北京 (13.514)	北京 (0.667)	北京 (13.970)
	上海 (51.000)	铜仁 (15.000)	深圳 (9.189)	深圳 (0.667)	深圳 (8.163)
	深圳 (43.000)	安庆 (13.000)	上海 (8.378)	上海 (0.667)	上海 (7.585)
	长沙 (28.000)	吉安 (13.000)	武汉 (3.784)	赣州 (0.667)	成都 (3.397)
	广州 (23.000)	凉山 (12.000)	成都 (3.784)	昭通 (0.667)	赣州 (3.228)
	成都 (23.000)	张家口 (10.000)	长沙 (3.784)	武汉 (0.666)	长沙 (3.056)
	昆明 (20.000)	清远 (10.000)	太原 (3.243)	成都 (0.666)	武汉 (2.181)
	武汉 (19.000)	临汾 (8.000)	广州 (3.243)	长沙 (0.666)	南京 (2.020)
	南京 (18.000)	开封 (8.000)	宜昌 (2.973)	太原 (0.666)	广州 (1.886)
	合肥 (18.000)	大理 (8.000)	天津 (2.973)	宜昌 (0.666)	西安 (1.755)

年份	出度	入度	度数中心度	接近中心度	中间中心度
2017	北京 (128.000)	喀什 (34.000)	北京 (22.432)	北京 (1.206)	北京 (18.688)
	上海 (107.000)	赣州 (26.000)	上海 (19.730)	上海 (1.206)	上海 (14.907)
	深圳 (87.000)	凉山 (26.000)	深圳 (13.514)	深圳 (1.204)	深圳 (9.279)
	广州 (58.000)	重庆 (21.000)	广州 (8.378)	重庆 (1.204)	广州 (4.449)
	成都 (58.000)	河源 (19.000)	成都 (7.027)	黔南 (1.204)	重庆 (2.662)
	长沙 (39.000)	湘西 (17.000)	长沙 (6.757)	喀什 (1.204)	长沙 (2.326)
	武汉 (36.000)	和田 (16.000)	重庆 (6.216)	广州 (1.203)	成都 (2.072)
	西安 (34.000)	安庆 (15.000)	西安 (5.135)	安庆 (1.203)	福州 (2.066)
	福州 (32.000)	张家口 (14.000)	福州 (5.135)	大理 (1.203)	武汉 (2.028)
	昆明 (28.000)	安康 (14.000)	哈尔滨 (4.865)	百色 (1.203)	哈尔滨 (2.000)
2018	北京 (224.000)	遵义 (40.000)	北京 (34.054)	北京 (1.766)	北京 (25.668)
	上海 (170.000)	凉山 (35.000)	上海 (27.297)	上海 (1.763)	上海 (15.984)
	深圳 (113.000)	喀什 (30.000)	深圳 (17.568)	深圳 (1.756)	深圳 (8.461)
	成都 (80.000)	张家口 (25.000)	成都 (11.351)	成都 (1.756)	广州 (4.664)
	长沙 (71.000)	广元 (25.000)	广州 (8.649)	重庆 (1.756)	成都 (3.871)
	贵阳 (58.000)	甘孜 (24.000)	重庆 (8.378)	长沙 (1.755)	重庆 (3.622)
	广州 (51.000)	黔东南 (24.000)	杭州 (8.378)	昆明 (1.753)	长沙 (2.692)

续表

年份	出度	入度	度数中心度	接近中心度	中间中心度
	南京 (49.000)	湘西 (23.000)	长沙 (7.568)	贵阳 (1.752)	杭州 (2.255)
2018	杭州 (48.000)	黔南 (22.000)	南京 (7.027)	南宁 (1.752)	南京 (2.014)
	福州 (47.000)	安庆 (22.000)	福州 (7.027)	黔东南 (1.752)	武汉 (1.681)

三、板块分析

为了进一步揭示精准扶贫关联网络的空间聚类特征，根据相关研究方法（邵汉华等，2018），采用常见的CONCOR块模型分析方法，最大分割深度为2，收敛标准为0.2，将精准扶贫关联网络划分为四大板块：一是双向溢出板块，表现为板块内外的双向溢出；二是净受益板块，表现为该板块受益远大于溢出；三是经纪人板块，表现为该板块与外部的关系较多，即发挥接受扶贫又向外扶贫的双向作用；四是净溢出板块，表现为该板块成员受益远大于溢出。在省级尺度，第Ⅰ板块主要分布于中西部地区、东北地区，第Ⅱ板块则处于中部地区及东北地区，第Ⅲ板块主要位于沿海地区及长江中上游地区，第Ⅳ板块则主要位于环渤海区域及新疆。在市级尺度，位于第Ⅰ板块的城市有75个，主要为各省份的核心城市及区域中心城市，处于第Ⅱ板块的城市有41个，主要分布于东部沿海省份及其他省份的次核心城市，处于第Ⅲ板块的城市有117个，主要分布于中西部地区及一些需扶贫区域，位于第Ⅳ板块的城市有88个，主要为中西部地区的次核心城市。

为分析四大板块的角色，计算板块内及板块间的关联关系（见表12-4），由表12-4可知，在省级尺度，精准扶贫关联网络中存在402个关联关系，板块内部的联结数量为129个，四大板块之间的联结数量为273个。板块Ⅰ的溢出关系数量为39个，板块内部有14个，外部有25个；受益关系数量为99个，板块内部有14个，外部有85个；期望内部关系比例23.33%小于实际内部关系比例35.90%，该板块受益于其他板块的关系较多，因此该板块为"净受益"板块。板块Ⅱ的溢出关系数量为77个，板块内部有26个，外部有51个；受益关系数量为118个，板块内部有26个，外部有92个；期望内部关系比例23.33%小于实际内部关系比例33.77%，该板块对板块内和板块外均产生了较强的溢出效应，因此该板块为"双向溢出"板块。板块Ⅲ的溢出关系数量为240个，板块内部有81个，外部有159个；受益关系数量为131个，板块内部有81个，外部有 50 个；期望内部关系比例 33.33% 小于实际内部关系比例 33.75%，这表明板块Ⅲ对其他板块的溢出效应较强，因此板块Ⅲ为"净溢出"板块。板块Ⅳ的溢出关系数量为 46 个，板块内部有 8 个，外部有 38 个；受益关系数量为 54 个，板块内部有 8 个，外部有 46 个；期望内部关系比例 10.00%，远小于实际内部关系比例 17.39%，但是板块Ⅳ受益于其他板块的关系及溢出其他板块的关系较为均衡，中介作用较强，因此板块Ⅳ是"经纪人"板块。

表 12 - 4 精准扶贫关联网络的板块结构关系

网络尺度	板块	溢出关系		受益关系		期望内部关系比例（%）	实际内部关系比例（%）
		板块内部	板块外部	板块内部	板块外部		
省级网络	板块Ⅰ	14	25	14	85	23.33	35.90
	板块Ⅱ	26	51	26	92	23.33	33.77
	板块Ⅲ	81	159	81	50	33.33	33.75
	板块Ⅳ	8	38	8	46	10.00	17.39
市级网络	板块Ⅰ	102	665	102	55	23.44	13.30
	板块Ⅱ	38	40	38	91	12.50	48.72
	板块Ⅲ	112	93	112	481	36.25	54.63
	板块Ⅳ	90	104	90	275	27.19	46.39

在市级尺度，精准扶贫关联网络中存在 1244 个关联关系，板块内部的联结数量为 342 个，四大板块之间的联结数量为 902 个，板块外部联结远大于板块内部，这表明四大板块之间存在明显扶贫关联，也有明显的板块溢出效应。与省级尺度的网络板块角色判定同理，板块Ⅰ判定为"净溢出"板块，板块Ⅱ为"经纪人"板块，板块Ⅲ为"净受益"板块，板块Ⅳ为"双向溢出"板块。各板块之间存在明显的相互溢出关系，这表明各板块之间在扶贫活动中发挥各自优势，扶贫的空间联动效应凸显，这也为后续推动脱贫攻坚成果同乡村振兴有效衔接提供新的借鉴思考，在产业展开跨区域扶贫时，应当关注各板块区域发展的整体联动效应。

第五节　扶贫网络的减贫效应分析

一、变量说明

本书基于上市公司精准扶贫数据构建了精准扶贫关联网络，在前文分析了关联网络分布格局及结构特征的基础上，试图研究精准扶贫关联网络的网络结构对区域经济会产生何种影响，探究产业扶贫网络的减贫效应。由于网络结构效应对不同区域具有一定的空间异质性，为了更好地揭示网络结构效应，在市级尺度，本书采用地理加权回归模型（GWR），将区域多维贫困水平作为因变量，将入度、度数中心度、接近中心度以及中间中心度作为自变量展开研究，变量说明如表 12-5 所示。

表 12-5　　　　　　　　　　　　　　变量说明

变量类型	网络结构	变量	变量说明
因变量	多维贫困水平	*Poverty*	反应区域的多维贫困水平
自变量	入度	*InDegree*	反映节点的受助多样性
	度数中心度	*Degree*	反映节点在扶贫网络中的连接数
	接近中心度	*Closeness*	反映节点与其他节点的联系程度
	中间中心度	*Betweenness*	反映节点在扶贫网络中的中介性

二、网络结构的整体效应分析

表 12-6 展示了地理加权回归结果的相关参数。由表 12-6 可知，入度、度数中心度、接近中心度以及中间中心度的回归系数均值分别为 0.035、0.054、0.052 以及 0.036，这表明精准扶贫关联网络的网络外部性对区域贫困改善会存在一定的作用，区域节点的入度、度数中心度、接近中心度以及中间中心度的提升对于区域发展水平提升有正向效应。详而叙之，网络出度能够反映区域节点的受助多样性，其回归结果表明区域接受扶贫的多样性在一定程度上实现了减贫，这可能是因为扶贫的多样性推动了多元扶贫资源适配效应发挥，激发区域的发展潜力，同时强化了多元产业的减贫能力，确保多元主体在产业扶贫中发挥更大作用。度数中心度能够反映节点在扶贫网络中的连接数，其回归结果说明区域与其他区域产生更多联系时，具有更强的减贫作用，究其原因，可能是由于产业扶贫效应的提升主要得益于扶贫网络外部性的发挥，网络关联地区度数中心性的增强推动了区域经济发展水平提升。接近中心度能够反映节点在扶贫网络中与其他节点的联系程度，其回归结果表明联系程度越强，则产业扶贫的作用越强，这能够反映贫困区域与扶贫主体之间的利益共享机制是扶贫效应发挥的关键，也是推动产业扶贫可持续发展的根本。中间中心度能够反映节点在扶贫网络中的中介性，如果某节点处于许多其他节点对的最短途径上，可认为该点的资源控制能力较高，中间中心度越大，意味着该区域对扶贫网络中资源控制的能力越强，这在一定程度上提升了扶贫的作用。此外，聚焦于连片特困区的变量系数均值大小发现，网络结构反映出来的减贫作用更加凸显出来，这可能是因为连片贫困区受到扶贫的概率更大，同时也说明，在连片特困区，增加扶贫的强度对于其贫困发生率的降低具有一定作用。

表 12 - 6   地理加权回归结果

变量	整体			连片特困区	非连片特困区
	均值	最大值	最小值	均值	均值
常数项	0.036	0.076	0.030	0.037	0.034
入度	0.035	0.101	0.028	0.036	0.032
度数中心度	0.054	0.382	0.043	0.056	0.049
接近中心度	0.052	0.268	0.043	0.053	0.048
中间中心度	0.036	0.190	0.029	0.037	0.033
R^2	0.118				
带宽 H	10.031				
AIC	-502.782				

第六节　结论与建议

本书基于企业精准扶贫数据构建区域间的精准扶贫关联网络，通过分析多尺度精准扶贫网络格局、网络结构及其减贫效应，得到以下结论：（1）网络格局的多尺度异质性明显，在经济区尺度，企业的扶贫行为趋于空间邻近区域，空间指向性较强，东部、南部以及北部沿海综合经济区中的企业精准扶贫活动随时间演进而增加，向其他经济区帮扶溢出作用明显；在省级尺度，扶贫关联的地理约束作用较为明显，但企业精准扶贫行为从重视本省份贫困区域的发展日益向重视省外贫困区域发展转变；在市级尺度，城市间的精准扶贫关联网络呈现由"少核互联"的较稀疏网络向"多核交织"的密集型网络演变，网络复杂度不断提升，长距离的扶贫关联逐渐增加。（2）精准扶贫空间网络集聚度及聚合度不断加强，东部沿海及内陆较发达区域处于网络的核心位置，偏远地区及中西部欠发达区域则处于网络的边缘地位。在省级尺度，"净溢出"板块及"双向溢出"板块主要分布于中西部地区、东北地区，"净溢出"板块主要位于沿海地区及长江中上游地区，"经纪人"板块则主要位于环渤海区域及新疆。在市级尺度，位于"净溢出"板块的主要为各省份的核心城市及区域中心城市，处于"经纪人"板块的城市主要分布于东部沿海省份及其他省份的次核心城市，处于"净受益"板块的城市主要分布于中西部地区及一些需扶贫区域，位于"双向溢出"板块的城市主要为中西部地区的次核心城市。（3）精准扶贫的空间关联网络外部性能够产生一定的减贫效应，整体上，节点的受助多样性提升、连接数增加、联系强度提升以及节点在扶贫网络中的中介性提升能够强化减贫效应，而聚焦于连片特困区，扶贫网络减贫效应的发挥更加明显。

基于研究结论，提出以下建议：（1）深耕产业扶贫可持续性，强化农村低收入人口常态化帮扶。乡村人口的分布特征与规律具有差异性，扶贫路径各具特色。企业要积极寻求扶贫开展的有效路径，为要素的跨区域调配创建通道，要注重扶贫活动与地方财政政策相结合，以贫困区域的需求为导向，依托当地资源优势和特色产业扶贫项目，帮助贫困地区提高内生发展能力。（2）提升扶贫资源流转效率，为巩固脱贫攻坚成果提供外部驱动力。在市场和政府等多重要素作用下，乡村系统内发展要素配置状态各异，要进一步发挥政府调控与市场机制两种力量引导企业扶贫活动的开展，促进扶贫的空间联系和空间格局优化，实现城乡要素流转的互联互通，为构建跨区域协同扶贫机制的构建注入新的驱动力。（3）因地施策推动高质量扶贫，助力产业扶贫成果同乡村产业振兴衔接。乡村振兴战略下，乡村扶贫意在优化人口、土地、产业、生态等多方面。应基于协同理论，深入探讨优化策略，因地施策推动高质量扶贫。在保障扶贫资源有效供给的前提下，政府应当制定措施对产业扶贫资源进行控制和管理，减少盲目帮扶，提升扶贫效率，为产业扶贫成果同乡村产业振兴有效衔接注入持续性动力。

第十三章 农业科技创新对乡村振兴的影响研究

第一节 引 言

21 世纪以来，中国科技发展获得巨大进步，随着国际环境的日渐复杂，中国既有加速发展进入创新型国家行列的机遇，也需要正视资源与环境双重制约下的严峻挑战。农业作为支撑国民经济发展的基础产业，其稳定增长直接关系到国家经济高质量发展。中国的农业发展在改革开放后取得了历史性的进步，在党中央的强农惠农政策下，粮食产量连续增长，农民的收入保持增长态势，农村社会稳定和谐（陈萌山，2014；陈秋分等，2018）。但与此同时，我国的农业农村问题仍存在不少问题，如农村空心化和老龄化情况严重、农产品竞争力低、城乡之间发展不平衡、农村劳动力迁移流失、农村发展不充分等（成翠平，2017）。因此中国农业亟待从传统农业阶段全面向现代化转变。实施乡村振兴战略是党提出的重要发展战略，说明了当前农业农村现代化发展的迫切性。农村地区的滞后发展已经成为我国社会主要矛盾的体现，乡村振兴应该是全中国农村农业的全面振兴，中国乡村振兴不应该依赖财政支出供给和农村剩余劳动力全部转移的方法，同时也应该避免陷入城乡发展不平衡的矛盾局面，因此必须走具有中国特色的乡村振兴之路。

各国乡村振兴的历史经验表明，科技创新是实现乡村振兴的重要引擎。2018 年至今，中美贸易摩擦持续，由于中国基础研究相对薄弱，关键技术领域被"卡脖子"的问题突出（赵晋平，2019）。而中国农业要从传统农业全面向现代化转变，农业科技是加快建设现代农业的重要支撑力量之一，农业科技进步成为现代农业发展关键。2019年，农业科技进步贡献率达到 58.3%，农业科技投入的总量和结构直接影响农业科技成果的产出规模和发展，对农民持续增收与农村社会进步产生重要影响。中国政府历来重视农业科技发展，从"三农"问题到"科技兴农"战略的实施，以及提出"把农业科技创新摆在国家科技创新全局更加突出的位置"，到提出"加强和完善国家农业农村科技创新体系建设"的重要任务。从长期看，建设和完善农业科技创新体系，发挥农业科技创新的重要力量已成为农业农村现代化发展的必由之路。

现有学者研究从两个方面切入农业科技创新对乡村振兴的影响，其一是从乡村自身发展出发，通过产业、人才、资本等要素重塑乡村活力；其二是从乡村振兴与新型城镇化视角切入，通过理解乡村振兴与城镇化关系提出有效的实现路径。一方面，农业是国民经济的安身立命的基础产业，是我国当前乡村振兴的支柱产业，而目前我国农业竞争力薄弱，农业缺乏就业吸引力，因此必须坚持新发展理念，从农业发展的不足开始补齐，发挥农业现有资源的有利因素。在产业上，坚持产业融合发展促进乡村振兴，加快农业供给侧结构性改革，因地制宜制定不同区位的发展策略，根据农村要素禀赋、区位优势和比较优势，确定本地优势产业，着力发展特色产业（李方方，2018）。此外，立足当前农业发展的现实情况，出台农业产业投资清单，提供农业产业补贴，让城镇居民、农村居民都能够参与到新产业中，提高农业增收增效能力（李先军，2017）。在人才上，刘合光等（2018）认为，必须坚持新发展理念，激发农村主体的积极性，唤醒乡村振兴的内部因素和动力。坚持二十字乡村振兴战略顶层设计，从国家战略角度和因地制宜出发（刘合光等，2018）。张静（2001）认为，让人、地、钱等关键要素充分流动很关键，要鼓励农民自主创业，鼓励在城市的居民返回农村进行扎根创业实现，激活市场和主体的积极性。在资本上，通过资本下乡稳定粮食产业的供给后，创新体系，全方位进行改革优化，从农产品、技术、区域方面进行供给侧改革，提高农业可持续发展（王京海，2016）。另一方面，目前农业劳动力转移到非农产业的趋势明显，因此需要发挥城镇化对农业发展的助力作用，切实支持农业，避免陷入村落凋敝的境地。农村职业教育是实现路径的一大抓手，在稳步推进城镇化的同时，加强农业基础建设，提高农业劳动生产力（张志增，2017）。乡村振兴需要立足农业，以农业为基础进行创新发展，同时也要适应城镇需求结合农村电商、农村旅游等产业，合理发展以农业为基础的农产品加工，推动城乡融合、产村融合（张怀英等，2018）。

从现有研究来看，当前区域创新研究聚焦于城市或工业领域的科技创新，研究区域集中于国家层面、大都市区或者是某一省份，研究对象大多集中在工业企业、产业研究方面，而对于农业领域的技术创新以及影响因素的探究相对匮乏。农业是利用自然资源进行生产与发展的产业，受自然条件影响，因此农业科技创新除了工业领域的创新具有的研发风险、市场销售风险之外，还具有独特的自然风险。同时，由于独特的自然资源与地理区位条件，我国的农业科技创新具有地域性和特色性，农业科技创新的成果受到土壤、水分、气温等多种因素影响。与工业领域的科技创新相比，农业科技的创新周期漫长，农业技术扩散推广的难度比工业创新成果推广难度高得多。

基于此，本书从经济学中创新领域理论研究出发，结合我国现实实践中提出的乡村振兴战略，切入本书的农业科技创新对乡村振兴影响研究，区别于以往的工业领域科技创新研究，以力求填补我国农业科技创新领域的研究缺口，拓宽技术创新理论的新视角。本书探索农业科技创新对乡村振兴的影响及区域间相互作用，农业领域的技术要素创新不仅能够带动农业增长和发展，还能为整体经济增长的创新体系提供新的思路，农业领域的科技创新对乡村振兴当前到底有多大的影响作用以及影响的效果如何，同时对于大力发展乡村振兴、制定农业科技创新政策与农业创新体系构建提供一定的理论依据和决策借鉴。

第二节　理论框架

从农业科技创新的主体来看，主要为政府机构、涉农企业、农业农村合作社、高等农业院校、农业研发机构等，通过主体发挥的一系列作用路径，对乡村振兴五大方面（产业兴旺、生态宜居、乡风文明、生活富裕、治理有效）产生了深刻的影响，理论框架如图 13 – 1 所示。

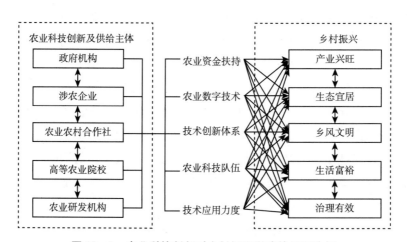

图 13 – 1　农业科技创新对乡村振兴影响的机理分析

一、农业科技创新有效拉动农村产业兴旺

产业兴旺作为乡村振兴五大要求之首，是乡村振兴的源头。当前学者们对于产业兴旺已经做了大量的探讨，从农村自身资源禀赋出发，可总结为不同的内生型和外生型发展模式（陈劲等，2014；陈慧女和周伫，2014）。从农业科技创新供给主体看，当前我国政府与相关科研机构正加大关于农业技术的资金投入与扶持，从脱贫攻坚到乡村振兴，农村产业发展正趋于多元化，在农业实际生产中提升农作物生产能力及农业现代装备水平的提高，同时农业科技不仅促进农业总产及单产水平的提升，更重视科技对于农业生产效率的提高，提升我国农业产业竞争力。现阶段我国农村从业人员老龄化严重，

为了实现乡村振兴产业兴旺，人才振兴都是必不可少的（杜国明等，2021）。当前我国通过产学研三方的合作，通过农业科技创新为农村产业兴旺打造一支素质优良、结构合理的乡村振兴人才队伍，形成一批新型职业农民。除了政府机构以外，企业研发投入、高校农业专利产出等有力提高了农业产业的兴旺，提高了农业科技成果转化利用率。通过挖掘区位优势，调整当前传统产业结构，使农业向二三产业延伸，形成现代农业产业。

二、农业科技创新大力改善农村生态宜居

随着工业化进程加速，长期以来我国农村粗放型发展方式打破了生态环境平衡，导致环境污染加剧。当前，通过农业技术创新的变革，依据农村自身的地理位置和文化特点设计生态环境整体布局，发展"生态＋农业"，建立农产品质量溯源体系，同时突破以往的传统农业，促进农业与旅游业结合，发展国家级生态村。具体实践中，我国在各地农村已经实施的乡镇污水处理厂，能够完善污水处理，引进相关技术公司建设沼气和肥料厂，完成资源的综合利用。利用循环技术，减少农村污染，实现低排放与可持续发展，真正实现绿色生产和生态环保的良性互动，通过绿色农业技术发展生态高效循环的农业新征程。

三、农业科技创新积极培育农村乡风文明

文化振兴是中华民族的灵魂，通过农业科技创新带动群众融入文化产业链，使得文化产业成为区域支柱性产业，将文化资源优势转为经济优势，同时大力发扬农村乡风文明，对保护传统文化与发展民间文化产业发展具有重大意义。涉农企业与农业合作社，通过"文化产品＋企业＋旅游"的形式，将传统文化与现代文化相融合，创新农村地方文化，增加文化产品供给，打造乡村文化品牌（何仁伟，2018）。

四、农业科技创新带动农村生活富裕

我国应用农业数字技术的普及度已大大提升，通过东西部协作并且利用物联网、互联网技术推动要素跨域流动、东西部交易市场、产销体系的构建，目前已为我国西部地区多地打通了产品销售渠道。通过数字技术构建农业电商平台，实现电商与农户的产销对接，帮助农民实现生活富裕。农业科技创新技术赋能传统农业，将农产品的种植、加工、生产、仓储、销售等各个环节流程化、规范化与数字化，打造现代农业产销体系，依托人工智能、物联网等技术，推进数字经济与农业农村融合发展。发挥了农业农村资

源配置作用，打通城乡之间的运输渠道，利用涉农企业和农业合作社，实现线上线下发展，帮助农户将资源、产品卖出去，带动农村生活富裕。

五、农业科技创新增强农村治理有效

乡村治理目前受制于自然环境、生产生活方式、人员结构等多重因素的影响，如何实现乡村和谐稳定与治理有效是亟待解决的问题。通过融媒体、大数据等技术创新能够有效提高农村治理能力，增强智慧党建的应用力度，推动构建信息互动交流综合平台，提高基层组织信息化水平，能够广泛利用网络开展村企联建、村园联建等新型组织模式（焦贝贝等，2020）。当前我国各地已在利用技术创新开展乡村治理，使得各村特色凸显，乡村治理能力显著提升。

第三节　研究设计

一、乡村振兴指标体系构建

选择合适的乡村振兴评价指标是探究乡村振兴发展现状水平及发展模式的重要基础。本书在进行指标体系选取时借鉴前人的研究成果，在梳理相关文献的基础上发现，目前现阶段乡村振兴指标体系构建多是根据国家发布的农业现代化标准、国家建设小康社会指标体系和乡村建设实际情况构成指标体系，大多是通过调研的形式，通过专家打分的方式进行构建，缺乏一定的客观性。因此本书参考当前学者们已有的相关指标体系，遵循科学性、全面性、系统性、可比性等原则，从乡村振兴五大内涵出发，构建了乡村振兴评价指标体系。该指标体系由四大指标层级构成，首先包括目标层乡村振兴指标，其次有 5 个二级指标、14 个三级指标，如表 13 - 1 所示。

表 13 - 1　　　　　　　　　　乡村振兴指标体系

一级指标（R）	二级指标（S）	三级指标（T）	指标具体含义	单位
乡村振兴	产业兴旺（S1）	农林牧渔业产值比重（T1）	农林牧渔业产值/地区生产总值	%
		农村住户固定资产投资（T2）	农村住户固定资产投资额	亿元
		作物多元化（T3）	非粮播种面积/总播种面积	%
	生态宜居（S2）	农村村卫生室（T4）	农村村卫生室个数	个
		农用化肥施用量（T5）	农用化肥施用量	万吨
		环境治理情况（T6）	自然保护区个数	个

一级指标（R）	二级指标（S）	三级指标（T）	指标具体含义	单位
乡村振兴	乡风文明（S3）	人均养老服务机构数量（T7）	养老服务机构数/年末收养人数	个/百人
		每万人拥有乡镇文化站（T8）	乡镇文化站个数/农村总人口	个/万人
		农村居民文教娱乐消费占比（T9）	农村居民文教娱乐及服务支出占比	%
	生活富裕（S4）	农民人均纯收入（T10）	农村居民人均纯收入	元/人
		农村每百户移动电话用户数（T11）	移动电话用户数/农村总户数	部/百户
		农村恩格尔系数（T12）	农村居民食品消费/消费支出总额×100	%
	治理有效（S5）	有效灌溉率（T13）	有效灌溉面积/耕地总面积	%
		农村卫生厕所普及率（T14）	农村卫生厕所普及率	%

结合乡村振兴战略对乡村振兴指标进行拆解，确保指标体系能够全面体现乡村振兴二十字方针，能够突出产业兴旺、生态宜居、乡风文明、生活富裕和治理有效各方面的内容，同时也需要适用于各个省份进行比较。产业兴旺是经济发展核心，因此在生产力方面本书选取农林渔业产值比重、农村住户固定投资、作物多元化反映产业兴旺（贾晋等，2018；闫周府和吴方卫，2019）。生态宜居能够体现生态建设的效果，绿水青山就是金山银山，除了环境方面还需要对卫生事业进行兼顾（郑兴明，2019）。因此，在生态宜居方面选取农村村卫生室、农用化肥施用量、环境治理情况进行测度反映农村生态环境程度。乡风文明的要求是发扬时代精神，促进乡风文明，因此本书选取人均养老机构数量、每万人拥有乡镇文化站、农村居民文教娱乐消费占比反映精神文明建设（张挺等，2018）。生活富裕选取农民人均纯收入来直接反映农民生活富裕状况，用农村每百户移动电话用户数和农村恩格尔系数来反映农民的生活质量和生活水平（徐维祥等，2020）。治理有效选取有效灌溉率和农村卫生厕所普及率来反馈治理水平。

二、农业科技创新指标体系构建

由于农业本身内容范围涉猎较广，其影响因素多种多样，且各区域间差异较大，致使设计农业科技创新体系的过程中存在各种差异。依据前人的研究成果和参考大量的相关指标体系及文献的归纳总结，本书认为，农业科技创新水平是通过利用和优化配置各种农业科技资源的一种有机动态的综合能力体现，主要由农业科技创新人力资源、基础建设、扩散能力、成果贡献等要素组成，本书按照科学性、系统性、可操作性、合理性等原则，兼顾数据的可得性和指标可比性，经过调整，最终确定设置的评价指标体系，如表13-2所示。本书构建的指标体系由四大指标层级构成，首先包括目标层农业科技创新指标，其次有4个二级指标、8个三级指标和12个四级指标。农业生产是自然资源利用不断动态变化的过程，农业资源利用的过程中也有人为的参与因素。所以，在设计指标体系时首要考虑人力资源这一子指标，R&D 人员全时当量表示科技人员的工作时长，R&D 项目数作为科技投入的数量指标（杨秀玉，2017）。基础建设子指标主要分为财力投入和农业专项建设两个方面，以 R&D 经费内部支出表示对农业科技的重视，以农业综合开发县及农场个数、农业机械总动力表示农业基础建设情况。扩散能力子指标主要分为技术引进和技术交易两个方面，技术引进以国外技术引进合同数表示技术引进力度，以技术输出地域和流向地域的合同金额测度技术交易扩散的能力（周锐波等，2014）。在知识经济的背景下三重螺旋模型已经在国外的农业实践领域的技术创新进行推广，该理论认为政府主导的农业部门和研究机构，高校主导的农业科研院所与产业界的企业和农户个体三方相互协调合作，推动知识在农业生产中得到最大效率的转化。因此，本书选取高等学校 R&D 课题数、高等学校出版科技著作来表示农业科技的知识成果和科研实力；以国内三种专利授权量、农业领域专利申请量测度农业科技专利成果和创新能力（姜丽华，2014；杨秀玉，2017）。

表 13-2 　　　　　　　　　　　农业科技创新指标体系

一级指标（A）	二级指标（B）	三级指标（C）	指标具体含义（D）	单位
农业科技创新	农业科技创新人力资源（B1）	R&D 人员（C1）	R&D 人员全时当量（D1）	人年
		R&D 项目数（C2）	R&D 项目数（D2）	项
	农业科技创新基础建设（B2）	财力投入（C3）	R&D 经费内部支出（D3）	万元
		农业专项建设（C4）	农业机械总动力（D4）	万千瓦
			农业综合开发县及农场个数（D5）	个
	农业科技创新扩散能力（B3）	技术引进（C5）	国外技术引进合同数（D6）	项
		技术交易（C6）	技术市场技术输出地合同金额（D7）	万元
			技术市场技术流向地合同金额（D8）	万元
	农业科技创新成果贡献（B4）	知识成果（C7）	高等学校 R&D 课题数（D9）	项
			高等学校出版科技著作（D10）	部
		奖项专利（C8）	国内三种专利授权量（D11）	项
			农业领域专利申请量（D12）	项

第四节　数据来源与研究方法

一、数据说明及数据来源

本书选择 2005～2019 年中国 31 个省份（除港澳台外）的面板数据作为研究基础，数据来源于《中国统计年鉴》《中国科技统计年鉴》《中国财政统计年鉴》《中国贸易外经统计年鉴》《中国区域经济统计年鉴》《中国人口和就业统计年鉴》《中国劳动统计年鉴》《中国城市统计年鉴》。考虑到数据标准，本书对所得数据进行对数处理。

二、熵值法

本书采用的熵权 TOPSIS 评价方法计算公式如下。

第一，构建评价矩阵。假设被评价对象有 m 个，每个被评价对象的评价指标有 n 个，式中 i 为评价对象，j 为评价指标：

$$X = (x_{ij})_{m \times n} (i = 1, 2, \cdots, m, j = 1, 2, \cdots, n) \tag{13-1}$$

第二，采用极差变换法对原始数据进行无量纲化处理：

$$z_{ij} = \frac{x_{ij} - \min x_{ij}}{x_{\max} - \min x_{ij}} \tag{13-2}$$

将指标 x_{ij} 转换为指标 z_{ij} 以此形成规范的评价矩阵，z_{ij} 为第 i 个评价对象在第 j 个评价指标上的标准值（$i = 1, 2, \cdots, m$；$j = 1, 2, \cdots, n$），$0 < z_{ij} < 1$。

第三，计算各评价指标熵权：

$$E_j = -k \sum_{i=1}^{m} p_{ij} \ln p_{ij} \tag{13-3}$$

$$p_{ij} = \frac{z_{ij}}{\sum_{i=1}^{m} z_{ij}}; k = \frac{1}{\ln m} \tag{13-4}$$

其中，E_j 代表熵值，p_{ij} 为第 i 个评价单元的指标在所有评价单元中的比重。

第四，定义指标权重：

$$w_j = \frac{1 - E_j}{\sum_{j=1}^{n} (1 - E_j)} \tag{13-5}$$

$$w_j \in [0,1], \sum_{j=1}^{n} w_j = 1 \tag{13-6}$$

第五，构建加权评价矩阵。通过 $r_{ij} = w_j \times z_{ij}$ 将指标 z_{ij} 转换为指标 r_{ij}，以此形成加权评价矩阵 $R = (r_{ij})_{m \times n}$：

$$R = (r_{ij})_{m \times n}, r_{ij} = w_j \cdot z_{ij} (i = 1, 2, \cdots, m, j = 1, 2, \cdots, n) \tag{13-7}$$

第六，计算评价指数：

$$S_j^+ = \max(r_{1j}, r_{2j}, \cdots, r_{nj}), S_j^- = \min(r_{1j}, r_{2j}, \cdots, r_{nj}) \tag{13-8}$$

$$sep_i^+ = \sqrt{\sum_{j=1}^{n} (s_j^+ - r_{ij})^2}, sep_i^- = \sqrt{\sum_{j=1}^{n} (s_j^- - r_{ij})^2} \qquad (13-9)$$

第七，计算农业科技创新综合评价指数 C_i 值：

$$C_i = \frac{sep_i^-}{sep_i^+ + sep_i^-}, C_i \in [0,1] \qquad (13-10)$$

其中，C_i 值越大表征农业科技创新水平越高；C_i 值越小表征农业科技创新水平越低。

三、空间自相关

全局自相关分析主要探索某一属性在区域内的整体的空间关联和差异，Moran's I 指数被广泛应用，其计算公式为：

$$\text{Moran's } I = \frac{\sum_{i=1}^{n} \sum_{j=1}^{n} W_{ij}(Y_i - \bar{Y})(Y_j - \bar{Y})}{S^2 \sum_{i=1}^{n} \sum_{i=1}^{n} W_{ij}} \qquad (13-11)$$

其中，$S^2 = \frac{1}{n} \sum_{i=1}^{n} (Y_i - \bar{Y}) \bar{Y} = \frac{1}{n} \sum_{i=1}^{n} Y_i$，$n$ 为研究省份总数，Y_i 表示第 i 个省份的观测值，W_{ij} 为二进制的空间权重矩阵，若空间相邻 $W_{ij} = 1$，若空间不相邻 $W_{ij} = 0$。Moran's I 指数取值范围介于 $[-1,1]$ 范围。当 $I < 0$ 时，表示区域之间呈现空间负相关性，即研究区域与周边地区存在显著空间差异；当 $I > 0$ 时，说明呈现空间正相关性，即研究区域与周边地区呈现空间集聚；当 $I = 0$ 时，说明空间不相关。

局部空间自相关是用于分析各个单元属性值之间在异质性空间的分布格局，局部自相关指数 Getis-Ord G_i 指数用于识别具有统计显著性的热点和冷点的空间聚类，通过分析得出的 z 得分和 p 值进行判断，其计算公式为：

$$G_i = \sum_j W_{ij} x_j / \sum_j x_j \qquad (13-12)$$

其中，$i = 1, \cdots, n; j = 1, \cdots, n; i \neq j$，$w_{ij}$ 是空间权重矩阵。G 值可以识别某一属性的空间冷热点，从整体上对中国农业科技创新水平和乡村振兴的空间聚类特征进行分析。

四、趋势面分析

趋势面分析即运用最小二乘法分析拟合非线性函数，利用数学曲面模拟地理系统要素在空间上的分布及变化趋势的一种数学方法，主要是用来找出研究区域内变量的空间分布格局。

为深入探讨中国农业科技创新和乡村振兴的空间联系总量变化趋势的空间分布规律，假设 $N_i(x_i, y_i)$ 为省份 i 的农业科技创新水平，(x_i, y_i) 为平面空间坐标，$S_i(x_i, y_i)$ 为趋势函数，则计算公式为：

$$N_i(x_i, y_i) = S_i(x_i, y_i) + \varepsilon_i \qquad (13-13)$$

$$S_i(x_i, y_i) = \beta_0 + \beta_1 x + \beta_2 y + \beta_3 x^2 + \beta_4 y^2 + \beta_5 xy \qquad (13-14)$$

其中，ε_i 为干扰项，β_0 为常数项，$\beta_1 \sim \beta_5$ 为系数。

五、空间联系引力模型

空间经济动力学理论中提到由于区域之间存在相互吸引的规律，因此引力原理适用于区域间关联问题。国外学者对于区域空间联系研究起始于 20 世纪 50 年代，国内学者对于区域之间空间经济联系研究起始于 20 世纪 80 年代，随着经济发展与乡村主体功能演变，将空间联系作用理论运用在农村的空间布局上也有重要的应用价值。本书使用空间引力模型衡量各省份农业科技创新水平的空间联系，量化各省份农业科技创新联系强度。考虑到各区域地势地貌复杂，结合现实交通因素，本书选取各省份时间成本距离作为研究单元的距离，以此来修正引力模型。本书将距离衰减系数确定为 2，由此得到的引力模型为：

$$R_{ij} = K \times \frac{E_i E_j}{T_{ij}^2} \qquad (13-15)$$

其中，R_{ij} 是省份 i、j 的空间联系强度；E_i、E_j 代表省份 i、j 的水平；T_{ij}^2 代表省份 i、j 之间的时间距离；K 为引力常数，一般取值为 1。

六、空间计量模型

（一）模型设定

空间计量经济学起源于空间经济理论，是指通过建立、验证及运用计量经济学方法，对活动在空间中的作用及空间结构进行定量实证分析的理论。如今，空间计量经济学广泛应用于房地产、交通、能源、环境等各个领域，并且我国学者也开始广泛关注该理论并将其应用到实践中。空间依赖性产生于空间组织观测单元区域之间缺乏依赖性的考察。空间异质性是指单元区域在地理上缺乏均质性，即存在较大的地理区域差异，从而导致存在较大差异，同时也反映了单元区域中存在的不稳定性。

由于经济活动在地理空间中关系多变复杂，因此传统的回归模型已不再适用于空间相关性分析。空间计量模型认为，事物之间在空间上具有相互影响、相互依赖性，因此古典经济学中样本独立的假设在此理论中不存在。而前文提到的空间权重矩阵，正是反映事物活动之间地理空间相互影响作用的矩阵，能够通过设置空间权重矩阵来解决事物的空间依赖性问题。本书在前人研究的空间计量模型基础上展开，首先前文已对农业科技创新和乡村振兴进行空间相关性分析，说明这两个变量存在空间相关，接下来需要选择合适的空间计量模型进行研究。

空间计量模型主要包括三种模型。

（1）空间滞后模型（*spatial lag model*），简记为 *SLM*，由于与时间序列中的自回归模型类似，因此也被称作空间自回归模型，探讨各变量是否在单元区域中进行扩散或溢出。此模型可表示为：

$$Y = \rho W_y + X\beta + \xi \qquad (13-16)$$

其中，Y 表示因变量，X 是解释变量矩阵，ρ 是空间回归系数；W_y 表示空间滞后因变量，ξ 代表随机误差项，β 代表自变量对因变量的影响。

（2）空间误差模型（*spatial error model*），简记为 *SEM*。存在与扰动误差项之间的空间依赖作用，该模型主要探讨单元区域相互作用由于地理位置不同而存在差异所呈现的区域之间的效应程度。其公式为：

$$Y = X\beta + \varepsilon \qquad (13-17)$$

$$\varepsilon = \lambda W_\varepsilon + \mu \qquad (13-18)$$

其中，ε 为随机误差项向量，λ 为空间误差系数，反映样本观测值的空间依赖性，μ 为随机误差向量。β 反映自变量对因变量的影响。

（3）空间杜宾模型（*spatial dubin model*），简记为 *SDM*，其公式为：

$$Y = X\beta + WX_\delta + \varepsilon \qquad (13-19)$$

其中，WX_δ 表示来自自变量的影响，ε 为相应的系数向量。

当经济事物存在显著空间自相关，莫兰指数可以通过对模型进行空间自相关检验，但不能确定具体使用的计量模型。因此，安塞林和雷伊（Anselin and Rey，1991）提出了利用 LM 检验和稳健（Robust）LM 检验。安塞林和弗洛拉克斯（Anselin and Florax，1995）在 1995 年提出判定准则。

（二）空间权重矩阵构建

空间权重矩阵能够有效表达区域单元之间空间依赖性的方式，同时也是进行探索性数据分析的重要前提，是空间计量经济学的核心部分之一。中国各个省级区域在空间上分布广阔，构建合适的空间矩阵对于农业科技创新影响乡村振兴发展的研究有着非常重要的作用。当前学界对于空间权重矩阵的设定尚且没有统一的标准，本章将基于空间邻近、地理距离邻近及经济距离邻近，构建三种不同的空间权重矩阵，以便更好地分析农业科技创新对乡村振兴的空间影响。本书将在实证中先利用空间邻接权重矩阵进行分析，在稳健性检验中选取不同的空间权重矩阵对模型回归结果进行判别，能够检验模型是否稳健。

1. 空间邻接权重矩阵（W_1）

空间邻接权重矩阵是常见的构建标准之一，即通过判定区域之间是否相邻确定空间的关联关系。本章采用 Rook 领域邻近方法，即只有单元之间有公共边界相邻，则定义为这两个区域空间相邻。Rook 型为二进制邻接矩阵，根据其是否直接邻接，可以分为一阶邻接、二阶邻接和高阶邻接。

2. 地理距离邻近的空间权重矩阵（W_2）

除了考虑单元区域之间是否相邻，还需要考虑区域之间距离是否相邻。本章基于区域之间的欧式距离作为衡量依据构建空间权重矩阵。

$$d_{ij} = \sqrt{(x_{i1} - x_{i2})^2 + (y_{i1} - y_{i2})^2} \qquad (13-20)$$

其中，x_{i1}、y_{i1} 分别代表单元 i 与单元 j 的空间几何质心。$W_2 = 1/d^2$，$i \neq j$；$W_2 = 0$，$i = j$。理论认为，区域之间存在空间相关性，且地理距离越近则它们的关系越紧密。

3. 经济距离邻近的空间权重矩阵（W_3）

除了以上权重矩阵外，农业科技创新对乡村振兴影响也受到非地理各因素的影响，例如经济因素。本章参考林光平（2005）的方法，构建经济距离邻近空间权重矩阵（W_3）。

$$W_3 = \frac{1}{|Y_i - Y_j|}, i \neq j; W_3 = 0, i = j \qquad (13-21)$$

其中，Y_i、Y_j 代表区域 i 和区域 j 的人均 GDP，W_3 是根据不同区域之间的人均 GDP 的差额作为测度指标。本章出于研究需求，对空间权重矩阵进行行标准化处理，保证某一区域单元对其他区域影响总和为 1，因此能够更加客观反映空间联系。

（三）变量选取

为了防止解释变量与扰动项干扰，本书参考前人文献选择自然资源禀赋、政府扶持力度、区域开放程度、农业基础建设、农村劳动力转移、信息化水平六个方面进行衡量（见表 13 – 3）。

表 13 – 3　　　　　　　　　　　　　　　变量描述

类型	变量	符号	具体含义
被解释变量	乡村振兴	rv	熵值法构建指标体系测度的乡村振兴
解释变量	农业科技创新	$asti$	熵值法构建指标体系测度的农业科技创新
控制变量	自然资源禀赋	ca	耕地面积（公顷）
	政府扶持力度	gov	农业财政支出的比重（%）

续表

类型	变量	符号	具体含义
控制变量	区域开放程度	*ro*	外商直接投资总额（万元）
	农业基础建设	*ms*	农业机械总动力/农作物总播种面积（千瓦/公顷）
	农村劳动力转移	*trans*	（乡村从业人员 – 农林牧渔业从业人员）/乡村从业人员（%）
	信息化水平	*il*	电信业务总量（亿元）

资料来源：笔者整理。

（1）自然资源禀赋（*cultivated area*）。自然资源关系到农业发展的基础能力，自然资源丰裕的地区对于乡村振兴的助力具有起步优势，因此本书借鉴贾晋（2018）、张挺（2018）等采用耕地面积来衡量农村自然资源。

（2）政府扶持力度（*government support*）。政府对农村地区进行财政支出补贴与惠农政策，能够为农业发展与乡村建设带来福利，减轻农村的发展负担，能够带动乡村振兴与现代化建设，本书参考刘彦随等（2019）采用农业财政支出的比重来衡量政府扶持力度。

（3）区域开放程度（*regional openness*）。不同地区的区域开放程度对于农业的发展和建设带来的正向效应不同，本书参考程长明等（2019）采用外商直接投资总额来衡量区域开放程度。

（4）农业基础建设（*mechanical skill*）。农业能够带动地区农业的现代化建设，本书参考姜长云（2017）、李苗（2016）等选取农业机械总动力/农作物总播种面积来衡量农业基础建设。

（5）农村劳动力转移（*transfer of rural labor*）。随着农村劳动力转移到其他产业，对乡村振兴产生产业方面的影响，本书参考李兆亮（2016）、陈祺琪（2014）等选取（乡村从业人员 – 农林牧渔业从业人员）/乡村从业人员来衡量农村劳动力转移。

（6）信息化水平（*informatization level*）。在"互联网＋"时代，信息化作为推动科技兴农的重要助力，通过网络服务对农村发展带来全新的促进作用，乡村振兴发展离不开科技的助力，现代农业对于信息化的要求更高，本书参考胡虹文（2003）、姜丽华（2014）等选取电信业务总量来衡量信息化水平。

第五节　农业科技创新和乡村振兴的时空演化格局

一、全局空间自相关分析

Moran's *I* 值用于解释研究整体区域事物内的空间依赖程度，本书利用 ArcGIS10.2 软件对 2005 ~ 2019 年全国 31 个省份农业科技创新和乡村振兴数据进行全局自相关

Moran's I 指数计算，同时为了比较空间集中度，计算了空间基尼系数、赫芬达尔指数（HHI）和农业科技创新水平均值，结果如图 13 - 2 所示。

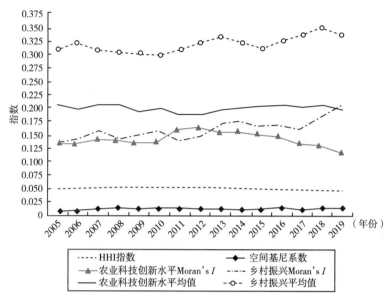

图 13 - 2　农业科技创新水平和乡村振兴空间集中度比较

由图 13 - 2 可知，农业科技创新和乡村振兴的 Moran's I 指数都大于 0，说明中国 31 个省份的农业科技创新和乡村振兴的空间分布并非随机的，呈现出空间正相关的关系，而且相似水平的区域集中在一起，显示出空间依赖性和集聚性的现象，即水平较高的省份趋于和水平较高的省份相邻，水平较低的省份趋于和水平较低的省份相邻。

此外，乡村振兴的集聚强度处于波动变化上升趋势，从时序上分析，Moran's I 指数在 2005～2013 年处于波动的增长趋势，在 2013～2017 年处于波动下降趋势，说明省域间乡村振兴空间差异开始扩大。2017～2019 年乡村振兴 Moran's I 指数增长迅速，并且在 2019 年达到最大值。而农业科技创新 Moran's I 指数处于波动下降趋势，2005～2011 年波动上升，在 2011 年达到最大值，而后 2011～2019 年缓慢下降，且在 2019 年达到最小值，说明省域间农业科技创新空间差异开始扩大。

全国的农业科技创新水平均值处于波动状态，整体波动幅度不大；乡村振兴平均值高于农业科技创新，且处于上升状态。从空间基尼系数和赫芬达尔指数（HHI）来看，两者展现了农业的空间集聚程度，2005～2019 年中国农业科技创新的空间集聚水平波动较平缓。

二、空间冷热点区域演化

为了区分冷热点区域，本书将得到的 Getis-OrdGi* 指数使用自然断点法划分为五类，各省份区域农业科技创新和乡村振兴空间冷热点区域分布如表13-4所示。我国农业科技创新的热点区域主要集中在华东区、华北区，并呈现出向华南区逐渐扩张的趋势；冷点区域主要集中在西北区、西南区。这与上述谈及的农业科技创新水平时序变化也相印证。

表13-4　2005年、2010年、2015年、2019年农业科技创新水平的各省份冷热点分布

年份	热点高显著区	热点低显著区	非显著区	冷点高显著区	冷点低显著区
2005	北京、上海、广东、江苏、山东	浙江、四川、辽宁、河南	黑龙江、河北、湖北、湖南、云南、天津、安徽	新疆、西藏、青海、宁夏、贵州、广西	甘肃、陕西、内蒙古、吉林、海南、山西、重庆、江西、福建
2010	北京、上海、浙江、广东、江苏、山东	四川、辽宁、湖北、河南、安徽、河北	黑龙江、陕西、湖南、重庆、天津、福建	新疆、西藏、青海、宁夏、贵州、广西	甘肃、内蒙古、吉林、海南、山西、云南、江西
2015	北京、上海、浙江、广东、江苏	山东、四川、湖北、河南、安徽	辽宁、河北、陕西、湖南、重庆、江西、福建	西藏、青海、宁夏、广西	甘肃、内蒙古、吉林、黑龙江、贵州、海南、山西、云南、天津、新疆
2019	北京、上海、浙江、广东、江苏	山东、四川、湖北、河南、安徽	辽宁、河北、陕西、湖南、江西、福建	新疆、西藏、青海、宁夏、广西	甘肃、内蒙古、吉林、黑龙江、重庆、贵州、海南、山西、云南、天津

具体而言，2005年农业科技创新热点区域共9个，其中北京、上海、广东、江苏、山东为热点高显著区，浙江等4个省份为热点低显著区；冷点区域共15个，其中西藏、新疆、青海、宁夏、贵州、广西为冷点高显著区，甘肃等9个省份为冷点低显著区。2010年农业科技创新热点区域增加至12个，其中热点高显著区自南向北延伸增加至6个，浙江新增为热点高显著区，河北、安徽新增为热点低显著区；冷点区域减少至13个，其中冷点高显著区不变，冷点低显著区减少了2个。2015年山东退化为热点低显著区，冷点区域减少至4个，自北向南蔓延。新疆从冷点高显著区退化为冷点低显著区，甘肃等10个省份为冷点低显著区。2019年农业科技创新热点区域减少至10个，热点高显著区分别为北京、江苏、上海、浙江、广东，同时出现自东向西扩张的趋势；冷点区域增加至15个，冷点高显著区增加至5个，西藏等5个省份为冷点高显著区。

总体上，农业科技创新水平空间热点区域演化的基本特征为先缩小后扩大，2019年的热点区域数量比2005年的热点区域数量有所扩大，热点高显著区域还是基本上集中于华东区，并出现向周边地区蔓延趋势；农业科技创新水平空间冷点区域演化的基本

特征为波动扩大，冷点区域总数处于蔓延扩大状态，由西北区蔓延到西南区，但冷点高显著区基本上收缩至西藏、青海、甘肃等省份。热点高显著区的扩散有利于农业科技创新水平的集聚发展和提高，但冷点区域总数蔓延也值得警惕，说明我国农业科技创新水平的空间集聚差异进一步扩大。

从表13-5分析乡村振兴冷热点分布，2005年乡村振兴热点高显著区域共6个，热点显著区合计9个，江苏、河北、河南3个省份为热点低显著区；冷点区域共15个，其中西藏、青海、宁夏、吉林、广西为冷点高显著区，甘肃、新疆等9个省份为冷点低显著区。2010年热点高显著区自南向北延伸增加至7个，河南为新增热点高显著区，广西由冷点高显著区变为热点低显著区，浙江退化为热点低显著区；冷点区域减少至11个，西藏等9个省份为冷点低显著区，西藏、吉林退化为冷点低显著区。2015年乡村振兴热点区域增加至13个，其中热点高显著区减少为四川、广东等4个省份，山东、江苏退为热点低显著区，冷点区域自北向南扩张增加至13个，青海等3个省份为冷点高显著区，辽宁等10个省份为冷点低显著区。2019年乡村振兴热点区域减少至10个，但是热点高显著区增加至5个，分别为江苏、上海、浙江、北京、广东，热点低显著区减少至5个；冷点区域增加至15个，但是冷点高显著区增加至5个，西藏等5个省份为冷点高显著区。

表13-5　　　2005年、2010年、2015年、2019年乡村振兴的各省份冷热点分布

年份	热点高显著区	热点低显著区	非显著区	冷点高显著区	冷点低显著区
2005	山东、四川、浙江、广东、湖南、福建	江苏、河北、河南	上海、江西、湖北、云南、安徽、广西、江西	西藏、青海、宁夏、吉林、广西	甘肃、新疆、陕西、内蒙古、海南、山西、重庆、北京、天津、贵州
2010	山东、河南、江苏、四川、广东、湖南、福建	浙江、河北、湖北、江西、广西	上海、北京、天津、安徽、辽宁、贵州、云南、海南	青海、宁夏	西藏、黑龙江、甘肃、新疆、吉林、陕西、内蒙古、山西、重庆
2015	四川、广东、湖南、福建	山东、河南、江苏、浙江、河北、湖北、江西、广西、安徽	黑龙江、新疆、贵州、云南、海南	青海、宁夏、天津	辽宁、北京、上海、西藏、甘肃、吉林、陕西、内蒙古、山西、重庆
2019	北京、上海、浙江、广东、江苏	山东、四川、湖北、河南、安徽	辽宁、河北、陕西、湖南、江西、福建	新疆、西藏、青海、宁夏、广西	甘肃、内蒙古、吉林、黑龙江、重庆、贵州、海南、山西、云南、天津

总体上，乡村振兴空间热点区域演化的基本特征为缩小趋势，2019 年的热点区域数量比 2005 年的热点区域数量有所扩大，热点高显著区域还是基本上集中于华东区，并出现向周边地区蔓延的趋势；乡村振兴空间冷点区域演化的基本特征为先缩小后扩大，冷点高显著区基本上收缩至西藏、新疆等省份。

三、空间联系演化分析

本书通过 ArcGIS10.2 软件中将空间联系总量进行可视化处理，对 2005 年、2010 年、2015 年、2019 年农业科技创新水平和乡村振兴进行空间趋势面分析，绘制得到图 13 - 3 和图 13 - 4。

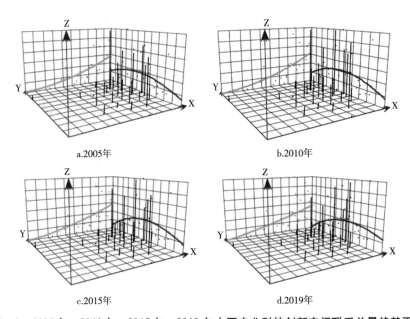

a.2005年   b.2010年

c.2015年   d.2019年

图 13 - 3　2005 年、2010 年、2015 年、2019 年中国农业科技创新空间联系总量趋势面变化

整体而言，2005～2019 年中国农业科技创新在东西方向上，空间演变趋势呈现出一条从东到西延伸的抛物线形状；在南北方向上，整体呈现出倒"U"形空间结构。2005 年，空间联系总量在空间格局上呈现东强西弱、北强南弱的空间分布趋势，体现了中国农业科技的创新能力空间互动程度东部地区比西部地区更为深入，北部地区比南部地区空间联系总量略高。2010 年，空间联系的趋势曲线在东西方向上，东部地区呈现微弱上升趋势，这表明东西部不平衡的格局有所扩大；而在南北方向上，南部地区处于上升趋势，较北部地区上升明显。2015 年，南部地区较 2010 年空间联系总量增长迅速，北部地区下降趋势明显，说明农业科技创新南部地区的良性互动正逐渐优于北部地区。2019 年，南部地区空间联系总量上升幅度大，已经反超北部地区，东西方向变化

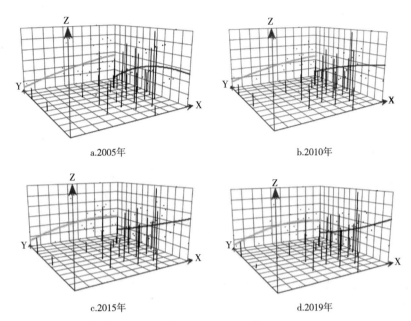

a.2005年　　　　　　　　　　　　　　　b.2010年

c.2015年　　　　　　　　　　　　　　　d.2019年

图 13 - 4　2005 年、2010 年、2015 年、2019 年乡村振兴空间联系总量趋势面变化

相对较小，部分原因可以归结为东南沿海省份加速区域一体化进程，农业科技创新水平在近年来提升较为明显，南北方向不平衡格局正在不断变化。

整体而言，2005～2019 年乡村振兴在东西方向上，空间演变趋势呈现出一条从东到西延伸的抛物线形状；在南北方向上，呈现出南高北低的抛物线。2005 年，乡村振兴空间联系总量在空间格局上呈现东高西低、南北整体呈倒"U"形的分布趋势，体现了乡村振兴空间互动程度东部地区比西部地区更为深入，南部地区比北部地区空间联系总量略高。2010 年，乡村振兴空间联系的趋势曲线在东西方向上，西部地区呈现微弱上升趋势，这表明东西部不平衡的格局正在不断变化，而在南北方向上，南部地区增长迅速，倒"U"形被打破，南北差异扩大。2015 年，东部地区呈现下降趋势，南部地区较 2010 年空间联系总量趋势明显，南北方向逐渐转变为直线形状。2019 年，趋势面曲线南部地区增长迅速而北部地区增长变化缓慢，南北空间互动差距进一步扩大，东西方向不平衡格局呈现缩小趋势。

第六节　农业科技创新对乡村振兴的计量分析

一、空间自相关检验

在进行空间计量之前，需要对空间相关性进行检验，本章利用 Stata14 软件进行全局 Moran's I 指数对中国 31 个省份 2005～2019 年乡村振兴和农业科技创新的空间相关性分析检验，如表 13 - 6 和表 13 - 7 所示。

表 13 - 6 乡村振兴的 Moran's I 检验结果

项目	2005 年	2006 年	2007 年	2008 年	2009 年	2010 年	2011 年	2012 年
系数	0.110*	0.104*	0.105*	0.119*	0.131**	0.089	0.090	0.088
Z 值	1.842	1.770	1.780	1.959	2.108	1.559	1.589	1.553
项目	2013 年	2014 年	2015 年	2016 年	2017 年	2018 年	2019 年	
系数	0.085	0.086	0.111*	0.129**	0.113*	0.087	0.079	
Z 值	1.511	1.527	1.864	2.118	1.902	1.541	1.439	

注：**、*分别表示在 5%、10% 水平上通过显著性检验。

表 13 - 7 农业科技创新的 Moran's I 检验结果

项目	2005 年	2006 年	2007 年	2008 年	2009 年	2010 年	2011 年	2012 年
系数	0.136**	0.134**	0.144**	0.140**	0.134**	0.138**	0.165***	0.152**
Z 值	2.223	2.205	2.319	2.253	2.171	2.234	2.593	2.425
项目	2013 年	2014 年	2015 年	2016 年	2017 年	2018 年	2019 年	
系数	0.156**	0.153**	0.145**	0.129**	0.122**	0.114*	0.151**	
Z 值	2.472	2.437	2.323	2.119	2.039	1.935	2.361	

注：***、**、*分别表示在 1%、5%、10% 水平上通过显著性检验。

乡村振兴 Moran's I 检验结果显示，中国 31 个省份的乡村振兴在地理空间上大多数年份还是存在较强的空间关联度，而不是随机分布的。农业科技创新 Moran's I 检验结果显示，农业科技创新在空间关联度上存在正向关联。上述结果反映，本书应考虑变量在空间上表现出的强关联性，采用普通的面板计量模型可能会产生一定的偏差，因此采用空间计量方法能够有效提升准确度。

二、农业科技创新对乡村振兴影响的回归结果

对于文中的数据，空间自相关分析结果显示乡村振兴存在明显的空间依赖性及异质性，需要进一步通过似然比 LR 和 Wald 检验判断。本书借助 Stata14 软件先进行 Wald 检验与 LR 检验。在空间固定、时间固定、时间空间双固定的空间面板模型中，Wald 检验和 LR 检验均在 1% 的水平上显著拒绝空间杜宾模型简化成为空间滞后模型和空间误差模型。因此，无论是空间固定模型、时间固定模型还是时空固定模型都应该使用空间杜宾模型，根据得出的 Wald 检验与 LR 检验结果，本书进一步缩小模型范围，使用空间杜宾模型，回归结果如表 13 - 8 所示。

表 13 - 8　　　　　　　　　　　SDM 空间杜宾模型效应回归结果

变量	空间固定效应	时间固定效应	时空固定效应	随机效应
ln*asti*	0.044 *	0.098 ***	0.084 ***	0.090 ***
	(1.460)	(3.910)	(2.680)	(3.230)
ln*ca*	0.011 *	0.129 ***	0.012	0.013
	(1.300)	(8.705)	(1.430)	(1.510)
ln*ms*	0.050 *	0.168 ***	0.053 **	0.045
	(1.810)	(6.380)	(1.970)	(1.610)
ln*trans*	-0.086	-0.339 ***	-0.158 *	-0.080
	(-1.110)	(-3.450)	(-1.940)	(-1.030)
ln*gov*	1.042 ***	1.058 **	1.050 ***	1.019 ***
	(3.440)	(1.920)	(3.470)	(3.260)
ln*il*	3.34e-07	0.007 ***	-0.001	0.041 ***
	(0.060)	(5.620)	(-0.860)	(-0.110)
ln*ro*	0.031 **	0.041 **	0.025 *	-0.001
	(2.170)	(2.190)	(1.710)	(2.860)
W_ln*asti*	0.126 **	-0.350 ***	0.220 ***	0.074
	(2.500)	(-6.580)	(3.730)	(1.630)
W_ln*ca*	0.025 *	0.075 **	0.037 **	0.023
	(1.720)	(2.360)	(2.040)	(1.550)
W_ln*ms*	-0.008	-0.085 *	0.006	0.004
	(-0.180)	(-1.600)	(0.110)	(0.100)
W_ln*trans*	-0.691 ***	0.546 **	-1.024 ***	-0.691 ***
	(-4.890)	(3.070)	(-5.510)	(-4.950)
W_ln*gov*	-0.607	-3.605 **	0.034	-0.607
	(-1.350)	(-3.130)	(0.060)	(-1.310)
W_ln*il*	4.80e-06	0.0006 **	-6.79e-07	0.001
	(0.750)	(1.980)	(-0.080)	(1.050)
W_ln*ro*	0.004	0.073 **	-0.052	-0.005
	(0.210)	(3.140)	(-1.620)	(-0.250)
ρ	0.525 ***	0.358 ***	0.357 ***	0.506 ***
	(10.910)	(6.010)	(5.840)	(10.380)
R-squared	0.347	0.787	0.224	0.438
Log-likelihood	622.130	643.840	603.840	674.320
观测值	465	465	465	465

注：*** 、 ** 、 * 分别表示显著性水平为 1%、5%、10%；括号内数字为对应的 t 统计量值。

首先，本书利用 Hausman 检验得到的统计量为 548.74，p-value < 0.01，说明显著

拒绝了空间效应与解释变量无关的原假设，即采用固定效应，因此固定效应是对于研究农业科技创新对乡村振兴影响比较合适的选择。其次，分变量进行阐述，农业科技创新这一变量对乡村振兴起到显著正向作用，说明农业科技创新越高的地区越能促进乡村振兴；自然资源禀赋和农业基础建设在1%的显著性水平上对乡村振兴起到正向作用，即自然资源禀赋和农业基础建设条件越优的区域对乡村振兴的作用越积极有效，且这两个变量的系数相对较大；信息化水平、政府扶持力度、区域开放程度均对乡村振兴的影响为显著正向作用，意味着信息化水平、政府扶持与外商投资等外界因素对于乡村振兴的发展起到了正向推动作用。最后，农业劳动力转移这一变量表示在1%的水平上抑制乡村振兴发展，这也说明农业劳动力转移到其他产业会对乡村振兴起到一定的负面作用。

三、空间效应分解

空间杜宾模型中的自变量系数包含直接效应与间接效应，为了进一步分析，本书将空间杜宾模型分解为直接效应和间接效应，如表 13 – 9 所示。

表 13 – 9　　　　　　　　　　SDM 时间固定效应模型效应分解

变量	LR_Direct	t 值	LR_Indirect	t 值	LR_Total	t 值
lnasti	0.072 ***	2.65	− 0.466 ***	− 5.53	− 0.394 ***	− 3.95
lnca	0.139 ***	9.26	0.181 ***	3.95	0.320 ***	6.15
lnms	0.169 ***	6.84	− 0.034	− 0.45	0.135 *	1.71
lntrans	− 0.309 ***	− 3.20	0.612 **	2.33	0.303	1.02
lngov	0.794	1.47	− 4.657 ***	− 2.65	− 3.863 **	− 1.96
lnil	0.005 ***	5.92	0.001 ***	4.28	0.006 ***	5.77
lnro	0.049 ***	2.76	0.129 **	2.52	0.178 ***	3.24

注：*** 、** 、* 分别表示显著性水平为1%、5%、10%。

在直接效应中，农业科技创新、自然资源禀赋、农业基础建设、农业劳动力转移、信息化水平、区域开放水平均通过1%的显著性水平检验。政府扶持力度没有通过显著性检验。在间接效应中，农业科技创新、自然资源禀赋、政府扶持力度、信息化水平在1%的水平上通过显著性检验，农业劳动力转移、区域开放水平在5%的水平上通过显著性检验，农业基础建设显著性不明显。在总效应中，农业科技创新、自然资源禀赋、信息化水平、区域开放水平，在1%的水平上通过显著性检验，政府扶持力度在5%的水平上通过显著性检验，农业基础建设在10%的水平上通过显著性检验，农业劳动力转移未通过显著性检验。

其中，农业科技创新、自然资源禀赋、农业基础建设、信息化水平、区域开放水平的直接效应系数显著为正，说明这些变量对当地乡村振兴影响积极显著。随着当地农业基础建设与信息化水平的提高，乡村振兴会随之提升。而农业科技创新间接效应系数为 -0.466 和政府扶持力度间接效应系数为 -4.657，两者系数为负，且超过了直接效应，说明周边地区农业科技创新和政府扶持力度的提升会对本地区域资源与人才起到虹吸作用，相应的因素转移到效益更好的地区，从而对本地的乡村振兴起到挤占作用。农业劳动力转移对本地区域的影响系数为 -0.309 且显著为负，而在间接效应中系数为 0.612 且显著为正，说明农业劳动力转移对本区域的乡村振兴影响为负，而劳动力进行区域间转移，会对周边地区的乡村振兴起到正面作用。自然资源禀赋、信息化水平和区域开放程度无论是直接效应还是间接效应都显著为正，总效应也显著为正，说明无论是本地资源的投入还是区域间的溢出效应，这三个变量对乡村振兴都有正向的积极作用。

四、稳健性检验

在空间计量模型的稳健性检验中，选用不同的空间权重矩阵能够验证模型是否稳健，本书在稳健性检验中利用地理距离空间权重矩阵和经济距离空间权重矩阵作为比较，回归结果如表 13 - 10 所示。在地理距离空间权重矩阵下的空间杜宾模型回归结果与 0 - 1 权重矩阵类似，时间固定效应下的各变量显著性明显。且农业科技创新、自然资源禀赋、农业基础建设都呈现正向显著相关性，农业劳动力转移呈现负向相关性，政府扶持力度在直接效应下呈现正向相关性，而在间接效应中不显著，因此同样选择时间固定效应下的空间杜宾模型，因此该模型通过稳健性检验。在经济距离空间权重矩阵下的空间杜宾模型回归结果与 0 - 1 权重矩阵类似。从 R^2 系数比较，时间固定效应模型较优。从变量系数显著性来比较，时间固定效应下的农业科技创新、自然资源禀赋、农业基础建设、区域开放程度、农业劳动力转移、信息化水平、政府扶持力度都在 1% 的水平上显著。其中，农业科技创新、自然资源禀赋、农业基础建设、政府扶持力度、区域开放程度呈现显著正相关，而农业劳动力转移呈现显著的负向作用，因此选择时间固定效应下空间杜宾模型较为合适，因此该模型通过了稳健性检验。

表 13 - 10　　地理距离和经济距离空间权重矩阵—空间杜宾模型回归结果

变量	空间固定效应		时间固定效应		时空固定效应	
	地理权重	经济权重	地理权重	经济权重	地理权重	经济权重
ln*asti*	0.046 (1.440)	0.090 *** (3.100)	0.074 *** (2.840)	0.066 *** (2.770)	0.049 (1.590)	0.106 *** (3.660)
ln*ca*	0.020 ** (2.240)	0.016 * (1.840)	0.114 *** (7.140)	0.075 *** (5.080)	0.024 *** (2.730)	0.028 *** (3.200)
ln*ms*	0.059 * (1.950)	0.056 ** (2.090)	0.302 *** (10.470)	0.231 *** (8.650)	0.075 ** (2.570)	0.075 *** (2.860)

变量	空间固定效应		时间固定效应		时空固定效应	
	地理权重	经济权重	地理权重	经济权重	地理权重	经济权重
$lntrans$	-0.121 (-1.460)	-0.157* (-1.900)	-0.446*** (-4.490)	-0.286*** (-2.830)	-0.279*** (-3.140)	-0.159* (-1.920)
$lngov$	1.217*** (3.830)	1.038*** (3.510)	0.208 (0.370)	2.139*** (4.050)	1.114*** (3.620)	0.896*** (3.090)
$lnil$	-0.000 (-0.600)	0.000 (1.080)	0.000*** (3.730)	0.000*** (5.830)	-0.000 (-0.470)	0.000 (0.290)
$lnro$	0.051*** (3.460)	0.037** (2.540)	0.094*** (6.200)	0.153*** (9.540)	0.041*** (2.810)	0.020 (1.330)
W_lnasti	-0.003 (-0.040)	0.157** (2.180)	-0.541*** (-8.770)	0.077 (0.920)	0.046 (0.590)	0.152* (1.860)
W_lnca	0.016 (0.970)	0.047*** (2.620)	0.163*** (4.080)	-0.036 (-0.660)	0.046* (1.910)	0.138*** (4.890)
W_lnms	0.060 (1.050)	-0.015 (-0.230)	-0.231*** (-3.960)	0.156* (1.800)	0.064 (0.910)	0.239** (2.460)
$W\_lntrans$	-1.101*** (-5.650)	-0.535** (-2.440)	0.999*** (3.780)	-2.007*** (-6.030)	-1.799*** (-6.230)	-0.435 (-1.470)
W_lngov	-1.281** (-2.420)	-1.373*** (-2.910)	-0.259 (-0.170)	-1.683 (-0.830)	-1.954** (-2.080)	-1.686* (-1.720)
W_lnil	0.000 (1.110)	0.000 (1.070)	0.000*** (4.110)	-0.000 (-1.200)	0.000 (0.300)	-0.000 (-1.040)
W_lnro	0.012 (0.520)	0.016 (0.630)	0.151*** (3.460)	0.046 (0.790)	-0.015 (-0.380)	-0.069 (-1.260)
ρ	0.483*** (8.250)	0.526*** (8.960)	0.190** (10.910)	-0.530*** (-5.960)	0.179** (2.300)	0.198** (2.410)
R-squared	0.323	0.311	0.795	0.767	0.037	0.325
观测值	465	465	465	465	465	465

注：***、**、*分别表示显著性水平为1%、5%、10%；括号内数字为对应的 t 统计量值。

第七节 结论与建议

一、主要结论

本书以中国31个省份（除港澳台外）为研究对象，以2005~2019年为研究时期，利用熵值法构建并测度了农业科技创新和乡村振兴评价指标体系，通过空间格局演化与空间联系演化分析农业科技创新与乡村振兴的时空变化，进一步利用空间计量模型分维度研究了农业科技创新对乡村振兴的影响，与此同时，利用稳健性检验的方法检验了实证结果的准确性和可行性，主要结论可以总结为以下三点。

第一，中国农业科技创新整体水平相对较低，农业科技创新水平整体上层级差异和地域分异性明显，从空间视角呈现出华东—华北—东北区向西南—西北区递减的特征，省际差距仍然存在并有继续扩大的趋势，区域空间互动性较弱，高值区与低值区之间地理关联性明显不足。农业科技创新水平具有显著的空间相关性，空间集聚强度呈倒"U"形的变化趋势。中国农业科技创新水平空间网络密度整体呈现"东密西疏"的格局特征，核心能力强的省份向周边省份扩散的层级分工模式，其中华东区与东北区空间联系稠密，且与周边省份的空间互动持续增强，总体上空间联系层级式网络协同扩散；华东区与东北区的空间联系网络初具雏形，并有持续向华南区、华北区蔓延成长的趋势。

第二，我国乡村振兴水平省域之间差距较大，整体上我国乡村振兴发展水平相对较低，且乡村振兴具有显著的空间相关性且空间相关性随时间趋势增强，空间热点区域演化的基本特征为缩小趋势，空间冷点区域表现为先扩大后缩小趋势。空间联系总量上呈现东高西低、南北整体呈倒"U"形的分布趋势，乡村振兴互动程度东部地区比西部地区更为深入，东西方向空间联系总量不平衡格局呈现扩大趋势。

第三，从影响农业科技创新的控制变量分析，全国层面上自然资源禀赋、农业基础建设、区域开放程度、农业劳动力转移、信息化水平、政府扶持力度呈现显著正相关，农业劳动力转移对乡村振兴产生负面影响。从区域层面上分析，东部地区农业资源禀赋、农业劳动力转移、信息化水平等自变量系数都比较显著，且对东部地区呈现显著的正向空间溢出效应；中部地区影响乡村振兴的效应分解的自变量系数都不如东部地区显著；西部地区农业资源禀赋和信息化水平呈现显著正相关，在间接效应中农业劳动力转移和政府扶持力度与乡村振兴呈现显著负相关。

二、政策建议

第一，扎实推进农业科技创新，推进内育外引，积极培育农业科技创新的主体，引进农业科技创新人才，促进知识成果向企业和市场转化扩散。各省份应加强农业科技领域基础性研究和应用研究，真正实现"农业产学研"三重螺旋模型紧密联系结合，形成农业科技创新知识网络和合作网络，发挥农业科技创新对乡村振兴的积极正向作用。发挥乡村振兴主体的积极性，各类参与主体积极投入乡村振兴建设中。加强农业科技教育，大力建设农业科技创新人才与重点项目，加强农民科技培训的体系建设，加强培训设施建设，加大对农业科技示范户的培养力度，同时继续大力实行多种农业教育形式，完善农业专业教育，提高农民科技文化素质。

第二，深化乡村振兴发展体系，着力推动农业科技融合，加强区域联动，逐步缩小地域间差距。农业科技创新水平相对较高的区域，要发挥优质农业创新资源辐射效应并进一步向周边扩散，带动周边省份农业科技创新水平提升，以点带面促进农业科技创新的协调发展。农业科技创新发展缓慢态势的地区，政府要加大地区的科研扶持力度，加强区域联系，制定相应的科研激励政策与制度。建立农业科技创新与乡村振兴的协调发展机制，促进农业产业结构调整优化。通过农业科技创新实现区域之间互通，满足不同区域间消费者对农业生产的需求。通过农业科技创新实现生产效率和劳动效率提升，促进区域之间劳动力和就业结构优化。通过农业科技创新给产品赋能，增加产品附加值，发挥区域间比较优势。

第三，全力推进数字农业建设，实现因地制宜，针对性提出战略部署和政策引导。积极引导创建区域乡村振兴增长极，进一步利用互联网信息化技术，构建数字农业创新体系，实现乡村振兴，推进农业现代化。提高农民农户的信息化水平和信息化意识，提高信息化意识有利于增强农业发展竞争力，提升农产品知名度，利用互联网发展技术形成规模化的农业生产，降低农业发展的风险性和不确定性。大力发展农业电子商务，充分依靠科技创新的力量，扩大农业销售渠道，充分激发实施乡村振兴的动力和潜力。提升对农业科技的投入，调节现有的农业科技创新的结构。

第四，探寻乡村振兴的科学实施路径，建设乡村振兴的制度保证，总结不同区域的乡村振兴发展模式。完善国家乡村振兴和农业科技创新政策，激励农业科技创新的主体，制定促进建立多元化的农业科技创新投入机制，以各地农业农村实际发展为出发点，东部地区发挥农业科技创新对乡村振兴的正向显著作用及正向空间溢出作用；中西部地区加强政府对于农业科技创新的政策支持力度，推动中西部地区建立农业科技创新空间联系，充分利用中西部资源禀赋优势，快速利用信息化水平和区域开放程度，吸收资源优势，促进中西部乡村振兴。

第十四章　乡村产业与城镇产业的协调发展

第一节　引　　言

中国改革开放以来取得了举世瞩目的成就，如今已进入工业化的后期、城镇化发展的提质增效阶段，工业化与信息化不断融合，以工促农和以城带乡的城乡格局深入拓展中。加快推进工业化、城镇化、信息化、农业现代化的协同发展是新时代中国经济社会发展的新使命，是破解区域不平衡、不充分的发展困境的重要着力点，是全面建成小康社会，实现可持续发展的必然要求。县域经济是以"县城为中心、乡镇为纽带、农村为腹地"的行政区划经济，是"以工补农、以城带乡"的重要桥梁，也是工业经济与农业经济的交会点，其发展与壮大对于国民经济具有基础性作用，对乡村振兴、全面建设小康社会具有重要的影响与辐射（杨晓军和宁国良，2018）。而县域经济的发展与县域产业协调系统具有紧密联系，县域产业协调系统主要包含产业结构的协调优化、县域内部及县域间在产业发展上的合理分工，是提高县域资源配置效率的需要，是县域经济得以高质量发展的重要保障（徐华，2010；田敏等，2011）。同时，协调发展是中国特色社会主义进入新时代的新发展理念之一，产业协调发展是区域协调、城乡协调、物质文明与精神文明协调、经济建设与国防建设融合四大方面的重要物质基础（巫强等，2018）。

长三角在 30 多年的发展历程中，区域划分由最初的 2 省 1 市到 2016 年长三角城市群的 3 省 1 市，政策部署也逐步提升为 2019 年"长三角一体化发展"的国家战略，长三角的建设进入转型提升、创新发展的关键时期。"高质量"的长三角一体化发展强调在产业协同的过程中明晰产业分工定位，进而协同创新、发挥合力，从县域层面来看，想要进一步消除市场壁垒，真正融入区域整体的发展中必先要求自身的产业达到一定的协调发展水平，只有夯实本地产业基础，才能以更高效的资源配置效率加入整体区域价值链。在此背景下，研究县域经济的产业协调发展及其动力机制尤为重要。

关于产业协调发展的问题，学者研究较多，主要采用耦合协调度模型，集中研究二产与三产的协调发展。唐晓华等（2018）测度了制造业与生产性服务业的总体发展水平与耦合协调度，认为两产业的耦合协调度由初始的失调阶段逐渐发展至良好发展阶段，并通过仿真分析得出存量资源优势是两产业协调发展的动力来源。杜传忠等（2013）基于耦合协调度模型，具体测度了京津冀与长三角两大经济圈制造业与生产性服务业的协调发展程度，认为生产性服务业的发展能有效促进两者的协调发展，以此推进制造业的发展。张虎等（2019）通过耦合协调模型发现，制造业与生产性服务业的协调发展水平逐年提升，且两产业协调发展的正向溢出作用促进了区域协调发展。刘胜等（2019）研究发现，金融服务业与制造业在空间上的协同分布对制造业转型升级有显著促进作用。此外，众多学者认为，促进两产协调发展的因素包含了人力资本（刘胜和陈秀英，2019；张虎和周楠，2019）、基础设施（张虎和周楠，2019；刘程军等，2019）、"互联网＋"（刘胜和陈秀英，2019；綦良群和张庆楠，2018；鞠晴江，2006）、产业政策（王成东等，2015）等多方面内容。可见，学者们的研究更多的是生产性服务业和制造业，或者二三产业内细分行业的协调发展关系，仅有少数文献将第一产业引入研究，如徐华（2010）剖析了三次产业协调发展的内在机制，从理论上提出在产业技术的跃迁、产业之间拉动、产业链条的衍生等机制的共同作用下，三次产业得以协调发展。

整体而言，以上文献为产业协调发展的研究作出了重要的理论贡献，但仍存在进一步深化的研究空间。一方面，现有文献多分析二三产业间的协调发展，较少引入一产进行研究，虽有文献探讨一二三产业协调关系，但主要集中于理论探讨，相对缺乏三次产业协调发展的实证研究；另一方面，国内文献涵盖了京津冀（杜传忠等，2013）、长三角（巫强等，2018；杜传忠等，2013；綦良群和张庆楠，2018）、东北地区（郭晓刚，2013）等研究区域，覆盖相对全面，但空间表现方面仍以省域为主（巫强等，2018），并未深入市域，甚至县域地区。

鉴于此，本书拟选取长三角城市群区域除市辖区之外的 95 个县域为研究对象，以 2006～2016 年为研究时间，探索三次产业协调发展的空间特征及其动力机制。首先，构建三次产业协调发展的指标体系；其次，利用耦合协调度模型计算县域的三次产业协调发展水平，并进行协调发展类型分区；最后，运用空间杜宾模型探究县域三次产业协调发展的动力机制并提出相应的政策建议。

第二节　研究方法与数据来源

一、熵权层次分析法

采用层次分析法与熵权法相结合的方法计算三次产业协调发展水平各指标的复合权

重，兼顾主观和客观两方面的赋权优势（侯国林和黄震方，2010）。第一步，采用层次分析法对三级指标进行主观赋权，通过专家对两两指标比较重要性予以评判，权重记为 W_i。第二步，采用熵权法对三级指标进行客观赋权，由数据本身反映自带信息，权重记为 ω_i。第三步，利用公式 $\lambda = \dfrac{W_i \omega_i}{\sum\limits_{i=1}^{n} W_i \omega_i}$ 计算出前述两种方法结合的复合权重。

二、耦合协调度模型

三次产业协调发展水平可用耦合协调度来模拟，通过耦合协调度模型来测度各产业系统之间相互影响的协同程度，以解决某一子系统达到临界状态后会转向另一系统的结构模型。根据李等（Li Y et al，2012）、刘承良等（2009）的研究，三次产业协调发展水平依据下式进行构造：

$$C_t = \{(U_1 \times U_2 \times U_3)/[(U_1 + U_2) \times (U_1 + U_3) \times (U_2 + U_3)]\}^{1/3} \qquad (14-1)$$

$$I_t = \frac{1}{n}\sum_{i=1}^{n} U_{it} \qquad\qquad CD_t = \sqrt{C_t I_t}$$

其中，C_t 为一二三产业的子系统的耦合度，$C_t \in [0,1]$；U_1，U_2 和 U_3 分别表示各子系统的发展水平；I_t 指综合协调指数，反映三个子系统整体发展水平对协调度的贡献，本书将三次产业的贡献均分，所以 n 取值为 3；CD_t 为耦合协调度，用以表示三次产业的协调发展水平。

三、空间自相关

以 Moran's I 指数来检验变量是否存在空间自相关，若存在空间自相关，则表示应在此基础之上建立空间计量模型（Henley A，2005）。其具体表达式如下：

$$Moran's\ I = \frac{n\sum\limits_{i=1}^{n}\sum\limits_{j=1}^{n} W_{ij}(x_i - \bar{x})(x_j - \bar{x})}{\sum\limits_{i=1}^{n}\sum\limits_{j=1}^{n} W_{ij}\sum\limits_{i=1}^{n}(x_i - \bar{x})^2} \qquad (14-2)$$

其中，x_i, x_j 分别为 i 地区、j 地区的三次产业协调发展度的观测值，W_{ij} 为空间权重矩阵，一般认为，任意两个县域之间都存在一定的空间关联性，且随着距离的增大关系更加疏远。所以本书依据县域 i 和县域 j 之间的弧度距离 d 来构建空间权重矩阵：

$$W_{ij} = \begin{cases} 1/d^2 & i \neq j \\ 0 & i = j \end{cases} \qquad (14-3)$$

四、空间面板数据模型

考虑到区域经济问题中空间依赖性的重要性，参考埃洛斯特（Elhorst，2014）的成果，本书将初始模型设置为空间杜宾面板模型（SDPM），并采用极大似然法对参数进行估计。随后，利用 LR 检验和 Wald 检验来对原假设进行验证，H_{01}：SDPM 可以简化为空间滞后面板模型（SLPM）；H_{02}：SDPM 可以简化为空间误差面板模型（SEPM）；若 H_{01} 和 H_{02} 同时被拒绝，则应选择初始的 SDPM。其具体表达式如下：

$$Y_{it} = \rho \sum_{j=1}^{N} W_{ij} Y_{jt} + \beta X_{it} + \theta \sum_{j=1}^{N} W_{ij} X_{jt} + \varepsilon_{it} \qquad (14-4)$$

其中，Y_{it} 为 i 县域在 t 年的三次产业协调发展度；Y_{jt} 为 j 县域在 t 年的三次产业协调发展度，X_{jt} 为 j 县域在 t 年的各驱动因素，W_{ij} 为行标准化后的空间权重矩阵，空间杜宾模型的空间权重矩阵同样依据两个县域之间的弧度距离 d 来构建（$1/d^2$）；ρ、β、θ 为系数向量，当 $\theta = 0$ 时，SDPM 模型简化为 SLPM 模型，当 $\theta = -\rho\beta$ 时，SDPM 模型简化为 SEPM 模型。按照该模型分别对几大类型分区进行空间计量回归。

五、数据来源

参考相关研究成果（杨晓军和宁国良，2018；武鹏等，2018），县域经济以县级行政区划为地理空间，因此市辖区不作为本书的研究对象，同时考虑到数据的可获得性，本书以长三角城市群除市辖区之外的 95 个县域[①]为研究单位，同时以 2006~2016 年为时间区间，对县域三次产业协调发展水平进行测度并做进一步实证分析。原始数据主要来源于《中国县域统计年鉴》《上海统计年鉴》《浙江统计年鉴》《江苏统计年鉴》《安徽统计年鉴》以及部分市县统计年鉴和统计公报。借鉴相关研究的做法（赵勇和白永秀，2012；赵勇和魏后凯，2015），部分缺失数据采用插值法补全。

第三节　长三角县域三次产业协调发展空间分异

一、指标体系构建

研究县域三次产业协调发展的基础在于构建其评价指标体系，而县域产业协调系统

---

① 安徽省池州市未公开相应县域统计数据，因数据缺失原因本书未将东至县、石台县、青阳县列入研究范围。

主要包含产业结构的协调优化以及产业发展上的合理分工，结合前人的研究，杜传忠等（2013）从发展结构、发展效率、发展潜力等方面对产业协调发展进行指标构建；张虎等（2019）则从产业规模、经济效益、成长潜力以及环境约束四个角度来选择耦合协调模型的变量；陈学云等（2018）从绩效指标、成长指标、规模指标三个方面进行研究，综合考虑以上学者的研究及县域三次产业协调发展的内涵，本书遵循系统性、科学性、典型性及数据可得性等原则，从产业结构、产业效益及产业潜力三个方面构建了长三角县域三次产业协调发展指标体系（见表 14 - 1）。

表 14 - 1　　　　　　　　　　三次产业协调发展指标评价体系

产业		具体指标		单位	权重
农业	1/3	产业结构	农业增加值比重	%	0.2152
			农业从业人员比例	%	0.1393
		产业效益	农业劳动生产率	万元/人	0.2072
			人均粮食产量	吨/万人	0.1280
		产业潜力	农业就业增长率	%	0.1171
			农业机械化水平增长率	%	0.1932
工业	1/3	产业结构	工业化增加值比重	%	0.2071
			工业从业人员比例	%	0.1747
		产业效益	工业劳动生产率	万元/人	0.1870
			工业产值利润率	%	0.1323
		产业潜力	工业就业增长率	%	0.1441
			工业增加值增长率	%	0.1548
服务业	1/3	产业结构	服务业增加值比重	%	0.2065
			服务业从业人员比例	%	0.1879
		产业效益	服务业劳动生产率	万元/人	0.1536
			人均社会消费品零售额	万元/人	0.1367
		产业潜力	服务业就业增长率	%	0.1454
			服务业增加值增长率	%	0.1699

二、总体特征分析

1. 热点分析

为了探究长三角城市群各县域高值和低值的空间集聚情况，本书测度了 2006～2016 年三次产业协调发展的 Getis-Ord Gi* 指数并进行可视化处理。结果显示，2006～2011

年，热点县域从 19 个减少至 18 个，减少县域为温岭，热点分布区域集中于以张家港和昆山为代表的苏南地区，以及以慈溪为代表的环杭州湾地区；冷点县域数量未发生变化，但冷点的显著性明显降低，主要分布于以岳西、宿松为代表的皖南地区，以旌德、泾县为代表的皖东地区，以及以嘉山为代表的皖中地区。2011～2016 年，热点区域从 18 个减少至 14 个，减少县域为诸暨、海宁、桐乡以及平湖；冷点区域从 20 个减少至 14 个，减少县域为桐城、庐江、枞阳、肥东、定远以及含山。可见冷点区逐渐弱化，且热点区向以张家港和江阴为代表的苏南地区集聚。

2. 协调发展类型分区

本着区域异质性的原则，根据三次产业协调发展水平的高低对长三角县域进行类型划分，可对不同分区内部三次产业协调发展特征及动力机制进行更深入的探究。利用 ArcGIS 10.4 聚类分布制图工具集内的分组分析工具，可以在一定的空间约束条件下对要素属性进行分组（武鹏等，2018）。为尽可能展示数据的客观性，本书不限定空间约束（即空间约束参数选择 No Spatial Constraint）。同时，分组分析的组数应参考伪 F 统计量（武鹏等，2018），经过比较 2－10 组伪 F 统计量大小后，选取了伪 F 值最高值对应的 3 组，根据各组内三次产业协调发展水平的特征，分别将各组命名为高度协调发展区、中度协调发展区、低度协调发展区。其中，高度协调发展区县域数量变化较为明显，2006 年、2011 年、2016 年数量占比分别为 14.74%、15.80%、18.95%，呈现出逐渐上涨的趋势，且在空间格局上由分散状态向以张家港、江阴、昆山等为代表的苏南地区集聚。参考相关研究做法（陈学云和程长明，2018；刘程军等，2019），基于 2016 年分组结果更接近于当前的三次产业协调发展现状，后续研究均以 2016 年的分组结果为分析基础。表 14－2 为 2016 年分组分析统计结果。

表 14－2　　　　　　　　　　2016 年分组分析结果统计

地区	县域数量（个）	协调发展水平均值
长三角整体	95	0.636
高度协调发展区	18	0.687
中度协调发展区	45	0.653
低度协调发展区	32	0.569

3. 分区空间自相关分析

为了进一步探讨长三角县域三次产业协调发展水平的空间聚类格局，本书利用空间自相关分析法，基于距离邻近（$1/d^2$）的空间权重，计算得到 95 个县域在 2006 年、2011 年及 2016 年的全局 *Moran's I* 指数，如表 14－3 所示。

表 14-3　　　　　　　　　　　　　分区空间自相关情况

项目	长三角整体			高度协调发展区			中度协调发展区			低度协调发展区		
县域数量（个）	95			18			45			32		
指标	I	Z	P	I	Z	P	I	Z	P	I	Z	P
2006 年	0.679	8.290	0.000	0.320	1.989	0.047	0.608	4.183	0.000	0.599	4.631	0.000
2011 年	0.662	8.092	0.000	0.267	1.894	0.067	0.602	4.132	0.000	0.518	3.966	0.000
2016 年	0.547	6.746	0.000	0.172	1.601	0.095	0.577	4.087	0.000	0.355	2.837	0.005

由表 14-3 可知，长三角整体的 *Moran's I* 指数在三年间分别为 0.679、0.662 及 0.547，均通过了空间自相关显著性检验，这说明长三角县域整体具有显著的集聚态势，但随着时间变化，空间异质性逐渐减弱。同时，长三角县域三次产业协调发展水平在三大区块分别呈现出持续显著的集聚态势，计算所得的 *Moran's I* 指数均显著为正，表现出一定的空间依赖性。

第四节　长三角县域三次产业协调发展的动力机制研究

根据空间自相关的检验，长三角整体区域、高度协调发展区、中度协调发展区以及低度协调发展区的 *Moran's I* 指数均大于零且通过显著性检验，这表明在不同分区内三次产业协调均存在空间正相关性，聚集现象明显。因此本书选取以下变量，将各变量进行标准化处理后，建立空间杜宾模型，利用 MatlabR2016a 分别对长三角整体以及三大分区进行详细分析。

一、变量选取

1. 被解释变量

被解释变量指各县域的三次产业协调发展水平（*coor_dep*），来源于前文对县域三次产业协调发展指标的构建及计算结果。

2. 解释变量

为提升长三角县域的三次产业协调发展水平，须探究其动力机制。徐华等（2010）认为，三次产业协调发展的内在机制分为一般机制和特殊机制，其中一般机制包含了产业技术的跃迁机制以及产业间的拉动机制，特殊机制包含了产业链的衍生机制等。本书基于徐华等（2010）提出的理论框架，充分吸收了张虎等（2019）、赵明亮（2015）等的研究成果，综合考虑数据的可获得性、科学性和关联性，选取技术创新、财政支出和金融服务三大指标为三次产业协调发展的一般机制，基础投资和"互联网＋"两大指标为特殊机制。

（1）技术创新（tech）作为一般机制中的产业技术跃迁机制，是社会发展的重要推动力量。产业间的技术关联决定着各产业之间的相互关系，如电气化的普及使得第二产业成为人类历史上经济发展和就业的主要载体，公路、铁路等交通网络的建成带动了批发、零售等服务业的快速发展。推动新技术的发展，能加快产业新旧动能转换，加速产业转型升级。一个地区的技术专利数量在一定程度上能反映该地区的技术创新水平，本书用人均专利申请授权量来表征技术创新程度。

（2）财政支出（fiscal）作为一般机制中产业间拉动机制，是改变三次产业协调发展水平较为直接的方法。一方面，财政资金具有引导作用，能撬动社会资本更多投向县域经济，更快促进产业转型升级（Akhmad P et al，2013）；另一方面，政府的财政支出会对金融机构产生干预，并间接影响产业结构合理化（梁丰和程均丽，2018）。本书用人均政府财政支出额度来表征财政支出力度。

（3）金融服务（finance）作为一般机制中的产业间拉动机制，对三次产业均有带动作用。金融可通过信贷、担保、保险、企业挂牌等多方面给县域三次产业协调发展提供资金保障，长三角区域发达的民间资本为金融服务的持续发展夯实了基础（梁丰和程均丽，2018；刘程军等，2019）。具体而言，除各银行的信贷为县域做出间接融资服务之外，符合条件的相关企业也可通过上市、新三板挂牌和融资、并购重组等手段进行直接融资，相关产品也可进入市场交易。本书用人均金融贷款余额来反映金融服务水平。

（4）基础投资（infras）作为特殊机制中的产业链衍生机制，是三次产业协调发展的重要桥梁。鞠静江（2006）认为，由于基础投资在经济发展产业链的上游，会作用于向前关联产业或向后关联产业并向整个产业结构渗透，如果区域内某一项基础设施发展的滞后可能对区域产业结构发展造成停滞，从而影响区域产业结构的优化升级。县域的基础投资包含了交通物流、水利基础设施、现代能源体系构建、信息化基础配备等的建设（刘程军等，2019），本书用人均固定资产投资额来反映固定资产投资水平。

（5）"互联网＋"（internet）作为特殊机制中的产业链衍生机制，被认为是三次产业协调发展的重要保障和润滑剂（刘姿均和陈文俊，2017）。在"互联网＋"背景下，三次产业正在发生显著变化，"互联网＋"进一步优化了资源配置，加快了经营主体重构，推动全产业链条的转型升级。本书用互联网用户数占县域人口数的比重来反映"互联网＋"水平。

表14－4给出了实证模型中所有变量的描述性统计分析。

表 14 - 4　　　　　　　　　　　　计量模型的被解释变量和解释变量

变量性质	变量名称	符号	变量含义解释
被解释变量	三次产业协调发展水平	coor_dep	根据耦合协调度模型计算得出
解释变量	技术创新	tech	人均专利申请授权量
	财政支出	fiscal	人均财政支出额度
	金融服务	finance	人均金融贷款余额
	基础投资	infras	人均固定资产投资额
	"互联网 +"	internet	互联网用户数占比

本书首先建立空间杜宾模型并做进一步的 Wald、LR 检验以及 Hausman 检验以确定最终计量模型，具体表现形式如下：

$$coor\_dep_{it} = \rho \sum W_{ij}coor\_dep_{jt} + \beta_1 \ln tech_{it} + \beta_2 \ln fiscal_{it} + \beta_3 \ln finance_{it}$$

$$+ \beta_4 \ln infras_{it} + \beta_5 \ln internet_{it} + \theta_1 \sum W_{ij} \ln tech_{it}$$

$$+ \theta_2 \sum W_{ij} \ln fiscal_{it} + \theta_3 \sum W_{ij} \ln finance_{it} + \theta_4 \sum W_{ij} \ln infras_{it}$$

$$+ \theta_5 \sum W_{ij} \ln internet_{it} + \varepsilon_{it} \tag{14 - 5}$$

基于 matlabR2016a 进行 SDPM 估计，表 14 - 5 显示了各项检验结果。其中，长三角整体空间滞后项的 LR 检验（估计值为 13.035，$p = 0.024$）以及 Wald 假设（估计值为 13.113，$p = 0.023$）说明应拒绝空间杜宾模型能简化为空间滞后模型的原假设 H_{01}：$\theta = -\rho\beta$，类似的，由于长三角整体空间误差项的 LR 检验（估计值为 12.980，$p = 0.012$）以及 Wald 假设（估计值为 13.039，$p = 0.036$）也说明应拒绝空间杜宾模型能转化为空间误差模型的原假设 H_{02}：$\theta = 0$。因此，对于长三角整体区域而言，应拒绝空间滞后模型和空间误差模型而选择空间杜宾模型，同理可得，高度协调发展区、中度协调发展区和低度协调发展区也应选择空间杜宾模型。同时，使用 Hausman 检验来判断采用随机模型还是固定模型，根据表 14 - 5 显示的结果发现，长三角整体、高度协调发展区、中度协调发展区和低度协调发展区的检验结果均拒绝了随机效应模型，由此选择固定效应模型。

表 14 - 5　　　　　　　　　　　　空间面板模型的检验

检验		长三角整体	高度协调发展区	中度协调发展区	低度协调发展区
空间滞后项	LR 检验	13.035 **	10.837 *	22.444 ***	17.298 **
	Wald 检验	13.113 **	10.231 *	22.964 ***	16.576 **
空间误差项	LR 检验	12.980 **	9.860 *	22.046 ***	17.146 **
	Wald 检验	13.039 **	10.116 *	22.356 ***	16.238 **
	Hausman 检验	127.551 ***	59.296 ***	34.357 ***	33.823 ***

注：*** 、** 、* 分别表示在 1%、5% 和 10% 水平上显著。

二、空间杜宾模型的估计结果

1. 解释变量的主效应分析

表 14 - 6 为空间杜宾模型的参数估计结果。在高度协调发展区、中度协调发展区、低度协调发展区，各县域三次产业协调发展水平的空间自相关系数分别为 5.6797、3.1104、1.2042，且均通过 5% 置信水平的显著性检验。在高度协调发展区内，各解释变量的系数在主效应方面表现为，技术创新、财政支出、金融服务、基础投资和"互联网＋"均对三次产业协调发展水平具有显著的正向影响；在中度协调发展区内，技术创新、财政支出和金融服务三大机制对三次产业协调发展水平具有显著的提升作用；在低度协调发展区内，主效应方面产生显著正向影响的只体现在两大机制——财政支出与金融服务。

表 14 - 6　　　　　　　　空间杜宾模型的估计结果

变量	长三角整体	高度协调发展区	中度协调发展区	低度协调发展区
ln_tech	0.1672 ***	0.5744 ***	0.8707 ***	0.0833
ln_fiscal	0.2417 ***	0.4701 ***	0.2702 ***	0.1240 **
ln_finance	1.2669 ***	1.8603 ***	0.8309 **	1.5706 **
ln_infras	0.1327	0.2924 *	0.0346	0.1341
ln_internet	1.1752 **	2.6490 ***	0.0447	0.5356
W × ln_tech	0.5733 ***	0.2649	0.9284 ***	0.8355
W × ln_fiscal	− 0.0162 *	− 0.0149	− 0.1405	− 0.1583 *
W × ln_finance	0.5868	0.4754	0.6674	0.5810
W × ln_infras	0.7510 ***	0.6612	0.3799	0.8527 *
W × ln_internet	0.8421 ***	2.1549 ***	0.1448	0.7896
W × coor_dep	1.2332 ***	5.6797 ***	3.1104 ***	1.2042 **
R^2	0.8934	0.9273	0.8130	0.7838
样本数量	1045	198	495	352

注：*** 、** 、* 分别表示在 1%、5% 和 10% 水平上显著。

2. 解释变量的空间溢出效应分解

勒萨热和佩斯（Lesage and Pace，2009）用偏微分的方法来解释空间溢出效应，在加入空间因素后的各指标不可单独观测其回归系数，而应分为直接效应和间接效应两方面来分析。具体而言，直接效应是指本县域解释变量的变化所引起的三次产业协调发展水平变化的均值。解释变量的直接效应与模型系数估计不同的原因在于反馈效应，反馈效应的产生是因为它对本县域的影响会传递给邻近县域，并把邻近县域的影响传回这个县域本身，且 SDPM 的估计系数值等于直接效应减去反馈效应的值。间接效应是解释变量的空间溢出效应，其变动会导致邻近县域三次产业协调发展水平的变化，反映了其他县域解释变量对本县域三次产业协调发展水平的影响。

技术创新、基础投资、财政支出、金融服务、"互联网＋"五个解释变量存在直接效应和间接效应，表 14 - 7 为直接效应和间接效应的估计结果。高度协调发展区的基本表现为：（1）直接效应的贡献强度排序："互联网＋" ＞ 金融服务 ＞ 技术创新 ＞ 财政支出，其中"互联网＋"的直接效应系数为 2.89，远高于其他解释变量；四个显著变量的反馈效应分别占直接效应的 8.19%、4.60%、- 3.07%、1.90%，说明在该类型分区中"互联网＋"在影响相邻县域的三次产业协调发展度后反过来影响自身的三次产业协调发展水平的程度最高。（2）从间接效应来看，只有"互联网＋"显著影响邻近县域的三次产业协调发展水平，且该机制对本身和邻近县域的三次产业协调发展度影响的比例为 1：0.86。因此，对于高度协调发展区而言，在三次产业协调发展水平已达到较高水平的情况下，只有"互联网＋"才能发挥整体带动作用，建立以"互联网＋"为载体和基础的产业发展模式，充分拓展产业链，是提升该层级区域三次产业协调发展水平的最佳途径之一。

表 14 - 7　　　　　　　　　　　　直接效应和间接效应的估计结果

变量	长三角整体	高度协调发展区	中度协调发展区	低度协调发展区
直接效应				
ln_tech	0.1726 **	0.5573 **	0.8740 ***	0.0772
ln_fiscal	0.2425 ***	0.4792 ***	0.2732 ***	0.1195 **
ln_finance	1.1632 ***	1.9500 **	0.8223 **	1.5360 **
ln_infras	0.1650	0.2391	0.0342	0.1424
ln_internet	0.1511 ***	2.8852 ***	0.0425	0.5499
间接效应				
ln_tech	0.5884 ***	0.1373	0.9295 ***	0.8343
ln_fiscal	- 0.0191 *	- 0.0789	- 0.1511	- 0.1588 *
ln_finance	0.0706	0.8478	0.6656	0.6215
ln_infras	0.0573 **	0.5412	0.3821	0.8745 *
ln_internet	0.8167 **	2.4815 **	0.1331	0.8312

注：*** 、** 、* 分别表示在 1%、5% 和 10% 水平上显著。

中度协调发展区的基本表现为：（1）直接效应的贡献强度排序为：技术创新 ＞ 金融服务 ＞ 财政支出，反馈效应分别占直接效应的 0.38%、- 1.05%、1.10%，这说明在中度协调发展区内，三个变量的反馈效应均相对较小。（2）从间接效应来看，只有技术创新对三次产业协调发展度呈现显著性影响，具体而言，技术创新对本县域和邻近县域的影响比例为1∶1.06。可见，对于中度协调发展区，技术创新对自身三次产业协调发展水平有较大提升的同时对邻近县域的三次产业协调发展也有显著正向影响，在产业进入中度协调发展程度后，更多的企业面临着新旧动能转换的问题，通过技术创新，可以加快产业转型升级。

低度协调发展区的基本表现为：（1）直接效应的贡献强度排序为：金融服务＞财政支出，且金融服务直接效应的系数为1.54，远高于财政支出，两个变量的反馈效应分别占直接效应的 -2.25%、3.76%，反馈效应相对较小。（2）从间接效应来看，财政支出呈现显著负向影响，对本县域和邻近县域的影响比例为1∶ -1.33，基础投资对自身县域不产生显著影响，但对邻近县域的正向影响显著。鉴于此，在低度协调发展区，金融服务和财政支出是对县域本身三次产业协调发展的影响较大的两大机制，主要考虑对于低度协调发展区而言最需要的是资金的融通。

第五节　结论与建议

本书运用2006~2016年长三角地区的95个县域的面板数据，测算了各县域三次产业的协调发展水平，讨论了三次产业协调发展水平的空间特征，并进行三次产业协调发展类型分区，在此基础之上通过空间杜宾面板模型对三次产业协调发展水平的动力机制进行了分析，得到以下结论。

根据三次产业协调发展水平可将长三角县域分为高度协调发展区、中度协调发展区和低度协调发展区，其中高度协调发展区县域数量逐渐增多，在空间格局上以苏南地区集聚为主。长三角县域整体以及三大类型分区的三次产业协调发展水平均具有显著的空间集聚态势，且随着时间发展空间异质性逐渐减弱。

空间杜宾模型分析发现，技术创新、基础投资、金融服务、财政支出、"互联网＋"五大机制对长三角三大类型分区具有不同的影响。在高度协调发展区内，五大机制均对三次产业协调发展水平具有显著的正向影响；在中度协调发展区内，技术创新、财政支出和金融服务对三次产业协调发展水平具有显著的提升作用；在低度协调发展区内，只有财政支出与金融服务对三次产业的协调发展具有重要带动作用。进一步对空间溢出效应进行分解后发现，在高度协调发展区内，"互联网＋"是最关键的机制，对于县域本身和邻近县域的三次产业协调发展，具有整体带动作用；在中度协调发展区内，技术创新成为该区域内最重要的机制，对县域自身和邻近县域的三次产业协调发展水平均有较大提升作用；在低度协调发展区内，金融服务和财政支出对自身县域的三次产业协调发展都有正向影响，同时基础投资对相邻区域产生显著的正向影响，但是财政支出对邻近县域有负向影响。

　　根据以上结论，本书本着异质性区域差异化指导的基本原则提出相关建议，各县域应当根据地区发展的实际情况，注重各动力机制的加强，优化三次产业协调发展的环境，改善相关扶持政策，促进三次产业协调发展水平的不断提升。各分区的具体加强重点如下：（1）高度协调发展区应重点加强"互联网＋"的应用。该类型分区内的县域应根据自身的产业发展特点、资源优势等，积极建立以"互联网＋"为载体和基础的产业发展模式，如与旅游、农业、教育、能源产业等的结合，充分拓展产业链，从而促进县域三次产业的协调发展。（2）中度协调发展区应重点加强技术的创新发展。通过新技术的发展影响生产要素、改变需求结构、改变就业结构等，从而提升本产业及相关产业的转型升级。（3）低度协调发展区应加强金融服务和财政扶持。对于该类型分区内的县域而言，应设法拓宽融资渠道，除银行贷款和财政上的资金支持外，更重要的是探索合适的直接融资方案，以提升三次产业协调发展水平。

第十五章　新型城镇化与绿色化协调发展

第一节　引　　言

2015 年 3 月 24 日召开的中共中央政治局会议指出，必须在"新型工业化、城镇化、信息化、农业现代化"基础上，再加入"绿色化"，将其提高到与其他"四化"相同的战略高度，标志着"四化"同步向"五化"协同推进的战略转变。根据国家统计局 2020 年数据，2020 年我国常住人口城镇化率已突破 60%，进入城镇化发展提质增效的中期阶段。但传统城镇化是以"土地财政"和工业化为主导的发展模式，存在重数量、轻质量，重 GDP 增速、轻环境保护等现象，在推动国民经济快速发展的同时也给生态福利带来了巨大压力（侯志阳，2013）。新型城镇化与绿色化的协调发展是实现"五化"协同的重要环节。传统发展道路下"冒进式"的快速城镇化、粗放型城镇化（魏后凯和张燕，2011；陆大道等，2007），以资源高消耗、污染高排放、环境高投入为代价，引发人口拥挤、交通拥堵、环境污染等问题（杨传开和李陈，2014）。我国一方面处于经济增长方式由粗放型向集约型转变的关键时期，经济正在由高速增长阶段向高质量发展阶段转变；但另一方面，资源短缺问题仍然存在，城乡发展不平衡、区域发展不均衡等问题仍然突出。由此，2021 年 10 月 21 日，中共中央办公厅、国务院办公厅印发了《关于推动城乡建设绿色发展的意见》，进一步强调城乡建设是推动绿色发展、建设美丽中国的重要载体。绿色化是绿色发展的实践路径，意味着摒弃"高消耗、高污染、高投入"的传统城镇化模式，转向注重质量和效率的资源节约、环境友好的新型城镇化。在新型城镇化战略提出前，以往研究多以人口城镇化或者空间城镇化来表现我国的城镇化进程，传统的人口城镇化率已经不能反映新型城镇化的核心内容及复杂的内涵。因此，探究当前新型城镇化与绿色化的协调发展时空格局的演变规律，分析背后的驱动机制，对助力城镇化绿色转型，绿色化融入城乡发展具有重要意义。

关于新型城镇化与绿色化的研究主要集中在"五化"的协同发展，将新型城镇化与绿色化作为"五化"内部的重要构成进行研究。其中既有定性考量的，如郑尚植（2016）从系统论的观点来审视"五化"协同，认为"五化"是一个完整且复杂的系统，子系统间的协同性无效会造成耦合不足等问题。而更多学者是通过定量评估结合空间分析方法对"五化"协同展开研究（侯纯光等，2016；马艳，2016；白雪等，2018；江孝君等，2017）。近年来，随着研究方向的不断拓展，学者们逐渐重视"五化"各子系统间协调发展情况。新型城镇化与绿色化作为"五化"协同的重要组成部分，其相关研究正在快速增加。王晓斌（2018）构建耦合协调度模型对全国各省份进行定量研究，分析出各省份之间的差距逐渐缩小，符合 σ 收敛。李为等（2016）通过构建绿色化与城镇化动态耦合模型，揭示福建省地级市绿色化与城镇化系统耦合的主要影响因素为经济增长、城镇基本公共服务水平、生态环境治理水平和基础设施，其动态变化曲线整体呈"U"形特征。有学者从区域异质性的视角展开分析，如邵海琴等（2021）采用超效率 SBM 模型、熵值法、马尔科夫链对长江经济带旅游资源绿色利用效率和新型城镇化水平进行测度，揭示了绿色利用效率和新型城镇化水平耦合协调发展的时空演变特征。还有学者探究了新型城镇化对绿色化的影响作用。陈哲等（2021）测算了长江经济带各地级市农业绿色生产效率，发现城镇化发展状况存在空间集聚现象，城镇化发展对农业绿色生产效率具有显著正向影响，且具有溢出效应。张东玲等（2022）研究发现，新型城镇化政策的实施能够有效提高城市土地绿色利用效率，但是其政策效果存在明显的异质性，东南沿海地区和东北地区的政策效果更加显著。综上所述，当前对新型城镇化与绿色化协调关系的研究仍停留在时空特征分析、单向作用关系上，对两者的协调同步关系尚未厘清，两者协调发展的驱动因素有待探明。

　　本书在新型城镇化与绿色化内涵的基础上，以 2005～2019 年长江经济带 108 个城市为研究样本，构建新型城镇化与绿色化综合评价指标体系，运用耦合协调模型测度两者的耦合协调度，在分析新型城镇化与绿色化耦合协调度的时空演化特征的基础上，运用空间计量模型对长江经济带新型城镇化与绿色化耦合协调的驱动因素进行研究。以期为破解长江经济带城镇化、绿色化协调发展困局，优化长江经济带发展模式提供依据与参考。

第二节　指标体系与研究方法

一、研究区概况

　　长江经济带位于东经 97°21′～122°12′，北纬 21°08～35°08′，横跨中国东中西三大区域，涵盖 11 个省市，地域面积超过全国疆域的 20%，人口和 GDP 均超过全国的 40%，是"十四五"时期中国实施区域重大战略的重要组成部分（李金华，2022）。改革开放以来，长江经济带经济社会快速发展、城镇化水平不断提高（方创琳等，

2015)、与世界联系不断增强，成为了具有全球影响力的内河经济带。然而，快速城镇化导致的资源紧张和粗放发展模式造成的环境污染问题已成为制约该区域经济进一步发展的重要因素。本书根据自然地理位置与行政区划将长江经济带划分为上游、中游、下游，便于进一步显示区域间发展差异，分析其背后驱动因素的异质性。

二、新型城镇化与绿色化的内涵

1. 新型城镇化的内涵

城镇化涉及人口学、经济学、社会学、地理学等多学科，体现了人口、经济、社会、土地等多层次的演变过程。归纳来讲，城镇化是第二、第三产业向城镇集聚，从而农村人口向第二、第三产业和城镇转移，农村地域向城镇地域转化，城镇数量增加和规模不断扩大，城镇景观、城镇生产生活方式和城镇文明不断向农村传播扩散的历史过程（张占斌，2013）。在新型城镇化战略提出后，强调以生态文明理念指导、引领新型城镇化建设，这也是中国新时期城镇化研究的显著特征（于立，2016）；此外，地理学上常见的是集中探讨城镇化与生态环境的协调或脱钩分析（张引等，2016），并评价城镇化与生态环境的耦合协调度。新型城镇化是一种理念上从"人口城镇化"到"人的城镇化"的转变，"人本性、协同性、包容性和可持续性"是其内涵（陈明星等，2019）。人口、经济、社会、土地等要素的协调演进是解决传统城镇化突出问题的关键所在。

以往关于新型城镇化协调水平的研究已经较为丰富，且形成了一定的共识。人口城镇化是城镇化的核心，而土地城镇化则是城镇化的载体（陈凤桂等，2010），因此诸多学者基于人口与土地两个维度开展城镇化水平的研究（薛德升和曾献君，2016；张立新等，2017；李子联，2013；吴一凡等，2018）。在此基础上随着新型城镇化内涵的丰富，新型城镇化的指标体系也趋向更多维度。李涛等（2015）提出了"人口—土地—产业"城镇化质量耦合协调度指标体系，并测度了重庆市城镇化质量耦合协调水平及空间格局差异进行测算分析。还有学者扩展了第三个维度，将产业内含于经济，构建了"人口—土地—经济"城镇化水平指标体系（贺三维和邵玺，2018；范擎宇等，2020；范擎宇和杨山，2021）。其他学者均有不同方向的拓展，如樊鹏飞等（2016）在系统耦合视域下从"经济—土地—人口—生态"四个维度解构城镇化内部协调发展机理。张筱娟等（2019）构建了"经济—土地—人口—社会"城镇化评价指标体系，分析研究了粤港澳城镇化耦合协调的时空分异特征及其影响因素。

2. 绿色化的内涵

绿色化是绿色发展理念的实现途径，包含"经济—社会—生态"的多维度发展模式的转变：在经济层面实现生产、产业的绿色化（中国社会科学院工业经济研究所课题组和李平，2011）；在社会层面实现生活、消费的绿色化（周宏春，2015）；在生态层面实现保护、治理的绿色化。绿色化目的在于减小经济社会发展对生态环境的压力实现高效产出，倡导绿色健康的生活模式和消费习惯，施行良好的环境治理措施，促进人与自然和谐统一。

学者们对绿色化水平的研究处于快速发展阶段。比较主流的是，根据绿色化内涵建立了包含"绿色增长、绿色财富、绿色福利、绿色治理"四个维度的绿色化水平评价指标体系（刘凯等，2016；侯纯光等，2018；田时中和周晓星，2020；田时中和丁雨洁，2019），还有学者从"绿色化禀赋、绿色化压力、绿色化治理"（顾伟和葛幼松，2018）和"绿色生态、绿色生活、绿色生产"三个层面构建长江中游城市群绿色化发展水平的测度指标体系（熊曦等，2019），并运用熵值法对其空间差异展开了实证。史敦友（2019）则从"资源消耗、废物排放与工业转型"三方面构建工业绿色化评价指标体系，对省际工业化绿色化空间差异性进行测算与分解（史敦友，2019）。

3. 综合评价指标体系构建

本书构建的新型城镇化与绿色化综合评价指标体系如表 15 – 1 所示。在选取 I 级指标上，根据新型城镇化与绿色化内涵，构建"人口城镇化、经济城镇化、社会城镇化、土地城镇化"四个维度的新型城镇化指标体系以及"绿色生产、绿色生活、绿色治理"三个层面的绿色化指标体系。

表 15 – 1　　　　　　　　新型城镇化与绿色化的综合评价指标体系

系统层	I 级指标	II 级指标	单位	指标属性
新型城镇化	人口城镇化	市区人口占比	%	+
		市区人口密度	人/平方千米	+
		第三产业从业人员比重	%	+
	经济城镇化	第二、第三产业产值占比	%	+
		人均社会消费品零售额	元/人	+
		人均可支配收入	元/人	+
		建成区经济密度	亿元/平方千米	+
	社会城镇化	每万人医疗卫生机构床位数	张/万人	+
		每万人在校大学生数	人	+
		居民人均储蓄	元/人	+
		科学事业费支出比重	%	+
		恩格尔系数	%	–
	土地城镇化	建成区占比	%	+
		人均铺设道路面积	平方米/人	+
		人均建设用地面积	平方米/万人	+

续表

系统层	Ⅰ级指标	Ⅱ级指标	单位	指标属性
绿色化	绿色生产	每单位工业废水排放量产出	万元/吨	+
		每单位工业二氧化硫排放量产出	万元/吨	+
		每单位工业用电量产出	万元/千瓦时	+
		每单位用水量产出	万元/吨	+
	绿色生活	居民人均生活用电量	千瓦时/人	−
		人均公园绿地面积	平方米/人	+
		建成区绿地覆盖率	%	+
		每万人公共汽车拥有量	辆/万人	+
		每百人公共图书馆藏书	册/百人	+
		互联网普及度	户/人	+
	绿色治理	年平均PM2.5指数	微克/立方米	−
		固体废弃物综合利用率	%	+
		污水集中处理率	%	+
		生活垃圾无害化处理率	%	+
		人均财政支出	元/人	+

注：建成区经济密度 = (第二产业产值 + 第三产业产值)/建成区面积，互联网普及度 = 互联网用户数/地区总人口。

在选取Ⅱ级指标上，检索上述相关研究的指标体系，通过对比分析提取出现频率高的，受认可度高的指标作为Ⅱ级指标，并根据数据的科学性、可获得性剔除数据严重缺失的指标。此外，尽量采用人均、地均、万元GDP等指标，以消除不同城市在体量上的差距。

本书选取2005~2019年长江经济带108个地级及以上城市的面板数据为样本，数据来源为《中国城市统计年鉴》、《中国城市建设统计年鉴》、各省份统计年鉴等，个别数据如有缺失，则根据相邻年份数据采用插值法或外延法进行补齐。

三、研究方法

本书先通过构建新型城镇化与绿色化评价指标体系，计算两者的综合水平及耦合协调度，然后归纳耦合协调度的空间异质特征，并采用探索性空间数据分析方法，刻画新型城镇化耦合协调度的时空演化特征，进一步利用空间计量模型对两者耦合协调的驱动因素进行分析。

1. 耦合协调度模型

新型城镇化与绿色化作为两个系统既存在一定的独立性，又能够相互影响，因而使用耦合协调度模型来测度两者交互作用关系。先通过熵值法分别计算新型城镇化与绿色化的综合水平，具体公式见相关文献（徐晓光等，2021），再根据下列公式计算耦合协调度 D 来描述新型城镇化与绿色化相互协调发展的程度。

$$C = \left\{ \frac{U \times G}{\left(\frac{U+G}{2} \right)} \right\}^2 \tag{15-1}$$

$$T = \alpha U + \beta G \tag{15-2}$$

$$D = \sqrt{C \times T} \tag{15-3}$$

其中，U 为新型城镇化水平；G 为绿色化水平；C 为耦合度；T 为耦合协调发展水平指数；α、β 为待定系数，考虑到新型城镇化与绿色化处于同等重要地位，故取 $\alpha = \beta = 0.5$；D 为耦合协调度。学术界在耦合协调度划分上存在着许多分歧，目前还没有统一的标准，根据前人的研究成果（徐维祥等，2020），结合实际结果，将耦合协调度分为 4 种类型：$[0,0.3]$ 为濒临失调，$(0.3,0.45]$ 为初级协调，$(0.45,0.6]$ 为中级协调，$(0.6,1]$ 为高级协调。

2. 空间相关性

全局 Moran's I 指数反映研究区域空间邻近的研究单元某一属性值的空间自相关情况。Moran's I 大于 0 时，为空间正相关；Moran's I 小于 0 时，为空间负相关；Moran's I 为 0 时，空间分布呈随机性。计算公式为：

$$I = \frac{n}{S_0} \cdot \frac{\sum_{i=1}^{n} \sum_{j=1}^{n} W_{ij}(x_i - \bar{x})(x_j - \bar{x})}{\sum_{i=1}^{n}(x_i - \bar{x})^2}, \quad S_0 = \sum_{i=1}^{n} \sum_{j=1}^{n} W_{ij} \tag{15-4}$$

全局 Moran's I 指数只能解释研究区域要素的平均相似程度，而 Getis-Order Gi* 可以进一步测度要素高值或低值在空间的集聚情况，描绘新型城镇化与绿色化耦合协调度的热点和冷点区域的空间分布。计算公式为：

$$G_i^* = \frac{\sum_{j=1}^{n} W_{ij}x_j - \bar{x}\sum_{j=1}^{n} W_{ij}}{S\sqrt{\frac{\left[n\sum_{j=1}^{n} W_{ij}^2 - \left(\sum_{j=1}^{n} W_{ij} \right)^2 \right]}{n-1}}} \tag{15-5}$$

$$S = \sqrt{\frac{\sum_{j=1}^{n} x_j^2}{n} - (\bar{x})^2} \tag{15-6}$$

其中，n 为观测值总数；x_i、x_j 分别为 i、j 地区的观测值；$\bar{x}$ 为 x 的平均值；W_{ij} 为空间权重矩阵。

3. 空间面板计量模型

假如各时间断面的城市单元新型城镇化与绿色化耦合协调度存在空间自相关性，考虑地理背景的空间面板计量模型相比一般面板数据模型能更准确地反映各解释变量对耦合协调度的影响。

整合时空间效应的空间杜宾模型的一般表达式为：

$$Y_{it} = \rho W Y_{it} + \beta X_{it} + \gamma W \bar{X}_{it} + \delta W \varepsilon_{it} + \mu_i + \lambda_t + u_{it} \qquad (15-7)$$

其中，ρ 为被解释变量空间滞后项系数；i 表示城市；t 表示年份；Y_{it} 为被解释变量；X_{it} 为解释变量；β 表示解释变量的相关系数；W 为空间权重矩阵，本书采用邻接矩阵形式；$\bar{X}_{it}$ 是一个可变的解释变量矩阵；γ 表示相邻区域的解释变量对被解释变量 Y 的边际影响；δ 表示误差项空间自相关系数；ε_{it} 表示空间自相关误差项；μ_i 表示空间固定效应；λ_t 表示时间固定效应；u_{it} 为随机误差项。

第三节　新型城镇化与绿色化耦合
协调的时空格局演化

一、新型城镇化与绿色化耦合协调度的时序变化

根据耦合协调度的计算方法，测度了 2005～2019 年长江经济带新型城镇化水平、绿色化水平以及新型城镇化与绿色化耦合协调度（见图 15－1）。（1）从新型城镇化子系统来看，长江经济带的新型城镇化水平呈现稳步上升趋势。从 2005 年的 0.1069 上升至 2019 年的 0.2465，年均增长 0.0095，新型城镇化进程持续推进，然而新型城镇化水平仍处于较低水平，城镇化发展的质量有待提高。（2）从绿色化子系统来看，长江经济带的绿色化水平呈先缓后快的持续上升趋势。从 2005 年的 0.0475 至 2015 年的 0.0880 再到 2019 年的 0.1403，年平均增长分别为 0.0045、0.0131，长江经济带绿色化水平相比新型城镇化水平，长期处于低水平阶段，始终相对滞后，但近年绿色化水平快速提高，表明各研究区域在发展经济的同时，绿色发展理念逐渐提高，绿色化程度逐渐增强。（3）从耦合协调度来看，长江经济带新型城镇化与绿色化的耦合协调度呈稳定增长的趋势。耦合协调度 2005 年为 0.2669，2019 年为 0.4312，年均增长 0.0117。总体而言，在新型城镇化推进与绿色化程度提高下，两者交互耦合协调水平持续提高，从而

耦合协调度稳步上升，但仍处于较低协调水平。

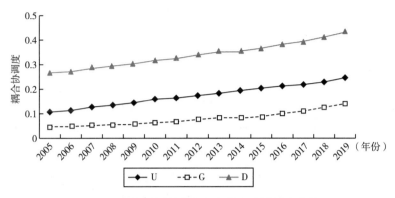

图 15 - 1　新型城镇化与绿色化耦合协调度变化

二、新型城镇化与绿色化耦合协调度的空间格局

整体上，长江经济带地级及以上城市的新型城镇化与绿色化耦合协调水平较低，耦合协调度呈现逐年上升趋势。耦合协调高水平地区与低水平地区的差距逐渐加大，呈现"下游地区＞中上游地区"的空间分异格局，下游长三角地区为"组团型"高值集聚特征，而中上游高值区域则为"零星型"分布。2005 年长江经济带大部分地级及以上城市处于濒临失调状态，初级协调的城市包含上海、江苏南部城市、浙江东北部城市，以及各省会城市，如合肥、南昌、武汉等。2010 年，长江经济带整体的耦合协调水平有所提高，上海、南京率先达到中级耦合协调水平，长江下游江苏省、浙江省的大部分城市耦合协调水平由濒临失调型转为低级协调型，其他省份部分城市的耦合协调度达到低级协调水平，中上游大部分城市仍处于濒临失调水平。2015 年长江经济带整体的耦合协调水平进一步提高，绝大部分城市达到低级协调水平，上海、各省会城市及部分发达地区城市达到中级协调水平，部分中上游城市仍处于濒临失调水平。2019 年全部城市处于低级协调水平以上，上海、南京、长沙率先达到高级协调水平，江苏省、浙江省的大部分城市处于中级协调水平，其余省会城市及部分城市达到中级协调水平。总体而言，长江经济带的省会城市以及副省级城市新型城镇化与绿色化的耦合协调度相对较高，而部分中上游城市耦合协调度相对较低。分析其原因，前者有较为发达的经济基础，资源利用效率较高，产业结构较为完善，产业转型升级使"环境不友好型"的产业转为"环境友好型"产业；后者由于城镇无序扩张，资源开发利用方式较为粗放，产业结构较为单一，接续替代产业支撑不足，产业转型升级压力大等原因，生态环境受到的影响和破坏较为严重。

三、新型城镇化与绿色化耦合协调度的空间相关性分析

1. 全局空间自相关分析

首先测算 2005～2019 年新型城镇化与绿色化耦合协调度的全局 Moran's I，结果如表 15-2 所示，不同年份耦合协调度的全局 Moran's I 均为正值，且 P 值均在 1% 的水平上通过正态分布检验。2005～2010 年耦合协调度的空间自相关性逐渐增强，中间阶段波动变化，2013 年后逐年回落，全局 Moran's I 呈现 "M" 形变化趋势。新型城镇化与绿色化耦合协调度在空间分布上具有显著的正相关性，相似的观测值（高值或低值）趋于空间集聚，表明某一城市的新型城镇化与绿色化的耦合协调发展不仅会影响邻近城市，也会被邻近城市所影响。

表 15-2　　　　　　　新型城镇化与绿色化耦合协调度的 Moran's I 指数

项目	2005 年	2006 年	2007 年	2008 年	2009 年	2010 年	2011 年	2012 年
Moran' I	0.3360 ***	0.3588 ***	0.3669 ***	0.3880 ***	0.3955 ***	0.3993 ***	0.3849 ***	0.3325 ***
z 值	4.9528	5.2891	5.3968	5.6993	5.8111	5.8467	5.6367	4.9091
项目	2013 年	2014 年	2015 年	2016 年	2017 年	2018 年	2019 年	
Moran' I	0.3925 ***	0.3670 ***	0.3615 ***	0.3575 ***	0.3238 ***	0.2899 ***	0.2838 ***	
z 值	5.7491	5.4061	5.3050	5.2531	4.7871	4.3117	4.2253	

注：*** 表示在 1% 的水平上显著。

2. 空间冷热点分析

全局 Moran's I 指数主要用于验证新型城镇化与绿色化耦合协调度在空间上的整体平均集聚水平，难以刻画其局部空间异质性特征。因此，本书还进一步测算得到了 2005 年、2010 年、2015 年、2019 年长江经济带各城市的 Getis-Order Gi* 指数，并按照自然断点法（Jenks）由高到低划分为热点区域、次热点区域、随机分布区、次冷点区域和冷点区域。

2005～2019 年长江经济带新型城镇化与绿色化耦合协调度呈现热点区域 "锁定" 而冷点区域 "迁移" 的空间格局演变。热点区域主要集中在长江下游三角洲城市，如上海、苏州、嘉兴等城市，冷点区域主要集中在长江经济带上游自贡、宜宾、内江、泸州、乐山等城市及下游亳州、阜阳等城市。2005 年，长江经济带热点区域、次热点区域、次冷点区域、冷点区域的城市数量比例（下同）为 15：7：4：5，热点区域集中在长江三角洲较发达城市，这些研究单元的新型城镇化与绿色化耦合协调水平较高，且形成了高值集聚区；冷点区域有 5 个单元，主要分布在自贡、内江、乐山等四川城市，形成了低值集聚区。2010 年，四种区域比例为 16：7：4：6，宁波由次热点区域上升到热

点区域，杭州由随机分布区上升到次热点区域，永州、普洱由次冷点区域上升为随机分布区，而阜阳、临沧由随机分布区下降为次冷点区域，南充下降到冷点区域。2015 年，四种区域比例为 16∶5∶9∶1，泸州、自贡、内江、乐山由冷点区域上升到随机分布区，宜宾、南充由冷点区域上升至次冷点区域，巴中由次冷点区域上升至随机分布区，合肥、滁州由次热点区域下降至随机分布区，亳州、宿州、淮北、普洱、昭通由随机分布区下降为次冷点区域，阜阳由次冷点区域下降至冷点区域。2019 年，四种区域比例为 11∶8∶9∶1，热点区域趋于收缩，南京、宁波、宣城、马鞍山、芜湖由热点区域下降为次热点区域，杭州、铜陵由次热点区域下降为随机分布区，南充、邵阳、昭通由次冷点区域上升至随机分布区，阜阳由冷点区域上升为次冷点区域，自贡、内江、六盘水由随机分布区下降为次冷点区域，亳州由次冷点区域下降为冷点区域，最终形成"热点大、冷点小"的空间分布格局。

第四节　实证分析

一、驱动因素选择

经济发展水平是新型城镇化与绿色化协调发展的基础，随着经济发展水平的不断提高，城市单元实现了经济增长模式由粗放型向集约型的绿色化转型，同时推动了新型城镇化进程，从而城市经济实力增长有助于促进新型城镇化与绿色化耦合协调发展，使用人均 GDP 表示。教育投入在提高人口素质的同时，促进了技术的进步，有助于提高公众环保意识、积累人力资本、缩小城乡差距、推动绿色创新，使用人均一般财政教育费用支出表示。对信息资源的广泛使用与深度开发，能够提高生产、经营、管理、决策的效率与水平，从而实现绿色化生产、生活、治理，选用邮电业务指数表示信息化程度。固定资产投资与城镇化关联紧密，固定资产投资能够增加城市基础设施，完善城市功能区布局，从而推动新型城镇化与绿色化耦合协调水平的提高，选择人均固定资产投资表示。产业结构是否合理直接关系到城市经济能否长期持续健康稳定地发展，城市单元在工业化的过程中，伴随工业企业的规模扩张和生产力水平的提高，新型城镇化与绿色化耦合协调水平也随之提高，使用第二、第三产业产值之比表示。新型城镇化需要政府长期执行和规划的重要政策发展指向，绿色化更是需要政府进行积极的政策导向和制度设计，因此，地方政府的管理能力具有重要影响，选择地方财政支出占 GDP 的比重来表示。综上所述，考虑长江经济带新型城镇化与绿色化耦合协调状况，选择经济发展、教育投入、信息化程度、固定资产投资、产业结构、政府管理为驱动因素（见表 15 - 3）。各面板数据进行均值化处理以消除量纲的影响，以保留各指标的差异性，便于分析比较各驱动因素的强弱程度。

表 15 – 3 耦合协调度的驱动因素

变量类型	变量名称	变量符号	变量说明	单位
被解释变量	耦合协调度	D	耦合协调模型计算结果	无量纲
解释变量	经济发展水平	$pgdp$	人均 GDP	元/人
	教育投入	$education$	人均财政教育费用支出	元/人
	信息化程度	$informatization$	邮电业务指数	元/人
	固定资产投资	$investment$	人均固定资产投资	元/人
	产业结构	$industry$	第二产业产值/第三产业产值	无量纲
	政府管理	$government$	财政支出占 GDP 比重	%

注：邮电业务指数 = (地区邮政业务收入 + 地区电信业务收入)/地区总人口。

二、回归结果检验

基于新型城镇化与绿色化耦合协调度空间自相关检验结果，新型城镇化与绿色化耦合协调度具有显著的空间依赖性，应考虑空间因素的影响，故选择空间计量模型进行驱动因素分析。通常使用的空间计量模型有空间滞后模型（SLM）、空间误差模型（SEM）、空间杜宾模型（SDM）。根据检验结果（见表 15 – 4），对长江经济带整体和局部的检验值均在 1% 的水平上显著，通过了 LR 检验与 Wald 检验，说明空间杜宾模型更具有解释力，而且回归结果通过 Hausman 检验，表明固定效应模型优于随机效应模型。

表 15 – 4 空间计量模型检验结果

检验类型	整体	上游	中游	下游
LR Test for SLM	77. 53 *** (0. 0000)	41. 78 *** (0. 0000)	50. 97 *** (0. 0000)	60. 10 *** (0. 0000)
LR Test for SEM	45. 06 *** (0. 0000)	41. 29 *** (0. 0000)	46. 50 *** (0. 0000)	47. 71 *** (0. 0000)
Wald Test for SLM	80. 01 *** (0. 0000)	43. 71 *** (0. 0000)	53. 56 *** (0. 0000)	63. 54 *** (0. 0000)
Wald Test for SEM	44. 89 *** (0. 0000)	42. 84 *** (0. 0000)	48. 47 *** (0. 0000)	46. 80 *** (0. 0000)
Hausman Test	174. 05 *** (0. 0000)	125. 31 *** (0. 0000)	34. 45 *** (0. 0010)	151. 70 *** (0. 0000)

注： *** 表示在 1% 水平上显著，括号内数字为 P 值。

三、回归结果分析

由表 15-5 可知，长江经济带新型城镇化与绿色化耦合协调度的空间滞后项系数 ρ 为 0.2367，证实了耦合协调度存在空间溢出效应，一个城市耦合协调度的提高会带动相邻城市的耦合协调度的提高，从而形成良性互动，共同推动区域协调发展。此外，各因素驱动作用具有明显的空间异质性。

表 15-5　　　　　　　　　　　　　　　空间杜宾模型的估计结果

解释变量	全部	上游	中游	下游
pgdp	0.0580 *** (8.6331)	0.1292 *** (8.0252)	0.0943 *** (4.4347)	0.0216 *** (2.8884)
education	0.0358 *** (5.6015)	− 0.0004 (− 0.0218)	0.0191 (0.9938)	0.0327 *** (5.0858)
informatization	0.0043 ** (2.1462)	0.0002 (0.0507)	− 0.0077 * (− 1.6701)	0.0142 *** (5.9486)
investment	0.0148 *** (5.1445)	− 0.0180 * (− 1.7265)	− 0.0148 (− 1.3245)	0.0238 *** (8.7946)
industry	0.0371 *** (5.3370)	0.0196 * (1.9120)	0.0341 ** (2.1040)	0.0593 *** (5.7774)
government	0.0122 *** (3.0327)	0.0043 (0.6398)	0.0147 (0.5956)	0.0213 *** (5.1138)
Wpgdp	0.0014 (0.1353)	0.0670 *** (2.6696)	− 0.0331 (− 0.8216)	− 0.0023 (− 0.1843)
Weducation	− 0.0346 *** (− 3.5148)	− 0.1012 *** (− 4.2597)	− 0.1450 *** (− 4.4851)	0.0198 * (1.7782)
Winformatization	− 0.0029 (− 0.6860)	0.0067 (0.9631)	− 0.0128 (− 0.8732)	− 0.0157 *** (− 3.2281)
Winvestment	− 0.0288 *** (− 4.4141)	− 0.0164 (− 1.0303)	0.0375 * (1.8223)	− 0.0187 *** (− 2.6871)
Windustry	− 0.0299 *** (− 2.9664)	0.0086 (0.5627)	0.0278 (0.9582)	− 0.0825 *** (− 5.1264)
Wgovernment	− 0.0172 ** (− 2.0243)	− 0.0081 (− 0.6013)	0.0787 (1.4329)	− 0.0207 ** (− 2.0855)

续表

解释变量	全部	上游	中游	下游
ρ	0.2367 *** (7.5699)	−0.0305 (−0.5447)	0.1269 ** (2.1515)	0.2149 *** (3.7357)
σ^2	0.0015 *** (28.2809)	0.0012 *** (15.2451)	0.0017 *** (16.4072)	0.0010 *** (17.4416)
R^2	0.6293	0.0128	0.1134	0.8815
log-likelihood	2942.8881	898.0502	955.9474	1246.1550
Spatial FE	YES	YES	YES	YES
Time FE	YES	YES	YES	YES
观测值	1620	465	540	615
城市个数	108	31	36	41

注：* 表示在 10% 的水平上显著，** 表示在 5% 的水平上显著，*** 表示在 1% 的水平上显著，括号内数字为 t 值。

经济发展是首要驱动力，空间上沿长江上中下游呈"阶梯式"依次递减。整体上，经济发展的回归系数为 0.0580，驱动作用最强；分区域而言，长江上游、中游、下游地区的回归系数分别依次递减，而经济水平下游地区最好，中游地区其次，上游地区较差，呈现经济发展对新型城镇化与绿色化耦合协调驱动作用的边际效应随地区经济水平提高而递减的趋势。

教育投入是重要驱动力，下游地区教育投入驱动作用显著。长江下游地区的教育投入对新型城镇化与绿色化的耦合协调具有显著的驱动作用，中游地区则不显著，而上游地区未显示相关性。究其原因，中上游地区的人才流失问题扮演着重要角色，上游城市的教育投入无法有效地转换为当地的人力资本，加大了在科技创新、产业升级方面与下游发达地区的差距。

信息化程度整体驱动作用最弱，空间异质性明显。其在长江下游地区具有显著的驱动作用，在长江中游地区具有显著的抑制作用。长江经济带下游城市数字化程度较高，深度步入信息革命的浪潮，发掘信息技术红利，反观长江经济带中上游的信息化程度不足，难以满足日新月异的城镇化与绿色化步伐，亟待完成数字化城市转型。

固定资产投资是耦合协调的"催化剂"也是"阻滞剂"。整体上，固定资产投资的回归系数为 0.0148。长江上游、中游、下游地区固定资产投资的回归系数为 −0.0180、−0.0148、0.0238。长江下游的固定资产投资起到良好的促进作用，而长江中上游地区的固定资产投资效率较低，存在过度投资的现象，城市基本建设水平良莠不齐，因而对新型城镇化与绿色化的耦合协调起到抑制作用。

产业结构对新型城镇化与绿色化耦合协调的驱动作用呈现空间上逐级递增的态势。

长江下游地区产业转型升级持续进行，大力发展新材料、新能源等先进制造业以及数字金融等现代服务业，推动战略性新兴产业规模化，发展节能环保绿色产业，具有强大的驱动力。而长江上游、中游地区具有人力成本、资源成本较低的比较优势，在承接东部沿海产业转移的同时，发挥出自身的独特优势，工业化的快速发展，吸收了农村的剩余劳动力，使其转变为城镇人口，有力地推动城镇化进程。

政府管理对于新型城镇化与绿色化耦合协调的提高起到正向作用，且仍有上升空间。在长江经济带新型城镇化进程中，发挥政府宏观调控在资源配置中的关键作用，对于缩小城乡发展差距，减少资源浪费，促进长江流域各地级市协调发展具有重要意义。长三角地区的政府治理能力较强，行政效率较高，对于新型城镇化与绿色化的耦合协调起到积极的推动作用。

第五节　结论与建议

为探究绿色发展与新型城镇化之间的耦合协调驱动机制，对长江经济带108个地级及以上城市在2005～2019年的新型城镇化与绿色化耦合协调水平进行了定量测度，并使用空间杜宾模型进行了驱动因素的分析。结果如下所述。

（1）在时间趋势上，长江经济带绿色化水平、新型城镇化水平以及两者的耦合协调度均呈现持续上升趋势，但仍处于较低水平，绿色化发展长期滞后于新型城镇化进程。在空间格局上，长江经济带新型城镇化与绿色化耦合协调度呈现一定程度"东高西低"的特征，长江下游发达地区城市及中上游各省会城市为耦合协调度的高值区域，长江中上游城市为耦合协调度的低值区域。

（2）长江经济带新型城镇化与绿色化耦合协调度的 Moran's I 指数显著，其变化呈现"M"形趋势，表明其具有空间自相关性，存在空间集聚。进一步研究发现，新型城镇化与绿色化耦合协调的热点区域主要集中在上海、苏州、嘉兴等城市，高值集聚区域具有空间"锁定"特征，而冷点区域主要集中在自贡、宜宾、内江、泸州、乐山等城市，随后由西而东地"迁移"至亳州、阜阳等城市，最终形成"热点大、冷点小"的空间分布格局。

（3）整体上，各因素对长江经济带新型城镇化与绿色化耦合协调水平的驱动程度具有横向差异：经济发展最强；教育投入与产业结构次之；固定资产投资与政府管理较弱；信息化程度最弱。将长江经济带分为上游、中游、下游进一步得出各驱动因素的空间异质性：经济发展对于新型城镇化与绿色化耦合协调水平的驱动作用呈自上向下"阶梯式"递减变化；产业结构正好相反，其对上游、中游、下游地区的新型城镇化与绿色化耦合协调度为"阶梯式"递增变化；教育投入、政府管理对长江下游的新型城镇化与绿色化耦合协调水平具有更显著的驱动作用；信息化程度对下游地区的新型城镇化与绿色化耦合协调为驱动作用，而对长江中游地区则为阻滞作用；固定资产投资对下游地区的新型城镇化与绿色化耦合协调度具有驱动作用，而对中上游地区的耦合协调度具有抑制作用。

综上所述，为推进新型城镇化与绿色化协调发展，本书提出下述政策建议。

（1）同步提高城镇化与绿色化水平。新型城镇化与绿色化协调发展对于实现现代化具有重要意义，然而绿色化发展滞后，城镇化水平与绿色化水平不高制约着两者的同步协调发展。要注重生态保护、强调绿色发展，依托长江航道，推动长江上中下游地区协调发展和沿江地区高质量发展。中下游地区的重点工作在于防范，应拓宽清洁能源的普及范围，提高能源利用效率，通过新技术的研发和应用，支持循环经济和绿色发展，加大地方财政对清洁技术研发的投入，促使政府研发经费逐步向节能减排技术方面倾斜。中游地区应加快产业结构调整，积极推进企业污染治理和绿色化升级改造，引导城市建成区及周边重污染企业易地搬迁或关停退出，推进产业城镇化由农业向生态产业、绿色产业和都市产业转变；下游地区作为人口迁入高地，要寻求城乡人口平衡发展点，推进人口城镇化由规模化向高质量化转变；上游地区的生态环境本身就极为脆弱，在充分考虑资源环境承载力、不对生态环境造成破坏的前提下发展城镇化是长江流域新型城镇化进程的基本准则。同时加快推进产业升级，合理规划城市空间布局，促进人口市民化转变，推动城镇化进程。提高能源利用效率，倡导绿色健康生活，加强政府治理能力，引导绿色化转型，最终实现两者协调有序发展。

（2）应以生态文明建设有效联动"绿色城镇化"与"乡村生态宜居"的耦合。一方面，新型城镇化离不开绿色城镇化，要以循环经济和绿色产业为未来发展主要方向，通过加快资源的利用率推广一种绿色高效的生活、消费方式。新型城镇化进程离不开工业化进程的加快，但要在源头上切断城镇工业污染、固体废物等流向乡村，加强城镇工业、生活污染治理。另一方面，乡村生态宜居就是在改善乡村生态环境的同时把"绿水青山"转化为"金山银山"，通过现代科技手段实现农业增产的同时推动农业绿色发展，加大治理力度和农业废弃物回收处理，为城乡居民提供优质的绿色农产品；并且通过生态资源优势发展生态旅游服务，将农村生态环境优势转化为经济优势，真正实现城乡生活富、生态美的统一。

（3）因地制宜制定发展策略。长江经济带驱动因素具有空间异质特征，做好顶层设计推进长江经济带整体协调发展的同时，也需要考虑各地实际情况，因地制宜，推动多样化、生态化的城镇化发展。城镇化进程中不可片面追求城市的规模和人口密度而忽略生态效率对城镇化进程的约束性。可以建立邻近地区的污染联动预警机制，尤其是对长江流域水源安全和水质改善进行全面、长期、动态实时监测，确保本地城镇化进程加快不是建立在周边地区生态效率降低的代价上。应提高中上游地区的经济基础，激发中上游市场活力；要发挥下游地区教育资源优势，培养未来科技人才，同时发掘利用信息资源，促进区域间信息交流和知识共享；基础设施建设投资绿色化转型，在便利人民生活的同时注重生态环境的可持续发展；产业结构进一步优化，下游地区引进国内外资金和先进技术，注重企业内部创新，大力发展电子信息、互联网、医药等高新技术产业；中上游地区优化产业结构，推进科技含量高、经济效益好、资源消耗低、环境污染少、禀赋优势得到充分发挥的新型工业化；发挥政府"看得见的手"的作用，合理布局城镇化，引领社会绿色化转型，鼓励全民绿色生产、绿色生活、绿色发展。

第十六章 数字经济与城乡协调发展

第一节 引 言

改革开放40多年以来，中国经济发展进步飞速，人民的物质和精神生活得到改善，城乡面貌焕然一新，但现阶段中国经济社会发展中较为突出的结构性矛盾是城乡发展不协调，"重塑城乡关系，走城乡融合发展之路"成为新时代化解社会主要矛盾、建设社会主义现代化强国的必经之路。党的十九大报告明确指出，中国社会主要矛盾已经转化为人民日益增长的美好生活需要和不平衡不充分的发展之间的矛盾（郭守亭等，2022），而不平衡不充分的发展突出表现为城乡发展的不平衡和农村发展的不充分。与此同时，伴随新一轮科技革命以及创新驱动发展战略的不断推进，数字经济日益蓬勃壮大，其与经济社会发展诸多领域的联系也更加紧密。当下数字经济已经成为经济社会发展的稳定器和新引擎，也为进一步推动城乡协调发展提供了新思路和新方法。我国作为世界上最大的发展中国家，城乡发展不平衡问题一直存在，制约了整体经济的可持续发展和社会稳定。因此，在数字经济大背景下，城乡协调发展如何抓住时代发展机遇？能否以数字经济为新的切入点研究我国城乡协调发展？数字经济在我国城乡协调发展过程中扮演什么角色？这一系列问题归纳起来就构成了本章研究的主要内容：数字经济是否影响以及如何影响我国城乡协调发展。

城乡融合的本质是在城乡发展要素自由流动公平与共享基础上实现城乡协调和一体化发展，而数字经济的快速发展带来了经济社会系统发展形态和运行方式的全面变革，并且由于其自身的普适性及渗透性等优势特征，能够加速信息要素流动并优化要素资源配置效率，成为推动城乡融合发展和畅通双循环的重要突破口。数字经济促进城乡发展的理论内涵主要体现在数字治理在城乡发展中的运用。数字治理这一理念最早由英国学者登力维在其著作《数字时代的治理理论》中提出，20世纪90年代，随着全球互联网浪潮的兴起，互联网技术逐渐成熟并开始被广泛应用于商业和个人领域，登力维从互联网时代的发展特征和发展机制出发，论证了数字治理在未来的可能性和必要性。此后，数字治理这一概念开始被广大学者所关注，越来越多的学者对数字治理进行了更充分的论证，表达了数字治理会成为未来社会治理模式主流模式的观点（陈振明等，2015）。有些学者认为，数字经济推动的治理模式升级为城镇化的可持续发展打下基础。数字技术被视为通过知识和资源的整合和共享为城市治理提供高效、低成本和透明服务的催化剂。在电子政务、数字政府到智慧城市、智能治理的发展进程中，数字技术对城市治理的作用逐步深化，不断触及城市治理的根本逻辑。如格莱泽（Glaeser，2018）等发现，大数据能够通过降低服务成本来增强政府职能，从而提升城市治理效率。有学者的研究表明，数字治理显著提升了农村居民的参与度和决策水平，促进了农村基础设施与公共服务的协同发展，降低了治理成本，提高了治理效率（Paskaileva，2009）。国内学者进一步拓展了数字治理的内涵，强调其作为生产要素与政府治理要素的结合，推动治理范式变革（颜佳华和王张华，2019）。数字农村治理被视为智慧管理的新形式，通过数字化、网络化、智能化的技术架构，实现基层治理的现代化。此外，数字技术能激发乡村内源动力，优化治理路径，助力乡村善治和现代化（刘俊祥和曾森，2020）。提高乡村治理水平是实现国家治理能力现代化的题中应有之义，新发展阶段应将数字技术和手段融入乡村治理流程之中，助力乡村善治和现代化目标的实现。

随着城乡关系问题不断受到重视，数字经济对城乡关系影响的研究也在增加，部分学者研究了数字普惠金融对城乡差距的影响，发现数字普惠金融的发展有利于缩小城乡收入差距；还有部分学者指出数字经济推动城乡融合发展的理论逻辑与实现路径，发现社会再生产的生产、流通、分配和消费四个环节的数字化赋能为城乡融合发展提供新动能和新活力。在数字经济促进城乡发展的理论基础方面，现有研究大多从较为宏观的层面进行分析，即数字经济如何促进农村就业、带动农村经济发展和缩小城乡收入差距，较少有研究从更加细致的层面对数字经济如何作用于城乡协调发展进行剖析和论证，即忽视了数字经济影响城乡协调发展的理论逻辑和作用机理的研究。综合来看，将数字治理应用于我国城乡发展中是促进我国城乡协调发展以及实现共同富裕目标的必由之路，能够汇聚多元力量创新乡村治理过程和治理方式，为乡村振兴提供源源不断的内生动力，促进城乡关系重塑以及城乡命运共同体的形成，打造数字化城乡协调发展新模式。

近年来数字经济和城乡协调发展各自领域的相关研究不断增多并日趋完善，但将二者置于同一个研究框架的分析较为少见。此外，现有研究很少涉及对数字经济影响城乡协调发展的作用机理进行较为系统的阐述。鉴于此，本书从数字经济和城乡协调发展的相关理论基础出发，探究数字经济影响我国城乡协调发展的作用机理，基于2011~2020年全国30个省份（不包含港澳台、西藏）的面板数据，构建合理指标对数字经济和城乡协调发展水平进行测度，在此基础上对二者的发展现状及变化特征的内部关联进行深入探究，同时，构建模型实证检验数字经济促进城乡协调发展的作用机理，并有针对性地提出通过数字经济助力城乡协调发展的政策建议，以期为我国解决区域发展不协调矛盾、推动高质量发展和共同富裕目标的实现打下坚实的理论与实践基础。

第二节　理论研究

长期以来，囿于城乡二元结构的桎梏，我国城乡发展一直存在不均衡、不协调的问题，而数字经济这一新经济形态的出现为我们解决城乡失衡问题提供了新的思路。数字经济具有的能够跨时空交流和传播的优势能够在缩小城乡多维差距、推动城乡创新创业和促进产业结构优化升级三个方面发挥显著的促进作用。

一、数字经济对城乡协调发展的直接影响

从缩小城乡多维差距来看，首先，在城乡居民收入差距方面，由于数字技术发展，催生了许多就业新形态，特别是随着平台经济的崛起，在线产品不断丰富的同时也带动了数字消费模式的成熟，这创造了更多的农村就业机会，且对非农就业具有促进作用（田鸽和张勋，2022），进一步缩小了城乡差距，而且数字技术的发展深刻影响了零工经济的发展（莫怡青和李力行，2022），降低了低技能劳动力就业门槛，也提升了低技能群体的就业灵活度，对城乡就业结构影响深远。数字经济还能够通过促进乡村产业发展推动乡村集体增收，通过改善信息不对称、降低信息成本，提供更多的就业岗位，提高城乡就业率，随着数据也被纳入生产要素范畴，数字经济还可以作用于收入分配过程，保证该过程和结果的公平合理（姚毓春等，2023），从而缩小城乡居民收入差距。其次，在教育、医疗和社会保障等民生领域，互联网技术的发展催生了平台经济、共享经济等新业态，而数字经济特有的可复制性、流动性强能够突破地理空间和时间的限制，整合区域内资源、促进城乡资源共享，数字技术的不断升级又能够驱动经济、教育、管理、服务的信息化发展和决策水平的提高，从而缩小城乡教育、医疗和社会保障等方面的差距，促进城乡经济、教育、医疗和社会保障等方面协调发展。最后，数字经济发展对于城乡人力资本的提升也有重要作用，随着在线教育的普及，数字经济推动知识向农村渗透，这使得农村地区个体劳动者的人力资本及劳动者的收入提升效应明显，对于缩小城乡差距也有明显的作用。

从促进城乡创新创业来看，作为新时代的创新要素和驱动引擎，数字经济可以通过激发大众对产品的多样化需求、引导资源要素重组和重构市场秩序为创业活动的开展奠定基础，也能够通过拓宽信息资源传播途径和加快沟通交流效率帮助创业者快速掌握更多创业资源，从而大大提高创业活动成功的概率（赵涛等，2020）。此外，数字经济的高流动性和低限制性还会进一步加强创业成功产生的示范效应，从而对周边地区创新创业活动也产生影响，特别是在创新资源在不同个体和地区之间交流互动的过程中，除

了可以为周边地区带来创新溢出，不同创新理念和思维的碰撞与融合又会催生出新的更具前瞻性的思潮理念，推动创新创业活动的不断深入和互联网红利的进一步释放，形成创新—融合—再创新的良性循环，不断提高区域创新效率，为城乡创新创业活动和城乡协调发展注入新动能。

从促进产业结构优化升级来看，数字经济的高渗透性和资源整合作用能够为传统产业尤其是乡村产业的数字化转型和结构升级提供契机。一些研究表明，数字经济发展能推动传统产业组织形态的重构，有效改善产业衔接模式，从而影响城镇化发展格局；另一些研究则认为，互联网等数字技术具有非竞争性与开放共享特征，能够与传统生产要素融合，赋能产业发展。数字要素能够作用于第一、第二、第三产业的生产、销售、交换和分配的整个流程，借助大数据平台对城乡资源进行整合与开发从而减少城乡资源要素的闲置和浪费，通过建立标准化的生产服务流程以提高城乡产品和服务的附加价值进一步激活城乡生产活力，借助数字经济的信息优势和交易优势拓宽城乡产品和服务的销售渠道并优化销售模式，通过产销互联对接打通生产与消费壁垒，形成生产、销售的动态匹配机制，最终带来全流程效率的提升和模式的创新，激活并延伸城乡产业链，助力城乡产业升级和结构转型（周慧等，2022），从产业发展层面促进城乡协调发展水平的提高。

基于以上分析，提出研究假设 16 - 1：数字经济能够促进城乡协调发展。

二、数字经济对城乡协调发展的间接影响

其一，数字经济能够借助大数据平台对城乡劳动力、人才、资本以及土地等要素进行整合与统一调配，打破城乡资源要素的流动壁垒，利用信息技术精准匹配供求信息，提高资源要素的配置效率。首先，在劳动力要素方面，数字经济的发展带来农业生产率的提高和农村剩余劳动力的增加，同时数字经济催生了电子商务等新经济业态，又带来了大量的新兴就业岗位，很好地解决了剩余劳动力的就业问题（张嘉实，2023），一定程度上改善了城乡的劳动力错配。其次，在人才要素方面，数字经济一方面通过信息共享平台对进城下乡人才的供求信息进行汇总和匹配，为各类人才提供最合适的就业模式，另一方面通过带动农村新型产业发展吸引各类优秀人才回乡创业，从而克服人才单方面流向城市的困境，有效推动了城乡人才要素的优化配置。再次，在资本要素方面，数字经济基于大数据算法能够对资本下乡的风险和回报率进行精准识别，帮助解决乡村产业发展中高风险低回报率问题，吸引更多优质资本投向低风险高回报的农村产业，提高城乡资本的配置效率。最后，在土地要素方面，土地虽然不具备前三种要素的高流动性，但因其用途的多样性也能借助数字技术实现其所有权和经营权的合理转移，通过建立农村土地数据库对农村承包地、宅基地以及经营性用地的数量和使用情况进行统计，

为不同类型的土地匹配带来最高收益的用途，实现土地要素的优化配置。

其二，城乡劳动力、人才、资本以及土地要素配置效率的提高又能通过发挥 $1+1>2$ 的"协同效应"进一步推动城乡协调发展。首先，城乡要素配置效率的提高能够在一定程度上消除城乡要素价格之间的剪刀差，促使同类要素的回报率趋同，引导要素资源突破地理空间限制流向能带来最大回报的使用途径，最大限度发挥各种资源要素促进城乡发展的价值和作用，城乡要素价格差异的不断减小以及要素回报率的趋同又能进一步改善农村长期落后于城市的发展局面，提高城乡居民的幸福指数和满意程度。其次，数据要素与传统生产要素的结合能够突破城乡产业发展壁垒，推动城乡经济新旧动能转换，加快形成智能化、数字化的产业发展新模式，激活和延伸数字化的城乡一体产业链，形成低成本、高效率的城乡多元协同发展机制，为城乡协调发展注入更多内源动力。最后，劳动力、人才、资本以及土地要素配置效率的提高还能进一步带动城乡市场化水平的不断提高，借助市场这一"无形的手"改善城乡供需不平衡，更好地满足城乡市场的多元化需求，实现城乡生产生活的协调发展。总之，数字经济能够丰富和提高城乡劳动力、人才、资本和土地等资源要素的使用渠道和配置效率，进而对城乡协调发展产生积极效应（郭守亭等，2022）。

基于以上分析，提出研究假设 16-2：数字经济能够通过提高城乡要素配置效率来间接促进城乡协调发展。

三、数字经济对城乡协调发展的非线性影响

基于前文的分析，数字经济能够通过与传统生产要素的结合促进城乡资源的合理配置和利用，促进城乡协调发展水平的提高。而数字经济在不同发展阶段具有不同的发展特征，因而其在不同发展阶段对城乡协调发展的影响程度也会存在差异（黄永春等，2021）。具体来看，在数字经济发展初期，城乡数字基础设施普及率和质量普遍较低，城乡第一、第二、第三产业发展水平也有待提升，因而数字经济与传统产业和生产要素的融合度较低，其对城乡协调发展的促进作用也有限。随着数字经济发展规模的不断扩大，城乡数字基础设施逐渐健全，但囿于长久以来二元经济结构的桎梏，乡村发展整体滞后于城市，城乡之间数字鸿沟开始呈扩大趋势，导致数字经济对城市生产生活的促进作用远远大于农村地区，因而其对城乡协调发展的促进作用较初期有所下降。随着数字经济发展渐趋成熟，数字技术在城乡之间的应用得以推广和深入，数字技术与城乡生产生活的联系不断加深，其影响也渗透到了城乡发展的诸多方面，城乡数字鸿沟逐渐消弭，数字经济优化资源要素配置的效应逐渐凸显，从而带动城乡传统产业的数字化转型，形成崭新的商业模式和经营业态（郭守亭等，2022），因而数字经济对城乡协调发展的积极效应较前两个阶段大幅提升。

基于以上分析，提出研究假设 16 - 3：数字经济对城乡协调发展的促进作用具有明显的非线性特征，随着数字经济发展水平的不断提高，其对城乡协调发展的促进作用呈现先减弱后增强的"U"形态势。

四、数字经济对城乡协调发展的空间溢出效应

一方面，数字经济发展增强了区域间数字生产要素（数字化的信息和知识）的开放共享。不同于传统生产要素，数字生产要素具有较强的"非竞争性"和"非排他性"，拥有低扩散成本和高扩散速度的天然流动优势，并且这种流动几乎不受地理空间的制约，能够体现出较强的空间相关性和溢出效应。而在经济生产活动中，地理位置邻近的区域之间往往更有可能产生合作交流，共享开放的数字生产要素提升了区域间合作交流水平和数据要素利用率，不仅可以增强区域经济生产活动的空间溢出，还在一定程度上可拓展空间溢出范围，推动周边地区的经济发展和经济增长效率的提升，形成发达地区和落后地区的共同发展局面，有助于缩小区域经济发展差距。

另一方面，数字经济发展通过现代信息网络增强了区域间经济发展的示范效应和竞争效应。模仿和学习往往具有低成本、高效率的特点，现代信息网络通过快速的信息传播，使得政府和企业可尽快熟知邻近地区政策或生产动态：一是增强了自身发展紧迫感，容易形成竞争效应，刺激本地政府或企业快速出台宏观政策或创新生产策略；二是有利于形成示范效应，周边地区可快速模仿先进地区的政策和生产模式，并且通过信息网络获得技术资源支持，从而形成有效的空间溢出效应，提升自身经济增长效率。总之，数字经济能够增强区域间数字生产要素的开放共享以及经济发展的示范效应和竞争效应，从而产生较强的空间溢出效应，促进自身及周边区域的城乡协调发展。

基于以上分析，提出研究假设 16 - 4：数字经济对城乡协调发展的影响存在空间溢出效应。

第三节 研究设计

一、数据来源

本书以 2011 ~ 2020 年我国 30 个省份（西藏数据缺失较多，故不包含西藏，也不包含港澳台）面板数据为研究样本，各指标数据来源于《中国统计年鉴》、《中国农村统计年鉴》、《中国社会统计年鉴》、《北京大学数字普惠金融指数（2011 ~ 2020）》、《中国分省份市场化指数报告》、各省份统计年鉴、国家统计局网站、人口抽样调查数据以

及 EPS 数据库，个别缺失数据采用线性插值法补齐。

二、模型构建

1. 基本模型与中介模型

为检验数字经济对城乡协调发展的直接效应和间接效应，本书构建如式（16 - 1）和式（16 - 2）所示的面板数据模型：

$$\ln Urds_{it} = \alpha_0 + \alpha_1 \times \ln Dige_{it} + \sum_j \alpha_j \times X_{j,it} + \mu_i + \lambda_t + \varepsilon_{it} \qquad (16-1)$$

$$\ln Fae_{it} = \beta_0 + \beta_1 \times \ln Dige_{it} + \sum_j \beta_j \times X_{j,it} + \mu_i + \lambda_t + \varepsilon_{it} \qquad (16-2)$$

其中，$\ln Urds_{it}$ 是第 i 个城市 t 年的城乡协调发展水平的对数；$\ln Dige_{it}$ 是第 i 个城市 t 年的数字经济规模的对数；Fae_{it} 为中介机制变量，也即要素配置效率；$X_{j,it}$ 为控制变量，包括经济水平（$Pgdp$）、外商投资（Fdi）、政府干预（Gov）和市场化程度（Mar）；α_0、β_0 为常数项；α_1 表示数字经济对城乡协调发展的影响水平，β_1 表示中介变量对数字经济的影响水平；α_j、β_j 表示控制变量对城乡协调发展的影响水平；μ_i 表示不随时间变化的个体固定效应，λ_t 表示不随个体变化的时间固定效应，ε_{it} 为随机扰动项。

2. 门槛效应模型

为验证数字经济对城乡协调发展的作用是否受到数字经济发展水平门槛效应的影响，本书借鉴汉森（Hansen，1999）提出的面板数据模型理论，在式（16 - 1）的基础上引入示性函数，并以数字经济发展水平的对数值作为门槛变量，同时考虑到数字经济可能存在多个门槛值，本书构建如式（16 - 3）所示的多门槛面板模型：

$$\ln Urds_{it} = \gamma_0 + \gamma_1 \ln Dige_{it} \times I(\ln Dige < \theta_1) + \gamma_2 \ln Dige_{it} \times I(\theta_1 \leqslant \ln Dige < \theta_2)$$
$$+ \cdots + \gamma_n \ln Dige_{it} \times I(\theta_{n-1} \leqslant \ln Dige < \theta_n) + \gamma_{n+1} \ln Dige_{it}$$
$$\times I(\ln Dige \geqslant \theta_n) + \gamma_c Z_{it} + \mu_i + \lambda_t + \varepsilon_{it} \qquad (16-3)$$

其中，θ_n 为门槛值，$I(\cdot)$ 为示性函数，如果括号内表达式成立，那么 $I(\cdot)=1$，否则 $I(\cdot)=0$。

为了进一步检验数字经济对城乡协调发展水平的空间溢出效应，本书在式（16 - 1）的基础上引入此二者以及其他控制变量的空间交互项，参考埃洛斯特（Elhorst，2012）的研究，构建如式（16 - 4）所示的空间杜宾模型，为了增加研究结果的稳健性，本书采用了两种不同的空间权重矩阵来处理空间杜宾模型，两种权重矩阵分别为地理邻接权重矩阵和经济距离权重矩阵，其中经济距离权重矩阵是以两座城市人均 GDP 差距的倒数为依据构建的。

$$\ln Urds_{it} = \rho \sum_{j=1}^{n} W_{ij} \ln Urds_{it} + \alpha_0 + \alpha_k \ln X_{itk} + \beta_k \sum_{j=1}^{n} W_{ij} \ln X_{itk} + \mu_i + \lambda_t + \varepsilon_{it}$$

$$(16 - 4)$$

其中，i 表示省份，t 表示年份；$Urds$ 为城乡协调发展水平；ρ 为空间溢出系数，$X_{itk}(k = 1,2,\cdots,5)$ 表示数字经济、经济水平、外商投资、政府干预以及市场化程度五个变量，W_{ij} 为空间权重矩阵，μ_i 表示个体固定效应，λ_t 表示时间固定效应，ε_{it} 为随机干扰项。

三、变量选取

1. 被解释变量

被解释变量：城乡协调发展水平。城市和乡村的发展涉及经济、社会、人口等发展的各个方面，参考当前关于城乡协调发展评价指标构建的相关研究成果（陈秧分等，2018；徐维祥等，2020；程琳琳等，2016），并考虑到指标的代表性、全面性和可行性等选取原则，本书从经济、社会、人口、空间和生态五个维度及乡村振兴的五个方面出发，重构了城乡发展水平评价指标体系，该指标体系由城市和乡村两个子系统构成，其中，城镇子系统包含 5 个一级指标和 21 个二级指标，乡村子系统包括 5 个一级指标和 19 个二级指标。具体指标及其衡量方法如表 16 - 1 所示。

表 16 - 1　　　　　　　　　城乡协调发展水平指标体系

目标层	准则层	一级指标	二级指标	属性
城乡协调 发展水平	城镇发展水平	经济	规模以上工业企业个数（个）	+
			城镇居民人均可支配收入（元）	+
			对外贸易进出口总额（万美元）	+
			研发投入强度	+
			投资效率（%）	+
		社会	城市居民最低生活保障人数（人）	−
			城镇居民恩格尔系数	−
			教育文娱支出占消费支出的比重（%）	+
			公共图书馆总藏量（千册/件）	+
			城镇居民基本医疗保险参保人数（万人）	+
		人口	城镇化率（%）	+
			万人发明专利拥有量（件）	+
			人均公园绿地面积（平方米）	+
		空间	交通网密度（千米/平方千米）	+
			每万人拥有公共交通车辆（标台）	+

续表

目标层	准则层	一级指标	二级指标	属性
城乡协调发展水平	城镇发展水平	空间	每万人拥有公共厕所（座）	+
			城镇房地产开发固定资产投资额（亿元）	+
		生态	建成区绿化覆盖率（%）	+
			生活垃圾无害化处理厂数（座）	+
			工业污染治理投资完成额（万元）	+
			废水治理设施数（套）	+
	乡村发展水平	产业兴旺	农业机械总动力（万千瓦）	+
			农林牧渔业总产值占比（%）	+
			农业技术人员占比（%）	+
			作物多元化	+
		生活富裕	农村居民人均可支配收入（元）	+
			农村居民恩格尔系数	−
			农村住户固定资产投资完成额（亿元）	+
			农村居民家庭每百户计算机拥有量（台）	+
		生态宜居	农业碳排放总量（万吨）	−
			森林覆盖率（%）	+
			农作物总播种面积（千公顷）	+
			农用化肥施用量（万吨）	−
			自然保护区个数（个）	+
		乡风文明	文化娱乐设施的可及性	+
			农民受教育程度	+
			教育文娱支出占消费支出的比重（%）	+
		治理有效	农村每千人乡村医生和卫生员数（人）	+
			人均粮食拥有量（千克/人）	+
			农村居民最低生活保障人数（万人）	−

注：作物多元化计算方法为：1 - 粮食播种面积/农作物总播种面积；文化娱乐设施的可及性计算方法为：乡镇综合文化站机构数（个）/乡镇数（个）。

资料来源：各指标数据主要来源于《中国统计年鉴》、《中国农村统计年鉴》、《中国社会统计年鉴》、《中国分省份市场化指数报告》、各省份统计年鉴、国家统计局网站、人口抽样调查数据以及 EPS 数据库，个别缺失数据采用线性插值法补齐。"＋"表示正向指标，"－"表示负向指标。

在筛选指标的基础上，进一步通过熵值法分别计算城市乡村两个子系统各指标的权重和综合得分，以此来衡量城市发展水平和农村发展水平，并计算两个子系统的耦合协调度来衡量城乡协调发展水平，耦合协调度（D）的计算公式如下：

$$C = \{(u_1 \times u_2)/[(u_1 + u_2)/2]^2\}^2 \qquad (16-5)$$

$$T = au_1 + bu_2 \qquad (16-6)$$

$$D = (C \times T)^{1/2} \qquad (16-7)$$

其中，u_1 和 u_2 分别表示熵值法计算出的城镇发展水平和乡村发展水平；C 为耦合度指数，该值越大说明两者作用越强，当值为 1 时，表示两者达到良好的共振耦合；T 为城乡综合发展指数；a、b 为待定系数，本书认为城镇发展和乡村发展对城乡协调发展同等重要，因此 a、b 均取 0.5。D 为耦合协调度指数 $(0 \leqslant D \leqslant 1)$，$D$ 值越大说明城乡发展越协调，反之则越失调。

2. 核心解释变量

核心解释变量：数字经济发展水平。目前关于数字经济的测度尚未形成统一的标准，本书借鉴赵涛（2020）、黄群慧（2019）等的研究思路，从互联网发展和数字金融发展两个维度对数字经济综合发展水平进行测度，构建如表 16-2 所示的指标体系。具体指标的衡量方法分别是：采用每百人中互联网宽带接入用户数来衡量互联网普及率；采用计算机服务和软件业从业人员占城镇单位从业人员比重来衡量互联网相关从业人员数；采用人均电信业务总量来衡量互联网相关产出；采用每百人中移动电话用户数来衡量移动互联网用户数；对于数字金融发展，采用中国数字普惠金融指数来衡量，该指数由北京大学数字金融研究中心和蚂蚁金服集团共同编制（郭峰等，2020）。在筛选指标的基础上，进一步通过熵权法计算出各指标的权重以及综合得分，以此来测度数字经济发展水平。

表 16-2　　　　　　　　中国数字经济发展水平指标体系

一级指标	二级指标	三级指标	指标属性
数字经济综合发展水平	互联网普及率	每百人互联网用户数	+
	互联网相关从业人员数	计算机服务和软件从业人员占比	+
	互联网相关产出	人均电信业务总量	+
	移动互联网用户数	每百人移动电话用户数	+
	数字普惠金融发展	中国数字普惠金融指数	+

资料来源：各指标数据主要来源于《中国统计年鉴》、各省份统计年鉴、国家统计局网站、EPS 数据库以及《北京大学数字普惠金融指数（2011~2020）》，个别缺失数据采用线性插值法补齐。"＋"表示正向指标，"－"表示负向指标。

3. 中介机制变量

中介机制变量：要素配置效率（Fae）。本书用要素市场扭曲程度指标逆向化来衡量要素配置效率，要素市场扭曲程度的计算借鉴林伯强等（2013）的研究，采用各地区要素市场发育得分与样本中最高要素市场发育得分之间的相对差距来衡量要素市场扭曲程度。具体计算公式如下：

$$Fac_{it} = \left[\max(factor_{it}) - factor_{it} \right] / \max(factor_{it}) \times 100 \qquad (16-8)$$

$$Fae_{it} = \left[Fac_{it} - \min(Fac_{it}) \right] / \left[\max(Fac_{it}) - \min(Fac_{it}) \right] \qquad (16-9)$$

其中，Fac_{it} 为第 i 个区域在第 t 年的要素市场扭曲程度，$factor_{it}$ 为第 i 个区域在第 t 年的要素市场发育得分，具体指标来自中国分省份市场化指数报告（王小鲁、樊纲等，2022），Fae_{it} 为第 i 个区域在第 t 年的要素配置效率。

4. 控制变量

区域发展水平既受自然历史条件的影响，也取决于政策偏向、国内外形势等政治经济因素，是多重因素共同作用的结果。本书参考已有研究，综合考虑经济、社会、政府、市场等方面因素对城乡协调发展水平的影响，选取以下四个控制变量：（1）经济水平 $Pgdp$，用人均 GDP 来衡量；（2）外商投资 Fdi，用外商投资企业投资总额占 GDP 的比重来衡量；（3）政府干预 Gov，用地方财政一般预算支出占 GDP 的比重来衡量；（4）市场化程度 Mar，用非国有企业员工占比来衡量。

第四节　研究结果

一、基准回归结果分析

为了探究数字经济对城乡协调发展水平的影响效应及其作用机制，本书利用全国 30 个省份（西藏数据缺失较多，故不包含西藏，也不包含港澳台）的相关面板数据样本进行回归分析，通过 Hausman 检验确定模型估计方法选择固定效应。基于式（16 - 6），利用固定效应模型探究数字经济对城乡协调发展的直接影响，回归结果如表 16 - 3 所示。由列（1）、列（2）回归结果可以看出，无论是否加入控制变量，核心解释变量数字经济的回归系数均在 1% 的显著性水平上为正，说明数字经济与城乡协调发展水平具有显著的正相关关系，即数字经济发展能够显著促进我国城乡协调发展，这也验证了假设 16 - 1 的合理性。

表 16 - 3　　　　　　　　　数字经济对城乡协调发展的直接影响

因变量	(1)	(2)	(3)	(4)
	ln$Urds$	ln$Urds$	ln$Urds$	ln$Urds$
样本	全国	全国	东部	中西部
ln$Dige$	0.0695 ***	0.0570 ***	0.0110	0.0347 ***
	(0.0028)	(0.0052)	(0.0085)	(0.0087)
$Pgdp$		0.0051 **	0.0118 ***	0.0312 ***
		(0.0023)	(0.0023)	(0.0065)

续表

因变量	(1)	(2)	(3)	(4)
	ln$Urds$	ln$Urds$	ln$Urds$	ln$Urds$
样本	全国	全国	东部	中西部
Fdi		0.7740***	0.2140	0.9510*
		(0.1740)	(0.1570)	(0.5320)
Gov		0.1590**	0.4760***	0.2950***
		(0.0727)	(0.0982)	(0.0982)
Mar		0.1300**	0.0530	0.1400**
		(0.0510)	(0.0631)	(0.0635)
$Constant$	−0.7070***	−0.8900***	−0.9630***	−1.1140***
	(0.0052)	(0.0461)	(0.0612)	(0.0731)
估计方法	FE	FE	FE	FE
N/个	300	300	110	190
R^2	0.7040	0.7380	0.6320	0.8130

注：***、** 和 * 分别表示在1%、5%和10%的水平上显著；括号内数字为标准误差。

由于我国各地区资源禀赋与发展情况存在差异，各地区的数字经济和城乡协调发展水平也呈现出明显的不同，数字经济对城乡协调发展的影响作用也可能因地区发展水平的不同而不同，为了进一步探究数字经济对城乡协调发展的异质性影响，本书依据我国地域规划的实际标准，将30个省份划分为东部和中西部地区并进行分地区样本回归，回归结果见表16-3列（3）、列（4）。从异质性回归结果可以看出，中西部地区核心解释变量数字经济的回归系数在1%的显著性水平上为正，说明数字经济能够显著促进中西部地区城乡协调发展水平的提高，但在东部地区该系数并不显著，这可能是因为在一些落后地区，数字经济的引入可能会产生阶段性的飞跃式效应，从而快速拉近城乡发展水平差距。然而在一些相对发达的地区，数字经济的影响可能会相对平稳，由于城乡差距不再是技术驱动的，导致数字经济对城乡协调发展的直接促进作用相对有限。

二、内生性检验

考虑到城乡协调发展水平和数字经济可能互为因果，从而产生内生性问题，为了缓解内生性问题引致的估计偏误，本书采用两阶段最小二乘法并选取合适的工具变量，以识别数字经济对城乡协调发展水平影响的净效应，保证研究结果的稳健性。在工具变量的选取方面，本书借鉴黄群慧（2019）、赵涛（2020）、纳恩（Nunn，2014）等的方法，构造出1984年每百人固定电话数与上一年全国信息技术服务收入的交互项、相邻省份数字经济发展水平均值两个变量作为数字经济的工具变量。

表 16 - 4 报告了两阶段最小二乘法的实证检验结果，工具变量有效性的检验结果显示：不论是否加入控制变量，工具变量与内生变量之间均呈现显著的正相关关系，且 F 值远大于 10，说明不存在弱工具变量问题；Sargan-Hansen 统计量也显示无法拒绝"不存在过度识别"的原假设，因此工具变量不存在弱识别问题和不可识别问题。总体而言，以上结果验证了采用 1984 年每百人固定电话数与上一年全国信息技术服务收入的交互项和相邻省份数字经济发展水平平均值作为数字经济发展水平工具变量的合理性，即在考虑内生性问题后，数字经济对城乡协调发展水平依然表现出显著的正向影响。

表 16 - 4　　　　　　　　　两阶段最小二乘法（2SLS）检验结果

变量	第一阶段	第二阶段	第一阶段	第二阶段
ln*Dige*		0.0691 *** (0.0000)		0.0351 *** (0.0020)
*IV*1	0.0001 *** (0.0000)		0.0001 *** (0.0000)	
*IV*2	3.7180 *** (0.0000)		0.6957 *** (0.0000)	
Pgdp			0.0158 *** (0.0000)	0.0040 (0.2200)
Fdi			- 1.3338 *** (0.0000)	- 0.7058 ** (0.0220)
Gov			0.0632 (0.1210)	- 0.4152 *** (0.0000)
Mar			0.0460 (0.2030)	0.3267 *** (0.0000)
常数项	- 2.7746 *** (0.0000)	- 0.7079 *** (0.0000)	- 0.0609 ** (0.0100)	- 0.8606 *** (0.0000)
城市固定效应	YES	YES	YES	YES
年份固定效应	YES	YES	YES	YES
F 统计量	414.1800		361.0900	
R^2	0.7361		0.8809	0.6011
Sargan-Hansen 统计量 （过度识别检验）		3.4835 (0.0620)		0.4476 (0.5035)

注：*IV*1 为 1984 年每百人固定电话数与上一年全国信息技术服务收入的交互项，*IV*2 为相邻省份数字经济发展水平平均值（此处将广东和广西视为海南的相邻省份）；*** 、** 分别表示在 1%、5% 的水平上显著。括号内数字为 P 值。

三、稳健性检验

为了保证研究结果的稳健性，本书采取以下三种方式进行稳健性检验，结果如表 16 - 5 所示。

表 16 - 5　　　　　　　　　　　　　　稳健性检验结果

变量	(1)	(2)	(3)	(4)
	替换因变量	2011～2015 年	2016～2020 年	缩尾处理
ln$Dige$	0.0468 ***	0.0685 ***	0.0170 **	0.0543 ***
	(0.0131)	(0.0083)	(0.0075)	(0.0053)
$Pgdp$	- 0.0162 ***	0.0136 **	0.0070	0.0063 ***
	(0.0058)	(0.0054)	(0.0045)	(0.0024)
Fdi	- 0.7400 *	0.2080	0.2050	0.7900 ***
	(0.4360)	(0.2720)	(0.4300)	(0.1790)
Gov	0.5750 ***	0.0687	0.1310	0.1680 **
	(0.1820)	(0.1450)	(0.0981)	(0.0731)
Mar	0.0532	0.0229	- 0.0959	0.1380 **
	(0.1280)	(0.0546)	(0.0999)	(0.0515)
$Constant$	- 0.8710 ***	- 0.8130 ***	- 0.7920 ***	- 0.9080 ***
	(0.1150)	(0.0644)	(0.0804)	(0.0463)
估计方法	FE	FE	FE	FE
Observations	300	150	150	300
Number of id	30	30	30	30
R^2	0.2090	0.8130	0.1790	0.7310

注：*** 、** 和 * 分别表示在 1%、5% 和 10% 的水平上显著。括号内数字为标准误差。

第一，替换变量衡量方法。借鉴钞小静和任保平（2011）的研究方法，利用"城乡二元结构"来衡量城乡协调发展水平，代替前文的城乡协调发展水平代入式（16 - 2）中进行重新估计，回归结果可参见表 16 - 5 中列（1），可以看出，在替换被解释变量的衡量方法后，数字经济仍对城乡协调发展水平具有显著的促进作用，即数字经济能够促进城乡协调发展，这也再次验证了假设 16 - 1 的稳健性。

第二，分阶段回归。数字经济在不同发展阶段对城乡协调发展的影响可能存在差异，因此本书参考梁琦等（2021）的做法，将 2015 年 7 月发布的《国务院关于积极推进"互联网＋"行动的指导意见》作为数字经济繁荣发展前后的分界点，把数字经济发展分为 2011～2015 年和 2016～2020 年两个阶段，得出分样本回归结果，回归结果见表 16 - 5 中列（2）、列（3），可以看出，数字经济变量的回归系数均显著为正，说明在 2011～2015 年和 2016～2020 年两个阶段中，数字经济对城乡协调发展均具有显著的正向促进作用，这再次验证了回归结果的稳健性。

第三，缩尾处理。为了消除主要回归变量的异常值或离群值可能产生的估计偏误，本书对主要回归变量在 1% 的水平上进行缩尾处理后再代入式（16－2）重新估计，回归结果见表 16－5 中列（4）。可以看出，数字经济变量回归估计系数仍在 1% 的水平上显著为正，再次验证了数字经济对城乡协调发展的显著促进作用。上述三种稳健性检验的回归结果说明本书模型设定较为合理，回归结果也比较稳健。

四、中介效应回归分析

依据前文数字经济促进城乡协调发展理论机制的分析思路，数字经济能够通过提高城乡要素配置效率间接促进城乡协调发展，为实证检验要素配置效率在数字经济促进城乡协调发展过程中的中介机制是否成立，本书选取要素适配程度（Fae）作为中介机制变量，来检验数字经济是否通过影响城乡要素配置效率进而影响城乡协调发展。依据江艇（2022）对于中介效应的操作建议，中介效应可能存在内生性偏误，因此没有再使用第三步去检验它的间接效应，而是使用了前两步进行回归。首先，将核心解释变量对被解释变量进行回归，验证核心解释变量对被解释变量的影响；其次，验证中介变量对核心解释变量的影响。

中介效应的具体回归结果见表 16－6。从列（1）、列（3）的回归结果可以看出，无论是否加入控制变量，核心解释变量数字经济和被解释变量城乡协调发展水平的估计系数均在 1% 的水平上显著为正，说明数字经济对城乡协调发展具有显著的正向影响（lnDige 变量系数值显著大于 0）；从列（2）、列（4）的回归结果可以看出，无论是否加入控制变量，中介变量要素配置效率对核心解释变量数字经济的回归系数也显著为正，说明要素配置效率对数字经济发展也具有显著的促进作用，结合本章第二节机制分析的相应内容和两步法的回归结果，可以判断"要素适配"这一中介机制是成立的，即数字经济通过提高地区要素配置效率促进城乡协调发展，这一结论证明了假设 16－2 的合理性。

表 16－6   中介效应回归结果

因变量	(1)	(2)	(3)	(4)
	ln$Urds$	ln$Dige$	ln$Urds$	ln$Dige$
ln$Dige$	0.0695 ***		0.0570 ***	
	(0.0028)		(0.0052)	
lnFae		1.2004 ***		0.1667 **
		(0.1014)		(0.0733)

续表

因变量	(1)	(2)	(3)	(4)
	ln*Urds*	ln*Dige*	ln*Urds*	ln*Dige*
Pgdp			0.0051 **	0.1976 ***
			(0.0023)	(0.0229)
Fdi			0.7740 ***	2.3191 ***
			(0.1740)	(0.3065)
Gov			0.1590 **	4.7865 ***
			(0.0727)	(0.7436)
Mar			0.1300 **	3.9983 ***
			(0.0510)	(0.4938)
Constant	-0.7070 ***	0.3586 ***	-0.8900 ***	-8.4057 ***
	(0.0052)	(0.1240)	(0.0461)	(0.0406)
估计方法	FE	FE	FE	FE
N/个	300	299	300	299
R^2	0.7040	0.3432	0.7380	0.7925

注：***、**分别表示在1%、5%的水平上显著。括号内数字为标准误差。

五、门槛效应回归

1. 门槛效应检验

为了检验数字经济对城乡协调发展的非线性效应，本书选取核心解释变量数字经济发展水平（ln*Dige*）作为门槛变量，先后进行面板门槛存在性检验以及面板门槛模型回归。面板门槛存在性检验结果如表16-7所示，可以看出，数字经济门槛变量未能通过三重门槛，但在1%的显著性水平上通过了单一门槛检验和双重门槛检验，说明数字经济对城乡协调发展的影响具有比较明显的双门槛特征，故本书选择双重门槛模型进行后续的估计。

表16-7　　　　　　　　　门槛效应检验结果

门槛变量	F 值	P 值	BS 次数	临界值		
				1%	5%	10%
单一门槛	103.31 ***	0.0000	1000	47.7922	38.0126	33.3933
双重门槛	46.19 ***	0.0010	1000	35.0403	28.0462	24.9629
三重门槛	27.64	0.3750	1000	49.6395	41.4639	37.7095

注：*** 表示在1%的水平上显著。P 值和临界值均采用"Bootstrap"（自抽样法）反复抽样1000次得到。

2. 门槛模型回归结果

表 16 – 8 展示了以核心解释变量数字经济（lnDige）为门槛变量的双重门槛模型估计结果，可以看出，双重门槛模型的两个门槛估计值分别为 – 2. 2572 和 – 0. 8439，根据门槛值把核心解释变量分为 $lnDige < -2.2572$，$-2.2572 \leqslant lnDige < -0.8439$，$lnDige \geqslant -0.8439$ 三个区间。当核心解释变量属于区间 $lnDige < -2.2572$ 时，数字经济变量的估计系数为 0. 0635；当核心解释变量属于区间 $-2.2572 \leqslant lnDige < -0.8439$ 时，数字经济变量的估计系数下降至 0. 0447；当核心解释变量属于区间 $lnDige \geqslant -0.8439$ 时，数字经济变量的估计系数又增加至 0. 0966，数字经济在三个区间的回归系数均显著为正，说明数字经济对城乡协调发展具有显著的正向影响，且随着数字经济发展水平的提高，数字经济对城乡协调发展的促进作用先减弱后增强，反映出二者具有显著的非线性关联，这也验证了假设 16 – 3 的正确性。综合来看，数字经济对于城乡协调发展具有显著的积极作用，且两者之间存在较为显著的双门槛特征，当数字经济指数大于第二门槛值时，其对城乡协调发展的促进作用最明显。

表 16 – 8   门槛模型回归结果

变量	系统估计值	标准误差	t 值	p 值
$lnDige(lnDige < -2.2572)$	0. 0635 ***	– 0. 0052	14. 4	0. 0000
$lnDige(-2.2572 \leqslant lnDige < -0.8439)$	0. 0447 ***	– 0. 0114	8. 52	0. 0000
$lnDige(lnDige \geqslant -0.8439)$	0. 0966 ***	– 0. 0376	8. 47	0. 0000
$Pgdp$	0. 0092 ***	– 0. 0019	4. 83	0. 0000
Fdi	0. 4640 ***	– 0. 1430	3. 25	0. 0010
Gov	0. 1900 ***	– 0. 0586	3. 25	0. 0010
Mar	– 0. 0524	– 0. 0444	– 1. 18	0. 2390
$Constant$	– 0. 8130 ***	– 0. 0376	– 21. 61	0. 0000
$Observations$	300			
Number of id	30			
R-squared	0. 8320			

注：*** 表示在 1% 的水平上显著。

3. 空间相关性检验

地理学中的定律研究表明，空间中相近的地区之间往往存在相关性，具有相互影响特征。为了分析中国城乡协调发展水平和数字经济在全局上的空间集聚特征，本书构建了地理邻近空间权重矩阵和经济距离空间权重矩阵（经济距离矩阵设定为两省份样本考察期内人均 GDP 平均值之差的倒数），并通过 Stata16. 0 软件计算出 2011 ~ 2020 年城乡协调发展水平和数字经济的全局莫兰指数（Moran's I）来对其解释，结果如表 16 – 9 所示。可以发现，在地理邻近空间权重矩阵和经济距离空间权重矩阵两种权重矩阵条件下，2011～2020 年中国城乡协调发展水平和数字经济发展水平的 Moran's I 指数均为正数，且都通过了 10% 的显著性水平检验，说明中国城乡协调发展水平和数字经济发展水平之间均存在着显著的正向空间相关性，即城乡协调发展水平较高的省份，其邻近省份或经济发展水平相近省份的城乡协调发展水平也相对较高，数字经济发展水平较高的省份，其邻近省份或经济水平处于同一层次的省份数字经济发展水平同样较高。这也证明了后文采用空间计量模型进行回归的合理性。

表 16 – 9　　　　　　　　两种矩阵下的 Moran's I 指数

年份	地理邻接矩阵		经济距离矩阵	
	ln*Urds*	ln*Dige*	ln*Urds*	ln*Dige*
2011	0. 488 ***	0. 154 **	0. 195 **	0. 145 *
2012	0. 486 ***	0. 170 **	0. 244 **	0. 154 *
2013	0. 397 ***	0. 139 **	0. 202 **	0. 206 **
2014	0. 367 ***	0. 133 *	0. 198 **	0. 185 **
2015	0. 341 ***	0. 135 *	0. 205 **	0. 204 **
2016	0. 305 ***	0. 149 *	0. 216 **	0. 211 **
2017	0. 295 ***	0. 141 *	0. 224 **	0. 185 **
2018	0. 268 ***	0. 105 *	0. 196 **	0. 120 *
2019	0. 268 ***	0. 121 *	0. 173 **	0. 163 **
2020	0. 256 ***	0. 137 **	0. 146 *	0. 146 *

注： *** 、 ** 和 * 分别表示在 1% 、 5% 和 10% 的水平上显著。

由于全域莫兰指数只能反映研究对象的整体空间集聚情况，为了对特定区域以及周围区域之间的空间差异进行分析，本书进一步借助 Stata16. 0 软件以 2011 年、2016 年和 2020 年为例绘制城乡协调发展水平与数字经济发展水平的局部莫兰散点图，城乡协调发展水平与数字经济发展水平的局部莫兰散点图分别如图 16 – 1 和图 16 – 2 所示。可以看出，2011 年、2016 年和 2020 年城乡协调发展水平和数字经济发展水平莫兰散点图大部分观测值均分布在第一、第三象限，表明城乡协调发展水平、数字经济均呈现高水平集聚与低水平集聚特征，这再次验证了后文采用空间计量模型进行回归分析的合理性。

4. 空间杜宾模型回归结果

为了进一步研究数字经济对城乡协调发展水平的空间溢出效应，本书参考埃洛斯特（Elhorst）的方法，依次进行 Wald 检验、LR 检验和 Hausman 检验以挑选理想的计量模型。Wald 检验和 LR 检验结果均通过了 5% 的显著性检验，该结果表明应拒绝采用 SLM 模型或 SEM 模型的原假设，而采用空间杜宾模型展开分析。Hausman 检验结果表明，固定效应模型优于随机效应模型。因此，本书分别在两种矩阵条件下用固定效应的空间杜宾模型进行回归，两种空间权重矩阵下的回归结果如表 16 – 10 所示。由前两行数据

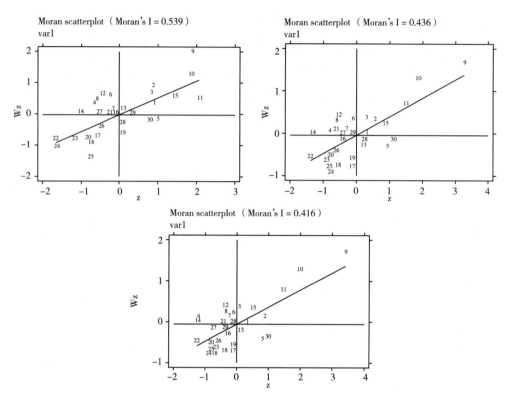

图 16 - 1　2011 年、2016 年和 2020 年全国城乡协调发展水平莫兰散点图

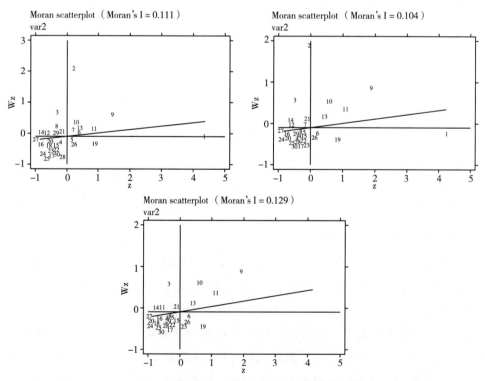

图 16 - 2　2011 年、2016 年和 2020 年全国数字经济发展水平莫兰散点图

可以看出，在两种空间权重矩阵下，核心解释变量数字经济的回归系数仍显著大于0，说明数字经济能够显著促进省级层面的城乡协调发展，这与前面得出的结论相同，再次验证了假设16-1的合理性。

表16-10　　　　　　　　　　　　空间杜宾模型回归结果

变量	地理邻接矩阵	经济距离矩阵
ln*Dige*	0. 0526 *** (5. 33)	0. 0563 *** (5. 80)
$W \times$ ln*Dige*	0. 0484 *** (4. 03)	0. 0481 * (1. 77)
直接效应	0. 0538 *** (5. 25)	0. 0553 *** (5. 36)
间接效应	0. 0546 *** (4. 85)	0. 0271 (1. 34)
总效应	0. 1084 *** (6. 75)	0. 0824 *** (4. 20)
控制变量	YES	YES
省份固定效应	YES	YES
年份固定效应	YES	YES
Spatial rho	0. 0759 (0. 80)	- 0. 2745 ** (- 2. 23)
N	300	300
R^2	0. 214	0. 129
Log-likelihood	710. 6625	701. 1067

注：***、** 和 * 分别表示在1%、5%和10%的水平上显著；括号内数字为对应的 t 统计量值。

从空间变量的回归结果来看，数字经济的空间变量系数在两种空间权重矩阵下均显著为正，说明相邻省份或经济水平相近的省份数字经济发展规模对本省份城乡协调发展水平存在显著影响，即相邻省份或经济水平相近省份的数字经济发展会对本省份产生正向的溢出效应。出现这一结果的原因可能在于，数字经济具有可复制、非竞争、高效率、外溢性等特性，是新时代经济社会发展的重要基础和核心动力，而互联网的发展使其具有的诸多竞争优势和发展经验能够迅速外溢到周边省份，从而带动周边省份的就业结构和就业方式的改善，提高周边省份城乡要素配置效率，进而缩小城乡多维差距，促进周边省份城乡协调发展水平的提高。而城乡协调发展水平的空间变量系数在地理邻接权重矩阵下为正但不显著，在经济距离权重矩阵下显著为负，说明相邻省份的城乡协调发展水平对本省份的城乡协调发展水平没有显著影响，而经济发展水平相近省份的城乡协调发展会对本省份城乡协调发展产生负向的溢出效应。这可能是因为相邻省份自然地理条件、资源禀赋以及城乡发展模式等方面较其他省份更为相似,其城乡协调发展水平最终也会趋于相似,而经济发展水平相似的城市之间基于对政绩的考量,对资源的竞争更为激烈,因而本省份的城乡协调发展水平的提高会抑制经济发展水平处于同一层次的省份的城乡协调发展。

从空间效应的分解来看,在地理邻接矩阵下,数字经济对城乡协调发展的直接效应、间接效应和总效应均显著为正,且直接效应和间接效应占总效应的比重接近相等,说明数字经济对本省份和周边省份城乡协调发展的促进作用无明显差别。而在经济距离矩阵下,数字经济对城乡协调发展的直接效应和总效应显著为正,间接效应为正但不显著,且直接效应占主要部分。从具体数值来看,数字经济对城乡协调发展的直接效应和间接效应分别为 0.0553 和 0.0271,占总效应的比重分别为 67.11% 和 32.89%,即数字经济每提高 1%,将促进本地区城乡协调水平提高 0.6711%、邻近地区城乡协调水平提高 0.3289%。可以看出,数字经济对本省份城乡协调发展的促进作用要大于对经济发展水平相近的省份。这可能是因为大多数城市的数字技术创造能力较薄弱,且主要依赖发达地区的技术溢出来促进本地区数字经济的发展,而数字经济本身较为发达的城市数字经济发展起步较早、水平较高,数字红利释放较多,因而对本地区的城乡协调发展的促进作用也较强。

第五节　结论与建议

一、研究结论

我国"十四五"规划和 2035 年远景目标纲要中都提到共同富裕的目标(张嘉实,2023),而促进城乡协调发展是实现共同富裕的关键。数字经济的发展能够打破城乡二元结构桎梏,在畅通城乡间要素流动通道、促进城乡协调发展方面发挥着重要作用。本书以数字经济与城乡协调发展相关理论为指导,对数字经济促进城乡协调发展的直接效应、作用机理、非线性效应以及空间效应展开了全面深入的分析,构建了我国数字经济和城乡协调发展的综合衡量指标体系,并基于 2011～2020 年全国 30 个省(区、市)(西藏和港澳台除外)的面板数据构建固定效应模型、中介效应模型、面板门槛模型以及空间杜宾模型,对数字经济促进城乡协调发展进行实证检验。通过以上研究,本书得到如下结论。

从 2011～2020 年数字经济和城乡协调发展水平的时序变化特征来看,全国以及东中西部地区数字经济和城乡协调发展水平除个别年份有轻微下降以外,整体均呈稳定上升趋势,且东部地区发展水平均领先于全国平均水平,中西部地区则落后于全国平均水平；从发展速度来看，西部地区数字经济和城乡协调发展水平增幅最大，东部地区次之，中部地区最小。从 2011 年、2016 年、2020 年数字经济和城乡协调发展水平的空间分布情况来看，二者均存在显著的空间分异特征，数字经济和城乡协调发展水平较高的省份大多分布于东南沿海发达地区以及中西部少数中心城市，典型高值区主要分布在江浙沪以及北京、广东等地，发展水平较低的省份则主要分布在中西部欠发达地区和个别东部城市，数字经济与城乡协调发展水平的空间分布格局均与中国经济发展的格局基本一致。此外，数字经济起步阶段发展水平较低但发展速度较快，而城乡协调起步阶段发展水平较数字经济更高，但其发展速度与规模上升更平稳，说明数字经济的发展更具活力。

从基准回归和异质性分析的结果来看，数字经济对我国城乡协调发展具有显著的促进作用，且数字经济对中西部地区的促进作用较东部地区更为显著，在考虑内生性问题以及进行了一系列稳健性检验后，数字经济对城乡协调发展水平的促进作用依然显著；从控制变量的回归结果来看，经济水平、外商投资、政府干预和市场化程度四个变量对我国城乡协调发展均具有显著的促进作用。从中介效应回归的结果来看，数字经济对城乡协调发展的促进作用是通过城乡要素适配这一中介机制实现的，数字经济通过提高劳动力、土地、资本等资源要素在城乡间的配置效率间接促进城乡协调发展水平的提高。从面板门槛模型的回归结果来看，数字经济对城乡协调发展的促进作用受到数字经济双重门槛效应的影响，随着数字经济发展水平的不断提高，其对城乡协调发展水平的促进作用先减弱后增强，呈现出明显的"U"形特征，当数字经济大于第二门槛值时，其对城乡协调发展的促进作用最强。

从全域莫兰指数结果来看，数字经济和城乡协调发展水平在考察期内均存在显著的空间正相关性，从代表年份的莫兰散点图来看，数字经济和城乡协调发展水平均呈现高水平集聚与低水平集聚特征。从空间杜宾模型的回归结果来看，在两种空间权重矩阵下，数字经济对城乡协调发展均存在明显的空间溢出效应，相邻省份或经济水平处于同一层次省份的数字经济发展会对本省份城乡协调发展产生正向的溢出效应，相邻省份的城乡协调发展水平对本省份的城乡协调发展水平没有显著影响，而经济发展水平相近省份的城乡协调发展会对本省份城乡协调发展产生负向的溢出效应。从数字经济对城乡协调发展空间效应的分解来看，数字经济对本省份和相邻省份城乡协调发展的促进作用无明显差别，而数字经济对本省份城乡协调发展的促进作用要大于对经济发展水平处于同一层次的省份。

二、政策建议

1. 加快农村信息基础设施建设，缩小地区间数字经济发展差异

数字基础设施的发展程度以及空间布局对于数字经济发展有着重要的影响，直接影

响到居民使用互联网以及参与数字生活的机会。信息基础设施建设直接决定了数字经济发展的广度和深度，加强信息基础设施建设对促进城乡协调发展至关重要。首先，应结合国家发展规划和地区特色，制定和完善农村信息基础设施建设的总体规划，明确建设的目标、重点任务和实施步骤，并加大财政支持、税收优惠、金融扶持等促进农村数字经济发展政策的支持力度，尤其应加强对落后地区农村宽带网络建设的投入，提高农村地区的网络覆盖率和网络质量，推动5G和千兆光纤等新一代信息基础设施向农村延伸，同时推动乡村公路、电网、水网等传统基础设施数字化改造，为农村信息化建设提供基础保障。为缩小区域数字鸿沟，需要不断加强中西部地区数字网络基础设施建设水平，带动相对落后的中西部地区的数字经济发展，实现基础设施升级换代，进而逐渐缩小区域数字鸿沟。其次，积极引进数字经济领域的人才和资源，鼓励和支持农业企业、农民合作社等主体引入数字化技术和管理手段，如农业信息化、农村管理信息化等，提高农村生产和管理效率，推动农业生产的提质增效，实现农业生产的数字化转型，同时通过政策引导和教育培训提高农村居民的数字素养和技能水平，呼吁农村居民提高信息意识、主动学习和掌握信息技术、更好地利用信息技术促进自身发展。最后，还应建立跨部门、跨领域的协调机制，加强信息基础设施建设工作的组织协调和管理，确保建设工作的顺利进行，并建立完善的监管机构和法律法规体系，保护用户的数据安全和隐私，强化平台责任和义务，开展联合监管和执法，加强社会监督和公众参与，保障市场公平竞争和消费者权益，共同推动农村信息基础设施建设与农村数字经济的健康发展。

2. 打通城乡要素双向流通渠道，充分释放数字经济发展动能

在数字经济促进城乡协调发展过程中，人才、土地、资本等要素是制约乡村发展的关键问题，需要从国家层面进行合理分配和高效运用，更好发挥数字经济对城乡协调发展的促进作用。首先，在促进人才要素流动方面，不仅要借助数字技术打破城乡二元户籍制度限制、吸引人才下乡，更要积极培养和引进相关技术人才和管理人才，从农村人才的数量和质量上下功夫，加强农村人才队伍建设，为农业农村发展奠定坚实基础，此外还应建立城乡人才信息数据库，实时监测城乡人才流动动态，及时为农村引入掌握数字技术、拥有数字农业科技技能的新农人，为农村农业发展注入源源不断的内生动力，发挥数字经济在线优势，增强农村与城市人才的线上交流，增强第一书记作用。其次，在促进土地要素流动方面，应深化农业经济在生产、分配、交换、消费各个环节的数字化改革，实现数字技术与农村第一、第二、第三产业的深度融合，提高农业经济发展质量，更快地实现农业数字化转型。此外，还应完善土地数字平台建设，鼓励农民将土地进行数字化登记，提高土地流转和经营规模化，通过土地数字化流转获得更高收入。最后，在促进资本要素流动方面，应借助数字要素打通城乡资本要素的信息壁垒，借助数字化平台对下乡资本进行整合和引导，充分发挥各大金融机构优势，整合资本下乡的市场化进程，以资金为引导，以财政支农资金作为乡村发展主推力量，以政府担保和保险

为杠杆，以大数据平台为信息传递媒介，形成从投资到担保的融合发展模式，形成有效市场和有为政府共同发力的体系架构，构建资本数字化发展模式，促进城乡协调发展。

3. 充分发挥数字经济溢出效应，促进地区间协同互动发展

数字经济具有显著的正向空间溢出效应，因此，在推动数字经济发展过程中，应以协同发展理念为导向，加强地区之间政府、市场与社会主体的交流与合作，充分发挥数字经济驱动区域城乡协调发展的新动能。第一，应完善地区间数字经济发展的区域合作机制，加强政府宏观调控的作用，破除数字经济发展过程中新模式、新业态的行业壁垒和地域限制，扩大乡村各类要素尤其是数字要素的应用边界。强化数字技术向实体经济渗透，提高数字技术、数字产品和数字化服务在各地区产业和领域之间的渗透作用，推动传统产业升级，同时提高数字技术研发强度，突破未来数字领域中颠覆性技术，为各地区数字经济的协同发展提供保障。第二，要增强核心城市辐射带动，深化区域分工协作。例如，京津冀、长三角及粤港澳大湾区等城市群是数字经济重点交织区域，发散性结构是数字经济空间联系网络重要结果，因此，发挥数字经济空间关联作用要增强核心城市的辐射带动能力，通过破除产业发展的区域壁垒，强化区域分工协作，促进各类要素资源合理高效配置，推动城市群向外辐射，提升边缘城市的城镇化质量。对于东南沿海等经济发达地区，其不仅综合竞争实力远超全国其他地区，数字经济和城乡协调发展水平也位于全国前列，数字经济和城乡发展体系较为完善、区域优势明显，应充分发挥好辐射带动作用，进一步优化数字经济发展模式，推动数字经济与传统产业更深层次的融合，并明确其数字经济的风险性特征，科学应对发展中存在的问题，动态调整数字经济发展步伐，为周边地区数字经济和城乡协调发展做好示范作用。第三，推动数字经济差异化策略，因地制宜发展。数字经济空间联系对东部、中部地区及城市群的城镇化高质量发展具有显著的促进作用，基于影响差异、发展差异及禀赋差异调整各地区数字经济发展步伐，从政策倾斜及产业发展视角提高数字经济发展协调性，加强东中西部地区的整体联动性，优化城市群内外部城市要素配置，提高不同区域城市之间的互动能级来推动城镇化质量提升。对于中西部等经济落后地区，其数字经济起步较晚且主要处在应用阶段，城乡发展也较为落后，应积极主动借鉴发达地区的发展经验，并结合自身资源禀赋和发展条件，主动利用数字技术补齐发展短板、变革发展模式，充分发挥自身的发展潜力，通过协同并举实现数字经济均衡发展，从而更好地助力城乡协调发展。

第十七章　数字普惠金融与城乡共同富裕

第一节　引　言

近年来，随着金融服务领域的快速拓展，数字普惠金融在减贫增收、抑制城乡差距、促进社会公平中扮演着重要角色，主要表现在通过降低金融服务成本来缓解小微企业与家庭的金融约束从而推进实体经济发展。在"十四五"规划和2035远景目标纲要中，加快金融行业数字化转型、完善金融设施基础建设、推动金融创新协同发展正成为提升数字普惠金融服务、加快共同富裕目标实现的重要一环。关于金融发展与经济增长，当前研究多认为金融发展可以促进经济增长（Benhabib & Spiegel，2000），且存在资本积累与生产率的差异（Huang & Lin，2009）。在此基础上，有学者实证分析了金融冲击、金融发展对实体经济的影响（Baur，2012；Jedidia，Boujelbene & Helali，2014）。还有学者从企业创新、银行结构等角度分析了金融发展对实体经济的影响（Kumar，Mudambi & Gray，2013；Lin，Sun & Wu，2015）。此外，创新能力、创业活动对民营经济的促进作用逐渐受到关注，金融与实体经济的匹配能够产生显著的促进作用（Ye，Huang & Zeng，2021）。进入互联网时代，充分利用大数据、云计算等信息技术的发展机遇，数字金融得以持续发展，其对经济高质量发展的提振效应得到了充分验证（滕磊和马德功，2020）。

"治国之道，富民为始"，共同富裕是社会主义的本质要求，也是新发展格局背景下推进国内大循环建设的重要内容。自改革开放以来，中国民生福祉建设已取得长足进步，居民收入不断提升，农村绝对贫困问题得到解决，全面小康基本实现，但由于区域资源禀赋及发展基础的约束，区域差距、收入差距及城乡差距仍较为明显，特别是城乡差距较为突出。根据《中国住户调查年鉴2022》，城乡居民人均可支配收入差额从1978年的209.8元扩大到2021年的28481元，虽然城乡居民收入倍差有所下降，但是绝对差距仍十分明显。作为社会主义的本质要求，"共同富裕"概念的提出最早可追溯到20世纪50年代的计划经济时期，并在党的十一届三中全会后系统展开，其进程表现为从"先富带动后富"到"兼顾效率与公平"再到"更加注重社会公平"三个阶段。新时代中国的"共同富裕"有了更深层的内涵，党的十九大报告中，明确了 2035 年共同富裕实现的具体目标和 2050 年总体目标，标志着我国共同富裕进程迈上新台阶。近些年，伴随着全面建成小康社会，如何高质量推进共同富裕目标正成为中国新发展阶段的重点与难点。当前推进共同富裕进程主要有以下三个难点：一是如何实现城乡协同发展？二是如何实现区域协同发展？三是如何缓解群体内部差距？主要表现在农村人口迁移、城乡收入差距、区域发展差异等，其相关问题已成为学术界和社会关注的焦点。因此，研究如何高质量推进共同富裕进程及其实践途径，提升全社会综合发展水平具有重要意义。

基于数字普惠金融的内涵与共同富裕目标相契合，近年来我国大力发展数字经济，服务于乡村振兴、城乡一体化以及城镇高质量发展中，其实现的路径主要通过促进产业数字化转型，推动城乡和区域间产业结构优化从而增强城乡经济发展质量，这有助于持续做"大"共同富裕的蛋糕。当前中国经济高质量发展离不开产业结构的转型升级，而产业结构转型升级也是实现经济高质量发展的重要内容，党的十九届五中全会将"经济结构更加优化，创新能力显著提升，产业基础高级化"作为我国"十四五"时期经济社会发展的主要目标之一。从国际上看，传统的产业升级更加侧重于推动社会经济发展，但这往往会造成社会层级的进一步分化。从国内来看，长三角地区各城市由于城市规模、城市区位的不同，城市的资源集聚能力存在差异，造成数字金融作用的差异化。自 2013 年以来，中国数字金融产业快速崛起，中国"互联网金融元年"的说法也从此开始，逐渐衍生出了业态丰富的互联网金融产品，并在长三角地区迅速发展，活跃了市场经济，为民营经济发展提供了新的驱动力，各城市在 2013 年纷纷制定了数字金融发展政策，对社会经济发展具有重要作用。珠三角作为中国改革开放的前沿阵地，是最早一批经历产业跨越式升级的地区。珠三角产业结构升级主要分为"再工业化"和"第三产业化"。"再工业化"要求制造工艺与生产效率的提高，这降低了对低技能劳动力数量的需求，导致从业者议价能力下降，部分从业者面临工资缩减甚至失业的困境，这类城市以佛山、东莞为代表；"第三产业化"，即以高端服务业代替本地制造业，这一替代过程往往会导致就业分化的出现，从而挤压低受教育群体、低效率工人的薪资空间，造成中等收入群体的减少甚至出现返贫现象。根据全国农民工监测调查报告显示，2020 年在珠三角地区就业的农民工数量为 4223 万人，比上年减少了 195 万人。由此可见，在实现产业结构优化升级的同时如何推进共同富裕的目标正成为当前亟待解决的现实问题，同时数字化、信息化作为实现共同富裕目标的重要工具在连接产业结构升级的进程中发挥了关键作用。

基于上述背景，本书选取了全国 288 个地级及以上城市作为研究对象，从产业结构升级的视角探讨数字普惠金融促进共同富裕的机制与路径，以期为高质量推进共同富裕目标提供理论与借鉴意义。

第二节　理论研究

党的十九届五中全会之后，学术界针对共同富裕的研究逐渐增多，并产生了一批重要的学术成果。国内外学者关于共同富裕发展的研究主要集中在以下四个方面：（1）共同富裕的科学内涵。共同富裕是突出在某一个富裕水平下的同一性程度（陈正伟和张南林，2013），理解共同富裕需要抓住"富裕"和"共享"两个关键词，共同富裕是发展与共享的统一，要在发展中实现共享，在共享中促进发展（李实，2021），并实现发展与共享的可持续性（郁建兴和任杰，2021）。（2）共同富裕发展的测度研究。国外学者主要从城乡关系入手，从城乡产业发展（Sheykhi，2016）、城乡公共服务（Rickardsson，2021）、城乡福利（Seale，2013）等视角展开分析；国内学者则主要基于共同富裕的内涵展开讨论，从发展性、共享性和可持续性等维度构建共同富裕水平的评价体系，对全国当前共同富裕的发展水平（陈丽君等，2021）以及总体发展差距（谭燕芝等，2022）等进行测度。（3）共同富裕的实现路径。部分学者从城乡融合视角切入，指出实现共同富裕应当坚持以点带面的发展模式（欧阳慧等，2022），需要从人口、经济、社会等方面促进城乡融合，以此消除城乡二元结构（Shan et al，2022），并有部分学者认为，实现脱贫攻坚与乡村振兴也是促进共同富裕的重要途径（Diwakar & Shepherd，2022；叶合柳和颜怀坤，2022）；此外，还有学者指出，实现共同富裕需要坚持基本的分配制度、不断强化基本民生等政策，并在消除绝对贫困后重点开展相对贫困治理（陈宗胜和黄云，2021；邹璠和周力，2022），同时加快建设农业现代化的产业体系、建立健全金融服务政策体系，推动脱贫攻坚与乡村振兴的有效衔接（叶合柳和颜怀坤，2022），进而实现农民农村共同富裕（吕德文和雒珊，2022）。（4）共同富裕的推进机制分析。张来明和李建伟（2021）指出，实现共同富裕要形成农村资源与城市资源的双向流动机制，通过城乡融合发展，进一步缩小城乡差距；王涛等（2022）则沿着全国"脱贫攻坚—乡村振兴—共同富裕"的战略目标出发，主要从阻断机制、衔接机制、要素驱动机制和城乡融合发展机制等方面来解析共同富裕的推进机制；也有学者指出，在新发展阶段还应当推动数字经济与"有效市场＋有为政府＋有德社会"深度融合，构建推进共同富裕的共建机制与共享机制（郭爱君和张小勇，2022）。

当前，关于数字普惠金融对共同富裕影响的研究尚且较少，大部分研究主要集中于对城乡收入差距、区域差距以及群体贫困等方面，它们为共同富裕的相关研究奠定了坚实的理论基础，随着共同富裕作为国家战略的讨论度提升，相关研究成果也不断涌现，而数字普惠金融作为减少城乡、区域差距，促进经济包容性增长的重要工具，可以推测它在今后的相关研究中会成为热门话题。因此，在当前数字经济发展日趋成熟的阶段，探讨数字普惠金融如何促进共同富裕以及两者间的机制路径就显得十分必要。本节结合已有的国内外研究，总结归纳相关研究成果，以期对数字普惠金融促进共同富裕的机制与路径进行合理探讨。

一、数字普惠金融与共同富裕关系的文献综述

由前文关于数字普惠金融与共同富裕的基础理论可以了解到当前数字普惠金融对共同富裕实现的影响主要体现在减少城乡收入差距、缓解贫困以及促进社会公平方面（黄益平和黄卓，2018），因此在论述国内外现有相关理论的基础上本节主要从以下三个方面分析。

1. 数字普惠金融对城乡收入差距的影响

关于数字普惠金融对城乡收入差距的影响主要集中在两个方面：一方面，数字普惠金融可以显著抑制城乡收入差距，实现经济的包容性增长。如宋晓玲（2017）利用省级面板数据实证分析了数字普惠金融能够抑制城乡收入差距；梁双陆和刘培培（2019）在面板回归的基础上利用互联网普及率作为工具变量也得到了一致的结果。张贺和白钦先（2018）通过数字普惠金融具有的三大功能分析了可能存在的非线性收敛特征，并构建了门槛回归模型证实了数字普惠金融可以缩小城乡收入差距。张勋等（2019）认为，数字普惠金融可以通过提高农村低收入群体的居民收入来缩小城乡差距，从而实现经济的包容性增长；同样，陈丹和姚明明（2019）也从提升农村居民收入的角度得出数字普惠金融可以促进乡村振兴从而实现城乡协同发展。

另一方面，数字普惠金融抑制城乡收入差距的作用可能具有异质性，甚至会扩大城乡收入差距。任碧云和李柳颖（2019）以农村居民的家户调查数据为例实证分析了数字普惠金融中的支付服务、借贷服务、金融服务对实现农村包容性增长的显著促进作用，而投资服务的收敛效应则并不显著。李建军和韩珣（2019）利用县域和省级两个层面的截面数据证实了数字普惠金融仅在其发展初期能够缩小城乡收入差距，随着数字普惠金融的进一步发展，其对城乡收入差距的影响并不显著。李牧辰等（2020）对数字普惠金融影响城乡收入差距进行了维度分解探析，结果发现，数字普惠金融的覆盖广度和使用深度总体上抑制了收入差距的进一步扩大，但数字化程度的提升则会加剧城乡收入差距。此外，教育水平（梁双陆和刘培培，2018）、互联网平台建设（邱泽奇等，2016）等要素也会影响数字普惠金融对城乡收入差距的收敛效果，从而使得城乡"数字鸿沟"进一步拉大。

相比于国内学者，国外学者多从金融发展的角度研究普惠金融与城乡收入差距的影响关系。哥达（Geda，2006）等利用埃塞俄比亚近7年的面板数据证实了普惠金融可以

提高低收入群体的收入水平。比当古（Bittencourt，2010）也发现普惠金融的发展有助于提升占20%收入人群的生活水平。另外，也有学者从中国的视角分析出，中国数字金融的发展可能会加剧城乡收入的内部差距（Wan G，2007）。总之，数字普惠金融对城乡收入差距的影响可能存在非线性的门槛限制，这会导致数字普惠金融对城乡收入差距的影响具有显著的边际影响差异。

2. 数字普惠金融对贫困减缓的影响

相比于传统金融服务，普惠金融在减缓贫困中发挥的作用已被社会各界广泛认同。作为经济创新的重要体现，数字普惠金融可以帮助贫困户以低廉的成本获得金融资金，这与国家消除贫困的具体内容相一致（赵经涛等，2020）。董玉峰等（2020）认为，数字普惠金融依靠数字技术可以精准有效地获取客户基本信息从而帮助金融机构降低信贷服务的风险，弥补传统金融服务可达性不足导致的持续性金融排斥现象。惠献波（2020）、郑志强（2020）认为，加快普及数字金融有助于政府通过财政政策实现精准扶贫，在提升消费者金融素养的同时提高金融服务的普惠性，增强减贫的效果。此外，马彧菲和杜朝运（2017）、谭燕芝和彭千芮（2018）通过对数字普惠金融进行子维度分解发现其具有减缓贫困的效果。刘顺平等（2017）通过对数字普惠金融减贫在城乡居民群体中的比较优势得出，借助信息技术支撑，数字普惠金融可以帮助长尾客户提升金融服务获得的机会从而增加减贫脱贫的可能性。同样，相比于数字普惠金融对贫困减缓的直接促进作用，部分学者得到数字普惠金融对贫困减缓可能存在的非线性特征。龚沁宜和成学真（2018）以及黄秋萍等（2017）利用门槛效应检验模型探究了数字普惠金融与贫困减缓间的关系，结果发现，数字普惠金融对贫困减缓在跨越门槛值前后均显著为负，但跨越门槛后存在明显的边际效应递减趋势。此外，钱鹏岁和孙姝（2019）基于修正的空间杜宾模型测算出短期内数字普惠金融对贫困减缓具有的空间溢出效应，但在长期中，这一影响并不显著。

与国内学者研究相似，国外学者关于数字普惠金融减缓贫困的影响研究也十分丰富。施米德和马尔（Schmied & Marr，2016）通过分析秘鲁的包容性金融对贫困的影响得出普惠金融抑制贫困发生的有效性差异。席勒（Shiller，2013）利用网上银行的使用普及度作为数字普惠金融指标，发现其可以通过降低贫困人群的交易成本来减缓贫困。马里杰拉和松本（Munyegera & Matsumoto，2015）认为，数字普惠金融可以通过增加金融服务的广度和深度方便居民信贷、提升居民收入和消费需求，从而减缓贫困的发生。科拉多等（Corrado et al，2017）、戴旺等（Dai-Won et al，2018）认为，数字普惠金融促使金融机构降低金融服务的难度从而提高贫困地区的信贷意愿，帮助贫困地区的经济发展。当然也有学者如保克汉特（Boukhatem，2016）和瑞维克（Rewilak，2017）从贫困群体易边缘化的视角出发试图解释数字普惠金融减贫不仅无效反而会加剧地区贫困。乔尼（JouiNi，2018）也通过财政支持的手段认为，财政的"输血式"减贫会降低数字

普惠金融减缓贫困的可持续性和效果，最终脱离良性互动的轨道。

3. 数字普惠金融对社会公平的作用

数字普惠金融促进社会公平主要表现在教育公平、居民就业等社会保障领域，总体目标是实现社会整体和谐稳定和经济的包容性增长。具体来说，在教育方面，杨云龙等（2016）认为，通过开展具有地区特色的金融知识培训和数字普惠金融教育活动有助于发挥数字普惠金融精准扶贫的效果。唐宇等（2020）认为，实现社会公平首先要使居民获得服务的机会公平，包括"就业""教育""医疗""保险"等。杨虹等（2019）认为，数字普惠金融受教育水平的影响，在减缓贫困发生过程中发挥着中介效应，且影响存在一定的差异。傅秋子和黄益平（2018）通过面板数据回归认为，数字普惠金融的影响效果对于教育水平较高、有网购习惯的群体更有利，体现出教育对金融普惠的作用提升。杨立生和陈倩（2020）与熊德平等（2013）发现，提高贫困地区居民知识积累度、提升人力资本有助于加快普惠金融影响的经济效果。其原因主要是对于文化水平低下的群体，通过提升低收入群体的受教育能力有助于防范化解潜在的金融风险，提高消费者金融维权意识（吴金旺和顾洲一，2018）。从国外研究看，马拉多纳多和冈萨雷斯（Maladonado & Gonzalez，2008）与利贡和谢克特（Ligon & Schechter，2003）是较早一批探寻金融发展与教育之间可能存在双向关系的学者。皮雷克斯和柯林斯（Pierrakis & Collins，2013）认为，数字普惠金融有助于减缓家庭约束，推动教育公平，从而提升居民的自身价值。同样哈基和桑米（Khaki & Sangmi，2017）也认为，数字普惠金融增加了公民受教育机会，提高了居民的消费需求。

在推进居民就业方面，关于数字普惠金融对就业的影响主要体现在两个层面：一是就业"数量"；二是就业"质量"。在就业数量层面，数字普惠金融能够促进个体创业（谢绚丽等，2018），提升居民的创新创业活跃度。还有学者如郭（Guo，2021）等从就业性别差异的角度研究数字普惠金融对就业创业的异质性影响，得到数字普惠金融对促进女性就业创业水平提升、缩小工资性别差距的有效作用。另有李晓园和刘雨濛（2021）以及宋伟等（2022）也通过积极探索金融数字化进程来分析数字普惠金融与农村创业之间的关系。而在就业质量层面，国内已有研究通常使用宏观指标数据来探讨，汪亚楠等（2020）将居民就业率作为中介变量分析数字普惠金融对社会保障（社保参保率）的影响方式。戚聿东等（2020）通过研究数字经济发展对于就业质量的影响，得出数字经济有助于实现就业数量和质量的进一步优化，尤其是第三产业服务业的就业质量得到快速提升。周天芸（2022）从劳动力流动的角度证明了数字普惠金融对于劳动力要素价格的扭曲是非线性的。而马述忠和胡增玺（2022）同样从劳动力流动的角度得到了青年劳动力受数字普惠金融发展程度的流入效果更强，尤其是高学历人才，体现了劳动力向大城市集中转移从而带动区域就业质量的提升。

二、数字普惠金融与产业结构升级的文献综述

鉴于已有文献对数字普惠金融与产业结构升级关系的研究相对较为匮乏且大多聚焦于传统金融发展与产业结构升级的影响，因此本节从传统金融发展出发探寻普惠金融与产业结构升级之间的关系。

1. 传统金融发展与产业结构升级的关系

已有研究表明，传统金融发展对产业结构升级存在两种观念，一种是以戈德史密斯（Goldsmith，1969）为代表的促进理论，这类学者认为，金融发展对于产业结构升级具有积极的促进作用。一方面，普拉丹（Pradhan，2015）与布朗（Brown，2012）认为，金融发展可以提高要素的流动，利用市场经济和政府引导实现资源的有效配置，从而推进产业结构升级。另一方面，金融市场的完善使得货币政策的传导机制逐渐形成，帮助产业结构不断优化升级（Arner，2020）。此外，易信和刘凤良（2018）认为，随着产业结构的升级，传统金融发展对产业结构升级的边际效应是递减的，主要表现为倒"U"形。史恩义和王娜（2018）以中西部金融发展与产业结构升级为例，得到金融规模和金融结构对产业结构升级具有显著推进作用，这验证了张晓燕等（2015）与于斌斌（2017）的相关研究。

另一种是以麦金农（McKinnon，1973）为代表的抑制理论，他指出，对于金融发展不足的欠发达国家，金融发展会对资本效率和产业结构升级起到阻碍作用。还有学者从金融过度发展的角度来分析其对产业结构升级的抑制性，杜克特（Ductor L，2015）认为，金融过度发展会提高金融资金的使用成本，从而弱化市场对资源要素的配置效率，抑制区域产业结构升级。此外，格奈里（Gennaioli，2012）与龚强和林毅夫（2014）认为，当金融发展与经济发展水平相适应时，金融服务才有助于产业结构的优化升级，反之则会对产业结构带来负面影响。朱玉杰（2014）从金融规模存量的角度分析了不同区域金融发展的使用效率，并从整体上分析了对产业结构升级存在的倒"U"形特征。此外，何宜庆和吴铮波（2020）从空间视角出发探寻了金融发展对产业结构升级的积极影响，结果发现，金融发展在空间上对产业结构升级具有挤出效应，加剧了周边地区产业低端化压力。王书华等（2022）从金融资源错配的角度实证分析了金融错配会抑制产业结构合理化、高级化。

2. 数字普惠金融与产业结构升级的关系

在研究数字普惠金融与产业结构升级之间的关系前，本书首先探究了普惠金融对产业结构升级的影响。白钦先和张坤（2017）从资金配置的普惠性角度阐述了广覆盖的金融服务能够推动地区产业结构升级。徐敏和张小林（2015）利用计量模型的分维度分析进行实证检验，指出普惠金融可以在短期内通过产业布局合理化方式实现产业结构

优化升级，而长期效应则来源于产业结构高级化。伴随着数字技术水平的提升，数字普惠金融在推动产业结构升级的过程中发挥着越来越重要的作用。杜金岷（2020）基于产业结构合理化、高级化视角指出，数字普惠金融能够提升产业结构的协调度和优化度。唐文进等（2019）通过区域异质性分析得出，数字普惠金融对产业结构升级的影响呈现"东高西低"的特征。易行健和周利（2018）等区别于从供给端研究产业结构升级，引入了多样化的家庭消费群体来解释产业结构升级是数字化转型需要。布鲁恩和洛夫（Bruhn & Love，2014）同样从产品需求方资源配置效率入手，认为数字普惠金融可以为产业链各需求方提供更加契合的金融服务，加快产业结构的优化升级。宋晓玲（2017）利用省级面板数据实证分析了当前数字平台建设对于改变居民消费的作用形式，从而带动产业结构的转型升级。李志国等（2021）从产业结构高级化、合理化以及转型速度三个维度研究了数字普惠金融对产业结构升级的边际效应。部分学者也试图找到数字普惠金融影响产业结构升级的机制与路径变量来证实已有结论，牟晓伟等（2022）利用门槛效应模型和中介效应模型探寻地区协调发展是否有助于数字金融带动产业优化升级。谢汝宗等（2022）通过构建 PVAR 动态分析模型得到广东省内 21 个地级市数字普惠金融、居民消费与产业结构升级之间的内在关系，结果表明，数字普惠金融可以通过居民消费促进产业结构升级。

三、产业结构升级与共同富裕的文献综述

当前关于产业结构升级与共同富裕之间关系的研究主要集中于对城乡协同发展目标的探讨，费孝通（1993）、夏柱智和贺雪峰（2017）认为，引导农村与城市经济发展的动力是中国工业化的推进。伴随着工业化进程的加快，产业结构升级如何实现区域协调发展成为推动城乡劳动力增收增富的关键。现有研究表明，产业结构升级不仅能缩小城乡收入差距，还能促进城乡协调发展（刘叔申和吕凯波，2011）。马正兵（2008）认为，产业结构的优化调整有助于缩小城乡收入差距，促进共同富裕的实现。然而另一研究则得出相反的结论，陈斌开和林毅夫（2010）认为，随着国家经济体制改革的深入，以重工业优先发展的城市化战略可能会导致经济发展质量降低，拉大城乡收入差距。因此，国内关于产业结构升级与共同富裕间的关系尚未有明确定义。国外研究中，克拉克（Clark，1951）从传统经济理论角度进行分析，认为城乡收入差距影响居民的需求弹性，进而影响产品供给的数量与质量，推动产业结构转型升级。魏君英和侯佳卉（2015）基于 1978~2013 的三次产业的时间序列数据实证分析得出产业结构升级与城乡差距之间存在的动态均衡关系。

随着相关研究的深入，部分学者开始从不同产业结构的子维度分析其对共同富裕的影响差异来判断区域的协调发展水平。即产业结构合理化、高级化对城乡收入差距的影响可能存在异质性作用，李亮（2014）从产业结构的"两化"入手，通过协整分析检

验了产业结构合理化对于弱化城乡二元结构的积极作用，而高级化则呈现相反趋势。同样，程莉（2014）基于1985~2011年29个省级面板数据得到了相似结论，但其影响的作用可能存在区域异质性。从时序影响来看，产业结构升级对城乡间、区域间协调发展的影响具有显著差异。傅振邦和陈先勇（2012）认为，产业结构的变动尤其是第二产业的变动对城乡收入差距具有长期的冲击效果，但对城市化的影响效果则不显著。郑万吉和叶阿忠（2015）通过构建空间面板自回归模型以及脉冲响应函数得到，短期内产业结构升级会加剧城乡收入差距，而长期则对周边城市具有"挤出效应"。赵立文等（2018）同样认为，从短期来看，产业结构合理化和高级化能够减小城乡差距，但从长期来看，产业结构高级化抑制城乡收入差距的效果最优。还有学者通过将产业结构升级作为中介变量分析金融科技对农民生活富裕程度的影响，研究发现，金融科技可以通过产业结构升级促进农民生活富裕水平的提升（孙继国和侯非凡，2021）。韩永辉等（2017）也通过分析政府产业政策对于不同维度产业结构升级的作用差异来分析其实现区域协同发展的作用机制。

四、文献评述

根据前文已有文献梳理，可以判断当前国内外学者对于数字普惠金融、产业结构升级与共同富裕的研究大多集中于两者间影响关系与物质富裕的研究，从宏观上看，主要分析了数字普惠金融对缩小城乡收入差距、减缓居民贫困和促进社会公平的影响；从微观上看，主要探讨了数字普惠金融对教育公平、居民就业、创新创业产生的影响。而现有的对于这类三者关系的研究尚且较为匮乏，但已有的相关研究已经给本书打下了良好的理论基础。学者们普遍认为，传统金融的发展有助于推动居民需求的变化，助推供给侧结构性改革，从而推动产业结构升级。同时现有文献中对消费需求、技术投入、交通便利、银行信贷等在推进共同富裕实现过程中发挥的作用进行了深入分析，故本书选择上述变量作为控制变量以尽可能减少因遗漏变量偏差导致的回归结果不准确。最后，现有的少量关于数字普惠金融对共同富裕的研究主要集中于数理模型而忽视了两者之间的空间效应与空间相关性，其影响机制与路径分析就更加缺乏，因此本书从空间视角出发，探究了产业结构升级视角下数字普惠金融促进共同富裕的影响机制与有效路径。

第三节　研究设计

一、模型设定

为实证探究数字普惠金融影响共同富裕的作用方式以及可能的异质性，本书基于

2011～2020 年我国 288 个地级及以上城市的平衡面板数据，采用城市与时间双固定效应构建了数字普惠金融促进共同富裕的基准计量模型，如式（17－1）所示：

$$CW_{it} = \nu_1 + \nu_2 IA_{it} + \nu_3 control_{it} + \mu_i + \lambda_t + \varepsilon_{it} \tag{17－1}$$

其中，i 表示城市，t 表示年份；CW_{it} 表示 i 城市 t 年的共同富裕综合评价指数；IA_{it} 表示 i 城市 t 年的数字普惠金融综合指数；$control_{it}$ 则表示一系列可能对被解释变量产生影响的控制变量；ν_2 为本书的核心估计参数，用来衡量数字普惠金融促进共同富裕的作用效果；u_i、λ_t 分别表示城市与时间固定效应；ε_{it} 表示误差项。

此外，为检验本书中数字普惠金融促进共同富裕是否具有空间溢出效应，同时尽可能消除系数估算时可能产生的模型设定偏误，本书在判断存在空间自相关的基础上建立了空间计量模型，其空间计量模型如下：

$$CW_{it} = \rho \sum_{r=1}^{n} W_{ir} CW_{it} + \beta_0 + \beta_1 IA_{it} + \gamma \sum_{r=1}^{n} W_{ir} IA_{it} + \mu_i + \lambda_t + \varepsilon_{it} \tag{17－2}$$

其中，CW_{it}、AI_{it} 与前文表述一致；ρ 与 γ 分别表示被解释变量与解释变量的空间滞后回归系数，反映了不同空间权重矩阵下邻近地区相互影响的作用程度；β_0 和 β_1 分别表示常数项和解释变量的主回归系数；λ_t 和 μ_i 表示可能存在的时间与空间固定效应；ε_{it} 为随机误差项。当 $\gamma = 0$ 时，模型可以退化为空间滞后模型；当 $\lambda + \rho\beta = 0$ 时，模型则退化为空间误差模型。此外，本书认为，数字普惠金融与产业结构升级对共同富裕的空间溢出效应受地理位置与经济条件的影响。因此本书借鉴陈等（Chen Z et al，2018）分别采用了空间邻接（W_{1ij}）、地理距离（W_{2ij}）以及经济距离（W_{3ij}）三种权重矩阵来判断不同矩阵下本地对周边城市的溢出形式。本书中地理距离权重矩阵、经济距离权重矩阵分别以两座城市空间中心点之间距离平方的倒数以及两地城市人均 GDP 差值的倒数来构建，其公式如下：

$$W_{1ij} = \begin{cases} 1 & \text{当 } i \text{ 和 } j \text{ 邻接} \\ 0 & \text{当 } i \text{ 和 } j \text{ 不邻接} \end{cases} \quad (i \neq j) \tag{17－3}$$

$$W_{2ij} = \begin{cases} 1/d^2, & i \neq j \\ 0, & i = j \end{cases} \tag{17－4}$$

$$W_{3ij} = \begin{cases} 1/(PGDP_i - PGDP_j), & i \neq j \\ 0, & i = j \end{cases} \tag{17－5}$$

同时在稳健性检验中，考虑到数字普惠金融促进共同富裕的作用效果可能同时受到经济因素和地理因素的共同影响，本书将式（17－4）、式（17－5）两个权重矩阵进行嵌套处理，以此构建经济—地理嵌套矩阵（W_{4ij}）。

在机制构建中，前文第二节通过理论模型证明了产业结构升级在数字普惠金融促进共同富裕中的中介作用，因此本书借鉴温忠麟等（2014、2022）的做法和经验，在式

（17-1）的基础上构建以产业结构升级为中介变量的多重中介效应模型，并利用 Bootstrap 方法进行模型回归结果的检验，其公式如下：

$$UI_{it} = \alpha_1 + \beta_2 IA_{it} + \eta_1 control_{it} + u_i + \lambda_t + \varepsilon_{it} \qquad (17-6)$$

$$CW_{it} = \alpha_2 + \delta_2 UI_{it} + \kappa IA_{it} + \eta_2 control_{it} + u_i + \lambda_t + \varepsilon_{it} \qquad (17-7)$$

其中，UI_{it} 表示中介变量产业结构升级。若 ν_2、β_2、κ 显著，δ_2 不显著，则表示该变量具有完全中介效应，若 ν_2、β_2、δ_2、κ 同时显著，且 $\kappa < \nu_2$，则表示该变量存在部分中介效应。

此外，为了进一步证实数字普惠金融、产业结构升级在促进共同富裕中的直接与间接作用及其在不同发展阶段对共同富裕影响具有的非线性差异，本书借鉴汉森（Hansen，1999）的面板门槛模型，构建了数字普惠金融、产业结构升级对共同富裕的门槛回归模型，如下所示：

$$\begin{aligned} CW_{it} = \varphi_0 &+ \varphi_1 IA_{it} \times I(E_{it} \leqslant \chi_1) + \varphi_2 IA_{it} \times I(\chi_1 < E_{it} \leqslant \chi_2) + \varphi_3 IA_{it} \\ &\times I(\chi_2 < E_{it} \leqslant \chi_3) + \varphi_4 IA_{it} \times I(E_{it} > \chi_3) + \varphi_5 control_{it} + \mu_i \\ &+ \lambda_t + \varepsilon_{it} \end{aligned} \qquad (17-8)$$

其中，E_{it} 为 i 地区 t 年数字普惠金融、产业结构升级的门槛变量，$I(\cdot)$ 为指示函数，χ 为门槛值，φ_1、φ_2、φ_3、φ_4、φ_5 为解释变量的估计系数，χ 为门槛变量的临界值，且 $\chi_1 < \chi_2 < \chi_3$。

二、变量选取

在产业结构升级的现状分析中本书介绍了产业结构合理化、高级化、协同化三个子维度的计算方法，并在数字普惠金融与共同富裕的时空演化特征中对核心解释变量数字普惠金融与被解释变量共同富裕的构造方法与数据来源进行了系统阐述，因此本节主要在前文的基础上对实证中控制变量的选取进行相关介绍，基于数据的可得性、可解释性以及合理性，本书选取了社会消费品需求、科学技术投入、交通通达度、存贷款比率、公共交通便利度 5 个控制变量以增强核心解释变量与被解释变量关系的准确性与解释力度。具体变量说明如表 17-1 所示。

表 17-1　　　　　　　　　　　　　　主要变量选取

变量类型	变量名称	变量符号	变量解释
被解释变量	共同富裕	CW	共同富裕综合指数
解释变量	数字普惠金融	IA	数字普惠金融综合指数
控制变量	社会消费品需求	SCG	社会消费品零售额
	科学技术投入	IST	一般财政预算内的科学支出
	交通通达度	TRA	城市公路道路面积/总人口

变量类型	变量名称	变量符号	变量解释
控制变量	存贷款比率	DIR	年末存款总额/年末贷款总额
	公共交通便利度	PTC	全年汽（电）车客运总量
中介变量	产业结构升级	UI	产业结构升级综合指数
	产业结构合理化	RIS	计算方法见参考文献杜金岷（2020）
	产业结构高级化	AIS	计算方法见参考文献 Zhang and Cai（2022）
	产业结构协同化	ISS	计算方法见参考文献白雪等（2018）

1. 社会消费品需求（SCG）

伴随着人均可支配收入的增加，如何提升城乡居民的消费能力与市场活力成为推进金融服务、促进产业结构转型升级的重要目标，也是探寻地区共同富裕进程的重要方式。因此，本书采用每亿元社会消费品零售额来反映各城市居民整体的消费需求，从而体现了居民进行消费支出的意愿。

2. 科学技术投入（IST）

众所周知，科学技术投入有助于加快企业、国家科技创新的能力，扩大创新型人才主体，推动企业产品质量升级，同时加快农村地区的科学技术投入也能够为农村数字金融服务提供技术支持。因此，本书采用一般财政预算内的科学支出来衡量不同地区技术投入的水平，从而体现科技创新对共同富裕的影响约束。

3. 交通通达度（TRA）

"要想富，先修路"，一般交通通达度越高的地区，道路建设相对越完善，尤其在我国偏远地区的村落交通，公路的修建极大地改善了居民的日常生活，提高了居民的生活质量。因此，本书采用城市公路道路面积占总人口的比重来衡量交通通达水平。人均道路面积越多，说明当地交通通达度水平越高。

4. 存贷款比率（DIR）

付强等（2013）认为，商业银行的存贷款比率能够反映银行资产的流动性水平，具体表现为当存款准备金不足时会加剧商业银行的流动性风险，从而破坏金融资金的稳定性，同时也抑制了对实体经济的金融支持，进而阻碍区域间与区域内的经济发展。本书中用年末金融机构的存款总额除以贷款总额的比重来衡量存贷款比率，其比率越高反映城市资金流动性越高，金融安全性越强。

5. 公共交通便利度（PTC）

公共交通便利度主要用于反映城市公共交通的数量，从而反映居民生活的便利程度，这也是改善居民生活条件的重要内容之一，本书中公共交通便利度采用全年汽（电）车客运总量来衡量城市公共交通的便利化程度。

三、数据来源与描述

本节主要探讨了控制变量以及产业结构升级中介变量的数据来源。关于控制变量和中介变量原始数据主要来自 2012～2021 年《中国城市统计年鉴》、各地级市统计年鉴、各省份或地级市年鉴，以及国民经济和社会发展统计公报，少量缺失数据用线性插值法补齐。考虑到数据的可得性，本书剔除了港澳台地区及个别地级行政区的样本数据。

第四节　研究结果

一、基准回归分析

根据公式（17-1）中双向固定回归模型，本书对数字普惠金融与共同富裕的影响进行了基准回归，同时为保证结论的可靠性，本书还展示了随机效应模型下两者关系的回归结果。列（1）为随机效应模型下的估计结果；列（2）则是在控制年份和城市固定效应下的回归结果；列（3）为对应于列（1）的模型并在此基础上加入控制变量后的估计结果；列（4）则是在列（2）模型的基础上加入了控制变量的估计结果。本书主要根据表 17-2 中列（4）的回归结果来分析数字普惠金融促进共同富裕的作用效果。

表 17-2　　　　　　　　　　　　基准回归结果

变量	（1）	（2）	（3）	（4）
IA	0.0142 *** (0.0030)	0.0213 *** (0.0054)	0.0246 *** (0.0043)	0.0200 *** (0.0519)
SCG	—	—	0.2495 *** (0.0277)	0.0789 *** (0.0272)
IST	—	—	0.1451 *** (0.0255)	0.0583 *** (0.0216)
TRA	—	—	0.0726 *** (0.0137)	0.0225 * (0.0118)
DIR	—	—	0.0033 ** (0.0013)	0.0057 ** (0.0029)
PTC	—	—	0.1050 *** (0.0247)	0.0615 ** (0.0241)

变量	（1）	（2）	（3）	（4）
_cons	0.1146***	0.1081***	0.0689***	0.0941***
	(0.0040)	(0.0027)	(0.0025)	(0.0041)
N	2880	2880	2880	2880
R^2	0.5113	0.6303	0.8440	0.8510
Double FE	NO	YES	NO	YES

注：***、**、*分别表示在1%、5%、10%水平上显著；括号中数字为稳健标准误。

首先，从列（1）、列（2）中可以看出，无论在随机效应模型还是固定效应模型中，数字普惠金融与共同富裕之间的系数都在1%水平上显著为正，即数字普惠金融能够有效提升居民的共同富裕水平；此外，从回归系数看，固定效应模型下数字普惠金融对共同富裕的影响系数和 R^2 要高于随机效应模型的回归结果，表明加入固定项的回归结果更能反映研究期内样本关系的真实性。其次，从列（3）、列（4）来看，在有控制变量情形下数字普惠金融对共同富裕的促进作用依然在1%的水平上显著，且在控制变量中，随机效应模型下的控制变量显著性要大于等于固定效应下控制变量的显著性，但 R^2 较固定效应模型偏低，说明随机效应模型下控制变量的加入虽能增加解释变量对被解释变量的解释效力，但可能存在遗漏变量导致的回归偏误。具体从列（4）的控制变量来看，社会消费品需求、科学技术投入在1%的水平上显著为正，存贷款比率、公共交通便利度在5%的水平上显著为正，交通通达度则在10%的水平上显著为正，其对共同富裕的影响大小分别为：社会消费品需求＞公共交通便利度＞科学技术投入＞交通通达度＞存贷款比率，原因可能是反映居民共同富裕水平的最重要因素是收入的高低，而消费水平取决于居民收入水平的高低，因此其影响程度较高，相反存贷款比率更多的是反映金融机构的流动性风险，虽能在一定程度上影响居民的富裕程度，但其单位作用系数较弱。

二、内生性与稳健性检验

1. 内生性检验

第三节中双固定效应静态回归模型虽能在一定程度上缓解因遗漏变量导致的被解释变量内生偏误，但仍可能存在反向因果以及滞后影响导致的潜在内生性，因此本书从动态面板模型出发采用工具变量法对解释变量进行内生性检验。

表17-3列（1）、列（2）中假设核心解释变量为内生变量，本书借鉴了张勋等（2020）的做法采用了除杭州市外其余287个城市到该市的球面距离与除该市外其他城市数字普惠金融综合指数均值的乘积作为随时间变化的工具变量 C_1；同时考虑到数字

普惠金融是否普及还与公民知识文化储备差异有关，因此本书借鉴蒋晓敏等（2022）将大专及以上学历占总人口比重的一阶滞后项作为另一个工具变量 C_2；此外，本书还采用阿雷拉诺和邦德（Arellano & Bond，1991）的做法，使用数字普惠金融的一阶滞后项作为第三个工具变量 C_3。而在表 17-3 列（3）、列（4）中假设核心解释变量为外生变量，而被解释变量作为内生变量，采用被解释变量的一阶滞后项作为工具变量进行内生性检验。其中列（1）、列（2）分别采用两阶段最小二乘法（2SLS）和工具变量最优 GMM 估计的方法；列（3）、列（4）则分别采用了动态面板下一阶段系统 GMM 回归和二阶段系统 GMM 的计算方法。

表 17-3 内生性与稳健性检验

变量	(1)	(2)	(3)	(4)	(5)	(6)	(7)
L. CW	—	—	0.5797 *** (0.0876)	0.5564 *** (0.0907)	—	—	—
IA	0.0734 *** (0.0172)	0.0658 *** (0.0168)	0.0650 *** (0.0212)	0.0636 *** (0.0237)	0.0610 *** (0.0136)	0.1765 *** (0.0052)	0.0204 *** (0.0050)
_cons	0.3698 *** (0.0403)	0.4321 *** (0.0297)	0.0099 (0.0061)	0.0120 ** (0.0052)	0.1362 *** (0.0104)	0.0931 *** (0.0039)	0.0880 *** (0.0033)
N	2592	2592	2592	2592	2880	2880	2570
R^2	0.9831	0.9831	—	—	0.8271	0.8661	0.8027
Control	YES	YES	YES	YES	YES	YES	YES
Double FE	YES	YES	YES	YES	YES	YES	YES
Kleibergen-Paap rk LM	95.8410 *** (0.0000)	231.5850 *** (0.0000)	—	—	—	—	—
Kleibergen-Paap rk Wald F	30.5100 {9.08}	74.825 {9.08}	—	—	—	—	—
AR(1)	—	—	0.000	0.000	—	—	—
AR(2)	—	—	0.791	0.675	—	—	—
Hansen J	1.9370 (0.3796)	0.7369 (0.3906)	36.4500 (0.1310)	36.0100 (0.1150)	—	—	—

注：Kleibergen-Paap rk LM 原假设为"工具变量识别不足"，当 P≤0.01 时，表明拒绝原假设；Kleibergen-Paap rk Wald F 原假设为"工具变量不存在弱识别"，当 P≥0.1 时，表明接受原假设；Hansen J 原假设为"工具变量不存在过度识别"，当 P≥0.1 时，表明接受原假设。*** 、 ** 分别表示在 1%、5% 的水平上显著，括号内数字为标准误差。

从整体结果看，表 17-3 中数字普惠金融对共同富裕的影响系数均在 1% 的水平上显著为正，且均大于表 17-2 中基准回归结果的系数，反映出原固定效应模型中存在解释变量被低估的现象。具体来看，在列（1）、列（2）中，LM 检验在 1% 的水平上显著，拒绝了工具变量识别不足，且 Wald F 统计量均大于10%的临界值，表明三个工具变量不存在弱识别，此外 Hansen J 统计量也都大于10%，表明所选的工具变量不存在过度识别。而在假设被解释变量内生，核心解释变量外生的情形下，列（3）、列（4）中共同富裕滞后一期在1%的水平上显著为正，且回归系数均大于0.1，表明共同富裕发展的进程受长期的动态影响较大，从数字普惠金融来看，一阶段系统 GMM 中的回归系数为0.0650，二阶段系统 GMM 的系数为0.0636，二者系数十分接近且均在1%的水平上显著，进一步证实了数字普惠金融对共同富裕的显著正向促进作用，即随着数字普惠金融的持续发展，共同富裕进程表现出加速发展的态势。除此之外，AR（1）检验的 P 值为0.0000、AR（2）检验的 P 值分别为0.791和0.675，表明误差项不存在二阶自相关，同时 Hansen J 检验结果表明不存在过度识别，其选取的工具变量是合理有效的。

2. 稳健性检验

基于前文动态面板回归中数字普惠金融对共同富裕的内生检验结果，对表17-2中基准回归进行了静态面板下结果的稳健性检验，主要通过以下三种方法进行：第一，替换被解释变量。为避免赋权方式差异导致的回归结果偏误，本书首先进行了因子分析，其 KMO 检验结果为0.913，表明指标体系适合做主成分分析，进而利用主成分分析方法重新测算共同富裕综合指数并进行回归，如表17-3列（5）所示。第二，使用缩尾法。通过对样本数据进行上下1%的缩尾处理，以防止数据异常值对回归结果的影响，其结果如表17-3列（6）所示。第三，剔除省会（首府）城市与直辖市。考虑到省会（首府）城市与直辖市本身的政策偏向性以及资源集聚可能导致的回归结果不准确，本书剔除这些城市重新进行回归，结果如表17-3列（7）所示。检验结果表明，数字普惠金融影响共同富裕的回归系数方向与表17-2一致，且均在1%的水平上显著，表明本书中数字普惠金融对共同富裕的直接促进作用结果是稳健的。

三、空间效应的结果分析

1. 空间自相关分析

从前文中可知，数字普惠金融与共同富裕之间存在变量相关性，但并未解释两者之间是否存在空间依赖性，且前文中提到，数字普惠金融对于城乡收入差距、区域差距存在空间溢出效应，因此本小节在已有研究的基础上进一步分析数字普惠金融与共同富裕之间是否存在空间相关性，以判断能否使用空间计量模型来分析数字普惠金融对共同富裕的空间溢出特征，本书中采用了全局 Moran's I 指数来检验变量时间序列下的空间自相关性，三种权重矩阵的 Moran's I 指数如表17-4所示。

表 17 −4　　　　　　　　　数字普惠金融与共同富裕 **Moran's I 检验**

W	变量	2011 年	2012 年	2013 年	2014 年	2015 年	2016 年	2017 年	2018 年	2019 年	2020 年
W_1	CW	0.2610 ***	0.2650 ***	0.2550 ***	0.2390 ***	0.2600 ***	0.2600 ***	0.2320 ***	0.2180 ***	0.2340 ***	0.2390 ***
	IA	0.1200 ***	0.1300 ***	0.1260 ***	0.1110 ***	0.1180 ***	0.1160 ***	0.1290 ***	0.1550 ***	0.1630 ***	0.1630 ***
W_2	CW	0.0850 ***	0.0840 ***	0.0830 ***	0.0780 ***	0.0840 ***	0.0840 ***	0.0740 ***	0.0710 ***	0.0760 ***	0.0750 ***
	IA	0.3670 ***	0.3610 ***	0.3830 ***	0.4000 ***	0.3960 ***	0.3790 ***	0.3640 ***	0.3390 ***	0.3500 ***	0.3300 ***
W_3	CW	0.3100 ***	0.3090 ***	0.2870 ***	0.2900 ***	0.2810 ***	0.2860 ***	0.2720 ***	0.2720 ***	0.2650 ***	0.2680 ***
	IA	0.1860 ***	0.1870 ***	0.1750 ***	0.1690 ***	0.1720 ***	0.1740 ***	0.1680 ***	0.1660 ***	0.1660 ***	0.1650 ***

注：*** 表示在 1% 的显著水平上通过假设性检验。

表 17 −4 中展现的 2011 ~ 2020 年数字普惠金融对共同富裕的 Moran's I 指数均在 1% 水平上显著为正，表明研究变量均存在正自相关性，且在城市空间集聚中存在"同高或同低"的特征，这使得进一步分析变量的空间作用就有了必要性，因此后文使用空间计量模型来探寻变量间的空间溢出特征。

为识别应选择何种空间计量模型，本书基于埃洛斯特（Elhorst，2009）的研究方法分别进行了 LM 检验、LR 检验、Wald 检验和 Hausman 检验，由于本书认为数字普惠金融对城市共同富裕的作用受到了地区经济发展水平的影响，因此表 17 −5 中选择了经济距离权重矩阵进行了计量模型的检验。

表 17 −5　　　　　　　　　空间计量模型选择检验结果

Test	Statistic	P-value	Test	Statistic	P-value
LM_spatial lag	139.0390	0.0000	Wald_spatial_error	27.9700	0.0001
Robust LM_spatial lag	68.0000	0.0000	LR_spatial_error	32.5000	0.0000
LM_spatial error	111.8710	0.0000	Wald_spatial_lag	26.5300	0.0002
Robust LM_spatial error	40.8330	0.0000	LR_spatial_lag	32.5200	0.0000

表 17 −5 中传统的和稳健的 LM 检验结果显示，空间滞后和空间误差模型均在 1% 的水平上显著，进一步证明了数字普惠金融对共同富裕具有空间相关性，结合 LR 检验和 Wald 检验也在 1% 的水平上的显著性结果，证实了空间杜宾模型不会退化为空间滞后和空间误差模型；最后在选择固定效应还是随机效应模型中，为了避免传统 Hausman 检验可能带来的结果扭曲，本书在检验出变量间存在空间相关性的基础上采用空间面板模型的 Hausman 检验来进行判断，得到的统计量为 96.0600（P = 0.000），可以确定本书适合采用双固定效应的空间杜宾计量模型。

2. **基于空间计量的实证分析**

基于前文中的检验结果，本节分别报告了在 0 − 1 权重矩阵、地理距离权重矩阵和经济距离权重矩阵下数字普惠金融对共同富裕的双固定空间杜宾回归结果，如表 17 - 6 所示。

表 17 - 6　　　　　　　　　　　分权重基准回归结果

解释变量	0 - 1 权重矩阵（W_1）		地理权重矩阵（W_2）		经济权重矩阵（W_3）	
	x	$W \times x$	x	$W \times x$	x	$W \times x$
IA	0.0148 *** (3.6864)	0.0056 (0.9281)	0.0151 *** (3.6683)	− 0.0343 (− 1.3160)	0.0121 *** (3.0220)	− 0.0159 *** (− 3.1432)
SCG	0.0450 *** (3.5564)	0.0657 *** (3.3343)	0.0331 ** (2.5391)	0.4773 *** (5.2123)	0.0831 *** (6.5224)	0.0716 ** (2.2261)
IST	0.0433 *** (5.4252)	0.0544 *** (3.4375)	0.0537 *** (6.5410)	0.0377 (0.5702)	0.0620 *** (7.3895)	0.1433 *** (4.5651)
TRA	0.0170 *** (4.0985)	0.0551 *** (6.3050)	0.0168 *** (3.9861)	0.1607 *** (4.4097)	0.0218 *** (5.1063)	− 0.0125 (− 1.4283)
DIR	0.0063 ** (2.5134)	− 0.0029 (− 0.7454)	0.0049 * (1.8946)	0.0062 (0.3002)	0.0063 ** (2.5500)	0.0007 (0.2309)
PTC	0.0693 *** (6.3929)	− 0.0830 *** (− 3.8539)	0.0701 *** (6.3747)	− 0.6243 *** (− 4.2580)	0.0704 *** (6.1000)	− 0.2248 *** (− 9.3348)
rho	0.2732 *** (10.9078)		0.6948 *** (9.0491)		0.2073 *** (6.2906)	
Double FE	YES		YES		YES	
Log-likelihood	8370.1029		8370.1029		8370.1029	
R^2	0.8543		0.8622		0.8344	
N	2880		2880		2880	

注：* 、** 和 *** 分别表示 10%、5% 和 1% 的显著性水平，括号内数字为 Z 值。

　　结果显示，三种权重矩阵下数字普惠金融对共同富裕具有显著的本地正向效应，而对周边城市在经济和地理权重矩阵下则会产生负向的溢出效应，即产生资源配置虹吸与集聚的特点，说明在共同富裕发展的早期进程中，数字普惠金融通过在经济与地理位置发展水平较好的大城市率先实现金融资本集聚，加快对周边城市资源的"夺取"，从而促进本地区的发展，加快本地区共同富裕的进程。

　　从控制变量来看，社会消费需求在三种权重矩阵下均显著为正，这说明数字普惠金融的发展不仅能显著提升本地区的共同富裕水平，还能帮助周边城市加快共同富裕进程，其主要原因可能是大城市一般为社会消费品的聚集区，小城市则多为产品制造区，社会消费品销售额的增加不仅满足了大城市多样化的消费需求，也帮助了周边城市的经济发展；同样，科学技术投入在三种权重矩阵下表现出对共同富裕进程显著的空间促进作用，这可能是由于数字普惠金融的不断发展，科学技术投入的增加除了提升对本地数字技术服务的支持力度外还受到邻近地区经济发展的影响，在实现自身综合发展的同时实现了技术外溢，加快共同富裕进程；而交通通达度在三个权重矩阵下则表现出显著的本地促进效应，并且在 0 - 1 权重矩阵和地理权重矩阵下具有显著的外部性，而在经济权重矩阵下则不能解释其外部性特征，其主要原因可能是城市道路的建设除了本城市受益之外，也可以通过与周边城市道路的连接，帮助偏远地区或小城市交通运输的发展，从而提升周边居民的收入水平；与前面变量不同的是，存贷款比率则表现出当前发展阶段下仅对本地共同富裕显著的正向支持作用；此外，公共交通便利度在三种权重矩阵下表现出显著的空间异质性特征，具体为显著的本地正向促进作用以及对周边城市的负向溢出效应，其主要原因可能是大城市更加便利的交通基础设施提高了居民的生活质量，使得城市的居民承载力大大提升，加快了邻近城市居民向中心城市的集聚，从而降低了周边小城市的人口数量，导致周边城市与中心城市的城乡收入和区域差距被拉大，抑制了共同富裕的发展进程。

3. 稳健性检验

本小节针对数字普惠金融影响共同富裕的空间效应进行了稳健性检验，主要包括两部分：一是更换权重矩阵，通过将已有的经济与地理矩阵替换为经济—地理嵌套矩阵并进行空间面板的回归分析；二是加入了被解释变量的一期滞后项作为解释变量进行稳健性检验，从动态的角度判断被解释变量在实际经济活动中是否受到滞后影响而导致回归出现偏误。相关回归结果如表 17 - 7 所示。

表 17 - 7　　　　　　　　　　　　空间计量的稳健性检验

解释变量	经济—地理嵌套矩阵 (W_4) (1)		0 - 1 权重矩阵 (W_1) (2)		地理权重矩阵 (W_2) (3)		经济权重矩阵 (W_3) (4)	
	x	$W \times x$	x	$W \times x$	x	$W \times x$	x	$W \times x$
L. CW	—	—	0. 556 *** (30. 7311)	- 0. 0057 (- 0. 1576)	0. 5701 *** (31. 3568)	- 0. 1244 (- 0. 7956)	0. 5864 *** (31. 8591)	- 0. 1920 *** (- 3. 7320)
A	0. 0125 *** (3. 0603)	0. 0412 ** (2. 2882)	0. 0139 *** (3. 3589)	0. 0177 *** (2. 8809)	0. 0151 *** (3. 5412)	0. 0371 (1. 4038)	0. 0144 *** (3. 4918)	- 0. 0268 *** (- 5. 1457)
SCG	0. 0675 *** (5. 2726)	0. 1692 *** (2. 5992)	0. 0248 ** (2. 1348)	- 0. 0142 (- 0. 7653)	0. 0249 ** (2. 0816)	- 0. 0669 (- 0. 7310)	0. 0427 *** (3. 6323)	0. 0535 * (1. 7481)
IST	0. 0573 *** (6. 9896)	0. 2377 *** (4. 1578)	0. 0202 *** (2. 6681)	0. 0360 ** (2. 3600)	0. 0213 *** (2. 7407)	0. 1058 (1. 5669)	0. 0296 *** (3. 6865)	0. 1246 *** (4. 1631)
TRA	0. 0228 *** (5. 3494)	0. 0457 ** (1. 9590)	0. 0201 *** (3. 8349)	0. 0682 *** (6. 1739)	0. 0227 *** (4. 2834)	0. 1400 *** (3. 4388)	0. 0330 *** (6. 2261)	0. 0054 (0. 5099)

续表

解释变量	经济—地理嵌套矩阵（W_4）(1)		0-1权重矩阵（W_1）(2)		地理权重矩阵（W_2）(3)		经济权重矩阵（W_3）(4)	
	x	$W \times x$	x	$W \times x$	x	$W \times x$	x	$W \times x$
DIR	0.0052** (2.0563)	0.0096 (0.8136)	0.0004 (0.1781)	0.0012 (0.3339)	0.0004 (0.1845)	0.0021 (0.1118)	0.0002 (0.1059)	0.0021 (0.8024)
PTC	0.0695*** (6.1368)	−0.3103*** (−4.9801)	0.0379*** (3.6463)	−0.0424** (−2.0593)	0.0338*** (3.2080)	−0.2351* (−1.6714)	0.0215* (1.9313)	−0.1277*** (−5.2874)
rho	0.1621** (2.3399)		0.2259*** (8.3932)		0.6998*** (8.3504)		0.2792*** (8.4226)	
Double FE	YES		YES		YES		YES	
Log-likelihood	8370.1029		8330.2007		7349.9900		8408.0843	
R^2	0.8843		0.9585		0.9885		0.9775	
N	2880		2592		2592		2592	

注：***、**和*分别表示在1%、5%和10%的水平上显著；括号中数字为z值。

表17-7列（1）中展现了采用经济—地理嵌套矩阵的回归分析，结果显示，数字普惠金融对共同富裕不仅有显著的本地效应还有正向的溢出效应，表明在考虑了经济发展水平和地理位置双重因素下数字普惠金融能够加快对周边城市的共同富裕进程。从空间自回归系数 rho 中也能反映数字普惠金融对共同富裕存在显著的空间正向关联性，此外，从控制变量来看，控制变量的方向与显著性基本与表17-6一致，表明了空间回归结果是相对稳健的。

表17-7列（2）~列（4）为空间杜宾模型下三种权重矩阵的动态回归结果。结果显示，加入被解释变量一期滞后项的动态回归结果与静态空间计量相比减缓了内生性问题，表现在被解释变量的一期滞后项在1%的水平上有显著的本地效应，而在经济权重矩阵下又表现为显著的负向溢出效应，可解释为在经济距离的影响下过去一年本地共同富裕的发展对周边城市下一年共同富裕的进程具有抑制作用。此外，数字普惠金融在加入滞后项后表现出对共同富裕显著的本地效应，而其外部性在0-1权重矩阵和经济权重矩阵下具有显著的异质性，这可能是因为数字普惠金融对于邻近地区有较好的辐射带动作用，从而具有正向的外部性，而对经济发展差异较小的城市而言，数字普惠金融本身的集聚特点可能会抑制周边城市的经济发展，主要表现在数字普惠金融发展程度较高的城市对其他配套资源的虹吸效应。此外，在控制变量中，除了存贷款比率外，其他控制变量均表现出显著的本地正向影响，而在外部性中，公共交通便利度则表现出在不同权重下显著的负向溢出效应。三个权重矩阵下数字普惠金融对共同富裕的 R^2 均大于前文整体回归结果，表明空间静态回归模型忽略了不可观测因素产生的偏误，但整体回归结果仍然是可信的。

第五节 结论与讨论

一、研究结论

一是数字普惠金融能够直接促进共同富裕。本章基于数字普惠金融与共同富裕的时空演化特征分析了两者各自的发展现状以及浙江作为共同富裕示范区发展的优势与条件，之后采用了 2011～2020 年 288 个地级及以上城市的宏观数据对数字普惠金融促进共同富裕进行了计量检验与实证分析。结果发现，无论是传统计量模型还是空间计量模型，数字普惠金融都对共同富裕具有显著的促进作用，且在分别对基准回归模型和空间计量模型进行内生性与稳健性检验后，其结果依旧支持基准回归的结论。

二是本章对异质性回归结果与现实环境深入分析后发现，当前数字普惠金融对共同富裕的促进影响存在显著差异。从共同富裕分解的四个一级指标看，数字普惠金融对分维度共同富裕的影响在基准回归与空间计量回归中不一致，具体表现在，基准回归中数字普惠金融对宜居宜业的回归结果并不显著，而在空间计量中则表现出对本地普及普惠的弱影响；而从地区异质性看，在基准回归中数字普惠金融对东部地区共同富裕具有显著的促进效果，但对中西部影响不显著，此外数字普惠金融对城市群与非城市群均能显著促进共同富裕，但对非城市群的影响更明显。在空间计量模型下数字普惠金融对共同富裕的本地促进效果具有与基准回归结果相一致的特征，但在空间上仅受经济矩阵的影响具有负向溢出效应，表明当前数字普惠金融促进共同富裕还处于对本地有促进作用的阶段，对周边城市的正向影响尚不显著。

三是数字普惠金融促进共同富裕需要产业结构升级的支持。本章阐述了产业结构升级在数字普惠金融促进共同富裕中的影响机理，采用门槛效应模型检验了数字普惠金融促进共同富裕的具体方式。从实证回归结果来看，产业结构升级在数字普惠金融促进共同富裕中存在部分中介效应，且产业结构合理化、高级化、协同化均在 1% 的水平上显著，缓解了基准回归中数字普惠金融影响共同富裕被高估的现象。从门槛效应来看，数字普惠金融与产业结构升级门槛变量均存在单门槛特征，证实了机理模型中门槛效应的存在。同样在产业结构升级的子维度分析中，三个变量均存在双门槛特征，且跨过门槛值后的作用进程具有非线性差异。在产业结构高级化、协同化影响下数字普惠金融均表现为对促进共同富裕递增的效果，而产业结构合理化则呈现边际"递增—递减"的过程。此外，产业结构合理化、协同化在跨过门槛值时数字普惠金融促进共同富裕由不显著向显著演进，表明过度合理化与低协同化并不能帮助数字普惠金融促进共同富裕，而在产业结构高级化三个门槛区间中数字普惠金融促进共同富裕均是有效的。

二、政策建议

加快推进共同富裕是新时期中国社会主义现代化道路长期遵循的目标，也是中国后扶贫时代经济工作的重点，高质量推进共同富裕需要党和全体人民共同奋斗。数字普惠金融的出现意味着弱势群体和地区的经济发展拥有了新机遇，伴随着国家加快产业结构优化升级，数字普惠金融在促进城乡间、区域间居民收入持续增长、抑制发展差距中的作用效果日益增强。因此，如何发挥好政府干预与市场调节双向作用，凝聚多方共识打通促进共同富裕的发展路径，正成为当前国内学者研究的重点与难点。基于此，本章在前文研究结论的基础上提出了三点政策建议以供参考。

一是高质量推进数字普惠金融与共同富裕各领域的深度融合，提升要素资源的优化配置能力。数字金融的可获得性、可负担性、可持续性使得金融服务的对象不断拓展，通过机构主体的多元化建设满足企业的差异化需求。推进数字金融发展，不仅要扩大覆盖范围和提高使用深度，还要加强数字基础设施的建设和完善，强化整合银行资源，从服务供应链融资需求出发，为供应链验收支付系统搭建融资平台，持续打破和缓解银企之间的空间壁垒，提高金融对民营实体经济的普惠性和效率性。扎实推进共同富裕，不仅包括居民物质生活的富裕，更包括了文化教育、生态环境、医疗卫生等的满意程度，是高质量发展中的共同富裕，而要实现这一目标，金融服务的支持极其重要。对于金融供给机构，应该要加快机构自身的数字化转型以及数字平台建设，强化企业产业链、供应链的金融供给功能，同时在政策引导下更多地将金融资源配置到经济社会发展的关键领域和薄弱环节，特别是金融排斥强、城乡二元问题突出的地区，要依据实际经济水平、教育水平、文化观念和金融知识水平等因素设计合理有效的数字金融服务体系。而对于金融需求主体，应该以更加包容的心态接纳数字金融，包括数字化产业、数字生态、数字教育等，从而降低农村居民对数字普惠金融产品的使用门槛，同时要着力保护居民在地区数字化过程中可能被侵害的消费者权益，使其能真正享受到数字技术带来的红利。此外利用数字技术还可以实现金融资源的优化配置，尤其对于农村地区，数字普惠金融将使得数字资金供给充分考虑到效率与公平的原则，在提升金融服务质效的同时也能够抑制农村金融风险。

二是持续加强数字普惠金融对产业结构升级主体的金融支持力度，促进区域融合发展。前文说到共同富裕进程中小微企业、民营企业、农村合作社通过数字普惠金融应该发挥的具体作用，这里主要在已有分析的基础上更深入地探讨数字普惠金融对农村产业结构升级主体的建议。首先，对于农村特色优势产品而言，数字普惠金融应该优先布局于农村优势产业的上下游链条，包括农村的小微企业、个体经营户等，以政府信用担保的形式给予前期金融供给优惠，通过布局于优势产品的完整产业链，既可以有效降低金融机构的投资风险，又可以缓解金融投资行为对企业创新的挤出效应，提升了农村规模较小、融资能力较弱的企业竞争优势。其次，对于优势产品的龙头企业而言，数字普惠金融的支持给龙头企业以更多的资本进行产品的投入与研发，其研发成效不仅可以为本地上下游企业革新技术提供样板，也可以对周边邻近地区产生技术外溢效果，提升本地特色优势产品的核心竞争力。最后，对于城乡发展的作用来说，农村经济的发展尤其是新型农村集体经济的壮大，将使得数字普惠金融适用主体从居民个体向企业转移，金融资金的使用效率大大提高，同时也提高了城乡产业的融合度，实现了劳动力有效流动和资源合理配置，降低了城乡居民群体的内部差异。

三是积极发挥产业结构升级在数字普惠金融推进共同富裕过程中的作用机制，构建良性的共同富裕发展路径。首先，数字普惠金融通过对企业的信贷服务助力产业结构优化升级，已有研究证明，产业结构的优化升级将使要素资源重新转移集聚，比如农村第一产业向第二、第三产业转型，降低了第一产业的劳动力需求量，推进了产业结构合理化、高级化和协同聚集趋势，同时也提高了劳动力收入，促进经济发展。其次，从地区角度来说，应该发挥产业结构在东中西部地区之间优化升级特征，在加强西部基础设施建设的同时促进与东、中部主导产业的联动，提升各产业资源的利用效率，如将旧工业的遗留转化为新产业发展的基础；通过活化利用工业遗产将工业厂址改造为"生活秀带"、双创空间、文化旅游场地等。最后，要加快数字智能设备以及高技术人才的引进，推动中西部地区发展现代化信息农业和知识密集型工业，不断提高产品潜在的附加值、减少资源浪费与环境污染，帮助城乡间、区域间构建良好的共同富裕发展路径。

第六篇

新时代乡村振兴与新型城镇化战略耦合及协同发展的治理策略

本篇主要是在前五篇研究的基础上，结合自课题开展研究以来的研究成果，从经济发展、空间治理、生态环境、社会保障以及人民生活的视角下，提出乡村振兴与新型城镇化战略耦合及协同发展的治理策略。

经济发展视角下的治理策略包括：构建现代化产业体系，强化城乡产业支撑能力；发展数字普惠金融，加大城乡金融支持力度；促成科学技术创新，推动城乡技术成果转化；加大财政支出力度，优化乡村财政支出结构；完善城乡帮扶政策，缩小城乡收入水平差距；强化数字经济水平，赋能中国城乡现代化发展。

空间治理视角下的治理策略包括：顶层设计土地制度，健全城乡土地使用机制；深化土地制度改革，形成城乡生产生活支撑；多元主体治理架构，共创城乡协同治理格局；区域协同辐射联动，强化城乡空间联动效应；多重战略协调推进，深化城乡融合互惠共生。

生态环境视角下的治理策略包括：生态文明建设引领，创建城乡生态制度；生态经济效益转化，实现城乡绿色发展；优化生态投入产出，提升城乡生态效率；调整能源消费结构，推动城乡低碳改革；环境规制工具应用，协同城乡多元联动。

社会保障视角下的治理策略包括：基础设施辐射农村，推动城乡基础设施建设；教育资源均衡发展，提升城乡教育发展水平；社会保障注重公平，完善城乡社会保障体系；城乡社会文化重塑，增强城乡社会文化底蕴。

人民生活视角下的治理策略包括：深化户籍管理改革，推动城乡要素合理流动；落实惠民利好政策，提升城乡居民生活水平；夯实生活质量根基，强化城乡多元要素保障。

第十八章　经济发展视角下的治理策略

经济实力是城乡发展的基石和支撑，本章将重点探讨经济发展视角下乡村振兴与新型城镇化战略耦合及协同发展的治理策略（见图 18-1），并主要从构建现代化产业体系、发展数字普惠金融、促成科学技术创新、加大乡村财政支出力度、完善城乡帮扶政策以及强化数字经济水平六个方面展开探讨。然后，通过对不同国家和地区的案例进行分析以及对前文研究的总结，提出在乡村振兴与新型城镇化方面采取的政策和实践，为中国城乡发展提供借鉴和启示。

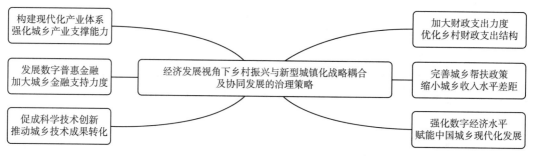

图 18-1　经济发展视角下乡村振兴与新型城镇化战略耦合及协同发展的治理策略

第一节　构建现代化产业体系，强化城乡产业支撑能力

乡村振兴战略与新型城镇化战略的协调发展具有结构升级作用，其中产业结构是推动协同发展的最优交互因子，构建现代化产业体系是国家现代化的物质技术基础，也是推动两大战略协同发展的重要举措。因此，基于政府和企业两个层面，本节依照图 18-2 提出以下建议。

一、发展战略性新兴产业

在中国经济结构转型的背景下，战略性新兴产业不仅是经济发展的重要增长点，也

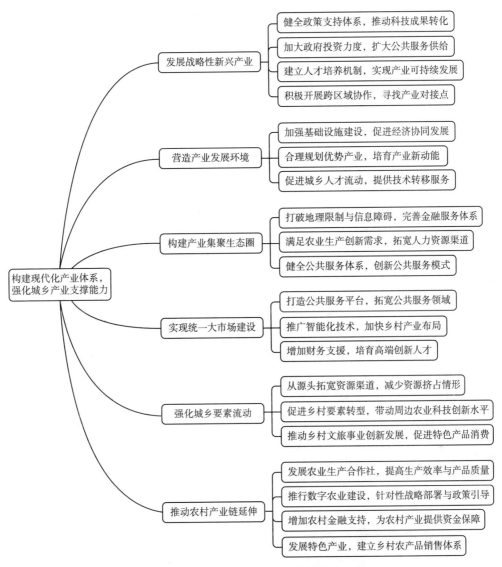

图 18-2　构建现代化产业体系的经济治理策略

是促进城乡协调发展的关键所在。为了有效地发展战略性新兴产业，首先，需要健全政策支持体系，给予相关企业充分的支持和鼓励。一方面，政府可以通过出台明确的政策，细化城乡协调发展相关的产业支持政策，加大资金投入和补贴力度。另一方面，也应该建立好市场机制，打造创新平台等方式引导和扶持企业，推动科技成果转化为生产力，助力企业顺利发展。其次，政府还应加大投资力度，借助数字化和智能化手段，推动传统产业升级，加速战略性新兴产业的发展，同时研发面向未来的新产品和新服务，促进城乡互联互通。再次，还应建立人才培养机制，增强战略性新兴产业发展的人力资源，通过打造高素质、高技能的技术人才队伍，实现战略性新兴产业的可持续发展。最后，积极开展跨区域协作，推动战略性新兴产业网络化发展，找到产业对接点，发挥区域优势，相关部门应积极协调和督促产业链企业之间互相配合和信息共享，发掘工业园区和科技人才孵化器等场所的优势，共同助力战略性新兴产业的发展。

二、营造产业发展环境

为推动城乡协调发展，营造稳定的产业发展环境，一是应加强基础设施建设。加快包括电力、水利、交通、通信、物流等方面的基础设施建设速度，以支撑城乡经济的融合与协同发展。例如，修建或改善公路、铁路、机场等交通设施，在偏远山区和乡村地区开通智能物流等创新服务，完善农村通信网络并提高连接速度，为农民提供更加便捷的科技创新驱动条件。二是培育产业新动能。对于现存的优势产业，应进行合理规划与梳理，以开发新产业为突破口，建立中长期计划，防止因追求经济利益而损害生态环境，同时不断探索和鼓励新的、前沿性的和具有潜力的产业，包括但不限于人工智能、集成电路等产业方向，促进不同产业和行业深度融合，不断在产业转型升级中培育和发展新业态，通过培育产业新动能来推动城乡协调发展。三是促进人才流动与技术转移。人才作为城乡良性发展的主体，在社会经济发展中发挥着重要作用。而科技创新和技术转移可以解决经济发展中面临的不平衡不充分问题，提高经济发展的质量和效益。要鼓励科技创新和科技成果的推广落地，支持知识产权保护制度的建立和完善，加强教育资源整合和共享，打破城乡壁垒，实现城乡人才有效流动；同时充分利用高新区、技术孵化器、科技企业等组织，建设公共创新服务平台，提供多元化的技术转移服务，为市场主体之间形成良好的技术合作和交流合作网络氛围。

三、构建产业集聚生态圈

构建产业集聚生态圈是推动城乡协调发展的重要手段之一，应通过各种方案和措施来实现不同产业领域之间的合作、交流与融合，提高全局整体化管理，推进城乡一体化的协调发展。在此过程中，首先，应建立完善的金融服务体系。考虑到金融对经济增长影响的异质性特征，各地逐步实施与本地资源优势相适宜的政策是非常必要的，以此逐步构建完善的金融发展体系。要对金融产品进行创新，拓宽融资渠道，以模式创新带动需求侧，兼顾供给侧，促进区域经济增长，也要扩大金融覆盖广度，充分利用互联网等技术降低交易成本并提升金融服务的可获得性。其次，利用科技资源和创新平台，满足农业生产创新需求，鼓励"互联网＋"与传统金融服务行业的融合，通过智能制造、大数据等新型技术解决传统产业的提质增效问题。与此同时，要拓宽教育扶持、技能培训等人力资源渠道，确保当地劳动力有较高技能水平和专业素质，以助于经济转型升级。最后，健全公共服务体系。在加强基础设施建设的同时还应创新公共服务模式，比如综合化的产销信息系统、精准化的产业发展规划和需求预测等，推动创新创业，打造核心竞争力，并通过对政府主导下的产业支持和市场驱动中所提供的税收、资金等各种政策支持，培育若干个区域内的领先企业集群，进而带动本地区内的发展，以此引导社会资本参与。

四、实现统一大市场建设

统一大市场建设有助于推动城市和农村经济互补合作，打破流通、物流等方面的制约因素，有效实现城市和乡村间资源优化配置。为实现统一大市场建设，一是应积极打造公共服务平台，以农业、工业和服务业为主体的三个经济体系要深入协调并打造更高水平的交通、能源、水利、环保、公共卫生等具有基础性和重要性的公共服务，为大市场提供广阔的服务领域。二是应积极推广电子商务和智能化技术，利用先进的网络技术和信息通信技术，加强农产品营销、出口贸易、服务业消费和科技创新等方面与大市场联系与沟通，及时反馈市场信息、解决问题，同时最大限度避免实体货物流通中的物流难题，实现结构性的转型升级，以新技术支撑农业和乡村振兴，加快乡村产业布局，合理配置和发展乡村的农家特色经济产业空间。三是要增加财务支持和人才招募引进，培育对区域化开发具有针对性的国际引智和高端创新人力资源，吸纳更多科研院所、大学等提供适合波动式市场需求的领先科技成果，有利于通过科技创新破解制约发展的主要难题。

五、强化城乡要素流动

要素合理配置是推动城乡协调发展的重要任务之一，正确处理城乡之间人、财、物等要素流动和分配的关系，有助于促进城市、乡村经济持续平稳发展，实现互利共赢。为了推动要素合理配置，强化对农村反哺已成为一个值得探索和实践的重要方向。基于此，一是应减少资源挤占的情形，通过适应性调整和具体问题识别，从源头拓宽资源渠道，完善土地、资金、人才等基础设施，避免对农村要素的侵占，并在政策层面鼓励企业和投资者开展农村产业投资和创新，优化定位农村产品目录与田园文化生态社区建设规划，改善农村生产条件，增强农民创造力。二是应提升乡村要素转型水平，加强传统农业转型、科技训练支出、种植模式改变、绿色环保等方面能力的提高，在农村聚集地进行相应的项目建设，改善农村生活和工作环境，提高农民收入水平，还应该发挥农业科技创新水平相对较高的区域的辐射效应，利用其优质的农业创新资源来促进周边省份的农业科技创新水平，从而形成以点带面的推动作用。三是推动乡村文旅事业创新发展，通过旅游产业这个商业模式的吸引力和带动引领作用，将农业生产和乡村文化成功对接，推进乡村旅游和文化事业的创新发展，吸引城市居民走进农村，促进特色产品消费和增加商品出售途径。

六、推动农村产业链延伸

在推动农村产业链延伸方面，一是发展农业生产合作社，农业生产合作社有助于农民共同拥有生产资料和技术，共同开展生产活动，并共享生产成果，不仅可以减少农民的个体风险，还可以提高生产效率和产品质量。二是推进数字农业建设，并根据各地实际情况采取相应的策略布局和政策引导。利用互联网和信息化技术，提高农业生产效率和产品品质，重构农业数字化创新体系，推动农业现代化进程，政府通过补贴、优惠贷款等方式鼓励农民采用现代农业技术。三是增加农村金融支持，政府可以设立专门的农村金融机构，向农民提供贷款和其他金融服务，为发展农村产业提供资金保障，因地制宜地优化体制机制，营造良好的地区营商环境。四是发展特色产业，推动农村产业结构调整，发挥空间溢出效应。乡村振兴与新型城镇化耦合协调具有产业结构优化效应。在制定空间优化政策时，以产业结构合理化、服务化和高度化调整为导向，通过产业结构调整提供新动力，处理好产业结构之间的关系，实现合理化、服务化和高度化协同发展，形成产业间要素合理配置。可以根据本地资源及市场需求的情况，选择发展特色产业，如农产品加工、乡村旅游、中药材种植等，同时建立农产品营销体系，政府建立统一的农产品收购和销售体系，将农产品的生产、加工、销售等环节无缝对接，降低中间环节成本，提高产品的品质和竞争力，并充分利用互联网和电子商务平台，以及通信技术的快速发展和普及，为农民提供更多的销售渠道，促进农村产业的发展。

第二节　发展数字普惠金融，加大城乡金融支持力度

数字普惠金融是一种将互联网、大数据、人工智能等信息技术与金融业深度融合的新型金融服务模式，数字普惠金融的发展为促进城乡协调发展提供了新的机遇，同时金融发展能够对复合系统协同度与经济增长之间的关系产生正向调节作用，为两大战略协调发展对贫困的抑制作用提供了新的渠道；此外，乡村振兴与新型城镇化耦合能够加深普惠金融使用深度，数字普惠金融在提升创新能力的同时，对共同富裕水平产生正向影响。基于此，如图 18－3 所示提出以下建议。

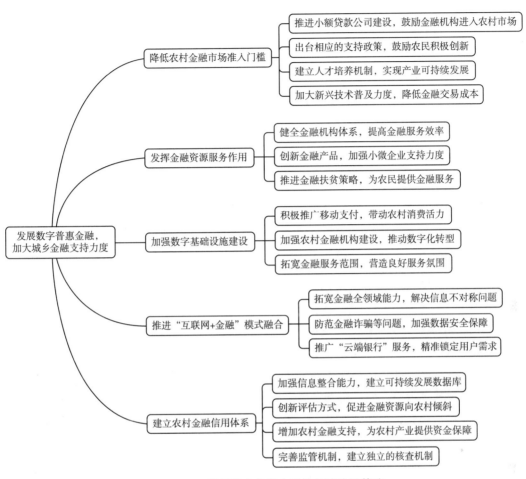

图 18－3　发展数字普惠金融的经济治理策略

一、降低农村金融市场准入门槛

农村金融市场是支持农村经济发展的重要途径之一，但受限于各种因素，农村金融市场高准入门槛成为了制约农村金融发展的重要瓶颈。为降低农村金融市场的准入门槛，首先，应推进农村小额贷款公司的建设，通过建立和发展农村小额贷款公司等专业化机构，有效降低农村金融市场的准入门槛。专业化机构有助于满足广大农村居民和农村中小企业的资金需求，同时也增强了农村金融市场的活力和竞争力；除了专业化的农村小额贷款公司外，民营银行、信托公司等金融机构进入农村市场也是降低农村金融市场准入门槛的有效措施之一；在政策上，政府应出台合理的税收政策、资金补贴等优惠政策，促进农村金融市场的发展。其次，提升农村经济实力也是重中之重，政府应加大对农业科技研发、科技推广、人才培养等方面的投入力度，鼓励农民积极创新；此外，互联网金融和移动支付的快速崛起，也极大地促进了农村金融市场的发展，应加大互联网、移动支付等新兴技术的普及力度，为农村地区提供全新的金融消费模式和服务方式，降低金融交易成本，拓宽农村金融市场准入门槛，满足更多人民群众的金融需求。

二、发挥金融资源服务作用

金融资源是推动城乡协调发展的重要支撑之一。为助力金融资源更好地服务于实体经济，推动城乡协调发展，一是应当建立健全金融机构体系，建立商业银行、信托公司、保险公司等多种金融机构，这些机构可以提供贷款、风险管理和其他金融服务，支持实体经济发展，同时提高金融服务效率，加强金融信息化建设，推广在线金融服务平台和移动金融服务，方便企业和个人获取金融服务，缩短融资周期，增强金融服务的可及性和透明度；政府应通过完善证券市场、期货市场等金融市场建设，扩大金融服务的覆盖面和深度，以满足实体经济的多元化需求，并建立风险防控机制，以保障金融服务实体经济的稳定性和可持续性。二是加强对小微企业的支持。小微企业是实体经济的基础，但由于规模较小、风险较高等因素，往往难以获得金融支持。为解决这个问题，应通过创新金融产品、优化信用评级体系等方式，对小微企业进行更为精准的金融支持。三是推进金融扶贫策略。城乡协调发展需要重视农村地区和贫困地区的金融服务，政府应加大对农村金融和金融扶贫的支持，为贫困人口和农民提供金融服务，促进脱贫致富，推动城乡协调发展。

三、加强数字基础设施建设

数字普惠金融的实现离不开良好的数字基础设施建设。与城市相比，农村地区数字化程度相对较低，如浙江省各市数字普惠金融发展水平在不断上升，但县域数字普惠金融发展存在显著的区域差异。因此，要想推动数字普惠金融的发展，一是应积极推广移动支付。在城市和发达地区，移动支付已经覆盖了大量消费场景和用途，而其在农村的应用和普及还需要更多的工作，政府应加强移动支付基础设施的建设，使得移动支付在农村地区的应用能够带动农村地区的货币流通和消费活力。二是加强农村金融机构建设。农村金融机构是夯实数字普惠金融基础设施的重要组成部分，加强其建设和服务水平提升可以促进城乡协调发展，因此应加强向农村金融机构提供技术支持和数据信息服务，推动传统农村金融机构数字化转型。三是拓宽金融服务范围。随着信息技术的发展与运用，数字化金融产品和服务已经广泛应用于各类场景。为了良好的经营环境和市场氛围，数字普惠金融服务的发展还需要完善相关法规政策。此外，政府部门和金融行业也应鼓励各类企事业单位参与进来，扩大农村金融服务的覆盖范围。四是提高金融科技创新能力。发展数字普惠金融需要具备先进的金融科技，不断探索新型技术和创新模式，增强金融科技领域的创新能力，并加强相关人才的培养。

四、推进"互联网＋金融"模式融合

"互联网＋金融"是数字经济与传统金融行业的深度融合，是数字普惠金融的一种重要的应用方式，也是数字化经济时代推动城乡协调发展的重要手段之一。为积极推动数字化转型建设，巩固数字技术为经济质量型增长所带来的红利优势，需要为"互联网＋金融"模式转型融合开辟路径，一是应拓宽金融全领域能力，当前"互联网＋金融"模式已经取得了突出成绩，而城乡金融协调发展中城市和乡村发展水平、人口密集度差异较大，应当充分利用互联网技术提高金融服务效率，拓宽金融全领域的技术应用，并注重解决彼此间的信息不对称问题。二是加强数据安全保障。随着"互联网＋金融"模式的发展，金融机构和用户之间的信息交流越来越多，在此背景下，数据安全问题尤为重要。因此，在做好防范金融诈骗、保护消费者权益等方面的同时，应当建立更为安全高效的数据安全保障措施。三是推广"云端银行"服务。"云端银行"即基于互联网技术手段，为客户提供智能化、便捷化的交易服务。在城乡金融协调发展中，云端银行可以通过融合社交网络、移动支付等一系列新的技术手段，给予城乡居民足够的信用评估和授信机会，从而低成本开展金融业务和准确锁定用户需求。四是促进金融创新服务。在"互联网＋金融"模式的推动下，金融服务正向多层次、多要素的方向发展，因此除了传统金融产品和服务之外，不断助力金融创新服务也应当作为发展重点，同时需要不断加强知识产权保护和预警监管等工作，确保创新能够顺利实现并取得卓越成绩。

五、建立农村金融信用体系

建立健全农村金融信用体系是数字普惠金融的核心之一，也是城乡协调发展的重要环节。在数字化经济时代，互联网技术建立和完善农村金融信用体系可以提高金融服务的覆盖面和效率，激发农民主体担当，促进城乡经济社会共同发展。在此过程中，首先，应加强信息整合能力，建立农村金融信用体系需要依赖于全面准确的信息资源支持，为提高数据精度，可采取开放数据的方式，向有志之士免费开放基础数据、财务数据和个别对象的自然人档案等数据资料，从而建立一个可持续发展的基础数据库。其次，要创新评估方式。在建立农村金融信用体系时，应当注重创新评分计算模型，以公平、透明的方式评定企业和个人信用度，在吸引更多贷款需求的同时，也有利于企业和个人建立起良好的商誉。尤其在农村金融信用体系的构建中，可以侧重考虑对当地农民家庭关键要素进行加分式评估，从而促进金融资源向农村倾斜，推动城乡协调发展。最后，完善监管机制。政府应该加强对金融机构的监管，特别是在金融服务扩大到偏远地区后，必须加强对这些地区金融机构的日常监控，防止资金风险问题；此外，在建立农村金融信用体系过程中，为防止数据或系统问题的出现，企业也应建立独立的核查机制。以金融科技公司为例，应当充分保障金融机构对客户信用状况进行有效评析的方式不会遭受干扰、人为阻挠等诸多风险。

第三节　促成科学技术创新，推动城乡技术成果转化

科技创新能够促进耦合度与协同度的提升，并且能够强化两大战略协同发展对经济增长的影响。在新发展阶段，科技创新依然是形成强农、利农、富农新格局的重要手段，也是推动现代农业高质量发展的关键，但当前中国农业科技创新水平仍较低，且两极分化和层级差异明显。基于此，根据图 18 - 4 提出以下建议。

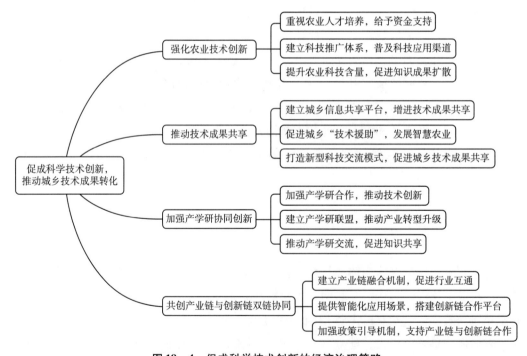

图 18 - 4　促成科学技术创新的经济治理策略

一、强化农业技术创新

农业技术创新是推动城乡协调发展的关键手段之一。在当前科技快速发展的时代背

景下，积极发挥农业技术创新的作用，可有效提高产量、优化农作物品种、提高农民收入。为实现城乡经济社会协同发展，一是要重视农业人才培养。为加强农业技术创新，在城乡间推广新技术，需要在教育方面注重实践和应用。农村学校和职业教育机构应针对当前农业生产过程中的问题进行生产实训和实践课程，增强学生解决问题的能力和实际操作的技能；此外，不断加强对科技人才的激励和引进，对具有农业科研创新潜质的青年给予资金支持，鼓励更多具有创新精神和专业荣誉感的科技人员投身于农业技术的创新与应用当中。二是要建立农业科技推广体系。为加快农业技术在乡村地区的推广，需要建立相应的科技推广体系。政府可建立专门机构，引导和促进高校、科研机构与实际生产骨干企业间形成联盟，在农产品品种改良和农业机械化等方面加大投入，提供支持和资金保障，增强科技服务能力；同时，还可以开发普及科技应用的渠道，如建立贫困乡村科技服务站、发布科技公示等方式，以获得更丰富的技术信息和参与人群。三是要提升农业科技含量。当前获取粮食产量最直接的方法是提高物质手段，但随着环境污染和资源短缺问题的逐渐凸显，这些方法将不再有效，所以必须扎实推进农业科技创新水平，引进农业科技创新人才，积极培育农业科技创新的主体，促进知识成果向市场和企业转化扩散。

二、推动技术成果共享

在城乡协调发展方面，技术创新成果的共享是一个关键问题。由于城市和农村之间存在巨大的经济、社会、文化等差异，如何推动城乡技术成果共享成为城乡协调发展的重要因素。基于此，以推动城乡技术成果共享为目的，提出以下建议：一是建立城乡信息共享平台。推动城乡技术成果共享的第一步是建立信息共享平台，政府应牵头组建联合研究机构，负责收集城乡双方科技落地存在的差异点，通过专门网页进行信息发布，增进不同领域技术成果和经验的共享；同时，还需鼓励大学和企业界加入此类机构，共同推动城乡技术创新，开展深度合作，提供更全面准确的信息支持。二是促进城乡"技术援助"。一方面，可以采取技术援助计划，将先进的生产技术和管理经验向农村传递，帮助他们更好地完成土地种植、牧业生产、林业等行业的现代化，同时可以将大量农村资源变为利润，将场地转型为住宅或者小企业的用地，避免资源浪费和拆毁法律问题的纠纷。另一方面，则需要通过智慧城市理念和智慧农业技术的发展，实现城乡互供行业和部分信息（例如菜价等）的联合，并通过技术手段解决产品在物流等方面的管理问题。三是打造新型科技交流模式。通过新型科技交流模式来促进城乡技术成果共享，同时建立"实践基地"机制，为农业科技人员提供更多的切身感受空间以及新型方法成熟度的评估调研，并推动"科技＋金融"的发展模式，让更多的农产品企业整合发展并获得相关的拓展资金。

三、加强产学研协同创新

产学研协同创新是一种新型的合作模式，可以有效推动城乡协调发展。在当前的经济形势下，城乡发展不平衡问题越来越突出，需要采取切实有效的措施来解决。一是加强产学研合作，推动技术创新。产学研合作是推动技术创新的关键，在城乡协调发展中，技术创新是推动经济发展的重要因素。通过产学研合作，可以将学术界的理论知识和产业界的实践经验相结合，打造出更具竞争力的新产品和新技术，提高产业的技术含量和附加值。如长三角地区一方面借助一体化进程加强产学合作平台建设，挖掘本区域资源的利用潜力，以强化本区域产学合作为基础，为产业研发创新提供助力；另一方面，整合一市三省科技资源，构建创新协作平台，探索更加凝聚创新合力、激发创新活力的协作方式。二是建立产学研联盟，推动产业转型升级。建立产学研联盟是推动产业转型升级的有效途径，在当前的市场竞争中，产业转型升级是企业生存和发展的关键。通过建立产学研联盟，可以将企业、高校和科研机构的资源优势相结合，共同推进产业转型升级。产学研联盟可以通过技术创新、人才培养、市场开拓等多种方式，推动产业转型升级，提高企业的核心竞争力。三是推动产学研交流，促进知识共享。加强产学研交流，促进知识共享，是推动城乡协调发展的重要手段。通过产学研交流，促进知识的传递和共享，提高各方的技术水平和创新能力，产学研交流还可以促进人才的流动和培养，提高人才的综合素质和创新能力。四是强化产学研多尺度合作网络建设。加强省会城市与薄弱地区的产学联系强度，强化薄弱地区的省级尺度网络接入，重点引进区域内核心城市的优势高校资源，强化邻近地区产学合作网络建设，并根据薄弱地区的具体情况开展跨区域及全球尺度合作，通过多尺度、多渠道的网络耦合建设来提升薄弱地区的网络地位，助力发展。

四、共创产业链与创新链双链协同

共创产业链与创新链双链协同是实现城乡协调发展的重要途径之一。通过建立产业链和创新链之间的紧密联系，可以促进城市和农村之间资源、技术、产业等多方面的交流与合作。为共创产业链与创新链双链协同，推动城乡协调发展，提出以下建议：一是建立产业链融合机制。建立产业链融合机制可以促进城乡资源的优化配置，构建具有完整生态模式，推动开展更广泛的行业互通，能够建立更加开放、包容的创业企业合作模式，追寻系统优势。例如，城市可向农村提供物流、信息技术和营销渠道等优势资源；而农村则可以向城市提供绿色食品、原材料以及生态旅游等特色产品。二是搭建创新链合作平台。应构建可用于技术转移的实际框架示范，为城乡政策制定部门提供智能化应用场景，可由政府牵头企业界和高校参与的联合研究机构，通过发布专项基金、出版刊物、举办培训课程等手段，为城市和农村居民提供最新的科技知识与技术策略，并支持实践中的结构调整和成熟案例的复制。三是加强政策引导机制。政府部门应出台多种措施，支持产业链和创新链之间的合作。例如，建立产业链对接服务中心，为农产品、食品等农村特色产品提供现代化的处理能力，实现技术链在城市经济上的合理利用；营造产业链合作优质风尚，"公司＋基地"的合作模式得到普及，抵消因距离而造成的损失，促进城乡创客基层创新层次的升级。

第四节　加大财政支出力度，优化乡村财政支出结构

财政支农能够正向驱动乡村振兴与新型城镇化的耦合协调与协同发展，且进一步深化两大战略协同发展对共同富裕的影响。基于此，本书从加大财政支农力度，改善农业生产条件、提高财政支出精确性、探索财政支出与社会资本相结合的扶持农村发展模式三个方面（见图 18－5），提出以下建议。

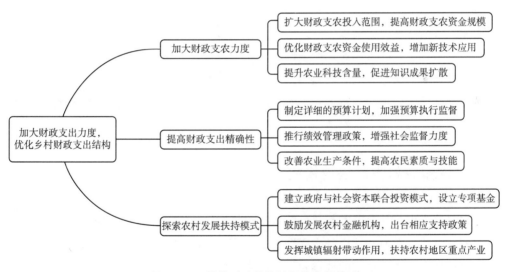

图 18－5　优化财政结构的经济治理策略

一、加大财政支农力度

加大财政支农力度是推动城乡协调发展的重要举措之一。财政支持可以促进城乡间资源的合理配置，支持农业和农村经济的发展，提高城乡居民的收入水平和生活质量。加大财政支农力度，一是应扩大财政支农投入范围，有效增加农村地区的基础设施建设

与标准化服务供给，并配合城市管理上更好的政策效果落地。政府需要逐步提高财政支农资金的规模，财政支农投入范围扩展到农村各领域，根据农业发展的需求，发挥财政资金的作用，保障种植业、畜牧业、渔业等行业的稳定性和可持续性的发展。二是优化财政支农资金使用效益。政府需要在农业和农村经济发展计划中充分考虑财政支农资金的使用，明确资金达到深层次消费者，增加财政支农力度的可持续性。在纾缓劣质农业的情况下，开展土地整治项目，并积极开展农业产业化和新型农村合作社建设，提高农村土地利用效率，并增加新技术应用，通过技术改造和推广等手段，帮助农民改善生产条件，提高生产力水平。

二、提高财政支出精确性

随着中国现代化进程的加速，城乡差距问题日益凸显。为了实现城乡协调发展，政府应提高财政支出精确性，加强预算管理。首先，政府应制定详细的预算计划。将财政资源合理分配到城乡各个领域，并加强对预算执行情况的监督和评估，及时发现和解决问题；政府还应推行绩效管理政策，按照绩效管理的原则，将财政支出与工作成果相挂钩，通过考核来激励和约束各级政府部门，有效提高财政支出的精确性和效率，同时政府应该加强对财政支出的信息公开，让公众了解财政支出的情况和效果，从而增强社会监督的力度。其次，改善农业生产条件。政府应该提高农村生产和生活条件，如加大对道路、桥梁、水利设施、电力设施的投入等；政府还应推广现代农业技术，以满足城市居民对绿色食品的需求，同时加强对农民的培训和教育，提高农民的技能和素质，增强农民的创新能力和竞争力，以适应市场的需求。

三、探索农村发展扶持模式

探索财政支出与社会资本相结合的扶持农村发展模式是推动城乡协调发展的必经之路。首先，应建立政府与社会资本联合投资模式，政府与社会资本联合投资模式是探索财政支出与社会资本相结合的扶持农村发展模式中的关键策略，政府可以通过优惠政策和项目补贴等方式，吸引社会资本投资农村产业。同时设立专项基金用于扶持农村企业发展，邀请社会资本参与管理和运营，通过联合投资模式，在农村市场打造更有影响力的品牌和服务，提高农村地区市场需求和产品价格竞争力。其次，鼓励发展农村金融机构。发展农村金融机构是探索财政支出与社会资本相结合的另一个重要策略。国家相关部门应出台有利于农村金融机构集聚的政策措施，如支持农村信用社、村镇银行、小额贷款公司等与社会资本合作开展农村信贷业务，更容易为农村居民提供便捷的金融服务。最后，应积极打造城镇辐射带动乡村重点产业发展。国家应扶植农村地区具有较强优势和竞争力的重点产业，培育新型农业经营主体，带动农村新型农业模式的探索和推广，采用信息技术引导农业科技研发人员与企业家和商家以及农村合作社的融合，打造辐射带动的重点产业，标志着政府通过财政支出和社会资本投资，推动城乡经济发展。

第五节　完善城乡帮扶政策，缩小城乡收入水平差距

城乡收入差距对乡村振兴与新型城镇化耦合协调度、协同度均具有抑制作用，且新型城镇化差异最大的维度为经济城镇化，为缩小城乡收入差距，提高乡村经济城镇化程度，根据如图18-6所示的经济治理策略提出以下建议。

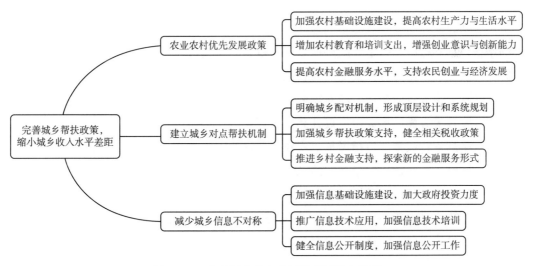

图18-6　缩小城乡收入差距的经济治理策略

一、农业农村优先发展政策

优先发展农业和农村是党中央的一项重要战略，旨在提高农民生活水平，缩小城乡差距。为了实现这一目标，需要制定一系列倾向于农村的政策：一是要着力加强建设农村基础设施。以此提高农村的农业生产力和生活水平，缩小城乡差距。二是加强农村教育和培训支出。农村教育和培训是提高人力资本、促进农村经济发展的重要手段。加强农村基础教育，可以提升农民的基本文化素养，增强农民的创业意识和创新能力，助力农村经济的快速发展。三是提高农村金融服务水平。金融发展是农村经济增长的重要引擎，可以为农民提供融资、贷款、保险等各项金融服务，支持农民创业和农村经济发展。加强农村金融服务，可以加快农村经济发展，缩小城市与乡村经济建设差距。四是

推动助力农村产业转型发展。农村产业发展是农村经济发展的重要方向，通过处理好产业结构之间的关系，可以增加农民收入，提高其生活质量与生活水平，从而促进农村经济又好又快发展，实现农村产业结构合理化、服务化与高度化协同发展，形成产业间要素合理配置，推动农业现代化进程、农村产业结构调整和产业升级。五是加强农村社会保障。农村社会保障是保障农民生计、提高农民生活质量和福利、促进农村经济快速发展的重要手段。加强农村社会保障，可以为农民提供医疗、养老、教育等各项保障，增强农民的安全感和幸福感。

二、建立城乡对点帮扶机制

建立城乡对点帮扶机制是推动缩小城乡差距、实现城乡协调发展的重要策略之一。该机制应结合实际情况，针对不同地区和不同阶段的需求，有针对性地制定具体且可落实的帮扶计划和措施：一是要明确城乡配对机制。在城市和乡村之间选择相似或互补的地区进行匹配，以便通过往来交流与资源共享促进城乡经济的协同发展、知识的传递以及技术转移等全方位的扶持。配对需要在多个层面上加强，包括政策文件、组织机构设置、财政安排等方面，形成顶层设计和系统规划。二是加强城乡帮扶政策支持。政府需要制定一系列支持政策，包括增加对农村合作社的支持力度、提供有针对性的人才培训等措施。同时，还应建立健全相关的税收政策，适当给予乡村产业和农民专业合作社在所得税等方面的减免。三是推进乡村金融支持。应该鼓励传统金融机构创新服务模式，如多元化金融产品的投放、债权投融资业务、信用担保等对农村企业提供更多资金支持。此外，还应不断探索新的金融服务形式，如众筹、金融租赁等，为乡村产业发展提供多元化的资金渠道。

三、减少城乡信息不对称

城乡信息不对称是城乡差距的重要原因之一，会导致信息资源错配等问题，因此需要采取一系列策略来减少城乡信息不对称，缩小城乡差距。首先，信息基础设施是城乡信息不对称的关键因素之一。城市具有更加完善的信息基础设施，而农村信息基础设施相对较弱。因此，加强信息基础设施建设，特别是在农村地区建设信息化基础设施，可以有效减少城乡信息不对称。政府应加大对信息基础设施建设的投入，鼓励社会资本参与建设。其次，信息技术的普及和应用可以帮助农村居民获取更多的信息资源，提高信息获取效率，减少城乡信息不对称。政府可以通过推广信息技术应用，如智能手机、互联网、电子商务等，提高农村居民的信息获取能力和技能水平。同时，政府还可以加强对农村居民的信息技术培训，提高农村居民的信息技能水平。此外，信息公开制度也是减少城乡信息不对称的重要手段，政府可以建立健全信息公开制度，加强信息公开工作，提高信息公开的透明度和广泛性并建立信息资源共享平台，促进城乡信息资源的共享和交流，同时加强对信息资源的整合和管理，提高信息资源的利用效率和效益并加强农村居民对政策法规、公共服务等方面的了解和认知。

第六节　强化数字经济水平，赋能中国城乡现代化发展

数字经济是重塑全球要素资源、重塑经济结构、改变全球竞争格局的关键驱动力。在全面建设社会主义现代化国家的新征程上，全面发展数字经济已成为实现中华民族伟大复兴、推进和拓展中国式现代化建设的重要篇章，具有重大时代意义。数字经济时代已经来临，数字技术和数字经济的发展将迎来新一轮现代化浪潮，这是中国现代化建设新的历史机遇。数字技术已经渗透到经济社会的方方面面，推动着传统经济形态和经济结构的不断变革。在数字经济背景下，中国式现代化需要推进和拓展。通过发展数字经济推进和拓展中国式现代化，将把中国式现代化推向更高水平。随着数字经济对经济社会的渗透不断加深，数字经济赋能高质量发展的作用受到多数学者认可，从具体机制来看，数字经济主要通过影响经济质量、公共资源及生态环境三条路径赋能城镇化高质量发展，同时，数字经济发展也显著改善了城市碳排放，并通过数字产业发展、数字创新能力以及数字普惠金融三条路径发挥作用，城市数字基础设施向乡村延伸，以互联网信息平台为支撑的数字经济也将通过优化能源结构、加速技术渗透等渠道降低本地和周围地区的碳排放。为推动数字经济赋能中国式现代化的有效实施，根据图18-7提出以下政策建议。

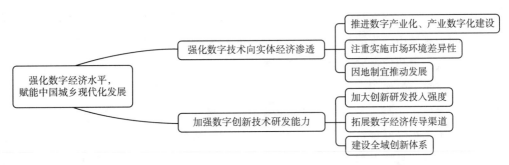

图18-7　强化数字经济水平，赋能中国城乡现代化发展

一、强化数字技术向实体经济渗透

第一，推进数字产业化和产业数字化建设。应大力支持数字技术研发与投入，促进

数字技术向实体产业的渗透。通过畅通实体产业的信息链和价值链，在加强产业的数字化改造方面，长三角区域致力于引入先进的数字生产技术，提升产品的生产效率和质量，以满足市场需求。此外，加强数字经济基础设施建设，制定配套政策，为数字经济发展创造有利条件。以此实现数智融合，优化城市产业治理环境。还需要发挥数字技术的赋能优势，优化市政管理信息系统来改善城市公共服务，实现城市全面智慧化管理，推动公共服务资源的有效统筹和灵活运用，以此打造高效的城市产业治理平台。实现智慧式治理模式的建设和运营，加强数字技术在城市空间经济领域的应用，提高城市产业内部关联水平。

第二，强调不同市场经济条件下的数字经济发展特征。数字经济对实体经济运行的驱动力就是调整具体的供给方式。针对市场化水平较弱、价格机制作用有限的地区和完全垄断市场，数字经济能够有效调节供需结构，弥补行业发展的短板，提高产业发展效率。政府应鼓励数字经济渗透到这些地区和行业，畅通信息反馈和传递渠道，促进行业和地区的协同发展。此外，还需要发挥数智化转型的空间溢出效应，推进跨区域产业协同发展。一是推进数字基础设施建设，确保信息流动的畅通无阻。加强各地企业之间的合作与交流，通过合作与协调，不同地区的产业可以实现优势互补，从而促进产业的共同发展。二是构筑跨区域产业协同治理的合作机制和沟通渠道。政府可以促进不同地区之间的协作，设立跨区域产业合作平台，为企业提供展示和交流的机会，这有助于促进产业链上下游的紧密合作，实现资源共享与互利共赢。三是政府可以制定有针对性的政策，鼓励企业在不同地区建立联盟和合作伙伴关系，以激励企业在合作伙伴间共同开展研发和生产活动，实现资源的优化配置。

第三，因地制宜地推动数字经济发展。各地可以根据自身情况制定适合的数字经济发展策略。在数字经济发展政策规划与实施过程中要注意"强优势"。例如，浙江省以杭州为核心，围绕杭州湾打造世界级数字产业集群，加快建设数字湾区，力争成为中国数字经济的领军城市。宁波要加速制造强市，重点发展工业互联网、智能制造和产业治理等优势领域。温州通过发展数字经济，推进千亿级数字经济产业集群，充分发挥其在浙江省数字经济中的作用。在湖州地区，以北斗品牌和数字服务业为核心产业，加快推进数字化、绿色智能制造名城的建设。而嘉兴则积极利用节约资源的效应，支持柔性电子、数字安防、车联网等新兴产业的发展，致力于打造全国数字产业创新的高地。每个地方都可以根据自身特点和优势，制定适合的发展路径，推动数字经济的蓬勃发展。加快绍兴产业建设现代化进程，充分发挥主要核心产业的协助拉动作用，努力建设科学先进的智能生产制造基地。基于数字经济、娱乐业等行业的优势，着力将金华打造成为新的数字娱乐产业中心。同时进一步加强衢州产业辐射带动，与四省共同建设数字经济发展的新高地。基于国家战略的需求，进一步深化国家智慧海洋舟山群岛地区的试点示范项目的实施。充分发挥台州光伏产业的优势，打造构建浙江光伏产业高质量集聚区。在绿色生态和乡村振兴的大背景下，积极探索丽水智能乡村旅游和农产品数字贸易的新模式，创造浙江省绿色智能的新高度。

从全国范围来看，巩固东部地区数字产业发展优势，依托东部地区发展优势以及要素集聚优势，打造长三角集成电路产业集群，聚焦于数字产业发展的核心关键领域。中西部地区则可以依托土地资源及电力价格优势，打造大数据产业集群，形成各具优势的产业发展格局。除了强优势外，还要补短板，改善东西部产业联动不足的局面，建立起跨区域的数字产业发展合作与要素互联交流机制。对于大数据基础设施建设仍处于"洼地"的城市而言，当务之急是扩充大数据决策的数据量，深化城市新型基础设施的建设，打破城市治理各个环节中的数据"孤岛"，并确保数据流通与共享在各个环节得到保障。另外，对于大数据基础设施建设处于"高地"的城市来说，是切实破解阻碍数据多层次、跨领域应用的行政性壁垒，深度赋能大数据应用场景，提高大数据决策的综合应用效能（程聪等，2023）。

二、加强数字创新技术研发能力

第一，加大创新研发投入强度。推动云计算、工业互联网以及大数据等技术研发，提高基础性与公共适用性技术的应用及转化，提高生产效率，同时需要聚焦研发低碳能源以及碳捕捉技术，催化技术创新减排效应，提升技术支撑能力。政府应在提高城市创新质量的过程中，关注数字经济的积极溢出效应，积极推进5G数据中心和基站的布局和建设，尤其要注重通过人工智能以及物联网、云计算和大数据等的集成和应用，在社会各领域发展数字经济，从而充分释放数字经济对城市创新的"数字红利"。第二，加强数字经济传输渠道，推动城市创新质量提升。配置创新资源，扩大消费市场规模，并充分发挥其中介作用。一方面，在配置创新资源时，要逐步消除区域制度壁垒，促进资本、人才、技术市场的发展，促进创新要素在不同创新单元之间科学合理流动。提高创新资源配置效率，从而充分发挥创新在数字经济中的积极效应。另一方面，在消费市场规模上，要不断构建健康完善的消费市场，释放消费阻力，培育个人消费、时尚消费、体验式消费等新的消费热点，实现消费市场的拓展和提升，进一步提高城市创新质量。除了创新在数字经济中的溢出作用以外，还应注意创新的非线性阈值特征，这要求每个地区都要考虑其经济状况、工业基础和基本要素禀赋等实际情况，因地制宜地对数字经济发展实施有差异的、动态分化的目标策略，进一步加强数字经济对城市创新质量的影响。第三，建设全域创新体系，比如浙江省基于科技创新战略，将提供取之不尽的力量和活力，通过构建独特的全球创新体系，加快中国现代化建设的整体道路。探索浙江以数字经济、生命与健康等技术创新产业为基础的新型国家技术创新体系的发展，促进关键技术研发，推动高技术产业数千亿个发展项目的实施。加快建设杭州湾高质量国家自主创新示范区和高科技工业带。努力打造全球数字化转型高峰，发展浙江在国家数字经济创新发展试点地区经验和模式，打造具有全球竞争力的数字经济体系和世界级数字产业集群。推动浙江世界数字贸易中心建设进程，发展数字商务和平台经济，降低交易成本，促进交易完成，优化跨境电商建设。

第十九章　空间治理视角下的治理策略

中国城乡空间、经济、社会、文化、生态一体化水平稳步提升，地区间的发展呈差异化态势。本章将重点探讨在空间治理视角下乡村振兴与新型城镇化战略耦合的治理策略（见图 19 - 1），主要从顶层设计土地制度、深化土地制度改革、多元主体治理架构、区域协同辐射联动、城乡融合互惠共生五个方面进行展开。深入了解我国在乡村振兴和新型城镇化方面采取的政策和实践，为未来的发展提供借鉴和启示。

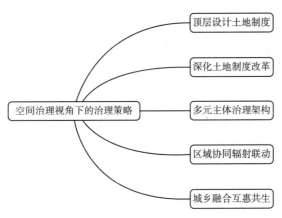

图 19 - 1　空间治理视角下的治理策略

第一节　顶层设计土地制度，健全城乡土地使用机制

作为物质生产资料的土地资源是要素交流互动的基础，是城乡发展的载体，其利用效率的高低事关城乡发展的福祉。作为我国农地所有权制度的重大理论创新，农地"三权分置"从根本上构建了制度基础，在实践中检验了许多创新模式。但实现"分权"的道路还很遥远。今后，这一制度需要不断修改完善，特别是在土地管理权外流后，进一步明确"三权"的界线和关系，加强所有权主体，平等保护"三权"，不断加强土地使用控制（王成利，2019）。因此，本节根据图 19 - 2 提出以下建议。

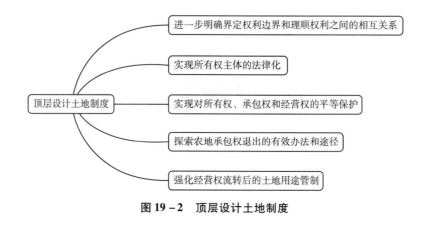

图 19-2　顶层设计土地制度

一、进一步明确界定权利边界和理顺权利之间的相互关系

农村地区"三权分置"的创新与实现，不仅需要明确不同权利的内容与含义，还需要明确这些权利之间的法律关系。只有明确区分"三权"的关系，才能更好地让所有权得到落实，同时稳定承包权，将经营权盘活，将产权的清晰度得以最大限度地提高，发挥产权的促进和强制性约束作用。所有权是三种基本权利中最基础的权利，而作为衍生权利的则是承包权和经营权，所有权在控制后两者的权利方面发挥着主导作用。一旦承包权和管理权得到落实，它们将反过来约束和平衡所有权。在"三权分置"制度中，合同权和经营权与合同权和运营权相分离。虽然这两种权利在基本形式上是相对平等的，但作为一种特殊的权利，农民的承包权由国家赋予，更为稳定，受到法律的保护。在实践中，如果管理权抵押存在贷款违约问题，管理权往往会导致合同权利被排除和侵犯。在此过程中，如果相关金融机构合法收回管理权，可能违反了缔约方的意愿，也可能间接影响到缔约当事方和业主的利益。因此，如何在法律层面进一步明确"三权"之间的关系是解决这一问题的关键所在，同时要通过制定法律明确限制权利的界限，为实现"三权"提供体制上的保障。

二、实现所有权主体的法律化

随着虚拟所有权主体的出现，以及委托代理的出现，农地集体所有权的实现受到了严重的影响。因此，农村土地制度改革的关键在于加强集体所有制的实施，确保所有权的合法性，以及增强农地所有权主体的多样性，以减少权力的滥用。为了解决这一问题，必须通过立法来确保农民在所有制中的地位。这需要通过修订和完善相关法律法规来确定所有权主体的特殊身份，赋予他们必要的权利，并明确他们应该承担的义务，同时规范他们的法律和经济行为。2017 年《中华人民共和国民法通则》提出了赋予农村集体经济组织特殊法人资格的政策，履行相关义务也提出了类似的要求，但是"农民集体"的所有权主体资格和地位的认定仍然存在着一定的缺陷，需要进一步加强相关的法律制度建设。在市场经济体制下，"集体农民"的出现标志着权利的经济价值得到了充分的认可，因此，为了维护权利主体的合法权益，"集体农民"的出现标志着权利的经济地位得到了明确的认可，并且为解决农地产权制度中的矛盾提供了有力的法律依据。

三、实现对所有权、承包权和经营权的平等保护

"虚置"的法律法规可能会对土地的拥有者造成不公平的待遇，例如，承包者可能会擅自转让土地，甚至过度耕种，破坏土壤的肥力；而经营者则可能会擅自改变土地的用途。此外，村委会或乡镇行政机构也可能会滥用其拥有的权力，从而侵犯土地拥有者的权利。例如，当一个村庄或乡镇强行转让农田或指定农民种植某些作物，或者改变转让合同的期限，甚至违反协议时，必须从法律的角度来界定这些行为的范围并明确它们的内涵。重要的是，必须寻找一种有效的权利实现机制，以便让所有权人和承包人都能发挥自己的作用。必须确保承包人的合法权益得到保护，同时也要防止所有权人和经营权人滥用职权。

四、探索农地承包权退出的有效办法和途径

农地产权"三权分置"实施后，承包权获得了进一步的独立性。确认和认证工作以及合同条款的延长，加强了农民的承包权。由于城镇化的推动，许多农村居民已经开始在城市工作。这些人的居住条件也有所改善，并且获得了更多的社会福利。由于这些因素的影响，人们开始越来越依靠土地来生活。在一些地区，试点项目已经开始收回有偿农业用地承包权。随着经济的不断进步，有偿承包权的退出已经不再局限于政府的行为，它已经被广泛应用于各个领域，以确保农民的合法利益。为此，政府应当加强对农民的监管，确保他们能够按照法律规定的条件和程序进行合法的转让。应当对农民的决定给予高度的认同，而非任何形式的压制或者干预。对于那些想要获取更多的社会福利、获取更多的经济收入、获取更多的政府补贴的农民，应当给予更多的支持，以确保其获取公平的待遇。随着两个基本原则的实施，寻求一种可行的、公平的承包权收益分配方式显得尤为重要。因此，必须重点考虑收益分配的具体标准、收益分配的财政渠道和土地重新开发等方面的因素，最好建立和完善相关的制度来提供支持。

五、强化经营权流转后的土地用途管制

"三权分置"对于改善农田使用状况具有至关重要的意义，它旨在解决"三权"所带来的影响，即将资源有效整合，以及合理开发利用科学技术，以促使土地资源有效利

用，增强农作物的品质。"非粮食型"和"非农业型"的缺陷已被越来越多的人所认识到，为了确保粮食安全，必须从多个角度加以审视，以及结合国情，采取更加有效的措施，以确保农业可持续发展。为了做到这些，需要制定科学的城市与农村土地利用综合管理规划，明确界线，确保农业可持续发展；另外，还需要加强对农用地的监督，落实有效的责任，构建多层次的监督机构，以确保中央与地方政府都有权力对农业发展负责。为了确保土地使用的合法性，应该设立有效的机制，并严格遵守相关法律法规，同时建立完善的投诉机制，以确保不会有任何人擅自更改土地使用权。保障粮食生产安全，要对黑、吉、辽、豫、吉、鲁等粮食主产区的粮食种植给予合理的财政补贴，突出粮食主产区特殊功能区作用，避免因农地经营权流转而引发的"非粮"问题。2019 年《土地管理法》经过修订，2020 年 1 月 1 日正式生效，它不仅将土地检查制度纳入法律，而且也为解决当前的实际问题提供了一种有效的解决方案。

第二节　深化土地制度改革，推动城乡生产生活协调

土地作为生产、生活赖以依存的要素资源，具有稀缺性的特征，而土地集约利用是乡村振兴的必然要求，也是新型城镇化的战略选择。乡村振兴可以为新型城镇化发展提供稀缺的劳动、土地要素，以促成人口的集聚、规模的扩大、产业的升级，提升新型城镇化水平土地要素是乡村振兴与新型城镇化耦合协调、协同发展的重要支撑，且尚未实现良好的双向流动。本节主要内容如图 19 - 3 所示。

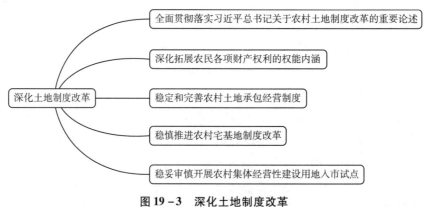

图 19 - 3　深化土地制度改革

一、全面贯彻落实习近平总书记关于农村土地制度改革的重要论述

深入学习贯彻党的二十大精神，将习近平总书记关于"三农"工作重要论述落实到实际，着重关注关于农村土地制度改革的一系列重要论述，将管理农地关系的基本路

线坚持到底，着力推进农村土地"三权分置"，守住农村改革底线，保持历史耐心，着力建设高水平市场体系，着力促进城乡融合发展和城乡要素畅通，加强制度创新和能力建设，加强农民产权保护。

二、深化拓展农民各项财产权利的权能内涵

农民的基本财产权包括土地承包和流转权、集体建设用地出让收益分配权、集体资产和收益分配权等。目前，国家依法赋予农民在上述五个方面的基本权利和利益。然而，由于权利来源和权利定义的差异，所有权和功能的定义还不完善，需要进一步补充拓展。土地承包经营权来自土地承包，土地承包期为 30 年。2021~2030 年，农村群体土地合同逐步到期，主要在 2027~2028 年。为了继续获得建筑许可证，建筑合同有必要再延长 30 年。土地使用权转让要求新农户通过转让合同、交易登记等方式获得土地使用权，并明确其权利界限，包括流转、抵押、担保等。以上权利需要平等保护。农民获得拆迁补偿是依法必须行使的权利。必须通过试点研究依法建立和加强权利的行使，使其更加全面和安全。

三、稳定和完善农村土地承包经营制度

通过家庭承包经营模式，建立多层次的经济结构，有助于提高生产力，满足农民的需求和利益。这是党和国家的根本大法所认可的，必须长期坚持。同时，根据实际情况变化的需要，进一步改善农业农村土地承包制度，用好承包地认定、登记、发证工作成果。为了更好地促进第二轮土地承包的发展，"完善"提出到期后再延长承包期 30 年的新模式，以此来维护和促进当前的农村土地承包关系的持续稳定，并且使"三权"中的权力边界和相互之间的权力关系得到更加清晰的界定，同时通过更加严格的"三权分置"来加强"三权分置"中的农田产权制度。通过改革，加强对集体所有制的管理，确保农村居民享受到合理的耕种、管理、监管以及解除劳动关系的权益，并建立起一套公正的民主决策的流程。强化农户承包权与用益物权，保障农户承包地使用权、抵押权等基本权利。为了维护集体所有制和农民的合法权益，应该引导土地经营权的合理流转，并依法保护各类农业经营者获得的土地经营权。完善土地使用权出让服务和风险防范体系，规范农村土地流转。

四、稳慎推进农村宅基地制度改革

农村宅基地制度改革与广大农民的实际利益和社会整体的稳定和谐密切相关。为了实现可持续发展，必须先建立起一套完善的法律制度，明确宅基地的所有权、资格权和使用权的界线，并且赋予每个人相应的权利和责任，以形成一个分层次、公平的保障体系。必须坚持红线意识和底线思维。目前，尽管城乡发展水平有所提高，但农村地区的

住房问题依旧严峻。因此，政府应该加强对农村地区的监管，严格执行土地使用权的管理，避免出现违反法律法规的行为。同时，政府也应该加强对农民的关怀，积极引导他们参与到社区发展中来，以促进社区的繁荣发展。为了更好地促进改革，应该牢牢把握"三权分置"的规定，加强对"三权分置"政策的落实，并采取措施，以便更好地维护"三权分置"的规定，同时也能够更好地解决问题。坚持依法实现家庭经济中的财产权和农民权利。研究完善农民的技术、分配、转让和退出权利保护机制，切实维护农场产权权益以及农村整体环境的和谐稳定。

五、稳妥审慎开展农村集体经营性建设用地入市试点

为了推动集体经营性建设用地的有效流通，确保其合理使用，建议采取更加严格的政策措施，以确保集体所有运营性建设用地的有效流通，并构建起城市共同统一的建设用地交易市场。为了更好地促进农村集体建设用地的使用权登记颁证，必须清楚地界定其所有权，并将其纳入城镇化。按照"取之于农、用之于农"的原则，建立和完善国有、集体和个体农民土地利用效益分享机制，将土地特许权的收入优先用于农村基础设施的重建工作。此外，要秉持法治理念，规范有序开展试点。为了更好地实现集体经营性建设用地的可持续发展，应该加强对用益物权的保护，为农民集体和建设用地权利人提供更加全面的权利，包括抵押权、利益分配机制、入市规则、负面清单等，以及规范集体建设用地的入市行为。

第三节　多元主体治理架构，共建城乡协同治理格局

从多元主体治理的视角，本节具体研究思路如图 19-4 所示，并提出相应的对策建议，促进共建城乡协同治理格局。

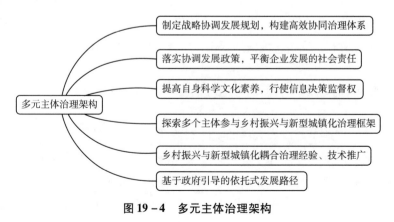

图 19-4　多元主体治理架构

一、制定战略协调发展规划，构建高效协同治理体系

利益驱动机制是乡村振兴与新型城镇化协调发展的动力。在这一过程中，政府的利益主要体现为政治利益和社会利益。前者反映的是政治成就，后者反映的是经济社会发展的福利水平。地方政府作为推进两大战略协调发展的主体，首先，要在中央总体目标的指导下，结合城乡发展实际情况，合理制定乡村振兴与新型城镇化协调发展规划，通过定期评估反馈，对两大战略协调发展的中心任务进行动态调整。其次，结合区域发展现状，充分考虑企业和社会主体的利益与要求，从微观层面完善城乡产业、生态、社会协调发展的相关政策和地方标准。释放有利的政策信号，促进城乡生产要素双向流动，营造良好营商环境，缓解乡村振兴与新型城镇化发展的不平衡。最后，着力构建多方参与的协调发展体系，通过简政放权提高企事业单位和社会主体的参与度，完善利益交换、信息反馈和公众监督机制，激发各利益主体的活力。

二、落实协调发展政策，平衡企业发展的社会责任

在两大战略的协调发展中，企业注重自身利润的最大化和竞争力的增强。这种利益的满足可能在短期内与政策导向相冲突，市场经济的自发性和市场环境的不确定性增加了操作的变量。一方面，企业应积极推动自身发展目标与国家发展政策相结合，根据政策及时调整发展战略，保持经营的长期、稳定、可持续运行；在此期间，将捕捉有利的政策信息，延伸产业链，合理布局和选择城乡之间的位置，促进产业转型升级。另一方面，兼顾经济效益和社会效益，根据自身发展特点，积极探索企业对口帮扶、产销一体化的发展模式，促进农业科技成果转化，加强科技兴农技术培训，增强农业发展的内生动力。

三、提高自身科学文化素养，行使信息决策监督权

社会维度的居民也是乡村振兴和新型城镇化协调发展的重要主体。他们的兴趣主要集中在最大限度地提高自己的利益，涵盖健康、娱乐和收入等不同层次的美好生活需求。为了协调主体的利益，首先，居民应积极响应政府的发展政策，增强政治参与感。有条件的村民可以积极进城，有"三农"情怀的人才可以回归农村，符合乡村振兴和新型城镇化的发展要求。其次，提高科学文化素养，增强综合实力，及时建立非正式的非政府组织，在两大战略的协调发展中发挥"个人"作用。最后，积极行使法律赋予的监督权，合理表达自身利益和诉求，关注政府的发展政策文件，监督企业和政府的相关行为，形成多元治理主体参与乡村振兴和新型城镇化协同发展的社会认同。

四、探索多个主体参与乡村振兴与新型城镇化治理框架

乡村振兴和新型城镇化战略的理论基础还较薄弱，面对这样的国家层面战略需求，经济学、地理学等还需要对二者的战略耦合机理、过程以及驱动因素、驱动机制进一步研究，尤其是乡村振兴和新型城镇化战略耦合机理需要进一步完善。关于乡村振兴和新型城镇化的理论研究，新型城镇化的理论体系初具规模，而建立科学的乡村振兴理论体系势在必行。产业、土地、资本、技术、信息和人口等各种要素的运动都是乡村振兴和新型城镇化战略耦合的实现形式，这是一项复杂的系统工程，涉及社会、经济、生态环境的方方面面，有关乡村振兴和新型城镇化的相关主题研究也亟待展开。尤其是面向国家乡村振兴战略，如有必要可以依托专业的研究机构和工作团队深入乡村，开展乡村振兴实践调研，科学度量乡村振兴进展，分类指导、因村制宜。建立系统完备的乡村振兴指标体系，以政策为重点，在研究基础上为各地及各部门精准施策提供合理化建议（徐维祥，2019）。

乡村振兴是一个复杂的涉及人、地、业各种要素的系统，新型城镇化的研究已经比较成熟，而乡村振兴的研究还处于摸索阶段，学术界还没有形成一个统一完善的研究体系，因此进一步构建科学、系统、全面、实用的指标体系是未来研究的方向。除此之外，从数据的可获得性角度来看本书选取的是省级层面，未来可以进一步采用实地调研问卷、访谈的方式获取更细尺度的县域数据，在尺度效应视角下比较乡村振兴与新型城镇化耦合协调的发展程度，更深层次地揭示二者耦合协调的区域差异、动态演进趋势和驱动机制，为各级地方政府实施乡村振兴与新型城镇化战略提供理论价值和借鉴意义（徐维祥，2020）。

五、乡村振兴与新型城镇化耦合治理经验、技术推广

基于空间黏性理论，将战略耦合模式分为四类：依附式耦合、吸收式耦合、反哺式耦合和交换式耦合。在这四种耦合模式的基础上，以国内外典型地区的做法与经验提炼实现路径：一是基于政府引导的依托式发展路径，政府不是大包大揽而是发挥引导作用，以特色小镇为例，植根于乡村又依托城市的人力、资本、基础设施等要素，发展自己的特色优势产业。二是基于比较优势的吸收式发展路径，城乡各自发挥比较优势，乡村激发市场主体能动性吸收城市的资源要素，以休闲农业为例将现代农业生产资源和民俗民风相结合。三是基于城乡融合的反哺式发展路径，以形成城乡契合的产业链为例，增强地方集团经济实力，让城市更好地反哺农村。同时乡村增强"造血"机制，建立人力资本的反哺机制振兴乡村。四是基于双向合作的互惠式发展路径，形成以镇带村、村镇互动的格局。创新空间组织模式，以县镇促进城镇化、带动乡村振兴。

六、基于政府引导的依托式发展路径

政府在乡村振兴和新型城镇化战略耦合中占据主导地位，是管理者、领导者和实施者。我国自上而下的模式根深蒂固，从开发区建设、新城设置、城市改造和乡村建设都是政府直接运作投资、规划等，但是政府应该是发挥引导作用而不是大包大揽。特色小镇的发展是农村改革中的一种新形式，是"小城镇"建设的延续。在乡村振兴和新型城镇化战略耦合进程中，特色小镇是一个重要节点，也是战略耦合的重要载体和平台。植根于乡村又依托城市资源要素的特色小镇，关键在于要形成自己具有特色的主导产业。一方面，在区别于过去的产业园和工业园的同时，重要的是把人才引进来又留得住，不仅宜业还要宜居。另一方面，特色小镇在政府引导的基础上，利用城市提供的配套设施，以企业为主体，政府发挥引导作用，帮助解决可能出现的外部环境、资金、人才和基础设施建设等问题。最重要的在于依托城市的人力、资本、基础设施等要素资源，基于要素禀赋原则充分考虑自身的优势，发展特色产业。

第四节　区域协同辐射联动，强化城乡空间联动效应

中国城市化质量省际间存在空间集聚分布格局，但异质性有所增强；长江流域土地集约利用效率与生态福利绩效的耦合度在空间上呈现出"东北—西南"走向的分异格局，重心整体向西南方向移动；浙江"四化同步"演进与居民幸福协调发展的影响因子具有明显的地域特征（徐维祥，2021），耦合协调度展现了"东北高，西南低"的空间演进趋势，空间集聚的强度以倒"V"形变迁，其影响因子作用强度自信息意识、市场机会、居住环境、经济机会、文化价值到开放共享依次递减。本节主要研究思路如图19-5所示。

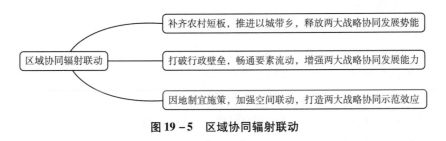

图19-5　区域协同辐射联动

一、补齐农村短板，推进以城带乡，释放两大战略协同发展势能

支持农村产业结构升级，促进农业农村现代化。目前，一些地区的一些农村产业仍

以传统种植业和养殖业为主，农业基础设施相对薄弱，农民对土地依赖度高，产业发展韧性不足。为此，应加大对农业的财政支持力度，改善农业发展环境，积极引导城市发挥辐射作用以带动乡村发展。通过地方城镇化模式，促进城乡产业合理配置和布局，利用先进技术和资金实力提高农业产业发展效率，为绿色农业生产和规模农业创造条件。对于农业市场发展缓慢、生产链不完整等问题，有必要积极探索多功能农业利用模式。一方面，政府根据每个地区的禀赋条件，制定科学的规划，引导人才、资本和技术的跨境配置，发展特色经济，打造农业品牌标识，构建"一村一品"和"一乡一业"的产业发展体系。另一方面，依托"互联网＋"培育乡村旅游、农业文化体验等新型服务业；在此期间，鼓励社会和企业到农村投资，优化电子商务政策，深化农产品加工，拓宽现有产业链，推动促进农村产业融合，为农村产业发展带来更高的效率和经济利益。

加强农村环境保护和管理基础设施的重要性。一是要制定合理的农业发展政策，增加财政专项支出，推广优质农业建设方案，精准改善节水设施、农业生产和运输基础设施等。二是改善农村居民生活基础设施，提高村道硬化率，畅通城乡路网连接，普及农村自来水的使用效益，保障居民生活用水质量。三是促进城市休闲文化科技设施向农村地区推广，丰富农村居民的精神文化生活。在农村地区积极使用物联网、5G 等新型基础设施建设，优化农村电子商务运营环境，构建农村物流发展体系。四是发展绿色农业，减少化肥、农药和塑料薄膜的使用，通过资金投入和技术应用，重点解决农业面源污染。五是加大环保宣传力度，提高农村居民的环境保护意识和积极性，扩大农村垃圾处理基础设施，关注生活垃圾的处置，提高"三居"空间环境质量。

优化农村治理体制机制，提升农村公共服务水平。针对农村治理能力不足、治理效率低下、治理方式单一等问题，首先，要加强基层党组织建设，通过选调学生、派遣村干部、引进大学生和村官等政策，增强现有组织的活力。要定期开展学习培训，强化支部堡垒作用，切实解决群众面临的困难。其次，要将"道德治理"与"法治"相结合，在现有法律约束下，充分利用村规民约、道德教育、典型事迹等方式影响村民，构建多方参与的乡村治理共同体。最后，要创新治理方式，进一步将基于互联网的城市治理经验下沉到农村，推动农村治理体系现代化。解决城乡公共服务不平等问题，一方面，要加大农村教育经费投入，完善农村教育硬件设施，探索"城乡共享"的教育模式，及时将优质资源向农村倾斜；另一方面，利用城市的溢出效应改善基层医疗卫生条件，构建合理的城乡医疗体系，着力促进城乡医保和养老体系的统一。

以人为本建设城镇化，形成城市带动农村的格局。推进以人为中心的新型城镇化，需要推进就地城镇化发展模式，就地城镇化具有减少劳动力要素跨区域流动、带动农村产业发展、改善设施、增加收入的优势，并在一定程度上缓解"城市病"。推进以人为中心的新型城镇化，需要培育新的增长极，把城市和农村作为两个不同的发展空间，把县城作为连接城乡的重要地理单元。积极探索以县城为载体的新型城镇化，形成多中心城市发展格局。以人为中心推进新型城镇化需要注重顶层设计。城市发展不再以削弱农村为代价，而是围绕提高居民生活质量的目标，合理控制城市规模，优化城市生态环境，以乡村振兴和新型城镇化协调发展为目标，引导资本、技术、人才等要素向农村流动，促进乡村振兴。

二、打破行政壁垒，畅通要素流动，增强两大战略协同发展能力

深化户籍制度改革，促进人口双向流动。偏向城市的发展模式促进了要素资源在城市的集中，由此带来的虹吸效应进一步加速了劳动人口从工资回报率低的农业生产部门向非农业生产部门的转移。在此过程中，户籍限制加剧了城乡劳动力在社会保障和公共服务方面的二元化。要改变这种局面，首先，需要深化户籍制度改革，根据城市规模和等级的差异，放宽对农民进城的限制。其次，建立政府主导、多元化的参与机制，分担农村人口城镇化成本，吸引有意愿的农村人口落户城市。下一步，要确保公共服务均等化，充分认识农村劳动力在城市发展中的作用，确保他们与城市居民享有同等权益。最后，探索返乡创业的激励机制，鼓励热爱农村、有特殊技能的人才顺利返乡，推动他们所携带的技术、资金等因素共同促进农村发展。

盘活存量土地，合理规划城乡空间。在中国推进城镇化的过程中，土地城镇化的速度明显快于人口城镇化。伴随着城市边界的逐渐延伸，出现了资源产权不明晰、农村土地闲置、交易制度不完善、土地要素利用效率低下等问题。首先，要明确农村集体土地产权制度，逐步实行土地"三权分置"，促进土地规模化经营。其次，应该在城市和农村地区之间建立一个统一的土地市场。目前，城市土地的市场化程度高于农村土地。通过这个渠道，可以缓解城乡土地供需矛盾，提高土地利用效率，保障农民的土地保值增值权。最后，在确保耕地红线的基础上，盘活农村闲置土地，逐步推动农村集体建设用地入市增强土地流动性，发挥土地交易平台的监管作用，确保土地合法平等交换。此外，在"绿水青山就是金山银山"理念的引导下，环境规制等工具是推动土地绿色发展的有效手段。用好环境规制"组合拳"既是落实绿色高质量发展的现实需要，也是提升土地产出质量、促进经济社会生态可持续发展的必然要求。

利用市场机制协调资本资源配置。目前，农村金融业务以传统存贷款为主，市场化水平相对较低。此外，农业生产投资具有规模大、长期性和低回报的特点。金融机构将更多农民储蓄用于城市层面的投资，进一步促进了金融资本向城市的流动。解决资本要素单向流动问题，一方面，需要改善农村信贷环境，促进农村金融服务创新，通过市场研究找出农民的痛点。需要提供差异化的金融产品，以满足农民的多样化需求。另一方面，通过金融支持在农村创建一批高标准投资项目，金融机构降低农村发展的融资成本，进而引导社会资本和个人资本积极流入农村市场，促进金融资本在城乡之间的合理

配置。由于地理位置和禀赋条件的差异，中国各地区农业生产机械化程度存在显著差异。一些地区农业生产规模化、集约化水平较低，农业技术对农业生产的整体贡献率不高。首先，鼓励企业发挥支持农业技术创新的政策优势，围绕农业现代化的需要，推动农机、养殖等方面的技术创新。其次，完善农业科技创新激励机制，通过产学研结合促进研究成果转化，加强技术使用培训。在此基础上，建立相应的利益共享机制，形成农业科技创新的长效机制。最后，因地制宜发展"互联网＋农业"，在城市硬件辅助的基础上，逐步推进生产、管理和销售的智能化与数字化，探索多学科融合对接的农业运营体系。

三、因地制宜施策，加强空间联动，打造两大战略协同示范效应

利用区位比较优势实施不同的发展战略。全国、东部、中部和西部的乡村振兴和新型城镇化水平呈现分化特征，复合系统协同效应具有"西部高、东部低"的分布规律。为促进形成全面协同格局，东部地区应积极深化户籍制度改革，搭建城乡土地统一交易平台，促进两大战略良性互动发展，增强生产要素向农村流动的内在动力，优化农村基础设施布局，共同构建城乡生态屏障，旨在加强城市的增长极作用，增强农村发展韧性，减少战略之间协调发展的阻力。为了改变中部地区崩溃的困境，在推进乡村振兴和新型城镇化协调发展的过程中，中部地区应实施"偏向农村"的发展政策，着力填补农村发展空白，积极推动产业结构转型升级，增强城乡产业对缩小城乡收入差距的支撑作用，逐步促进社会层面的公共服务共享。西部地区正在以资源禀赋为基础发展特色农业，打造"农业＋旅游"新模式，促进三产融合；城市重视发展速度，同时强化环保意识，提升产业发展水平，促进绿色高质量发展。

完善城乡救助体系，发挥协同辐射作用。乡村振兴、新型城镇化和复合系统的协同效应都具有显著的空间溢出效应。为了进一步缩小地区内部和地区之间的发展差距，应形成全球和地方援助体系，加强核心地区对周边地区的辐射带动作用。具体而言，在宏观层面，要协调区域协调发展，通过东西方向的层次溢出缩小东部、中部、西部地区的发展差距，发挥长江经济带和黄河流域南北方向沿线地区对周边地区的带动作用，从而构建东、西、南、北、中不同层次协调发展的系统循环。在中观层面，依托城市群，促进城市群内部乡村振兴和新型城镇化的均衡发展，打破城市群之间的行政壁垒，积极培育以县域为重要空间单元的城乡增长极，逐步形成两大战略在区域一级协调互动的中循环。在微观层面，在区域内，立足乡村振兴和新型城镇化发展的实际情况，学习典型地区的典型做法，特别是在产业融合和社会治理方面加强省会城市对农村的帮扶，打通乡村振兴与新型城镇化协同发展的微观循环。

贯彻落实新发展理念，释放驱动因素势能。乡村振兴与新型城镇化的协调发展在于

各子系统内部参数的相互匹配，经济、社会、生态和人口层面的变量在这一过程中发挥着驱动作用。因此，以新发展理念为指导，优化协调发展的内外部环境显得尤为迫切。首先，需要人力资本的合理流动，以促进城乡科技创新。其结果将优化农业生产和居民生活条件，促进城乡社会的空间治理，推动乡村振兴与新型城镇化的多维协调。其次，贯彻"绿水青山就是金山银山"的发展理念，将倒逼产业结构优化调整，增强居民环保意识，改善城乡"三生"地区的空间环境，降低碳排放强度，为经济可持续发展注入动力。最后，促进信息资源和基础设施的共享可以减少城乡之间的信息不对称，其带来的乘数效应将大大增强两大战略的协同能力。

第五节　多重战略协调推进，深化城乡融合互惠共生

中国城乡空间、经济、社会、文化、生态一体化水平稳步提升，地区间发展不平衡，具有"东高西低"的空间趋势；乡村振兴与新型城镇化的耦合协调度呈现"东部高、西南低"的分布特征，动态演进以维持原有状态稳定性为主；两大战略耦合协调与协同发展具有产业结构升级、环境改善、经济增长、减贫增收等多维效应。简而言之，乡村振兴与新型城镇化水平表现为东部优于中部高于西部的分布格局，而复合系统协同度的分布规律与之相反，深层次的原因在于复合系统协同度的计算公式在一定程度上体现的是相对于基期的增速概念，虽然东部地区新型城镇化与乡村振兴综合水平高于中部和西部，但是禀赋条件所决定的较大的子系统有序度的初始水平使其有着较慢的增长速度。因此，具有先发优势的上海、北京、天津等地的复合系统协同度相对较低，而初始条件较差的中部和西部地区却有着巨大的提升空间，故后发优势使其乡村振兴和新型城镇化的协同度明显大于东部地区。基于此，根据图19-6提出以下建议。

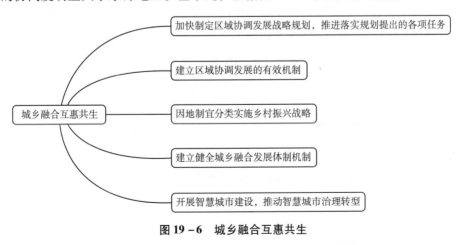

图19-6　城乡融合互惠共生

一、加快制定区域协调发展战略规划，推进落实规划提出的各项任务

第一，为了实现"一带一路"的目标，必须采取更有力的政策，以构筑一个全面的、具有活力的、可持续的、具有竞争力的西部大开发新格局。这些政策包括：改革现有的贸易政策，拓宽出入口，优化投资环境，增强企业的竞争力，以及改善贸易环境。通过积极发挥资源优势，大力推进西部地区的发展，积极构建以其独特的、可持续的发展模式，不断完善和发展相关的经济体系，以促进其经济社会发展。

第二，为了促进东北等老工业基地的发展，必须不断推进改革，完善体制机制，解决体制结构上的矛盾，解决人才外流的难点，并且努力调整和优化企业的经济发展理念，打造良好的投资和贸易环境，以及不断提升企业的市场竞争能力。为了更好地促进经济发展，应该迅速调整政府的行为方式，使其更多地为社会提供帮助。同时，还应该提高对企业的支持，让它们在市场中发挥更多的价值。此外，还应该不断拓宽对外的投资，促进东北地区的发展。

第三，为了推动"东连西开"的实现，应该充分利用自身的特色，提升区域的战略定位，拓宽融入全国的渠道，充分地发掘"东连西开"的潜能，推动"东连西开"的实现，同时，还应该充分地发掘人才、科学、信息、资金等领域的潜能，努力打造现代化的综合性的交通物流网络。为了促进经济的可持续增长，应该大力推动现代化的工业体系的构建，充分利用地理位置的优势，大力推动现代化的农业、高端制造业以及战略性的新型工业。

第四，为了促进东部地区的可持续发展，必须以创新为导向，充分利用产业升级的示范效果，培育一批拥有独特的 IP、核心技术的著名企业，不断提高产业的质量，增强其市场竞争力，努力构筑一个世界一流的制造业基地。同时，还需要构筑一个完善的、多元的经济体系，促进加工贸易的升级，并且积极投资于现代服务业的发展，以及拓宽其在国际经济中的影响力。提高资源利用效率旨在通过实施有效的生态环境管理措施，增强可持续发展的实现，同时有效维护和利用现代化的土壤。

第五，为了促进"一带一路"的实施，要不断改进"一带一路"的协调机制，使其能够更好地服务于"一带一路"沿线的各个国家，并且要积极拓宽与全球各地的贸易渠道，以及促进"一带一路"的实施，以期为各方带来更为便利、全面、可持续发展的服务。"一带一路"经济带的建立，为新疆境内丝绸之路经济带的发展带来了强大的支撑，福建海上丝绸之路也形成了其中的组成部分，这一经济带的建立，不仅为亚洲地区的发展带来了便利，也为世界各地的经济社会发展带来了强大的支撑，并且为全球经济发展带来了重要的指数。

第六，推进京津冀协同发展，积极推进首都城市副中心的建设工程，打造现代化的

综合性交通系统，实现交通互联、环境保护、经济协同的协同经济发展，打造京津冀协同创新的新型社会。雄安新区要以更高的要求和水平，打造出拥有世界眼光、符合国家标准、独具中华风情、更具现代性的新型开放型经济区。

第七，坚持共同守护、避免滥用的原则，积极推动长江经济带的可持续发展。充分利用长江的地理位置、交通便利等优点，努力构筑起长江经济带的联系网络，加强两岸的交流与融合，构筑起长江经济带的可持续性，从而形成有利于长江经济带可持续发展的良性循环。借助于便捷的黄河流域，可以有效地改善城镇、人口、产业的分配，并且更好地发挥重要城镇的集中力量，从而形成我国新的经济发展区。为此，应该大力发展沿江的基础设施，实施防护林体系的建设，并且积极开展生态恢复与维护，以期构筑出一条完整的、可持续的沿江绿色发展路线。

二、建立区域协调发展的有效机制

为了促进地区经济的可持续发展，必须建立一个有效的协同体系，以便有效地落实区域发展的战略和规划。同时，应该加强地区间的沟通，充分考虑到地方的经济社会、文化、教育、医疗卫生等方面的因素，确保区域间的可持续性。此外，还应该加强基础性的公共服务，特别是加强中西部地区的投入，以促进地区的可持续性。积极推动中西部地区的义务教育及其相关的职业技能提升，加强新型城市化的推动，助力当地的经济、社会、文化等迅猛发展。

为了促进社会的可持续发展，必须充分利用市场机制的力量，积极推动市场经济的深入调整，严格执行有关政策，消除阻碍市场公正的因素，实现资源的有效利用，构筑完善的、协调的、可持续的、高效的市场体系。为促进区域经济的可持续增长，加大国有企业、金融、财务以及其他相关领域的对外开放，建立起促进区域经济健康发展的长期机制。同时，充分利用中西部地区的自然环境，加大基础设施建设，提升行政管理水平，为投资者打造更加便捷的投资环境，促使更多的人才涌向这些区域。

为了更好地维持区域协调发展水平，必须加强对各个地区的补偿，并且在这些地方实施更加有效的政策。这些政策包括：加强对低收入地区的支持，为高收入地区的发展创造更多的条件，并且加强对重点生态功能区的支持。此外，还应该在各个地方实施有效的政策，以确保各个地方的权益得到充分的维护。

三、因地制宜分类实施乡村振兴战略

通过总结亚洲典型代表——日本、韩国，欧美发达国家——英国、法国和美国的做法与经验，结合国内典型地区——珠三角地区的以城促乡模式、浙江安吉的美丽乡村模式、乡镇企业带动的苏南模式以及浙江杭州的中心镇推进模式，基于战略耦合模式的分类，提炼出依托式、吸收式、反哺式、互惠式四种适合我国不同地区乡村振兴与新型城镇化战略耦合的发展路径。城乡地域是一个综合系统，不同的地域有其自身的特色、功能和优势，地域的差异性决定了发展路径的多元化。因此需要因地制宜，结合不同的地域特点探索乡村振兴与新型城镇化的战略耦合模式，最终实现乡村振兴，缩小城乡空间差异。

多元化是有价值和必要的，单一会抑制活力。推进乡村振兴战略，既不能一村抓一村，也不能大规模复制有限的乡村模式，形成单调的乡村发展局面。对于不同的农村地区，应采取因地制宜的发展战略。非农业产业发达、区位条件优越的农村应以局部城镇化为重点，但应注意避免复制城市建设，而要保留农村特色。生态环境极为脆弱、村庄人口分布分散的农村地区，应以搬迁或就地保护为主。对于广大传统农业地区和人口迁移地区，宜通过土地整理、产业升级、基础设施投资等多种手段，实现城乡生活的平等融合发展，逐步缩小城乡差距。因地制宜推进乡村振兴战略的实施，要发挥我国各地典型农村的优势和特点，传承优秀文化传统（刘光合，2018）。

四、建立健全城乡融合发展体制机制

乡村振兴与新型城镇化的战略耦合在初始阶段，农村养育城市、为工业发展提供要素积累。当战略耦合达到一定阶段，城镇化迅速发展，城市反过来支持农村，工业反哺农业，实现工业与农业、城市与乡村的融合发展。一方面，要打破"城乡二元结构"，让广大农民积极主动地参与到现代化进程中，共享现代化成果，形成一种以工促农、以城带乡的新型城乡关系；另一方面，城市反哺农村，利用城市工业的产业链和产业集团的方式，通过形成城乡两者相契合的产业链，农村可以充分享受到城市发展带来的红利，城市也可以解决人口、就业和生产等问题，增强地方集团经济的实力。产业链的这种方式可以增强城市工业的带动力，减少农村产业发展成本，减少城市工业的损耗费用，形成产业集聚效应，同时辐射周边农村发展，这是工业更好地反哺农业的方式，最终发展农村经济，增加农民收入；除此之外，城市反哺农村，农村自身也要形成内生机制，培育对传统农业改造的能力，即所谓的"造血"机制。归根到底是人才的匮乏造成乡村的收入水平低下，因此需要建立人力资本的反哺机制，吸引高素质的人力资本由城市反哺农村，或者农村自行培育去改造传统农业，振兴乡村。

要把促进农业农村乃至经济社会发展的政策转变结合起来，广泛引导社会各主体在"三农"发展中发挥主观能动性。促进服务业发展及和一二三产业融合，化解农村企业有效融入当地产业链和生产网络过程中的障碍。优化营商环境，加快农业产业化进程。鼓励龙头企业在区域产业链和供应链一体化协调机制建设中发挥主导作用，引导城市资源、要素、人才更好地参与农村发展。持续推动城乡无差异的要素市场和产权市场建设，更好地激活市场及各市场组成部分，使农民更好地参与土地增值收益的分配，享受要素流通的成果。各级政府要以推动农业政策转变和深化农业供给侧结构性改革为方向。创新政策工具，把推进体制机制改革和政策创新结合起来，同时科学评估政策作用结果并实时调整。促进农业产权和资源配置的合理性和科学性，促进改革及战略的完整性和协同性，建立可持续的保障机制。

考虑到我国"三农"问题和城乡关系的错综复杂，必须要高度重视顶层设计在城乡融合发展体制机制和政策体系建立与完善过程中的作用。通过规划、制定和执行，加强顶层设计，有助于乡村振兴战略在统筹方面发挥更广泛的长效管理作用。借此规划的契机，以城乡一体化发展为导向，注重城市与乡村发展的协同化、整体化、系统化，并不断建立健全城乡发展的体制机制和政策体系（姜长云，2018）。

农民工在农村扎根并在城市工作，这与城乡融合和国家的发展有关。农民城镇化以及农业人口转移是地区协调发展战略的关键组成。当前和未来城市化的关键和重点事项之一是让农民工有序融入城镇化。党的十九大报告提出，"完善促进消费的体制机制，增强消费在经济发展中的基础性作用"，在中高端消费、创新引领、绿色低碳、现代供应链、共享经济等领域培育新的增长极，以及人力资本服务。持续增长的农民工数量是促进未来消费结构转型升级的重要驱动力，由此带来的驱动力会对促进消费从而带动经济发展产生至关重要的影响，也对推动农村发展的新势头产生了重要影响。党的十九大报告和2018年中央一号文件都要求促进产业一体化和融合发展，为农民提供就业和创业机会，并拓宽获得收入来源的途径。农民工的经验和经历也会改善他们的就业、创新创业能力，支撑和促进农村产业融合。要用包容发展的思维、科学的战略眼光和强大的社会责任感，鼓励、支持、引导农民工逐步有序地融入城市。

五、开展智慧城市建设，推动智慧城市治理转型

智慧城市作为一种新的城市发展理念，要充分利用现代信息技术优化和整合城市各种系统，更好地服务于城市管理和服务，提高和保障居民生活质量，还有很长的路要走。为了更好地应对未来潜在的突发公共事件，在通过智慧城市建设推动城市治理转型的过程中，应解决以下三个问题。

在理念上，要注重多主体协同推进、协同治理。通过智慧城市建设推动城市治理转型，有赖于政府、市场、社会等多方力量的协同推进和共治。政府应发挥主导作用，提高公信力，并提供多样化的政策支持；大量研究机构、IT企业和服务提供商积极参与市场，不断创新技术；居民需要转变认识，在思想上和行动上积极适应现代信息技术带来的新变化，参与智慧城市建设和城市治理工作。

在技术上，应该注意供需平衡。技术应该为人类服务，智慧城市建设应该能够为城市治理和城市居民服务。智慧城市建设平台作为技术的"供应商"，应将智慧城市未来的技术创新与城市治理需求紧密结合，加强民生工作的智能化水平，充分利用信息化、智能化为城市治理带来效率提升，提高居民生活服务的便利性。

在实践中，应注意信息分类和隐私保护。智慧城市建设中大数据的收集和整合，处理突发公共事件需要实时披露及共享信息，存在信息不安全及个人隐私泄露的风险。一方面，要进一步提高信息存储、传输及分类管理能力，明确隐私信息制度及信息泄露惩罚措施；另一方面，进一步提升大数据信息收集整合流程规范性，确保信息发布过程中信息主体权益不受侵犯，切实加强对居民信息隐私的保护力度。

第二十章　生态环境视角下的治理策略

"保护生态环境就是保护生产力，改善生态环境就是发展生产力"，城乡发展必须注重人与自然的和谐共生。本章落笔于生态环境视角下乡村振兴与新型城镇化战略耦合及协同发展的治理策略（见图20-1），主要从生态文明建设引领、生态经济效益转化、优化生态投入产出、调整能源消费结构、环境规制工具应用等五个方面阐述说明。通过对生态治理的典型案例以及前文研究的总结，提出协同多元主体、创建生态制度等建议，旨在助力中国城乡发展，为乡村振兴与新型城镇化提供新的政策思路和实践参考。

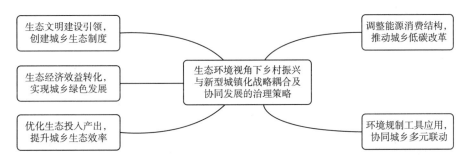

图20-1　生态环境视角下乡村振兴与新型城镇化战略耦合及协同发展的治理策略

第一节　生态文明建设引领，创建城乡生态制度

"两山论"是我国生态文明建设的核心理念，科学指出了生态文明与人类文明之间的辩证关系，深刻揭示两者命运与共、兴衰相依的规律。坚持人与自然和谐共生是推进生态文明建设的固有之义，也是中华民族可持续发展的千年大计。人与自然是休戚相关、不可分割的共同体。生态文明建设已经成为引领国家发展的重要方向。乡村振兴与新型城镇化作为我国两大重要战略的施行离不开生态文明建设引领。推动乡村振兴与新型城镇化需要以生态文明建设为引领实现生态宜居与绿色城镇化的战略耦合与协同发展。生态文明建设引领，需要进一步优化和完善生态治理体系，平衡生态治理措施，促进生态文明制度建设和治理能力建设同步发展（见图20-2）。

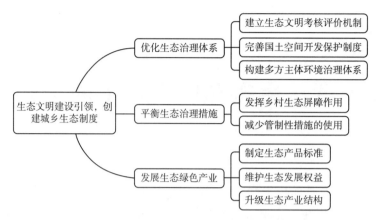

图 20 - 2　生态文明建设引领的生态治理策略

现阶段我国城乡生态发展的协调势头良好，空间格局呈现"东高西低"的分布特征，绿色城镇化与乡村生态宜居的发展差距分布主要以乡村先行为主。生态宜居是乡村振兴的内在要求，绿色城镇化是城镇化高质量发展内涵中的重要一环，它对农村产业发展和基础设施建设的质量提出了明确要求。广大农村地区为我国的城市生态宜居提供着绿色空间与生态支撑，而绿色城镇化为乡村生态宜居提供生态保障。生态文明视角下绿色城镇化道路，是一条旨在实现生态美丽、生产发达、生活美好的生态城镇化道路。绿色城镇化的发展观与乡村振兴"生态宜居"的理念相契合，为乡村生态宜居提供保障，有助于实现乡村可持续发展。乡村生态宜居与绿色城镇化互相成就，高标准的绿色城镇化进程可以为乡村创造良好的自然环境，改善人工环境，基本公共服务的均等化在两者的相互促进下得到进一步实现；生态意识的提高，形成人与自然共生的绿色理念，秉持节约资源、保护环境并行的生态可持续发展原则，升级产业结构、转变消费方式，实现城乡生态统筹发展。

一、优化生态治理体系

推进生态文明建设的重要基础之一是强化和完善生态治理体系，其对于建设生态文明的落地实施具有推动作用。第一，建立生态文明评价考核机制。科学、合理的生态文明评价考核机制的建立，可以对当地的生态建设情况进行客观评价，及时发现和解决问题，促进各地积极推进生态文明建设。同时，生态文明考核评价机制也可以激励各级政府和社会各界加强对生态文明建设的重视，提高生态文明建设的效率和质量。通过考核评价，实现督促各级政府和企事业单位落实生态文明建设的要求。第二，完善国土空间开发保护制度。国土空间开发保护制度的建立健全可以实现完善国土空间布局、促进国土空间合理利用和保护生态环境等。制定科学合理的国土空间规划和土地利用规划，来明确国土空间的开发和保护方向，确定土地的用途和利用方式，保障土地的合理开发和利用，优化国土空间布局，提高国土空间利用效率。布局高效的交通规划，加强交通的建设和管理，提高交通运输能力，保障国土空间的顺畅流通。落实生态环境保护政策，保护原始生态环境并修复破坏的生态环境，坚持国土空间的可持续发展战略，保障我国的发展和人民的福祉。第三，构建多方主体环境治理体系。构建多方主体环境治理体系需要政府和社会各界形成合力。政府可以制定相关政策法规和规范，在政府网站、新闻媒体等上面公开环境信息，鼓励企业、社会组织和公众积极参与环境治理，确保环境治理体系的正常运转。政府居中协调不同主体之间的环境治理工作，确保环境治理体系的高效运行。通过国际合作、增加技术交流、环保教育、环保科研为企业培养环保人才，提高环保专业人才的数量和质量，为多方主体环境治理体系提供有力支持。倡导居民绿色消费，减少资源浪费和环境污染，提高环保意识，为环境治理作出贡献。加强对环境违法行为的监管和打击力度，号召社会公众参与监督，提高环境治理效果，推动环境治理工作的顺利开展。

二、平衡生态治理措施

进一步优化和平衡生态治理措施，提高其现代化水平，塑造现代市场和生态治理理念，凸显生态文明建设的治理价值。第一，发挥乡村生态屏障作用。乡村振兴为新型城镇化环境改善提供生态屏障，新型城镇化是以人为核心的城镇化，是绿色高效的城镇化，一改传统城镇化片面注重发展速度对生态环境造成严重的负面影响的状况。实现乡村振兴必然会以"绿水青山就是金山银山"的理念为指导，对生产、生活、生态环境进行修复和完善，以达到"生态宜居"的预期目标。实施乡村振兴战略过程中开展农村人居环境整治、探索乡村绿色发展模式，发扬生态禀赋，进而将生态优势变为经济优势，为新型城镇化的发展提供绿色的农业产品和优质的生态资源空间。现阶段中国农村居民储蓄存款的增长速度明显高于城市居民储蓄存款的增长速度，利用好这一资本红利，继续夯实居民的收入水平，在市场经济条件下进一步盘活资本要素，在一定程度上乡村储蓄资金的支持为城市开展环境综合整治提供了重要的物质支撑。乡村振兴在为新型城镇化提供生态屏障的同时也在不断权衡自身发展状况，竞合中形成城乡生态环境共同体。第二，减少管制性措施的使用。生态治理措施的优化和平衡能够提高生态文明建设的效率和质量，促进生态文明建设的可持续发展。在推进生态文明建设的过程中，强制性措施的使用占比应该逐步降低，而现代市场和治理理念的意识应该逐步增加。现代市场和治理理念能够帮助实现资源的最优配置和生态效益的最大化，促进生态文明建设的可持续发展。在推进生态文明建设的过程中，应该努力优化和平衡生态治理措施，提高治理措施现代化水平，逐步降低强制性命令的使用占比，采用包含现代市场和治理理念的措施，如生态补偿、环境税、环境交易、生态绩效评价、生态意识觉醒等，以充分发挥治理模式在中国生态文明建设中的积极作用。与此同时，开展环境保护宣传，提高居民对环境保护的认识和了解，加强环保教育，培养居民环保意识，倡导绿色生活方式和环保理念的普及。

三、发展生态绿色产业

生态文明建设是新时代乡村振兴的重要引领方向，不仅能够有效破解农业和农村发展不协调、不平衡、不可持续的困局，还能够最大限度地合理利用资源、优化生态环境，带来巨大的经济效益、社会效益、生态效益，从根本上改变农业和农村发展滞后的面貌。将乡村振兴与生态文明相结合，发展生态产业，实现经济、社会、生态三者效益同步增长，是实现乡村全面振兴的有效途径。第一，制定生态产品标准。为了实现这一目标，需要完善生态产品认证，制定农产品生产标准，建立农产品监测体系，推动农产品产业链流程规范化、区域生态化、生产专业化、管理企业化、服务社会化、经营规模化。建立从原材料到消费者，一二三产业融合发展的现代产业体系，促进农业现代化和农村产业多元化发展。第二，维护生态发展权益。在生态文明制度方面，要注重生态权利、经济权利和政治权利的维护，乡村生态文明法治建设的强化，可以切实保障农民合法权益，推动乡村生态文明的建设和健康发展。而在乡村生态文明落地方面，落实农业生态的支持保护举措，促进农业技术创新及农业生产效率提升。同时推动农村产业升级和转型，加强农产品质量管理，提高农产品附加值和市场竞争力，实现农业增效和农民增收。第三，升级生态产业结构。适当调整产业结构，促进产业转型升级，降低对资源和能源的依赖性与高耗性，建设生产发达、生活美好、生态美丽的宜居空间，实现城镇化可持续发展。开展乡村生态旅游和文化创意产业，推动乡村产业的转型升级和创新发展，促进农民就业和创收。加强对城镇人口、资源、环境的综合协调管理，发展低碳经济、循环经济和生态农业等。走绿色城镇化道路，以生态经济为基础，生态产业为支撑，注重环境的资源承载极限和生态环境保护，积极推进城乡的产业结构转型升级，实现可持续发展，实现乡村振兴与新型城镇化的美好愿景。

第二节　生态经济效益转化，实现城乡绿色发展

生态经济是一种经济类型，要求在生产力高度发展的基础上，实现生态与经济的协调发展。生态经济为缓和当前国内经济发展中生态与经济日益尖锐的矛盾，科学处理人与自然的关系，高质量、协调地发展经济，指引了正确的前进方向，从而保持人与自然的和谐统一，这既能够保持生态系统的运行顺畅，又能够取得最大可能的经济效益。生

态经济效益是由生态效益和经济效益有机结合形成的复合效益。在生态经济运行中采取各种措施，利用生态系统发展经济，利用经济反哺生态，在产生一定经济效益的同时，生态效益也会因此产生。生态效益和经济效益是不可割裂的整体，两者相互依存、相互促进，共同构成了复合效益的生态经济实质。生态文明视域下的乡村振兴与新型城镇化应同时重视取得生态效益和经济效益两种效益，实现局部利益和全局利益、眼前利益和长远利益的有机结合与统一，促成生态文明和经济发展的有机结合，推动两大战略的耦合协调与协同发展。

实现生态经济效益的转化需要实现生态产业融合，走绿色发展之路（见图 20 – 3）。现代农业与传统农业的不同之处就在于以可持续发展为重要目标，以高效、循环再利用资源为核心，以"减量化、再利用和资源化"为原则，将农业发展与生态绿化相结合，拓展农业绿色资源、农村生态宜居功能，培育生态农业、观光农业等农业新业态，实现农业生产、生态和生息多重目标的统一。而发展第三产业能够促进两大战略的耦合协调与协同发展，减少对自然资源的依赖，降低资源的消耗，从而减轻环境压力，如以生态旅游业采用环保技术和管理手段，减少对环境的污染和破坏，促进生态环境的保护，从而实现经济的可持续发展。浙江安吉县的城乡互惠发展模式树立了一个良好的典范：以生态立县，立足于农村地区特色，利用生态优势推动三产融合，同时注重政府的适度引导，吸引城市更多的资本、人才、资源等要素投入到农村地区的建设中来。

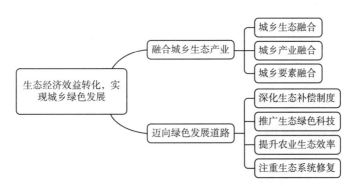

图 20 – 3　生态经济效益转化的生态治理策略

一、融合城乡生态产业

生态产业的融合既是城乡在生态功能分工上各取所长，也是发挥生态优势，推动城乡三产融合，更是要素在城乡间的合理调度，既有利于弥合城乡差距，也有利于国民经济和社会的发展。第一，城乡生态融合。生态融合，是将城市和乡村地区的生态资源、生态环境和社会经济资源进行整合，以实现城乡共同发展、生态环境改善和社会经济效益提升。城乡生态融合主要体现在城乡生态功能分工协作，开放生态资源共享，农村地区主要为城市提供生态产品供给，发挥生态宜居功能以吸引城市居民换个环境缓解压力。在城乡融合过程中，通过促进城乡文化交流了解，发掘城市和乡村地区文化间的多样性和互补性，促进文化融合和互相了解，增强城乡之间的联系和互动，从而凝聚生态环境保护意识，拉动环境保护事业的发展。第二，城乡产业融合。发挥地方生态优势，形成特色生态产业链。依托当地资源禀赋，"生态＋农产品"不仅立足本地特色农产品，还可以发展以农产品加工业为主的第二产业和以农业服务业为龙头的第三产业，促进乡村三产融合，统筹城乡协调发展。以现代农业为基础，联动发展农产品加工业，丰富生态衍生品种，建立农民长效增收机制。"生态＋旅游"下的休闲农业和乡村生态旅游，丰富了乡村产业内涵，拓展了农村服务业的发展渠道，走出了一条美丽乡村建设与新型城镇化相互促进、共同建设的生态经济协调发展之路。生态旅游业的发展又可以带动周边农业基地和加工产业的建设，促进相关农副产品的销售，实现"生态＋农业"规模和效益的倍增。"生态＋大数据"则可以开启生态文明的数字化之路，提升和带动生态文明的建设和管理效率。第三，城乡要素融合。城乡生态产业的融合离不开城乡要素的统筹协调。实现生态经济效益的转化，一方面，需要金融机构为农业规模化生产提供小额贷款和低息贷款，为农业现代化推进以及农村居民就地创业活动提供更多的资金支持，以解决农业、农村资金短缺的问题。另一方面，政府部门应向农民提供创业激励、创业培训、创业指导、政策咨询、普惠金融等一站式服务，吸引人才返乡实现农民就地创业、以创业吸纳就业，结合本地区的资源禀赋、政策背景、市场环境等外部因素，可以为农业增产、农民增收、农村更高质量发展创造优良的条件，更好地实施乡村振兴与新型城镇化两大战略，更好地实现向生态经济的转变，实现农村一二三产业融合，将产业生态化与现代文明等高度融合。

二、迈向绿色发展道路

绿色发展，走人与自然和谐共生之路。绿色发展是当前生态文明建设的重要内容之一，其主要目标是实现经济发展与生态环境的良性循环，保障经济社会可持续发展。第一，深化生态补偿制度。在生产和生活中，人类消耗和占用的人力、物力对生态系统的平衡造成了某种影响，这种生态效益又会反馈给人的生产和生活环境。对自然资源进行有偿使用和管理，通过收取水资源费、矿产资源补偿费、土地资源费等来提高资源利用效率，减少浪费和污染，同时保护自然资源，防止被盗采盗挖等现象的发生。利用生态罚款、生态补偿基金、生态赔偿鼓励人们积极参与生态环境保护，减少破坏和污染，同时也可以弥补生态环境损失和修复的成本。第二，推广生态绿色科技。在新能源快速发展的今天，城市成为绿色能源项目建设及绿色能源产品的主要使用场景，但在广阔的农村地区绿色技术的普及任重而道远。发展绿色生态科技，发掘利用广大农村地区拥有的太阳能、生物质能、小水电、地热及风能等可再生清洁能源，有助于缓解中国在人均资源相对短缺的同时改善能源利用效率。通过提高资源利用效率、降低能源损耗和减少有毒有害污染物排放等途径，改善农村生态系统的质量、养护自然资源，同时也可以提高农村居民的民生福祉。第三，区域协调发展，提升农业生态效率。因地制宜，东部地区应继续发挥人才优势和区位优势，发挥人力资本对农业生态效率的正向效应；中部地区应合理优化农作物种植结构，发挥粮食作物种植结构对农业生态效率的正效应；西部地区应加大非粮种植面积和政府财政支农的力度，重视自然环境因素对农业受灾率的影响；东北地区应该继续发挥东北老工业基地优势提升农业机械化程度，发挥好农业机械化对农业生态效率提升的影响机制。第四，注重生态系统修复。生态保护红线、自然保护地、重点生态功能区等也是重点领域。这些区域是生态系统的核心部分，是维护生态平衡和保护生态系统的重点。同样，需要推进山水林田湖草沙整合保护修复，并保护本地的生物多样性，防范外来物种入侵对当地生态环境的破坏。

第三节　优化生态投入产出，提升城乡生态效率

以往的经济发展战略注重纸面经济数据的增长，对与经济活动紧密相关的（自然）资源、生态环境并未加以考虑，其投入与产出仅考虑了经济活动纯经济性的一面，而没有计入由于经济活动所造成的资源、环境损耗以及由此而引发的资源浪费、环境破坏等经济活动社会性的一面。新时代的乡村振兴和新型城镇化应当统筹对生态投入产出，弥合生态平衡与经济发展间的分歧，以生态文明理念实现绿色可持续发展。城乡经济发展亟待优化生态投入产出，改进投入产出体系，提升城乡生态效率，以实现多元化、生态化发展。

我国环境规制效率、城市生态效率、农业生态效率均有增长趋势，长期存在空间分布不均衡特性，区域发展差异性明显，面临环境治理乏力、土地利用率低下、农村老龄化空心化等挑战。在生态投入产出效率与城乡关系上，黄河流域的生态效率与新型城镇化存在双向作用关系，新型城镇化能够促进当地生态效率的提高，但对邻近地区生态效率呈现负效应，且生态效率限制了人口城镇化的增长却推动了城镇产业转型；农村人口老龄化对农业生态效率存在着显著的以农村劳动力转移为门槛变量的非线性门槛效应。优化生态投入产出需要对生态投入体系加以改革，推出以提升城市、乡村生态效率为目标的举措。本节具体研究思路如图20-4所示。

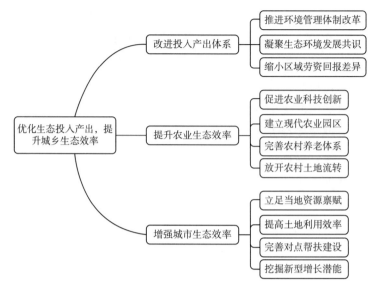

图 20 - 4　优化生态投入产出的生态治理策略

一、改进投入产出体系

我国环境规制效率自西向东梯度上升，各区域效率值稳中有进，但离散程度加大、极化迹象明显。全国中西部地区劳动要素产出弹性系数明显大于资本要素产出弹性系数，而东部地区则相反。第一，推进环境管理体制改革。一方面，以政府部门和非政府组织、企业和个人等多种主体参与环境管理，增加环保专项资金的有效投入，提高环境规制效率；另一方面，出台透明公开公正的环境保护法规，以规范个人、企业和政府部门的行为，明确环保部门的职责和权限，增强环保机构的独立性和权威性，保障环境保护工作的开展。各地区联合构建污染联动预警机制，并制定配套的措施。第二，凝聚生态环境发展共识。坚持"命运共同体"的原则制定差异性措施，多级联动，政府、企业和社会各方共同努力处理好人与自然间的关系，协调生态平衡和经济发展之间的关系，聚力构建"城镇生态化—生态城镇化"的空间协同机制。建立区域协同治理体系，发挥好辐射带动作用，严防污染转移。第三，缩小区域劳资回报差异。优化功能区位战略，实现资源及人口容量相适配。政府鼓励一部分人口流向中小城市，从而在合理的空间维度内实现生态效率提升。具体来讲，要积极高效地探索环境治理效率模式，同时加大对欠发达地区的援助；西部地区要抓住"一带一路"发展的契机，利用涓滴效应和学习效应实现区域内部环境质量的改善和生态投入产出的优化。第四，聚焦碳中和目标导向性，完善经济发展考核体系。一方面，从定量评价、环境优劣和满足人类社会需要程度来评价资源型城市转型发展水平，对矿产资源进行综合勘查和合理评价，严格落实资源分区管理制度，以集约型、高效率、环保型手段对矿产资源适度开发，形成典型的资源型城市转型创新集聚区；另一方面，进一步完善对资源型城市财政转移支付制度，加快解决资源型城市在经济产业、社会生活和生态环境转型方面存在的问题，推动经济产业转型升级、社会生活水平提升和生态环境明显改善，倡导形成低碳环保理念，实现环境治理向环境保护的思想转变，助推资源型城市低碳转型发展。

二、提升农业生态效率

改革开放以来，中国经济发展水平持续提升，农业经济也取得了巨大成就，根据国家统计局数据，2021 年我国农业总产值比上年增长 10.5%。以往粗放式的农业生产方式带来了一系列诸如土壤地力下降、农业面源污染、自然资源浪费与生态效率低下等问题。与此同时，农业高质量发展是实施供给侧结构性改革的重要举措，将资源环境约束纳入农业生产的范畴，适应了我国提升农业生态效率的迫切需要。此外，随着刘易斯拐点的出现，中国赖以发展的人口红利逐渐消失，单纯依靠增加劳动力和物质资源等传统生产要素投入的发展模式已难以持续。我国农村地区青年人口流失严重，劳动力出现巨大的年龄断层，这反映在农村人口老龄化对农业生态效率的抑制作用。乡村振兴旨在促进农村地区的经济发展和社会进步，而新型城镇化则强调城市和城乡地区的可持续发展与现代化。乡村振兴与新型城镇化战略耦合与协同发展是助推农业结构优化调整、巩固和提高农作物生产质量的重要抓手。第一，促进农业科技创新。在保障粮食安全的同时也要大力培育农作物新品种，通过研发新型农业生产技术加强对优渥种植地的有效使用。因地制宜地实施乡村基础产业振兴计划，不仅要巩固提高农业产出能力也要促进农业结构的优化调整。农业结构调整主要体现在对特色优质农产品产业提供技术上的支持、政策上的倾斜，推广农业科技成果创新，形成城市与乡村、工业与农业互助互促的发展态势来推动农业现代化进程。第二，建立现代农业园区。农业的生态化，不仅要形成农民增产增收的长效机制，也要保证农业长期高质量发展。现代农业园区将农产品的绿色生态与农业园休闲旅游的优势相结合，通过政府牵头、市场参与、农民主导，促进农业与二三产业联动发展，形成"三生"空间的"协同融合"。第三，完善农村养老体系。加大财政助农力度，提升资金使用效率。不断完善农村养老服务体系，切实提高农村老龄人口生活质量；发挥好政府的宏观调控作用，实现老有所养、老有所依的目标。第四，放开农村土地流转。积极引导老龄人口进行土地流转，把土地集中在更专业的职业农民手中，同时促进农地的规模化经营。有序推进农业耕地的退出和流转，加快农业现代化进程。

三、增强城市生态效率

中国城市生态效率差异明显，以黄河流域城市为例，城市生态效率存在显著的时间演变和空间分异。黄河流域城市生态效率存在等级化的差序分布演化格局，生态效率呈稳步上升态势；同时大多数城市生态效率均不同程度地往更高效率状态攀升，呈现东高西低、南高北低的空间分异格局，其内在驱动力是产业集聚、经济基础、产业结构和科技创新等因素。增强城市生态效率应当：第一，立足当地资源禀赋。资源禀赋是产业结构演进的原始动力，资源型城市不仅应注重生产性服务业和制造业的协调与集中发展，还应注重城市自然资源的相对优势，实现传统产业优化升级和发展新兴产业，利用自身优势资源创建生产性服务集群；同时非资源型城市应合理控制生产性服务业和制造业的集聚规模，避免出现"集聚不经济"，加快发展高技术、高附加值、高质量的生产服务业，促进生态效率提升。在制定城市发展策略时，必须充分考虑不同城市的特点和需求，以实现资源的最优配置和生态效率的最大化。就不同类型资源型城市而言，要考虑到资源禀赋异质性差异，提高成熟型和成长型城市的资源保障能力、合理开发能源资源，推进衰退型城市积极寻找替代产业，引导再生型城市有条件地发展创新产业；针对不同发展阶段的资源型城市，要进一步推动滞后区和起步区城市转型绩效，提升持续发展跨越区和先行区城市转型发展的碳减排效应，着力优化调整经济结构，推动产业转移和产业转型升级，有条件地发展高新技术产业，促进经济发展提质增效；针对不同地区资源型城市，东部地区城市要合理利用区位优势和知识创新发挥对中部和西部城市的带动辐射作用，西部城市要在国家政策倾斜力度上进一步发挥西部大开发、东北振兴等战略优势，而中部地区则要积极承接东部地区产业转移，实现中部崛起。第二，提高土地利用效率。以两大战略为契机，优化城市土地资源利用格局，创建绿色可持续发展新模式。受地理条件和土地资源禀赋等因素的限制，各城市应因地制宜地盘活现有土地存量，开发闲置低效土地，促进土地资源的集约高效利用。与此同时，深入践行"两山"生态文明理念，为市民提供一种物质生活富足、精神生活优质的生产生活环境，增强居民的福祉水平。第三，完善对点帮扶建设。发挥城市间的协同效应和辐射作用，建立起"对点帮扶"合作关系，通过学习典范、交流成果，实现城市间的优势互补；抓住"一带一路"建设机遇，优化经济结构及改善民生福祉。第四，挖掘新型增长潜能。各城市在优化产业结构、扩大对外开放的过程中，要依托科技创新手段挖掘自身特色寻找经济潜在增长点，推动城乡生态经济的高级跃迁。第五，建立健全低碳长效机制，坚持有序开发高效利用。一方面，资源型城市转型发展的碳减排效应主要来自经济产业转型、社会生活转型和生态环境转型，一是要实行结构调整策略，改造提升传统产业，促进产业转型升级，加快壮大新兴产业以降低对资源的依赖性；二是实行和谐城市策略，促进社会保障体系健全，更大力度地为民生提供保障，大力推进社会转型；三是实行绿色开发策略，加强生态重建和环境保护，建立城市绿色生态系统，大力推进生态转型。另一方面，实施城市空间有序开发，促进矿山、城市、区域融合发展，以新型城镇化建设为重点加快推进资源型城市转型进程，提升城市资源环境承载力，协调城市发展的经济效益和环境保护，全面推进城市经济产业、社会生活和生态环境综合转型。

第四节　调整能源消费结构，推动城乡低碳改革

在经济快速发展的时期，传统化石能源的过度消费导致二氧化碳等温室气体的排放，引起气候变化和环境污染，还会对生物多样性和生态系统造成破坏。调整能源消费结构是根本性解决这一问题的关键举措。能源结构与经济发展紧密相关，能源结构是否合理，决定着"经济列车"的动力是否强劲。能源消费结构既能反映出经济发展对特定能源消费是否具有路径依赖性，还体现着能源结构的合理性。研究发现，能源结构对中国城市化质量具有显著的双门槛效应，且能源结构主要通过禀赋效应与挤出效应对经济发展产生非线性影响，生态环境通过约束效应与创新补偿效应来促进经济发展。本节主要研究思路如图 20 – 5 所示。

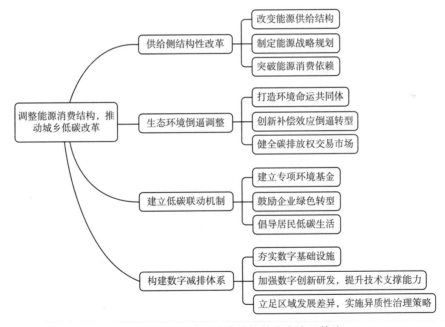

图 20 – 5　调整能源消费结构的生态治理策略

一、供给侧结构性改革

能源结构对经济发展产生的抑制性作用体现在禀赋效应与挤出效应。其中，禀赋效

应表现在清洁能源空间分布非均衡性与能源价格的差异上，挤出效应在于减少政府部门资源在其他投资消费等领域的有效支出。以天然气为例，中国主要天然气产区处于经济欠发达水平，因此应该制定针对性的措施，具体来讲对于经济实力雄厚但能源贫乏的地区，在运行前期需对其提供资金政策扶持；而经济发展相对落后但资源优势突出的地区存在着开采的低成本和使用的低效率问题，因此需要强行提高天然气消费比重。第一，改变能源供给结构。在不限制经济发展的情况下，加大绿色能源的开采，大力调整能源结构，提高清洁能源利用效率，促进能源消费结构的转型升级。尽管短期内煤炭、石油和其他化石能源仍然是最重要的能源供应源，但还需大幅提高非化石能源在一次能源消费中的份额，如积极使用水电、风能，高效发展核能，稳定发展太阳能，开发利用生物质和地热能等。第二，制定能源战略规划。政府应科学制定能源战略规划，适时调整能源发展方向，以鼓励企业增加可再生能源的投资和开发，并提高可再生能源在能源消费中的比重。未来能源结构将逐渐向新时代绿色发展转变，传统的能源结构将向以可再生能源为主的方向改革。这意味着，未来将会有更多的可再生能源被用于能源生产和消费。政府应当加强能源生产和消费的监管，确保能源生产和消费的可持续发展，鼓励能源消费者和生产者之间的合作，推动能源的高效利用和清洁利用。第三，突破能源消费依赖。为了突破煤炭、石油等化石燃料的瓶颈，企业可通过采用节能技术提高单位能源产出，随着可再生能源和清洁能源技术的发展，通过引进清洁可再生能源技术，减少对化石能源的需求，提高能源的可持续性，推动能源结构转型。政府制定鼓励节能、鼓励能源替代、推动能源转型等政策，来促进能源消费的转型，突破能源消费路径依赖。

二、生态环境倒逼调整

生态环境通过空间溢出效应和创新补偿理论刺激经济发展。相关研究发现，在资源能耗趋紧、生态环境问题日益突出的现实背景下，环境规制的约束可以促进当地经济水平的提高，对于促进中国经济高质量发展，提升人民幸福感具有重要的现实意义。第一，打造环境命运共同体。生态环境具有空间溢出效应，在"自然界的命运和人类息息相关"的生态文明发展理念引领下，我国各地区基于资源及发展基础打造"区域环境命运共同体"，充分发挥中心城市、代表城市关于资源环境承载力的示范与扩散效应，提升周围边缘城市资源环境承载潜力，推动资源要素的空间适配性，提高区域间的空间关联性，统筹发展生态文明建设先行示范区，通过"以点带面、以面连片"的方式发挥环境治理规模效应，实现地方经济绿色可持续发展。第二，创新补偿效应倒逼转型。"创新补偿理论"的内涵是利用技术创新杠杆，在既定环境规制目标的约束下倒逼企业进行创新活动、绿色生产，进而提高企业的生产效率，促进企业间优势互补与资源整合。技术进步可显著促进能源利用效率提升，催生更多绿色产出。第三，健全碳排放权交易市场。通过市场化机制，将碳排放权作为一种商品进行交易，通过市场行为促使节能减排、控制碳排放。通过补贴、税收优惠等方式鼓励企业等市场主体参与碳交易，降低碳排放。政府可以制定碳排放控制政策，例如制定碳排放配额或者碳税等政策，并规范碳交易市场行为，以鼓励企业降低碳排放。

三、建立低碳联动机制

在城镇化进程中，由于人口增长和经济发展，能源消耗不断增加，这对环境和社会造成了很大的压力，建立政府、企业、居民多主体联动发力，倡导低碳治理、低碳生产、低碳生活等。第一，建立专项环境基金。由政府部门、企业和金融机构共同出资建立专门用于低碳治理的基金，用于资助环保低碳项目、污染治理和生态保护等，以促进环境保护和实现可持续发展。治理基金可以用于资助各种类型的低碳活动，如企业绿色技术研发、清洁设备的投入等。通过资助这些项目，可以加快碳中和进程，提高环境品质，促进可持续发展，实现生态保护和经济发展之间的平衡和双赢。第二，鼓励企业绿色转型。在城乡复合系统中，能源消费结构的调整可以减缓企业对生态环境产生的压力，优化城乡及其周边的自然和生态环境。应该培育具有绿色低碳发展能力的产业和企业，鼓励生产改进、技术创新、引入先进工艺，强化其节约资源、降低能耗和碳排放的能力。政府可以通过政策激励和资金扶持的方式，鼓励这些企业发展和壮大，推动绿色低碳产业发展。第三，倡导居民低碳生活。积极倡导低碳生活方式，鼓励居民使用低碳产品，培养低碳消费观念。从长期来看，生态文明要求生产方式和消费模式绿色低碳，加大宣传力度、创新宣传方式，让社会公众能自觉践行节能减排的生产和生活方式，促进绿色城镇化高质量发展。

四、构建数字减排体系

数字经济基于网络效应增加有效供需信息，完善价格机制，实现了供需双方的匹配，改变交易以及流通活动，提升了资源配置效率。一方面，企业生产者可以基于数字技术优化生产流程，优化资源配置及能源使用结构，也能够借助云计算技术及数据挖掘等数字技术对市场需求量、消费者需求偏好进行挖掘，制定生产计划，不断提升资源利用效率，从而减少碳排放；另一方面，数字技术产生的替代效应对于减少碳排放也有重要作用，如无纸化办公减少木材消耗、远程会议减少交通运输产生的碳排放。此外，随着产业结构的改善，生产要素逐渐从边际效益低的部门向边际效益高的部门流动，产业结构向绿色环保方向发展。互联网作为市场经济资源配置的新兴工具，可以重新配置劳动力、资本等资源要素，促进产业结构向产业链高端发展，有利于提高能源效率及资源配置效率，减少碳排放。第一，夯实数字基础设施。推进新一代信息基础设施建设，加快实现更高质量的互联互通，为数字经济发展提供坚实的信息基础设施支撑，从而在更广泛的区域扩充数字经济惠及范围，探索大众参与的环境规制模式，扩大数字经济对碳排放的促减作用。推动智慧城市治理转型，加快智慧传感器、智慧设备、通信平台的覆盖渗透及互联互通，实现先进感知与高精度智能控制，推动效率变革，降低制造资源消耗，以此提升技术赋能产生的减排效应。第二，加强数字创新研发，提升技术支撑能力。一方面，加大创新研发投入强度，推动云计算、工业互联网以及大数据等技术研发，提高基础性与公共适用性技术的应用及转化，提高生产效率；另一方面，聚焦研发低碳能源以及碳捕捉技术，催化技术创新减排效应，提升技术支撑能力。第三，立足区域发展差异，实施异质性治理策略。基于不同区域的禀赋差异以及数字经济对碳排放的影响差异，调整各地区数字经济发展步伐，破除新模式、新业态的行业壁垒和地域限制，提升各区域数字经济治理的差异性及协同性。

第五节　环境规制工具应用，协同城乡多元联动

伴随着中国特色社会主义进入新时代，广大人民对生态环境、生活福祉等美好生活的需要日益增长，而地区环境规制的不均衡性已逐步成为影响国民整体幸福感、获得感与安全感的制约因素。对此，国家层面也给予了高度重视，始终强调要树立"绿水青山就是金山银山"的理念，把解决突出生态环境问题作为民生优先领域。基于该背景，认知环境规制效率现状及其驱动机制，探讨地域内部分异特征与收敛性规律，既是打赢"蓝天保卫战"的现实需要，也是科学实施区域协调发展战略、助推经济绿色高质量增长的内在要求。环境规制效率衡量的是政府部门实施环境保护政策所获得的收益与投入的规制成本之间的比例关系，最优状态即为最小的成本投入实现最大的绿色获益。政府的主要环境规制工具有行政法规、经济工具和市场机制，通过实施控制和管理环境污染与资源消耗的政策工具，以环境保护和资源节约为目的，促进可持续发展。此外，随着生态标签和环境认证系统的出现和兴起，企业自愿性的商业监管已成为环境规制的一种类型。积极制定和实施环境规制，有助于企业的绿色发展，提高其研究和应用绿色技术的效率，从而实现环保与经济发展双赢；同时促进培养个人的绿色生活风尚，推动绿色低碳发展。命令型、激励型等多种环境规制工具的综合应用，减少了生物多样性的丧失，控制了大气污染、水污染、土壤污染，促进资源的有效利用和绿色开发，推动污染治理技术和环境友好技术的研发和应用，保障公众的生态权益。本节主要研究思路如图 20 - 6 所示。

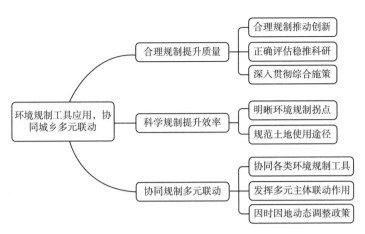

图 20 - 6　环境规制工具应用的生态治理策略

一、合理规制提升质量

环境规制与城镇化效率之间存在显著的双门槛效应，政府须通过制定适合强度的环境规制实现城镇化效率的提升，而且绿色技术创新和环境规制相互影响，环境规制强度的增大会促使相关部门和企业对绿色技术创新进行研发投入，只有实现最佳配比，才能为城镇化注入强劲动力。第一，合理规制推动创新。应充分发挥环境规制和绿色技术创新对提升城镇化效率的涓滴效应和协同效应。实施适合强度的环境规制，鼓励引导企业积极主动提高研发活动经费、提高绿色技术创新水平，进而推进城镇化可持续发展。具体来讲，可通过减税补贴等方式鼓励企业进行技术创新，促进生产方式革新。第二，正确评估稳推科研。发展要因地制宜，根据其现阶段环境规制、绿色技术创新强度制定发展策略。对绿色技术创新水平较高的东部沿海地区来讲，要继续加大研发投入力度，依托高强度研发和高素质人才持续推动技术创新；而对经济发展相对落后的中西部地区而言，一方面要通过优惠政策吸引和留住人才，另一方面要充分利用政策倾斜优势，提高对绿色生产技术的吸收能力，发挥区域学习效应，通过"干中学"提高城镇化效率。第三，深入贯彻综合施策。现阶段政府要调整财政支出结构，发挥其引领作用；持续性推动产业结构合理化和高级化，促进资源配置效率提升；发挥政府政策对市场的调节补充作用，遵循市场经济的基础性作用，持续优化营商环境；但在减少对市场干预的同时也应做好高污染、低效率产业转移和投资项目把关工作；鼓励环保型外资企业，引进先进环保技术，引导外商投资向高新技术产业流动。

二、科学规制提升效率

环境规制与土地绿色利用效率存在线性与非线性关系，在多维效应约束下环境规制的门槛特征差异性明显。命令控制型、市场激励型以及公众参与型环境规制与土地绿色利用效率之间均存在显著的"U"形关系，但其传导路径存在差异性。第一，明晰环境规制拐点。应当明晰环境规制影响土地利用效率的拐点，科学设计合理环境规制强度区间。各类环境规制强度具有明显的区域异质性，规制水平较低的省份可以通过健全环保法律法规、优化补偿激励机制、拓宽民意反馈渠道促使其越过拐点；规制水平较高的省份需积极探索政府、市场、公众共同参与的环境治理体系，合理权衡三者的权重，为土地绿色发展提供有力保障。第二，规范土地使用途径。环境规制可以促进土地利用质量的提高，使土地利用更加科学、更加绿色、更加可持续。城市规划中，通过规定城市绿地率、人均公共绿地面积等指标，促进城市规划的科学性，提高城市土地利用效率。在房地产行业中，可以规定建筑物的节能标准、绿色建筑比例等指标，促进土地节约利用和可持续发展。

三、协同规制多元联动

社会主义市场经济的"两只手"下命令控制型与市场激励型的交互协同作用表现最为突出，环境规制能够倒逼产业结构调整与技术创新，减少雾霾污染与碳排放。而从效应影响的角度，在结构效应、创新效应的约束下，市场激励型环境规制影响效果更为明显，引入溢出效应后，命令控制型环境规制的作用逐步凸显，在三类效应约束下三种类型的环境规制作用均呈现梯度式递增的特征。第一，协同各类环境规制工具。由于信息不对称，命令控制型环境规制无法准确获知企业排放的边际成本和边际效益，政府也要承担高昂的管理成本。在市场激励型环境规制作用日渐凸显，命令控制型环境规制作为必要保障，公众参与型环境规制潜能有待进一步释放的良性互动发展格局下，应充分发挥前两者的交互协同作用，逐步推动公众参与型环境规制与其他类型间的交互，以实现功能的互补多维的联动。基于市场激励型的环境规制在一定程度上弥补了这一缺陷，通过环境税收和交易许可证制度，市场信号能够引导企业作出自主决策，从而实现相对较低的成本和更高的监管效率。政府须协同使用各种环境规制工具，应充分发挥市场激励型环境规制与命令控制型环境规制的交互协同作用。第二，发挥多元主体联动作用。在多主体实施环境规制中，政府通常是主要的组织者和推动者，通过制定法规和政策、提供资金支持、引导企业和公众参与等方式，推动环境规制的实施。公众则可以通过响应环保倡议，促进环境规制的实施和执行。多元主体共同合作，优势互补，可以促进政策的制定和执行，提高政策的有效性和执行力，实现环境保护和可持续发展的最大化。多元主体的参与可以促进社会参与和民主治理，提高治理政策的透明度和公众参与度。多元主体实施环境规制可以塑造企业的环境责任和可持续发展意识，提高企业的社会责任感和竞争力。第三，因时因地动态调整政策。在产业结构、技术创新以及对外开放的不同阶段，占主导地位的环境规制工具有所差异，因此，各地区应立足于自身产业结构及技术创新现状，进一步推动产业、技术、开放更高层次地发展。在制定基于激励的环境法规时，有必要考虑企业研发绿色技术和将其成果化的效率，合理安排环境规制水平，以实现环保与经济发展双赢。发扬激励型环境规制的创新补偿效应与结构效应，促使公司能够增加创新投资，积极开展绿色创新，从而促进绿色发明专利等技术产出的不断涌现。第四，构建环境规制命运共同体。增加环保专项资金的有效投入，合理配置环境从业人员的数量与结构，以此助推生态文明建设和环境管理体制改革。此外，可以通过打造区域生态环境发展圈，构建环境规制命运共同体的方式来缓解区域发展异质性问题，条件优越的中东部地区在积极探索环境治理效率模式的同时加强对发展相对欠缺的省份在产业、技术、教育、设施等层面的援助，以形成推广效应与互补格局；而西部地区以"一带一路"发展为契机，主动接受周边区域的外溢辐射，利用空间溢出和学习效应实现区域内部环境质量的改善与环境规制效率的提升。

第二十一章　社会保障视角下的治理策略

社会保障为城乡居民的生产生活提供了必要的支持，为城乡社会文化的重塑提供了有效的支撑。本章将重点探讨社会保障视角下乡村振兴与新型城镇化战略耦合及协同发展的治理策略，并主要从基础设施辐射农村、教育资源均衡发展、社会保障注重公平、城乡社会文化重塑四个方面展开讨论（见图21-1）。在对前文研究结论进行总结的基础上，结合城乡社会保障案例提出在社会保障视角下的治理策略与政策建议，以期为乡村振兴与新型城镇化耦合及协同发展提供理论支撑与决策参考。

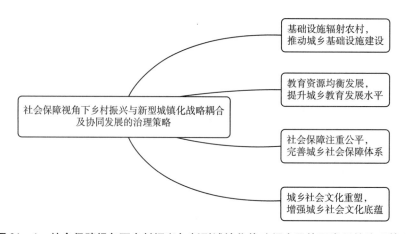

图 21-1　社会保障视角下乡村振兴与新型城镇化战略耦合及协同发展的治理策略

第一节　基础设施辐射农村，推动城乡基础设施建设

在城镇化进程中建成区扩张的同时，可以通过城市功能延伸，将城市完善的基础设施建设等优质资源延伸到乡村地区，形成合理的布局。在区域经济一体化建设背景下，立足于空间连续性视角，突破静态、孤立的城市概念，打破地区行政壁垒，模糊城市的行政边界，消除制度性障碍。将视野拓展至更广泛的空间范畴，加强区域间交流与合作，深化产业联系，构建城镇发展的空间协同机制，实现地区间的良性互动。促进资源和要素顺畅自由流动，避免城市间恶性竞争，发挥核心城市对周边地区的辐射和带动作

用，实现城镇化的协同效应。就基础设施而言，推动城市基础设施向农村延伸，助力城乡互联互通，是乡村振兴与新型城镇化协同发展的必然要求。中国各地区新基建发展差异较大，东部地区发展已较为成熟，而中部、西部地区发展较为滞后。东部、中部、西部地区发展新基建的规模和潜力存在显著差异，应走差异化发展道路。首先，增强市场调研，制定差异化的发展战略。其次，应紧扣国家战略，支持重点区域发展（兰虹等，2020）。例如京津冀地区、长三角地区、珠三角地区等人口密集的区域，应该重点提供资金与技术的支持。充分发挥空间溢出效应和协同带动作用，利用新能源汽车充电桩建设较好的地区带动落后地区的发展。对于新基建发展落后的地区，应大力发展经济建设，良好的经济基础将促进传统的公共基础设施建设，促进新旧基建的协调发展，有效补齐传统基础设施的"短板"，更好地发挥新基建的经济拉动效应（徐维祥等，2022），并且应重视地方政策推动，借鉴北京、深圳充电设施建设运营奖补相关政策，创新财政资金支持等方式，将政策落到实处（袁博，2017）。交通基础设施对经济增长具有正向促进作用，即合理的路网密度会加强地区之间的互联互通，进而带动经济增长，反之则会产生拥挤效应，降低运输效率，对经济增长产生阻碍作用。同时，交通基础设施的日臻完善，尤其是城乡封闭状态的打破，乡村可以积极接受来自城市的"涓滴效应"，增加城乡要素互动交流的机会，在路网密度提升的过程中产生的规模效应、沿线商业效应都将带动城市和乡村多方面的融合，这也为人力资本的双向流动提供了可能。两大战略协同发展体现为社会文明、生态友好，公共服务的均等化兼顾了城乡发展的"公平"，基础设施的延伸实现了城乡发展的"共享"，资源利用效率的提升体现了城乡发展的"永续"，这为经济增长发挥着重要的助推和保障作用。就信息化水平而言，互联网作为信息传递的媒介，它的快速普及能够促进城市数字化水平的提升，增加乡村农民的收入，"数字红利"可以实现城市和乡村人流、物流、信息流的融通，信息化水平作为两大战略协同发展的"软环境"和"助推剂"，对其驱动作用表现在"数字红利"和减贫效应两大层面，前者集中体现在互联网普及率的提升，减少了城乡信息不对称，增加了要素的互动交流，便捷了城乡社会的治理；后者改变了乡村传统的产销模式，催生了新的产业形态，丰富了居民的收入结构，从而助力乡村振兴与新型城镇化社会、治理、人口的协同联动。本节主要研究思路如图 21 - 2 所示。

一、制定合理的城乡发展政策

作为推动两大战略协同发展的主导者，地方政府在中央政府总体目标的引领下积极推动城乡发展政策的规划与制定。第一，制定合理的城乡协同发展规划。根据城乡发展实际，制定合理的乡村振兴与新型城镇化协同发展规划，通过开展阶段性的评价反馈，动态调整两者协同发展的中心任务。第二，完善城乡协同发展政策和标准。结合区域发

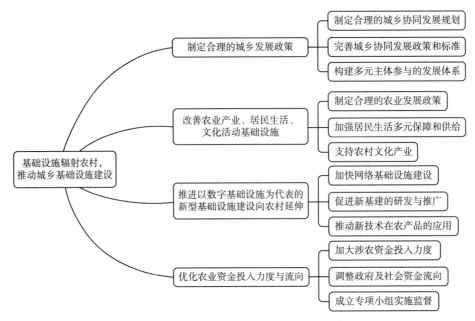

图 21 - 2　基础设施辐射农村，推动城乡基础设施建设

展现状，充分考虑企业和社会主体的利益要求，从微观层面完善城乡产业、生态、社会等协同发展的相关政策与地方标准，通过释放利好性政策的信号，推动城乡要素的双向流动，营造良好的社会经营环境，缓解乡村振兴与新型城镇化发展不平衡的问题。第三，构建多元主体参与的发展体系。通过简政放权提高企业机构、社会主体的参与度，完善利益交流、信息反馈、公开监督机制，释放各主体的活力。当前部分地区乡村的产业仍然以传统的种植业和养殖业为主，农业基础设施相对薄弱，农民对于土地的依赖程度较高，产业发展韧性不足。对此，应加大财政支农的力度，改善农业发展环境，并积极引导城市发挥对农村的辐射带动作用，通过就地城镇化发展模式推动产业在城乡间的合理布局，运用先进的科学技术、资金实力提高农村产业发展效率，进而形成农业生产绿色化、农业经营规模化的局面。针对农业市场发育程度低，产业链不完整等问题，应积极探索农业多功能利用模式，一方面，基于各区域的禀赋条件，政府应制定科学规划，引导人才、资本、技术的跨界配置发展特色经济并打造农业品牌标识，构建"一村一品""一乡一业"的产业发展体系。另一方面，依托"互联网＋"培育乡村旅游、农耕文化体验等服务业新业态；在此期间，鼓励社会、企业对农村的投资，优化电子商务政策，深化农产品的加工，以延长现有的产业链，带动农村三产融合，提高农村产业发展的经济效益。

二、改善农业生产、居民生活、文化活动基础设施

第一，制定合理的农业发展政策。增加财政的专项支出，推广高标准农田建设计

划，精准改善农业生产的水利设施、交通运输等基础设施、居民生活基础设施、文化活动硬件设施。近年来，中国政府不断加大对农业和农村基础设施建设的投资，推动城乡一体化水平提升。但由于资金短缺及缺乏扶持等原因，农村基础设施薄弱问题依然严峻，水电、道路等设施建设总体滞后，导致工业发展缓慢。因此，当前中国政府需要继续加大财政支持力度，推动公共服务向农村地区推广，补齐农村基础设施短板。同时要大力推动数字乡村建设，利用"数据"这一核心要素盘活农村经济。同时明确短期和长期目标，因地制宜地稳步推进，逐步完善政策工具及评估体系。近年来，中国政府不断加大对农业和农村基础设施建设的投资，先后推出"村村通"等配套措施，有效缓解了农村地区严重的基础设施短缺问题。第二，加强居民生活多元保障和供给。提高对农民健康状况和精神生活层面多元保障及社会公共服务的有效供给，以及农村居民生活质量，进而提升居民幸福感和获得感，鼓励将城市文化娱乐设施推广到农村地区，丰富农村居民的精神文化生活。第三，支持农村文化产业。充分利用农村文化资源管理特色，开展具有农村特色的文化活动，使群众文化参与的自发性和创造性与国家文化供应的领导力和融合力有机结合，提供更多精神文化产品，更好地丰富农民的精神文化生活，最终实现农村物质与精神生活的协调发展。鼓励将城市文化艺术娱乐设施推广到农村地区，丰富农村居民的精神文化生活。乡村振兴不仅包括农业生产方式的现代化，农村和农民思想文化的现代化转型也是其应有之义。农村地区长期以来以农耕生活方式而形成的特定风俗习惯根深蒂固，往往成为农村地区世代遵守的行为规范或固定的思维模式，在发展乡村文旅特色产业的过程中必须进行改革。与此同时，政府需要支持农民通过多种渠道自发组织乡村歌曲表演、农村春节晚会、广场舞、乡村运动会等文化体育活动，体现农耕农趣农味；加强农业文化遗产保护，促进非物质文化遗产和重要农业文化遗产的保护和利用。

三、推进以数字基础设施为代表的新型基础设施建设向农村延伸

数字农村建设作为数字中国建设的重要组成部分，是乡村振兴的战略方向，是农村产业发展的重要支撑，也是促进农业农村现代化的重要手段。以《数字乡村发展战略纲要》为指导，因地制宜地进行科学规划的同时还需具备长远的眼光，适当超前布局数字农村基础建设，把握未来的发展机遇。第一，加快网络基础设施建设。例如，提高光纤宽带网络的渗透度和接入能力，提高 5G 网络的覆盖率和服务质量；大力提倡各行各业开发网络平台，建立配套的数据收集平台，尽快实现社会网络平台与政府信息平台连接，同时各种平台、网站、软件和其他信息服务系统之间也要实现互联互通，使信息交互的效率最大化。同时，城镇成熟的"互联网＋"商业模式能够助力乡村产业的转型与升级，借助互联网直播带货延伸了农产品销售渠道，削减了交通运输成本，而基于自

身生态资源、红色旅游资源的禀赋条件，在 AR、VR 技术的加持下能够发展增强游客体验感的服务业，打破农村单一产业结构，促进三种产品的协同发展。积极推进数字农业基础设施的建设工程，尤其是农村地区和偏远地区，需要尽快提高宽带和移动互联网的覆盖率，统筹推进 5G 技术在农村地区和农业区的应用，在一些农村地区还可以尝试开设 5G 试点和创新应用试点，实现区域间信息的互联互通，避免由于数字经济高速发展而扩大城乡"数字鸿沟"的问题。第二，促进新基建的研发与推广。加快新型基础设施的研发、制造和普及，例如遥感卫星、北斗导航、物联网、大数据、农业机械信息等，更好地运用这些技术设备，为农业现代化发展提供技术支撑。建设数字化仓库，更好地收集和利用农业生产过程中产生的大数据，利用数字技术挖掘大数据的价值，让农产品的储存、加工、运输和分销安排更加合理化、智能化，大大提高农业生产效率，减少农产品由于信息不对称所造成的损耗，使得农业生产效率和收益最大化。第三，推动新技术在农产品中的应用。加大对储存、保存技术及仓库自动化分拣等技术的资金投入，不断提高农业冷链物流的基础设施能力。同时对农产品冷链数据平台、生产环节信息、温控跟踪和产品查询等各个环节进行集成整合，避免个体农户对农产品供需的错误研判，降低农户的生产风险。建立集合的数据平台，可以实现数据的组织和收集，最大化减少冗余的生产者和生产链环节，进一步压缩农业生产成本，更好地为农民提供信息服务，增加农民收入。进一步加快新型基础设施在乡村的应用，以浙江省为例，浙江通过乡村数字治理试验推动农村电子商务的高速发展，形成一批"淘宝村"和"淘宝镇"，数量位居全国首位。过往数据都显示浙江电商一直保持强劲的发展势头，电商规模常年排在全国前列。这方面的发展数据表明，浙江的电子商务已成为浙江践行"干在实处，走在前列"的标志性成果，是继民营经济和专业市场之后浙江的又一张金名片。

四、优化农业资金投入力度与流向

第一，加大涉农资金投入力度，促进新型和传统基础设施融合协调发展。"新型基础设施建设"与"数字中国"战略一脉相承，可以促进老旧产业升级换代，促进乡村振兴和新型城镇化及城乡一体化发展。新基建作为产业数字化和数字产业化的重要构成和战略支撑，它可为经济的绿色高质量发展提供高效的要素配置、产业聚合平台、技术知识溢出等动能。本质上是改变现有的生产方式和管理模式，提升企业的资源配置效率和决策效率。但地区发展是极不平衡的，农村新型和传统基础设施建设资金来源不足，有较大缺口，应鼓励个人、组织和政府多方共同参与，实现投资主体多元化，形成以政府为主导、社会主体为中坚、村集体为补充的多元化投资主体机制。一是在确保资金量的基础上构建专项考核机制，提升财政资金的利用效率。二是吸引鼓励社会资本投入，创新投融资模式。采取包括税收优惠、投融资优惠等一揽子政策，鼓励各市场主体广泛参与农村基础设施建设，政府则发挥补充和配合性作用，将"建易管难"的潜在风险降到最低。三是提升闲置荒废地利用效率，同时可丰富环保基础设施建设资金来源。比如可将具有抵押权的农村集体资产通过抵押盘活资金，作为村集体经营性收入用于基础设施建设及更新换代。第二，调整政府及社会资金流向，建设一个现代兼容的基础设施体系。在农村网络覆盖率不够的现实背景下，聚焦薄弱环节全面发力，优化基础设施布局，比如通过人工智能和大数据技术高效定制传统基础设施运行、维护与监管方案，处理好作为"数字化大脑"的新基建与作为"物理化载体平台"的传统基建的共生关系，实现三者之间相互促进，更好地发挥"新基建"为绿色经济高质量发展及乡村振兴的赋能效应。大力推进数字乡村建设，将数字技术应用于现代农业生产和生活中，提升农业生产效率和生活品质。同时始终贯彻"绿水青山就是金山银山"和"绿色低碳"理念，加大清洁能源的使用力度。第三，成立专项小组实施监督，监督新型和传统基础设施进程，提高资金使用效用和回报率。一是引导社会主体参与农村基础设施建设管理和维护，形成多元共建共护的格局。二是鉴于基础设施的规模性和跨地区特性，实施各地协调管理的网络化服务机制。利用数字技术和数字平台对各项基础设施进行网络化管理，及时发现问题并实时反馈，精准提升农村基础设施运行管护的可操控性。三是促进城乡基础设施均衡建设及公共服务均等化。先进地区发挥其辐射带动作用，促进周边基础设施建设及维护，促使城市公共基础设施管护资源流向农村，实现县乡市功能衔接互补的建管格局。

第二节　教育资源均衡发展，提升城乡教育发展水平

乡村教育落后问题由来已久。城市居民文教娱乐支出比重明显领先于农村居民，虽然两者间的差距整体上在缩小，但《中国人力资本报告2021》数据显示，2019年农村劳动力平均受教育年限为9.1年，低于城市的11.4年。教育资源的匮乏进一步恶化了农村的发展，以至于青年劳动力背井离乡，形成农村"空心化"的局面，农村现代化缺乏活力。为了改善乡村教育落后的局面，我国一直遵循弥补后天性制度落差的逻辑，提倡共建共享，推动城乡教育资源的公平化供给，有效地推动了乡村教育的发展（孙德超和李扬，2020）。作为经济增长重要的内生动力，人力资本既能够促进知识成果的转化、促成科技创新，也可以在自身流动的过程中产生溢出效应，带动乡村的振兴和城镇化的高质量发展。人均受教育年限的增加，不仅能够提升居民的科学文化素养，建立起良好的社会管理秩序，增强劳动者的就业竞争力，还可以在其双向流动的过程中产生溢出效应以促进科学技术的转化、先进理念的实践，因此，实现教育资源的均衡发展是

提升两大战略协同度的重要手段。人力资本主要通过发挥溢出效应和增长效应来驱动乡村振兴与新型城镇化协同发展，因为经济的集聚效应加速了人口的空前流动，人力资本在不同空间的合理配置为地区的发展带来了先进的理念、技术的转化、治理的思路，这都将支撑着乡村振兴和新型城镇化子系统的经济增长、社会文明。本节主要研究思路如图 21-3 所示。

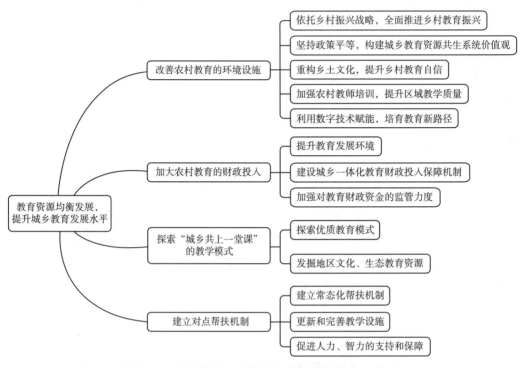

图 21-3　教育资源均衡发展，提升城乡教育发展水平

一、改善农村教育的环境设施

第一，依托乡村振兴战略，全面推进乡村教育振兴。乡村教育振兴与乡村振兴互为依托，乡村教育振兴为乡村振兴提供了优质的人力资源，是乡村振兴的基础；乡村振兴则为乡村教育振兴提供了可以共生的教育资源，如本土文化、教育经费、优秀的乡村教师等。第二，坚持政策平等，构建城乡教育资源共生系统价值观。在政策制定和实施中融入教育平等意识，坚持城市教育与乡村教育的同等地位，实现城市与乡村教育资源配置的均等化和一体化，完成城市与乡村教育资源共生系统中平等观的构建。第三，重构乡土文化，提升乡村教育自信。在乡村，应该努力将现代教育理念和本土文化相结合，坚持乡土文化的主体地位，增强对传统文化的发掘。让课程设置和教学内容更加符合乡村本土的实际情况，以此来建立乡村教育系统的文化独特和文化自信。第四，加强农村

教师培训，提升区域教学质量。随着乡村振兴的推进，目前农村教师培训的需求非常旺盛，尤其是在西部地区，需要积极发挥现有的渠道，汇聚各类优质的教育资源，对西部教师提供"一对一"的学习培训，从而推动西部及其他较为贫困地区的师资队伍的发展。尽管目前已经摆脱了绝对贫困，但仍需要努力改善经济发展不均衡的状况。为此，需要持之以恒地开展乡村教育援助，使之在东西协作乡村振兴中继续发力，在有效阻断贫困的代际传递方面作出贡献。为了提高农村教育质量，要大力发展壮大教师团队，并鼓励社会各界力量参与到农村教育事业中来。努力提高乡村教师的数量，并且积极招聘优秀的教师来提供高水平的教育。第五，利用数字技术赋能，培育教育新路径。"云培训"的出现，为乡村地区的教育带来了前所未有的变革，它将"互联网＋人工智能"有机结合，不仅大大减少了人力和物力的投入，而且让师生们在工作之余也能够更加灵活地进行教学。

二、加大农村教育的财政投入

财政支持对推动教育事业的发展至关重要，它可以帮助改善基础设施，提高教职工的薪酬，为贫困家庭提供更多的帮扶，以及支持教育机构的正常运营等。然而，由于各地经济发展水平不同，不同地区的教育经费呈现出不同的投入规模，从而导致了城市和农村之间的教育发展差异显著。乡村振兴与新型城镇化协同发展的重要标志为公共服务均等化，这背后体现了实现民生领域的机会均等（张琛和孔祥智，2021）。第一，提升教育发展环境。为了达到全面提升城乡教育水平，解决公共服务和教学资源的不均衡，必须增强在农村地区的教育财政资金投入，完善教育基础设施，优先向农村地区输送优质的教师资源，建立起长效的城乡对口帮扶机制，改善乡村教育发展的环境。第二，建设城乡一体化教育财政投入保障机制。使教育经费能够根据城乡情况统筹安排使用，打通城乡教育经费流通渠道，充分利用多渠道加大教育帮扶投入，发挥好政府投入的主体和主导作用，中央相关教育转移支付的存量资金将对乡村地区重点支持，增量资金将被重点投放到相对贫困地区，以满足当地教育的发展。通过利用金融机构的引导与配合，更加有效地满足各种类型的教育帮助项目的融资需求。集聚教育对口支援力量，组织起一个教育帮助专项工作联盟。把教育帮扶工作纳入台账管理，包括教育帮扶的基础信息、教育帮扶的实施计划等。第三，加强对教育财政资金的监管力度。避免财政资金的滥用，提升资金使用效率。

三、探索"城乡共上一堂课"的教学模式

建设现代化教育体系是我国教育发展的战略目标。教育质量是衡量教育现代化的重要指标，而且教育的公平性特征同样是不容忽视的一环。但是我国一直以来存在着教育

发展不平衡不充分的问题，导致农村教育质量偏低，现代化发展水平相对落后，这一直是我国教育现代化建设和农村教育高质量发展事业中的"痛点"。

我国实现教育现代化的关键所在是要缩小农村教育现代化发展水平差距。在城乡教育资源均衡发展的过程中，除了物质类的教育资源，还应从文化、生态等方面进行教育资源的发掘；这对于乡村教育而言，是提高教育水平和能力提升的重要机遇。第一，探索优质教育模式。随着近年来信息技术的飞速发展，信息技术已经开始逐渐渗入教学领域，多地区陆续开展"智慧教育"，并且已经形成教育事业未来发展的"风向标"。大力开展智慧教育能够促使农村地区更快地实现教育转型升级，促进农村地区的教育内容、手段和方法更加智能化、现代化；有利于拓展教育资源，实现发达地区和相对落后的农村地区之间优质教育资源的共享，为农村教育事业高质量发展提供了技术上的可能性。因此，农村地区亟须大力推进智慧教育，让智慧教育成为推动农村教育高质量发展的强劲驱动力。通过构建"城乡共上一堂课"的教育模式并适时将优质资源向农村倾斜，发展具有自身特色的教育模式。第二，发掘地区文化、生态教育资源。无论是城市还是乡村，都有其历史、社会、经济、环境等方面的特色，为了让城市和乡村的教育资源实现共生共享，要着力实现传统文化和现代文化的相互融通。生态教育资源是农村向城乡教育资源共生系统提供的重要能量。需要在农村和城市之间建设教学实验基地，通过研学旅游、课外实践等方式，做到既确保农村的素质教育得到充分发展，又可以从农村中挖掘更丰富的教育资源并将其纳入城乡共生系统，促进农村和城市的协同发展。

四、建立对点帮扶机制

通过对各地域的深度调研，掌握了经济、社会、人口、民族、文化等基本情况后，从"义务教育控辍保学、促进幼儿教育、改善义务教育办学基本条件、提升乡村义务教育学生营养水平、促进中等职业教育发展、实施教育信息化建设2.0行动、加强教师队伍建设、提供学生资助、推行国家通用语言文字"九大维度，收集当前的教育相关政策法规文件，深刻认识到当前农村教育所面临的挑战，并根据"一县一策"的指导思想，深入探索研究，设计出具体可行的教育扶贫计划，实现乡村教育的精细化管控。第一，建立常态化帮扶机制。为了确保乡村教育的发展，在保持乡村教育振兴政策总体稳定的基础上加强对经济困难学生的教育帮助力度，提倡东西部地区合作，吸引社会各界的参与。通过入校诊断来了解需求，并制订"一对一"帮扶计划，实施"一校一法"的帮扶措施，推出"一课一研"的提高方案，并全面落实"点对点"的帮扶行动。第二，更新和完善教学设施。以精准施策、靶向治疗为出发点，通过多种奖励措施来保证教师团队的稳定性和专业能力。不断提升乡村教育的公共服务能力，同时也要巩固义务教育控辍保学和义务教育办学的已有成果。第三，促进人力、智力的支持和保障。积极推动

"一村一名大学生计划"的落地，持续提供优秀的教师，全面提升乡村教育水平，确保其可持续发展。重点放在提供优质的义务教育，不断深化学前教育，扩大高中招生范围，加强教师团队建设，并对因贫辍学的学生制定有效的补贴措施，确保孩子们能够得到充分的培养，让孩子们能够更有效地接受正规的教育。在九年义务教育方面，进一步促进脱贫地区的农村义务教育，把提升农村脱贫地区的义务教育水平作为首要任务。更加注重促进义务教育的平衡性，继续对农村和脱贫地区学生接受高等教育给予政策倾斜，向薄弱学校倾斜，切实缩小校际差距；向农村倾斜，加快缩小城乡差距；向中西部倾斜，努力缩小区域差距。

第三节　社会保障注重公平，完善城乡社会保障体系

社会保障关乎人民最关心最直接最现实的利益问题，是人民生活的安全网和社会运行的稳定器。在社会保障层面城乡居民存在一定的差距，主要表现为：（1）城市与乡村千人卫生技术人员数量相差较大。城市和农村千人卫生技术人员数量之间的差距呈现出先扩大后缩小的趋势，但是在绝对数量层面，农村2020年千人卫生技术人员数量为5.18，显著低于城市2006年6.09的数值，说明城乡医疗卫生条件发展不平衡。（2）最低生活保障水平不对等，城市和农村最低生活保障标准存在较大的差异，每人的月均差额在100元以上，社会保障标准不统一的现象依旧存在。（3）中国城镇化率与户籍人口城镇化率之间仍存在着较大的剪刀差，农村人口市民化的权益与城市居民不均等。城乡固有的二元结构矛盾造成了城乡早期发展更加偏向于城市，带来城镇化高质量发展停滞不前、乡村发展愈发滞后"一头热、一头冷"的发展现状。相较于乡村，城市拥有优质的教育、医疗等资源，会促使有条件的农民逐步融入城市，而2021年中国常住人口城镇化率为64.72%，户籍人口城镇化率为46.70%，户籍制度改革仍然迫在眉睫，农村人口的基数仍然很大，农业人口存在一种"转而不移"的现象，即不改变农村户籍以兼业化的形式在城市与农村间转移，两者间18.02%的鸿沟意味着农村居民市民化后的社会权益与福利政策尚未得到全面落实，由此，与户籍制度相关联的社会保障、公共服务的差距进一步拉大。在中国城镇化推进的过程中，土地城镇化发展速度快于人口城镇化发展速度，意味着在土地资源约束趋紧的条件下，城市边界逐步外延将破坏农村生态平衡并导致部分农用土地非农化，失去土地的农民随之市民化后与城市居民的保障不对等，这无疑有碍于城镇化质量的提升。本节主要研究思路如图21-4所示。

一、推动医疗资源下沉与基层医生培训

第一，加强对基层医生的培训。要提高农村居民就医效率就应加强对基层医生的培

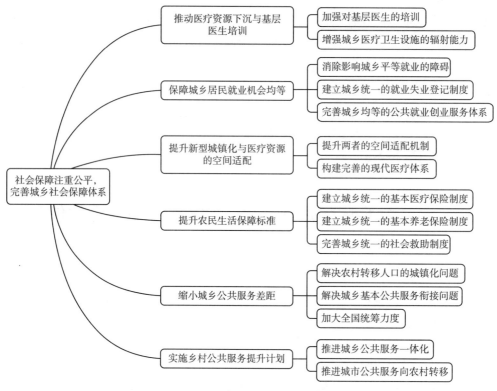

图 21 - 4　社会保障注重公平，完善城乡社会保障体系

训，培训需要结合实际需求，并对公共卫生专业知识进行重点培训。一方面，需要关注多方面的提升，如以胜任力为导向的基础医疗卫生机构管理能力，基层全科医生专项能力，包括乡村全科执业助理医师专项能力、基层中医药服务能力、基本医学技术能力、基层公共卫生应急管理能力、基层疾病预防控制能力、基层卫生健康综合监管能力等。另一方面，关注培训内容和培训效果的时效性。做到培训内容的更新迭代，做到与时俱进。还可以采用线上线下相结合的方式多维度推进培训项目，组建优秀教师深入基层开展培训工作；基于培训效果评估的考核机制和交流平台，探索培训项目与学历教育或者继续教育学分等相联系。同时应鼓励城市医生下沉乡村，进而建立起多层次的医疗分流与会诊系统。发挥城市的溢出效应提升基层医疗卫生条件，构建合理的城乡医疗体系，并着力推进城乡医疗保险及养老制度的一元化。第二，增强城乡医疗卫生设施的辐射能力。将城市和农村居民的基本医疗保险、大病保险和基本养老保险纳入同一体系，让城镇和农村居民的医疗保险和医疗救助接轨，更好地凸显医疗保险政策的普惠性和保障性特点。居民大病保险制度需要对农村低收入人口实施政策倾斜，医疗救助和帮扶需要按照人群分层次倾斜救助，开展全类型、多层次的医疗保险与援助。

二、保障城乡居民就业机会均等

近年来，各地在推进城乡就业一体化方面取得了显著成效。但劳动力市场至今仍然存在城乡分割严重和城乡就业不平等问题。为此，深化劳动就业制度的改革，加快城乡和区域之间劳动力自由流动成为重中之重。需要以促进城乡平等充分就业为目标，消除对农民工的各种就业限制和歧视，建立城乡统一的就业失业登记制度和均等的公共就业创业服务体系，推动形成平等竞争、规范有序、城乡一体的劳动力市场。第一，消除影响城乡平等就业的障碍。要以法律规范的形式杜绝对农民工就业的任何歧视行为，赋予和保障农民工与城镇原居民同等的就业权益，依法保障农民工与城镇原居民同工同酬和同等福利待遇，建立并完善包括就业机会、创业支持、职业培训、劳动保护和就业管理等方面的城乡平等的一体化就业政策体系。第二，建立城乡统一的就业失业登记制度。加快建立全国统一的就业失业登记制度，将农村劳动力统一纳入就业失业登记范围，统一发放《就业失业登记证》，定期发布城乡统一的社会登记失业率。第三，完善城乡均等的公共就业创业服务体系。强化对劳务市场、人才市场等各类领域的综合管理，突破地区、行业和职能的界限，形成全面、公正、透明、高效的公共就业服务体系。为了消除城市和农村之间的差距，应该平等地为所有的人提供就业和创业的机会，提供更多的就业帮助和建议，包括但不限于招聘信息、工作机会、技能培养和社会保障等。此外，还应该加大政府的财政投入，加强对农业转移劳动力的职业培训，并将其纳入国民教育培训体系。为了更好地帮助那些在外打工的农民、失业者以及其他需就业的群体，应将其纳入就业支持的重点范围，各种社会保险补贴、失业保障金、创业补贴等就业援助政策和就业困难人员认定，实现城乡全覆盖和无缝对接。

三、提升新型城镇化与医疗资源的空间适配

中国医疗资源的空间分布具有明显的空间异质性，高水平及较高水平的空间形态由零散的点状分布向区域组团集聚分布转变，城市群中医疗资源优化和空间再组织使得城市群作为重点集聚区域的特征较为明显。医疗资源配置在空间分布虽具有异质性但是整体呈现均衡特性。中国医疗资源配置的重心漂移呈现出多重转向特征，这反映了医疗资源配置以及医疗产业发展动力的多重转换过程，最终重心呈现向东南转移态势。医疗资源与新型城镇化发展的空间错配现象逐渐改善，错配城市占比从 42.8% 降低至 30.7%，适配的空间均衡性逐步明显，但适配改善速率有所降低，在政策环境、产业基础以及区位条件等综合影响下，城市群的核心城市和次级中心城市外部性带动的适配组团化现象逐渐明显。医疗资源空间适配的多维邻近效应明显，多种因素在不同权重中的显著性差

异较小。对此，第一，需要提升两者的空间适配机制。福利效应及需求驱动均推动医疗资源与新型城镇化的空间适配，在核心适配机制中，政府引导能推动本地区的医疗资源适配，但对周围区域有抑制作用，而市场导向对周围区域的医疗资源与新型城镇化发展适配影响更强。在外在适配机制中，对外开放及环境污染带来的作用尚不明显。第二，需要构建完善的现代医疗体系。将突发重大公共卫生疫情防控中的医疗资源调配嵌入国家现代治理体系当中，同时建立充足的重大公共卫生应急资源和医疗急救人才储备库；完善金字塔形的多层级联防体制，实现社区防控，基层医疗机构隔离，核心医院治疗；城镇化的发展及区域联系的增强提升了疾病的空间传播力，建议以城市群为单位，建构医疗资源储存完备、人才体系完善的空间防御体系，既强化区域治理又实现合理阻断（周建平等，2021）。

四、提高农民生活保障标准

目前，中国的社会保障制度仍面临诸多问题，如协调水平不高、城乡发展不平衡、农村保障水平不高等问题，长期以来社会保障城乡分割的局面没有得到根本改变。为此，必须坚持广覆盖、强根本、多层次、可持续的原则，集中精力改善和调整机制，增强公平性和适用性，扩大覆盖面，不断提高保障水平和协调能力，并逐步建立"全民覆盖、普惠共享、城乡一体、均等服务"的基本社会保障制度。第一，建立统一的城乡基本医疗保险制度。整合城乡居民资源，建立城乡一体的基本医疗保险制度，完善城乡居民和城镇职工基本医疗保险制度和城乡体系，实现城乡居民在医疗保险方面的制度公平和资源共享。第二，建立统一的城乡基本养老保险制度。要加快机关单位和政府机构的基本养老保险制度改革，构建包括政府机构和机关单位、城镇职工和城乡居民三项养老保险制度构成的基本养老保险体系，然后在此基础上及时整合三个系统，最终形成全国统筹、城乡统一的国家城乡养老保险体系，使全体人民都能平等地享受基本养老保障。第三，完善城乡统一的社会救助制度。除了一些特定的救济项目，城乡应实施标准一致的政策制度，在统一框架下建立一个全面覆盖各个方面援助的社会救助体系。同时，应当加速推进城乡最低生活津贴制度和医疗援助制度的建设。这样，无论是城市还是农村地区，困难户都能享有同等的社会救济服务。与此同时，在加快建立统一的城乡最低生活津贴制度和医疗援助制度基础上，提高对农村地区的支持力度，中央政府和地方各级政府加大社会救助的投入力度，继续推进农村社会救济援助和改善农村医疗救助、教育援助、就业援助、住房援助、法律援助工作，并不断提高农村社会救助水平，推动实现城乡社会救助资源均衡配置。

五、缩小城乡公共服务差距

推进城乡基本公共服务公平。国际经验用事实证明，促进城乡基本公共服务均等化是一个较漫长的过程。在奋力实现城乡义务教育均等化上，美国用了 66 年，澳大利亚用了 70 年，日本用了 90 年；在实现城乡医疗卫生均等化上，美国用了 89 年，澳大利亚用了 74 年，日本用了 39 年（樊丽明和郭健，2012）。为了实现基本公共服务高水平、可持续的均等化，可以采取"三步走"的策略。首先，需要解决农业转移人口的城镇化问题，保障他们与城市居民享有同等的基本权利。其次，需要解决城乡基本公共服务衔接问题，使各地城乡居民都能在当地享有均等的基本公共服务。最后，需要加大全国统筹力度，解决基本公共服务事项的区域协调问题，以实现到 2030 年基本公共服务均等化的目标。由于农村地区居住分散、人口密度低，这就要求在分配公共资源时要考虑到这些因素，以保证农村地区能够获得足够的支持。乡村在竞争或非竞争性领域的资源要素分配上都处于劣势，这就要求政府在财政、金融、土地增值等方面的收入分配上向乡村地区倾斜。破除要素流动的壁垒，推动社会公共服务均等化打造新型城乡发展关系，是实现渐进共富、全民共富、差别共富的保证。新阶段新格局下城乡关系的必然要求包括战略互动、要素涌动、服务均等，实现这一要求下构建的乡村振兴与新型城镇化协同发展格局必将为中国式现代化的实现释放源源不断的潜能。

六、实施乡村公共服务提升计划

公共服务一体化是城乡一体化的内在要求，也是促进城乡协调发展的关键。第一，推进城乡公共服务一体化。为了达到基本公共服务均等化这一目标，推进城乡公共服务一体化至关重要。城乡间存在公共服务水平差距的问题，为了缩小这一差距，需要有计划地加快基础设施和公共服务向农村延伸建设的速度，构建一个以基本公共服务均等化为核心的城市公共服务体系。这将有助于促进城乡发展的均衡，为农村居民提供更好的生活条件。在城乡发展统筹过程中，推动城乡基础设施网络一体化是非常重要的一环。这包括城市的电力、城市交通、空间供热、燃气、卫生、消防等基础设施向农村延展，实现网络化共享共建。通过加强城乡基础设施的互联互通，可以有效提升农村地区的基础设施水平，为农村居民提供更好的生活条件和发展机会。例如，改善农村电力供应，确保农村地区的电力稳定和可靠，为农村居民提供便利和发展动力。此外，在交通上要加强公路和客运站建设，完善城乡客运网，提高农村居民的出行便捷性。在信息上，重点关注邮政通信和信息服务的建设。在市政公用事业上，重点推动供电、供水、供气、供暖和城乡卫生的一体化发展。第二，推进城市公共服务向农村延伸。在农村拓展和覆盖更多的城市公共服务，特别是在文体教育、医疗卫生等领域。这可以通过引入城市资金、技术和人才来实现，激发城市资源的流动，促进城乡间资源的共享和互补。对村庄的建设、常住人口的增加应加强规划和制度管控，城郊村的建设应纳入基础设施和城市公共服务事业规划统筹推动，对搬迁撤并类村庄应恢复田园或自然景观和生态功能的保护；对具有历史文化价值的古村落古建筑，应加强整体保护、修复、村落布局优化和环境开发。加强农村基本公共服务，制定农村基本公共服务项目清单和服务标准，通过配置达标、人员交流、不平等待遇等途径，提高农村教育、卫生等基本公共服务质量。

第四节　城乡社会文化重塑，增强城乡社会文化底蕴

随着历史的发展，人们越来越清楚地认识到，现代城市和乡村的文化并不是对立关系。不仅因为农业保障人类生存和国家安全，具有重要而独到的价值必须加以捍卫，还因为"农村和城市本身及其关系是不断演变的历史现实"。在全社会参与实践下的城乡文化，不再是在城乡文化对立的背景下建立的、满足城市好奇的怀旧田园；而是一个产生于城乡差异的创造性家园，能够与城市相辅相成。城乡整体协调度空间格局变化显著，形成东北—西南向的空间分布格局。城乡社会协调度空间格局变化较大，形成南—北向的空间分布格局，城乡社会协调重心按照河南省平顶山市—河南省许昌市—河南省平顶山市—河南省南阳市的轨迹变化，总体呈现由东北向西南转移的变化轨迹。乡村振兴评价体系涵盖产业兴旺、生态宜居、乡风文明、治理有效、生活富裕五个方面。其中，乡风文明表征的是乡村社会风貌、文化传承与思想道德。从全国层面来看，中国乡村振兴水平具有稳步上升的发展特征，而在对应的五个维度中，乡风文明的得分较低，因此需要积极重塑城乡社会文化。本节主要研究思路如图 21 – 5 所示。

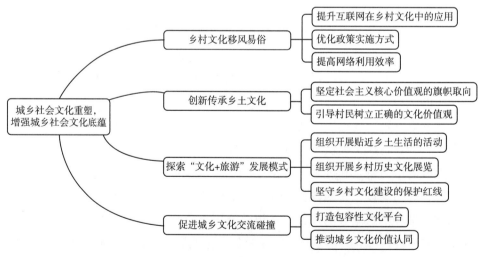

图 21 – 5　城乡社会文化重塑，增强城乡社会文化底蕴

一、乡村文化移风易俗

文化无形却有着强大的韧性，新型城镇化在发展的过程中注重文化的内核，而乡村

振兴重塑了农村发展理念、优化了乡风民俗、保留了文化记忆，并基于文化素养、文化传承、文化交融的路径带动城市社会的欣欣向荣。就文化传承而言，乡村的发展根植于自身特有的文化元素，且有着广泛的群众基础，乡村的振兴表现为文化的振兴，乡村社会风气的改善会通过社会主义核心价值观来引领，乡村居民的精神风貌将体现出中华民族的传统美德，这种"崇尚文明、团结互助、学有所教、老有所养、病有所医"的淳朴乡风也会潜移默化地受到城市发展的基础设施建设、文化认同感、生活方式的影响。第一，提高互联网在乡村文化中的应用。对于乡村风俗文化的改变，需要通过互联网技术促进乡村经济的可持续发展，为移风易俗奠定物质基础。在大数据和"互联网＋"时代背景下，要适应农村经济发展的新特点，适应农村发展的新形势，提出农村发展的新要求，鼓励和支持发展农村生产力，促进经济快速发展，间接营造良好风气，最终造就农村民风的良好发展。第二，优化政策实施方式。移风易俗政策的制定和实施必须以灵活倡导为基础，将刚性约束的效果更加合理有效地发挥出来。政府在其各种政务活动中，必须尊重法治的思维方式，这既是前提，也是基本原则。对此，应进一步对招贴内容进行统一，将移风易俗纳入城乡文明规范，为工作顺利高效开展提供可靠支撑。第三，提高网络利用效率。近年来，社会发展日新月异，新的社交软件层出不穷，对人们的生活产生了潜移默化的影响。政府需要更多地关注公民的网络活动，且工作方法应是积极有效的。创新、传播等自主和强制性变革全部属于文化变革机制的内容。

二、创新传承乡土文化

为了构建以社会主义先进文化为主体的现代乡土文化价值体系，需要传承和创新乡土文化的优秀品质。为了实现这一目标，需要采取一系列措施。第一，坚定社会主义核心价值观的旗帜取向，处理好优秀乡土文化和社会主义核心价值观之间的关系。在社会主义建设过程中，坚定社会主义基本价值观的旗帜取向是至关重要的。然而随着社会的不断发展，乡村地区也存在着多元化趋势。从优秀传统文化共生互利共存的角度出发，可以让优秀乡土文化中的道德观念融合到社会主义先进文化中去，让优秀传统文化中的价值取向融合到乡村振兴战略中。第二，引导村民树立正确的文化价值观。这包括提高他们对自身文化价值的认识，并在乡村振兴的伟大实践中达成双方的文化认知统一。在坚持社会主义核心价值观的基础上，通过教育和引导，帮助村民在社会中形成正确的价值取向和行为习惯，使其适应乡村文化现代化的发展需求。要取其精华、去其糟粕，注重宣传和弘扬社会主义核心价值观，让村民多多接受正面的文化熏陶，增强其文化自信和文化自觉。第三，保护好祖辈传承下来的乡土文化根基。这包括遵循原生态属性开发和利用这些文化实践，辨识内容鲜明性和形式多样性，传承深厚的乡村地域资源价值。乡村地区独特的历史、传统和文化遗产是宝贵的财富，应当得到保护和传承。通过让村民参与组织文化活动、举办传统节日等方式，让他们感受乡土文化的魅力，让文化新风吹遍浩瀚田野，为乡村振兴提供动力。

三、探索"文化＋旅游"发展模式

文化与旅游深度融合是推进乡村振兴的一条有效路径，同时也为优秀乡土文化的未来发展方向指明道路。在文旅建设中，融入乡土文化是至关重要的，它可以促进乡间特色文化的发展和传承。第一，组织开展贴近乡土生活的活动，如乡村歌舞表演、节日庆典观光、耕种体验等。这些活动可以为游客提供具有浓烈乡土特色的范例，让他们深入了解乡村文化，感受乡村的独特魅力。同时，还可以通过对地方的美食、娱乐、休闲进行开发，打造具有地方品牌特色的产品，形象化地展示当地特色文化及其精髓。第二，组织开展乡村历史文化展览。通过利用闲置的乡村房屋和潜在空间，真实地展示乡村的历史风貌和变迁，定义和突出乡村特点。通过地方特色文化，挖掘地方特色产业，带动农村一二三产业融合，依托当地乡风民俗，在特色文化创意产业的引导下，与生态休闲旅游相结合形成产业、生态、旅游、休闲一体化的农旅型综合体，鼓励形成民俗文化、传统工艺、农耕文化等体验基地。第三，坚守乡村文化建设的保护红线，对文物古迹、传统村落和遗迹等实施有力保护，并重视非物质文化遗产的灵活传承。以此维护乡村的历史记忆和独特风貌，更好地传承和创新优秀乡土文化，为全面推进乡村振兴作出贡献。通过文化创意企业的入驻开发民宿、建设创意工坊、开展民俗活动等，吸引青年回乡创业，共同打造一个乡土文化风俗与生态旅游相结合的文化创意综合体。乡村振兴是文化的振兴，内化于心、外化于行的文化认同是城乡居民的根，乡村文化舞台的搭建、文化符号的留存、非物质文化遗产的传承、红色研学实践的开展都将唤起城市居民源自内心的文化记忆，在现代物质社会中丰富居民的精神生活。同时，进一步推动乡村文化与旅游、农业等产业深度融合。

四、促进城乡文化交流碰撞

必须把"包容性发展"作为构建新型城乡文化关系、推进乡村振兴、实现城乡一体化的先决条件。尊重城乡文化差异和分歧，并给予处于劣势地位的文化充分发展的机会。城乡间产生文化矛盾需要解决时，必须尊重成果共享原则，以确保实现共同发展的目的。第一，打造包容性文化平台。加强城乡互动，实现文化认同，一方面，向城市居民展示乡村文化和文明成果，为城市文化变革提供新鲜"血液"；另一方面，必须促进城市文化融入乡村，使更多的农民享受城市文明的成果。第二，推动城乡文化价值认同。这不能限制于文化互相沟通和对外来文化的求同尊异。社会主义文化的基本价值观作为城乡的基本价值观，在尊重差异、和谐相处的同时，要去芜存菁地吸收各种外来文化的有益成分，推动文化多样化、多元性和共同发展。城乡文化具有互动反哺性。城乡文化认同既表现出城市向乡村文化单向输出，又有着城乡文化之间双向调节的特点。现代理性和城市文化可以改善乡村文化在发展过程中出现的消极价值观，拓宽乡村文化发展空间，但这并不是说城市文化可以用自大和成见去重塑乡村文化。维持城乡文化和谐共生的必要条件是建立城乡互动反哺机制。在乡村文化吸收积极的城市文化的同时，可以用其所蕴含的民间智慧和淳朴民俗反哺城市文化，对城市文化做出有力补充。因此，乡村文化不应是城市文化的附属品，而要在文化大潮流中保持特色、彰显个性，用优秀的乡村文化品格涤荡城市文化的焦躁、功利与人情世故。这对于更好地传承和创新优秀乡土文化具有推动作用。

第二十二章 人民生活视角下的治理策略

人民幸福、生活富裕是乡村振兴的应有之义，也是城乡协调发展的重要体现。本章将重点探讨人民生活视角下乡村振兴与新型城镇化战略耦合及协同发展的治理策略，并主要从深化户籍管理改革、落实惠民利好政策、夯实生活质量根基三个方面展开讨论（见图 22-1）。在对前文研究结论进行总结的基础上，结合我国城乡发展的具体情况提出有针对性的治理策略与政策建议，以期为乡村振兴与新型城镇化耦合及协同发展提供理论支撑与决策参考。

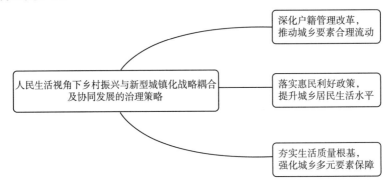

图 22-1 人民生活视角下乡村振兴与新型城镇化战略耦合及协同发展的治理策略

第一节 深化户籍管理改革，推动城乡要素合理流动

当前我国经济进入了转型升级、高质量发展的关键阶段，但人口出生率却持续降低，对经济发展构成了严重的挑战：一方面，劳动力绝对数量在近几年不断下降，使用工成本上升、资本回报率下降；另一方面，人口年龄结构趋向老龄化，抬高了人口抚养比，使社会储蓄率下降，经济增长动力减弱。人口是乡村振兴与新型城镇化实现良性互动的重要因素，它也是最活跃的生产要素，与所有城乡发展工作直接相关。人这一发展的主体，作为唯一的动态生产动力要素，不仅是城乡协调发展的主要动力，还能把其他要素联系起来共同行动。为此，必须高度重视各发展主体的价值，积极发挥其积极作用，不断推动城乡协调发展工作朝着纵深方向发展。但当前存在人口从乡村到城市的单向流动问题，为

解决这一问题，必须深化户籍制度改革（见图22-2），促进人口这一要素在城乡之间自由流动，充分发挥该要素在城乡协同发展中的作用，具体可以从以下六个方面展开。

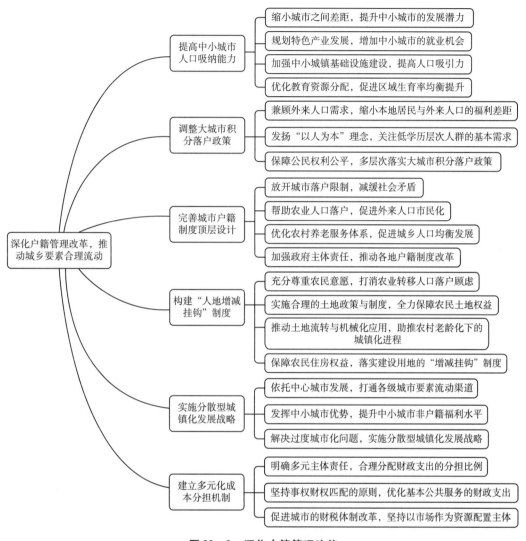

图22-2　深化户籍管理改革

一、提高中小城市人口吸纳能力

（一）缩小城市之间差距，提升中小城市的发展潜力

解决城市间发展差距比解决城市内社会福利分配不均更加迫在眉睫。由于城市的资源禀赋和历史条件优于农村，人口会出现大量向大城市迁移的情况，这大大削弱了大城市的人口自然增长机制。因此，应优先关注行政级别低、人口吸纳能力弱的中小城市，通过相应的政策支持，提高中小城市的发展潜力。重点应在产业带动发展和空间规划上

下功夫，从这些方面出发增强中小城市吸引人才和资源的能力，为中小城市留住人才，进一步促进更多人才回流农村，为城乡发展注入新的活力。

（二）规划特色产业发展，增加中小城市的就业机会

中小城市大多具有其独有的地理优势和自然环境，应充分利用其自身条件，尽可能降低额外的发展成本，因地制宜选择最适宜其自身的发展路径。这包括选择有竞争力、发展前景、联系紧密的特色产业作为中小城市的优势产业，并制定相应的政策鼓励和引导中小城市建设优势产业园区，吸引相关产业入驻，实现区域产业品牌效应的提升，从而增加中小城市的就业机会和对人才的吸引力。科学恰当地规划中小城镇发展战略，以尽量小的投入最大幅度带动农村产业的发展，切实解决诸如就业等民生问题。

（三）加强中小城镇基础设施建设，提高人口吸引力

基础设施是农村发展的基石，应采取相应的措施改善农村基础设施落后的现状。这包括改变政府主导建设的现状，让民间资本自主参与基础设施建设。这样可以提高中小城市的交通便利度和城市形象，吸引更多人口前往居住和工作。同时，完善城乡统一的户籍制度，促进中小城市与大城市在教育、医疗等方面的资源互通，提高社会服务的水平；完善社会保障体系，对中小城市社会保障收入作出政策倾斜和扶持，为中小城市的居民提供更好的社会保障。

（四）优化教育资源分配，促进区域生育率均衡提升

从地区差异看，高等教育对生育率的影响程度与地区高等教育资源的充沛程度相一致，东部地区的本科教育资源最充沛，本科教育对生育率的影响程度也最深，相似地，高职教育对中部地区的生育率影响最大。家庭的预算约束在我国整体层面对生育率产生了抑制，生育率随人均可支配收入上升，随人均消费支出下降。中西部地区的影响特征与整体层面相似，但东部地区的生育率与人均可支配收入显著负相关，与人均消费支出的关系不显著。这表明，我国经济的区域差异较大，东部地区的家庭财富与生育率关系以替代效应为主，而在中西部地区仍以收入效应为主。通过增加公共教育开支，可有效提高各地区的生育率。城镇化对生育率也产生了抑制作用，但在基础设施相对滞后的西部地区，这种作用并不显著。因此，通过提升教育质量、优化收入分配机制，并加强城乡基础设施建设，可以显著增强各地区的人口吸引力。

二、调整大城市积分落户政策

（一）兼顾外来人口需求，缩小市地居民与外来人口的福利差距

户籍制度问题与城乡之间的二元结构相关联。将城乡户籍统一为居民户口对于户籍

制度改革意义重大。目前，我国城乡户籍福利的差距在相对缩小，但有时地方当局在制定预算财政收支和财政政策时，没有将外来人口充分考虑到，导致财政资源不足以满足非居民人口的需要。因此，改革的重点应放在解决户籍地方属性导致的本地居民与外来人口之间的福利差距上，在户籍制度改善本地农村劳动力的就业机会的同时也要关注外地劳动力的需求，在财政补贴方面尽量做到覆盖外来人口，让外来人口享受与本地居民同等的福利政策。

（二）坚持"以人为市"理念，关注低学历层次人群的基市需求

大城市是人口转移的最终抵达点，也是推动户籍改革的战略中心。大量人口聚集会带来城市病，为避免这一现象的形成，有必要通过一定的政策来控制大城市人口的增长。由于积分落户政策对于高素质人才具有偏向性，大量有前途、有能力的年轻人有能力在城市定居，这将有助于大城市的繁荣。同时，在以人为本的观念下，还需要特别注意解决受教育程度较低的工人住房安置和落户政策的问题，给予留在城市的进城务工者对应的积分，让其能靠一己之力在城市过上幸福而体面的生活，不因生活压力过大而返乡。本着居民户籍登记制度的基本原则，即记录人口的手段，要重视人的作用，突出人力资本的关键性。

（三）保障公民权利公平，多层次落实大城市积分落户政策

我国所有公民都享有平等的权利，因此，积分落户政策的实施可以分阶段推进：按照 2019 年 3 月 31 日出台的《2019 年新型城镇化建设重点任务》的改革要求，要积极推动已在城镇就业的农业转移人口落户，其中涉及取消或放宽落户限制，以及对超大特大城市积分落户政策的调整。2021 年 4 月 8 日出台的《2021 年新型城镇化和城乡融合发展重点任务》也要求放宽城市落户门槛，做好人才引进工作，此外，面对进城农民工在城区的卫生、消防和治安秩序等问题，必须进行合理调整和完善。

三、完善城市户籍制度顶层设计

（一）放开城市落户限制，减缓社会矛盾

目前，我国中小城镇已经全面地放开落户，户籍制度改革取得阶段性的成果。然而，在大城市中，特别是一些东部城市，外来务工人员聚集，这些人员的数量甚至超过了当地人口的数量。如果大城市的户籍改革步伐较慢，这些外来人口将难以在城市定居，从而导致社会矛盾和冲突增加。此时必须放宽大城市的落户条款和政策，以解决大城市公共服务拥挤和人口规模效应不平衡的问题。因此，放宽小城镇和大城市的落户限制，对实现城市发展与社会稳定的良性互动，推动我国城市化进程的健康有序发展起着关键作用。

（二）帮助农业人口落户，促进外来人口市民化

城市之间的福利分配失衡是指城市居民与流动人口的福利分配不均等，即出现区域福利分配异质性问题。着力推动外来人口市民化是解决此问题的重要抓手，较大程度上规避"本地人口"的局限和误差，将户籍制度改革的实际效果放到最大。当然，人才不应是落户政策的单一落脚点，同时也应涵盖农业农村人口。很多情况下，各地政策对于高素质、高学历人才的偏向性较大，而农业人口落户机会相对较少。因此，鉴于户籍制度顶层设计的规范性和科学性，应该通过增加合法稳定住所和就业以及城镇社会保险的比重来相应地降低一些学历等条件的比重，助力农业人口实现举家迁移及职业转化。

（三）优化农村养老服务体系，促进城乡人口均衡发展

要减弱农村人口老龄化对城镇化水平的负效应，需要把农村劳动力转移水平控制在一个合理的区间，通过加大财政支农力度重视对农业生态的投入，加强建设和不断完善农村养老服务体系，解决好农村老龄人口事业发展这一块短板；搭建好政府在市场与家庭间的桥梁，有机结合多方力量构建多层次农村养老保障体系；开展多元化养老，如社区养老、机构养老和土地养老等多种养老形式，实现老有所养、老有所依的目标；针对新时期城乡养老需求的不断升级，城镇也可以依托乡村的"绿水青山"环境优势发展银发产业，一方面为乡村社会经济发展提供新动力，另一方面也可以创造更多的就业岗位留住农村青壮年劳动力，同时又吸引城镇人口回流，提升乡村活力。

（四）加强政府主体责任，推动各地户籍制度改革

户籍制度的改革成效很大程度上取决于中央政府顶层设计规划。由于各地区经济发展基础、城镇化进程、人口结构等方面存在较大差异，公共服务供给和户籍制度休戚相关，并且包括养老保险、医疗保险和教育在内的公共服务，流动性较强，需要中央政府统筹推进。因此，中央政府应增强顶层设计规划，科学有效地推动制度在宏观层面的变革，提升户籍制度实施成效。各级政府应根据各地的实际情况对症下药，以居民需求为导向，采取差异化战略，因地制宜推动顶层政策制度改革并监管政策的落实情况，让户籍制度改革惠及更多居民。

四、构建"人地增减挂钩"制度

（一）充分尊重农民意愿，打消农业转移人口落户顾虑

农业转移人口转户意愿不高原因大致如下：首先，从心理层面来讲，乡土情结和对土地的依赖性促使农民不舍得轻易放弃生活的最后一道屏障；其次，由于产权原因，许

多农民认为城镇住房具有较大的流动性；最后，农民工工作流动性较大，社会保险支付在他们的生活支出中占比较高，因此社会保险的支付形成了压力。要严格落实《国务院关于进一步推进户籍制度改革的意见》中的相关规定：在处理进城农民退出承包地和宅基地的过程中，当地政府需要在充分尊重农民个人意愿的条件下进行改革试点，遵循"平等自愿"的原则，要求现阶段不得强制要求退出农村土地以实现城市落户，很大程度上消除农民的转户顾虑。

（二）实施合理的土地政策与制度，全力保障农民土地权益

要从两个方面确定并扎实落实农民的利益：一方面，保障农民的土地权利；另一方面，加大居民户籍制度的完善力度，让农民市民化后享受同等福利。充分发挥宅基地转城镇户籍的土地制度和户籍制度联动改革机制实施效果。城市获得开发建设用地及经济发展不能成为该机制的目的，而是要用制度设计为市民化的农民保驾护航，通过一系列配套政策促使农民在置换农村土地时实现资产增加，并健全和完善收益反馈机制。在用地上要进一步深化改革审批制度，将"人地挂钩"和空间联动机制考察进去，以相应的市民化计划数量为依据和核心，同时以各地的完成情况进行建设用地机动增减。

（三）推动土地流转与机械化应用，助推农村老龄化下的城镇化进程

在农村土地规模调整过程中，鼓励打算放弃农业生产的老年农户进行土地流转，有效地引导土地向更专业的职业农民手中集中，发展壮大新型农业生产经营主体，推动农民转变经营模式，将农地从分散、细碎的小规模经营向适度规模经营转变；可以通过农业机械化技术的采用和推广来削弱因农村人口老龄化而导致的农村劳动供给不足对农业生产的约束。充分利用人口老龄化时代背景下的土地规模化经营契机，有序推进农业生产的退出和流转，加快农业发展方式转变，完成农业现代化进程；为更好地应对农村人口老龄化的挑战，从根本上解决农村人口老龄化问题，还要继续推进乡村振兴战略的实施，鼓励年轻劳动力进入农业领域提高农村人力资本，通过年轻劳动力带动老年劳动力更好地从事农业生产。

（四）保障农民住房权益，落实建设用地的"增减挂钩"制度

在农民城市化过程中，人地挂钩这一制度可以在公共服务平衡方面为农民提供充分的福利保障。最重要的是确保农民的生活质量和住房权益，坚定不移为农民市民化保驾护航。合理的"增减挂钩"制度核心要义是在建设用地上重新配置进城农民工宅基地，增加建设需求的直接用地指标，以及城市内的住房保障。由于农村宅基地是无偿提供的，为杜绝农民工多次换取保障住房的现象，对于已获得保障性住房的农民工必须限制其宅基地处置权（唐琼和温魁潭，2021）。

五、实施分散型城镇化发展战略

（一）依托中心城市发展，打通各级城市要素流动渠道

我国的城镇化发展多以集中型发展为主，现阶段根据国家战略发展需要因地制宜，在未来的发展战略中，建议国家因地制宜地出台助推中小城市发展及大中小、中心外围城市互动发展的区域政策，具体来讲，发挥核心城市的辐射带动作用进而形成高效空间互动格局。同时提升城镇发展的外部环境，建设环境优美和人文和谐的美丽城镇。合理引导重点高校以及大型企业积极争取重点赛事、重大会议、重大展览的承办权，吸引人才、资金等资源涌入本城市。畅通要素跨区域流动渠道，扩建高速公路等传统基础设施，大力发展 5G、互联网、充电桩等融合和科技等新型基础设施，构建兼容的现代化基础设施体系。以城市群为研究视角发挥区域空间互动作用，打造中小城市的卫星城和"潜力城"。

（二）发挥中小城市优势，提升中小城市非户籍福利水平

中小城市主动承接超大特大城市产业转移和功能疏解，提升中小城市服务功能及非户籍生活品质。中小城市要挖掘发展机会，主动承接大城市淘汰的产业，完成产业转移，促进要素跨区域流动，形成统一大市场，并振兴落后产业，增加就业机会。同时加大教育、医疗等各类传统基础公共设施及新型基础设施投入，在顶层设计方面还要注重城市的绿色发展，促进人与自然高度协调，尽力改善人民居住环境，提升中小城市的非户籍福利水平，建设产城融合、职住平衡、生态宜居、交通便利的郊区新城，努力打造"五位一体"新型发展面貌，形成城乡融合的新局面。

（三）解决过度城市化问题，实施分散型城镇化发展战略

有些学者认为，鉴于大城市的人才、资金、技术等资源的集聚效应赋能经济高质量发展，中国的城镇化应该走大城市为主的道路，然而在由计划经济向市场经济转化及由高速发展向高质量发展转化背景下，实施以大城市发展为主的集中型城市化战略，会造成收入差距扩大，这是导致农业转移人口市民化过程中产生冲突的重要原因。因此，户籍制度改革的根本在于解决过度城市化问题，推动分散型城镇战略的发展（唐琼，2020）。

六、建立多元化成本分担机制

（一）明确多元主体责任，合理分配财政支出的分担比例

根据相关政策文件，到 2030 年前中国需要市民化的人口总量要达到 3.9 亿人。具

体来讲，在政策制定方面，完善社会保障普惠机制、土地跨区域流转及户籍制度改革激励机制，提高政策联合作用效果，加快基本公共服务均等化的公共财政体系形成。在户籍制度改革过程中，明确中央、省、市及以下各级在户籍改革成本上的支出责任，形成权责分明的体系。

（二）坚持事权财权匹配的原则，优化基市公共服务的财政支出

我国目前基本公共服务的区域不平衡问题普遍存在，国家提出了针对性的解决办法，给予相对落后的中西部地区较全面的政策支持，但忽视了东部地区公共服务供给，因此出现了一定程度的经济下滑现象，需适时调整重点转移对象，实现均衡发展。与此同时，要优化支付方式以实现转移支付均等化。

上级地方政府应当主动作为，不断优化结构，提高一般性转移支付比例。优化现行土地增值收益分配结构，将其作为解决人口城镇化的高效手段。提升农地的利用效率，畅通土地流转渠道，进而提高单位农地的产出能力。

（三）促进城市的财税体制改革，坚持以市场作为资源配置主体

政府应致力于解决市场失灵问题，实现"有形的手"和"无形的手"完美配合。完善宏观经济治理，建设高标准市场体系，促进市场化水平提升。中央应该把资源配置向中小城市和小城镇倾斜，完善新型和传统基础设施建设，构建标准兼容的现代基础设施体系。完善城市基础设施投融资体制，拓宽资金来源，鼓励多方主体参与共建，提高运营效率。

第二节　落实惠民利好政策，提升城乡居民生活水平

政府作为乡村振兴与新型城镇化战略的主导者、实施者，也是制度环境的供给者和战略活动的监督者，政策的执行在一定程度上决定了乡村振兴与新型城镇化耦合协调及协同发展的绩效。党的十九大报告提出，"建立健全城乡融合发展体制机制和政策体系，加快推进农业农村现代化"，这标志着我国调整城乡关系的政策从统筹城乡发展、促进城乡发展一体化到构建新型城乡关系、促进城乡融合发展的转变。这也无疑找准了我国城乡问题的根本，而城乡融合发展内涵是把农村和城市作为相同单元，减少要素跨区域流动的障碍，从而改变长期以来各种发展资源向城市单向流动的状况。把基层治理体系置于城乡协同发展大架构中进行顶层设计，形成相互依赖、相互配套而不是相互掣肘的体制和政策体系，把发展要素从农村向城市单向流动转变为发展要素在城乡之间双向流动。本节根据图22-3，提出以下五点建议。

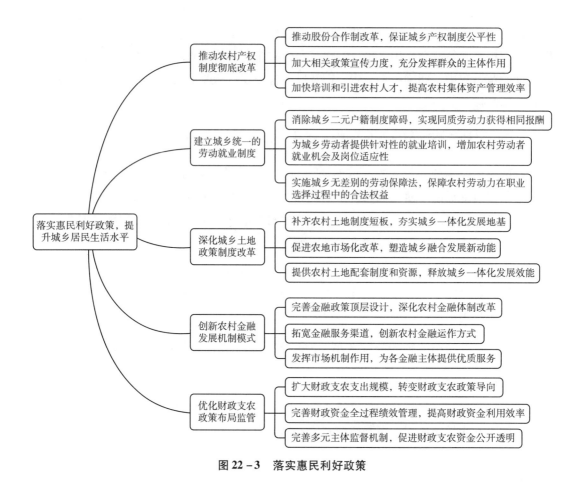

图 22 – 3　落实惠民利好政策

一、推动农村产权制度彻底改革

（一）推动股份合作制改革，保证城乡产权制度公平性

对农村集体建设用地坚持贯彻"村改社区"的原则，在此基础上，进行更为彻底、更具效果的改革。具体可从以下两个方面展开：一方面，对农村建设用地进行确权，明确每一块农用地和自用地的归属；另一方面，有资格的集体经济组织成员可持有股份，通过对集体资产进行股份化改造实现"按份共有"。在上述两项规定的基础上，允许个人所有地和集体股份的流转，具体包括继承、转让和赠与（曲海燕，2021）。

（二）加大相关政策宣传力度，充分发挥群众的主体作用

总体来看，大部分农户对农村产权交易制度的制定与执行参与意愿不强，参与度普遍较低。解决这一问题的关键是要以农村集体产权制度改革作为促进新型城镇化、巩固脱贫攻坚工作、提升农民的福利水平与幸福感的重要切入点，建立各村镇带头人参与激

励机制，明确划分各层级部门职责，并直接关系到其切身利益，形成一个联系紧密、高效沟通的集体。就政策作用者而言，应充分调动群众的主体作用，提升其参与度、积极性和创造力，为农村产权制度改革平稳高效推进营造良好氛围。

（三）加快培训和引进农村人才，提高农村集体资产管理效率

促进干部晋升机制合理化，吸引动员高素质人才比如相关专业大学生、有经验的致富带头人参与干部选举。提升基层干部人才队伍素质，纳入"新鲜血液"。为全面实现乡村振兴储备人才，锻造支撑农村集体产权制度改革的基石。同时，在集体资产管理方面，明确管护责任，对"台账管理者"落实奖惩制度；建立相关规章制度，对农村集体经济合同存在的问题，成立专项工作小组逐个清理纠正。同时利用数字技术和数字平台加强农村产权变动有关成果的数字化管理和信息化应用，提高经营性资产的运营管理及干部政府监督管理效率。

二、建立城乡统一的劳动就业制度

（一）消除城乡二元户籍制度障碍，实现同质劳动力获得相同报酬

减少农民工进城障碍，优化农民工进城就业和创业环境，在此基础上实行属地化户籍管理模式，改变将户籍与附加利益相挂钩的做法，减少户籍和地域歧视问题，取消城市户籍所带来的城市劳动力的特权优势。加快推进与户籍相关的公共政策体制改革，适当考虑根据本地公共服务资源的供给能力，建立健全与居住年限等条件挂钩的公共服务和便利的量化提供机制，强化乡村劳动力资源的内在价值，缩小与城市劳动力资源的使用成本差距，以此推动实现劳动力资源的同工不同酬向同工同酬转变。健全城乡统一的就业登记管理制度，建立统一规范的人力市场，实现城市居民与乡村居民享有平等的就业机会。

（二）为城乡劳动者提供针对性的就业培训，增加农村劳动者就业机会及岗位适应性

免费给进城农民提供教育指导和就业技能培训，提升农村劳动者在城市人才市场的竞争力，从而提高其收入水平。根据城市劳动力市场的用工要求，完善乡村劳动力的职业技术和职业培训等教育体系，增强自身的技术能力和适应能力；促进教育资源的整合配置，促进产学研政互动机制；多元化职业教育的培训方式，多渠道、多层次、多形式开展劳动力职业培训，高效提升用人单位对乡村劳动力的岗位培训责任，推动城乡劳动力的教育培训资源共享。此外，要加强就业帮扶力度，帮助其缓解居民生活压力及提升幸福感。

（三）实施城乡无差别的劳动保障法，保障农村劳动力在职业选择过程中的合法权益

通过法律和建立适应本地就业情况的劳动规章，全面保障城乡劳动力特别是农村劳动力的合法权益。还要完善劳动保险制度，确保城乡劳动力在就业过程中签订劳动合同，并按照规定参加劳动保险。此外，还要建立健全劳动关系协调机制，实行劳动合同制度，确保以进城务工人员为代表的乡村劳动力资源的权益得到保障；健全协调劳资关系三方机制，进一步完善和规范劳动力市场和健全劳动关系矛盾调处机制，保证乡村劳动力资源的合法权益，减少劳动力市场的不必要损失。

三、深化城乡土地政策制度改革

（一）补齐农村土地制度短板，夯实城乡一体化发展地基

在中国特色社会主义基本制度内涵基础上，进一步明确稳定农村基本经营制度的要求，允许土地使用权自由转让，根据地区基本发展环境建立适应性的、差异化的、适应城乡发展的农村土地产权体系，让不同所有权不同类型的土地享有同等的产权功能，作为提升农地经营效率及获利能力、提升农民收入水平的重要手段。在此基础上，为维护家庭经营基础地位和承包长期稳定关系，要完善农地"三权分置"制度。此外，还要创新和完善宅基地使用制度和农村集体经营性建设用地入市制度，助推农村经济结构转型升级。

（二）促进农地市场化改革，塑造城乡融合发展新动能

县域城乡发展失衡的根本原因在于农村土地市场化程度较低，缺乏行之有效的市场机制。具体可以从以下两个方面改善：一方面，立足于整体农村土地市场，明确市场交易条例和价格管理方法，实行透明的监管体系，同时明确主体与职责、交易内容、运作程序、规范土地权属、合理化收益分配方法。另一方面，针对不同土地市场实施差异化的制度，明晰特定土地市场化运行原则和要点，农民及城市居民享有平等的土地处置权利，同时挖掘新兴市场、土地所有者及潜在需求者，提升社会各主体参与农业生产的积极性，提升农地市场运转效率。

（三）提供农村土地配套制度和资源，释放城乡一体化发展效能

制度是否有效取决于制度本身的科学性及所处地的制度环境。配套的公共政策决定农村土地制度效率，城乡融合发展成效也受其影响。可以从以下两个方面着手推进：一方面，要构建科学有效的考核机制即以法治化为基础、以多元主体为依托的政府绩效考

核机制，借助数字技术和平台达到权责分明，推进城乡融合发展的经济、社会、生态层面内容，同时包括农民、企业、社会团体等主体参与地方政府绩效考核的权责。另一方面，要高效落实国土空间规划工作，以城乡融合发展要求为目标，持续推进相匹配的乡镇国土空间规划编制工作，明晰不同功能分区权责及其互动作用，增加农村土地发展机会，提升农地产出效率。

四、创新农村金融发展机制模式

（一）完善金融政策顶层设计，深化农村金融体制改革

结合国外农村金融发展实践经验及我国乡村振兴和农村改革相关法律法规，结合经济发展环境提供相适应的法律依据和制度保障。为此，我国要审时度势、因时制宜地启动并推进农村金融立法的各项准备工作，尽早出台"农村金融促进法"，加快立法进程，以保证农村金融有效运行。另外，法治化的顶层设计还需要配套措施的跟进，应进一步围绕农村耕地使用权确权改革、农村生产要素流转制度改革及农村宅基地使用权制度改革等，形成有助于现代农业金融体系构建的农村产权交易体系，同时在政策、人才、资金等方面强化要素保障。

（二）拓宽金融服务渠道，创新农村金融运作方式

一方面，需要制度重构、机制突破、金融产品与服务创新等多方面联动，将金融产品与服务植根于因地制宜的乡土文化中，将农村金融升级为内嵌于服务农村社会的有温度、有深度的高质量金融服务。另一方面，由于交易成本高、风控难度大等原因，既有的大型正规金融机构服务"三农"的运作范式存在天然的缺陷，因此服务"三农"的动力和外围基础不足，相关涉及"小微""三农"领域的普惠金融投放也仅仅是履行其社会责任的一种直观印证。在新的历史时期，借助大数据、区块链等现代化互联网工具，通过组织、业务流程等再造及相关体制机制创新，在市场机制主导规则条件下有望将正规金融机构"三农"业务嬗变为其主营业务，从而更好地发挥其服务"三农"的长尾效应。

（三）发挥市场机制作用，为各金融主体提供优质服务

以农地市场化为根本动力，金融改革的重点应该回归市场机制本真，将农村金融机构主体改革作为持续动力，在整合存量改革基础上，通过不断放开市场准入门槛，引入优质增量资源，形成百花齐放、竞相争艳的农村金融业态，从而保障农村金融需求主体"求有所应""诉有所获"。同时，在新的历史时期，只有在顶层设计中从政策层面淡化对不同类别农村金融机构显性的差别对待和隐性的政策排斥，对不同主体一视同仁，才

能完美迎合真正诉求，推动农地及农村经济体发展市场化进程。此外，还须加大违法事件的打击力度，坚决遏制不公平现象；另外，也需要通过数字技术等现代化手段完善个人信息与征信体系，致力于打造人人讲信用、人人爱信誉的良性金融生态环境。

五、优化财政支农政策布局监管

（一）扩大财政支农支出规模，转变财政支农政策导向

适当加大对农业的财政支持力度，适时扩大财政支农支出，促进其支付教育、医疗及各项费用，能够有效促进农村家庭人力资本积累，进而有利于缩小城乡收入差距。在保证"量和规模"的基础上同时应该保证支出的"效益和回报"，比如调整财政支农政策导向，实现由"安农支出""稳农支出"向推动农业发展型支出转变。在此基础上优化财政支农支出结构，财政支出的直接或间接目的应该是促进农民职业分化、促进农地流转及创新创业积极性。由此，在实现农村土地集约利用和高效农业发展的基础上，不断通过提升农业科技水平实现农村劳动力进一步解放，推动其合理、有序地向非农部门流动，从而间接促进资源配置效率提升及产业结构升级。

（二）完善财政资金全过程绩效管理，提高财政资金利用效率

按照项目开展的逻辑可从以下三个方面展开，首先，须建立科学的事前绩效预评估机制，科学评估重大项目的经济、社会和生态收益；有利于及时止损，最大化财政资金利用效率和项目的社会效益。其次，须实时监控事中绩效，相关部门要紧密跟踪立项的财政支农项目的绩效和进度，避免财政支农资金浪费。实时严格惩罚存在严重问题的支农项目，确保政府资金发挥实际效用。最后，开展事后绩效评价和成果应用，发挥其经济和社会效益。同时经过专业第三方机构评价，精准发现阻碍财政支农效应发挥的难点和堵点，为最大化财政支农资金效应提供理论依据和现实参考。

（三）完善多元主体监督机制，促进财政支农资金公开透明

鉴于财政支农资金的种类多、规模大，为确保财政支农顺利进行，须动员多元主体参与，形成"共建共监"管理模式，实时加强监管提高资金使用的透明度，也是解决"重自身监督、轻外部监督"老问题的有效手段，提升资金使用效率。同时鼓励农民参与财政支农监督的过程，拓宽参与渠道。在信息披露方面，各官方部门要及时发布各笔资金使用明细，督促各项目负责人及时报备其预算安排与支出项目。同时媒体也可在监督资金使用方面发挥重要作用，通过舆论压力推动各级财政部门加强财政支农信息反馈的时效性和真实性。

第三节　夯实生活质量根基，强化城乡多元要素保障

生活富裕是乡村振兴五个维度中增长最快的部分，新型城镇化增长速度最快的为人口城镇化维度。随着脱贫攻坚工作取得重大成就，我国城乡居民生活水平的差距不断缩小，农村居民生活质量不断提高，但大多数地区城乡发展水平仍差距较大，这严重阻碍了城乡一体化发展，因此，为了促进基本公共服务均等化及城乡融合发展，必须采取一系列的措施（见图 22-4）夯实农村居民的生活质量根基，强化富民增收的内生动力，关注居民的多层次需求，不断完善农村生活性服务业支持政策，促进农村消费扩容提质升级，具体可从以下三个方面展开。

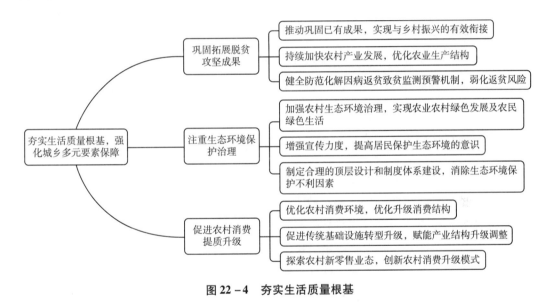

图 22-4　夯实生活质量根基

一、巩固拓展脱贫攻坚成果

（一）推动巩固已有成果，实现与乡村振兴的有效衔接

可从以下三个方面展开，一是实现政策良好衔接与过渡，保持帮扶政策总体稳定。保持过渡期内平稳有效，最小化"返贫"风险，并逐项分类优化调整，逐步实现由集中资源支持脱贫攻坚向全面推进乡村振兴平稳过渡，推动"三农"工作重心历史性转移。确保在过渡期内严格落实配套的责任、帮扶和监管。二是对东西部协作结对关系进行调整优化，明确了东部 8 个省（直辖市）与西部 10 个省（自治区、直辖市）的长期结对帮扶关系，安排广东省帮扶贵州省，并提高思想认识、确保平稳过渡、加大帮扶力

度。三是统筹做好考核衔接。脱贫攻坚任务完成后，脱贫地区开展乡村振兴考核时要把巩固拓展脱贫攻坚成果纳入市县党政领导班子和领导干部工作重点。推进东部、中部、西部地区协作考核评价、定点帮扶工作绩效考核，促进工作提质增效，考核"指挥棒"作用持续发挥。

（二）持续加快农村产业发展，优化农业生产结构

首先，立足现有经济体发展水平和产业基础，实现"规模经济"和"范围经济"。根据各地区资源禀赋、发展现状、所处环境制定生产计划，学习先进的生产技术。促进产业结构合理化和高级化，提升农业科技水平及农地的利用效率，即实施科技强农，机械兴农。在此基础上吸引贫困户就业，优化土地资源及劳动力配置，从而提升其收入水平。其次，形成特色"农业品牌"。立足于本地农业特色产业及特色产品，实行"三品一标"认证，同时着力打造符合"绿色发展"理念的绿色特色品牌，并借助网络进行多元化宣传，不断提升品牌知名度，发挥品牌效益。同时政府可以制定一系列扶持政策，提升生产经营主体创立自主创新特色品牌的积极性，提升其注册和推广便捷化，提升特色产品的市场竞争力，从而吸引消费者进而拓宽农产品销售渠道，提高其品牌效益。

（三）健全防范化解因病返贫致贫监测预警机制，弱化返贫风险

首先，加强防返贫监管力度，严防脱贫不稳定户再返贫，致力于构建解决相对贫困的长效机制，实现"消除贫困，缩小收入差距，促进社会和谐"。其次，政府根据现实发展适度提高财政支农力度，同时鼓励保险公司及社会人员参与，形成多主体通力合作的格局，落实精准防贫保险保障政策。扩大可纳入防贫保险的主体范围，其中重点关注非高标准脱贫户和非贫低收入户。此外，提高政策制度的科学性和可实施性，明确各级政府和各级领导干部的责任和权利，严惩打击滥用职权谋取私利等行为，协同做好风险处置。

二、注重生态环境保护治理

（一）加强农村生态环境治理，实现农业农村绿色发展及农民绿色生活

首先，加强农业生态环境保护和污染防治，完善农产品产地环境监测网络，引进新型环境污染物检测技术，对污染严重地区重点监测，同时各区域联合协调管理，协同推进，综合治理，对排放严重的企业及肆意排污的加大处罚力度。其次，从顶层设计和政策具体实施两个角度展开，践行"绿水青山"和"低碳"的生产和生活理念，同时修复矿山和土壤及植被，保护生态系统多样性。随着生态文明建设的稳步推进及环境规制

政策的严格实施，"蓝天保卫战"极大地提升了国民的生态福祉水平，"两山论"指导下的高质量发展也取得了令人瞩目的成效，但新时代人民美好生活需要的供给效率与区域间不协调非均衡的发展矛盾已逐步成为束缚经济、社会、生态健康可持续发展的瓶颈。城市的发展归根结底是为人民谋福利，切实提高城市居民的生活满意度和幸福感。

（二）增强宣传力度，提高居民保护生态环境的意识

农村居民要增强自己的自主意识，在日常生活中规范自身行为。政府可从以下两个方面促进生态文明建设：一方面，政府机构要利用多样化的现代媒介，明确生态环境保护的重要性和紧迫性；另一方面，从实际操作层面通过技能培训使农村居民具备相应的生态环境保护能力，要同时具备意识和能力，避免出现"心有余而力不足"的情况，同时调动农民参与环境治理的积极性。

（三）制定合理的顶层设计和制度体系建设，消除生态环境保护不利因素

一是政府因地制宜出台规划，实施方案及未来蓝图，促进绿色低碳生产及绿色生活，进而为推动治理体系现代化提供依据和具体实施细则。二是要提升组织性，为环境治理提供现实保障。第一，实施严格的环境保护政策，发挥区域间的协调联动作用。以省会城市为代表的生态福利绩效高值第一梯队应积极帮扶省内表现逊色的城市，以实现福利水平的整体跃迁。东部发展较为完善的城市应发挥辐射带动作用，必要时对中西部地区给予扶持。中西部省份城市应抓住"西部大开发""中部崛起""一带一路"等发展契机，兼顾经济的绿色发展与居民福祉水平的提升。第二，打破行政区域边界局限，加大机制结构调整力度。针对生态福利绩效演变路径依赖问题，各城市的发展应适时地完善考核体系，充分强调效率激励与约束。当前南北影响弱化的空间格局逐渐形成，需要加强黄河流域与长江经济带、京津冀城市群、武汉城市圈的对话交流，构建跨区域互动合作平台，形成协同发展治理共同体。第三，贯彻新发展理念要求，探求绩效提升的内生动力。各城市在高质量发展的征程中须充分释放共享协调等新兴要素的活力，盘活环境政策的倒逼作用、合理控制城市规模、深化对外开放层次、制定科学系统的发展政策，让各要素的潜能无限涌动，为稳步推进促创新、调结构、重绿色、增福利的发展模式打下坚实基础。

三、促进农村消费提质升级

（一）优化农村消费环境，优化升级消费结构

消费者素质的提高是实现消费结构升级的基础，可以通过加强消费者教育、提高消费者的文化素养、推广健康的生活方式等，引导消费者更加注重品质、体验和文化内

涵。同时通过完善基础设施及制度优化营商环境，可大大激发释放农村消费潜力，发挥农村消费市场的经济拉动作用。首先，政府应加强监管及时发现农村消费市场存在的问题，提出针对性的政策建议。同时加强消费市场监管，弱化逆向选择、道德风险等市场失灵带来的市场扭曲。严厉打击消费市场违法违规行为，保持农村消费市场平稳有序。其次，政府应加强农村基础设施建设及公共服务供给，在此基础上实施一揽子税收优惠政策促进农产品的生产和流通，提升市场竞争力及销售额，为农村消费市场有效供给提供政策保障。最后，联合金融机构为消费者提供信用贷款、分期付款等选择方案，简化审批流程，同时降低智能化、绿色化产品税率，增加消费便捷性及产品质量，激发潜在需求。

（二）促进传统基础设施转型升级，赋能产业结构升级调整

完善农村基础设施建设，构建多级互通的物流体系提升商品生产和流通效率，优化消费环境。政府加大支持力度，通过政府支出和转移支付等其他政策促进企业引进现代物流管理技术和先进理念，提高农产品市场规模和市场潜力。与此同时，要不断促进农村生产性服务业发展，为农村消费升级奠定产业基础，借助直播电商等方式推动农村各类生产与生活消费的线上线下融合，促进生产消费升级，助推乡村产业振兴和农民增收。

（三）探索农村新零售业态，创新农村消费升级模式

各级部门要科学部署农村电商基础设施，培育新型农业经营模式，鼓励更多农户借助电商提高收益，提供免费的培训机会，为农产品开拓新的销路。根据农村消费市场特点制定针对性的政策，利用数字技术及数字平台对传统产业进行升级改造，选择适应经济形势的符合农村消费升级路径的发展模式。农产品销售存在农产品标准化程度低、农产品供货能力不足、包装有待完善、物流配送效率等亟须解决的问题，为此，要积极开展产销对接，减少信息不对称带来的资源配置效率损失的问题，尽力推动农产品的标准化、品质化和品牌化进程。

参考文献

[1] 艾伯特·赫希曼. 经济发展战略 [M]. 北京：经济科学出版社，1992.

[2] 白钦先，张坤. 再论普惠金融及其本质特征 [J]. 广东财经大学学报，2017，32（3）：39-44.

[3] 白雪，宋玉祥，浩飞龙. 东北地区"五化"协调发展的格局演变及影响机制 [J]. 地理研究，2018，37（1）：67-80.

[4] 毕宇珠，苟天来，张骞之，等. 战后德国城乡等值化发展模式及其启示——以巴伐利亚州为例 [J]. 生态经济，2012（5）：99-106.

[5] 蔡继明. 乡村振兴战略应与新型城镇化同步推进 [J]. 人民论坛·学术前沿，2018（10）：76-79.

[6] 曹宝明，顾松年. "新苏南发展模式"的演进历程与路径分析 [J]. 中国农村经济，2006（2）：63-68，80.

[7] 曹飞. 中国省域新型城镇化质量动态测度 [J]. 北京理工大学学报（社会科学版），2017，19（3）：108-115.

[8] 曹俊杰. 我国几种工业反哺农业模式比较研究 [J]. 农村经济，2017（3）：6-12.

[9] 曾繁荣，李玲蔚，贺正楚，等. 基本公共服务水平与新型城镇化动态关系研究 [J]. 中国软科学，2019（12）：150-160.

[10] 曾刚，尚勇敏，司月芳. 中国区域经济发展模式的趋同演化——以中国16种典型模式为例 [J]. 地理研究，2015，34（11）：2005-2020.

[11] 钞小静，任保平. 中国经济增长质量的时序变化与地区差异分析 [J]. 经济研究，2011，46（4）：26-40.

[12] 车俊. 聚力打造山海协作工程升级版 实现更高质量的区域协调发展 [J]. 政策瞭望，2018，186（6）：4-6.

[13] 陈斌开，林毅夫. 重工业优先发展战略、城市化和城乡工资差距 [J]. 南开经济研究，2010（1）：3-18.

[14] 陈丹，姚明明. 数字普惠金融对农村居民收入影响的实证分析 [J]. 上海金融，2019（6）：74-77.

[15] 陈凤桂, 张虹鸥, 吴旗韬, 等. 我国人口城镇化与土地城镇化协调发展研究 [J]. 人文地理, 2010, 25 (5): 53 – 58.

[16] 陈国生, 丁翠翠, 郭庆然. 基于熵值赋权法的新型工业化、新型城镇化与乡村振兴水平关系实证研究 [J]. 湖南社会科学, 2018 (6): 114 – 124.

[17] 陈慧女, 周伶. 中国农业科技创新模式变迁及策略选择 [J]. 科技进步与对策, 2014, 31 (17): 70 – 74.

[18] 陈劲, 尹西明, 赵闯, 等. 乡村创新系统的兴起 [J]. 科学与管理, 2018, 38 (1): 1 – 8.

[19] 陈敬胜. 南岭走廊产业扶贫的行动逻辑及运行机制 [J]. 江淮论坛, 2019 (4): 35 – 39.

[20] 陈磊, 姜海, 田双清. 县域城乡融合发展与农村土地制度改革: 理论逻辑与实现路径 [J]. 中国土地科学, 2022, 36 (9): 20 – 28.

[21] 陈立泰, 梁超. 环境约束下的中国城镇化效率及其影响因素研究 [J]. 科研管理, 2014, 35 (11): 178 – 186.

[22] 陈丽莎. 论新型城镇化战略对实现乡村振兴战略的带动作用 [J]. 云南社会科学, 2018 (6): 97 – 102.

[23] 陈萌山. 加快体制机制创新, 提升农业科技对现代农业发展的支撑能力 [J]. 农业经济问题, 2014 (10): 4 – 7.

[24] 陈明星, 叶超, 陆大道, 等. 中国特色新型城镇化理论内涵的认知与建构 [J]. 地理学报, 2019, 74 (4): 633 – 647.

[25] 陈祺琪, 张俊彪, 程琳琳, 等. 农业科技资源配置能力区域差异分析及驱动因子分解 [J]. 科研管理, 2016 (3): 110 – 123.

[26] 陈学云, 程长明. 乡村振兴战略的三产融合路径: 逻辑必然与实证判定 [J]. 农业经济问题, 2018 (11): 91 – 100.

[27] 陈亚军. 数字普惠金融促进乡村振兴发展的作用机制研究 [J]. 现代经济探讨, 2022 (6): 121 – 132.

[28] 陈秧分, 黄修杰, 王丽娟. 多功能理论视角下的中国乡村振兴评估 [J]. 中国农业资源与区划, 2018, 39 (6): 201 – 209.

[29] 陈秧分, 王国刚, 孙炜琳. 乡村振兴战略中的农业地位与农业发展 [J]. 农业经济问题, 2018 (1): 20 – 26.

[30] 陈哲, 李晓静, 夏显力, 等. 城镇化发展对农业绿色生产效率的影响 [J]. 统计与决策, 2021, 37 (12): 99 – 102.

[31] 陈振明. 政府治理变革的技术基础——大数据与智能化时代的政府改革述评 [J]. 行政论坛, 2015, 22 (6): 1 – 9.

［32］陈志军，徐飞雄．乡村旅游地旅游发展对乡村振兴的影响效应与机理——以关中地区为例［J］．经济地理，2022，42（2）：231－240.

［33］成翠平．我国农业科技创新面临的问题及对策［J］．农业经济，2017（4）：17－19.

［34］程聪，严璐璐，曹烈冰．大数据决策中数据结构转变：基于杭州城市大脑"交通治堵"应用场景的案例分析［J］．管理世界，2023，39（12）：165－185.

［35］程莉．产业结构的合理化、高级化会否缩小城乡收入差距——基于1985～2011年中国省级面板数据的经验分析［J］．现代财经（天津财经大学学报），2014，34（11）：82－92.

［36］程琳琳，张俊飚，田云，等．中国省域农业碳生产率的空间分异特征及依赖效应［J］．资源科学，2016，38（2）：276－289.

［37］程名望，张家平．互联网普及与城乡收入差距：理论与实证［J］．中国农村经济，2019（2）：19－41.

［38］程长明，陈学云．安徽省农业现代化发展水平测度与评价［J］．安顺学院学报，2019，21（6）：105－110.

［39］丛海彬，段巍，吴福象．新型城镇化中的产城融合及其福利效应［J］．中国工业经济，2017（11）：62－80.

［40］单卓然，黄亚平．"新型城镇化"概念内涵、目标内容、规划策略及认知误区解析［J］．城市规划学刊，2013（2）：16－22.

［41］邓悦，郅若平．新时代下城乡社会保障制度整合现状与路径分析［J］．理论月刊，2019（6）：131－136.

［42］邓宗兵，宗树伟，苏聪文，等．长江经济带生态文明建设与新型城镇化耦合协调发展及动力因素研究［J］．经济地理，2019，39（10）：78－86.

［43］丁静．新时代乡村振兴与新型城镇化的战略融合及协调推进［J］．社会主义研究，2019（5）：74－81.

［44］董文静，王昌森，张震．山东省乡村振兴与乡村旅游时空耦合研究［J］．地理科学，2020，40（4）：628－636.

［45］董晓峰，杨春志，刘星光．中国新型城镇化理论探讨［J］．城市发展研究，2017，24（1）：26－34.

［46］董玉峰，陈俊兴，杜崇东．数字普惠金融减贫：理论逻辑、模式构建与推进路径［J］．南方金融，2020（2）：64－73.

［47］豆书龙，叶敬忠．乡村振兴与脱贫攻坚的有机衔接及其机制构建［J］．改革，2019（1）：19－29.

［48］杜传忠，王鑫，刘忠京．制造业与生产性服务业耦合协同能提高经济圈竞争

力吗？——基于京津冀与长三角两大经济圈的比较 [J]. 产业经济研究，2013（6）：19－28.

［49］杜国明，薛濡壕，王介勇. 村域尺度乡村振兴评价及推进路径——以黑龙江省拜泉县为例 [J]. 经济地理，2021，41（8）：19－27.

［50］杜姣. 城乡关系的实践类型与乡村振兴的分类实践 [J]. 探索，2020（1）：142－153.

［51］杜金岷，韦施威，吴文洋. 数字普惠金融促进了产业结构优化吗？ [J]. 经济社会体制比较，2020（6）：38－49.

［52］段龙龙. 新型城镇化与乡村振兴协同发展路径：逆城镇化视角 [J]. 现代经济探讨，2021（5）：10－16.

［53］段巍，王明，吴福象. 中国式城镇化的福利效应评价（2000～2017）——基于量化空间模型的结构估计 [J]. 经济研究，2020，55（5）：166－182.

［54］樊鹏飞，梁流涛，李炎埔，等. 基于系统耦合视角的京津冀城镇化协调发展评价 [J]. 资源科学，2016，38（12）：2361－2374.

［55］樊士德，柏若云. 外商直接投资对新型城镇化的影响 [J]. 中国人口科学，2022（4）：60－73，127.

［56］范昊，景普秋. 基于互动融合的中国城乡关联——共生发展区域测度研究 [J]. 商业研究，2018（8）：45－54.

［57］范擎宇，杨山，胡信. 耦合视角下长三角地区城镇化协调度的时空特征及交互机制 [J]. 地理研究，2020，39（2）：289－302.

［58］范擎宇，杨山. 长三角地区城镇化协调发展的空间特征及形成机理 [J]. 地理科学进展，2021，40（1）：124－134.

［59］方创琳，王德利. 中国城市化发展质量的综合测度与提升路径 [J]. 地理研究，2011，30（11）：1931－1946.

［60］方创琳，周成虎，王振波. 长江经济带城市群可持续发展战略问题与分级梯度发展重点 [J]. 地理科学进展，2015，34（11）：1398－1408.

［61］费孝通. 中国城乡发展的道路——我一生的研究课题 [J]. 中国社会科学，1993（1）：3－13.

［62］付强，刘星，计方. 商业银行流动性风险评价 [J]. 金融论坛，2013，18（4）：9－16.

［63］傅利平，刘凤，孙雪松. 京津冀城市群公共服务与新型城镇化耦合发展研究 [J]. 城市问题，2020（8）：4－13.

［64］傅秋子，黄益平. 数字金融对农村金融需求的异质性影响——来自中国家庭金融调查与北京大学数字普惠金融指数的证据 [J]. 金融研究，2018（11）：68－84.

［65］傅为一，段宜嘉，熊曦．科技创新、产业集聚与新型城镇化效率［J］．经济地理，2022，42（1）：90－97．

［66］傅振邦，陈先勇．城市化、产业结构变动与城乡收入差距——以湖北省为例［J］．中南财经政法大学学报，2012（6）：8－14，142．

［67］高波，孔令池．中国城乡融合发展的经济增长效应分析［J］．农业技术经济，2019（8）：4－16．

［68］高宏伟，李阳，王金桃．新型城镇化发展的三维逻辑研究：政府、市场与社会［J］．经济问题，2018（3）：100－105．

［69］葛鹏飞，韩永楠，武宵旭．中国创新与经济发展的耦合协调性测度与评价［J］．数量经济技术经济研究，2020，37（10）：101－117．

［70］耿宏兵，曹广忠．苏南小城镇目前面临的困境与再发展对策——以江阴市澄东片区发展规划研究为例［J］．城市规划学刊，2009（6）：53－59．

［71］龚强，张一林，林毅夫．产业结构、风险特性与最优金融结构［J］．经济研究，2014，49（4）：4－16．

［72］龚沁宜，成学真．数字普惠金融、农村贫困与经济增长［J］．甘肃社会科学，2018（6）：139－145．

［73］古斯塔夫．拉尼斯，费景汉．一个经济发展理论［J］．美国经济评论，1961（9）：533－565．

［74］顾松年．从城乡经济协同转型中再创苏南领先优势——探析苏南模式的区域化演进［J］．现代经济探讨，2002（5）：3－7．

［75］顾松年．对"苏南模式"再认识三题［J］．江苏经济探讨，1998（8）：17－19．

［76］顾伟，葛幼松．中国省域绿色化的时空演变及影响因素研究［J］．生态经济，2018，34（4）：80－85．

［77］桂华．论新型城镇化与乡村振兴战略的衔接［J］．贵州社会科学，2020（9）：155－161．

［78］郭朝先，苗雨菲．数字经济促进乡村产业振兴的机理与路径［J］．北京工业大学学报（社会科学版），2023，23（1）：98－108．

［79］郭峰，王靖一，王芳，等．测度中国数字普惠金融发展：指数编制与空间特征［J］．经济学（季刊），2020，19（4）：1401－1418．

［80］郭君平，曲颂，刘合光．中国城乡关系的演进脉络、结构性失衡及重构方略［J］．改革，2022（9）：83－93．

［81］郭守亭，张旺虎，熊颖．数字经济赋能城乡协调发展的实证研究［J］．南京审计大学学报，2022，19（5）：81－89．

［82］郭晓刚. 东北老工业基地三次产业协调发展研究——以吉林市为例［J］. 人民论坛，2013（20）：230－231.

［83］郭晓鸣，虞洪. 具有区域特色优势的产业扶贫模式创新——以四川省苍溪县为例. 贵州社会科学，2018（5）：142－150.

［84］郭跃，严岩平. 新型城镇化进程中宁波城市服务业发展路径探索［J］. 宁波经济（三江论坛），2017，442（2）：11－13.

［85］国务院发展研究中心农村部课题组，叶兴庆，徐小青. 从城乡二元到城乡一体——我国城乡二元体制的突出矛盾与未来走向［J］. 管理世界，2014（9）：1－12.

［86］哈肯. 协同学导论［M］. 张纪岳、郭治安译，西安：西北大学出版社，1981.

［87］韩海彬，吴伟波. 新型城镇化与土地集约利用交互效应分析——基于 PVAR 模型的京津冀城市群综合评价［J］. 城市问题，2020（7）：11－20.

［88］韩永辉，黄亮雄，王贤彬. 产业政策推动地方产业结构升级了吗？——基于发展型地方政府的理论解释与实证检验［J］. 经济研究，2017，52（8）：33－48.

［89］何仁伟. 城乡融合与乡村振兴：理论探讨、机理阐释与实现路径［J］. 地理研究，2018，37（11）：2127－2140.

［90］何宜庆，吴铮波，吴涛. 金融空间特征、技术创新能力与产业结构升级——以八大经济区为例［J］. 经济经纬，2020，37（1）：96－104.

［91］贺三维，邵玺. 京津冀地区人口—土地—经济城镇化空间集聚及耦合协调发展研究［J］. 经济地理，2018，38（1）：95－102.

［92］贺文华. 新型城镇化与农业现代化协调发展研究——基于城乡一体化的视角［J］. 山西农业大学学报（社会科学版），2017，16（8）：38－46.

［93］贺艳华，李民，宾津佑，等. 近 10 年来中国城乡一体化空间组织研究进展与展望［J］. 地理科学进展，2017，36（2）：219－230.

［94］贺艳华，周国华，唐承丽，等. 城市群地区城乡一体化空间组织理论初探［J］. 地理研究，2017，36（2）：241－252.

［95］洪名勇，张安琪. 农民视角下的乡村振兴：选择、困境与策略［J］. 农业经济问题，2023：1－9.

［96］洪银兴，陈宝敏. "苏南模式"的新发展——兼与"温州模式"比较［J］. 宏观经济研究，2001（7）：29－34，52.

［97］洪银兴，刘伟，高培勇，等. "习近平新时代中国特色社会主义经济思想"笔谈［J］. 中国社会科学，2018（9）：4－73，204－205.

［98］洪银兴. 工业和城市反哺农业、农村的路径研究——长三角地区实践的理论思考［J］. 经济研究，2007（8）：13－20.

[99] 侯纯光，程钰，任建兰．山东省"新五化"协调发展时空演变 [J]．经济地理，2016，36（10）：60－68．

[100] 侯纯光，任建兰，程钰，等．中国绿色化进程空间格局动态演变及其驱动机制 [J]．地理科学，2018，38（10）：1589－1596．

[101] 侯国林，黄震方．旅游地社区参与度熵权层次分析评价模型与应用 [J]．地理研究，2010，29（10）：1802－1813．

[102] 侯静轩，张恩嘉，龙瀛．多尺度城市空间网络研究进展与展望．国际城市规划，2021，36（4）：17－24．

[103] 胡彪，张旭东，程达，等．京津冀地区城市化效率与生态效率时空耦合关系研究 [J]．干旱区资源与环境，2017，31（8）：56－62．

[104] 胡月，田志宏．如何实现乡村的振兴？——基于美国乡村发展政策演变的经验借鉴 [J]．中国农村经济，2019（3）：128－144．

[105] 黄承伟．新时代乡村振兴战略的全面推进 [J]．人民论坛，2022（24）：44－49．

[106] 黄繁华，李浩．推进长三角一体化对城乡收入差距的影响 [J]．苏州大学学报（哲学社会科学版），2021，42（5）：42－50．

[107] 黄开腾．城乡协同：新型城镇化背景下乡村治理的新思路 [J]．云南行政学院学报，2016，18（4）：123－129．

[108] 黄秋萍，胡宗义，刘亦文．中国普惠金融发展水平及其贫困减缓效应 [J]．金融经济学研究，2017，32（6）：75－84．

[109] 黄群慧，余泳泽，张松林．互联网发展与制造业生产率提升：内在机制与中国经验 [J]．中国工业经济，2019（8）：5－23．

[110] 黄益平，黄卓．中国的数字金融发展：现在与未来 [J]．经济学（季刊），2018，17（4）：1489－1502．

[111] 黄永春，官尚俊，邹晨，等．数字经济、要素配置效率与城乡融合发展 [J]．中国人口·资源与环境，2022，32（10）：77－87．

[112] 黄禹，霍建军，刘杨，等．实施乡村振兴战略强化农村基础设施建设的现实意义和实现路径 [J]．农业经济，2023（4）：30－32．

[113] 黄祖辉．准确把握中国乡村振兴战略 [J]．中国农村经济，2018（4）：2－12．

[114] 惠献波．数字普惠金融扶贫效应及巩固研究 [J]．价格理论与实践，2020（3）：115－118．

[115] 贾晋，李雪峰，申云．乡村振兴战略的指标体系构建与实证分析 [J]．财经科学，2018（11）：70－82．

[116] 贾兴梅, 李俊, 贾伟. 安徽省新型城镇化协调水平测度与比较 [J]. 经济地理, 2016, 36 (2): 80 - 86.

[117] 江苏全面小康研究课题组, 洪银兴. 新苏南模式及其对建设全面小康社会的意义 [J]. 江苏社会科学, 2006 (2): 207 - 212.

[118] 江艇. 因果推断经验研究中的中介效应与调节效应 [J]. 中国工业经济, 2022 (5): 100 - 120.

[119] 江孝君, 杨青山, 刘鉴. 中国地级以上城市"五化"协调发展时空格局及影响因素 [J]. 地理科学进展, 2017, 36 (7): 806 - 819.

[120] 姜长云. 建立健全城乡融合发展的体制机制和政策体系 [J]. 区域经济评论, 2018, 33 (3): 114 - 116.

[121] 姜长云. 全面把握实施乡村振兴战略的丰富内涵 [J]. 农村工作通讯, 2017 (22): 19 - 21.

[122] 蒋晓敏, 周战强, 张博尧. 数字普惠金融与流动人口家庭相对贫困 [J]. 中央财经大学学报, 2022 (3): 45 - 58.

[123] 蒋正云, 胡艳. 中部地区新型城镇化与农业现代化耦合协调机制及优化路径 [J]. 自然资源学报, 2021, 36 (3): 702 - 721.

[124] 蒋正云, 胡艳. 中国新型城镇化高质量发展时空格局及异质性演化分析 [J]. 城市问题, 2021 (3): 4 - 16.

[125] 蒋智华. 全球金融危机下对我国农村消费市场的思考 [J]. 农村经济与科技, 2009, 20 (8): 81 - 82.

[126] 焦贝贝, 张治河, 刘海猛, 等. 乡村振兴战略下欠发达地区农村创新能力评价——以甘肃省86个县级行政单元为例 [J]. 经济地理, 2020, 40 (1): 132 - 139, 172.

[127] 鞠晴江. 道路基础设施、经济增长和减贫——基于四川的实证分析 [J]. 软科学, 2006 (6): 52 - 55.

[128] 柯福艳, 张社梅, 徐红玳. 生态立县背景下山区跨越式新农村建设路径研究——以安吉"中国美丽乡村"建设为例 [J]. 生态经济, 2011 (5): 113 - 116.

[129] 柯蕴颖, 王光辉, 刘勇. 城市群一体化促进区域产业结构升级了吗 [J]. 经济学家, 2022 (7): 62 - 75.

[130] 孔凡斌, 陈胜东. 新时代我国实施区域协调发展战略的思考 [J]. 企业经济, 2018, 37 (3): 17 - 22.

[131] 孔翔, 杨帆. "产城融合"发展与开发区的转型升级——基于对江苏昆山的实地调研 [J]. 经济问题探索, 2013 (5): 124 - 128.

[132] 蓝庆新, 刘昭洁, 彭一然. 中国新型城镇化质量评价指标体系构建及评价方

法——基于 2003 ~ 2014 年 31 个省市的空间差异研究 [J]. 南方经济, 2017 (1):
111 - 126.

[133] 雷娜, 郑传芳. 乡村振兴与新型城镇化关系的实证分析 [J]. 统计与决策,
2020, 36 (11): 67 - 72.

[134] 李聪, 王磊, 李明来. 鱼和熊掌不可兼得? 易地搬迁, 家庭贫困与收入分异
[J]. 中国人口·资源与环境, 2020 (7): 140 - 150.

[135] 李加林, 龚虹波, 许继琴. 宁波农村城市化与城乡协调发展 [J]. 南京师
大学报 (自然科学版), 2003 (2): 100 - 106.

[136] 李建军, 韩珣. 普惠金融、收入分配和贫困减缓——推进效率和公平的政策
框架选择 [J]. 金融研究, 2019 (3): 129 - 148.

[137] 李金华. "十四五" 规划背景下长江经济带发展的政策、格局与路径 [J].
财贸经济, 2022, 43 (4): 129 - 146.

[138] 李兰冰, 高雪莲, 黄玖立. "十四五" 时期中国新型城镇化发展重大问题展
望 [J]. 管理世界, 2020, 36 (11): 7 - 22.

[139] 李亮. 产业结构、二元经济结构变迁对城乡收入差距的影响研究 [J]. 统
计与决策, 2014 (18): 103 - 106.

[140] 李露, 徐维祥, 郑金辉. 黄河流域城镇化进程与生态效率的空间交互效应研
究 [J]. 经济经纬, 2022, 39 (5): 25 - 34.

[141] 李露, 徐维祥. 农村人口老龄化效应下农业生态效率的变化 [J]. 华南农
业大学学报 (社会科学版), 2021, 20 (2): 14 - 29.

[142] 李梦娜. 新型城镇化与乡村振兴的战略耦合机制研究 [J]. 当代经济管理,
2019, 41 (5): 10 - 15.

[143] 李苗, 苗红萍, 苏武峥, 等. 农业科技创新评价模型的构建与应用研究
[J]. 新疆农业科学, 2016, 53 (6): 1159 - 1165.

[144] 李牧辰, 封思贤, 谢星. 数字普惠金融对城乡收入差距的异质性影响研究
[J]. 南京农业大学学报 (社会科学版), 2020, 20 (3): 132 - 145.

[145] 李宁慧, 龙花楼. 实现巩固拓展脱贫攻坚成果同乡村振兴有效衔接的内涵、
机理与模式 [J]. 经济地理, 2022, 42 (4): 1 - 7, 18.

[146] 李庆华, 张博. 全面推进乡村振兴视阈下优秀乡土文化的传承与创新 [J].
学习与探索, 2021 (9): 76 - 81.

[147] 李圣军. 城镇化模式的国际比较及其对应发展阶段 [J]. 改革, 2013 (3):
81 - 90.

[148] 李硕硕, 刘耀彬, 骆康. 环鄱阳湖县域新型城镇化对碳排放强度的空间溢出
效应 [J]. 资源科学, 2022, 44 (7): 1449 - 1462.

［149］李涛，廖和平，杨伟，等．重庆市"土地、人口、产业"城镇化质量的时空分异及耦合协调性［J］．经济地理，2015，35（5）：65－71.

［150］李天祥，刘星宇，王容博，等．2000～2019年全球猪肉贸易格局演变及其对中国的启示——基于复杂贸易网络分析视角．自然资源学报，2021，36（6）：1557－1572.

［151］李为，伍世代．绿色化与城镇化动态耦合探析——以福建省为例［J］．福建师范大学学报（哲学社会科学版），2016（4）：1－8，166.

［152］李文，庄亚明．中国西部新型城镇化建设综合测度及金融支持研究［J］．经济问题探索，2017（1）：72－81.

［153］李小云，于乐荣，唐丽霞．新中国成立后70年的反贫困历程及减贫机制．中国农村经济，2019（10）：2－18.

［154］李晓园，刘雨濛．数字普惠金融如何促进农村创业？［J］．经济管理，2021，43（12）：24－40.

［155］李晓钟，李俊雨．数字经济发展对城乡收入差距的影响研究［J］．农业技术经济，2022（2）：77－93.

［156］李寻欢，周扬，陈玉福．区域多维贫困测量的理论与方法．地理学报，2020，75（4）：753－768.

［157］李一格，吴上．乡村旅游引导乡村振兴的机理阐释与典型模式比较［J］．西北农林科技大学学报（社会科学版），2022，22（5）：82－90.

［158］李志平．"送猪崽"与"折现金"：我国产业精准扶贫的路径分析与政策模拟研究．财经研究，2017，43（4）：68－81.

［159］李治国，车帅，王杰．数字经济发展与产业结构转型升级——基于中国275个城市的异质性检验［J］．广东财经大学学报，2021，36（5）：27－40.

［160］李智，张小林，李红波，等．江苏典型县域城乡聚落规模体系的演化路径及驱动机制［J］．地理学报，2018，73（12）：2392－2408.

［161］李子联．人口城镇化滞后于土地城镇化之谜——来自中国省际面板数据的解释［J］．中国人口·资源与环境，2013，23（11）：94－101.

［162］梁丰，程均丽．地方政府行为、金融发展与产业结构升级——基于省际动态面板数据的实证分析［J］．华东经济管理，2018，32（11）：68－75.

［163］梁琦，肖素萍，李梦欣．数字经济发展提升了城市生态效率吗：基于产业结构升级视角［J］．经济问题探索，2021（6）：82－92.

［164］梁双陆，刘培培．数字普惠金融、教育约束与城乡收入收敛效应［J］．产经评论，2018，9（2）：128－138.

［165］梁双陆，刘培培．数字普惠金融与城乡收入差距［J］．首都经济贸易大学

学报，2019，21（1）：33－41.

［166］廖文梅，虞娟娟，袁若兰. 脱贫攻坚与乡村振兴的耦合协同性——基于不同时序脱贫县（市）的比较［J］. 中国人口·资源与环境，2020，30（10）：132－142.

［167］廖珍珍，茹少峰. 数字金融发展对二氧化碳排放增减叠加效应的理论分析与实证检验［J］. 经济问题探索，2022（9）：117－132.

［168］林伯强，杜克锐. 要素市场扭曲对能源效率的影响［J］. 经济研究，2013，48（9）：125－136.

［169］刘承良，牛彩澄. 东北三省城际技术转移网络的空间演化及影响因素. 地理学报，2019，74（10）：2092－2107.

［170］刘承良，熊剑平，龚晓琴，等. 武汉城市圈经济—社会—资源—环境协调发展性评价［J］. 经济地理，2009，29（10）：1650－1654，1695.

［171］刘程军，周建平，蒋建华，等. 电子商务背景下县域物流的空间联系及其网络结构研究——以浙江省为例［J］. 地理科学，2019，39（11）：1719－1728.

［172］刘合光. 乡村振兴战略的关键点、发展路径与风险规避［J］. 新疆师范大学学报（哲学社会科学版），2018，39（3）：25－33.

［173］刘杰，张杰利，张华泉. 中国农村金融改革的变迁历程、演化路径与趋向研判［J］. 农村金融研究，2021（4）：24－33.

［174］刘竞文. 绿色发展与田园综合体建设：模式、经验与路径［J］. 世界农业，2018（2）：35－41.

［175］刘俊杰. 我国城乡关系演变的历史脉络：从分割走向融合［J］. 华中农业大学学报（社会科学版），2020（1）：84－92，166.

［176］刘俊祥，曾森. 中国乡村数字治理的智理属性、顶层设计与探索实践［J］. 兰州大学学报（社会科学版），2020，48（1）：64－71.

［177］刘凯，任建兰，王成新. 中国绿色化的演变特征及其影响因素［J］. 城市问题，2016（4）：11－17.

［178］刘儒，刘江，王舒弘. 乡村振兴战略：历史脉络、理论逻辑、推进路径［J］. 西北农林科技大学学报（社会科学版），2020，20（2）：1－9.

［179］刘赛红，杨颖. 金融资源配置与乡村产业振兴的交互作用及其空间溢出效应［J］. 经济问题，2021（11）：98－106.

［180］刘胜，陈秀英. 金融服务业与制造业空间协同分布驱动制造业转型升级了吗［J］. 金融经济学研究，2019，34（1）：111－120.

［181］刘叔申，吕凯波. 财政支出结构、产业结构和城乡居民收入差距——基于1978～2006年省级面板数据的研究［J］. 经济问题，2011（11）：42－45.

［182］刘顺平，朱丹娜，刘怡君. 数字普惠金融推动脱贫攻坚的优势分析、具体实

践与路径选择 [J]. 西部金融, 2017 (4): 87 - 89, 97.

[183] 刘卫柏, 于晓媛, 袁鹏举. 产业扶贫对民族地区贫困农户生计策略和收入水平的影响 [J]. 经济地理, 2019, 39 (11): 175 - 182.

[184] 刘新梅, 韩林芝, 郑江华, 等. 贫困县多维综合贫困度时空分异特征及其驱动机制——以南疆四地州深度贫困地区贫困县为例 [J]. 经济地理, 2019, 39 (7): 165 - 174.

[185] 刘亚男, 王青. 中国乡村振兴的时空格局及其影响因素 [J]. 经济问题探索, 2022 (9): 12 - 25.

[186] 刘彦随, 严镔, 王艳飞. 新时期中国城乡发展的主要问题与转型对策 [J]. 经济地理, 2016, 36 (7): 1 - 8.

[187] 刘彦随, 周扬, 李玉恒. 中国乡村地域系统与乡村振兴战略 [J]. 地理学报, 2019, 74 (12): 2511 - 2528.

[188] 刘彦随. 中国新时代城乡融合与乡村振兴 [J]. 地理学报, 2018, 73 (4): 637 - 650.

[189] 刘逸. 战略耦合的研究脉络与问题 [J]. 地理研究, 2018, 37 (7): 1421 - 1434.

[190] 刘姿均, 陈文俊. 中国互联网发展水平与经济增长关系实证研究 [J]. 经济地理, 2017, 37 (8): 108 - 113, 154.

[191] 龙圣锦, 陶弈成. 农村宅基地使用权抵押的权属障碍与破解路径 [J]. 现代经济探讨, 2018, 443 (11): 42 - 50.

[192] 卢新海, 柯楠, 匡兵, 等. 中部地区土地城镇化水平差异的时空特征及影响因素 [J]. 经济地理, 2019, 39 (4): 192 - 198.

[193] 芦凤英, 庞智强, 邓光耀. 中国乡村振兴发展的区域差异测度及形成机理 [J]. 经济问题探索, 2022 (4): 19 - 36.

[194] 陆大道, 姚士谋, 李国平, 等. 基于我国国情的城镇化过程综合分析 [J]. 经济地理, 2007 (6): 883 - 887.

[195] 陆铭, 向宽虎, 陈钊. 中国的城市化和城市体系调整: 基于文献的评论 [J]. 世界经济, 2011 (6): 3 - 25.

[196] 陆益龙. 百年中国农村发展的社会学回眸 [J]. 中国社会科学, 2021 (7): 44 - 62, 205.

[197] 罗翔, 李崇明, 万庆, 等. 贫困的 "物以类聚": 中国的农村空间贫困陷阱及其识别. 自然资源学报, 2020, 35 (10): 2460 - 2472.

[198] 罗小锋, 袁青. 新型城镇化与农业技术进步的时空耦合关系 [J]. 华南农业大学学报 (社会科学版), 2017, 16 (2): 19 - 27.

［199］罗志刚．中国城乡社会协同治理的逻辑进路［J］．江汉论坛，2018（2）：74－79．

［200］吕承超，崔悦．乡村振兴发展：指标评价体系、地区差距与空间极化［J］．农业经济问题，2021（5）：20－32．

［201］吕云涛，张为娟．德国土地整治的特点及对中国的启示［J］．世界农业，2015（6）：49－52．

［203］马德功，王建英．我国西部地区新型城镇化质量测算与评价——基于12个省份的面板数据分析［J］．经济体制改革，2016（2）：54－60．

［203］马述忠，胡增玺．数字金融是否影响劳动力流动？——基于中国流动人口的微观视角［J］．经济学（季刊），2022，22（1）：303－322．

［204］马亚明，周璐．基于双创视角的数字普惠金融促进乡村振兴路径与机制研究［J］．现代财经（天津财经大学学报），2022，42（2）：3－20．

［205］马艳．区域"五化同步"发展水平测度与影响因素分析——以湖北省为分析样本［J］．湖北社会科学，2016（12）：60－67．

［206］马义华，曾洪萍．推进乡村振兴的科学内涵和战略重点［J］．农村经济，2018（6）：11－16．

［207］马彧菲，杜朝运．普惠金融指数测度及减贫效应研究［J］．经济与管理研究，2017，38（5）：45－53．

［208］马正兵．产业结构调整与增进城乡收入实证研究［J］．新疆财经大学学报，2008（1）：25－30．

［209］迈克尔·P.托达罗．经济发展［M］．黄卫平等译．北京：中国经济出版社，1999．

［210］毛锦凰．乡村振兴评价指标体系构建方法的改进及其实证研究［J］．兰州大学学报（社会科学版），2021，49（3）：47－58．

［211］孟令国，陈烜．农村金融发展和乡村振兴的耦合分析及空间溢出效应——以广东省20个地级市为例［J］．广东财经大学学报，2022（5）：100－112．

［212］孟照海．教育扶贫政策的理论依据及实现条件——国际经验与本土思考．教育研究，2016，37（11）：47－53．

［213］莫怡青，李力行．零工经济对创业的影响——以外卖平台的兴起为例［J］．管理世界，2022，38（2）：3，31－45．

［214］牟晓伟，盛志君，赵天唯．我国数字金融发展对产业结构优化升级的影响［J］．经济问题，2022（5）：10－20．

［215］缪尔达尔．经济理论与不发达地区［M］．达尔沃思出版社，1957．

［216］年猛．中国城乡关系演变历程、融合障碍与支持政策［J］．经济学家，

2020 (8)：70-79.

[217] 聂建亮，吴玉锋. 社会保障助力乡村振兴：基础、路径与提升策略 [J].
农村经济，2021 (12)：10-17.

[218] 农贵新. 从统筹城乡发展向全域都市化转型的思考——基于宁波的个案剖析
[J]. 宁波经济（三江论坛），2010，274 (2)：10-13.

[219] 欧阳慧，李智. 适应未来发展需要的城镇化战略研究 [J]. 宏观经济研究，
2021 (7)：16-25，88.

[220] 欧阳志刚. 中国城乡经济一体化的推进是否阻滞了城乡收入差距的扩大
[J]. 世界经济，2014，37 (2)：116-135.

[221] 潘家恩，吴丹，刘坤. 乡村要素何以回流？——福建省屏南县文创推进乡村
振兴的经验与启示 [J]. 中国农业大学学报（社会科学版），2022，39 (1)：75-90.

[222] 潘竟虎，胡艳兴. 基于夜间灯光数据的中国多维贫困空间识别 [J]. 经济
地理，2016，36 (11)：124-131.

[223] 彭冲，陈乐一，韩峰. 新型城镇化与土地集约利用的时空演变及关系 [J].
地理研究，2014，33 (11)：2005-2020.

[224] 普里戈金. 从存在到演化 [M]. 曾庆宏，等译. 上海：上海科学技术出版
社，1986.

[225] 戚晓旭，杨雅维，杨智尤. 新型城镇化评价指标体系研究 [J]. 宏观经济
管理，2014 (2)：51-54.

[226] 戚聿东，刘翠花，丁述磊. 数字经济发展、就业结构优化与就业质量提升
[J]. 经济学动态，2020 (11)：17-35.

[227] 綦良群，张庆楠. 我国装备制造业与生产性服务业网式融合影响因素研究
[J]. 科技进步与对策，2018，35 (13)：64-71.

[228] 钱鹏岁，孙姝. 数字普惠金融发展与贫困减缓——基于空间杜宾模型的实证
研究 [J]. 武汉金融，2019 (6)：39-46.

[229] 乔耀章，巩建青. 城乡一体化进程中的城乡社会协同治理 [J]. 行政论坛，
2016，23 (3)：62-68.

[230] 秦奇，吴良，李飞，等. 基于社会网络分析的东南亚地缘关系研究. 地理学
报，2018，73 (10)：2014-2030.

[231] 邱泽奇，张树沁，刘世定，等. 从数字鸿沟到红利差异——互联网资本的视
角 [J]. 中国社会科学，2016 (10)：93-115，203-204.

[232] 曲海燕. 以县域为整体推进乡村振兴的现实思考 [J]. 经济界，2021 (3)：
92-96.

[233] 任碧云，郭猛. 我国新型城镇化高质量发展的策略研究 [J]. 经济纵横，

2021 (5)：110 – 116.

[234] 任碧云，李柳颖. 数字普惠金融是否促进农村包容性增长——基于京津冀 2114 位农村居民调查数据的研究 [J]. 现代财经（天津财经大学学报），2019，39 (4)：3 – 14.

[235] 邵海琴，吴卫，王兆峰. 长江经济带旅游资源绿色利用效率与新型城镇化的时空耦合协调 [J]. 经济地理，2021，41 (8)：204 – 213.

[236] 邵汉华，周磊，刘耀彬. 中国创新发展的空间关联网络结构及驱动因素 [J]. 科学学研究，2018，36 (11)：2055 – 2069.

[237] 邵帅，范美婷，杨莉莉. 经济结构调整、绿色技术进步与中国低碳转型发展——基于总体技术前沿和空间溢出效应视角的经验考察 [J]. 管理世界，2022，38 (2)：46 – 69，44 – 10.

[238] 申始占，王鹏飞. 乡村旅游助力乡村振兴的逻辑机理、现实困境与突破路径 [J]. 西北农林科技大学学报（社会科学版），2022，22 (5)：72 – 81.

[239] 沈妩. 城乡一体化进程中乡村文化的困境与重构 [J]. 理论与改革，2013 (4)：156 – 159.

[240] 沈宏亮，张佳，郝宇彪. 乡村振兴视角下产业扶贫政策的增收效应研究——基于入户调查的微观证据 [J]. 经济问题探索，2020 (4)：173 – 183.

[241] 史敦友. 中国省际工业绿色化评价及空间差异性研究 [J]. 贵州财经大学学报，2019 (4)：80 – 88.

[242] 史恩义，王娜. 金融发展、产业转移与中西部产业升级 [J]. 南开经济研究，2018 (6)：3 – 19.

[243] 史晋川，朱康对. 温州模式研究：回顾与展望 [J]. 浙江社会科学，2002 (3)：5 – 17.

[244] 宋林，张杨，郭玉晶. 环境约束下陕西城镇化效率的区域差异及空间格局 [J]. 人文地理，2016，31 (6)：115 – 122.

[245] 宋林飞. 苏南区域率先发展实践与理论的探索——从"苏南模式""新苏南模式"到"苏南现代化模式"[J]. 南京社会科学，2019 (1)：1 – 10.

[246] 宋祺佞，吕斌. 城市低碳发展与新型城镇化耦合协调研究——以中国低碳试点城市为例 [J]. 北京理工大学学报（社会科学版），2017，19 (2)：20 – 27.

[247] 宋伟，张保珍，杨海芬. 数字普惠金融对农户创业的影响机理及实证分析 [J]. 技术经济与管理研究，2022 (2)：99 – 104.

[248] 宋晓玲. "互联网＋"普惠金融是否影响城乡收入均衡增长？——基于中国省际面板数据的经验分析 [J]. 财经问题研究，2017 (7)：50 – 56.

[249] 宋晓玲. 数字普惠金融缩小城乡收入差距的实证检验 [J]. 财经科学，

2017 (6)：14 - 25.

[250] 宋永华，陈昌兵，杨祥雪．财政支农真的能促进城乡共同富裕吗——基于城乡异质性动态随机一般均衡模型的研究 [J]．上海经济研究，2022 (2)：115 - 128.

[251] 苏小庆，王颂吉，白永秀．新型城镇化与乡村振兴联动：现实背景、理论逻辑与实现路径 [J]．天津社会科学，2020 (3)：96 - 102.

[252] 孙德超，李扬．试析乡村教育振兴——基于城乡教育资源共生的理论考察 [J]．教育研究，2020，41 (12)：57 - 66.

[253] 孙继国，侯非凡．金融科技、产业结构升级与农民生活富裕——基于全国地级以上城市的实证分析 [J]．福建论坛（人文社会科学版），2021 (5)：106 - 117.

[254] 孙九霞，徐新建，王宁，等．旅游对全面脱贫与乡村振兴作用的途径与模式——"旅游扶贫与乡村振兴"专家笔谈 [J]．自然资源学报，2021，36 (10)：2604 - 2614.

[255] 孙久文，唐泽地．中国产业扶贫模式演变及其对"一带一路"国家的借鉴意义 [J]．西北师大学报（社会科学版），2017，54 (6)：5 - 10.

[256] 孙良顺，田泽．迈向更高水平城乡融合的新型城镇化——基于"城乡两栖"的讨论 [J]．经济学家，2022 (6)：39 - 47.

[257] 孙学涛，于婷，于法稳．新型城镇化对共同富裕的影响及其作用机制——基于中国 281 个城市的分析 [J]．广东财经大学学报，2022，37 (2)：71 - 87.

[258] 谭建立，赵哲．财政支出结构、新型城镇化与碳减排效应 [J]．当代财经，2021 (8)：28 - 40.

[259] 谭燕芝，李云仲，叶程芳．省域数字普惠金融与乡村振兴评价及其耦合协同分析 [J]．经济地理，2021，41 (12)：187 - 195，222.

[260] 谭燕芝，彭千芮．普惠金融发展与贫困减缓：直接影响与空间溢出效应 [J]．当代财经，2018 (3)：56 - 67.

[261] 檀学文，李静．习近平精准扶贫思想的实践深化研究 [J]．中国农村经济，2017 (9)：2 - 16.

[262] 唐琼，温魁潭．国外城镇化过程中户籍制度改革经验借鉴 [J]．科学发展，2021 (9)：105 - 112.

[263] 唐琼．乡村振兴视域下城乡融合协同治理研究 [J]．领导科学，2021 (24)：95 - 98.

[264] 唐琼．乡村振兴战略下稳妥推进城乡融合发展研究 [J]．湖湘论坛，2020 (2)：88 - 98.

[265] 唐琼．新型城镇化背景下户籍制度改革的难点及对策 [J]．湖湘论坛，2022，35 (3)：84 - 95.

［266］唐伟成，彭震伟．半城市化地区的发展特征与演化机制研究——基于江阴的案例［J］．城市规划学刊，2020（5）：62－68.

［267］唐文进，李爽，陶云清．数字普惠金融发展与产业结构升级——来自283个城市的经验证据［J］．广东财经大学学报，2019，34（6）：35－49.

［268］唐晓华，张欣珏，李阳．中国制造业与生产性服务业动态协调发展实证研究［J］．经济研究，2018，53（3）：79－93.

［269］唐宇，龙云飞，郑志翔．数字普惠金融的包容性经济增长效应研究——基于中国西部12省的实证分析［J］．西南金融，2020（9）：60－73.

［270］田鸽，张勋．数字经济、非农就业与社会分工［J］．管理世界，2022，38（5）：72－84.

［271］田霖，张园园，张仕杰．数字普惠金融对乡村振兴的动态影响研究——基于系统GMM及门槛效应的检验［J］．重庆大学学报（社会科学版），2022，28（3）：25－38.

［272］田敏，刘宁，杨明．三次产业协同带动促进我国经济发展方式转变研究［J］．经济体制改革，2011（2）：31－33.

［273］田时中，丁雨洁．长三角城市群绿色化测量及影响因素分析——基于26城市面板数据熵值—Tobit模型实证［J］．经济地理，2019，39（9）：94－103.

［274］田时中，周晓星．长江经济带绿色化测度及其技术驱动效应检验［J］．统计与信息论坛，2020，35（12）：39－49.

［275］田雪莹．基于熵值法的中国城镇化水平测度［J］．改革，2018（5）：151－159.

［276］涂建军，姜莉，徐桂萍，等．长三角城市群科技创新、产业结构升级与新型城镇化的交互影响［J］．城市发展研究，2021，28（12）：1－11.

［277］涂丽，乐章．城镇化与中国乡村振兴：基于乡村建设理论视角的实证分析［J］．农业经济问题，2018（11）：78－91.

［278］涂圣伟．脱贫攻坚与乡村振兴有机衔接：目标导向、重点领域与关键举措［J］．中国农村经济，2020（8）：2－12.

［279］万广华，江葳蕤，赵梦雪．城镇化的共同富裕效应［J］．中国农村经济，2022（4）：2－22.

［280］万庆，吴传清，曾菊新．中国城市群城市化效率及影响因素研究［J］．中国人口·资源与环境，2015，25（2）：66－74.

［281］汪亚楠，谭卓鸿，郑乐凯．数字普惠金融对社会保障的影响研究［J］．数量经济技术经济研究，2020，37（7）：92－112.

［282］王成东，綦良群，蔡渊渊．装备制造业与生产性服务业融合影响因素研究

[J]. 工业技术经济, 2015, 34 (2): 134-142.

[283] 王成利. 顶层设计与基层探索的良性互动——新中国成立 70 年来农地产权制度变迁研究 [J]. 经济问题, 2019, 483 (11): 9-16.

[284] 王春萍, 郑烨. 21 世纪以来中国产业扶贫研究脉络与主题谱系 [J]. 中国人口·资源与环境, 2017, 27 (6): 145-154.

[285] 王海星, 周耀东. 产业集聚与城市工业碳排放——来自经开区的证据 [J]. 软科学, 2022, 36 (10): 1-11.

[286] 王纪孔, 宁俊飞. 韩国新村运动中的农村支援政策及其对中国新农村建设的启示 [J]. 天津商业大学学报, 2009 (1): 14-20.

[287] 王金华, 谢琼. 新型城镇化与乡村振兴协同发展的路径选择与地方经验——全国新型城镇化与乡村振兴高峰研讨会暨第十七届全国社科农经协作网络大会会议综述 [J]. 中国农村经济, 2021 (12): 131-137.

[288] 王景新, 支晓娟. 中国乡村振兴及其地域空间重构——特色小镇与美丽乡村同建振兴乡村的案例、经验及未来 [J]. 南京农业大学学报 (社会科学版), 2018, 18 (2): 17-26, 157-158.

[289] 王静, 姚展鹏. 新型城镇化与乡村振兴的战略耦合机制研究 [J]. 现代农业研究, 2019 (9): 14-17.

[290] 王木森, 唐鸣. 马克思主义共享理论视角下的乡村振兴战略: 逻辑与进路 [J]. 新疆师范大学学报 (哲学社会科学版), 2019, 40 (5): 119-130.

[291] 王娜, 曹丽莹. 习近平关于 "三农" 工作的重要论述形成的渊源与特点 [J]. 经济学家, 2019 (2): 5-12.

[292] 王蓉, 赵雪雁, 兰海霞. 脱贫山区乡村振兴基础水平评价及其影响因素——以陇南山区为例 [J]. 地理科学进展, 2022, 41 (8): 1389-1402.

[293] 王士君, 田俊峰, 王彬燕, 等. 精准扶贫视角下中国东北农村贫困地域性特征及成因 [J]. 地理科学, 2017, 37 (10): 1449-1458.

[294] 王书华, 薛晓磊, 范瑞. 我国金融资源错配是否抑制了生态效率的提升? ——基于产业结构升级视角 [J]. 西安交通大学学报 (社会科学版), 2022, 42 (3): 71-82.

[295] 王文波. 财政支农、人力资本与城乡居民收入差距 [J]. 中国地质大学学报 (社会科学版), 2023, 23 (3): 109-125.

[296] 王喜梅. 户籍制度改革的成本分析与政策调适 [J]. 人民论坛, 2013 (29): 35-37.

[297] 王晓斌. 新型城镇化与绿色经济耦合协调发展水平测度 [J]. 商业经济研究, 2018 (16): 182-184.

［298］王效梅，李繁荣，王晓东．城乡融合发展视野下山西乡村振兴路径探索［J］．人文地理，2022，37（3）：131－139．

［299］王新越，秦素贞，吴宁宁．新型城镇化的内涵、测度及其区域差异研究［J］．地域研究与开发，2014，33（4）：69－75．

［300］王永瑜，徐雪．中国新型城镇化、乡村振兴与经济增长的动态关系研究［J］．哈尔滨商业大学学报（社会科学版），2021（4）：63－73，87．

［301］王雨磊，苏杨．中国的脱贫奇迹何以造就？——中国扶贫的精准行政模式及其国家治理体制基础［J］．管理世界，2020，36（4）：195－209．

［302］王玉娟，江成涛，蒋长流．新型城镇化与低碳发展能够协调推进吗？——基于284个地级及以上城市的实证研究［J］．财贸研究，2021，32（9）：32－46．

［303］王玉玲，程瑜．新型城镇化对缓解贫困的作用［J］．城市问题，2019（11）：30－37．

［304］王媛媛，韩瑞栋．新型城镇化对数字普惠金融的影响效应研究［J］．国际金融研究，2021（11）：3－12．

［305］韦家华，连漪．乡村振兴评价指标体系研究［J］．价格理论与实践，2018（9）：82－85．

［306］韦悦爽，英国乡村环境保护政策及其对中国的启示［J］，小城镇建设，2018（1）：94－99．

［307］魏后凯，苏红键，韩镇宇．中国城镇化效率评价分析——基于资源环境效率的视角［J］．中国地质大学学报（社会科学版），2017，17（2）：65－73．

［308］魏后凯，张燕．全面推进中国城镇化绿色转型的思路与举措［J］．经济纵横，2011（9）：15－19．

［309］魏后凯．深刻把握城乡融合发展的本质内涵［J］．中国农村经济，2020（6）：5－8．

［310］魏后凯．新常态下中国城乡一体化格局及推进战略［J］．中国农村经济，2016（1）：2－16．

［311］魏君英，侯佳卉．产业结构变动对我国城乡居民收入的影响［J］．农业技术经济，2015（8）：118－126．

［312］魏敏，胡振华．湖南新型城镇化与产业结构演变协调发展测度研究［J］．科研管理，2019，40（11）：67－84．

［313］温忠麟，叶宝娟．中介效应分析：方法和模型发展［J］．心理科学进展，2014，22（5）：731－745．

［314］文丰安．乡村振兴战略与新型城镇化建设融合发展：经验、梗阻及新时代方案［J］．东岳论丛，2020，41（5）：70－77．

[315] 文丰安. 新型城镇化建设中的问题与实现路径 [J]. 北京社会科学, 2022 (6): 101-107.

[316] 闻勇, 薛军. 乡村振兴战略背景下我国城乡义务教育财政投入效率研究 [J]. 教育与经济, 2019 (3): 56-64.

[317] 邬彩霞. 中国低碳经济发展的协同效应研究 [J]. 管理世界, 2021, 37 (8): 105-117.

[318] 巫强, 林勇, 任若琰. 长三角三次产业协调发展程度测算及其影响机理研究 [J]. 上海经济研究, 2018 (11): 77-89.

[319] 吴昌南, 张云. 我国城乡一体化缩小了城乡收入差距吗? ——基于省级面板数据的实证研究 [J]. 江西财经大学学报, 2017 (2): 85-93.

[320] 吴丰华, 韩文龙. 改革开放四十年的城乡关系: 历史脉络、阶段特征和未来展望 [J]. 学术月刊, 2018, 50 (4): 58-68.

[321] 吴金旺, 顾洲一. 数字普惠金融文献综述 [J]. 财会月刊, 2018 (19): 123-129.

[322] 吴青山, 吴玉鸣, 郭琳. 新型城镇化对劳动力错配的影响: 理论分析与经验辨识 [J]. 经济评论, 2022 (5): 67-82.

[323] 吴旭晓. 乡村振兴与新型城镇化耦合协调发展及其驱动机制研究——以中部地区为例 [J]. 前沿, 2019 (6): 32-40.

[324] 吴一凡, 刘彦随, 李裕瑞. 中国人口与土地城镇化时空耦合特征及驱动机制 [J]. 地理学报, 2018, 73 (10): 1865-1879.

[325] 伍灵晶, 仝德, 李贵才. 地方政府驱动下的城市建成空间特征差异——以广州、东莞为例 [J]. 地理研究, 2017, 36 (6): 1029-1041.

[326] 武鹏, 李同昇, 李卫民. 县域农村贫困化空间分异及其影响因素——以陕西山阳县为例 [J]. 地理研究, 2018, 37 (3): 593-606.

[327] 武小龙, 谭清美. 新苏南模式: 乡村振兴的一个解释框架 [J]. 华中农业大学学报 (社会科学版), 2019 (2): 18-26, 163-164.

[328] 武小龙. 城乡对称互惠共生发展: 一种新型城乡关系的解释框架 [J]. 农业经济问题, 2018 (4): 14-22.

[329] 夏杰长, 张雅俊. 数字经济赋能浙江共同富裕示范区建设: 作用机理与实施路径 [J]. 浙江工商大学学报, 2022 (5): 100-110.

[330] 夏金梅. 新型城镇化与乡村振兴协同发展的时空观察 [J]. 西南民族大学学报 (人文社会科学版), 2021, 42 (5): 147-153.

[331] 夏柱智, 贺雪峰. 半工半耕与中国渐进城镇化模式 [J]. 中国社会科学, 2017 (12): 117-137, 207-208.

[332] 谢汝宗，杨明婉，白福臣．数字普惠金融、居民消费与产业结构升级——基于广东省地级面板数据的 PVAR 动态分析 [J]．调研世界，2022 (2)：59 - 70.

[333] 谢天成，张研，王洌瑄，等．乡村振兴与新型城镇化协同发展——基于省级尺度时空演化分析 [J]．经济问题，2022 (9)：91 - 98.

[334] 谢天成．乡村振兴与新型城镇化融合发展机理及对策 [J]．当代经济管理，2021，43 (3)：43 - 48.

[335] 谢绚丽，沈艳，张皓星，等．数字金融能促进创业吗？——来自中国的证据 [J]．经济学（季刊），2018 (4)：1557 - 1580.

[336] 谢永琴，曹怡品．基于 DEA-SBM 模型的中原城市群新型城镇化效率评价研究 [J]．城市发展研究，2018，25 (2)：135 - 141.

[337] 辛岭，刘衡，胡志全．我国农业农村现代化的区域差异及影响因素分析 [J]．经济纵横，2021 (12)：101 - 114.

[338] 熊柴，蔡继明，刘媛．城乡融合发展与土地制度改革 [J]．政治经济学评论，2021，12 (5)：107 - 138.

[339] 熊德平，章合杰，李雯雯．人力资本与就业状况对农民工信贷需求、途径的影响 [J]．华南农业大学学报（社会科学版），2013，12 (4)：35 - 40.

[340] 熊曦，张陶，段宜嘉，等．长江中游城市群绿色化发展水平测度及其差异 [J]．经济地理，2019，39 (12)：96 - 102.

[341] 熊湘辉，徐璋勇．中国新型城镇化水平及动力因素测度研究 [J]．数量经济技术经济研究，2018，35 (2)：44 - 63.

[342] 熊兴，余兴厚，汪亚美．成渝地区双城经济圈新型城镇化与产业结构升级互动关系研究 [J]．经济体制改革，2022 (2)：42 - 49.

[343] 徐光顺，冯林．数字普惠金融对城乡收入差距影响的再检验——基于农户人力资本投资调节效应的视角 [J]．农业经济问题，2022 (5)：60 - 82.

[344] 徐华．三次产业协同发展机制及其产业政策 [J]．中国经济问题，2010 (6)：34 - 41.

[345] 徐剑锋．城市化：义乌模式及其启示 [J]．浙江社会科学，2002 (6)：37 - 41.

[346] 徐敏，张小林．普惠制金融发展与产业结构调整 [J]．商业研究，2015 (4)：79 - 85.

[347] 徐全勇，国外中心村对我国小城镇建设的启示 [J]．农场经济管理，2005 (1)：13 - 15.

[348] 徐维祥，李露，周建平，等．乡村振兴与新型城镇化耦合协调的动态演进及其驱动机制 [J]．自然资源学报，2020，35 (9)：2044 - 2062.

［349］徐维祥，徐志雄，刘程军．能源结构、生态环境与经济发展——门槛效应与异质性分析［J］．统计与信息论坛，2020，35（10）：81－89．

［350］徐维祥，徐志雄，郑金辉，等．城市化质量的空间特征及其门槛效应研究［J］．城市问题，2020（2）：22－30．

［351］徐维祥，张筱娟，刘程军．长三角制造业企业空间分布特征及其影响机制研究：尺度效应与动态演进［J］．地理研究，2019，38（5）：1236－1252．

［352］徐维祥，郑金辉，李露，等．中国农业生态效率的空间关联及其影响因素分解［J］．统计与决策，2021，37（15）：62－65．

［353］徐维祥，郑金辉，刘程军．环境规制、绿色技术创新与城镇化效率——基于空间计量与门槛效应视角［J］．浙江工业大学学报（社会科学版），2020，19（1）：31－38．

［354］徐维祥，郑金辉，王睿，等．黄河流域城市生态效率演化特征及门槛效应［J］．地理科学，2022，42（1）：74－82．

［355］徐维祥，周建平，刘程军．数字经济发展对城市碳排放影响的空间效应［J］．地理研究，2022，41（1）：111－129．

［356］徐维祥，周建平，周梦瑶，等．数字经济空间联系演化与赋能城镇化高质量发展［J］．经济问题探索，2021（10）：141－151．

［357］徐维祥，李露，周建平，等．乡村振兴与新型城镇化耦合协调的动态演进及其驱动机制［J］．自然资源学报，2020，35（9）：2044－2062．

［358］徐晓光，樊华，苏应生，等．中国绿色经济发展水平测度及其影响因素研究［J］．数量经济技术经济研究，2021，38（7）：65－82．

［359］徐雪，王永瑜．新时代西部大开发乡村振兴水平测度及影响因素分析［J］．西南民族大学学报（人文社会科学版），2021，42（5）：129－137．

［360］徐雪，王永瑜．中国乡村振兴水平测度、区域差异分解及动态演进［J］．数量经济技术经济研究，2022，39（5）：64－83．

［361］徐元明．乡镇企业体制创新与苏南模式的演进［J］．中国农村经济，2003（5）：45－51．

［362］徐之顺．城乡文化：基于文化认同的和谐共生［J］．江苏社会科学，2016（2）：102－107．

［363］徐志雄，徐维祥，刘程军．环境规制对土地绿色利用效率的影响［J］．中国土地科学，2021，35（8）：87－95．

［364］许经勇．居住证制度的过渡性特征及改革路径［J］．湖湘论坛，2020（2）：81－87．

［365］薛德升，曾献君．中国人口城镇化质量评价及省际差异分析［J］．地理学

报，2016，71（2）：194 - 204.

[366] 薛凤旋，杨春. 外资：发展中国家城市化的新动力——珠江三角洲个案研究 [J]. 地理学报，1997（3）：3 - 16.

[367] 闫周府，吴方卫. 从二元分割走向融合发展——乡村振兴评价指标体系研究 [J]. 经济学家，2019（6）：90 - 103.

[368] 颜佳华，王张华. 数字治理、数据治理、智能治理与智慧治理概念及其关系辨析 [J]. 湘潭大学学报：哲学社会科学版，2019，43（5）：25 - 30，80.

[369] 燕连福，李晓利. 习近平乡村振兴重要论述的丰富内涵与理论贡献探析 [J]. 北京工业大学学报（社会科学版），2023，23（3）：11 - 22.

[370] 杨彬，宁小莉. 新型城镇化背景下老工业基地城镇化的综合测度与时空演化——以吉林省为例 [J]. 干旱区资源与环境，2017，31（1）：19 - 24.

[371] 杨传开，李陈. 新型城镇化背景下的城市病治理 [J]. 经济体制改革，2014（3）：48 - 52.

[372] 杨发祥，郭科. 县域视角下乡村振兴的理论框架及行动方略 [J]. 西北农林科技大学学报（社会科学版），2022，22（5）：31 - 41.

[373] 杨虹，王乔冉，张柯. 中国数字普惠金融、教育水平与农村贫困问题探析 [J]. 江汉学术，2021，40（3）：41 - 52.

[374] 杨立生，陈倩. 知识积累、开放式创新与高技术企业新产品绩效研究 [J]. 云南财经大学学报，2020，36（7）：98 - 112.

[375] 杨佩卿. 新型城镇化和乡村振兴协同推进路径探析——基于陕西实践探索的案例 [J]. 西北农林科技大学学报（社会科学版），2022，22（1）：34 - 45.

[376] 杨嵘均. 论新型城镇化与乡村振兴战略的内在张力、政策梗阻及其规避 [J]. 南京农业大学学报（社会科学版），2019，19（5）：24 - 32，155.

[377] 杨晓军，宁国良. 县域经济：乡村振兴战略的重要支撑 [J]. 中共中央党校学报，2018，22（6）：119 - 124.

[378] 杨秀玉. 基于熵权 TOPSIS 法的区域农业科技创新能力及收敛性分析 [J]. 华中农业大学学报（社会科学版），2017（3）：42 - 50，150 - 151.

[379] 杨艳琳，袁安. 精准扶贫中的产业精准选择机制 [J]. 华南农业大学学报（社会科学版），2019，18（2）：1 - 14.

[380] 杨云龙，王浩，何文虎. 我国金融精准扶贫模式的比较研究——基于"四元结构"理论假说 [J]. 南方金融，2016（11）：73 - 79.

[381] 杨增崇. 乡村振兴战略实施中的移风易俗：现实问题与积极进路 [J]. 贵州社会科学，2021（9）：147 - 154.

[382] 杨志恒，黄秋昊，李满春，等. 产业扶贫视角下村域空间贫困陷阱识别与策

略分析——以湘西保靖县为例 [J]. 地理科学，2018，38（6）：885-894.

[383] 姚毓春，张嘉实. 数字经济赋能城乡融合发展：内在机理与实证检验 [J]. 哈尔滨商业大学学报（社会科学版），2023（2）：93-105.

[384] 叶超，于洁. 迈向城乡融合：新型城镇化与乡村振兴结合研究的关键与趋势 [J]. 地理科学，2020，40（4）：528-534.

[385] 叶剑平，毕宇珠. 德国城乡协调发展及其对中国的借鉴——以巴伐利亚州为例 [J]. 中国土地科学，2010（5）：76-80

[386] 叶林，张光明. 城乡基层协同治理的难题与化解：顺德改革的探索 [J]. 公共行政评论，2014，7（2）：23-44，170-171.

[387] 叶兴庆，徐小青. 从城乡二元到城乡一体——我国城乡二元体制的突出矛盾与未来走向 [J]. 管理世界，2014（9）：1-12.

[388] 叶兴庆，殷浩栋. 从消除绝对贫困到缓解相对贫困：中国减贫历程与2020年后的减贫战略 [J]. 改革，2019（12）：5-15.

[389] 叶兴庆. 迈向2035年的中国乡村：愿景、挑战与策略 [J]. 管理世界，2021，37（4）：98-112.

[390] 易信，刘凤良. 金融发展与产业结构转型——理论及基于跨国面板数据的实证研究 [J]. 数量经济技术经济研究，2018，35（6）：21-39.

[391] 易行健，周利. 数字普惠金融发展是否显著影响了居民消费——来自中国家庭的微观证据 [J]. 金融研究，2018（11）：47-67.

[392] 于斌斌，陈露. 新型城镇化能化解产能过剩吗？[J]. 数量经济技术经济研究，2019，36（1）：22-41.

[393] 于斌斌，申晨. 产业结构、空间结构与城镇化效率 [J]. 统计研究，2020，37（2）：65-79.

[394] 于斌斌. 城市级别和市场分割对城镇化效率影响评价——以中国285个地级及以上城市为例 [J]. 地理科学，2022，42（3）：476-486.

[395] 于斌斌. 金融集聚促进了产业结构升级吗：空间溢出的视角——基于中国城市动态空间面板模型的分析 [J]. 国际金融研究，2017（2）：12-23.

[396] 于法稳. "十四五"时期农村生态环境治理：困境与对策 [J]. 中国特色社会主义研究，2021（1）：44-51，2.

[397] 余春苗，任常青. 农村金融支持产业发展：脱贫攻坚经验和乡村振兴启示 [J]. 经济学家，2021（2）：112-119.

[398] 余佶. 生态文明视域下中国经济绿色发展路径研究——基于浙江安吉案例 [J]. 理论学刊，2015（11）：53-60.

[399] 余江，叶林. 中国新型城镇化发展水平的综合评价：构建、测度与比较

[J]．武汉大学学报（哲学社会科学版），2018，71（2）：145 - 156.

[400] 俞云峰，张鹰．浙江新型城镇化与乡村振兴的协同发展——基于耦合理论的实证分析 [J]．治理研究，2020，36（4）：43 - 49.

[401] 袁晓玲，贺斌，卢晓璐，等．中国新型城镇化质量评估及空间异质性分析 [J]．城市发展研究，2017，24（6）：125 - 132.

[402] 岳立，薛丹．新型城镇化对中国城市土地利用效率的影响研究 [J]．经济问题探索，2020（9）：110 - 120.

[403] 张琛，孔祥智．乡村振兴与新型城镇化的深度融合思考 [J]．理论探索，2021（1）：92 - 100，120.

[404] 张东玲，王艳霞，刘敏．新型城镇化对城市土地绿色利用效率的政策驱动效应——基于280个地级市的实证检验 [J]．城市问题，2022（4）：45 - 54.

[405] 张凤娜，刘金波．农村消费升级背景下城乡协同发展路径研究 [J]．农业经济，2022（12）：129 - 130.

[406] 张国．中国城乡结构调整研究：工业化过程中城乡协调发展 [M]．北京：中国农业出版社，2002（4）：46 - 67.

[407] 张国建，佟孟华，李慧，等．扶贫改革试验区的经济增长效应及政策有效性评估 [J]．中国工业经济，2019（8）：136 - 154.

[408] 张海鹏，郜亮亮，闫坤．乡村振兴战略思想的理论渊源、主要创新和实现路径 [J]．中国农村经济，2018（11）：2 - 16.

[409] 张海鹏．中国城乡关系演变70年：从分割到融合 [J]．中国农村经济，2019（3）：2 - 18.

[410] 张贺，白钦先．数字普惠金融减小了城乡收入差距吗？——基于中国省级数据的面板门槛回归分析 [J]．经济问题探索，2018（10）：122 - 129.

[411] 张虎，韩爱华．制造业与生产性服务业耦合能否促进空间协调——基于285个城市数据的检验 [J]．统计研究，2019，36（1）：39 - 50.

[412] 张虎，周楠．制造业与服务业协调发展及影响因素分析 [J]．统计与决策，2019，35（11）：86 - 90.

[413] 张季风．乡村振兴视阈下的城乡融合发展：日本的实践与启示 [J]．中国农村经济，2022（12）：124 - 138.

[414] 张洁．德国：联邦政府加强小城镇投资建设 [J]．国际城市规划，2017（4）：134.

[415] 张军涛，黎晓峰．中国的城镇化与资源配置效率——基于生产率分布视角的分析 [J]．经济问题探索，2019（5）：1 - 12.

[416] 张俊良，刘巴钧，段成荣．习近平"精准扶贫"理论研究 [J]．经济学家，

2020 (2)：25 - 32.

[417] 张可. 区域一体化有利于减排吗？[J]. 金融研究，2018 (1)：67 - 83.

[418] 张立新，朱道林，杜挺，等. 长江经济带土地城镇化时空格局及其驱动力研究 [J]. 长江流域资源与环境，2017，26 (9)：1295 - 1303.

[419] 张敏，顾朝林. 农村城市化："苏南模式" 与 "珠江模式" 比较研究 [J]. 经济地理，2002 (4)：482 - 486.

[420] 张明皓，叶敬忠. 脱贫攻坚与乡村振兴有效衔接的机制构建和政策体系研究 [J]. 经济学家，2021 (10)：110 - 118.

[421] 张宁，陈延鑫. 智慧水务市场嵌入中的利益主体参与意愿及其影响因素——以浙江 "五水共治" 为例 [J]. 统计与信息论坛，2019，34 (8)：121 - 128.

[422] 张婷婷，李政. 我国农村金融发展对乡村振兴影响的时变效应研究——基于农村经济发展和收入的视角 [J]. 贵州社会科学，2019 (10)：159 - 168.

[423] 张挺，李闽榕，徐艳梅. 乡村振兴评价指标体系构建与实证研究 [J]. 管理世界，2018，34 (8)：99 - 105.

[424] 张旺，白永秀. 数字经济与乡村振兴耦合的理论构建、实证分析及优化路径 [J]. 中国软科学，2022 (1)：132 - 146.

[425] 张旺，白永秀. 中国乡村振兴水平的区域差异、分布动态演进及空间相关性研究 [J]. 数量经济技术经济研究，2022，39 (2)：84 - 102.

[426] 张文忠，王传胜，薛东前. 珠江三角洲城镇用地扩展的城市化背景研究 [J]. 自然资源学报，2003 (5)：575 - 582.

[427] 张晓燕，冉光和，季健. 金融集聚、城镇化与产业结构升级——基于省级空间面板数据的实证分析 [J]. 工业技术经济，2015，34 (9)：123 - 130.

[428] 张筱娟，徐维祥，刘程军. 粤港澳 "经济—土地—人口—社会" 城镇化耦合协调时空分异及其影响机制研究 [J]. 经济问题探索，2019 (10)：54 - 64.

[429] 张许颖，黄匡时. 以人为核心的新型城镇化的基本内涵、主要指标和政策框架 [J]. 中国人口·资源与环境，2014，24 (S3)：280 - 283.

[430] 张雪，周密，黄利，等. 乡村振兴战略实施现状的评价及路径优化——基于辽宁省调研数据 [J]. 农业经济问题，2020 (2)：97 - 106.

[431] 张勋，万广华，张佳佳，等. 数字经济、普惠金融与包容性增长 [J]. 经济研究，2019，54 (8)：71 - 86.

[432] 张勋，杨桐，汪晨，等. 数字金融发展与居民消费增长：理论与中国实践 [J]. 管理世界，2020，36 (11)：48 - 63.

[433] 张亚峰，许可，刘海波，等. 意大利地理标志促进乡村振兴的经验与启示 [J]. 中国软科学，2019 (12)：53 - 61.

[434] 张亚丽，项本武．城市群一体化水平的测度及其经济增长效应研究——来自中国十大城市群的经验证据 [J]．宏观经济研究，2021 (12)：136 – 148, 158.

[435] 张燕．生态文明构建视域下我国新农村生态环境治理路径的优化 [J]．农业经济，2018 (2)：20 – 21.

[436] 张引，杨庆媛，李闯，等．重庆市新型城镇化发展质量评价与比较分析 [J]．经济地理，2015，35 (7)：79 – 86.

[437] 张英男，龙花楼，马历，等．城乡关系研究进展及其对乡村振兴的启示 [J]．地理研究，2019，38 (3)：578 – 594.

[438] 张玉明，邢超．企业参与产业精准扶贫投入绩效转化效果及机制分析——来自中国 A 股市场的经验证据 [J]．商业研究，2019 (5)：109 – 120.

[439] 张悦倩，刘全龙，李新春．长三角城市群城市韧性与新型城镇化的耦合协调研究 [J]．城市问题，2022 (5)：17 – 27.

[440] 张跃，刘莉，黄帅金．区域一体化促进了城市群经济高质量发展吗？——基于长三角城市经济协调会的准自然实验 [J]．科学学研究，2021，39 (1)：63 – 72.

[441] 张云华．农业农村改革 40 年主要经验及其对乡村振兴的启示 [J]．改革，2018 (12)：14 – 26.

[442] 张蕴萍，栾菁．数字经济赋能乡村振兴：理论机制、制约因素与推进路径 [J]．改革，2022 (5)：79 – 89.

[443] 张占斌．新型城镇化的战略意义和改革难题 [J]．国家行政学院学报，2013 (1)：48 – 54.

[444] 张志新，张秀丽，白海洋．基于要素资源配置视角的贫困地区"产业项目扶贫"模式研究 [J]．农村经济，2019 (1)：88 – 96.

[445] 章艳涛，王景新．脱贫攻坚、乡村振兴和新型城镇化衔接的策略、经验与问题——顺昌县洋墩乡响应国家"三大战略"案例研究 [J]．农村经济，2020 (8)：52 – 59.

[446] 赵建吉，刘岩，朱亚坤，等．黄河流域新型城镇化与生态环境耦合的时空格局及影响因素 [J]．资源科学，2020，42 (1)：159 – 171.

[447] 赵经涛，史进学，马建平，等．普惠金融与特惠金融的减贫效果分析——基于信贷配给模型的金融分层理论 [J]．西部金融，2020 (3)：38 – 45.

[448] 赵磊，方成，丁烨．浙江省县域经济发展差异与空间极化研究 [J]．经济地理，2014，34 (7)：36 – 43.

[449] 赵磊，方成．中国省际新型城镇化发展水平地区差异及驱动机制 [J]．数量经济技术经济研究，2019，36 (5)：44 – 64.

[450] 赵磊，潘婷婷，方成，等．旅游业与新型城镇化——基于系统耦合协调视角

[J]. 旅游学刊, 2020, 35 (1): 14-31.

[451] 赵黎明, 焦珊珊, 姚治国. 中国城镇化效率测度 [J]. 城市问题, 2015 (12): 12-18.

[452] 赵立文, 郭英彤, 许子琦. 产业结构变迁与城乡居民收入差距 [J]. 财经问题研究, 2018 (7): 38-44.

[453] 赵琳琳, 张贵祥. 京津冀生态协同发展评测与福利效应 [J]. 中国人口·资源与环境, 2020, 30 (10): 36-44.

[454] 赵明亮. 新常态下中国产业协调发展路径——基于产业关联视角的研究 [J]. 东岳论丛, 2015, 36 (2): 123-129.

[455] 赵涛, 张智, 梁上坤. 数字经济、创业活跃度与高质量发展——来自中国城市的经验证据 [J]. 管理世界, 2020, 36 (10): 65-76

[456] 赵学军, 赵素芳. 新型城镇化进程中苏南农户福利的变化——基于无锡市惠山区新惠社区跟踪调查数据的分析 [J]. 经济学动态, 2021 (9): 93-107.

[457] 赵勇, 白永秀. 中国城市群功能分工测度与分析 [J]. 中国工业经济, 2012 (11): 18-30.

[458] 赵勇, 魏后凯. 政府干预、城市群空间功能分工与地区差距——兼论中国区域政策的有效性 [J]. 管理世界, 2015 (8): 14-29, 187.

[459] 郑尚植. 习近平"五化协同"的内在逻辑与系统论解析 [J]. 财经问题研究, 2016 (9): 8-9.

[460] 郑万吉, 叶阿忠. 城乡收入差距、产业结构升级与经济增长——基于半参数空间面板 VAR 模型的研究 [J]. 经济学家, 2015 (10): 61-67.

[461] 郑文升, 姜玉培, 卓蓉蓉, 等. 安徽省县际经济联系网络结构演变及影响因素 [J]. 地理科学, 2016, 36 (2): 265-273.

[462] 郑兴明. 基于分类推进的乡村振兴潜力评价指标体系研究——来自福建省3县市6个村庄的调查数据 [J]. 社会科学, 2019 (6): 36-47.

[463] 郑志强. 数字普惠金融、空间溢出与农村减贫 [J]. 西南交通大学学报 (社会科学版), 2020, 21 (2): 108-118.

[464] 中国社会科学院工业经济研究所课题组, 李平. 中国工业绿色转型研究 [J]. 中国工业经济, 2011 (4): 5-14.

[465] 周德, 戚佳玲, 钟文钰. 城乡融合评价研究综述: 内涵辨识、理论认知与体系重构 [J]. 自然资源学报, 2021, 36 (10): 2634-2651.

[466] 周宏春. 以绿色消费引领生活方式绿色化——《关于加快推动生活方式绿色化的实施意见》解读 [J]. 环境保护, 2015, 43 (24): 12-15.

[467] 周慧, 孙革, 周加来. 数字经济能够缩小城乡多维差距吗?——资源错配视

角[J].现代财经（天津财经大学学报），2022，42（1）：50-65.

[468]周慧，周加来.中部地区城镇化对经济效率的动态空间效应检验及收敛性分析[J].经济问题探索，2020（6）：77-87.

[469]周建平，刘程军，徐维祥，等.中国新型城镇化与城市医疗资源空间适配性研究[J].地理科学，2021，41（7）：1168-1177.

[470]周锐波，刘叶子，杨卓文.中国城市创新能力的时空演化及溢出效应[J].经济地理，2019，39（4）：85-92.

[471]周天芸.数字普惠金融、要素价格与劳动力流动[J].当代经济管理，2022，44（4）：77-87.

[472]周文.新型城镇化和乡村振兴背景下的城乡融合发展研究[J].政治经济学评论，2022，13（3）：87-101.

[473]周晓燕.乡村振兴战略下我国财政支农资金使用效率研究——基于12个革命老区的经验数据[J].江西社会科学，2022，42（12）：71-82.

[474]周洲，段建强，李文兴，等.乡村公路建设、农业劳动生产率与城乡收入差距——基于空间杜宾模型的实证分析[J].经济理论与经济管理，2022，42（8）：23-36.

[475]朱红根，宋成校.产业扶贫政策的福利效应及模式比较研究[J].农业经济问题，2021（4）：83-98.

[476]朱介鸣.城乡统筹发展：城市整体规划与乡村自治发展[J].城市规划学刊，2013（1）：10-17.

[477]朱俊立.政府购买社会保障扶贫服务与乡村社会治理创新[J].财政研究，2014（11）：46-49.

[478]朱鹏华，刘学侠.城镇化质量测度与现实价值[J].改革，2017（9）：115-128.

[479]朱信凯，杨晓婷，高原.中国共产党农业农村经济思想的理论创新[J].中国人民大学学报，2022，36（4）：77-91.

[480]朱玉杰，倪骁然.金融规模如何影响产业升级：促进还是抑制？——基于空间面板 Durbin 模型（SDM）的研究：直接影响与空间溢出[J].中国软科学，2014（4）：180-192.

[481]祝志川，刘博，和军.中国乡村振兴、新型城镇化与生态环境协同发展测度分析[J].经济问题探索，2022（7）：13-28.

[482]卓玛草.新时代乡村振兴与新型城镇化融合发展的理论依据与实现路径[J].经济学家，2019（1）：104-112.

[483]邹培，雷明.教育帮扶：从脱贫攻坚到乡村振兴[J].首都师范大学学报

（社会科学版），2022（S1）：72 – 84.

［484］邹新阳，温涛. 普惠金融、社会绩效与乡村振兴——基于30省（区、市）的面板数据［J］. 改革，2021（4）：95 – 106.

［485］左停，李颖，李世雄. 巩固拓展脱贫攻坚成果的机制与路径分析——基于全国117个案例的文本书［J］. 华中农业大学学报（社会科学版），2021（2）：4 – 12，174.

［486］左停，刘文婧，李博. 梯度推进与优化升级：脱贫攻坚与乡村振兴有效衔接研究［J］. 华中农业大学学报（社会科学版），2019（5）：21 – 28，165.

［487］Anselin L, Rey S. Properties of tests for spatial dependence in linear regression models［J］. Geographical Analysis, 1991, 23（2）：112 – 131.

［488］Anselin L, Florax R J G M. New directions in spatial econometrics［M］. Heidelberg：Springer Berlin, 1995：1 – 420.

［489］Akhmad P, Achsani N A, Tambunan M, Mulyo S A. The impact of fiscal policy on the regional economy evidence from South Sulawesi, Indonesia［J］. Journal of Applied Sciences Research, 2013, 9（4）：2463 – 2474.

［490］Allen R G D, Clark C. The conditions of economic progress［J］. Economica, 1951, 18（72）：432.

［491］Arellano M, Bond S. Some tests of specification for panel data：Monte Carlo evidence and an application to employment equations［J］. Review of Economic Studies, 1991, 58（2）：277 – 297.

［492］Arner D W, Buckley R P, Zetzsche D A, et al. Sustainability, FinTech and financial inclusion［J］. European Business Organization Law Review, 2020, 21（1）：7 – 35.

［493］Atack J, Margo R A, Rhode P W. Industrialization and urbanization in nineteenth century America［J］. Regional Science and Urban Economics, 2022, 94：103678.

［494］Audil Rashid Khaki, Mohi-ud-Din Sangmi. Does access to finance alleviate poverty? A case study of SGSY beneficiaries in Kashmir Valley［J］. International Journal of Social Economics, 2017, 44（8）：1032 – 1045.

［495］Belton B, Filipski M. Rural transformation in central Myanmar：By how much, and for whom?［J］. Journal of Rural Studies, 2019, 67：166 – 176.

［496］Bertinelli L, Strobl E. Urbanisation, urban concentration and economic development［J］. Urban Studies, 2007, 44（13）：2499 – 2510.

［497］Boukhatem J. Assessing the direct effect of financial development on poverty reduction in a panel of low-and middle-income countries［J］. Research in International Business &

Finance, 2016, 37 (5): 214 - 230.

[498] Brown J R, Martinsson G, Petersen B C. Do financing constraints matter for R&D? [J]. European Economic Review, 2012, 56 (8): 1512 - 1529.

[499] Brueckner M. Economic growth, size of the agricultural sector, and urbanization in Africa [J]. Journal of Urban Economics, 2012, 71 (1): 26 - 36.

[500] Bruhn M, Love I. The real impact of improved access to finance: Evidence from Mexico [J]. Journal of Finance, 2014, 69 (3): 1347 - 1376.

[501] Carolan M. Rural sociology revival: Engagements, enactments and affectments for uncertain times [J]. Sociologia Ruralis, 2020, 60 (1): 284 - 302.

[502] Chen M X, Zhou Y, Huang X R, et al. The integration of new-type urbanization and rural revitalization strategies in China: Origin, reality and future trends [J]. Land, 2021, 10 (2): 207.

[503] Chen Z, Song Y, He Q, et al. Urban-rural income change: Influences of landscape pattern and administrative spatial spillover effect [J]. Applied Geography, 2018, 97: 248 - 262.

[504] Cloke P J. Changing patterns of urbanisation in rural areas of England and Wales, 1961 - 1971 [J]. Regional Studies, 1978, 12 (5): 603 - 617.

[505] Corrado G, Corrado L. Inclusive finance for inclusive growth and development [J]. Current Opinion in Environmental Sustainability, 2017 (24): 19 - 23.

[506] Dai-Won Kim, Jung-Suk Yu and M Kabir Hassan. Financial inclusion and economic growth in OIC countries [J]. Research in International Business and Finance, 2018 (43): 1 - 14.

[507] Dollar D, Kraay A. Growth is good for the poor [J]. Journal of Economic Growth, 2002, 7 (3): 195 - 225.

[508] Ductor L, Grechyna D. Financial development, real sector, and economic growth [J]. International Review of Economics & Finance, 2015 (37): 393 - 405.

[509] Ejones F, Agbola F W, Mahmood A. Regional integration and economic growth: New empirical evidence from the East African Community [J]. The International Trade Journal, 2021, 35 (4): 311 - 335.

[510] Elhorst J P, Freret S. Evidence of politital yardstik competition in France using a two-regime spatial durbin model with fixed effects [J]. Journal of Regional Science, 2009, 49 (5): 931 - 951.

[511] Elhorst J P. Dynamic spatial panels: Models, methods and inferences [J]. Journal of Geographical System, 2012, 14 (1): 5 - 18.

［512］Elliott R J R, Sun P, Zhu T. The direct and indirect effect of urbanization on energy intensity: A province-level study for China ［J］. Energy, 2017, 123: 677 – 692.

［513］Ethan Ligon and Laura Schechter. Measuring vulnerability ［J］. The Economic Journal, 2003, 113 (486): C95 – C102.

［514］Fischer G, Sun L X. Model based analysis of future land-use development in China ［J］. Agriculture Ecosystems & Environment, 2001, 85 (1 – 3): 163 – 176.

［516］Friedman, John and William Alonso. Regional development and planning: A reader ［M］. Boston, Massachusetts: M. I. T. Press, 1964.

［516］Friedmann J. Four theses in the study of China's urbanization ［J］. International Journal of Urban and Regional Research, 2006, 30 (2): 440 – 451.

［517］Friedmann J. Regional development policy: A case study of Venezuela ［J］. Urban Studies, 1966, 4 (3): 309 – 311.

［518］Gao J, Wu B H. Revitalizing traditional villages through rural tourism: A case study of Yuanjia Village, Shaanxi Province, China ［J］. Tourism Management, 2017, 63: 223 – 233.

［519］Gennaioli N, Shleifer A, Vishny R. Neglected risks, financial innovation, and financial fragility ［J］. Journal of Financial Economics, 2012, 104 (6): 452 – 468.

［520］Glaeser E L, Kominers S D, Luca M, et al. Big data and big cities: The promises and limitations of improved measures of urban life ［J］. Economic Inquiry, 2018, 56 (1): 114 – 137.

［521］Granger C W. Investigating causal relations by econometric models and cross-spectral methods ［J］. Econometrica: Journal of the Econometric Society, 1969: 424 – 438.

［522］Guo Q, Chen S Y, Zeng X Q. Does fintech narrow the gender wage gap? Evidence from China ［J］. China & World Economy, 2021, 29 (4): 142 – 166.

［523］Guo Y Z, Liu Y S. Poverty alleviation through land assetization and its implications for rural revitalization in China ［J］. Land Use Policy, 2021, 105 (3): 105418.

［524］Han J. How to promote rural revitalization via introducing skilled labor, deepening land reform and facilitating investment? ［J］. China Agricultural Economic Review, 2020, 12 (4): 577 – 582.

［525］Hansen B E. Threshold effects in non-dynamic panels: Estimation, testing, and inference ［J］. Journal of Econometrics, 1999, 93 (2): 345 – 368.

［526］Hansen B E. Threshold effects in non-dynamic panels: Estimation, testing, and inference ［J］. Journal of Econometrics, 1999, 93 (2): 345 – 368.

［527］Harris J R, Todaro M P. Migration, unemployment and development: A two-sector analysis [J]. The American Economic Review, 1970, 60 (1): 126 – 142.

[528] Henderson V. The urbanization process and economic growth: The so-what question [J]. Journal of Economic Growth, 2003, 8 (1): 47 – 71.

[529] Henley A. On regional growth convergence in Great Britain [J]. Regional Studies, 2005, 39 (9): 1245 – 1260.

[530] Hirschman A O. Unbalanced growth: An espousal [M] //Developing the Underdeveloped Countries. London: Palgrave Macmillan UK, 1971: 129 – 141.

[531] Holtz-Eakin D, Newey W, Rosen H S. Estimating vector autoregressions with panel data [J]. Econometrica: Journal of the Econometric Society, 1988: 1371 – 1395.

[532] Hossain M S. Panel estimation for CO_2 emissions, energy consumption, economic growth, trade openness and urbanization of newly industrialized countries [J]. Energy Policy, 2011, 39 (11): 6991 – 6999.

[533] Huang S Z, Sadiq M, Chien F. Dynamic nexus between transportation, urbanization, economic growth and environmental pollution in ASEAN countries: Does environmental regulations matter? [J]. Environmental Science and Pollution Research, 2021: 1 – 16.

[534] Hutton T A. Service industries, globalization, and urban restructuring within the Asia-Pacific: New development trajectories and planning responses [J]. Progress in Planning, 2004 (61): 1 – 74.

[535] Irfan M, Shaw K. Modeling the effects of energy consumption and urbanization on environmental pollution in South Asian countries: A nonparametric panel approach [J]. Quality& Quantity, 2017, 51 (1): 65 – 78.

[536] Irwin E G, Bell K P, Bockstael N E, et al. The economics of urban-rural space [J]. Annual Review of Resource Economics, 2009 (1): 435 – 459.

[537] Jacquet J B, Guthrie E, Jackson H. Swept out: Measuring rurality and migration intentions on the upper great plains [J]. Rural Sociology, 2017, 82 (4): 601 – 627.

[538] Johan Rewilak. The role of financial development in poverty reduction [J]. Review of Development Finance, 2017, 7 (2): 169 – 176.

[539] Jorge H. Maldonado. Impact of Microfinance on Schooling: Evidence from Poor Rural Households in Bolivia [J]. World Development, 2008, 36 (11): 2440 – 2455.

[540] Jorgenson D W. The Development of a Dual Economy [J]. Economic Journal, 1961, 71 (282): 309 – 334.

[541] Kasman A, Duman Y S. CO_2 emissions, economic growth, energy consumption, trade and urbanization in new EU member and candidate countries: A panel data analysis [J]. Economic Modelling, 2015, 44: 97 – 103.

［542］Kim S. Industrialization and urbanization: Did the steam engine contribute to the growth of cities in the United States? ［J］. Explorations in Economic History, 2005, 42 (4): 586 – 598.

［543］Krassimira Antonova Paskaleva. Enabling the smart city: The progress of city e-governance in Europe ［J］. International Journal of Innovation and Regional Development, 2009 (4).

［544］Lewis A. Economic development with unlimited supplies of labour ［J］. The Manchester School of Economic Social Studies, 1954, 22 (2): 139 – 191.

［545］Li L N, Liu D. Exploring the bidirectional relationship between urbanization and rural sustainable development in China since 2000: Panel data analysis of Chinese cities ［J］. Journal of Urban Planning and Development, 2021, 147 (3): 26 – 42.

［546］Li Y H, Huang H Q, Song C Y. The nexus between urbanization and rural development in China: Evidence from panel data analysis ［J］. Growth and Change, 2022, 53 (3): 1037 – 1051.

［547］Li Y, Li Y, Zhou Y, Shi Y, Zhu X. Investigation of a coupling model of coordination between urbanization and the environment ［J］. Journal of Environmental Management, 2012 (98): 127 – 133.

［548］LI Y, SU B, LIU Y. Realizing targeted poverty alleviation in China: People's voices, implementation challenges and policy implications ［J］. China Agricultural Economic Review, 2016, 8 (3): 443 – 454.

［549］Lin X Q, Wang Y, Wang S J, et al. Spatial differences and driving forces of land urbanization in China ［J］. Journal of Geographical Sciences, 2015, 25 (5): 545 – 558.

［550］Ma L B, Chen M M, Fang F, et al. Research on the spatiotemporal variation of rural-urban transformation and its driving mechanisms in underdeveloped regions: Gansu province inwestern China as an example ［J］. Sustainable Cities and Society, 2019, 50 (10): 16 – 75.

［551］Manoel Bittencourt. Financial development and inequality: Brazil 1985 – 1994 ［J］. Economic Change and Restructuring, 2010, 43 (2): 113 – 130.

［552］Martinez-zarzoso I, Maruotti A. The impact of urbanization on CO_2 emissions: Evidence from developing countries ［J］. Ecological Economics, 2011, 70 (7): 1344 – 1353.

［553］Munyegera G K, Matsumoto T. Mobile money, remittances, and household welfare: Panel evidence from rural Uganda ［J］. World Development, 2016, 79: 127 – 137.

［554］Neumeier S, Pollermann K. Rural tourism as promoter of rural development prospects and limitations: Case study findings from a pilot project promoting village tourism ［J］.

European Countryside, 2014, 60 (6): 270 – 296.

[555] Nizar Jouini, et al. Fiscal policy, income redistribution, and poverty reduction: Evidence from Tunisia [J]. Review of Income and Wealth, 2018, 64: S225 – S248.

[556] Nunn N, Qian N. US food aid and civil conflict [J]. American Cconomic Review, 2014, 104 (6): 1630 – 1666.

[557] Ocana-riola R, Sanchez-cantalejo C. Rurality index for small areas in Spain [J]. Social Indicators Research, 2005, 73 (2): 247 – 266.

[558] Oconnell M E, Germaine N, Burton R, et al. Degree of rurality is not related to dementia caregiver distress, burden, and coping in a predominantly rural sample [J]. Journal of Applied Gerontology, 2013, 32 (8): 1015 – 1029.

[559] Pacione M. Urban environmental quality and human wellbeing a social geographical perspective [J]. Landscape and Urban Planning, 2003, 65 (1): 21 – 32.

[560] Perroux F. Economic space: Theory and applications [J]. The Quarterly Journal of Economics, 1950, 64 (1): 89 – 104.

[561] Pradhan R P, Arvin M B, Norman N R. The dynamics of information and communications technologies infrastructure, economic growth, and financial development: Evidence from Asian countries [J]. Technology in Society, 2015, 42 (8): 135 – 149.

[562] Prieto-lara E, Ocana-riola R. Updating rurality index for small areas in Spain [J]. Social Indicators Research, 2010, 95 (2): 267 – 280.

[563] Ranis G, Fei J C. A theory of economic development. [J]. American Economic Review, 1961, 51 (4): 533 – 565.

[564] Robert J Shiller. Reflections on finance and the good society [J]. The American Economic Review, 2013, 103 (3): 402 – 405.

[565] Robinson G M, Song B. Rural transformation: Cherry growing on the Guanzhong Plain, China and the Adelaide Hills, South Australia [J]. Journal of Geographical Sciences, 2019, 29 (5): 675 – 701.

[566] Sackley N. The village as Cold War site: Experts, development, and the history of rural reconstruction [J]. Journal of Global History, 2011, 6 (3): 481 – 504.

[567] Schmied J, Marr A. Financial inclusion and poverty: The case of Peru [J]. Regional and Sectoral Economic Studies, 2016, 16 (2): 1 – 26.

[568] Scoones I. Livelihoods perspectives and rural development [J]. Journal of Peasant Studies, 2009, 36 (1): 171 – 196.

[569] Shang J, Wang Z, Li L, et al. A study on the correlation between technology innovation and the new-type urbanization in Shanxi Province [J]. Technological Forecasting and

Social Change, 2018, 135 (2): 266 – 273.

[570] Sun S, Zhang N N, Liu J B. Study on the rural revitalization and urban-rural integration efficiency in Anhui Province based on game cross-efficiency DEA model [J]. Computational Intelligence and Neuroscience, 2022 (1): 7373435.

[571] Tselios V. Urbanization and socioeconomic status in the European Regions: The role of population aging and capital city regions [J]. European Planning Studies, 2014, 22 (9): 1879 – 1901.

[572] Turok I, Mcgranahan G. Urbanization and economic growth: The arguments and evidence for Africa and Asia [J]. Environment and Urbanization, 2013, 25 (2): 465 – 482.

[573] Vlahov d, Galea S. Urbanization, urbanicity, and health [J]. Journal of Urban Health-Bulletin of the New York Academy of Medicine, 2002, 79 (4): 1 – 12.

[574] Wan G. Understanding regional poverty and inequality trends in China: Methodological issues and empirical findings [J]. Review of Income and Wealth, 2007, 53 (1): 25 – 34.

[575] Wang S J, Ma H T, Zhao Y B. Exploring the relationship between urbanization and the eco-environment—A case study of Beijing-Tianjin-Hebei region [J]. Ecological Indicators, 2014, 45 (4): 171 – 183.

[576] Wang Y, Zhu Y M, Yu M J. Measuring the implementation effects of rural revitalization in China's Jiangsu Province: Under the analytical framework of "deconstruction, assessment and brainstorming" [J]. Growth and Change, 2022, 53 (3): 1146 – 1169.

[577] Wei G E, Sun P J, Jiang S N, et al. The driving influence of multi-dimensional urbanization on PM2. 5 concentrations in Africa: New evidence from multi-source remote sensing data, 2000 – 2018 [J]. International Journal of Environmental Research and Public Health, 2021, 18 (17): 89 – 93.

[578] Weinert C, Boik R J. MSU rurality index: Development and evaluation [J]. Research in Nursing and Health, 1995, 18 (5): 453 – 464.

[579] Yeung H W. Strategic coupling: East Asian industrial transformation in the new global economy [M]. New York: Cornell University Press, 2016.

[580] Yang J, Yang R X, Chen M H, et al. Effects of rural revitalization on rural tourism [J]. Journal of Hospitality and Tourism Management, 2021, 47 (2): 35 – 45.

[581] Yang Y Y, Bao W K, Wang Y S, et al. Measurement of urban-rural integration level and its spatial differentiation in China in the new century [J]. Habitat International, 2021, 117 (10): 20 – 24.

［582］Yao X L, Kou D, Shao S, et al. Can urbanization process and carbon emission abatement be harmonious? New evidence from China［J］. Environmental Impact Assessment Review, 2018, 71（4）: 70 – 83.

［583］Yin Q Q, Sui X Y, Ye B, et al. What role does land consolidation play in the multi-dimensional rural revitalization in China? A research synthesis［J］. Land Use Policy, 2022, 120（10）: 61 – 76.

［584］Yu B B. Ecological effects of new-type urbanization in China［J］. Renewable & Sustainable Energy Reviews, 2021, 135（11）: 2 – 39.

［585］Zhang C H, Arif M, Shehzad K, et al. Modeling the dynamic linkage between tourism development, technological innovation, urbanization and environmental quality: Provincial data analysis of China［J］. International Journal of Environmental Research and Public Health, 2021, 18（11）: 56 – 84.

［586］Zhang W, Wang M Y. Spatial-temporal characteristics and determinants of land urbanization quality in China: Evidence from 285 prefecture-level cities［J］. Sustainable Cities and Society, 2018, 38（10）: 70 – 79.

［587］Zhang Y, Cai Q H. Impact mechanism of new urbanization on environmental pollution: Empirical analysis based on spatial panel model［J］. Frontiers in Public Health, 2022, 10（1）: 20 – 56.

［588］Zhao Z, Bai Y, Wang G F, et al. Land eco-efficiency for new-type urbanization in the Beijing-Tianjin-Hebei Region［J］. Technological Forecasting and Social Change, 2018, 137（3）: 19 – 26.

［589］Zhou Y, Li Y M, Xu C C. Land consolidation and rural revitalization in China: Mechanisms and paths［J］. Land Use Policy, 2020, 91（10）: 43 – 79.

［590］Zhuo B, Wang X, Wu Z, et al. Operation mode and effect test of rural revitalization promoted by financial inclusion based on a case study of Yueqing of Zhejiang［J］. Rairo-Operations Research, 2021, 55（2）: 837 – 851.

附录1 乡村振兴调查问卷

先生/女士/同志：

您好！我是乡村振兴的调查员。正在进行一项关于乡村/城镇发展的国家社科重大课题调查，您的合作对我们了解有关信息有十分重要的意义。问卷中问题的回答，没有对错之分，您只要根据实际或自己的想法和做法回答就行。根据《中华人民共和国统计法》第三章第二十五条，在未获得您许可的前提下，我们会对您所提供的所有信息绝对保密。科学研究、政策分析以及观点评论中发布的是大量问卷的信息汇总，而非您个人、家庭、村/居的案例信息，不会造成您个人、家庭、村/居信息的泄露。希望您协助我们完成这次调查，谢谢您的合作。

您的调研人员 ID 是多少？（用于统计调研份数）［填空题］*

_____

1. 您家乡的地理位置：［填空题］*

_____

2. 您的户口状况_____ ［单选题］*

A. 农业户口 　　　　　　　B. 非农户口

3. 您的学历_____ ［单选题］*

A. 小学及以下 　　　　B. 初中 　　　　　　C. 高中

D. 中专/大专 　　　　E. 大学本科 　　　　F. 硕士

G. 博士

一、生态宜居

1. 请给您家的用水情况打个分 ［矩阵量表题］*

	1	2	3	4	5
水质干净程度					
使用方便程度					

2. 您家炒菜最主要用哪种燃料做饭？［多选题］*

A. 柴草 　　　　　　　B. 煤炭 　　　　　　　C. 罐装煤气/液化气

D. 天然气/管道煤气　　　　E. 太阳能/沼气　　　　　　F. 电

G. 其他_____【请注明】_____

3. 您家最常用的卫生间/厕所是什么类型的？［单选题］*

A. 室内冲水厕所（抽水马桶）　　　　B. 室外冲水厕所

C. 其他

4. 您家的垃圾最主要倒在哪里？［单选题］*

A. 公共垃圾桶/箱　　　　B. 附近的河沟　　　　C. 住房周围

D. 土粪坑　　　　E. 随处倒　　　　F. 其他_____【请注明】

5. 请您对当地生态情况进行一个评价［矩阵单选题］*

	很不满意	不满意	一般	满意	很满意
自然景观					
污染情况					
宜居情况					

二、乡风文明

6. 您家距离村里的文化大礼堂有多远？［单选题］*

A. 10 分钟以内路程　　　　B. 10～30 分钟路程　　　　C. 30 分钟以上路程

D. 没有文化大礼堂

7. 过去一年，您家庭教育支出包括交给学校各种费用（学杂费、书本费、伙食费、住宿费等）和在学校以外的课后学习费用（辅导班、兴趣班等）大概范围？［单选题］*

A. 5000 元以下　　　　B. 5001～10000 元　　　　C. 10001～15000 元

D. 15001～20000 元　　　　E. 20001～30000 元　　　　F. 3 万元以上

8. 当地政府举办的文艺活动有哪些？［多选题］*

A. 乡村文艺汇演　　　　B. 政府送电影下乡　　　　C. 政府图书科普知识下乡

D. 政府送戏下乡　　　　E. 其他_____　　　　F. 无相关活动

9. 您对村内的邻里关系是否满意？［单选题］*

很不满意　　　A. 1　　　B. 2　　　C. 3　　　D. 4　　　E. 5　　　很满意

10. 请您评价一下当地的移风易俗情况（去除封建陋习等方面）［单选题］*

很不满意　　　A. 1　　　B. 2　　　C. 3　　　D. 4　　　E. 5　　　很满意

11. 过去一年，不包括以工作和考试为目的阅读，您总共读完多少本书？［单选题］*

A. 0 本　　　　B. 1～5 本　　　　C. 6～10 本

D. 11～15 本　　　　E. 15 本以上

三、治理有效

12. 最近一次村委会投票您有没有参加？［单选题］*

A. 是自己主动去的

B. 是因为单位/企业领导或村居干部要求才去的

C. 没去投票

13. 您所在地村委会是否公布以下几方面的信息？［多选题］*

A. 财务状况   B. 人员聘用

C. 负责人提名公示   D. 政府政策

E. 集体资产处置   F. 重大事件（拆迁、村居改造、征地等）

G. 其他内容

H. 以上都没有

14. 您村地界内是否有以下设施？［多选题］*

A. 小商店/小卖部/百货店   B. 幼儿园

C. 医院/卫生院/诊所   D. 药店

E. 庙宇/道观   F. 家族祠堂（供奉祖先牌位）

G. 教堂/清真寺   H. 老年活动场所/老年社区服务机构

I. 举报箱   J. 社区网站/微博

K. 以上都没有

15. 您是否了解数字化治理？［单选题］*

很不了解   A. 1   B. 2   C. 3   D. 4   E. 5   很了解

16. 您认为您当前的生活接触到哪些数字化服务？［多选题］*

A. 数字化农业信息获取   B. 数字化教育平台服务

C. 数字化医疗平台   D. 数字化税收平台服务

E. 其他

17. 您认为您所在的地区数字化设施（如网络覆盖、信号接收、大数据平台等）是否完善［单选题］*

很不完善   A. 1   B. 2   C. 3   D. 4   E. 5   很完善

18. 请您评价一下村委会治理情况。［矩阵单选题］*

	很不满意	不满意	一般	满意	很满意
生活垃圾处理情况					
卫生院医疗情况					
健身、娱乐设施					
路灯铺设情况					
河道整治情况					
居住地社会治安					

四、生活富裕

19. 您的家庭拥有私家车的数量？［单选题］*

A. 0 辆   B. 1 辆   C. 2 辆

D. 2 辆以上

20. 平均每月，您家庭总支出大概在什么范围？［单选题］*

A. 3000 元以下   B. 3001 ~ 6000 元   C. 6001 ~ 10000 元

D. 10001 ~ 15000 元   E. 15001 ~ 20000 元   F. 2 万元以上

21. 平均每月，您家庭伙食费、外出聚餐及购买的零食、饮料烟酒等支出在什么范围？［单选题］*

A. 1500 元以下   B. 1501 ~ 3000 元   C. 3001 ~ 5000 元

D. 5001 ~ 7500 元   E. 7501 ~ 10000 元   F. 1 万元以上

22. 请您根据自身保险情况在"是""否"里勾选一项［矩阵量表题］*

	是	否
是否有养老保险		
是否有医疗保险		
是否有失业保险		
是否有其他保险		

23. 您家有几套住房：_____套（如果没有就写0）；住房的总面积估计_____平方米［填空题］*

五、产业兴旺

24. 您家是否还保留耕地？［单选题］*

A. 有，还有_____亩   B. 没有

25. 您家是否种植以下农作物？［多选题］*

A. 水稻   B. 小麦   C. 玉米

D. 棉花   E. 花生   F. 豆类（大豆黄豆等）

G. 薯类（红薯等）   H. 其他   I. 无

26. 去年，您家是否饲养以下家畜或进行渔业生产？［多选题］*

A. 猪   B. 牛

C. 羊   D. 鱼

E. 其他   F. 没有饲养任何家畜及渔业生产

27. 您家是否拥有/经营以下类型的土地？［多选题］*

A. 没有土地   B. 水田   C. 旱地

D. 林地（包括果园）   E. 草场   F. 水塘

G. 其他

28. 过去一年，您家庭所有收入大概在什么范围？［单选题］*

A. 5 万元以下　　　　　B. 5 万 ~ 15 万元　　　　C. 16 万 ~ 30 万元

D. 31 万 ~ 50 万元　　　E. 50 万元以上

29. 您的家庭收入中务农（农林牧渔业）收入大概在什么范围？［单选题］*

A. 3 万元以下　　　　　B. 3 万 ~ 6 万元　　　　　C. 7 万 ~ 10 万元

D. 11 万 ~ 15 万元　　　E. 15 万元以上　　　　　F. 没有务农收入

30. 您家在耕种收时用到下面哪些农用机械？［多选题］*

A. 拖拉机　　　　　　　B. 脱粒机（包括打稻机）　C. 机引农具

D. 抽水机（包括水泵）　E. 收割机　　　　　　　　F. 其他农用机械

G. 以上都没有，全靠人力　H. 没有耕地用不到

31. 请问当地的主导产业是？［单选题］*

A. 农作物种植业　　　　B. 农产品加工业　　　　　C. 乡村特色产业

D. 乡村休闲旅游业　　　E. 乡村新型服务业　　　　F. 其他

附录2 新型城镇化调查问卷

先生/女士/同志：

　　您好！我是新型城镇化的调查员。正在进行一项关于乡村/城镇发展的国家社科重大课题调查，您的合作对我们了解有关信息有十分重要的意义。问卷中问题的回答，没有对错之分，您只要根据实际或自己的想法和做法回答就行。根据《中华人民共和国统计法》第三章第二十五条，在未获得您许可的前提下，我们会对您所提供的所有信息绝对保密。科学研究、政策分析以及观点评论中发布的是大量问卷的信息汇总，而非您个人、家庭、村/居的案例信息，不会造成您个人、家庭、村/居信息的泄露。希望您协助我们完成这次调查，谢谢您的合作。

1. 您的调研人员 ID 是多少？（用于统计调研份数）［填空题］*

_____

2. 您家乡的地址：［填空题］*

_____

3. 您的户口状况_____ ［单选题］*

A. 农业户口　　　　　　　　B. 非农户口

4. 您的学历_____ ［单选题］*

A. 小学及以下　　　　B. 初中　　　　　　C. 高中

D. 中专/大专　　　　E. 大学本科　　　　F. 硕士

G. 博士

5. 请给您家的用水情况打个分 ［矩阵量表题］*

	1	2	3	4	5
水质干净程度					
使用方便程度					

6. 您家炒菜最主要用哪种燃料做饭？［单选题］*

A. 柴草　　　　　　　B. 煤炭　　　　　　C. 罐装煤气/液化气

D. 天然气/管道煤气　　E. 太阳能/沼气　　　F. 电

G. 其他_____【请注明】_____

7. 您家最常用的卫生间/厕所是什么类型的？［单选题］*

A. 室内冲水厕所（抽水马桶）　　　　　B. 室外冲水厕所

C. 其他

8. 您家的垃圾最主要倒在哪里？［单选题］*

A. 公共垃圾桶/箱　　　　B. 附近的河沟　　　　C. 住房周围

D. 土粪坑　　　　　　　E. 随处倒　　　　　　F. 其他_____【请注明】

9. 请您对当地生态情况进行一个评价［矩阵单选题］*

	很不满意	不满意	一般	满意	很满意
自然景观					
污染情况					
宜居情况					

10. 过去一年，您家庭教育支出包括交给学校各种费用（学杂费、书本费、伙食费、住宿费等）和在学校以外的课后学习费用（辅导班、兴趣班等）大概范围？［单选题］*

A. 5000 元以下　　　　B. 5001～10000 元　　　　C. 10001～15000 元

D. 15001～20000 元　　E. 20001～30000 元　　　F. 3 万元以上

11. 过去一年，您包括购买书报杂志、看电影/戏、旅游等文化娱乐支出的大概范围？［单选题］*

A. 1000 元以下　　　　B. 1001～3000 元　　　　C. 3001～6000 元

D. 6001～10000 元　　E. 10001～15000 元　　　F. 1.5 万元以上

12. 您认为您所在的地区数字化设施（如网络覆盖、信号接收、大数据平台等）是否完善？［单选题］*

很不完善　　　A. 1　　　B. 2　　　C. 3　　　D. 4　　　E. 5　　　很完善

13. 请评价下当地的网络使用情况（对于信号、网络稳定性等）。［单选题］*

很不满意　　　A. 1　　　B. 2　　　C. 3　　　D. 4　　　E. 5　　　很满意

14. 过去一年，不包括以工作和考试为目的阅读，您总共读完多少本书？［单选题］*

A. 0 本　　　　　　　B. 1～5 本　　　　　　C. 6～10 本

D. 11～15 本　　　　　E. 15 本以上

15. 最近一次村居委会投票您有没有参加？［单选题］*

A. 是自己主动去的

B. 是因为单位/企业领导或村居干部要求才去的

C. 没去投票

16. 您所在地居委会是否公布以下几方面的信息？［多选题］*

A. 财务状况 B. 人员聘用

C. 负责人提名公示 D. 政府政策

E. 集体资产处置 F. 重大事件（拆迁、村居改造、征地等）

G. 其他内容 H. 以上都没有

17. 您居住周边是否有以下设施？［多选题］*

A. 小商店/小卖部/百货店 B. 幼儿园

C. 医院/卫生院/诊所 D. 药店

E. 庙宇/道观 F. 家族祠堂（供奉祖先牌位）

G. 教堂/清真寺 H. 老年活动场所/老年社区服务机构

I. 举报箱 J. 社区网站/微博

K. 以上都没有

18. 您是否了解数字化治理？［单选题］*

很不了解　　　A. 1　　　B. 2　　　C. 3　　　D. 4　　　E. 5　　　很了解

19. 您认为您当前的生活接触到哪些数字化服务？［多选题］*

A. 数字化交通信息获取 B. 数字化物业信息获取 C. 数字化购物信息获取

D. 数字化养老信息获取 E. 数字化教育平台服务 F. 数字化医疗平台服务

G. 数字化税收平台服务

20. 请您评价一下村委会治理情况［矩阵单选题］*

	很不满意	不满意	一般	满意	很满意
生活垃圾处理情况					
卫生院医疗情况					
健身、娱乐设施					
路灯铺设情况					
河道整治情况					
居住地社会治安					

21. 您的家庭拥有私家车的数量。［单选题］*

A. 0 辆 B. 1 辆 C. 2 辆

D. 2 辆以上

22. 平均每月，您家庭总支出大概在什么范围？［单选题］*

A. 3000 元以下 B. 3001～6000 元 C. 6001～10000 元

D. 10001～15000 元 E. 15001～20000 元 F. 2 万元以上

23. 平均每月，您家庭伙食费、外出聚餐及购买的零食、饮料烟酒等支出在什么范围？［单选题］*

A. 1500 元以下 B. 1501～3000 元 C. 3001～5000 元

D. 5001～7500 元   E. 7501～10000 元   F. 1 万元以上

24. 请您根据自身保险情况在"是""否"里勾选一项。[矩阵量表题]*

	是	否
是否有养老保险		
是否有医疗保险		
是否有失业保险		
是否有其他保险		

25. 您家有几套住房：_____套（如果没有就写 0）；住房的总面积估计有_____平方米 [填空题]*

26. 过去一年，您家庭所有收入大概在什么范围？[单选题]*

A. 5 万元以下   B. 5 万～15 万元   C. 16 万～30 万元

D. 31 万～50 万元   E. 50 万元以上

27. 请问当地的主导产业是哪些？[多选题]*

A. 金融服务业   B. 电子信息制造业

C. 航运服务业   D. 装备制造业汽车制造业

E. 生产性服务业   F. 现代物流业

G. 现代商贸专业服务业   H. 文化服务业

I. 船舶制造和海洋工程装备业   J. 石油化工和精细化工业

K. 精品钢材业   L. 航空民机和航天产业

M. 会展旅游业   N. 新能源产业

O. 新材料产业   P. 生物医药产业

Q. 其他

后　记

本书是国家社会科学基金重大项目"新时代乡村振兴与新型城镇化的战略耦合及协同治理研究"（18ZDA045）的研究成果。在徐维祥教授前期研究成果的基础上结合徐志雄博士、李露博士的论文完成初稿，后经课题组成员多次商讨、完善，最终形成本书。其中，徐志雄博士的贡献主要体现在第三篇和第四篇，李露博士在第一篇和第二篇的贡献较大。

在资料收集、实际调研、数据采集工作中得到了浙江省、江苏省和广东省等多个高校学者的支持与帮助，在此谨表示衷心感谢！

本书的撰写得到了浙江工业大学的支持和经济学院老师的帮助，在此特别感谢学院给予的优良科研条件和氛围，感谢学校团委社会实践小分队在调研过程中的帮助，同时感谢潘伟光教授、黄忠华教授、唐根年教授、张蔚文教授、胡豹研究员、王庆喜教授、程聪研究员、佟伟铭副教授、王萍研究员、叶瑞克副教授、宓泽锋副教授、汪彩君副教授、舒季君老师、刘程军副教授、李俊杰研究员、刘克勤研究员、崔淑芬教授、叶小青副教授等提出的宝贵意见和建议，感谢李正昕博士、孙启伟硕士、王睿硕士、王敏吉硕士等提供的数据及资料支持，感谢郑金辉老师、周建平老师、郭加新博士、陈希琳博士等在本书写作过程中参与及修改工作，感谢浙江工业大学社会科学研究院、经济学院领导及全体老师给予的支持。

本书在编写期间参阅了大量的国内外文献资料，借鉴和吸收了众多学者的研究成果与部分观点，在此向有关作者致以诚挚的谢意！

本书的出版还得到了浙江省哲学社会科学重点培育研究基地（浙江工业大学现代化产业体系研究院）和浙江省一流学科（A类）"应用经济学"的资助，也得到了许多朋友和同人的关心、支持与鼓励，特此致谢。

虽然我们力求精益求精，但限于知识水平与时间不足，加之资料有限，难免存在偏颇和不足，敬请读者谅解，也恳请各位同行、专家不吝赐教。

著者

2024 年 10 月于杭州